Metropole: Stadt neu bauen
Metropolis: Building The City Anew

IBA_HAMBURG

7

METROPOLE: STADT NEU BAUEN

METROPOLIS: BUILDING THE CITY ANEW

JOVIS

AUFTAKT

INTRO

OLAF SCHOLZ

Die Zukunft findet in den Städten statt

Die IBA als Projekt ganzheitlicher Stadtentwicklung

Mit der Internationalen Bauausstellung (IBA) und der internationalen Gartenschau (igs) präsentieren sich Wilhelmsburg und die Elbinseln über die Grenzen Hamburgs und Deutschlands hinaus. Hunderttausende Besucherinnen und Besucher werden sich ein Bild von diesem Teil Hamburgs machen – viele werden ihr bestehendes sicherlich korrigieren.

Für Wilhelmsburg ist die IBA eine große Chance: Der Stadtteil kann als attraktiver, moderner Lebensraum erfahren werden, als Raum, in dem man gern lebt. Wilhelmsburg als „Stadt in der Metropole" – das ist ein Ort, an dem man arbeitet, wohnt, an dem man seine Freizeit verbringt. Ein Lebensraum und Lebenstraum, in dem Kinder glücklich aufwachsen können, dessen Schulen sie auf ihre Zukunft vorbereiten. Ein Raum, in dem man sich sicher und wohl fühlt. Mit dem Fortschrittslaboratorium IBA 2013 und seinen drei Leitthemen – „Kosmopolis", „Metrozonen" und „Stadt im Klimawandel" – hat sich Hamburg der Lösung der dringenden Zukunftsfragen großer Metropolen vermutlich weiter angenähert als jede andere vergleichbare Stadt. In einem Planungsgebiet mit einer Größe von rund 35 Quadratkilometern und gut 55.000 Einwohnern war es Aufgabenstellung der IBA, im Spannungsfeld zwischen den lokalen Anforderungen und Erwartungen einerseits und den Herausforderungen einer Metropole im 21. Jahrhundert andererseits Entwürfe für eine internationale Stadtgesellschaft zu erarbeiten. Das alles entsteht nicht am grünen Tisch, sondern in der Praxis, als handfeste, sichtbare und dauerhafte Aufwertung der Elbinseln. Gemeinsam mit der igs beschleunigt die IBA einen auf lange Sicht angelegten Strukturwandel.

Die IBA wird wesentlich zu einem Wandel in Wilhelmsburg beitragen. Gleichzeitig werden wir, was die Stadtentwicklungspolitik betrifft, wichtige Erkenntnisse für ganz Hamburg gewinnen können. Hier festigt sich eine Wechselwirkung, die von Süden über die Elbe in den Norden Hamburgs und umgekehrt entstanden ist. Wie in Wilhelmsburg die Stadt der Zukunft geplant und entwickelt wird, kann international wegweisend werden. Wilhelmsburg, die zweitgrößte bewohnte Flussinsel der Welt nach Manhattan, kann weltweit Antworten geben für Städte und Metropolen – es wäre gerecht, wenn der oft zu Unrecht in Misskredit gebrachte Hamburger Stadtteil auch auf diese Weise rehabilitiert würde.

Die große Stadt ist nie zu Ende gebaut

Längst ist klar geworden: Das Interesse an dem Stadtteil wird nicht wie ein Strohfeuer aufflammen und wieder erlöschen. Die Konzentration auf Wilhelmsburg ist nicht auf den Zeitraum von IBA und igs beschränkt. Denn nie zuvor wurde ein vergleichbares Zukunftskonzept für ein großstädtisches Quartier erarbeitet, mit einem immensen Investitionsvolumen und einem ganzheitlichen Entwicklungsansatz weit über das Jahr 2013 hinaus. Ganzheitlich heißt: die Interessen aller in diesem bunten „Patchwork-Stadtteil" im Blick zu behalten. Es geht nicht nur um Arbeit oder allein um Infrastruktur, nicht bloß um Wohnungsbau oder um gute Bildungsein-

Der Erste Bürgermeister der Freien und Hansestadt Hamburg, Olaf Scholz, bei der Eröffnung des Präsentationsjahres der Internationalen Bauausstellung IBA Hamburg am 23. März 2013 im Bürgerhaus Wilhelmsburg   The mayor of the Free and Hanseatic City of Hamburg, Olaf Scholz, at the opening of the IBA Hamburg Presentation Year on 23 March 2013 in the Wilhelmsburg community centre

OLAF SCHOLZ

The Future is Taking Place in the Cities

The IBA as an Integrated Urban Development Project

richtungen. Es geht um die Weiterentwicklung all dieser Dinge zusammen und in Abstimmung miteinander. Stillstand hieße Rückschritt – das betrifft über Wilhelmsburg hinaus die gesamte moderne Stadtentwicklung. Wir sollten uns mit dem Gedanken anfreunden, dass eine große Stadt nie zu Ende gedacht, nie zu Ende gebaut und nie fertig entwickelt sein wird.

Das hat mit der Dynamik unserer Gesellschaft zu tun, die sich verändert und entwickelt. Wir leben und arbeiten flexibler. Wir sind mobiler als noch vor wenigen Jahren. Unsere Ansprüche sind gewachsen, was zum Beispiel Berufstätigkeit, Verkehrsverbindungen oder Kultur betrifft. Eine moderne Stadt muss all das bieten – nicht zuletzt, um in der Konkurrenz mit vergleichbaren Städten und Ballungsräumen bestehen zu können. Nur der attraktive Standort lockt moderne und zukunftsfähige Unternehmen an und bringt neue Arbeitsplätze mit. Und nur der attraktive Standort, der gute Bildung und Kinderbetreuung anbietet, ausreichend bezahlbaren Wohnraum und eine gute Infrastruktur, ist auch reizvoll für Bürgerinnen und Bürger, die der Stadt mit eigenen Ideen und eigener Kreativität neue Dynamik geben.

Die große Stadt ist nie zu Ende gebaut – das ist auch Folge des globalen Trends hin zur Megacity. Schon jetzt hat Hamburg als fünftgrößte Handelsstadt der Welt 1,8 Millionen Einwohner, in wenigen Jahren werden es voraussichtlich 1,9 Millionen sein, vielleicht sogar mehr. Mehr als fünf Millionen leben in der Metropolregion. Dass die Einwohnerzahl Hamburgs steigt, ist nicht auf einen Anstieg der Geburtenrate zurückzuführen, sondern auf die Entscheidung derjenigen, die sich für eine Zukunft in Hamburg entschieden haben und hierherziehen. Das betrifft Studierende, Familien, Fachleute aus Zukunftsbranchen wie der erneuerbaren Energie, der Bio- oder der Computertechnologie. In die Breite kann Hamburg nicht wachsen, denn früher oder später würde dieses Wachstum an die unverrückbaren Grenzen der Stadt stoßen. Wir müssen uns also fragen, wo Hamburg – an der einen oder anderen Stelle – sichtbar in die Höhe wachsen kann, ohne dass die Stadt dadurch ihre Silhouette verliert.

Globale Trends – lokale Lösungen

Wir müssen uns auch fragen: Welche Infrastruktur brauchen wir? Wie muss das Autobahnnetz rings um Hamburg in der Zukunft aussehen? In welchem Takt sollen Busse, U- und S-Bahnen unterwegs sein, damit Bürgerinnen und Bürger ihren berechtigten Anspruch an Mobilität erfüllt bekommen? Was braucht der Hafen, um auch künftig viele tausend Arbeitsplätze zu sichern? Woher kommen Strom und Wärme? Und wie schaffen wir bezahlbaren Wohnraum für alle? Die Trends sind global. Aber die Entscheidungen, wie wir unser Leben gestalten, sind lokal. Sie werden hier bei uns getroffen. Die Stadt wächst schließlich nicht von allein. Sie wird von uns gestaltet. Und es ist ein gutes Zeichen, dass inzwischen kaum ein Thema so lebhaft diskutiert wird wie Stadtentwicklung – verstanden als Einheit aus Kinderbetreuung, Bildung, Hochschule, Wirtschaft und Wohnen. Wir brauchen Mut und Fantasie zur großen, zur sich weiterentwickelnden Stadt. Übrigens: Wenn wir es schaffen, auf die Stadt und den Stadtteil aus der Perspektive berufstätiger Eltern zu schau-

Panoramablick über die Elbinsel Wilhelmsburg von der Aussichtsterrasse des Energiebunkers aus 30 Metern Höhe in Richtung Nordwesten. Im Vordergrund die sanierten Wohn- und Neubauten des Weltquartiers, im Hintergrund der Hafen   Panorama of the Elbe island of Wilhelmsburg from the viewing terrace of the Energy Bunker at a height of 30 metres, towards the north-west. In the foreground the renovated and new residential buildings of the Global Neighbourhood; in the background the harbour

The Internationale Bauausstellung IBA (International Building Exhibition) Hamburg 2013 and the Internationale Gartenschau (international garden show igs 2013) are a presentation of Wilhelmsburg and the Elbe islands that extends beyond the borders of Hamburg and Germany. Hundreds of thousands of visitors will be able to gain an impression of this part of Hamburg and in many cases it will be one that is sure to correct their previous beliefs.

The IBA is a major opportunity for Wilhelmsburg, enabling the neighbourhood to be experienced as a more attractive, modern living environment, as a place where people are happy to live. Wilhelmsburg as a "City within the Metropolis" is a place where you work, live, and spend your free time. A living environment and a life-long dream where children are able to spend happy childhoods with schools that prepare them for the future. A place where people feel safe and at ease.

With the IBA's Progress Laboratory 2013 and its three key themes – "Cosmopolis", "Metrozones", and "Cities and Climate Change" – Hamburg has probably come closer to solving the three pressing future issues for large cities than any other comparable metropolis. With a planning area of around 35 square kilometres and a good 55,000 residents, the IBA's set task was to draw up concepts for international urban society, taking account of local demands and expectations on the one hand and the challenges facing a twenty-first century city on the other. All of this has been developed not on the drawing board but in practice, with the tangible, visible, and lasting upgrade of the Elbe islands. Together with the igs, the IBA is accelerating long-term structural change. The IBA will make a major contribution to change in Wilhelmsburg. At the same time, we will be able to acquire important insights with regard to urban development policy for the whole of Hamburg. This is the consolidation of an interaction spanning the south, over the Elbe, and the north of Hamburg, and vice versa. The manner in which the city of the future is being planned and developed in Wilhelmsburg can become groundbreaking on an international level. Wilhelmsburg, the second largest inhabited river island in the world after Manhattan, can provide answers for cities worldwide – it would indeed be fitting if this Hamburg neighbourhood, often wrongly discredited, were to be rehabilitated in this way.

The Building of a City is Never Complete

It has long since become clear that interest in the neighbourhood is not going to catch on like wildfire and then die out again. The focus on Wilhelmsburg is not limited to the IBA and igs period. Never before has a comparable future concept been drawn up for a city district with a huge volume of investment and an integrated development approach extending way beyond the year 2013. Integrated means keeping sight of the interests of all of those in this colourful "patchwork neighbourhood". It is not only about jobs or simply about infrastructure, it is not just about building housing or good educational facilities. It is about the further development of all of these things together and in consultation with one another. Stagna-

en, dann müssen wir die Herausforderungen der Zukunft nicht fürchten.

Die Planung der großen Stadt verläuft heute nicht mehr so wie in den 1950er und 1960er Jahren des vergangenen Jahrhunderts, ganz ohne das produktive Sicheinmischen der Bürgerinnen und Bürger. Und es wäre nicht klug, die vielen Anregungen und verschiedenen Blickwinkel, die für die Entwicklung der Stadt im Interesse aller nötig sind, nicht aufzunehmen und zu berücksichtigen. Die selbstbewusste und engagierte Mitarbeit der Wilhelmsburgerinnen und Wilhelmsburger belegt, wie sehr sie sich mit ihrem Stadtteil und mit Hamburg verbunden fühlen. Auch in diesem lokalen Engagement zeigt sich die stolze Tradition bürgerschaftlichen Engagements in Hamburg, um das uns viele andere Städte beneiden.

Natürlich ist es in der Demokratie die Politik, die am Ende entscheidet. Nur sie ist dazu legitimiert. Gleichzeitig stehen Politik und Verwaltung in der Verantwortung, ernsthafte Mitwirkung zu ermöglichen und zu respektieren. Das ist unser Anspruch. Sehen wir konkret auf Wilhelmsburg: Auch hier müssen wir so planen und die Stadt so weiterentwickeln, dass die Elbinsel auch das bietet, was von einer Stadt mit mehr als 50.000 Einwohnern zu Recht erwartet wird: ein echtes Zentrum, das sich mit Einkaufs- und Kundenzentrum, S-Bahnhof inklusive mehrerer Cityverbindungen – auch durch die angedachte Umsteigemöglichkeit an den Elbbrücken, wo man später von der S-Bahn in die U4 umsteigen und in die HafenCity fahren kann – und Bürgerhaus in Wilhelmsburgs Mitte entwickelt. Ein solches Zentrum, die Mikro-Metropole Wilhelmsburg, wird zum Scharnier, das das Reiherstiegviertel mit dem Wilhelmsburger Osten verbindet, Spreehafen und Hauland, West und Ost, Nord und Süd.

Aufwertung ohne Verdrängung – Wohnungsbau als Kernaufgabe

Das übergeordnete Ziel für Wilhelmsburg – wie für andere Stadtteile Hamburgs, die attraktiver werden – lautet: Aufwertung ohne Verdrängung. Um dieses Ziel zu erreichen, um unserem eigenen Anspruch gerecht zu werden, bauen wir neue Wohnungen. Stadtweit haben wir im vergangenen Jahr die Marke von 8000 Baugenehmigungen für neue Wohnungen deutlich überschritten. Den Genehmigungen sollen Taten folgen, also Wohnungen gebaut werden, damit Wohnungsknappheit die Mieten nicht in unerschwingliche Höhe treibt.

Gleichzeitig bringen wir kleine und große Verkehrsprojekte voran: Die Verlegung der Reichsstraße mit ordentlichem Lärmschutz macht aus zwei von drei Trennlinien nur noch eine und schafft neuen Raum, auch für neue Wohnungen. Insgesamt können hier in den kommenden Jahren bis zu 3700 Wohnungen neu entstehen. Dazu gehört ebenso die stärkere Verknüpfung der öffentlichen Verkehrsmittel mit Carsharing und Angeboten für Fahrradfahrer. „Fahrradstadt Wilhelmsburg" – das ist ein feststehender Begriff geworden.

Umweltfreundlicher Verkehr wiederum unterstützt die Energiewende – sie muss an vielen Orten gleichzeitig stattfinden. Das Klimaschutzkonzept „Erneuerbares Wilhelmsburg" setzt dafür Maßstäbe. Die Klimaneutralität aller IBA-Bauprojekte war ein erster Schritt, das

tion means regression – that applies to modern urban development as a whole, not just to Wilhelmsburg. We ought to get used to the idea that the planning, building, and development of a city never ends.

This is related to the dynamics of our changing and developing society. We live and work more flexibly. We are more mobile than we were just a few years ago. Our demands with regard to professional life, transport links, or culture, for example, have grown. A modern city has to offer all of that, not least in order to be able to compete with comparable cities and conurbations. Only attractive locations draw modern and future-oriented enterprises bringing new jobs. And only attractive locations offering good educational and childcare facilities, sufficient affordable housing space, and a good infrastructure, are appealing to the residents who bring new dynamics to the city with their own ideas and creativity.

The building of a city never ends – that is also a consequence of the global trend towards megacities. As the fifth largest commercial city in the world, Hamburg already has 1.8 million residents and this is likely to reach 1.9 million, perhaps even more, within a few years. More than five million people live in the metropolitan region. The rise in Hamburg's resident numbers is not due to an increase in the birth rate but to the decisions of those who have opted for a future in Hamburg and who move here. This applies to students, families, and experts from emerging industries such as renewable energy, biotechnology, or computer technology. Hamburg is not able to grow horizontally because, sooner or later, such growth will come up against the city's

immoveable boundaries. We have to ask ourselves, therefore, where there might be places where Hamburg is clearly able to grow vertically without compromising the city's silhouette.

Global Trends – Local Solutions

We also have to ask ourselves: what infrastructure do we need? What does the motorway network right around Hamburg need to look like in the future? At what intervals should busses, underground, and suburban trains be running in order to fulfil the residents' legitimate demands for mobility? What does the harbour require in order to be able to ensure the many thousands of jobs in the future as well? Where will electricity and heating come from? And how can we create affordable housing space for all? The trends are global but the decisions as to how we run our lives are local. They are made here by us. After all, cities do not grow by themselves. They are shaped by us. And it is a good sign that hardly any other topic is currently subject to discussion as lively as that on urban development – seen as a single entity comprising childcare, education, universities, commerce, and housing. Self-developing cities require courage and imagination on our part. What's more: if we manage to view cities and city neighbourhoods from the perspective of working parents then we have no need to fear the challenges of the future.

The planning of cities today is no longer what it was in the 1950s and 1960s, entirely without the productive involvement of the residents. And it would be unwise not to include and heed the many suggestions and different perspec-

Fortsetzung in Blickrichtung Nordost, mit Aussicht auf das Reiherstiegviertel und im Hintergrund auf die Szenerie der Innenstadt   Still looking to the north-east with a view of the Reiherstieg district and, in the background, the city centre

langfristige Ziel heißt klimaneutrale Elbinseln. Angesichts der Herausforderungen der Energiewende stellen wir mit der IBA die richtigen Fragen – und zukunftsweisende Projekte sind unsere Antworten.

Moderne Stadtentwicklungspolitik ist auch Schul- und Hochschulpolitik. Die „Bildungsoffensive Elbinsel" geht weiter. Nicht nur mit Ganztagsbetreuung an fast allen Grund- und Stadtteilschulen und der Abschaffung der Studiengebühren, sondern auch mit direkter Ansprache all derer, die den Übergang von der Schule in den Beruf nicht ohne Hilfe schaffen. 2011 waren noch 1600 dieser Hamburger Jugendlichen faktisch verlorengegangen. 2012 haben mithilfe der neuen Jugendberufsagentur fast ausnahmslos alle Schulabgängerinnen und Schulabgänger einen Anschluss gefunden.

In der „Bildungsoffensive Elbinseln" arbeiten bis zu 100 verschiedene Einrichtungen daran, die Bildungs-, Beratungs- und Erziehungsangebote in Wilhelmsburg und auf der Veddel durch entstandene Kooperationen zu verbessern – für alle Kinder, Jugendlichen und Erwachsenen. Gute Bildungsangebote sind der Dreh- und Angelpunkt für die Zukunftsfähigkeit und die Attraktivität des Stadtteils. Nicht zu vergessen sind auch Schulprojekte wie die Kooperation von städtischer Schule und Waldorfschule in Wilhelmsburg.

Dass die Attraktivität Wilhelmsburgs wächst, merken manche jetzt schon: Die Nachfrage durch Immobilieninvestoren nimmt zu und stärkt Wilhelmsburgs Wirtschaftskraft. Gerade die Investoren brauchen Planungssicherheit – und die geben wir ihnen mit dem Bekenntnis zu Wilhelmsburg, auch nach der IBA und der igs. Neben den Investitionen im Wohnungsbau entsteht bis 2013 erstmals auch ein größerer Dienstleistungsstandort: „Wilhelmsburg Mitte". Dazu kommen weitere IBA-Projekte, die auf die Kreativwirtschaft und das örtliche Gewerbe abzielen, wie etwa die „Veringhöfe" und der „Weltgewerbehof". Und nicht zuletzt dürfen wir uns auf die Weiterentwicklung des Inselparks als „Volkspark des 21. Jahrhunderts" freuen. Hier entsteht ein Freizeitgelände, das Wilhelmsburg als Ganzes aufwertet.

Wilhelmsburg hat Perspektiven

Stadtentwicklungspolitik hält die Augen offen. Es ist kein Zufall, dass der Senat sich beim Neubau der Hamburger Behörde für Stadtentwicklung und Umwelt für Wilhelmsburg entschieden hat. Auch diese Entscheidung trägt zum Imagewandel Wilhelmsburgs bei. Dieser Wandel ist längst im Gange und bietet allen Grund für ein gesundes Selbstbewusstsein. Hier gibt es die besten Perspektiven – auch im doppelten Wortsinn. Vom Klütjenfelder Hauptdeich aus hat man einen einmaligen Panoramablick über den Spreehafen: vorn die alten Hausboote, dahinter die Lichter des Hafens und die der City auf der anderen Seite der Elbe. Wilhelmsburg hat Perspektiven. Sie reichen weit über die Grenzen des Stadtteils hinaus.

tives necessary for the development of cities. The self-confident and committed involvement on the part of Wilhelmsburg's residents shows how close are their ties to their neighbourhood and to Hamburg. This local commitment is also indicative of Hamburg's proud tradition of civil involvement, making us the envy of many cities. In a democracy it is of course natural that, in the end, decisions are made by politics as the only legitimate process in this regard. At the same time, politics and administration have the responsibility to facilitate and to respect sincere involvement. To this we are entitled. Let's take a concrete look at Wilhelmsburg. Here, too, we need to plan in such a manner and develop the city further in such a way that the Elbe islands also provide what is rightfully expected of a city with more than 50,000 residents: a genuine centre that develops in the heart of Wilhelmsburg with a shopping and customer services centre, a suburban railway station including several city links – as well as the intended interchange at the Elbbrücken, where passengers will later be able to change from the suburban railway to the U4 underground line and travel to the HafenCity – and the Rathaus (city hall). Such a centre, the micro-metropolis of Wilhelmsburg, will become the hinge linking the Reiherstieg district with the east of Wilhelmsburg, the Spreehafen, and Hauland: West and East, North and South.

Upgrading without Displacement – Housing Construction as the Key Task

The overall goal for Wilhelmsburg – as for other districts of Hamburg becoming more appealing – is: upgrading without displacement. In order to achieve this aim, in order to meet our own demands, we build new housing units. Last year we clearly exceeded the 8000 building permits for new housing mark across the city. The permits need to be followed by action, namely the building of homes, so that housing shortages do not push rents up to dizzy heights.

At the same time, we are forging ahead with transport projects both big and small. The relocation of the Reichsstrasse with proper noise protection reduces two of the three dividing lines to one and creates new space that can also be used for new housing. A total of up to 3700 new housing units can be developed here in the years to come. Then there is also the improved linking of public transport with car sharing and cycling opportunities. "Wilhelmsburg the Cycling City" has almost become a common phrase.

Environmentally friendly transport, in turn, supports a turnaround in energy policy – it needs to happen in many places simultaneously. The "Renewable Wilhelmsburg" Climate Protection Concept establishes benchmarks for this. The climate neutrality of all of the IBA's construction projects was a first step; the long-term goal is climate neutrality for the Elbe islands. Given the challenges of a turnaround in energy policy, we are asking the right questions with the IBA and forward-looking projects are our answers.

Panoramablick über die Elbinsel Wilhelmsburg in Richtung Südosten Panoramic view over the Elbe island of Wilhelmsburg, towards the south-east

Modern urban development policy is also school and university policy. The "Bildungsoffensive Elbinseln" (Elbe Islands Education Drive) continues. Not only with all-day schooling at almost all primary and neighbourhood schools and the abolition of tuition fees, but also by directly addressing all of those who do not manage the transition from school to job without help. In 2011 there were still 1600 of these young people in Hamburg who were "lost" in the final analysis. In 2012, with the help of the new youth vocational agency, all school leavers received a placement almost without exception.

Up to 100 different facilities are involved in the "Elbe Islands Education Drive", working on improving the training, advisory, and educational opportunities in Wilhelmsburg and Veddel through the cooperation that has developed – for all children, young people, and adults. Good educational opportunities are the key to the neighbourhood's future viability and appeal. School projects such as the cooperation between state schools and the Waldorf School in Wilhelmsburg ought not to be overlooked either. The fact that Wilhelmsburg's appeal is growing is already noticeable: demand from property investors is increasing and this is boosting Wilhelmsburg's economic power. Investors in particular need planning security – and this we give them with our declaration of faith in Wilhelmsburg, even after the IBA and the igs. In addition to the investments in housing construction, a major service industry location will also have emerged by 2013 for the first time in the centre of Wilhelmsburg. Then there are also further IBA projects aimed at creative industry and local commerce, such as the "Veringhöfe" and the "World Commercial Park". And last but not least, we can look forward to the further development of the Island Park as the "Peoples' Park of the Twenty-first Century". Here is a leisure area in the making that upgrades Wilhelmsburg as a whole.

Wilhelmsburg Has Prospects

Urban development policy is keeping its eyes open. It is no coincidence that the Senate opted for Wilhelmsburg for the new premises for Hamburg's "Behörde für Stadtentwicklung und Umwelt" (State Ministry for Urban Development and Environment). This decision also contributes to the transformation of Wilhelmsburg's image. The transformation has long been under way and provides every reason for healthy self-confidence. The best prospects are to be seen here, literally. From the main Klütjenfelder Dyke you have a unique panoramic view over the Spreehafen: the old houseboats in the foreground and behind them the lights of the harbour and the city on the other side of the Elbe. Wilhelmsburg has prospects and they extend far beyond the neighbourhood boundaries.

Das Bekannte liegt so nah: die prägnante Hamburger Skyline, betrachtet vom „Energiebunker Wilhelmsburg"
The familiar up close: the distinctive Hamburg skyline, viewed from the "Energy Bunker Wilhelmsburg"

ULI HELLWEG

IBA Hamburg - ein erster Blick zurück

„Ausnahmezustand auf Zeit"

Die IBA Hamburg nahm am 1. September 2006 ihre Arbeit auf und wird sie am 3. November 2013 nach einem dritten und letzten Präsentationsjahr abschließen. Dazwischen liegen rund sieben Jahre, die die Hamburger Elbinseln, Wilhelmsburg, die Veddel und den Harburger Binnenhafen verändert haben. In dieser Zeit durchlebten aber nicht nur die Hamburger Elbinseln und Harburg einen Wandel, sondern auch die IBA selbst, ihre Ziele und Projekte, ihre Verfahren und ihre Vorgehensweisen - und nicht zuletzt die in und mit der IBA arbeitenden Menschen haben sich verändert.

Bauausstellungen sind nicht nur ein „Ausnahmezustand auf Zeit" - wie es so schön im Memorandum „Zur Zukunft Internationaler Bauausstellungen"[1] aus dem Jahre 2009 heißt, sondern vor allem ein Balanceakt: zwischen Routine und Innovation, zwischen finanzieller Abhängigkeit und kuratorischer Eigenverantwortung, zwischen Politik und Bürgern, zwischen Pragmatismus und Kreativität, zwischen lokaler Verankerung und internationaler Ausstrahlung. Die Erwartungen an eine IBA sind groß. Sie soll einerseits paradigmatische Lösungen erarbeiten (und sich an der maßstäbesetzenden IBA-Tradition messen lassen), sie soll andererseits sichtbare Ergebnisse vor Ort erzielen, die nicht zuletzt den Mitteleinsatz rechtfertigen; sie soll zur Imagepolitur der jeweiligen Stadt beitragen, sich andererseits aber nicht über die Köpfe der Betroffenen hinwegsetzen. An einer IBA wird vom ersten Moment ihrer Existenz an gezerrt. Die Initiatoren in Politik und Verwaltung möchten, dass ihre Ideen und Erwartungen möglichst eins zu eins umgesetzt

werden und sehen die IBA als eine Art exekutive Taskforce; die Bürger und Initiativen schwanken zwischen Misstrauen und Erwartungen, einige sehen die IBA als Mittel, endlich ihre Interessen durchsetzen oder doch zumindest am „Geldsegen" teilhaben zu können; andere wittern das Trojanische Pferd der Gentrifizierung. Gerade weil eine IBA nicht primär eine eindimensionale Architekturausstellung, sondern ein vielschichtiger baukultureller Prozess ist, steht sie in einem Spannungsfeld verschiedenster Interessen und Erwartungen, das für jede IBA aufs Neue eine Herausforderung darstellt. Jede IBA muss sich in diesem Spannungsfeld neu erfinden.

Die IBA Hamburg (er)findet sich

Die IBA Hamburg ist aus der Idee des „Sprungs über die Elbe"[2] hervorgegangen. Der Vorbereitungsprozess der IBA Hamburg dauerte etwa drei Jahre und umfasste umfangreiche Beteiligungs-, Planungs- und politische Entscheidungsverfahren[3]. Das im Mai 2005 von der Bürgerschaft zur Kenntnis genommene „IBA-Memorandum"[4] war zwar programmatisch formuliert, ließ aber dennoch den Spielraum für eine konzeptionelle Weiterentwicklung[5] des IBA-Gedankens. Drei „Zukunftsthemen künftiger Stadtentwicklung" wurden der IBA mit auf den Weg gegeben:

- „Globalisierung produktiv gestalten!"
- „Ressourcen aus Wissen und Kultur wertschöpfend nutzen!" und
- „Qualitätvolle städtische Quartiere schaffen!"

Unter das Schlagwort „Zukunft der Metropole", das in den Jahren 2007 bis 2010 auch

Das Team der IBA Hamburg am Modell der Elbinseln auf dem IBA DOCK, mit dem Ausstellungszentrum und den Büros der IBA Hamburg GmbH (Aufnahme im Februar 2013)   The IBA Hamburg team with the model of the Elbe islands in the IBA DOCK, which houses the IBA Hamburg GmbH's offices and exhibition centre (February 2013).

ULI HELLWEG

IBA Hamburg - An Initial Review

"Temporary Exceptional Circumstances"

das Motto der IBA Hamburg war, ließen sich jedoch nicht nur diese zentralen Themen der Stadtentwicklung subsumieren, sondern auch das 2007 neu hinzugekommene Leitthema der „Stadt im Klimawandel". Nach Vorlage des 4. IPCC-Berichtes im Februar 2007 war schlagartig klar, dass eine IBA auf den Hamburger Elbinseln, dem Ort mit den meisten Opfern der Flut von 1962, nicht am Thema des Klimawandels vorbeisehen kann. Zwar tauchte dieses Problem im „Memorandum" nicht auf; dennoch war es für eine IBA selbstverständlich, dass angesichts der Tatsache, dass die Metropolen weltweit nicht nur die Hauptverursacher, sondern auch die potenziellen Hauptopfer des Klimawandels sind, an diesem neuen Schwerpunkt kein Weg vorbeiführte.

Die inhaltlichen und thematischen Vorläufe der Prä-IBA-Phase waren einerseits eine große Hilfe, um die thematischen Schwerpunkte der IBA zu schärfen, andererseits wirkten manche Planungserbstücke für den eigentlichen IBA-Prozess eher als Hemmschuh. So lösten Entwicklungsziele wie „Wohnen am Wasser" oder Projekte wie der „IBA-See" in Wilhelmsburg Mitte große Erwartungen an die neu gegründete IBA aus, die angesichts der realen Umstände und stadtpolitischen Gegebenheiten nicht einzulösen waren. Sehr schnell wurde klar, dass eine strategische Fokussierung des „Sprungs über die Elbe" auf bestimmte Randbereiche der Elbinsel, also insbesondere auf den Hafenrand im Westen (Reiherstieg) und Norden (Kleiner Grasbrook) sowie den Landschaftsraum im Osten (Kirchdorfer Wiesen) zu unüberwindbaren Konflikten mit der Hafenwirtschaft einerseits und der Inselbevölkerung und den Umweltverbänden andererseits führen würden, die im Rahmen der sieben IBA-Jahre nicht lösbar wären. Tatsächlich lagen und liegen die Zukunftspotenziale im Inneren der Hamburger Elbinseln, an den von großen Verkehrstrassen und Logistiknutzungen blockierten inneren Stadträndern. Hier, wo zeitgleich mit der IBA die internationale gartenschau hamburg 2013 (igs 2013), stattfindet, konnte mit dem neuen, zweiten Leitbild der „Metrozonen" das Memorandum-Thema „Qualitätvolle städtische Quartiere" in eine

konkretere konzeptionelle Richtung gelenkt werden. Erstmals wurden die desolaten inneren Peripherien der Stadt, die Jahrzehnte im Schatten von innerstädtischer Stadterneuerung und Wohnumfeldverbesserung standen, als neue und eigenständige städtebauliche und freiraumplanerische Aufgabe definiert. Noch nie in der Geschichte der Bauausstellungen hatte es eine so enge institutionelle und inhaltliche Verknüpfung zwischen einer IBA und einer Gartenschau gegeben. Tatsächlich spielen aber gerade die Freiflächen eine zentrale Rolle für die Aufwertung der Metrozonen der Stadt.

Kein Wunder, dass sich mit dem sperrigen Begriff der „Metrozonen" nicht nur die Bürger, sondern auch die Fachwelt anfangs schwer taten; denn die Fachdiskussion der Jahrzehntwende war neben der Konversions- und Stadterneuerungsthematik vor allem von der „Zwischenstadt" geprägt. Obwohl „Metrozonen" und „Zwischenstadt" historische Parallelen und gestalterische Ähnlichkeiten aufweisen, liegt doch der grundlegende Unterschied darin, dass letztere die verlorenen Paradiese der Suburbanisierung und erstere die Heterotopien der Industrialisierung der Stadt darstellen. Beide Stadttypologien sind Raumproduktionen der industriellen Moderne, des Planens und Bauens in der Kategorie des „Entweder-oder".

Die IBA Hamburg setzte sich das Ziel eines Paradigmenwechsels vom „Entweder-Oder" der Funktionstrennung zum „Sowohl-als-auch" einer neuen Stadtverträglichkeit. Die klassischen Nutzungskonflikte zwischen Wohnen und Arbeiten, in Wilhelmsburg konkret zwischen Hafen- und Stadtentwicklung, sollten mit neuen Methoden des Stadtumbaus gelöst werden. Das Leitthema „Metrozonen" entwickelte sich auch aus der Erkenntnis, dass die wachsende Stadt Hamburg – „Metropole Hamburg – Wachsende Stadt" war von 2003 bis zur schwarz-grünen Regierung im Jahre 2009 das offizielle Leitbild der Stadt – gerade nicht an den Rändern, sondern im Inneren ihre Potenziale und Infrastrukturen hat. Hier müssen die Strategien und Methoden eines neuen Miteinanders von Wohnen und Arbeiten entwickelt werden, nicht zuletzt auch deshalb,

Die Internationale Entwurfswerkstatt „Sprung über die Elbe" im August 2003 war ein entscheidender Wegbereiter für die Internationale Bauausstellung IBA Hamburg.   The international design workshop "Leap across the Elbe" in August 2003 was a key forerunner to the International Building Exhibition IBA Hamburg.

Auf dem „FORUM IBA 2013" im Jahr 2005 wurde das Memorandum für eine Internationale Bauausstellung in Hamburg vorgestellt, diskutiert und damit die Weichen für die IBA Hamburg gestellt (v.l.n.r: Prof. Christiane Sörensen, Prof. Dr. Thomas Krüger, Prof. Jörn Walter, Prof. Kunibert Wachten, Margit Bonacker, Thomas Giese, Julia Sökeland).   The memorandum relating to an international building exhibition in Hamburg was presented and discussed at the "FORUM IBA 2013" in 2005 and the ground prepared for the IBA Hamburg (from left to right: Prof. Christiane Sörensen, Prof. Dr. Thomas Krüger, Prof. Jörn Walter, Prof. Kunibert Wachten, Margit Bonacker, Thomas Giese, Julia Sökeland).

The Internationale Bauausstellung IBA (International Building Exhibition) Hamburg began work on 1 September 2006 and will draw to a close on 3 November 2013 following a third and final Presentation Year. Some seven years lie in between, years that have changed Hamburg's Elbe islands, Wilhelmsburg, Veddel, and the "Harburg Upriver Port". Not only have Hamburg's Elbe islands and Harburg undergone a transformation during this time, the IBA itself, its goals and projects, their processes and their procedures – and not least the people working in and with the IBA have changed.

Building exhibitions are not only a "set of fixed-term exceptional circumstances" – as it was so nicely put in the memorandum "On the Future of International Building Exhibitions"[1] from 2009, they are, more especially, a balancing act between routine and innovation, between financial dependence and curatorial autonomy, between politics and the public, between pragmatism and creativity, between local anchoring and international charisma. The expectations placed on an IBA are considerable. On the one hand, it is expected to draw up paradigmatic solutions (and be measured against the yardstick of IBA tradition), while on the other hand achieving visible results locally, results that – last but not least – justify the use of funds; it is intended to contribute to polishing the city in question's image while, at the same time, not overriding those affected. An IBA is a tug-of-war from the first moment of its existence. The initiators within politics and administration want their ideas and expectations implemented on as close to a one-one basis as possible and see the IBA as a kind of executive task force; the public and their initiatives fluctuate between distrust and expectation, some of them seeing the IBA as a means of finally asserting their interests, or at least being able to participate in the "financial bonanza"; others sense the Trojan Horse of gentrification. Precisely because an IBA is not primarily a one-dimensional architectural exhibition but a complex building culture process, it finds itself in an area of conflict between very different interests and expectations that constitutes a brand new challenge for every IBA. Every IBA has to reinvent itself within this area of conflict.

The IBA Hamburg (Re)invents Itself

The IBA Hamburg derived from the "Leap across the Elbe"[2] idea. The IBA Hamburg's process of preparation lasted about three years and comprised comprehensive participatory, planning, and political decision processes.[3] The "IBA Memorandum"[4] presented to parliament in May 2005 was compiled as an agenda but left scope for further conceptual development[5] of the IBA idea. The IBA was assigned three "issues for the urban development of the future":
• "Managing globalisation productively!"
• "Using the resources of knowledge and culture to create value!", and
• "Creating quality urban neighbourhoods!"
Not only did the title "Future of the Metropolis", which was also the motto of the IBA Hamburg between 2007 and 2010, subsume these central

weil die großen Städte wieder Platz zum Wachsen brauchen.[6]

Das dritte Leitbild, „Kosmopolis", entwickelte sich aus der sozialen und kulturellen Dimension der Metrozone Wilhelmsburg und Veddel. Die Stigmatisierung der Elbinseln als „Ausländer- und Problemviertel" hatte zu einem „Exodus" der bildungsbewussten, meist mittelständischen Bevölkerung und zu einer sozialen Monostruktur geführt, die auch von den Elbinsulanern selbst schon in Beteiligungsprozessen der 1990er Jahre und insbesondere auf der Zukunftskonferenz 2001/2002 heftig kritisiert worden war[7]. Das Leitbild „Kosmopolis", das im Laufe des Jahres 2007 gesetzt wurde, entsprang der Überlegung, dem eher neutralen Begriff der „Internationalen Stadtgesellschaft" oder gar dem beliebigen „Multi-Kulti" einen normativen Begriff entgegenzusetzen. In Anlehnung an die Definitionen von Ulrich Beck und Kwame Anthony Appia sollte mit diesem Begriff deutlich gemacht werden, dass das Leitbild einer neuen, kosmopolitischen Stadtgesellschaft nicht auf dem – illusorischen – Idealbild gemeinsamer Werte aller Stadtbürger, wie sie im Integrationsbegriff oft unterstellt werden, fußt, wohl aber auf gemeinsamen Spielregeln des Zusammenlebens[8], also auf Zivilisiertheit. Zivilgesellschaft – so die Grundthese des Leitbildes „Kosmopolis" – basiert auf Diversität und gegenseitiger Akzeptanz im Rahmen eines rechtsstaatlichen und demokratischen Konsenses. Wenn man es also ernst meint mit dem Motto „Vielfalt ist unsere Stärke"[9], dann müssen neue infrastrukturelle, städtebauliche und architektonische Lösungen gefunden werden, die der Verfestigung räumlicher und sozialer Ghettos entgegenwirken. Die konzeptionellen Schlüsselbegriffe hier heißen: Ausbildung und Beschäftigung.

Schon auf der Zukunftskonferenz 2001/2002 war von den Bürgern eine „Bildungsoffensive" gefordert und die maßgeblichen Bildungsfelder wie Spracherziehung, schulische Abschlüsse und Übergänge ins Berufsleben sowie die interkulturelle Bildung thematisiert worden. Diese Initiativen und Aktivitäten wurden von der IBA gestärkt, gebündelt und koordiniert. Darüber hinaus wurden im Leitbild „Kosmopolis" weitere Forderungen der Bürger aufgegriffen wie die Förderung lokaler Ökonomien, die Verbesserung der Wohnsituation im Reiherstiegviertel, die Schaffung integrativer Infrastrukturprojekte und die Förderung der kreativen Milieus.

Für alle Leitthemen gilt, dass sie im Laufe der Jahre inhaltlich immer weiter konkretisiert werden konnten, wie man anhand der Schriftenreihe der IBA Hamburg mit ihren Schwerpunktthemen „Ressourcen", „Bildung", „Metrozonen", „Kosmopolis" oder „Zivilgesellschaft" praktisch nachvollziehen kann. Wesentlich zur Schärfung der Leitthemen trugen die Diskussionen im Kuratorium sowie die IBA LABORE bei. Das hochkarätig besetzte Kuratorium war 2007 berufen worden und tagte insgesamt 13 Mal. Hier wurden nicht nur die IBA-Exzellenzkriterien festgelegt, die zur Bewertung der Projekte herangezogen wurden, hier wurden auch die grundlegenden Konzepte wie die Bildungsoffensive oder das Konzept „Erneuerbares Wilhelmsburg" sowie die wichtigsten Projekte diskutiert. Das Kuratorium fasste keine formellen Beschlüsse, sondern trug durch seine qualifizierte Diskussion wesentlich zur Profilierung der Themen und Ziele der IBA bei. Eine weitere wichtige Funktion des Kuratoriums lag zudem in der politischen Unterstützung in Zeiten senatspolitischer Veränderungen und wahltaktischer „Diskussionen".

Die IBA LABORE, die vor allem in den Jahren 2007 bis 2011 durchgeführt wurden, waren die wesentlichen fachlichen Qualifikatoren der IBA-Projekte und -Konzepte.[10] Ziel der Labore war es, die Themen und Leitbilder der IBA im internationalen Kontext nicht nur auf der Höhe des „State of the Art" zu diskutieren, sondern die zukunftsträchtigen Trends und Strategien zu erfassen, die für diese Leitthemen relevant werden konnten. So brachte beispielsweise das IBA LABOR „Energie & Klima" 2008 den Umschwung von einzelnen innovativen Leuchtturmprojekten im Leitbild „Stadt im Klimawandel" zum strategischen „Zukunftskonzept Erneuerbares Wilhelmsburg"[11]. Im *Energieatlas* wird erstmals gezeigt, wie ein ganzer Stadtteil in einer Metropole mittel- bis langfristig seine privaten Haushalte, Handwerks- und Kleinge-

Die Veranstaltungsreihe „Pegelstand" des Vereins Zukunft Elbinsel Wilhelmsburg e.V. greift regelmäßig aktuelle Themen des Stadtteils auf und hinterfragt sie. Hier der erste Kontakt mit Uli Hellweg, dem frisch ernannten Geschäftsführer der IBA im September 2006. Als Antrittsgeschenk wurde ihm das Maskottchen mit dem Wappen von Wilhelmsburg überreicht.
The "Water Level" series of events mounted by the Verein Zukunft Elbinsel Wilhelmsburg e.V. (Elbe Island Wilhelmsburg Future Association) addresses and scrutinises current local issues on a regular basis. Depicted here is the initial contact with Uli Hellweg, the IBA's newly appointed managing director in September 2006. The little mascot with the Wilhelmsburg coat of arms was presented to him to mark the occasion.

urban development issues, it also covered the new theme of "Cities and Climate Change" added in 2007. The presentation of the IPCC's 4th report in February 2007 made it abundantly clear that an IBA on Hamburg's Elbe islands, the place with the most victims in the flood of 1962, cannot ignore the issue of climate change. This problem did not feature in the "Memorandum" but it was nevertheless obvious for an IBA that, given the fact that the worlds' cities are not only the main cause but also potentially the main victims of climate change, there was no avoiding this new focus.

The content and topic pre-runs of the pre-IBA phase were a great help in clarifying the IBA's thematic focus while some of the planning legacies for the actual IBA process tended to be stumbling blocks instead. Consequently, development goals such as "Waterside Living" or projects like the "IBA Lake" in the centre of Wilhelmsburg placed major expectations on the newly founded IBA, expectations that could not be met given the actual circumstances and the realities of city politics. It very soon became clear that a strategic focus in the "Leap across the Elbe" on specific peripheral areas of Wilhelmsburg, namely on the harbour periphery to the west (Reiherstieg) and north (Kleiner Grasbrook), as well as the landscape area in the east (Kirchdorfer Wiesen), would lead to insurmountable conflicts with the harbour management on the one side and the island population and environmental associations on the other, conflicts that were not resolvable within the seven IBA years.

The future potential did and does indeed lie at the heart Hamburg's Elbe islands, in the inner city peripheries blocked by major traffic arteries and logistics uses. Here, where the international garden show hamburg 2013 (igs) is taking place at the same time as the IBA, was where the new "Metrozones" theme was able to steer the Memorandum topic of "Quality Urban Neighbourhoods" in a more concrete conceptual direction. For the first time, the city's desolate inner peripheries that for decades had been overshadowed by inner-city urban renewal and living environment improvement, were

defined as a new and independent urban design and spatial planning task. Never in the history of building exhibitions has there been so close an institutional and content link between an IBA and a garden show. Open spaces in particular do indeed play a key role in the upgrading of a city's metrozones.

It is no wonder that not only the public but also the experts had trouble with the cumbersome term "metrozones" in the beginning because, in addition to the issues of conversion and urban renewal, expert discussion at the turn of the decade was characterised by "transurban" in particular. Although "metrozones" and "transurban" exhibit historical parallels and formative similarities, the fundamental difference is that the latter represents the lost paradise of suburbanisation and the former the heterotopias of urban industrialisation. Both urban typologies are spatial productions of industrial modernism, of planning and building in the "either/or" category.

The IBA Hamburg set itself the goal of a paradigm shift from the "either/or" of function separation to the "as well as" of a new urban compatibility. The classic usage conflicts between living and working, or more concretely in Wilhelmsburg between harbour and urban development, were to be solved with the new methods of urban conversion. The "Metrozones" theme also developed out of the realisation that the potential and the infrastructure of the growing city of Hamburg – "Metropolitan Hamburg – Growing City" was the city's official motto from 2003 until the black-green government of 2009 – were not on the peripheries but in the centre. It was here that the strategies and methods of a new coexistence between living and working needed to be developed, and not least because major cities need space to grow.[6]

The third theme, "Cosmopolis", developed out of the social and cultural dimension of the Wilhelmsburg and Veddel metrozone. The stigmatising of the Elbe islands as a "foreigner and problem district" had led to an "exodus" of the educationally aware, mostly middle-class population and to a social monostructure that was heavily criticised by the Elbe island

werbebetriebe sowie seine Dienstleistungs-
einrichtungen mit eigenen Energieressourcen
klimaneutral versorgen kann. Auch zentrale
Themen wie die „Bildungsoffensive Elbinseln",
„Logistik", „Klimafolgemanagement", „Interkul-
turelle Räume", die „Smart Price" und „Smart
Material Houses", die „Water" und „Hybrid
Houses" wurden in internationalen Fachveran-
staltungen konkretisiert.[12]
Der inhaltliche Selbstfindungsprozess der IBA
Hamburg wurde schon früh von zahlreichen
Universitäten und Forschungseinrichtungen
begleitet[13]; dabei wurden neben klassischen
Formaten der wissenschaftlichen Expertise,
Beratung und Evaluation auch neue Formen der
Kooperation entwickelt, wie zum Beispiel im
Projekt „Universität der Nachbarschaften".

Die andere Seite Hamburgs

Während sich die Zusammenarbeit mit der
Fachwelt von Anfang an interessiert und ent-
spannt entfaltete, stellte sich das Verhältnis
zur Hamburger Öffentlichkeit nicht immer so
unkompliziert dar. Besonders in der Aufbauphase warfen die glänzenden Projekte nördlich
der Elbe lange Schatten auf die Elbinseln und
Harburg. Neu war diese Situation nicht, denn
die mentale Trennung zwischen dem nördlichen
– für manche dem „wahren" – Hamburg und
dem Hamburger Süden hat in der Freien und
Hansestadt Tradition. Besonders die Hamburger
Elbinseln Wilhelmsburg und die Veddel galten
um die Jahrzehntwende als Problemviertel,
weshalb die Zukunftskonferenz 2001/2002
dringend einen Imagewandel forderte.
Um die vor allem von den Medien betriebene
skandalisierte Wahrnehmung aufzubrechen,
adressierte die IBA Hamburg schon 2007 ihre
Auftaktkampagne zum ersten Präsentationsjahr
gezielt an die „Nord-Elbianer". Slogans wie
„Was kann Wilhelmsburg für Eppendorf tun?"
oder „Wie viele Götter verträgt die Elbinsel?"
provozierten und ließen manche Hamburger,
vor allem junge Leute, aufhorchen. Der „IBA
Kunst- und Kultursommer" 2007 lockte mehr
als 50.000 Menschen auf die Elbinseln. Hamburgs größtes Open-Air-Festival „MS. Dockville

Die Plakatkampagne der IBA Hamburg zum Präsentationsjahr 2013 vermittelt deren Themen mit Wortwitz
und nimmt damit bewusst Bezug auf die zu Beginn der
IBA plakatierten Fragen wie „Was kann Wilhelmsburg
für Eppendorf tun?" oder „Wie viele Götter verträgt
die Elbinsel?".

The poster campaign for the IBA Hamburg Presentation Year 2013 uses word play to convey the IBA themes, also making deliberate reference to the questions that appeared on the IBA posters at the outset: "What can Wilhelmsburg do for Eppendorf?" or "How many gods can an Elbe island cope with?".

residents themselves in the participatory processes of the 1990s and in particular at the Future Conference 2001/2002[7]. The third theme "Cosmopolis", established during the course of 2007, derived from the contemplation of countering the rather neutral term "international urban society" or even the random "multicultural" with a normative term. Leaning on the definitions by Ulrich Beck and Kwame Anthony Appia, this term was intended to make it clear that the theme of a new, cosmopolitan urban society is based not on the – illusory – ideal of common values among all urban citizens, as is often implied in the term integration, but rather on the common rules of the game of coexistence[8], namely on civilised conduct. Civil society – according to the basic premise of the "Cosmopolis" theme – is based on diversity and mutual acceptance within the parameters of a constitutional and democratic consensus. For the motto "Diversity is Our Strength"[9] to be taken seriously, therefore, new infrastructural, urban design, and architectural solutions need to be found that counter the consolidation of spatial and social ghettos. The key conceptual terms here are education and employment.

An "Education Drive" had already been called for by the residents during the Future Conference with key educational areas such as language learning, school-leaving certificates, and the transition to working life, as well as intercultural training, being highlighted. These initiatives and activities were boosted, bundled, and coordinated by the IBA. The "Cosmopolis" theme also addressed other demands from residents such as the promotion of local economies, the improvement of the housing situation in the Reiherstieg district, the establishment of integrative infrastructure projects, and the promotion of the creative milieu.

All of the themes became more and more concrete in terms of their content over the course of time and this is reflected in the IBA Hamburg's series of publications focussing on "Resources", "Education", "Metrozones", "Cosmopolis", or "Civil Society". The discussions within the board of trustees as well as the IBA LABORATORIES made a major contribution to clarifying the themes. The high-calibre board of trustees was set up in 2007 and met a total of 13 times. It established not only the IBA criteria of excellence used to evaluate the projects, it also discussed the fundamental concepts such as the "Education Drive" or the concept of "Renewable Wilhelmsburg", as well as the most important projects. The board of trustees did not pass any formal resolutions but, instead, its specialist discussions made a key contribution to raising the profile of the issues and goals of the IBA. A further important function of the board of trustees also lay in the political support during times of political change in the Senate and "discussions" of a tactical electoral nature.

The IBA LABORATORIES, held between 2007 and 2011 in particular, were the key expert qualifiers for the IBA projects and concepts.[10] The goal of the laboratories was to discuss the issues and leitmotifs of the IBA in an international context not only at "state of the art" level but also to pick up on seminal trends and strategies that could become relevant to these themes. The IBA LABORATORY "Energy & Climate" in 2008, for instance, brought about the turnaround from individual innovative flagship projects in the "Cities and Climate Change" theme to the strategic "Renewable Wilhelmsburg Future Concept"[11]. The Energy Atlas showed for the first time how an entire city district within a metropolis can supply its private households, tradesmen, and small businesses as well as its service facilities with its own energy resources on a climate-neutral basis in the medium- to long-term. Key issues such as the "Elbe Islands Education Drive", "logistics", "climate management", "intercultural spaces", the "Smart Price" and "Smart Material Houses", the "Water" and "Hybrid Houses" were also concretised at an expert level with international specialist events.[12] The IBA Hamburg's process of self-discovery with regard to content was supported by numerous universities and research institutions from an early stage[13]. In addition to the classical formats of scientific expertise, consultancy, and evaluation, this also saw the development of new forms of cooperation as in the "University of Neighbourhoods" project, for example.

Festival für Kunst und Musik" wurde in diesem Sommer das erste Mal veranstaltet; es hat sich mittlerweile zu einem nachhaltigen Format gemausert, das längst auch ohne IBA-Unterstützung funktioniert.

Für den allmählichen Imagewandel der Elbinseln spielte auch die Einführung der IBA-Konvention 2007 eine bedeutende Rolle. Die Idee hinter der IBA-Konvention war, die wesentlichen stadtgesellschaftlichen Akteure in den IBA Prozess einzubinden und sie als wichtige Multiplikatoren und „Botschafter" für die Elbinseln und die IBA zu gewinnen. Am 8. Mai 2007 unterzeichneten zunächst der damalige Erste Bürgermeister Ole von Beust sowie 46 maßgebliche Organisationen wie beispielsweise die Handelskammer, die SAGA/GWG, die Hamburger Sparkasse sowie renommierte Persönlichkeiten wie der bekannte Kunstsammler Dr. Harald Falkenberg in einem Festakt die IBA-Konvention. Darin verpflichten sich die Unterzeichner, die IBA zu unterstützen und – nach Möglichkeit – an den Projekten mitzuarbeiten. Um die IBA-Konvention mit Leben zu füllen, wurden Facharbeitsgruppen sowie die vierteljährlich stattfindenden beliebten IBA-Partner-Frühstücke eingerichtet. Letztere finden im wechselnden Turnus bei einzelnen Partnern statt. So konnte ein regelmäßiger Informationsfluss aufgebaut werden. Die meisten der mehr als 60 IBA-Projekte wurden mit Partnern aus diesem Kreis realisiert. Es entstand ein Netzwerk aus Aktivisten und IBA-Botschaftern, das auch über den IBA-Bezug hinaus von den beteiligten Institutionen und Personen geschätzt wird. Zum Ende der IBA zählt der Partnerkreis mehr als 140 private und öffentliche Unternehmen und Institutionen.[14]

Sieben Jahre nach der Gründung der IBA hat der in der Zukunftskonferenz beschworene „Geist des Zupackens und Neuaufbaus" die Elbinseln erfasst. Nicht nur junge Neubürger haben die Elbinseln entdeckt, sondern auch viele Menschen, die aus den Einfamilienhausgebieten im südlichen Umland zurück in die Stadt wollen oder die aus anderen Bundesländern bzw. dem Ausland neu nach Hamburg kommen. Wilhelmsburger Familien, die bis vor kurzem noch mit dem Gedanken spielten wegzuziehen, wenn ihre Kinder das Schulalter erreichen, bleiben nun. Die Hamburger Elbinseln sind auf dem Weg, vom Hinterhof der Stadt zu einer besonderen Adresse des Aufbruchs, der Innovation und der Vielfalt zu werden.

Neben diesen erfüllten Erwartungen haben sich jedoch in den letzten Jahren auch Ängste breitgemacht, vor allem die (gelegentlich politisch gezielt geschürte) Angst vor Gentrifizierung, das heißt vor Verdrängung durch Mietpreissteigerungen. Diese Ängste sind besonders im gründerzeitlich geprägten westlichen Wilhelmsburg, dem Reiherstiegviertel spürbar, da hier der Wandel vom Migrantenviertel zum hippen Szeneviertel am ehesten möglich erscheint. Noch ist die soziale Verdrängung durch Luxusmodernisierungen und Umwandlungen von Miet- in Eigentumswohnungen eher gefühlt als belegt. Dennoch muss die Entwicklung genau beobachtet werden, und die jährlichen Monitoringberichte[15] der IBA müssen auch über den IBA-Zeitraum hinaus weitergeführt werden, um frühzeitig planungsrechtlich gegensteuern zu können. Der nachhaltige Erfolg im Leitbild „Kosmopolis" wird wesentlich davon abhängen, ob die Aufwertung der Elbinseln ohne soziale Verdrängung funktioniert. „Wohnen heißt bleiben!" und „Aufwerten ohne Verdrängung!" sind grundlegende Maximen dieser IBA. Die Voraussetzungen für eine sozial verträgliche Aufwertungsstrategie, die den hier lebenden Menschen zugutekommt, waren und sind jedenfalls nicht schlecht. Etwa zwei Drittel der Wohnungen befinden sich im Besitz städtischer oder genossenschaftlicher Unternehmen, die niemand zur Spekulation zwingt. Auch die von der IBA geschaffenen Bildungseinrichtungen wie das Sprach- und Bewegungszentrum oder Infrastrukturen wie der „Weltgewerbehof", der Bewohnerpavillon im Weltquartier, das multikulturelle Seniorenwohnheim „Veringeck" oder die Veringhöfe, der künftige Arbeitsort bereits ortsansässiger Künstler und Kreativer, zielen nicht auf eine neue zahlungskräftige Klientel, sondern wollen die Lebensbedingungen für die hier lebenden Menschen verbessern und ihnen signalisieren: „Hier ist Ihr Zuhause!"

Das IBA-Partner-Netzwerk trifft u.a. beim IBA-Partner-Frühstück zusammen, hier auf der Dachterrasse der Handelskammer Hamburg, im Hintergrund das Rathaus, im Vordergrund Staatsrat Dr. Christoph Krupp, Chef der Senatskanzlei im Gespräch mit Uli Hellweg, Sommer 2012   The IBA Partner Network meets at the IBA Partner Breakfast, summer 2012, here on the roof terrace of the Hamburg Chamber of Commerce, the city hall in the background. State counsellor Dr. Christoph Krupp, head of the State Chancellery, is in the foreground, talking to Uli Hellweg.

Hamburg's Other Side

While the cooperation among experts proved to be interesting and exciting from the outset, the relationship with Hamburg's public was at times complicated. In the development phase in particular, the lustrous projects north of the Elbe cast long shadows over the Elbe islands and Harburg. This situation was not a new one because the mental divide between northern – for many "real" – Hamburg and the south of Hamburg was something of a tradition in the Free Hanseatic City. Hamburg's Elbe islands of Wilhelmsburg and Veddel in particular were considered problematic neighbourhoods at the turn of the decade, which is why the Future Conference 2001/2002 made an urgent call for an image transformation.

As early as 2007 the IBA Hamburg targeted the "North Elbians" with its opening campaign for its first Presentation Year in order to counter the scandalised perception propagated by the media in particular. Slogans like "What can Wilhelmsburg do for Eppendorf?" or "How many gods can an Elbe island cope with?" were provocative and made many Hamburg residents stop and listen, especially young people. The "IBA Art and Culture Summer" 2007 drew more than 50,000 people to the Elbe islands. Hamburg's largest open air festival, the "MS Dockville Festival of Art and Music", was staged for the first time that year; it has now developed a sustainable format that has long been functioning even without the IBA support.

The introduction of the IBA Convention 2007 also played an important role in the Elbe islands' gradual image change. The idea behind the IBA Convention was to incorporate the key urban society protagonists in the IBA process and to win them over as important disseminators and "ambassadors" for the Elbe islands and the IBA. The IBA Convention was signed in a ceremony on 8 May 2007 by the former Mayor of Hamburg, Ole von Beust, together with 46 key organisations such as the Chamber of Commerce, SAGA/GWG, the Hamburger Sparkasse, as well as

„Wir sind schon da!" – Zu den Beteiligungsformaten der IBA Hamburg

Von Anfang an begegneten die Wilhelmsburger Aktivisten der IBA mit großem Interesse und wacher Kritik. Bereits am 7. September 2006, in der ersten Woche der Arbeitsaufnahme der IBA Hamburg, veranstaltete der Verein Zukunft Elbinseln, der 2012 sein zehnjähriges Bestehen feierte[16], eine Befragung der IBA. Der Verein organisiert in unregelmäßigen Abständen „Pegelstände", das sind meist hochkarätig besetzte Bürgerversammlungen, auf denen zentrale Fragen und Probleme der Elbinseln diskutiert werden. Neben dem Verein Zukunft Elbinseln gibt es in Wilhelmsburg noch mehr als 30 aktive Bürgervereine, Gemeinwesenorganisationen und Initiativen. Alle Organisationen haben eine gewisse Milieuorientierung, ohne dass sich dies grundsätzlich in Abschottung oder Rivalität niederschlägt. Im Gegenteil, wenn es um die zentralen Fragen der Elbinseln geht, zeigt sich die Stärke langer Kooperation und erfolgreicher gemeinsamer Kampagnen.

Die Reaktion auf die neue Einrichtung IBA schwankte damals zwischen hoffnungsvoller Erwartung („Endlich passiert mal was!") und trotzigem „Wir sind schon da!" – als Reaktion auf den politisch gewollten „Sprung über die Elbe". In zahllosen Gesprächen und auf vielen Versammlungen wurden in der Anfangsphase die Projekte der IBA vor- und zur Diskussion gestellt. Eine besondere Rolle spielte dabei das neu eingerichtete IBA/igs-Beteiligungsgremium. Diesem aus 24 Bürgerinnen und Bürgern bestehenden Gremium wurden alle Projekte der IBA zur Beratung vorgelegt. Zwar hatte das Beteiligungsgremium keine bindende Beschlussmacht, dennoch waren die Voten für IBA und igs 2013 immer von großer Bedeutung. So wurden auch Projekte aufgrund der Empfehlungen dieses Gremiums beziehungsweise umfassender Mediationsverfahren aufgegeben, wie zum Beispiel die Bebauung der Kirchdorfer Wiesen. Die Stärke des Beteiligungsgremiums lag auch darin, dass es die Milieugrenzen der Bürgervereine und -initiativen qua Zusammensetzung

überwand. Die Vertreterinnen und Vertreter waren Bürger der verschiedenen Quartiere der Hamburger Elbinseln und Harburgs, die im Großen und Ganzen das gesellschaftliche Spektrum verkörperten und nicht die politischen Mehrheiten.

Trotz des offenen Bewerbungsprozesses – jeder Bewohner der Elbinseln konnte für das Gremium kandidieren, die Auswahl erfolgte durch die lokale Politik – waren Migrantinnen und Migranten von vornherein deutlich unterrepräsentiert. Auch in den Bürgerversammlungen musste die Erfahrung gemacht werden, dass migrantische Bewohner kaum teilnahmen. Daher wurden von der IBA Hamburg andere Formate entwickelt, die sich speziell an diese Menschen in den Quartieren richteten. Zum einen wurden Gespräche mit den Vertretern der muslimischen Gemeinden, Verbände und Organisationen wie dem Türkischen Elternbund geführt, die als Multiplikatoren in die migrantischen Gemeinschaften hineinwirken. Hier ging es vorrangig um allgemeine Fragen der Mietentwicklung, der Bildungs- oder Arbeitsmarktpolitik. Als wichtiges Beteiligungsformat stellte sich die aufsuchende Beteiligung im „Weltquartier" heraus. In den Jahren 2008/2009 fand in der ehemaligen

Vertreterinnen und Vertreter des IBA/igs Beteiligungsgremiums im Gespräch mit den Mitgliedern des Kuratoriums der IBA, Sommer 2012 Representatives of the IBA/igs Participation Committee talking to members of the IBA Advisory Panel, summer 2012

Während des IBA LABOR Energie & Klima 2008 wurde der Energiebeirat der IBA Hamburg berufen. Auf dem Bild zu sehen sind die Mitglieder Prof. DI MAAS Peter Droege und Stefan Schurig (v.l.n.r). The IBA Hamburg's Energy Advisory Board was set up during the IBA's Energy & Climate Laboratory in 2008. Pictured here (from left to right) are members Professor DI MAAS Peter Droege and Stefan Schurig.

high profile individuals such as the well-known art collector Dr. Harald Falkenberg. The signatories committed their support to the IBA and – as far as possible – to cooperate with the projects. Expert working groups and the popular quarterly IBA Partner Breakfasts were established in order to breathe life into the IBA Convention. The latter are hosted by the individual partners on an alternating basis, enabling the development of a regular flow of information. Most of the more than 60 IBA projects were implemented with partners from within this circle. What developed was a network of activists and IBA ambassadors, a network that has come to be held in high regard by the participating institutions and individuals over and above the IBA context. By the end of the IBA the circle of partners numbered more than 140 private and public enterprises and institutions.[14]

Seven years after the founding of the IBA, the spirit of "knuckling down and rebuilding" invoked at the Future Conference has gripped the Elbe islands. Not only have new, younger citizens discovered the islands, many people wanting to return to the city from the surrounding single family home areas to the south have discovered the islands, as have people from other areas of Germany and from abroad. Wilhelmsburg families who, until recently, were considering moving away when their children reached school age, are now staying. Hamburg's Elbe islands are on the way from being the city's backyard to becoming a particular place of optimism, innovation, and diversity.

In addition to these fulfilled expectations, however, recent years have seen the emergence of fears, particularly the (at times deliberately stirred-up politically) fear of gentrification, meaning the fear of displacement through rent increases. These fears are especially evident in the largely nineteenth-century-style west of Wilhelmsburg, the Reiherstieg district, because it is here that the transformation from migrant district to trendy neighbourhood seems most likely. At the moment the social displacement through luxury modernisation and conversion from rented to homeowner properties is

more perceived than proven. Nevertheless, developments do need to be closely watched and the IBA's annual monitoring reports[15] must be continued beyond the IBA time period in order to be able to take planning and legal countermeasures in good time. The long-term success of the "Cosmopolis" theme will largely depend on whether the upgrading of the Elbe islands works without social displacement. "Living means Staying!" and "Upgrading without Displacing!" are the basic maxims of this IBA. The prerequisites for a socially compatible upgrade strategy that benefits the people living here were and are certainly not bad. About two thirds of the apartments are owned by city or cooperative enterprises resistant to speculation. The educational facilities set up by the IBA, such as the "Centre of Language and Exercise" or infrastructure elements such as the "World Commercial Park", the residents' "Pavilion in the Global Neighbourhood", the multicultural senior citizens' residence "Veringeck", or the "Veringhöfe", the future place of work for artists and creative individuals already based locally, are aimed not at a new, moneyed clientele, but are intended to improve the living conditions for the people living here and to signal to them: "This is your home!"

"We Are Already There!" – The IBA Hamburg's Participation Formats

The Wilhelmsburg activists approached the IBA with great interest and sharp criticism right from the outset. The Elbe Islands Future Association, which celebrated its tenth anniversary in 2012[16], held an IBA survey on 7 September 2006, during the IBA Hamburg's very first working week. The association organises "Water Levels" at sporadic intervals, these being public meetings, usually of a high calibre, where the key issues and problems of the Elbe islands are discussed. In addition to the Elbe Islands Future Association there are more than 30 other active citizens' associations, community organisations, and initiatives in Wilhelmsburg. All of the organisations have a certain orientation without this amounting to fundamental separat-

Werftarbeitersiedlung aus den 1930er Jahren eine neuartige Bürgerbeteiligung statt. Um die Bewohnerinnen und Bewohner aus mehr als 30 Nationen zu erreichen, suchten speziell geschulte und sprachkundige Studierende Hamburger Hochschulen die Menschen in ihren Wohnungen auf; hier wurden die Erwartungen und Wünsche an die Modernisierung der 830 Wohneinheiten besprochen. Dazu gab es Planungswerkstätten und Kinderrallyes, in denen viel über die Gewohnheiten und Bedürfnisse der Menschen herausgefunden wurde. Dieses aufwendige Beteiligungsverfahren führte zu unerwarteten und außergewöhnlichen Ergebnissen, wie beispielsweise dem Bau des „Weltgewerbehofes"[17], des Bewohnerpavillons am Weimarer Platz[18] oder der Garteninseln in der halböffentlichen Freifläche des „Weltquartiers"[19]. Insgesamt hat die IBA Hamburg mehr als ein Dutzend zielgruppenorientierter und auf die jeweiligen Projekte zugeschnittener Beteiligungsformate praktiziert[20].

„IBAflüssig" - Zur Governancestruktur der IBA Hamburg

Internationale Bauausstellungen sind im Gegensatz zu Bundes- und Internationalen Gartenschauen kein bekanntes Format – weder für das allgemeine Publikum noch für Politik und Medien. Der Slogan „Wir sind schon da!" hatte daher in der Anfangsphase der IBA Hamburg noch einen ganz anderen – institutionspolitischen – Hintergrund. Die Freie und Hansestadt rühmt sich selbstbewusster Behörden, für die das Format IBA fremd war, um nicht zu sagen „IBAflüssig". Außer einem weitsichtigen Senator, einem leidenschaftlichen Oberbaudirektor und seinem engagierten Team war es den wenigsten Behörden- und Bezirksmitarbeitern klar, was sie mit einer IBA anfangen sollten, warum es überhaupt einer eigenständigen Gesellschaft bedurfte und welche Rechte und Kompetenzen diese gar haben sollte.

Der 2007 initiierte „IBA meets IBA"-Prozess[21] diente daher einem doppelten Ziel, nämlich zum einen der Selbstverortung der IBA Hamburg in der Tradition der Bauausstellungen in Deutschland, zum anderen einem stadtöffentlichen Diskussionsprozess über das Besondere des Formates „IBA". Die zehn Empfehlungen zur Zukunft Internationaler Bauausstellungen waren in diesem Sinne durchaus eine Hilfe, die Eigenständigkeit des kuratorischen Formats einer IBA in Hamburg zu festigen. Um diese operativ zu verankern, wurden in der Aufbauphase der Gesellschaft (Ende 2006 bis Ende 2008) mit allen wichtigen Partnern beziehungsweise Stakeholdern Kooperationsvereinbarungen geschlossen. In diesen „IBA-Kontrakten", die eher Absichtserklärungen (Letters of Intent (LOI's) glichen als einklagbaren Verträgen, wurden die Geschäftsgrundlagen der Zusammenarbeit zwischen der IBA und der jeweiligen Institution gelegt. Kontrakte wurden geschlossen mit den (zuständigen) Bezirksämtern Mitte und Harburg, der Finanzbehörde Immobilienmanagement, der Hamburg Port Authority und anderen wichtigen Partnern vor Ort. Die Vereinbarungen regelten die Formen der gegenseitigen Information, der

Die Gründung des Netzwerkes IBA meets IBA geht auf eine Initiative der IBA Hamburg zurück. Im Mai 2007 fand das erste Labor „IBA meets IBA" mit Protagonisten früherer, aktueller und künftiger Internationaler Bauausstellungen in Hamburg statt. The IBA Network was established on the initiative of the IBA Hamburg. The first "IBA meets IBA" Laboratory took place in Hamburg in May 2007 with leading figures from past, current, and future international building exhibitions.

ism or rivalry. On the contrary; when it comes to key issues for the Elbe islands, the power of longstanding cooperation and successful joint campaigns is evident.

Reaction to the new IBA institution back then fluctuated between hopeful expectation ("Something is finally being done!") and defiant "We are already there!" – in response to the politically expedient "Leap across the Elbe". The IBA projects were presented in countless discussions and meetings in the initial phase. The newly established IBA/igs participation committee played a particular role in this. All of the IBA projects were presented to this committee, comprising 24 members of the public, for deliberation. The participation committee has no binding powers of resolution but the votes were always of great importance to the IBA and igs 2013. This also saw projects being abandoned based on the recommendations of this committee and/or comprehensive mediation procedures, such as the development of the Kirchdorf meadows, for example. The participation committee's strength also lay in the fact that it its composition overcame the milieu boundaries of the citizens' associations and initiatives. The representatives were residents from the different neighbourhoods of Hamburg's Elbe islands and Harburg, who largely embodied the social spectrum and not the political majorities. Despite the open application process – in which every Elbe islands resident was able to run for the committee and selection took place at a local political level – migrants were distinctly underrepresented from the outset. It was also the experience of public meetings that migrant residents hardly took part. The IBA Hamburg therefore developed other formats specially aimed at the people in these neighbourhoods. For one, discussions were held with representatives of the Muslim communities, associations, and organisations such as the Turkish Parents' Association who function as disseminators within the migrant communities. Here the issues were largely general rent development issues and education or job market politics. The doorstep participation in the "Global Neighbourhood" turned out to be an impor-

tant participation format. A new type of public participation took place in the former 1930s dock workers' housing area in 2008/2009. Specially trained foreign language students from Hamburg's universities visited people in their homes as a means of reaching the residents from more than 30 nations. It was here that the expectations and hopes for the modernisation of the 830 housing units were addressed. This was accompanied by planning workshops and children's rallies, which revealed a great deal about peoples' habits and needs. This elaborate participation process led to unexpected and unusual results such as the building of the "World Commercial Park"[17], the residents' Pavilion at Weimarer Platz[18], or the garden islands in the semi-public open area of the "Global Neighbourhood"[19], for instance.

Overall the IBA Hamburg has carried out more than a dozen tailored participation formats aimed at specific target groups and the respective projects[20].

"IBA Superfluous" – the IBA Hamburg's Governance Structure

In contrast to national and international garden shows, international building exhibitions are not a familiar format – neither for the general public nor for politics and the media. The slogan "We are already there!" therefore had another very different background, relating to institutional politics, during the IBA Hamburg's starting phase. The Free and Hanseatic City prides itself on self-confident authorities to whom the IBA format was unfamiliar, if not in fact superfluous to requirements. With the exception of a farsighted Senator and a passionate building director with his committed team, only very few authority and district staff members had any idea of what an IBA was about, why it needed an independent body at all, and what rights and competencies it was in fact to have.

The "IBA meets IBA" process[21] initiated in 2007 therefore served two purposes, one being the IBA Hamburg's self-identification within the building exhibition tradition in Germany, and the other a public discussion process on

Beteiligung der IBA an Genehmigungs- und
Entscheidungsprozessen, der Konfliktvermei-
dung und Schlichtung. Vor allem aber bauten
die Kontrakte Unsicherheiten und Ängste im
Umgang miteinander ab und bildeten eine gute
Grundlage für die Entwicklung einer vertrauens-
vollen und erfolgreichen Kooperationsstruktur
zwischen den Behörden und Verwaltungen
einerseits und der IBA andererseits.
Ausgerechnet mit der Aufsicht führenden
Behörde, der Behörde für Stadtentwicklung und
Umwelt (BSU), kam trotz langwieriger Verhand-
lungen keine Vereinbarung über die Spielregeln
der Kooperation zustande, bis im Jahre 2009
die damalige Senatorin Anja Hajduk sozusagen
per Dekret die Koordinierungsstelle „Sprung
über die Elbe", die KSS, einrichtete. Dieses
Gremium unter der Leitung des Oberbaudirektors Jörn Walter übernahm fortan eine zentrale
koordinierende und supervisorische Funktion.
Die große Bedeutung der im Zweiwochenturnus
tagenden KSS basiert vor allem auf dem Prinzip
der institutions- und behördenübergreifenden
Abstimmung. Nur so war es möglich, in ungewohnt kurzer Zeit Entscheidungsprozesse
herbeizuführen, die auf den üblichen Instanzen-
wegen Wochen oder Monate gedauert hätten.
Die KSS war die oberste Clearingstelle; alles, was
hier nicht geklärt werden konnte, musste auf
der Ebene der Behördenleitungen entschieden
werden, wozu es jedoch nur selten kam. Vorbereitet wurden die Entscheidungen der KSS durch
operative Arbeitsgruppen wie die „Projektlei-
terrunde", in der die praktischen und fachlichen
Fragen erläutert wurden, und die „Bauantrags-
konferenz" (BauKo), in der die Bauanträge zwischen den Bauprüfstellen des Bezirks Mitte und
der IBA besprochen und beschleunigt wurden.
Daneben gab es weitere strategische und
operative Abstimmungsrunden zwischen den
Gesellschaften IBA und internationale gartenschau hamburg igs 2013 mit den Bezirken,
der Finanzbehörde, der Bildungsbehörde, der
Sozialbehörde und der Kulturbehörde, wie
zum Beispiel die wichtige Lenkungsgruppe
„Bildungsoffensive Elbinseln". Bei ihr liefen die
Fäden für alle Bildungsprojekte der IBA zusammen. Ohne diese in der bisherigen Hamburger

Verwaltungspraxis einmalige Kooperation
„autonomer" Behörden wären die interdisziplinären bildungspolitischen Ansätze der IBA nicht
realisierbar gewesen, denn nur ein schulüber-
greifender Bildungsbegriff wird der komplexen
soziokulturellen Situation auf den Hamburger
Elbinseln gerecht.
Von besonderer Bedeutung für die Projektentwicklung wurde auch die Stabsstelle Internationale Ausstellungen im Immobilienmanagement
der Finanzbehörde, unter deren Leitung die für
die IBA notwendigen Grundstücke erworben
und der IBA zur Verfügung gestellt wurden. Die
Projektentwicklung erfolgte gemeinsam mit
der Stabsstelle auf der Grundlage von „Bestgebotsverfahren"[22], die die bis dahin üblichen
„Höchstgebotsverfahren" ablösten. Die kompe-
tent geführte Stabsstelle erfüllte Querschnitts-
aufgaben innerhalb der Finanzbehörde, sodass
Entscheidungen auch hier schnell und sachge-
recht herbeigeführt werden konnten.
Tatsächlich hat sich in nur sechs Jahren eine
IBA-spezifische Governancestruktur herausge-
bildet, die auf folgenden Prinzipien beruhte:
• Die Schaffung von IBA-spezifischen Koordi-
  nierungsstellen und operativen Strukturen in
  Verwaltungen und Behörden (Projektgruppe
  „Sprung über die Elbe" (PGS) in der BSU,
  Stabsstelle Internationale Ausstellungen in

Die Verkehrspolitik ist die Achillesferse der Stadtentwicklung auf den Elbinseln. Engagierte Wilhelmsburgerinnen und Wilhelmsburger nutzten das Forum
„IBA meets IBA 2013" im März 2013 für eine spontane
Demonstration gegen die Verkehrspolitik des Hamburger Senats.   Traffic policy is the Achilles' heel of
urban development on the Elbe islands. Committed
members of the Wilhelmsburg public used the "IBA
meets IBA 2013" forum in March 2013 for a spontaneous demonstration against the traffic policies of the
Hamburg Senate.

the particular features of the "IBA" format. In this regard, the ten recommendations on the future of international building exhibitions were indeed a help in consolidating the autonomy of the curatorial format of an IBA in Hamburg. In order to give this an operational anchor, cooperation agreements were concluded with all important partners and stakeholders during the IBA's set-up phase (end of 2006 to end of 2008). These "IBA contracts", which were more letters of intent (LOIs) than enforceable contracts, set out the business foundations of the cooperation between the IBA and the respective institution. Contracts were concluded with the (relevant) Districts of Hamburg-Mitte and Harburg, the State Ministry of Finance Property Management, the Hamburg Port Authority (HPA), and other important local partners. The agreements governed the form of reciprocal information, the IBA's participation in approval and decision-making processes, as well as conflict avoidance and arbitration. Primarily, however, the contracts countered uncertainties and fears in dealings with one another and formed a sound basis for the development of a trusting and successful structure of cooperation between the authorities and administration on the one side and the IBA on the other. Despite lengthy negotiations it was, ironically, with the supervisory authority, the State Ministry for Urban Development and Environment, that no agreement on the rules of cooperation came into being, until the then Senator Anja Hajduk established the „Leap across the Elbe" Coordination Centre (the KSS) by decree, as it were, in 2009. This committee, headed up by building director Jörn Walter, then took on a key coordinating and supervisory function. The great importance of the fortnightly KSS meetings was largely based on the principle of consensus across institutions and authorities. It was only in this way that it was possible to effect decision-making processes within an unusually short period of time, processes that would have taken weeks or months following the usual channels. The KSS was the most senior clearing agent; anything that could not be clarified at this point had to be decided at head

of ministry level, which was only seldom the case. Preparation for KSS decisions was made by operative working groups like the "Project Manager Circle", in which practical and specialist issues were deliberated, and the "Planning Application Conference" (BauKo), in which the planning applications were discussed between the inspecting authority within the District of Hamburg-Mitte and the IBA and accelerated. In addition, there were further strategic and operational consensus rounds between the IBA and international garden show hamburg igs 2013 bodies with the districts, the financial authorities, the education authorities, the welfare authorities, and the culture authorities, such as the important "Elbe Islands Education Drive" steering committee for example, which held the strings to all of the IBA's education projects. This cooperation on the part of "autonomous" authorities was unique within Hamburg's administrative practice to date and without it the IBA's interdisciplinary educational policy approaches would not have been achievable, for only an educational concept going beyond school level is able to do justice to the complex socio-cultural situation on Hamburg's Elbe islands.

The international exhibitions staff position within the State Ministry of Finance/Property Management was of particular importance for the project development, and through which the plots of land necessary for the IBA were acquired and made available to the IBA. The project development was carried out together with the staff position on the basis of "best offer processes"[22], replacing the "highest offer processes" that had been the norm up until then. This competent staff position carried out cross-section tasks within the State Ministry of Finance so that decisions could be effected quickly and expertly here too.

In just six years, an IBA-specific governance structure had in fact come into being based on the principles outlined below.

- The creation of IBA-specific coordination centres and the setting up of operational structures in administration and authorities (the „Leap across the Elbe" Project Group

der Finanzbehörde, bezirkliche Baukoordinierungsrunde, befristete Verstärkung der bezirklichen Personalkapazitäten).

- Operative, zeitliche oder inhaltliche Konflikte und Probleme werden auf Entscheidungsebene in speziell dafür eingerichteten Gremien geklärt (KSS, Lenkungsgruppe Bildungsoffensive, Jour Fixe mit den beiden Bezirksämtern).
- Es werden Spielregeln der Kooperation und der Konfliktregelung über Kontrakte verabredet.
- Es gibt eigenständige Konzept- und Budgetverantwortung bei den Gesellschaften IBA und igs.
- Informations- und Abstimmungsprozesse sowie Gesamtmonitoring aller öffentlichen Budgets für die Baumaßnahmen in IBA und igs werden durch die KSS gesichert.
- Gesamtkoordination und regelmäßige Zeit-Maßnahme-Planung für alle Projekte erfolgten durch die IBA Hamburg GmbH.
- Es gibt interdisziplinäre Arbeitsstrukturen zwischen den Gesellschaften, den Verwaltungen (Bezirke und Behörden) sowie weiterer Maßnahmeträgern (Landesbetriebe, Leitungsträger etc.).
- Es gibt den Willen zur erfolgreichen Kooperation bei allen Beteiligten.

Die Grenzen des Ausnahmezustands

Der Begriff des „Ausnahmezustands" wird häufig bemüht, um die besonderen Arbeitsbedingungen einer IBA zu beschreiben. Tatsächlich ist es im Rahmen der IBA Hamburg gelungen, funktionsfähige Strukturen – wie zuvor beschrieben – aufzubauen. Andererseits konnten einige grundlegende Hürden und Eigenarten der Hamburger Politik und Verwaltung auch im Rahmen einer IBA nicht überwunden werden. Zuvorderst ist hier die mangelnde Integration der Verkehrsplanung in die Stadtentwicklungs- und Stadtplanung zu nennen. Bis heute existiert kein aktueller Gesamtverkehrsplan; der letzte in Hamburg erstellte Verkehrsentwicklungsplan stammt aus dem Jahr 2000 und wurde zuletzt 2004 aktualisiert. Dieser Mangel, der laut Arbeitsprogramm des Senates in dieser Legislaturperiode behoben werden soll, hatte zur

Folge, dass räumliche Entwicklungskonzepte wie zum Beispiel das „Räumliche Leitbild Wachsende Stadt - Grüne Metropole am Wasser" von 2007 unvollständig und unverbindlich bleiben mussten. Die 2011 vollzogene Verlagerung der Verkehrsplanung von der Stadtentwicklungsbehörde in die Behörde für Wirtschaft, Verkehr und Innovation hat eine ganzheitliche Planung weiter erschwert, da nun auch die institutionelle Integration von Stadtentwicklung und Verkehrsplanung aufgegeben wurde. Für die IBA bedeutete die fehlende Gesamtverkehrsplanung von Anfang an, dass alle städtebaulichen Planungen unter dem Damoklesschwert offener verkehrspolitischer Entscheidungen (wie beispielsweise der „Hafenquerspange") standen. Bis zum Ende der IBA blieb die Verkehrsplanung die Achillesferse der Stadtentwicklung auf den Hamburger Elbinseln.

Eine weitere „Hamburgensie" ist das gern gepflegte „Prinzip des größten gemeinsamen Nenners". Um das Risiko der rechtlichen Angreifbarkeit in Abwägungsprozessen zu vermeiden, werden die (Maximal-)Forderungen beteiligter Ämter und Träger öffentlicher Belange gesammelt und - statt abgewogen - befriedigt. Diese Praxis führt nicht nur zu Mehrkosten, sondern auch zu unsinnig restriktiven Festsetzungen in Bebauungsplänen (zum Beispiel Anteil der Dachbegrünung, Zahl der Bäume, Versiegelungsgrad und so weiter) oder unerwarteten Forderungen bei der Baugenehmigung, die dem Anspruch einer Laborsituation diametral entgegenstehen. Nicht minder innovationsfeindlich können öffentliche Belange sein, die privatisiert worden sind. In Hamburg ist die Sondierung von Kampfmitteln aus dem Zweiten Weltkrieg ein solcher Fall. Die in den Jahren 2005 bis 2007 vorgenommene Privatisierung sollte Kosten sparen und Verfahren beschleunigen. Entstanden ist nicht nur der größte Einzelmarkt für die Kampfmittelräumung in Deutschland, sondern eine Sondierungspraxis, bei der kaum Rücksicht auf Fauna und Flora genommen wird. Natürlich betreffen die hier nur skizzierten Besonderheiten der Hamburger Verwaltungspraxis nicht allein die IBA, aber sie zeigen, wie schwierig es tatsächlich ist, einen „Ausnahmezustand" herzustellen, wenn festgefahrene und nicht hinter-

Gremien und Netzwerke der IBA Hamburg
IBA Hamburg Committees and Networks

„Ausnahmezustand"
"Exceptional Circumstances"

Gremien der IBA
The IBA Committees

Koordinierungsstelle Sprung über die Elbe
Projektgruppe Sprung über die Elbe

Leap across the Elbe Coordination Centre
Leap across the Elbe Project Group

Finanzbehörde Immobilienmanagement
Stabstelle internationale
Ausstellungen

State Ministry of Finance, Property
Management
Staff Position International
Exhibitions

Lenkungsgruppe Bildungsoffensive
Elbinseln

Elbe Islands Education Drive Steering
Committee

Jour Fixe Hamburg-Mitte /
Hamburg-Harburg

Regular Hamburg-Harburg
Hamburg-Mitte Meeting

IBA_HAMBURG

Aufsichtsrat

Supervisory Board

Kuratorium

Board of Trustees

Fachbeirat Klima und Energie

Climate and Energy Advisory Board

IBA/igs Beteiligungsgremium

IBA/igs Participation Committee

Bürgerdialoge

Public Dialogue

Netzwerk IBA-Partner

IBA Partner Network

(PGS) in the BSU, the International Exhibitions staff position within the State Ministry of Finance, district-level building coordination groups, temporary reinforcement of district personnel capacities).

- Operational, temporal, or content conflicts and problems were solved at decision-making level in committees specially set up for these purposes (KSS, Education Drive Steering Committee, Jour Fixe with the two District offices).
- Rules of cooperation and conflict regulation were agreed contractually.
- The IBA and igs had autonomous concept and budget responsibility.
- Information and voting processes, as well as the overall monitoring of all public budgets

for the IBA and igs building measures were assured by the KSS.

- Overall coordination and regular time-action planning for all projects was carried out by the IBA Hamburg GmbH.
- There are interdisciplinary working structures between the bodies, the administration (districts and authorities), as well as other protagonists (regional departments, service providers, etc.).
- All of the parties involved have the will to work together successfully.

fragle Strukturen ihr Eigenleben führen. Dieses Problem ist keine Hamburger Besonderheit. In fast jeder Großstadt gibt es Verkrustungen in dem einen oder anderen Verwaltungsbiotop. Aber nicht nur die Probleme des „Landrechtes" können gravierende Hemmnisse des vielbeschworenen Ausnahmezustands darstellen, sondern auch der allgemeine Rechtsrahmen des Bau- und Planungsrechtes der Bundesrepublik. Vor allem im Leitbild „Metrozonen" stoßen innovative Projekte schnell an die Grenzen der Genehmigungsfähigkeit. Der Kern des Metrozonen-Gedankens ist ein neues Sowohl-als-auch der Nutzungsmischung in der Stadt. Tatsächlich geht das geltende Bau- und Planungsrecht jedoch von der Nutzungsentmischung aus. Nicht nur die Baunutzungsverordnung (BauNVO) und bestimmte Fachgesetze, sondern auch eine normative Rechtsprechung verlangen praktisch die Funktionstrennung. Hamburg hat mit der HafenCity[23] zwar gezeigt, dass auch im geltenden Bau- und Planungsrecht kreative Lösungen gefunden werden können. Aber das sind Einzelfalllösungen, die zeigen, wie dringend neue Rechtsnormen des Sowohl-als-auch in der Stadtplanung gefunden werden müssen.

Wir wollen da nicht hin!

Es war von Anfang an ein wesentliches Ziel der IBA Hamburg, private und öffentliche Investitionen zu mobilisieren, da ihre eigene finanzielle Ausstattung kaum bauliche Eigeninvestitionen erlaubte. In unzähligen Gesprächen mit Investoren und Projektentwicklern, in zahllosen Präsentationen vor den großen Verbänden der Wohnungswirtschaft und auf Messen, Tagungen und Kongressen wurden in den Jahren 2006 bis 2009 die Projekte und Ziele der IBA Hamburg vorgestellt. Die Elbinseln galten nicht als Investitionsstandort für den privaten Wohnungsbau, von ein paar Einfamilienhäusern abgesehen. Tatsächlich waren die Immobilienpreise in Wilhelmsburg zwischen 2001 und 2006 für Eigentumswohnungen im Bestand um 26,4 Prozent gesunken – während sie in diesem Zeitraum in Hamburg um 9,3 Prozent und im Szeneviertel St. Georg sogar um 24,7 Prozent gestiegen sind.

Immer wieder spielte neben dem hohen „Ausländeranteil" das Bildungssystem eine zentrale Rolle in der Ablehnung von Wilhelmsburg und der Veddel. Dagegen wurde der Wohnungsbau im Harburger Binnenhafen von den meisten Projektentwicklern und Investoren zwar grundsätzlich begrüßt, war aber wegen der fehlenden Entlassung der Schloßinsel aus dem Hafengebiet, nicht unerheblichen Immissionskonflikten und einigen ungeklärten Finanzierungsfragen für notwendige Sanierungen der Kaianlagen bis 2010 planungsrechtlich nicht möglich. Gegen Ende 2008 war tatsächlich noch kein einziger privater Investor für das IBA-Gebiet gefunden. Lediglich die städtische Wohnungsbaugesellschaft Saga/GWG war bereit, im „Weltquartier"[24] ein Modellprojekt in der Altbausanierung mit ergänzendem Neubau zu realisieren. Um private Investoren für die IBA und die Elbinseln zu interessieren, mussten neue Wege beschritten werden. Der Schlüssel hieß: besondere Produkte für besondere Zielgruppen. Mangels Interesse der institutionellen und institutionalisierten Investoren setzte die IBA Hamburg daher zunächst auf die privaten Endnutzer, zum Beispiel auf Pioniere wie die Baugruppen. Als erstes entstand das Projekt „Open House"[25] im Reiherstiegviertel auf einem Grundstück, das schon seit Jahren in der „Wohnungsbauoffensive" der Hamburger Wohnungswirtschaft vergeblich angeboten worden war. Mit einem anspruchsvollen und innovativen Entwurf der holländischen Architekten Onix gelang ein Maßstabssprung in Qualität und Ästhetik, den niemand zuvor für möglich gehalten hätte – nicht einmal die Baugruppe selbst. Unter dem Motto „Baufrau sucht Bauherrn" konnte im nächsten Schritt die Baugruppe Neue Hamburger Terrassen mit vier Gebäuden in einer innovativen Kombination aus Reihenhäusern und Eigentumswohnungen gebildet werden. In den Jahren 2007 und 2008 standen vor allem öffentliche Bauherren im Fokus der Projektentwicklung. Infrastrukturinvestitionen wie der BSU-Neubau[26] und Bildungsprojekte wie das „Tor zur Welt"[27], das „Haus der Projekte" auf der Veddel[28], das Sprach- und Bewegungszentrum[29], oder eigene Bauvorhaben wie das IBA

Mit Unterstützung der IBA „sprang" die erste Baugruppe über die Elbe. Seit 2011 bewohnen die Pioniere das Passivhaus „Open House" im Reiherstiegviertel und erfahren große Aufmerksamkeit. The first construction unit "leapt" across the Elbe with the support of the IBA. Pioneers have been occupying the "Open House" passive house in the Reiherstieg district since 2011 and have attracted a great deal of interest.

The Boundaries of the Exceptional Circumstances

The term "exceptional circumstances" is often used to describe the particular working conditions of an IBA. It has indeed been possible to set up functioning structures – as described above – during the course of the IBA Hamburg. On the other hand, there were a number of fundamental hurdles and particularities of Hamburg politics and administration that could not be overcome, even within the scope of an IBA. First and foremost is the inadequate integration of traffic planning within urban development and urban planning. There is no current overall traffic plan in existence to this day; the last traffic development plan compiled in Hamburg dates from the year 2000 and was last updated in 2004. The consequence of this shortcoming, due to be rectified within the current legislative period according to the Senate schedule, was that spatial development concepts such as the "Spatial Model Growing City – The Green

Metropolis on the Water's Edge" from 2007, for instance, had to remain incomplete and non-binding. The transfer of traffic planning from the State Ministry for Urban Development to the Department of Industry, Traffic, and Innovation in 2011 further hampered integrated planning as the institutional integration of urban development and traffic planning has now also been abandoned. For the IBA, the absence of overall traffic planning meant that all urban development planning stood under the Sword of Damocles in the form of public traffic policy decisions (such as the "cross-port route") from the outset. Traffic planning remained the Achilles Heel of urban development on Hamburg's Elbe islands through to the end of the IBA. A further "feature" of Hamburg is the well-nurtured "principle of the largest common denominator". In order to avoid the risk of legal vulnerability in deliberation processes, the (maximum) demands of the public interest authorities and organisations involved are gathered and gratified – instead of deliberated. This practice leads not only to increased costs but also to senselessly restrictive constraints in building plans (for example the proportion of roof greenery, the number of trees, the degree of encapsulation, and so on) or unexpected demands at the planning permission stage that are diametrically opposed to the requirements of an experimental situation. Public interests that have been privatised can be equally innovation-unfriendly. In Hamburg the recovery of explosives from the Second World War is one such case. The privatisation measures implemented between 2005 and 2007 were intended to save costs and accelerate procedures. The outcome has been not only the largest single market for explosives recovery in Germany but a recovery process that pays very little attention to fauna and flora. The peculiarities of Hamburg's administrative practices outlined here do not only affect the IBA, of course, but they do show how difficult it in fact is to create a set of "exceptional circumstances" when entrenched and unquestioned structures develop a dynamic of their own. This problem is not particular to Hamburg. Almost every major city has incrusta-

DOCK[30], der „Energiebunker"[31] oder der Pavillon auf dem Weimarer Platz machten den Auftakt. Ganz zweifellos trugen diese öffentlichen Investitionen, ergänzt um die Investitionen der igs in den neuen Inselpark, sowie die politische Unterstützung der IBA durch alle verantwortlichen Bürgermeister, Senatorinnen und Senatoren entscheidend dazu bei, das Interesse auch der privaten Entwickler für die Elbinseln zu wecken. Schließlich zeigte der Senatsbeschluss vom Mai 2007, die Behörde für Stadtentwicklung und Umwelt nach Wilhelmsburg zu verlagern, dass man es mit dem „Sprung über die Elbe" ernst meinte. Das schuf zwar noch keinen Markt, aber Aufmerksamkeit, die die IBA für ihre Projektentwicklungsaktivitäten in diesen ersten Jahren dringend brauchte.

Wege zur IBA Hamburg

Ende 2007 zählte die IBA 16 Projekte auf ihrer Kandidatenliste, davon jeweils sechs in den Themenschwerpunkten „Metrozonen" und „Kosmopolis", vier im Leitbild „Stadt im Klimawandel". Dazu kamen die Querschnittsthemen „Bildungsoffensive Elbinseln" und „Kreatives Quartier Elbinsel". Ende 2008 waren es bereits 39 Projekte („Kosmopolis" 11, „Metrozonen" 18, „Stadt im Klimawandel" 10). Davon hatten 22 öffentliche Träger und 17 interessierte private Investoren. Zum Zwischenpräsentationsjahr 2010 war die Zahl der IBA-Projekte auf 52 angestiegen. Zum Ende der IBA werden mehr als 60 Projekte offiziell als IBA-Projekte anerkannt, davon – zum Zeitpunkt des Redaktionsschlusses – 17 „Kosmopolis"-, 32 „Metrozonen"- und 14 „Stadt im Klimawandel"-Projekte.
Grundlage der Anerkennung als IBA-Projekt waren sieben Kriterien[32], die das Kuratorium der IBA 2007 erarbeitet hatte. Die Wege zum IBA-Projekt waren vielfältig: Projektaufrufe wie zum Beispiel im Oktober 2007 „Ideen für die Veddel und den Spreehafen", Projektvorschläge aus der Zukunftskonferenz 2001/2002, Vorschläge von Initiativen, Einzelpersonen, Vereinen und Verbänden. Im Lauf der Jahre gewann der IBA-Prozess an Dynamik und Fahrt. Immer mehr Initiativen, Investoren, Bauherren, Bürger und Politiker

wandten sich an die IBA, um Projekte zu realisieren. Dieser Prozess ist selbst im abschließenden Präsentationsjahr 2013 noch nicht zu Ende. Verbindliche Grundlage aller IBA-Projekte sind Qualitätsvereinbarungen (QV's), in denen die „IBA-Exzellenzen" des Projektes und gegebenenfalls deren Förderung, der Fertigstellungstermin sowie Bürgschaften und Vertragsstrafen geregelt werden. Darüber hinaus beinhalten die Qualitätsvereinbarungen Regelungen zur Einbeziehung örtlicher Handwerksbetriebe in die Ausschreibungen („Bieterverzeichnis Elbinseln") sowie Regelungen zur Beschäftigung von Jugendlichen[33].
Die ersten Qualitätsvereinbarungen mit privaten Investoren konnten 2009 geschlossen werden. Zu diesem Zeitpunkt war auch erkennbar, dass die vielen Wege zum IBA-Projekt zu einer gewissen Beliebigkeit der Projekte führen könnten. Strategische Projekte zeichneten sich zwar im Bereich öffentlicher Infrastruktur („Bildungsoffensive") ab, aber kaum im Bereich des energetischen Stadtumbaus und im Wohnungsbau. In ihrer kuratorischen Verantwortung entwickelte die IBA daher 2008/2009 zwei grundlegend neue strategische Ansätze: das „Klimaschutzkonzept Erneuerbares Wilhelmsburg" und die „Bauausstellung in der Bauausstellung".
Die Idee zum „Klimaschutzkonzept Erneuerbares Wilhelmsburg" entstand auf dem IBA LABOR „Energie & Klima: Erneuerbares Wilhelmsburg" am 6./7. März 2008. Das zentrale Ergebnis der Fachdiskussion war die Erkenntnis, dass die innovativen Einzelprojekte der IBA in ein strategisches Konzept zum energetischen Umbau der Hamburger Elbinseln einfließen sollten. In einem rund zweijährigen Prozess wurde zusammen mit dem 2008 berufenen internationalen Fachbeirat „Klima und Energie"[34] und einem Forscherteam der Fachhochschule Nordhausen der *Energieatlas – Zukunftskonzept für ein Erneuerbares Wilhelmsburg*[35] entwickelt, der von nun an strategisch-konzeptionelle Grundlage der Projekte und Kampagnen im Leitbild „Stadt im Klimawandel" wurde[36].
Ein zweiter entscheidender konzeptioneller Schritt wurde Anfang 2009 unternommen. Am 16. und 17. Januar trafen sich einige innovative

2013 63

2010 52

2008 39

2007 24

 Stadt im Klimawandel
Cities and Climate Change

 Metrozonen
Metrozones

 Kosmopolis
Cosmopolis

tions in one or other administrative biotope. Not only can the problems of "state law" constitute serious obstacles to the much-touted exceptional circumstances, but, also can the common regulatory framework of building and planning law in Germany. Within the "Metrozones" themes in particular, innovative projects quickly come up against the limits of approval capacity. The core of the metrozone idea is a new "as well as" mixed usage in cities. Current building and planning law, however, is in fact based on use segregation. Not only the Land Use Ordinance (BauNVO) and certain specialist requirements but also a normative jurisdiction demand function segregation in practical terms. Hamburg's HafenCity[23] may have shown that creative solutions can also be found within current building and planning law but these are isolated solutions that indicate how urgently new legal "as well as" norms need to be found in urban planning.

We Do Not Want to be Going There!

From the outset, one of the IBA Hamburg's key objectives was the mobilisation of private and public investment because its own financial means allowed for little building investment of its own. The projects and goals of the IBA Hamburg were presented in countless discussions with investors and project developers, in innumerable presentations to the main housing market associations, as well as at exhibitions, meetings, and congresses between 2006 and 2009. With the exception of a few single family homes, the Elbe islands were not considered an investment location for private housing. Property prices for existing freehold housing in fact dropped by 26.4 per cent in Wilhelmsburg between 2001 and 2006 – while they rose by 9.3 percent in Hamburg during this period and by as much as 24.7 per cent in the fashionable St. Georg district.

In addition to the high "foreigner proportion", it was the education system that repeatedly played a key role in the rejection of Wilhelmsburg and Veddel. Housing construction in the "Harburg Upriver Port", on the other hand, was welcomed in principle by the majority of

project developers and investors but was not possible for planning permission reasons due to the Schloßinsel not being decommissioned as harbour territory, the considerable conflicts over emissions, and a number of unclarified financing issues for the necessary renovation of the wharfage by 2010.

In fact, not a single private investor had been found for the IBA area by the end of 2008. Only the city's housing association Saga/GWG was prepared to undertake a model project in the "Global Neighbourhood"[24] comprising the renovation of existing buildings together with supplementary new buildings. New paths needed to be taken in order to attract the interest of private investors in the IBA and the Elbe islands. The key: special projects for special target groups. With a lack of interest on the part of institutional and institutionalised investors, the IBA Hamburg therefore focussed on private end users at first, such as pioneering construction groups for instance. The initial development was the "Open House"[25] project in the Reiherstieg district, on a piece of land that had been on offer in vain for years as part of the Hamburg housing association's "housing construction offensive". The sophisticated and innovative design by the Dutch architects Onix saw a jump in scale with regard to quality and aesthetics that no one would previously have thought possible – not even the construction group itself. In the next step, with the motto "lady builder seeks builder", the "New Hamburg Terraces" construction group was established with four buildings in an innovative combination of terrace houses and owner-occupied homes. Between 2007 and 2008 project development was largely focussed on public principals. Infrastructure investments such as the new BSU building[26] and education projects like the "Gateway to the World"[27], the "House of Projects" on Veddel[28], the "Centre of Language and Exercise[29], or the IBA's own building projects such as the "IBA DOCK"[30], the "Energy Bunker"[31], or the "Pavilion at Weimarer Platz" signalled the start. Without doubt, this public investment, supplemented by the igs investments in the new Island Park, as well as the political support for the IBA

Die Entwicklung der IBA-Projekte von den Anfängen 2007 bis zum Präsentationsjahr 2013 und ihre Verteilung auf die drei Leitthemen „Stadt im Klimawandel", „Metrozonen" und „Kosmopolis"   Development of the IBA projects from the beginnings in 2007 through to the Presentation Year in 2013 and their distribution across the three themes, "Cities and Climate Change", "Metrozones", and "Cosmopolis"

Projektentwickler, Architekten und Wissenschaftler mit Vertretern der IBA Hamburg zum „Kamingespräch", um zukunftsfähige Strategien und innovative Projekte des Wohnungsbaus zu diskutieren. Die Frage lautete: Wie wollen wir in Zukunft wohnen? Das Ergebnis dieser Diskussion war vielleicht das größte „Wagnis" dieser IBA, nämlich die Definition von Haustypologien, die Antworten auf Fragestellungen des Wohnungsbaus im 21. Jahrhundert geben sollten – und das ausgerechnet in Wilhelmsburg. Mit diesen „Modellhäusern des 21. Jahrhunderts" sollte bewusst an die Traditionen der frühen Bauausstellungen zu Beginn des 20. Jahrhunderts und der „Case Study Houses" Ende der 1940er Jahre in den USA angeknüpft werden. In den vier Themenbereichen „Smart Material Houses", „Smart Price Houses ", „Hybrid Houses " und „WaterHouses" sollten Antworten auf Fragen gefunden werden wie:

Wie können sich die Gebäude in Zukunft den wechselnden Bedürfnissen ihrer Bewohner anpassen? Wie können „hybride" Häuser Mehrfachnutzungen wie Wohnen und Arbeiten, Mehrgenerationenwohnen, Singlewohnungen, Familien- oder Wohngemeinschaften aufnehmen? Wie können Häuser energetisch hocheffizient, also „smart" werden? Und das nicht nur im Betrieb, sondern im gesamten Lebenszyklus? Wie können Häuser wieder preiswert gebaut werden? Welche Rolle spielen in Zukunft energetisch hochwertige, ästhetisch anspruchsvolle und preiswerte System- und Fertighaustechniken? Welche Bedeutung kann die bauliche Selbsthilfe in der Stadt bekommen?

Und schließlich: Wie lassen sich in Zeiten des Klimawandels die immer größeren und flächenextensiven technischen Infrastrukturen wie Deiche, Retentionsräume oder Regenrückhaltebecken städtebaulich und landschaftlich integrieren? Die Modellhäuser des 21. Jahrhunderts[37] sind heute Teil der neuen Wilhelmsburger Mitte und stellen Anschauungsprojekte für das Bauen von morgen dar. Sie sind die „Bauausstellung in der Bauausstellung" und eine Referenz an die große Tradition – nicht nur der IBA in Deutschland, sondern der internationalen Bauausstellungen weltweit.

Ergebnisse der IBA Hamburg im Präsentationsjahr 2013

Mit mehr als 60 Projekten geht die IBA Hamburg im Präsentationsjahr 2013 an den Start. Einige Projekte, wie beispielsweise das „Maritime Wohnen am Kaufhauskanal" oder die „Georg-Wilhelm-Höfe" sind 2013 noch im Bau und werden erst in den Jahren 2014 und 2015 fertig gestellt. Andere – wie das „Klimaschutzkonzept Erneuerbares Wilhelmsburg" – sind langfristig angelegt und brauchen noch 20 bis 30 Jahre zu ihrer Umsetzung. Insgesamt wird die IBA Hamburg 2013 1733 Wohnungen im Bau oder fertiggestellt haben, davon 516 Modernisierungen. Dazu kommen über 100.000 Quadratmeter Gewerbeflächen, acht Bildungseinrichtungen, zwei Seniorenwohn- und Pflegeheime, drei Kindertagesstätten, vier Sporteinrichtungen, ein Gewerbehof, ein Zentrum für Künstler und Kreative, die Verlängerung des Aßmannkanals und über 70 Hektar Grünflächen.

Das von der IBA angestoßene private Investitionsvolumen beträgt mehr als 700 Millionen Euro; dazu wurden auch zahlreiche öffentliche Investitionen von insgesamt 300 Millionen Euro ausgelöst. Der IBA selbst standen ursprünglich 100 Millionen Euro zur Verfügung, die im Jahre 2011 auf 90 Millionen gekürzt wurden. Zusätzlich hat die IBA Hamburg rund 30 Millionen an weiteren, ursprünglich nicht eingeplanten Haushalts- und Programmmitteln der EU, des Bundes und der Freien und Hansestadt akquiriert.

Die Entwicklung der Metrozone Wilhelmsburg setzte Potenziale der Stadtentwicklung, insbesondere auch für den in Hamburg dringend benötigten Wohnungsbau frei, wie sie wohl niemand zu Beginn des IBA-Prozesses erwartet hätte. Internationale Bauausstellungen sind Stadtlabore. Niemand kann sich sicher sein, ob alle Projekte gelingen und zukunftssicher sind. Die abschließenden Ergebnisse wird auch diese IBA erst zeigen, wenn der Alltag auf die Hamburger Elbinseln zurückgekehrt ist.

IBA Hamburg in Zahlen (bis 2013)

Hochbauvorhaben
- 1.217 neue Wohnungen
- 516 Energetische Modernisierungen
- 105.000 m² Büro- und Dienstleistungsflächen

Frei- und Grünflächen
- 100 ha Internationale Gartenschau
- 71,5 ha Parkanlagen, geöffnete Hafenanlagen
- 2,7 km neue Wasserwege

Infrastruktur
- Acht Bildungseinrichtungen, davon vier Bildungszentren
- Senioren-Einrichtung mit interkulturellem Schwerpunkt
- Ein Studentenwohnheim, vier Kindertagesstätten
- Eine Schwimmhalle, vier Sporthallen
- Ein Zentrum für Künstler und Kreative

on the part of all relevant Mayors and Senators, made a key contribution to arousing the interest of private developers in the Elbe islands as well. Ultimately, the Senate resolution of May 2007 to relocate the BSU to Wilhelmsburg showed that the "Leap across the Elbe" was to be taken seriously. This did not yet create a market but it did bring the attention that the IBA so desperately needed for its project development activities in these early years.

Paths to the IBA Hamburg

The IBA had 16 projects on its candidate list by the end of 2007, with six each in the thematic highlights "Metrozones" and "Cosmopolis", and four on the theme "Cities and Climate Change". Then there were also the cross-section themes "Elbe Islands Education Drive" and "Elbe Island Creative Quarter". By the end of 2008 this had grown to 39 projects ("Cosmopolis" 11, "Metrozones" 18, "Cities and Climate Change" 10). Of these, 22 were run by public organisations and 17 by private investment interests. By the Interim Presentation Year in 2010 the number of IBA projects had risen to 52. By the end of the IBA, more than 60 projects will be officially recognised as IBA projects, of which – at the time of going to press – 17 are "Cosmopolis", 32 "Metrozones", and 14 "Cities and Climate Change" projects.

The basis for recognition as an IBA project was made up of seven criteria[32] drawn up by the IBA board of trustees in 2007. The paths to becoming an IBA project were varied: calls for projects such as "Ideas for Veddel and the Spreehafen" in October 2007, for example, project proposals from the Future Conference 2001/2002, proposals from initiatives, individuals, associations, and organisations. The IBA process developed in terms of speed and dynamics over time. More and more initiatives, investors, construction principals, members of the public, and politicians turned to the IBA in order to be able to implement projects. This process is still ongoing, even in the closing Presentation Year 2013. Quality agreements (QVs), regulating the project's "IBA Excellence Criteria" and their facilitation where necessary, the completion date, as well as guarantees and contractual penalties, form the binding basis of all IBA projects. The QVs also contain rules on the involvement of local tradesmen (see above) in tenders ("Elbe Islands Bidders Directory") as well as rules relating to the employment of young people[33]. The first QAs with private investors were concluded in 2009. By this point in time it was also becoming evident that the many paths to becoming an IBA project could lead to a certain arbitrariness of projects. Strategic projects were evident in the area of public infrastructure ("Education Drive") but this was hardly the case in the area of energy-related urban conversions or in housing construction. In its curatorial capacity the IBA therefore drew up two fundamentally new approaches in 2008/2009: the "Renewable Wilhelmsburg" Climate Protection Concept and the "Building Exhibition within the Building Exhibition".

The idea behind the "Renewable Wilhelmsburg" Climate Protection Concept derived from the IBA LABORATORY "Energy & Climate: Renewable Wilhelmsburg" on 6/7 March 2008. The key outcome of the specialist discussion was the acknowledgement that the IBA's innovative individual projects ought to be merged into a strategic concept for the energy-based conversion of Hamburg's Elbe islands. Together with the international Climate and Energy Advisory Board[34] set up in 2008 and a research team from the Nordhausen University of Applied Sciences, the *Energy Atlas – Future Concept for a Renewable Wilhelmsburg*[35] was developed during a process lasting around two years and which, from this point on, formed the strategic and conceptual basis of the projects and campaigns making up the "Cities and Climate Change" theme[36].

A second decisive conceptual step was taken at the start of 2009. A number of innovative project developers, architects, and academics met with representatives of the IBA Hamburg for a "fireside discussion" on 16 and 17 January in order to discuss sustainable strategies and innovative projects for housing construction. The issue at hand was: how do we want to

Anmerkungen

1 Vgl. Memorandum „Zur Zukunft Internationaler Bauausstellungen – Zehn Thesen zur Durchführung einer Internationalen Bauausstellung" in: IBA Hamburg Gmbh (Hg.): *IBA meets IBA. Zur Zukunft Internationaler Bauausstellungen.* Berlin, 2010 (S. 69ff.).

2 Vgl. Beitrag von Jörn Walter in diesem Band, S. 48.

3 Hierzu gehörten beispielsweise die Zukunftskonferenz Wilhelmsburg von Mai 2001 bis Januar 2002; das daraus resultierende *Weißbuch Inseln im Fluss – Brücken in die Zukunft* von 2002 oder die Internationale Entwurfswerkstatt Sprung über die Elbe von 2003 sowie das IBA-Memorandum von 2005 und die Bürgerschaftsdrucksache 18/3023 vom 18.10.2005.

4 Vgl. „Memorandum für eine Internationale Bauausstellung". In: Freie und Hansestadt Hamburg – Behörde für Stadtentwicklung und Umwelt (Hg.): *Sprung über die Elbe – Hamburg auf dem Weg zur internationalen Bauausstellung.* Hamburg 2005.

5 Die war nicht bei jeder IBA so. Die IBA Berlin 1984/87 litt jahrelang unter dem viel zu engen Korsett der planerischen und sanierungspolitischen Vorgaben. Die Verschiebung des Präsentationsjahres 1984 auf 1987 war unter anderem durch den Streit zwischen IBA und Verwaltung über die richtige Erneuerungsstrategie begründet. (vgl. Uli Hellweg: „Berlin – Hamburg – Berlin: Eine Annäherung an das Prinzip IBA". In: Sally Below / Moritz Henning / Heike Oevermann (Hg.): *Die Berliner Bauausstellungen – Wegweiser in die Zukunft?* Berlin 2009).

6 Vgl. Uli Hellweg: „Metrozonen – auf der anderen Seite der Stadt". In: IBA Hamburg GmbH (Hg.): *METROPOLE: METROZONEN.* Berlin 2010 (S. 8ff.).

7 „Der Wohnstandort Wilhelmsburg heute". In: Zukunftskonferenz Wilhelmsburg (Hg.): *Weißbuch Inseln im Fluss – Brücken in die Zukunft.* Hamburg 2002 (S. 102ff.).

8 Vgl. Uli Hellweg: „Kosmopolis – eine Annäherung". In: *METROPOLE: KOSMOPOLIS.* Berlin 2011 (S. 8ff.).

9 „Diversity is our Strength" ist das offizielle Stadtmotto Torontos.

10 Vgl. Übersicht der Beteiligungsformate, IBA Hamburg GmbH (Hg.): *METROPOLE: ZIVILGESELLSCHAFT.* Berlin 2012.

11 IBA Hamburg GmbH (Hg.): *Energieatlas – Zukunftskonzept erneuerbares Wilhelmsburg.* Berlin 2010.

12 Vgl. Fußnote 10.

13 Die IBA Hamburg arbeitet mit folgenden Einrichtungen aus Wissenschaft und Forschung zusammen: Universität des Saarlandes, Universität Hamburg, HafenCity Universität Hamburg, TU Braunschweig, FH Nordhausen, Energie-Forschungszentrum Niedersachsen.

14 Vgl. Übersicht der IBA-Beteiligten, Nennung der IBA-Partner, S. 397.

15 Vgl. Strukturmonitoring der IBA Hamburg unter: http://www.iba-hamburg.de/fileadmin/Mediathek/Gutachten_und_Stellungnahmen/IBA_Strukturmonitoring_2012_Kurzfassung_Stand_19_11_2012.pdf.

16 Vgl. Zukunft Elbinsel Wilhelmsburg e.V. (Hg.): *Eine starke Insel mitten in der Stadt. Bürger-Engagement in Wilhelmsburg und auf der Veddel als Motor der Stadtteilentwicklung.* Hamburg 2012.

17 Vgl. Projektbeschreibung, S. 388.

18 Vgl. Projektbeschreibung, S. 387.

Eröffnung des Präsentationsjahres der IBA Hamburg am 23. März 2013 bei eisiger Kälte am neu geschaffenen See beim Bürgerhaus Wilhelmsburg   Opening of the IBA Hamburg Presentation Year 2013 on 23 March 2013, in icy weather beside the newly created lake at the Wilhelmsburg community centre

live in the future? The result of this discussion was perhaps the greatest "gamble" of this IBA, namely the definition of building typologies intended to provide answers to the housing construction questions of the twenty-first century – and that in Wilhelmsburg of all places. These "model twenty-first century buildings" were intended as a deliberate link to the traditions of the early building exhibitions at the beginning of the twentieth century and the "Case Study Houses" of the late 1940s in the USA. The four themes "Smart Material Houses", "Smart Price Houses", "Hybrid Houses", and "WaterHouses" were intended to provide answers to questions such as those outlined below.

How can the buildings of the future adapt to the changing needs of their residents? How can "hybrid" buildings accommodate multiple usages such as living and working, multi-generation living, single, family, or communal living? How can buildings become highly energy efficient, or "smart"? And this not only in terms of their operation but throughout their life cycle? How can we build good-value buildings again? What role will high-calibre energy, aesthetically sophisticated, and good-value systems and prefabricated techniques play in the future? How significant can structural self-help become in the urban context?

And finally: how can ever larger and more extensive technical infrastructure elements such as dykes, retention areas, or detention reservoirs be integrated at an urban development and landscaping level in times of climate change? The model twenty-first century buildings[37] are today part of the new centre of Wilhelmsburg and are demonstration projects for the building of tomorrow. They are the "Building Exhibition within the Building Exhibition" and refer back to the grand tradition of the IBA not only in Germany but in international building exhibitions worldwide.

The Results in the IBA Hamburg Presentation Year 2013

The IBA Hamburg starts its Presentation Year 2013 with more than 60 projects. Some of the projects, like "Maritime Housing by the Kaufhauskanal" or the "Georg-Wilhelm Courtyards", are still under construction in 2013 and will be completed only in 2014 and 2015. Others – like the "Renewable Wilhelmsburg" Climate Protection Concept – are long-term in nature and their implementation still needs another 20 to 30 years. Overall, the IBA Hamburg will have 1733 apartments under construction or completed in 2013, 516 of these being modernisations. In addition to this are the more than 100,000 square metres of commercial space, eight education facilities, two senior citizens' and care homes, three children's day care facilities, four sports facilities, a commercial park, a centre for artists and creative individuals, the extension of the Assmannkanal, and over 70 hectares of green space.

The volume of private investment initiated by the IBA amounts to more than 700 million euros, with numerous public investments totalling 300 million euros having been triggered in addition to this. The IBA itself initially had 100 million euros available, this being cut to 90 million in 2011. The IBA Hamburg also obtained around 30 million euros in the form of other budget and programme funding from the EU, the German state, and the Free and Hanseatic City, not planned for initially.

The development of the Wilhelmsburg metrozone exploited urban development potential, particularly for the housing construction so desperately needed in Hamburg, on a scale that no one could have foreseen at the start of the IBA process. International building exhibitions are urban laboratories. No-one can be sure of all projects being successful and sustainable. The final results of this IBA, too, will become evident only once everyday routine returns to Hamburg's Elbe islands.

19 Vgl. Projektbeschreibung, S. 386.

20 Vgl. zu den Beteiligungsformaten: IBA Hamburg GmbH (Hg.): *METROPOLE: ZIVILGESELLSCHAFT*. Berlin 2012; hier insbesondere den Beitrag von Daniel Luchterhand: „Großes Beteiligungsrauschen" (S. 114ff.).

21 Am 25. und 26. Mai 2007 fand das erste Labor „IBA meets IBA" in Hamburg statt. Vgl. IBA Hamburg GmbH (Hg.): *IBA meets IBA*. Berlin 2010. „IBA meets IBA" ist heute ein mit Unterstützung des BMVBS installiertes Netzwerk der IBA-Initiativen, welches sich der Sicherstellung der Qualitätsstandards und der Weiterentwicklung des Instrumentes Internationaler Bauausstellungen verpflichtet sieht.

22 Bestgebotsverfahren erfolgen auf der Grundlage von Konzeptausschreibungen. In der Regel wurden die Grundstückspreise im Angebot mit max. 1/3 bewertet. Andere Faktoren wie konzeptionelle Innovation oder städtebaulich-architektonische Qualität wurden mit gleicher Gewichtung bewertet.

23 Mit dem sog. „HafenCity"-Fenster, einer speziellen Kastenfensterkonstruktion, konnten die Lärmschutzwerte der DIN 18005 in Hafennähe eingehalten werden.

24 Vgl. Projektbeschreibung, S. 386.

25 Vgl. Projektbeschreibung, S. 378.

26 Vgl. Projektbeschreibung, S. 361.

27 Vgl. Projektbeschreibung, S. 384.

28 Vgl. Projektbeschreibung, S. 386.

29 Vgl. Projektbeschreibung, S. 385.

30 Vgl. Projektbeschreibung, S. 377.

31 Vgl. Projektbeschreibung, S. 372.

32 Die sieben Exzellenzkriterien eines IBA-Projekts sind: Besonderheit, IBA-Spezifität, Multitalentiertheit, Strukturwirksamkeit, Prozessfähigkeit, Präsentierbarkeit, Realisierbarkeit.

33 Vgl. Whitepaper, *Einbeziehung Jugendlicher in IBA-Vorhaben*: http://www.iba-hamburg.de/fileadmin/ Mediathek/K10_bildungsoffensive/121114_White_ Paper_Einbeziehung_Jugendlicher_final.pdf

34 Vgl. Beitrag von Stefan Schurig in diesem Band, S. 176.

35 Vgl. IBA Hamburg GmbH (Hg.): *Energieatlas – Zukunftskonzept erneuerbares Wilhelmsburg*. Berlin 2010.

36 Vgl. Projektbeschreibung, S. 370ff.

37 siehe Beitrag von Claas Gefroi in diesem Band, S. 215.

Notes

1 Cf. memorandum "Zur Zukunft Internationaler Bau-ausstellungen – Zehn Thesen zur Durchführung einer Internationalen Bauausstellung". In: IBA Hamburg Gmbh (ed.): *IBA Meets IBA. Zur Zukunft Internationaler Bauausstellungen*. Berlin 2010 (pp. 69ff).

2 Cf. article by Jörn Walter in this volume, p. 48ff.

3 These included, for example, the Wilhelmsburg Future Conference from May 2001 to January 2002; the resultant *Weißbuch Inseln im Fluss – Brücken in die Zukunft* in 2002, or the international design workshop "Leap across the Elbe" in 2003, as well as the IBA memorandum of 2005, and the Hamburg Regional Parliament Publication 18/3023 of 18.10.2005.

4 Cf. "Memorandum für eine Internationale Bauausstellung". In: Freie und Hansestadt Hamburg – Behörde für Stadtentwicklung und Umwelt (ed.): *Sprung über die Elbe – Hamburg auf dem Weg zur internationalen Bauausstellung*. Hamburg 2005.

5 This was not the case with every IBA. The IBA Berlin 1984/87 suffered for years with a much too restraining corset of planning, redevelopment, and political speci-fications. The postponement of the Presentation Year from 1984 to 1987 was partly due to the dispute between the IBA and the administration over the right renewal strategy (cf. Uli Hellweg: "Berlin – Hamburg – Berlin: Eine Annäherung an das Prinzip IBA". In: Sally Below,Moritz Henning, Heike Oevermann (eds) *Die Berliner Bauausstellungen – Wegweiser in die Zukunft?* Berlin 2009.

6 Cf. Uli Hellweg: "Metrozonen - auf der anderen Seite der Stadt". In: IBA Hamburg GmbH (ed.): *METROPOLE: METROZONEN*. Berlin 2010 (pp. 8ff).

7 "Der Wohnstandort Wilhelmsburg heute". In: Zukunfts-konferenz Wilhelmsburg (ed.): *Weißbuch Inseln im Fluss – Brücken in die Zukunft*. Hamburg 2002 (pp. 102ff).

8 Cf. Uli Hellweg: "Kosmopolis – eine Annäherung". In: *METROPOLE: KOSMOPOLIS*. Berlin 2011 (pp. 8ff).

9 "Diversity is our Strength" is the official motto of the city of Toronto.

10 Cf. overview of the participation formats in the project overview, IBA Hamburg GmbH (ed.): *METROPOLE: ZIVILGESELLSCHAFT*. Berlin 2012.

11 IBA Hamburg GmbH (ed.): *Energieatlas – Zukunfts-konzept erneuerbares Wilhelmsburg*. Berlin 2010.

12 Cf. note 10.

13 The IBA Hamburg works together with the following academic and research institutions: Universität des Saarlandes, Universität Hamburg, HafenCity Univer-sität Hamburg, TU Braunschweig, FH Nordhausen, Energie-Forschungszentrum Niedersachsen.

14 Cf. overview of IBA participants, list of IBA partners, p. 397.

15 Cf. structure monitoring of the IBA Hamburg at: http://www.iba-hamburg.de/fileadmin/Mediathek/Gutachten_und_Stellungnahmen/IBA_Strukturmonitoring_2012_Kurzfassung_Stand_19_11_2012.pdf.

16 Cf. Zukunft Elbinsel Wilhelmsburg e.V. (ed.): *Eine starke Insel mitten in der Stadt. Bürger-Engagement in Wilhelmsburg und auf der Veddel als Motor der Stadt-teilentwicklung*. Hamburg 2012.

17 Cf. project description, p. 388 .

18 Cf. project description, p. 387.

19 Cf. project description, p. 386.

20 Cf. on the participation formats IBA Hamburg GmbH (ed.): *METROPOLE: ZIVILGESELLSCHAFT*. Berlin 2012; here in particular the article by Daniel Luchterhand: "Großes Beteiligungsrauschen" (pp. 114ff).

21 The first "IBA meets IBA" LABORATORY took place in Hamburg on the 25 and 26 May 2007. Cf. IBA Hamburg GmbH (ed.): *IBA meets IBA*. Berlin 2010. Today, with the support of the BMVBS, the "IBA meets IBA" is an installed network of IBA initiatives committed to ensuring the quality standards and the further devel-opment of the institution that is the IBA.

22 Best offer processes are based on concept tenders. As a rule, the property prices were assessed at a maxi-mum of 1/3 in the offers. Other factors such as concep-tual innovation or urban planning and architectural quality were assessed with the same weighting.

23 The "HafenCity" window, a special casement window construction, enabled the DIN 18005 noise protec-tion values to be adhered to in the proximity of the harbour.

24 Cf. project description, p. 386.

25 Cf. project description, p. 378.

26 Cf. project description, p. 361.

27 Cf. project description, p. 384.

28 Cf. project description, p. 386.

29 Cf. project description, p. 385 .

30 Cf. project description, p. 377 .

31 Cf. project description, p. 372.

32 The seven excellence criteria for an IBA project are: distinctivness, IBA specificity, all-roundness, structural effectiveness, process capability, presentation suit-ability, feasibility.

33 Cf. White Paper, *Einbeziehung Jugendlicher in IBA-Vorhaben*: http://www.iba-hamburg.de/fileadmin/Mediathek/K10_bildungsoffensive/121114_White_Paper_Einbeziehung_Jugendlicher_final.pdf.

34 Cf. article by Stefan Schurig in this volume, p. 176.

35 Cf. IBA Hamburg GmbH (ed.): *Energieatlas – Zukunfts-konzept erneuerbares Wilhelmsburg*. Berlin 2010.

36 Cf. project description, p. 370ff.

37 Cf. article by Clans Gefroi in this volume, p. 215.

JÖRN WALTER

Erneuerung des Zukunftsversprechens

Die Metropole, der Sprung über die Elbe und die Internationale Bauausstellung

Die Ausgangslage

Die Internationale Bauausstellung Hamburg 2013 geht auf Themen und Fragestellungen zurück, mit denen die Stadt Anfang des Jahrtausends konfrontiert war und die mithilfe der IBA sowohl in einen konzeptionellen Zusammenhang wie zu einer konkreten Entwicklungsperspektive geführt werden sollten. Nachdem Hamburg in der zweiten Hälfte der 1990er Jahre wieder eine eher stagnierende Bevölkerungs-, Beschäftigungs- und Wirtschaftsentwicklung bei zugleich enger werdenden Haushaltsspielräumen verzeichnete, rückten die Fragen des demografischen Wandels, der Anziehungs- und Bindungskraft der Stadt für Außenstehende und ihre Bewohner in den Fokus. Ebenso wurden die Wettbewerbsfähigkeit auf den globaler gewordenen Märkten und die Wahrung des sozialen Zusammenhaltes infolge zunehmender Individualisierung wichtig. Neue Haushaltstypen und die schlechten Integrationsmöglichkeiten von Bewohnern mit Migrationshintergrund standen im Fokus der Diskussion. Später kamen die Themen Klimawandel, Wissensgesellschaft und kreative Ökonomien sowie die wachsende soziale Spaltung der Gesellschaft hinzu.

In räumlicher Hinsicht bestand im Sinne einer nachhaltigen Flächenpolitik weitgehend Einigkeit über die notwendige Begrenzung des Wachstums nach außen und eine Konzentration der Siedlungsentwicklung nach innen. Mit der Umwandlung ehemaliger Industrie-, Bahn- und Gemeinbedarfsflächen hatte Hamburg gute Erfahrungen gemacht und mit der

Entscheidung zum Bau der HafenCity gerade ein bemerkenswertes Zeichen zugunsten der Entwicklung seiner Kernstadt gesetzt. Dennoch war hinsichtlich des Leitbildes für die Siedlungsentwicklung nicht ganz klar, wie mit dem mehrfach fortgeschriebenen Achsenmodell aus der Zeit Fritz Schumachers weiter umgegangen werden sollte. Dieses Modell war über die Jahrzehnte weit ins Umland hinein verlängert worden. Sollte man es nun, um den Prinzipien treu zu bleiben, um ein Ringmodell ergänzen und so den tatsächlichen Flächenverfügbarkeiten gerechter werden? Oder sollte man eine Landschaftsachse opfern, um etwa im Umfeld des Flughafens der drängenden Siedlungsnachfrage gerecht zu werden? Oder bot sich nach den ersten positiven Erfahrungen mit der Hinwendung Hamburgs zur Elbe an der „Perlenkette", dem „Harburger Binnenhafen" und der „HafenCity" nicht doch eher an, auf die Stärkung des maritimen Charakters der Stadt, also mit einem Entwicklungsschwerpunkt im Stromspaltungsgebiet der Elbe, zu setzen und damit einem lang gehegten Ziel der Hamburger Stadtentwicklung – einer stärkeren Verknüpfung von Norden und Süden – mit dem „Sprung über die Elbe" näherzukommen?

Wilhelmsburger Spezifika

Die langjährigen Bemühungen um einen schrittweisen Imagewandel im Rahmen des Bürgerbeteiligungsverfahrens der 1990er Jahre und der noch weiter zurückreichenden Sanierungsgebiete in Kirchdorf-Süd und im Reiherstiegviertel erwiesen sich als fragil. Mit parteiübergreifen-

Wilhelmsburg Mitte, das neue Herzstück der Elbinseln aus der Vogelperspektive. Der Neubau der Behörde für Stadtentwicklung und Umwelt (links im Luftbild) gibt dem Gebiet einen kräftigen räumlichen Abschluss im Norden. Auf der Ostseite rahmt der Eingangskomplex mit dem Ärztehaus, dem Seniorenzentrum und dem „Wälderhaus" sowie der Inselparkhalle (im rechten Anschnitt des Bildes) die mittig angeordneten Case Study Houses der „Bauausstellung in der Bauausstellung".
A bird's eye view of Wilhelmsburg Central, the new heart of the Elbe islands. The new State Ministry for Urban Development and Environment building (to the left of the picture) provides the area with a strong spatial demarcation to the north. On the eastern side the Island Park entrance complex, with the Medical Centre, the Senior Citizens' Centre, and the "Wälderhaus", as well as Island Park Hall (on the right of the picture) frames the centrally located Case Study Houses of the "Building Exhibition within the Building Exhibition".

JÖRN WALTER

Renewing the Future Promise

The Metropolis, the Leap across the Elbe, and the International Building Exhibition

der Unterstützung durch die parlamentarischen Gremien wurde von den örtlichen Akteuren eine Zukunftskonferenz ins Leben gerufen, die im Februar 2002 mit einem Weißbuch ihren Endbericht unter dem programmatischen Titel *Inseln im Fluß – Brücken in die Zukunft* vorlegte.[1] Thematisiert waren darin Gesamtkonzepte für die Elbinseln, vor allem wirtschaftliche und verkehrliche Fragen. Es ging um bezahlbares menschenwürdiges Wohnen, um Bildungsmöglichkeiten im Stadtteil: um die Chancengleichheit bezogen auf Hamburg. Wilhelmsburg sah sich am Scheideweg zwischen der Fortschreibung des Paradigmas, weiterhin nur als Hafen- und Arbeitsgebiet sowie Verfügungsraum für das Ungeliebte der Stadt zu dienen oder im Rahmen des Wandels Hamburgs zur Metropole eine neue Bestimmung zu erfahren. Vor diesem Hintergrund und vor demjenigen einer gescheiterten Olympiabewerbung, die mit dem Konzept der Spiele am Wasser im Herzen der Stadt unter anderem die Veddel und Wilhelmsburg in den Fokus genommen hatte, entschloss sich der Senat 2003 zur Durchführung einer internationalen Entwurfswerkstatt mit dem Ziel, die gerade erfolgreiche Bewerbung um eine Internationale Gartenschau in Wilhelmsburg um eine städtebauliche Dimension zu erweitern.[2] Die Ideen wurden 2004 in einem Rahmenkonzept als räumliches Leitbild zum „Sprung über die Elbe" zusammengefasst und mit dem Entwurf für ein Memorandum zur Durchführung einer Internationalen Bauausstellung im Jahr 2013 um eine entwicklungspolitische Dimension erweitert. Als thematisches Leitbild wurde das Memorandum auf einem Forum im Dezember 2004 erstmals vorgestellt und in verschiedenen Formaten unter reger Beteiligung der Öffentlichkeit von Experten aus Politik, Planung und Wirtschaft sowie von Verbänden und Institutionen diskutiert.[3] Nach dem Senatsbeschluss im April 2005 nahmen IBA Hamburg GmbH und igs hamburg 2013 GmbH Ende 2006 ihre Arbeit auf.

Schlüsselfragen der Metropolenentwicklung und die drei Leitthemen der IBA

Die Erneuerung des Großstadtversprechens, das die IBA unter dem Titel „Die Zukunft der Metropole" zusammengefasst hat, bildete das entscheidende stadtentwicklungspolitische Thema. Sprach das Weißbuch die örtlichen Herausforderungen und Aufgaben sehr umfassend und lösungsorientiert an, bemühte sich das Memorandum, sie in einen größeren Diskussionsrahmen zu stellen und in einem ersten Schritt zentrale Handlungsfelder einer zukunftsorientierten Metropolenentwicklung herauszukristallisieren. Diese wurden schließlich im Rahmen des IBA-Prozesses gemeinsam mit dem Beirat zu Leitthemen verdichtet, weil lokale Themen und Probleme trotz mancher Besonderheiten vielfältig mit den gesamtstädtischen und überregionalen verknüpft sind. Schwieriger war die Frage zu beantworten, welchen Aspekten man eine strukturelle Bedeutung für die Zukunft der Metropolen beimisst?

Es sprach viel dafür, die grundlegenden Fragen einer produktiven Gestaltung des Globalisierungsprozesses nicht nur unter dem Blickwinkel der Attraktivitätssteigerung der Stadt nach außen, sondern der Integrationsfähigkeit des Fremden nach innen anzusprechen. Gerade der deutschsprachige Raum tut sich hier im Vergleich mit anderen Ländern Europas sowie den USA und Kanada in einem besonderen Maße schwer und es ist nicht von der Hand zu weisen, dass eine Integrationspolitik gerade in den Städten und Stadtteilen mit einem hohen migrantischen Bevölkerungsanteil zu einem Entwicklungshindernis werden kann, anstatt produktive Kräfte freizusetzen. Das ist insoweit nachvollziehbar, als Migrationshintergrund bei uns häufig mit sozialer und ökonomischer Schwäche einhergeht und deshalb eher negativ als positiv konnotiert ist. Es ist deshalb eine drängende Aufgabe, diesen Zusammenhang zu durchbrechen und die Stärken kultureller Andersartigkeit ins gegenseitige Bewusstsein zu rufen, wie es sich die IBA unter dem Leitthema „Kosmopolis" zum Gegenstand gemacht hat.[4]

The Starting Position

The Internationale Bauausstellung IBA (International Building Exhibition) Hamburg 2013 is based on the topics and issues with which cities were confronted at the start of the millennium and which, with the help of the IBA, have been brought together both within a conceptual context and as concrete development prospects. With Hamburg having again experienced a trend towards stagnating population, employment, and economic growth in the second half of the 1990s, together with reduced budgetary scope, attention became focussed on questions of demographic change, as well as on the city's appeal and bonding capacity for both outsiders and residents. Competitiveness on what had become global markets and the safeguarding of social cohesion in the face of increasing individualisation also became important. New household types and the poor integration opportunities for residents with migration backgrounds stood at the centre of the discussion. The issues of climate change, the knowledge society, and creative economies, as well as society's growing social divisions, were added at a later stage.

From a spatial perspective there was largely consensus with regard to sustainable land policies and the need to limit outward expansion, concentrating on inner-city residential development. Hamburg had enjoyed positive experiences with the conversion of former industrial, railway, and public land and the recent decision to build the HafenCity sent an important signal with regard to the development of the city centre. With regard to the residential development leitmotif, however, it was not entirely clear as to how the oft-perpetuated axis model dating from the Fritz Schumacher era was to be handled in the future. This model, over the decades, had been extended far into the hinterland. Should it now be supplemented with a ring model, in keeping with its principles and more befitting the actual land availability? Or should a landscape axis be sacrificed for the sake of urgent residential demand in the vicinity of the airport, for instance? Or were the initial positive experiences of Hamburg's focus on the Elbe and its "string of pearls", the "Harburg Upriver Port", and the HafenCity, no more than an inducement to boost the city's maritime character, namely with a development focus on the Elbe's channel areas and thereby on a long-cherished Hamburg urban development goal – the improved linking of north and south – with the "Sprung über die Elbe" ("Leap across the Elbe")?

The Wilhelmsburg Specifics

Long-standing efforts to achieve a gradual image change as part of the public participation process of the 1990s and the even older renovation projects in Kirchdorf-Süd and in the Reiherstieg district proved to be fragile. With cross-party support in the form of parliamentary committees, local protagonists succeeded in convening a future-oriented conference that produced its concluding report in February 2002 as a white paper emphatically entitled *Inseln im Fluss – Brücken in die Zukunft* (Islands in the River – Bridges to the Future).[1] This outlined overall concepts for the Elbe islands, particularly with regard to economic and transport issues. These included affordable, decent housing, as well as educational opportunities in the neighbourhood: in other words, equal opportunities in comparison to the rest of Hamburg. Wilhelmsburg saw itself at the crossroads between the perpetuation of the paradigm, continuing to serve as no more than a harbour and working area as well as an assembly area for the city's unwanted, or being assigned a new purpose as part of Hamburg's transformation into a metropolis. It was against this background and that of a failed Olympic bid (the concept of waterside games in the heart of the city having focussed on Veddel and Wilhelmsburg, for instance) that in 2003 the Senate decided on the implementation of an international design workshop with the goal of expanding the success of the recent bid for the international garden show (igs) in Wilhelmsburg with an urban development dimension.[2] The ideas were compiled in 2004 as a framework concept with the spatial motto "Leap across the Elbe" and

Im Zeitalter einer globalisierten Ökonomie können kulturelle, ethnische und sprachliche Unterschiede eher Quelle denn Hemmnis für Kreativität, Innovation, internationale Handlungsfähigkeit und wirtschaftlichen Erfolg sein. Nicht nur in den Metropolen allgemein, sondern besonders in den industriegesellschaftlich geprägten – wie im Falle der Elbinseln durch Hafenwirtschaft und Schwerindustrie groß geworden – Stadtteilen ist dieses Thema aufzurufen, das sich im Zeitalter postindustrieller Wertschöpfung künftig stärker auf Bildung, Wissenschaft und Kultur stützen muss.

Nicht ganz unabhängig von der Frage der Integrationsfähigkeit der Städte, aber keineswegs von ihr allein bestimmt, stellt sich die Frage nach den zentralen Entwicklungspotenzialen und räumlichen Umbaunotwendigkeiten der Metropolen. Nach mehr als 30 Jahren erfolgreicher Erneuerung der Kernstädte und einer nach wie vor anhaltenden Zersiedlung des Umlandes bieten beide Siedlungstypologien keine ausreichende bzw. vertretbare Handlungsoption mehr, die notwendige Tragfähigkeit für eine sich entwickelnde Metropole zu entfalten. Die räumlichen Chancen und Handlungsnotwendigkeiten liegen woanders, nämlich in jenen innerstädtischen Peripherien, die – wiewohl kernstadtnah gelegen – das gerühmte vielseitige, innovative und erlebnisreiche Milieu des „Städtischen" gerade vermissen lassen. Das zentrale räumliche Handlungsfeld wird also nicht mehr in der behutsamen Sanierung und Wiederbelebung der gemischten Gründerzeitstadt mit ihren

Blick auf den Gertrud-von-Thaden-Platz, das prominente räumliche Bindeglied zwischen dem S-Bahnhof Wilhelmsburg und der Behörde für Stadtentwicklung und Umwelt. Auf der gegenüberliegenden Seite der Neuenfelder Straße führt die großzügige Rampe des Kurt-Emmerich-Platzes unmittelbar zum Haupteingang der internationalen gartenschau hamburg 2013. View of Gertrud-von-Thaden-Platz, the prominent spatial link between the Wilhelmsburg urban railway station and the State Ministry for Urban Development and Environment. On the opposite side of Neuenfelder Strasse the spacious Kurt-Emmerich-Platz ramp leads directly to the main entrance of the international garden show (igs) hamburg 2013.

supplemented with the draft of a memorandum for holding an International Building Exhibition in 2013 as a development policy dimension. The memorandum was first presented as a themed approach at a forum in December and was discussed in various formats, with considerable public participation, by experts from the fields of politics, planning, and commerce, as well as by associations and institutions.[3] Following the Senate resolution in April 2005, the "IBA Hamburg GmbH" and the "igs hamburg 2013 GmbH" began work at the end of 2006.

Key Metropolitan Development Issues and the Three IBA Themes

The renewal of the big city promise, summarised by the IBA under the title "The Future of the Metropolis", comprised the key urban development policy issue. While the white paper took a very comprehensive and solution-oriented approach to the local challenges and tasks, the memorandum endeavoured to position these within a wider discussion framework and, as a first step, to distil key areas of action for future-oriented metropolitan development. During the course of the IBA process and together with the advisory board, these were ultimately condensed into themes because, despite some special features, local issues and problems are interrelated at an overall urban and interregional level. What was more difficult to answer was the question of which aspects were to be assessed as being of structural importance for the future of the metropolis.

There was a great deal in favour of approaching the fundamental issues of the productive configuration of the globalisation process not only from the perspective of increasing the city's external appeal, but also internally in terms of the integration capacity of foreigners. The German-speaking realm in particular has a great deal of difficulty with this in comparison to other countries in Europe as well as the USA and Canada and there should be no dismissing the fact that integration policy, particularly in cities and city districts with a high migrant population, can become a barrier to development instead of releasing productive forces. This is understandable in that a migration background in Germany is often accompanied by social and economic disadvantages and therefore tends to have more negative than positive connotations. The dismantling of these associations and creating mutual awareness of the strengths of cultural diversity is therefore a task for which there is an urgent need and one that the IBA Hamburg took on with the theme "Cosmopolis".[4] In the age of the globalised economy, cultural, ethnic, and linguistic differences can be a source of, rather than an obstacle to, creativity, innovation, international competence, and economic success. It is not only in cities in general, but more especially in city districts that have been characterised and developed by industrial society (as in the case of the Elbe islands with their harbour operations and heavy industry), that this issue needs to be addressed so that greater use can be made of education, science, and culture in the age of post-industrial value creation. Not entirely divorced from the issue of the integration capacity of cities, but in no way determined by this alone, is the question of the central development potential and spatial conversion requirements of cities. After more than 30 years of successful inner-city renewal, as well as ongoing urban sprawl, neither of these residential typologies represents an adequate and/or acceptable option for developing the capacity required of an evolving metropolis. The spatial opportunities and the needs for action lie elsewhere, namely in those inner-city peripheries that – although situated close to the city centre – are lacking precisely that much vaunted diverse, innovative, and exciting "urban" milieu. The central field of spatial activity will therefore no longer be seen to be the careful renovation and revival of mixed nineteenth-century cities, with their rigid street spaces and city blocks, that have since come to make up the safe, obvious, and successful urban development repertoire in Central Europe, but in the embracing, embedded residential areas that were once village-like and "small town" in character and that became the undefined patchwork urban districts they

gefassten Straßenräumen und Blockrändern gesehen, die zwischenzeitlich zum gesicherten, selbstverständlichen und erfolgreichen Repertoire des Städtebaus in Mitteleuropa gehören, sondern in den sich darum herum lagernden ehemals dörflichen und kleinstädtischen Siedlungsgebieten, die maßgeblich durch den Wiederaufbau der Nachkriegszeit zu jenen undefinierten Patchwork-Stadtteilen geformt wurden, wie wir sie heute vorfinden. Gleich einem Kranz legen sie sich fast überall um die geschlossen bebauten Stadterweiterungen der Gründerzeit, durchzogen von Infrastrukturtrassen, Freiflächen, Wohnsiedlungen und Gewerbegebieten, aber weitgehend ohne spezifischen Charakter und eigene urbane Qualitäten. Umgang mit dem historischen Erbe heißt in diesen Gebieten vor allem Umgang mit dem eher problematischen Erbe der Moderne. Diese „Metrozonen", wie sie die IBA Hamburg sowohl in Unterscheidung von der „äußeren Peripherie" bzw. der „Zwischenstadt" als auch in strategischer Hinsicht genannt hat[5], stellen – so die These – das zentrale Umbau- und Entwicklungspotenzial der Großstädte dar. Und die Elbinseln sind – bei allen Besonderheiten – ein charakteristisches Beispiel für diesen Raumtypus.

Das dritte Leitthema der IBA Hamburg schälte sich erst mit dem vierten IPCC-Bericht[6] in dieser Bedeutung heraus. Der umweltgerechte Umbau der Städte hatte schon in den 1980er Jahren die Stadtentwicklungsdiskussionen an vorderster Stelle beschäftigt und war im folgenden Jahrzehnt zwar stets ein zentrales Handlungsfeld geblieben, aber ein zunehmend selbstverständliches im Rahmen eines komplexeren Zielsystems der Nachhaltigkeit, bei dem neben den ökologischen die ökonomischen und sozialen Aspekte wieder an Aufmerksamkeit gewannen. In diesem Verständnis sahen sich die vorbereitenden Arbeiten zur IBA Hamburg noch gut positioniert. Erst die dramatischen Vorhersagen des „Intergovernmental Panel on Climate Change" über die zu erwartenden Klimaveränderungen, gepaart mit dem für die Politik vielleicht noch relevanteren Erfolg des Films *Eine unbequeme Wahrheit* (*An Inconvenient Truth*, USA 2006) von Davis Guggenheim, rückten das

Problem der Treibhausgasemissionen in kurzer Zeit ins Zentrum der öffentlichen Debatte. Es war klar, dass ein langfristig orientiertes, aber umso entschlosseneres und konzentriertes Handeln erforderlich ist und dass den Städten mit einem Anteil von mehr als der Hälfte der Weltbevölkerung hier eine besondere Vorreiterrolle zukommt. Hamburg verpflichtete sich zu einer Minderung der CO_2-Emissionen um 40 Prozent bis zum Jahr 2020 und um 80 Prozent bis zum Jahr 2050, bezogen auf das Referenzjahr 1990, und beschloss 2007 dafür erstmals ein spezielles Klimaschutzprogramm.[7] Für den systematischen und raumbezogenen Entwurf einer Klimaschutzstrategie boten sich die Veddel und Wilhelmsburg nicht nur deshalb an, weil sie sich als Inseln quasi wie ein unabhängiger Mikrokosmos präsentieren, sondern auch, weil sie als Binnendelta stets im Gefahren- und Überschwemmungsbereich der Elbe liegen und deshalb von Natur aus unmittelbar mit den Fragen des Klimafolgenmanagements und geeigneter Anpassungsstrategien konfrontiert sind. In dieser doppelten Bedeutung ist das Thema „Stadt im Klimawandel" zu lesen.[8]

Ganzheitlicher Politikansatz und die Exzellenz der Handlungsfelder

Die drei Themen reflektieren die sozialen, ökologischen und räumlichen Aufgaben der modernen Metropole. Letztendlich geht es um den gemeinsamen, komplexen und letztlich ganzheitlichen Entwicklungsansatz. Darin liegt der Schlüssel für die Erfolgschancen der Strategie, die zwar mit Schwierigkeiten der Vermittlung und Kommunikation leben muss, weil es keine einfachen Antworten auf komplexe Probleme gibt, aber die richtige ist, auch wenn meist das Geld und die Instrumentarien fehlen, um nur den Hauch einer Chance auf strukturelle Veränderung zu haben. Die Konstruktion und Kombination einer Internationalen Bauausstellung zusammen mit einer Internationalen Gartenschau sind mit ihrer Innovationskraft und dem entsprechenden Aufmerksamkeitswert geeignete Instrumente für einen Erfolg, der ohne sie nicht gegeben wäre.

are today, largely due to the rebuilding efforts of the post-war years. Like a wreath, they are to be found almost everywhere surrounding the closed, built-up urban expansions of the nineteenth century, traversed by infrastructure routes, open spaces, residential districts, and commercial areas, but largely without any specific character and urban features of their own. Dealing with the historical legacy in these areas primarily means managing the rather problematic legacy of Modernism. These metrozones, as the IBA Hamburg has called them, both as a distinction from the "outer periphery" and/ or the "transurban", as well as for strategic reasons,[5] constitute the main conversion and development potential in major cities, according to this theory. And the Elbe islands – even with all of their special features – are a characteristic example of this type of space.

The IBA Hamburg's third theme emerged as such only with the fourth "Intergovernmental Panel on Climate Change" (IPCC) Assessment Report.[6] The environmentally friendly conversion of cities had already played a leading role in urban development discussions in the 1980s and, although it remained a key area of activity in the following decade, it became increasingly self-evident within the parameters of the more complex target system of sustainability, in which economic and social aspects again attracted attention in addition to the ecological. In this sense the preparatory work for the IBA Hamburg saw itself as still being well placed. It was only with the dramatic forecasts of the IPCC about anticipated climate change, together with the politically perhaps even more relevant success of the film *An Inconvenient Truth* (USA 2006 by Davis Guggenheim), that the problem of greenhouse gas emissions quickly came to form the focus of public debate. It was clear that a long-term as well as a decisive and focussed approach is necessary and that cities, being home to more than half of the world's population, have a particular pioneering role to play in this. Hamburg committed itself to reducing CO_2 emissions by 40 per cent by the year 2020 and by 80 per cent by the year 2050, in relation to 1990 as the reference year.

It concluded a special climate protection programme[7] to this end for the first time in 2007. Veddel and Wilhelmsburg were suitable for the systematic, spatial design of a climate protection strategy, not only because, as islands, they represent an almost independent microcosm, but also because, as an inland delta, they are constantly within the risk and flooding zone of the Elbe and therefore by nature directly confronted with the issues of climate impact management and appropriate adaptation strategies. This then is the dual significance of the theme "Cities and Climate Change".

An Integrated Political Approach and the Quality of Areas of Activity

The three themes reflect the social, ecological, and spatial tasks facing the modern metropolis. In the end it is about a common, complex, and ultimately integrated development approach. This is key to the strategy's prospects of success, a strategy that has to live with negotiation and communication difficulties because there are no simple answers to complex problems. This is nevertheless the right strategy, even when funding and instruments are often lacking, if there is to be just the faintest hope of structural change. With their innovative force and the corresponding attention they attract, the construction and combination of an International Building Exhibition (together with an international garden show) are the suitable instruments for a success story that would not have happened without them.

The breadth of the approach is made clear by the areas of activity adopted by the IBA Hamburg and igs Hamburg. Within the "Cosmopolis" theme these are the "Elbe Islands Education Drive", "Living and Home", "Culture and the Creative Economy"; within the "Metrozones" theme "Green and the Public Space", the "Proximity of Living and Working", and "Central Wilhelmsburg"; within the "Cities and Climate Change" theme the development of an overall "Renewable Wilhelmsburg" concept, the "Use of Renewable Energy Sources", "Energy-Effi-

Die Breite des Ansatzes wird an den Handlungsfeldern deutlich, denen sich IBA und igs stellen: Innerhalb des Leitthemas „Kosmopolis" sind es die „Bildungsoffensive Elbinseln", „Wohnen und Heimat", „Kultur und kreative Ökonomie", innerhalb des Leitthemas „Metrozonen" das „Grün und der öffentliche Raum", die „Nachbarschaft von Wohnen und Arbeiten" und die „Wilhelmsburger Mitte", innerhalb des Leitthemas „Stadt im Klimawandel" die Entwicklung eines Gesamtkonzeptes „ Erneuerbares Wilhelmsburg", die „Nutzung erneuerbarer Energien", „energieeffiziente Versorgungslösungen", die „energetische Sanierung der Bausubstanz", nachhaltige „Neubaulösungen für das postfossile Zeitalter" und „Adaptionsstrategien" an die Folgen des Klimawandels. Einige wichtige Handlungsfelder innerhalb der Leitthemen mussten aus pragmatischen Gründen – vor allem der Laufzeit – ausgeklammert werden, einige – wie die „Kultivierung der Infrastruktur"[9] im Rahmen der Metrozonenthematik – gerieten während des IBA-Prozesses durch die Wilhelmsburger Reichsstraße wieder in den Fokus des Interesses.

Die IBA 2013 hat den Anspruch, die Projekte aus dem „Alltagsgeschäft" herauszuheben. Es soll um die Frage gehen, wie es gemacht wird, nicht nur, dass es gemacht wird. Die IBA hat hierzu eine Reihe von Qualitätskriterien formuliert, wie „Besonderheit", „Multitalentiertheit", „Strukturwirksamkeit", „Prozessfähigkeit", „Realisierbarkeit" und „Präsentierbarkeit".[10] Nur Projekte, die diese Kriterien hinsichtlich der Leitthemen und Ziele der IBA erfüllten und zugleich auf deren Unterstützung zur Realisierung angewiesen waren, konnten die Zertifizierung erlangen. Das ist ein Qualitätsanspruch, wie er in den Gebieten der inneren Peripherie üblicherweise von der Stadtgesellschaft nicht formuliert wird. Diesen Prozess der allgemeinen Anspruchslosigkeit zu durchbrechen, war deshalb eines der zentralen Anliegen der IBA Hamburg. Dabei sind die Kriterien, innovativ zu sein, gleichzeitig mehrere Aspekte der Leitthemen aufzugreifen, zu einer strukturellen Verbesserung beizutragen, in einem Prozess veränderbar und auch finanzierbar zu sein, keineswegs solche, die auf den äußeren Schein des ersten An- und Augenblicks setzen, sondern ein hohes Maß an sozialer, ökologischer und ökonomischer Bodenhaftung einfordern. Es ist komplex, ja schwierig, wenn Kriterien gleichzeitig mehrere Aspekte der Leitthemen aufgreifen, um zu einer strukturellen Verbesserung beizutragen. Sie müssen zudem im Prozess veränderbar und finanzierbar sein. Diese Annahmen setzen nicht auf den äußeren Schein des ersten An- und Augenblicks, sondern fordern ein hohes Maß an sozialer, ökologischer und ökonomischer Bodenhaftung ein. Darauf kam es bei der IBA Hamburg an, auch bei den architektonischen und städtebaulichen Lösungen, selbst dort, wo experimentelle – also noch nicht gesicherte – Wege eingeschlagen wurden. Zwar ist es vor diesem Hintergrund nicht möglich, die über 60 Projekte im Rahmen dieser vorläufigen Bilanzierung im Einzelnen zu beurteilen, aber auf einige wesentliche Handlungsfelder soll aus der gesamtstädtischen Perspektive im Folgenden doch eingegangen werden.

Handlungsfeld Bildung

Zu den altbekannten, aber deshalb umso weniger akzeptablen Problemen gehört, dass der Bildungsstand der zugewanderten Bevölkerung meist geringer ist als jener der deutschen. Das trifft auch für das Verhältnis von einkommensschwächeren und einkommensstärkeren Stadtteilen zu. Sich damit nicht abzufinden, ist vor allem dann vonnöten, wenn es sich – wie im Falle der Elbinseln – um die Stadtteile mit dem höchsten Anteil an Kindern und Jugendlichen und zugleich dem höchsten Anteil an Schul- und Ausbildungsabbrechern und der höchsten Jugendarbeitslosigkeit in Hamburg handelt. Insoweit ist und bleibt die Migrationsfrage in einem hohen Maß eine soziale Frage und die nach der Integrationsfähigkeit eine Frage der Bildungs- und Ausbildungsniveaus. Dem muss sich die Stadtentwicklung stellen, auch wenn sie Lösungsstrategien nur begleiten und nicht im Kern angehen kann. Umgekehrt gilt für die Träger der Bildungseinrichtungen, dass sie nicht nur ihr engeres Aufgabenfeld im Blick haben müssen, sondern sich auch als wesentlicher

Blick von Osten auf das neue „Bildungszentrum Tor zur Welt" (in der Mitte des Bildes). Der von den Bildungseinrichtungen gerahmte Campus öffnet sich zum Quartier.   View from the east of the new "Gateway to the World Education Centre" (in the middle of the picture). The campus, surrounded as it is by educational facilities, integrates itself within the existing district and opens itself to the neighbourhood.

cient Supply Solutions", the "Energy-Related Renovation of Existing Buildings", sustainable "New Building Solutions for the Post-Fossil Fuel Age", and "Adaptation Strategies" for the consequences of climate change. A number of important fields of activity within the themes had to be left out for pragmatic reasons, more especially the duration period, while some, such as "Cultivating the Infrastructure",[8] which formed part of the "Metrozones" theme, saw renewed interest due to the focus on Wilhelmsburg's Reichsstrasse during the IBA process. It was the aim of the IBA Hamburg 2013 to raise the projects beyond the level of "daily routine". What is important is how it is done, not just that it is done. To this end the IBA Hamburg drew up a series of quality criteria such as "distinctivness", "all-roundness", "structural effectiveness", "process capability", "feasibility", and "presentation suitability".[9] Only those projects that fulfilled these criteria with regard to the IBA Hamburg's themes and goals, as well as being reliant on the IBA Hamburg's support for their implementation, achieved certification. These are quality demands such as are not normally made by the urban population of inner periphery areas. Breaking down this attitude of general indifference was thus of key

concern to the IBA Hamburg. The criteria are innovative enough to address several aspects of the themes at the same time, to contribute to structural improvement, with process flexibility and also financial feasibility. They are certainly not of the sort that focus at first sight on external appearances, demanding instead a high degree of social, ecological, and economic reliability. It is complex, in fact difficult, when criteria address several thematic aspects at the same time in order to contribute to structural improvement. They also need to be flexible and financially feasible within the process. This is what mattered to the IBA Hamburg, also with regard to the architectural and urban design solutions, even in cases where experimental – meaning not yet assured – paths were taken. Against this background it is not possible to assess each of the more than 60 projects within the scope of this initial account, but some of the key fields of activity are reviewed below from a city-wide perspective.

Education Activity

A familiar but therefore also unacceptable problem is the fact that the level of education among the immigrant population is usually lower than

Teil einer Entwicklungsstrategie für den ganzen Stadtteil sehen. In diesem gegenseitigen Verständnis spielte die offensive Fortschreibung der Bildungslandschaft Elbinseln eine zentrale Rolle im Rahmen der IBA.

Ausgehend von der bereits 2002 im Rahmen des „Forums Bildung Wilhelmsburg" ergriffenen Initiative zielt die „Bildungsoffensive Elbinseln" auf ein umfassendes Angebot im Sinne einer „Lernlandschaft" für alle Altersgruppen und eine wirkende Vernetzung aller Träger im Quartier ab.[11] Mithilfe einer institutionellen und personellen Unterstützung der Träger durch die Schulbehörde, die Stadtentwicklungsbehörde und die IBA wurden drei Teilregionen (Veddel, Reiherstieg, Kirchdorf) identifiziert, die sich auf bestimmte Schwerpunktthemen und Profile konzentrierten. Daraus ergaben sich eine Reihe von inhaltlichen Projekten, die an anderer Stelle ausführlicher beschrieben sind,[12] sowie die baulichen Erweiterungsprojekte, die im Rahmen der IBA realisiert wurden. Dazu zählen das „Bildungszentrum Tor zur Welt" als größtes Projekt mit mehreren Komponenten, das „Haus der Projekte", das „Sprach- und Bewegungszentrum" und das „Medienzentrum Kirchdorf". Sie sind im Verständnis der IBA Folge und nicht Ausgangspunkt der Konzeption und insoweit Bauwerke, deren architektonische Gestalt ihren dienenden Zweck zum Ausdruck bringen soll. Die „Bildungsoffensive Elbinseln" ist ein langfristig angelegtes Projekt, das weit über die IBA-Jahre hinausreichen soll und bei dem kurzfristige Erfolge kaum zu erwarten sind. Als solcher ist aber in jedem Fall schon jetzt zu sehen, dass es gelungen ist, das Bildungsthema als ein zentrales stadtentwicklungspolitisches Thema für die Integrationsfähigkeit der Stadtgesellschaft und die Entwicklungsfähigkeit der Metrozonen zu verankern. Dies hat den Elbinseln viele Impulse und dem IBA-Prozess viel Zustimmung und unterstützende Akteure eingetragen. Vor allem die Netzwerkbildung hat zu einem größeren gemeinsamen Verständnis zwischen den Trägern der Bildungseinrichtungen einerseits und jenen der Stadtentwicklung andererseits beigetragen und war aus diesen Erfahrungen teilweise Vorbild für die im Zusammenhang mit der Schulreform durchgeführten Regionalen Bildungskonferenzen (RBK) in Hamburg. Und schließlich konnten in den letzten Jahren gewisse Erfolge hinsichtlich der Schulabbrecherquote, der Ausbildungsabschlüsse und des Anteils der Abiturienten verzeichnet werden, die allerdings im allgemeinen Trend liegen und bei denen noch nicht von einer dauerhaft stabilisierten Entwicklung ausgegangen werden kann.[13] Ein jüngst veröffentlichter Brief der Schulleiter über die unzureichenden und sich zum Teil sogar verschlechternden Qualifikationsniveaus der Schüler auf den Elbinseln sorgte bei allen Beteiligten für einiges Aufsehen[14], bei vielen Betroffenen für Widerspruch. Er stellt die Aktivitäten der Bildungsoffensive und der IBA zwar nicht infrage, verdeutlicht jedoch, dass eine gute personelle und räumliche Ausstattung nicht ersetzen können, was unbedingt vorauszusetzen ist: gute Sprachkenntnisse und günstige Bedingungen im Elternhaus bei den Lernenden, eine erfolgreiche pädagogisch-fachliche Ausbildung der Lehrenden.

Handlungsfeld Kreativwirtschaft

Neben Bildung und Wissenschaft sind Kulturstrategien eine wichtige Voraussetzung für das Entstehen innovativer Milieus und Quartiere. Mit den entsprechenden Aktivitäten können kreative und innovative Prozesse auf ganz unterschiedlichen Feldern stimuliert werden. Internationale Einflüsse und fremde Kulturen können wichtige Impulse geben. Durch Planung wiederum werden im Wege von Nutzungsüberlagerungen und -vernetzungen sowie durch die Erhaltung und Gestaltung anregender Orte Atmosphären begünstigt, die kreative Aktivitäten auslösen und entsprechende Milieus anziehen. Die Elbinseln gehören nicht zu den bevorzugten Orten kreativer Milieus in Hamburg, die sich hier wie in vielen anderen Städten stark auf die innenstadtnahen gründerzeitlichen Quartiere konzentrieren.[15] Sie besaßen aber zu Beginn des IBA-Prozesses ein räumliches Potenzial und eine Reihe von historisch gewachsenen Anknüpfungspunkten wie zum Beispiel die Honigfabrik und das Bürgerhaus Wilhelmsburg. Im Sinne der

that of the native Germans. This also applies to the proportions within low and high income urban districts. This becomes especially unacceptable when – as is the case of the Elbe islands – these are urban districts with the highest proportion of children and young people and, at the same time, the highest proportion of school and training dropouts - and the highest level of unemployed young people in Hamburg. In this respect, the migration issue is and remains largely a social issue and, next to integration capacity, a question of educational and training level. This has to be acknowledged by urban development, even if only at the level of monitoring solution strategies without being able to address the core problem. The reverse applies to educational institutions that need to focus not only on their narrower area of responsibility but also to see themselves as an essential part of a development strategy for the urban district as a whole. It was as part of this mutual understanding that the active development of the Elbe islands' educational landscape played a key role within the IBA Hamburg framework. Deriving from the initiatives launched back in 2002 as part of the "Wilhelmsburg Educational Forum", the "Elbe Islands Education Drive" aims to achieve a comprehensive "learning landscape" for all age groups and an effective network of all the institutions in the district.[10] With the institutional and personal support of bodies such as the school authorities, the State Ministry for Urban Development, and the IBA Hamburg, three sub-regions (Veddel, Reiherstieg, Kirchdorf) were identified to concentrate on specific focal issues and profiles. This resulted in a series of content-related projects described in more detail elsewhere,[11] as well as the building extension ventures implemented within the scope of the IBA Hamburg. These include the "Gateway to the World Education Centre" as the largest project with several components, the "House of Projects", the "Centre of Language and Exercise", and the "Kirchdorf Media Centre". The IBA Hamburg sees these as the consequence and not the starting point of the concept and, as such, as buildings whose architectural design is intended to express the purpose they serve.

The "Elbe Islands Education Drive" is a long-term project intended to extend well beyond the IBA years and one in which there is little expectation of short-term success. As such, it is therefore encouraging to see that it has already succeeded in establishing the question of education as a central issue within urban development policy for the integration capacity of the urban population and the development potential of metrozones. This has brought with it a great deal of impetus for the Elbe islands as well as a high degree of acceptance and local leaders' support for the IBA process. The networking, in particular, has contributed to greater mutual understanding between the educational institutions on the one hand and the urban development bodies on the other. This experience served in part as a role model for Hamburg's regional educational conference held as part of the school reform process. And, finally, recent years have seen measured success with regard to school dropout rates, training qualifications, and the proportion of high school graduates, all of which match the general trend, however, so it is still too early to assume sustained, stable development.[12] A recently published letter from school principals detailing an inadequate and to some extent even worsening qualification level among school pupils on the Elbe islands caused something of a furore among all of those involved,[13] and was contradicted by many of those affected. It does not dispute the activities of the "Education Drive" and the IBA Hamburg but it does make it clear that good personnel and facilities cannot replace the absolute requirements: good language skills and favourable conditions at home for pupils, as well as the successful completion of expert educational training on the part of the teachers.

Creative Economy Activity

In addition to education and science, cultural strategies are an important prerequisite for the emergence of innovative milieux and neighbourhoods. The appropriate activities can initiate creative processes in very different fields.

grundsätzlichen Bedeutung, die die IBA dem Zusammenhang von Stadtentwicklung und Kreativwirtschaft sowohl zur Beförderung lebendiger und urbaner Quartiere als auch zur Initiierung neuer Arbeitsprozesse und Arbeitsplätze beimisst, lag hier ein wichtiges Handlungsfeld. Es reichte von „Räumen für die Kunst" in den Veringhöfen über die Förderung „Kreativer Ökonomien" mit den Projekten „Kunst macht Arbeit", „Made auf Veddel" und „Kunst Werk Wilhelmsburg" bis zur Profilierung Wilhelmsburgs als Kunst- und Kulturstandort mit dem Projekt „Elbinselsommer" und der Förderung einer ganzen Reihe aus dem Stadtteil kommender Aktivitäten und Initiativen wie den „Dockville"- und „Lüttville"-Festivals, dem Netzwerk „Musik von den Elbinseln" und vieler weiterer.[16] Das

ist ein sehr breit gefächerter Ansatz, um den vielseitigen Akteuren mit sehr unterschiedlichen Potenzialen gerecht zu werden. Und da fast jede Initiative unter prekären finanziellen Bedingungen agiert und deshalb in einem besonders hohen Maß vom persönlichen Engagement und der Zustimmung und Akzeptanz von Dritten abhängig ist, stellt sich die Frage, wie trotz großer Unsicherheiten dauerhafte Strukturen und Nachhaltigkeit erreicht werden können. Trotzdem werden die Elbinseln heute stärker als ein kreativer und innovativer Stadtteil wahrgenommen als noch vor zehn Jahren. Auch wenn noch weit vom Profil eines Schanzenviertels, St. Paulis oder Ottensens entfernt, hat sich Wilhelmsburg in seinem Status einer kulturellen Peripherie für die Gesamtstadt einen festen

Blick von Süden auf die Harburger Schloßinsel: Das ehemalige Hafenareal, eine typische Metrozone am Wasser, entwickelt sich zu einem kleinteiligen, gemischt genutzten Quartier mit kleineren Hafenbetrieben, zentralem Park und attraktivem Wohnungsbau.
View from the south of Harburg's Schloßinsel: the former harbour area, a typical waterside metrozone, is developing into a small-scale, mixed usage district with minor harbour operations, a central park, and attractive residential buildings.

International influences and foreign cultures can provide important impetus. Planning in the sense of usage overlap and networking, as well as the design and maintenance of stimulating locations, facilitates environments that trigger creative activities and attract the corresponding milieux. The Elbe islands are not among the preferred locations for creative milieux in Hamburg, where, as in many other cities, these are heavily concentrated in nineteenth-century neighbourhoods in close proximity to the city centre.[14] At the start of the IBA Hamburg process, however, these had spatial potential and a series of historic links: the Honigfabrik (Honey Factory), for example, and the Wilhelmsburg Town Hall. This was an important field of activity in the sense of the fundamental importance attributed by the IBA Hamburg to the correlation between urban development and the creative economy, as well as to the promotion of vibrant, urban neighbourhoods and to the initiation of new work processes and jobs. This extended from "Spaces for Art" in the "Veringhöfe" to the promotion of "Creative Economies", with the "Art Creates Work", "Made on Veddel", and "Wilhelmsburg Art Work" projects through to the positioning of Wilhelmsburg as an art and culture location via the "Elbe Islands Summer" venture and the progress of a whole series of local activities and initiatives like the "Dockville" and "Lüttville" festivals, the "Music from the Elbe Islands" network and many others.[15] This is a very broad approach, doing justice to the diverse performers with their very different potential. Plus the fact that almost every initiative is faced with precarious financial conditions, rendering it especially dependent on personal commitment as well as the approval and acceptance of third parties, does raise the question of how long-term structures and sustainability can be achieved despite the tremendous uncertainties. Nevertheless, the Elbe islands today are more clearly perceived as a creative and innovative urban district than they were ten years ago. Although still far removed from the profile of the Schanzenviertel, St. Pauli, or Ottensen, Wilhelmsburg has secured its place as a cultural

periphery within the city as a whole. This it owes to the level, the special characteristics, and the particular originality of the many events and activities. In addition to the individual, smaller scale projects, a major contribution to this has been made by the "Elbe Islands Summer" venture with challenging presentations like "Culture and Nature" or the "Other City Academy", the cooperation with other cultural institutions like Kampnagel, and the overwhelming success of the "Dockville" Festival that has developed into Hamburg's largest open-air musical event. With its special funding opportunities the IBA Hamburg has been able to initiate a number of projects that would not have been possible otherwise (see p. 278). More especially, however, it has been able to facilitate an atmosphere favourable to artistic and cultural activities at all levels and thus to actually use culture as a medium for encouraging the integration capacity of urban society in a cosmopolitan sense.

Housing Activity

The "Leap across the Elbe" turned the "Focus on the Margins" into a "Focus on the Midst", which is why the development of the Elbe islands into an attractive residential location played a key role. Like many metrozones, Veddel, Wilhelmsburg, and the "Harburg Upriver Port" are faced not only with tough spatial conflicts, but unfortunately are also saddled with an established image problem acting as a major hindrance to private investment activity in terms of housing construction, despite the favourable location. In this regard, the main goal, together with the IBA Hamburg and the igs, was to attract new developers and investors for the Elbe islands, to attract new population groups, and thus to safeguard the residential location and the quality of life for the established resident population through improved housing quality. "Upgrading without Displacing" and "Living means Staying" were the guiding principles. Moreover, all of the projects were intended to be energy role models and to contribute to intercultural living wherever possible. Overall,

Platz erobert. Dies ist dem Niveau, der besonderen Charakteristik und der besonderen Originalität vieler Veranstaltungen und Aktivitäten zu danken. Neben den kleineren Einzelformaten haben hierzu der kuratierte Elbinselsommer mit anspruchsvollen Themen wie „Kultur I Natur" oder „Akademie einer anderen Stadt", die Zusammenarbeit mit anderen Kulturinstitutionen wie Kampnagel und der überwältigende Erfolg des „Dockville"-Festivals, das sich zum größten Open-Air-Musikereignis Hamburgs entwickelt hat, maßgeblich beigetragen. Die IBA konnte mit ihren besonderen Fördermöglichkeiten manches auf den Weg bringen, was sonst kaum möglich gewesen wäre (siehe S. 278). Sie konnte aber vor allem eine Stimmung begünstigen, die künstlerischen und kulturellen Aktivitäten auf allen Ebenen wohlwollend gegenüberstand und damit die Kultur tatsächlich als Medium nutzen, die Integrationsfähigkeit der Stadtgesellschaft im Sinne eines kosmopolitischen Verständnisses voranzubringen.

Handlungsfeld Wohnen

Durch den „Sprung über die Elbe" wurde eine „Fokussierung der Ränder" zur „Fokussierung der Mitte". Deswegen spielt die Entwicklung der Elbinseln zu einem attraktiven Wohnstandort eine zentrale Rolle. Die Veddel, Wilhelmsburg und der Harburger Binnenhafen haben wie viele Metrozonen nicht nur an harten räumlichen Konflikten, sondern leider auch an einem verfestigten Imageproblem zu tragen, das trotz der günstigen Lage eine private Investitionstätigkeit im Wohnungsbau wesentlich erschwert. Insofern waren es die zentralen Ziele, mit IBA und igs neue Bauherren und Investoren für die Elbinseln zu gewinnen, neue Bevölkerungsgruppen anzuziehen und dabei den Wohnstandort und die Lebensqualität für die angestammte Bevölkerung durch bessere Wohnqualität zu sichern. „Aufwerten ohne zu verdrängen" und „Wohnen heißt bleiben" waren die programmatischen Leitsätze. Darüber hinaus verfolgten alle Projekte das Ziel, energetisch vorbildlich zu sein und möglichst einen Beitrag zum interkulturellen Wohnen zu leisten. Insgesamt sind

im Rahmen der IBA 1513 Wohnungen realisiert worden, davon 991 im Neubau und 522 durch Sanierung, was schon quantitativ als ein durchaus beachtlicher Erfolg gewertet werden kann. Hinzu kommen 226 Neubauwohnungen, die erst nach 2013 fertiggestellt werden.
Inhaltlich stechen im Bereich der Sanierung insbesondere das "Weltquartier" und die im Rahmen der „Prima-Klima"-Kampagne entstandenen Projekte wie die „Wilhelmsburger Straße 76–82" und das „VELUX model home 2020" hervor. Während letztere vor allem wegen der erreichten energetischen Standards bei Wahrung ihrer architektonischen Gestalt ein Zeichen gesetzt haben, ist das „Weltquartier" wegen der Überlagerung von sozialen, interkulturellen und ökologischen Themen, aber auch im Hinblick auf seine Dimension eine besondere Herausforderung gewesen.[17] In der ehemaligen Werkssiedlung mit 820 kleinen Zwei- bis Zweieinhalb-Zimmer-Wohnungen von maximal 45 Quadratmetern Größe leben Haushalte aus über 30 verschiedenen Nationen. Im Wege einer Befragung der Bewohner durch „Heimatforscher" und eine „Interkulturelle Planungswerkstatt" wurden Empfehlungen ausgearbeitet, die sowohl in die Sanierungs- und Neubaustrategie der SAGA GWG wie in den städtebaulichen und freiraumplanerischen Wettbewerb einflossen. Entstanden ist ein Projekt mit künftig 780 Wohnungen, das nicht nur auf die Mieterwünsche eingehen konnte, sondern auch zu ergänzenden Einrichtungen wie dem Treffpunkt „Weimarer Pavillon" und dem „Weltgewerbehof" geführt hat. Die backsteinerne Gestalt konnte trotz Passivhausstandard bewahrt werden und die Wärmeversorgung erfolgt durch ein an den „Energiebunker" (siehe unten) angeschlossenes Nahwärmenetz regenerativ.
Im Neubaubereich ist unter interkulturellen Aspekten insbesondere das „Veringeck" mit betreuten Altenwohnungen für Bewohner mit Migrationshintergrund zu erwähnen und die Projekte „Open House" und „Neue Hamburger Terrassen", mit denen es erstmals gelang, Baugemeinschaften für Standorte südlich der Norderelbe zu interessieren. Im Hinblick auf die Zukunft eines sozialen und umweltgerechten

1513 homes have become reality as part of the IBA Hamburg, 991 of which as new buildings and 522 through renovation, which, in terms of quantity, can indeed be seen as a remarkable success. Then there are another 226 new homes that will be completed only after 2013. In terms of content, the particularly outstanding projects in the field of renovation are the "Global Neighbourhood" and those developed as part of the "Top Climate Plan" campaign, such as "Wilhelmsburger Strasse 76–82" and the "VELUX Model Home 2020". While the latter sent a clear signal primarily due to the energy standards achieved while retaining the architectural design, the "Global Neighbourhood" has been a particular challenge due to the overlap of social, intercultural, and ecological issues, but also with regard to its dimensions.[16] Households from more than 30 different nations live in this former working-class residential area, with 820 small 2 to 2.5 bedroom homes with a maximum size of 45 square metres. Recommendations deriving from a survey of residents carried out by "home researchers" and an "Intercultural Planning Workshop" were incorporated into both SAGA GWG's renovation and new construction strategy as well as into the urban design and open space planning competition. The result has been a project comprising 780 future homes, one that was not only able to address tenant wishes but has also led to supplementary facilities such as the "Weimarer Pavilion" meeting venue and the "World Commercial Park". The dwellings' brickwork design was retained together with the Passive House standard, and the heating comes from a renewable local heat distribution network connected to the "Energy Bunker" (see below). In the field of new buildings, worthy of particular mention in terms of its intercultural aspects is "Veringeck", with its assisted senior citizens' accommodation for residents with migration backgrounds, and the "Open House" and "New Hamburg Terraces" projects where, for the first time, housing associations have been successfully attracted to locations south of the northern Elbe. When it comes to the future of social and environmentally friendly

construction, then the contents of the "Building Exhibition within the Building Exhibition" come to mind.[17] They are concerned with the future of homes in the post-fossil fuel age and with working within flexible neighbourhoods, with the researching of new, sustainable materials, and with the quest for affordable construction methods and adaptation strategies for climate change. What is remarkable is that developers were found for these projects who had not previously invested on the Elbe islands, and that now in Wilhelmsburg, one of the socially disadvantaged districts, the most experimental and ambitious residential buildings in Hamburg are being developed. The projects on the Harburg Schloßinsel and in the "Harburg Upriver Port" clearly exemplify the issue of a new metrozone neighbourhood between living and commerce.[18] Following years of complications regarding the declassification as harbour territory of the Schloßinsel and the regulation of neighbourhood conflicts with the adjoining commercial areas, the "Marina on the Schloßinsel", "Park Quarter", "Maritime Housing by the Kaufhauskanal", "Housing on the Hafencampus", and the "Schellerdamm Student Residence" projects have succeeded in positioning the "Upriver Port" as a residential location in Harburg. Even though these are just the initial steps and there is still a great deal of potential, these building ventures, which are not without considerable marketing risks for the developers and investors, have to be seen as a breakthrough. In Wilhelmsburg there are plans for projects of comparable dimensions, which have been initiated and prepared together with the IBA Hamburg but which can only be implemented in conjunction with the relocation of Wilhelmsburg's Reichsstrasse, in the Korallus district, on Haulander Weg, and in the Dratelnstrasse Commercial Area.

Climate Neutrality Activity

The aim of achieving climate neutrality for the Elbe islands is one that will occupy us for a very long time to come. To this end the projects and activities needed to be linked to an overall

Bauens fallen die Projekte der „Bauausstellung in der Bauausstellung" ins Auge.[18] Sie beschäftigen sich mit der Zukunft des Wohnens im postfossilen Zeitalter und in flexibler Nachbarschaft zum Arbeiten, mit der Erkundung nachhaltiger und neuer Materialien und mit der Suche nach kostengünstigen Bauweisen und Anpassungsstrategien an den Klimawandel. Bemerkenswert ist, dass für diese Projekte durchweg Bauherren gefunden werden konnten, die bislang auf den Elbinseln noch nicht investiert hatten, und dass jetzt in Wilhelmsburg, einem der sozial schwächsten Stadtteile, die experimentierfreudigsten und ambitioniertesten Wohngebäude Hamburgs entstehen. Für das Thema einer neuen Nachbarschaft zwischen Wohnen und Gewerbe in den Metrozonen sind die Projekte auf der Harburger Schloßinsel und im Binnenhafen sicherlich das markanteste Beispiel.[19] Nach jahrelangen Komplikationen um die Entlassung der Schloßinsel aus dem Hafengebiet und der Regelung der Nachbarschaftskonflikte zum angrenzenden Gewerbe ist es mit den Vorhaben „Marina", „Quartier am Park", „Maritimes Wohnen am Kaufhauskanal", „Wohnen am Hafencampus" und dem „Studentenwohnheim Schellerdamm" gelungen, den Binnenhafen in Harburg als Wohnstandort zu positionieren. Auch wenn es nur erste Schritte und die Potenziale noch groß sind, müssen diese Bauvorhaben, die für die Bauherren und Investoren mit nicht unerheblichen Vermarktungsrisiken verbunden sind, als Durchbruch gewertet werden. In Wilhelmsburg stehen vergleichbar große Projekte, die mit der IBA angedacht und vorbereitet wurden, aber erst im Zusammenhang mit der Verlegung der Wilhelmsburger Reichsstraße realisiert werden können, im „Korallusviertel", am „Haulander Weg" und im „Gewerbegebiet Dratelnstraße" noch an.

Handlungsfeld Klimaneutralität

Das Ziel, klimaneutrale Elbinseln zu schaffen, wird uns sehr lange beschäftigen. Dabei mussten die Projekte und Maßnahmen in ein übergeordnetes Gesamtkonzept eingebunden werden, das nicht aus allgemeinen Überlegungen und Konzepten abgeleitet, sondern aus den konkreten Gegebenheiten der Elbinseln heraus entwickelt wird. Der im Rahmen der IBA erarbeitete *Energieatlas – Zukunftskonzept Erneuerbares Wilhelmsburg* zeigt in verschiedenen Szenarien auf, welche Handlungsnotwendigkeiten und -möglichkeiten für die Elbinseln bestehen, um die Einsparungsziele von 40 Prozent bis 2020 und 80 Prozent bis 2050 zu erreichen.[20] Die einzelnen Maßnahmenbündel können hier nicht erläutert werden, aber es wurde auf der Basis der örtlichen Gegebenheiten doch deutlich, dass die Einsparungsziele in den Trendszenarien nicht erreicht werden können, während dies in den Exzellenzszenarien unter Berücksichtigung einer tiefengeothermischen Energienutzung sowie eines diversifizierten regenerativen Energieportfolios möglich ist. In diesen Fällen könnte die Stromversorgung bereits Mitte/Ende der 2020er Jahre vollständig aus regenerativen lokalen Quellen, die Wärmeversorgung bis 2050 immerhin zu rund 85 Prozent aus solchen gedeckt werden.[21]

Natürlich kann man über den Wahrscheinlichkeitsgehalt solcher Prognosen lange diskutieren. Sie haben aber bereits ihre praktische Nützlichkeit in der Frage bewiesen, ob Wilhelmsburg an ein mögliches Fernwärmenetz des neuen Kraftwerkes Moorburg angeschlossen werden soll, wie auch die großen IBA-Projekte „Energiebunker", „Energieberg" und die Nahwärmenetze ihren Nutzen mittlerweile jeden Tag neu unter Beweis stellen. Nicht zu vergessen die Anregungen, die der Energieatlas für die kommenden Jahre gibt.

Die Umwandlung des ehemaligen Flakbunkers zu einem „Energiebunker" wäre ohne den Einsatz der IBA nicht zustande gekommen. Viele Finanzierungsquellen mussten erschlossen und koordiniert werden, um das Bauwerk für einen Wasserspeicher als Großwärmepuffer herzurichten, der regenerativ durch ein Biomasse-Blockheizkraftwerk, eine Solaranlage auf dem Dach und die Abwärme eines nahegelegenen Industriebetriebes gespeist wird.[22] Über ein Nahwärmenetz dient er der Wärmeversorgung des benachbarten „Weltquartiers" und soll mittelfristig weitere Teile des Reiherstiegvier-

Der „Energiebunker", das markanteste Gebäude der Elbinsel, und das rechts daran angrenzende „Weltquartier" stehen im Mittelpunkt der Ansicht von Nord nach Süd; rechts als Bildabschluss der Veringkanal.
The Energy Bunker, the most distinctive building on Elbe island Wilhelmsburg and, adjoining it to the right, the Global Neighbourhood form the focal point of this view from the north looking south; at the edge of the picture on the right is the Veringkanal.

concept derived not from general considerations and concepts but developed from the concrete circumstances on the Elbe islands. The *Energieatlas – Zukunftskonzept Erneuerbares Wilhelmsburg* (Energy Atlas – Future Concept of Renewable Wilhelmsburg), compiled as part of the IBA, uses various scenarios to demonstrate the needs and opportunities for action on the Elbe islands in order to achieve the savings targets of 40 per cent by 2020 and 80 per cent by 2050.[19] The individual sets of measures cannot be detailed here but based on the local circumstances it is clear that the trend scenario savings targets are not achievable, while this is indeed possible with the excellence scenarios, taking geothermal energy usage as well as a diversified, renewable energy portfolio into consideration. In such cases the electricity supply could be met entirely by local, renew-

able sources by the middle/end of the 2020s, and around 85 per cent of heating energy from such sources by 2050.[20]

Of course, we can discuss the probability of such prognoses at length. They have, however, already proven their practical usefulness in the question of whether Wilhelmsburg ought to be connected to the new Moorburg power station's potential district heating network. Like the major IBA Hamburg projects "Energy Bunker" and "Georgswerder Energy Hill", district heating networks are now proving themselves on a daily basis. Not to be forgotten is the stimulus provided for the years ahead by the *Energy Atlas*. The conversion of the former flak bunker into an "Energy Bunker" would not have happened without the efforts of the IBA Hamburg. A great many financing sources had to be accessed and coordinated in order for the building to accom-

tels versorgen. Dabei war es wichtig, dieses als Mahnmal schutzwürdige Bauwerk durch das äußere Erscheinungsbild und eine Ausstellung zu dokumentieren und durch eine Aussichtsterrasse und ein Café für die Wilhelmsburger zugänglich zu machen. Der Bunker ist damit zu einem wesentlichen Baustein für den Aufbau einer lokalen regenerativen Energieversorgung, aber auch für den Umgang mit dem problematischen Baukulturerbe auf den Elbinseln geworden. Ähnliches gilt für den „Energieberg" in Georgswerder: Die ehemalige Deponie wird durch die Ergänzung der schon länger betriebenen Deponiegasnutzung mit einer Solaranlage und einer leistungsstärkeren Windkraftanlage zum Stromlieferanten für 4000 Haushalte. Gleichzeitig konnte der Berg auf Wunsch des benachbarten Stadtteils nach jahrzehntelanger Unzugänglichkeit durch einen Horizontweg wieder partiell für die Allgemeinheit geöffnet und durch einen Informations- und Betriebspavillon ergänzt werden (siehe S. 184). Dass es gelungen ist, im Rahmen der IBA sowohl den „Berg" als auch den „Bunker" mit ihrer spezifischen Vergangenheit in ein nutzbringendes Projekt für die Zukunft der Elbinseln umzudeuten, muss als großer Erfolg gewertet werden.

Für die konzeptionelle Entscheidung zum Aufbau von quartiersbezogenen regenerativen Nahversorgungsnetzen anstelle technischer Großlösungen und eines ungezügelten gebäudebezogenen Dämmwahns steht auch der „Energieverbund Wilhelmsburg Mitte".[23] Hier wird gezeigt, wie durch eine intelligente Vernetzung der Neubauten mit unterschiedlichen Nutzungen und Spitzenlasten beachtliche Synergieeffekte bei einer Verbesserung der Versorgungssicherheit erreicht werden können. Ebenso bedeutend ist aber, dass es in Wilhelmsburg Mitte weitgehend gelungen ist, von einer begrenzten Betriebsenergieverbrauchssicht zu einer nachhaltigeren Lebenszyklusbetrachtung von der Errichtung bis zum Abbruch der Gebäude zu gelangen. Dies gilt für den Neubau der BSU ebenso wie für die Gebäude entlang der Hauptpassage zur igs und natürlich ganz besonders für die Projekte der „Bauausstellung in der Bauausstellung", von denen einige experimentelle Zeichen im Sinne

neuer Baustoffe und Bautechnologien setzen. Mit der IBA ist es gelungen, das komplizierte Thema der niedrig gelegenen Wasserlandschaften und ihrer Gefährdung durch den steigenden Meeresspiegel infolge des Klimawandels zumindest auf der konzeptionellen Ebene anzugehen. Das heißt zunächst einmal, sich mit der Struktur und den Eigenheiten des Stromspaltungsgebietes vertraut zu machen, was der *Wasseratlas* in hervorragender Weise getan hat.[24] Es heißt aber auch, sich mit der Notwendigkeit und Integration weiterer Deicherhöhungsmaßnahmen in das Freiraumgefüge der Elbinseln auseinanderzusetzen, wozu mit dem „Deichpark-Konzept" wichtige Anregungen und Lösungsvorschläge erarbeitet wurden.[25] Rückdeichungsmaßnahmen, wie sie im „Tide-Elbe-Konzept" angedacht wurden und im „Pilotprojekt Kreetsand" erstmals auf den Elbinseln realisiert werden, gehören dazu. Und natürlich die Frage von schwimmenden bzw. im Wasser stehenden Häusern, zu der mit dem IBA DOCK im Müggenburger Zollhafen und den „WaterHouses" in einem Regenrückhaltebecken zwei überzeugende Projekte realisiert werden konnten.

Handlungsfeld Stadt, Landschaft und Architektur

Metrozonen wie die Elbinseln haben ihre gestalterischen Besonderheiten und Schönheiten, sind aber in ihrer Gesamtheit meist durch eine räumlich schwer begreifbare Patchworkstruktur mit wenig identitätsstiftenden Orten, einem diffusen Landschaftsbild und einer allgemein vorherrschenden Anspruchslosigkeit in der Architektur gekennzeichnet.[26] Wichtiges Ziel war deshalb, den Raum mithilfe der IBA und der igs in seiner Wahrnehmbarkeit und Lesbarkeit zu profilieren und ästhetisch ansprechender auszugestalten. Die dabei verfolgte Strategie läuft im Kern darauf hinaus, städtebaulich die heterogen nebeneinander stehenden Siedlungsfragmente in ihren Eigenheiten zu akzeptieren, ihre Besonderheiten herauszuarbeiten und in sich abzurunden, sie aber nicht in ein einheitliches Gesamtkorsett einbinden zu wollen. Im Sinne

modate a water storage unit as a major thermal buffer, fed renewably from a biomass cogeneration unit, a solar unit on the roof, and the waste heat from a nearby industrial operation.[21] Via a local heat distribution network, it distributes heating to the adjoining "Global Neighbourhood" and is intended to supply further parts of the Reiherstieg district in the medium term. It was important that the building's role as a protected memorial be documented through its external appearance and an exhibition, with a café making it accessible to the Wilhelmsburg residents. The bunker has thus become a key building block in the development of a local, renewable energy supply, as well as for the approach to the problematic architectural legacy on the Elbe islands. The same applies to the "Energy Hill" in Georgswerder: through the supplementation of the long-standing landfill gas utilisation with a solar unit and a high capacity wind turbine, the former waste disposal site will supply electricity to 4000 households. At the same time, following decades of inaccessibility, the wishes of the adjacent neighbourhood to have the hill made at least partially accessible to the public were met with the horizon path and supplemented by an information and operational pavilion (see p. 184). The fact that it has been possible to convert both the "Hill" and the "Bunker", with their specific individual pasts, into beneficial projects for the future of the Elbe islands as part of the IBA Hamburg has to be seen as a major success.

The "Wilhelmsburg Central Integrated Energy Network",[22] too, stands for the conceptual decision to develop local, renewable distribution networks instead of large-scale technical solutions and a rampant, building-related insulation craze. It shows how the intelligent networking of new buildings with different uses and peak loads can achieve remarkable synergies for the improvement of supply security. Equally important, however, is that, in Wilhelmsburg Central, it has been largely possible to move from a limited operating energy consumption perspective to a more sustainable life cycle view from the construction through to the demolition of the buildings.

This applies to the "New Building of the State Ministry for Urban Development and Environment" (BSU) and to the buildings along the main route to the igs, as well as, in particular, to the "Building Exhibition within the Building Exhibition" projects, which send a number of experimental signals with regard to new building materials and construction technology. With the IBA Hamburg it has been possible to address the complicated issue of low-lying water landscapes and the threat of rising sea levels as a result of climate change at a conceptual level at least. Initially this has at least meant familiarisation with the structure and features of the river channel area, something which the *Wasseratlas* (Water Atlas) has done in an outstanding manner.[23] It does also mean facing up to the need for and the integration of further dyke-raising activity in the network of open spaces on the Elbe islands, to which end the "Dyke Park" Concept has drawn up important suggestions and proposed solutions[24]. Dyke relocation measures, as addressed in the Tidal Elbe Concept and implemented for the first time on the Elbe islands with the "Kreetsand Pilot Project", are part of this. And of course the issue of buildings that are floating and/or standing in the water, with the "IBA DOCK" in the Müggenburg Customs Harbour and the "WaterHouses" in a detention reservoir two of the convincing projects achieved.

City, Landscape, and Architecture Activity

Metrozones like the Elbe islands have their design features and attractions but, overall, they are usually characterised by a barely tangible spatial patchwork structure with few locations conveying identity, a diffuse landscape imagery, and a general architectural indifference.[25] An important goal was therefore to define spaces in terms of their perceptibility and readability and to increase their aesthetic appeal, with the help of the IBA Hamburg and the igs. The strategy pursued in the process is essentially about urban design acceptance of heterogeneous, adjoining residential fragments

einer guten Landschaftsplanung bedeutet es, die oftmals großen, sich aber vielfach als Restraum und undurchschaubares Dickicht präsentierenden Grün- und Freiflächen in ihrer Dimension erlebbar zu machen und ihre Vernetzungsfunktion zwischen den unterschiedlichen Siedlungsteilen herauszuarbeiten. Schließlich darf bei der Architektur nicht vordergründig nach Originalität und Schönheit auf der Basis eines selbstreferenziellen ästhetischen Leitbildes gesucht werden; Ziel muss vielmehr ein praktischer Nutzen mit ausgeprägter sozialer, ökologischer und ökonomischer Verankerung sein!

Aufgrund des Projektcharakters der über die Inseln verteilten Bauvorhaben ist die Beurteilung der städtebaulichen Ergebnisse ohne Kenntnis der weiterführenden Planungen noch schwierig. Dennoch zeigt sich am Beispiel des „Weltquartiers" bereits jetzt, dass das Ensemble mit seinen städtebaulichen Ergänzungen zu einer präziseren stadträumlichen Fassung der Straßen- und Platzräume führt, die Eingänge deutlicher artikuliert werden und die Vernetzung mit den angrenzenden Quartieren und Freiräumen verbessert wird. Im Falle der Schloßinsel in Harburg wird die ganz spezifische

sternförmige Charakteristik der ehemaligen Befestigung seit langer Zeit wieder erkennbar. Im Falle des Berta-Kröger-Platzes kommt mit der Neugestaltung der S-Bahn-Station, zahlreichen Sanierungsmaßnahmen und dem städtebaulichen Plan einer Ergänzungsbebauung auf den heutigen Parkplatzflächen erstmals wieder Hoffnung auf, er könne sich als Stadtteilzentrum für das östliche Wilhelmsburg stabilisieren. Kleinere Projekte wie die „Neuen Hamburger Terrassen", die die orthogonale Typologie der Nachbarschaft aufnehmen und gegenüber dem Gartenschaugelände zu einem ansehnlichen Abschluss bringen, oder das neue „Tor zur Welt", das das Eisenbahnerviertel abrundet und eine Brücke über die Krieterstraße zum Gymnasium schlägt, weisen in die gleiche Richtung. Größtes zusammenhängendes und weitgehend fertiggestelltes Projekt ist zweifellos die Neugestaltung der Wilhelmsburger Mitte. Als eigenständiges Quartier verfolgt es das Ziel, die Stadt am Haupteingang zum neuen Inselpark in besonderer Weise mit der Landschaft zu verzahnen: Die Grünelemente, Gewässer und Passagen formulieren hier die städtebaulichen Zusammenhänge, während die Gebäude diese

Im Vordergrund, von Nordwesten aus gesehen: der „Energieberg". Die seit März 2013 öffentlich zugängliche Freifläche ist so groß wie die Binnenalster, charakteristisch sind die Windkraftanlagen, der Horizontweg und die Photovoltaikanlage am Südhang. Am Fuß zweigt die A 24 von der A 1 ab. In the foreground, viewed from the northwest: the Energy Hill. The open area accessible to the public (since March 2013) is as large as the Binnenalster and is characterised by the wind turbines, the Horizon Path, and the photovoltaic installation on the southern slope. At the foot of the hill the A24 branches off from the A1.

with all their characteristics, highlighting their special features, and streamlining these without wanting to ensnare them within an overall, homogeneous corset. From the perspective of good landscape planning, this means giving tangibility to what are often large green and open spaces, frequently recreational and convoluted in terms of their dimensions, and establishing their networking function between the different neighbourhood areas. Ultimately, the architecture should not primarily be the quest for originality and beauty on the basis of a self-referential aesthetic leitmotif; the goal must rather be practical use with distinct social, ecological, and economic anchoring!

The project character of the building schemes spread across the Elbe islands makes it difficult to assess the urban design results without knowledge of the ongoing planning. Nevertheless, the example of the "Global Neighbourhood" already shows that, with its supplementary urban design aspects, the ensemble leads to a more precise urban spatial version of street and square spaces, to the clearer articulation of access points, and improved networking with adjoining neighbourhoods and open spaces. In the case of the Schloßinsel in Harburg, the very specific star-shaped feature of the former fortress is discernible again for the first time in a long period. In the case of the Berta-Kröger-Platz, the redesigning of the "Wilhelmsburg Urban Railway Station", the numerous renovation measures, and the urban design plan for supplementary building on what is currently the parking area have raised initial hopes that this could become established as the neighbourhood centre for the east of Wilhelmsburg. Smaller projects like the "New Hamburg Terraces", which adopt the neighbourhood's orthogonal typology and provide a fitting conclusion to the igs arena opposite, or the new "Gateway to the World" that rounds off the railway station district and forms a bridge over Krieterstrasse to the high school, are indicative of the same direction. The largest cohesive and largely completed project is without doubt the redesigning of Wilhelmsburg Central. As an independent district it aims to provide a special link between the city at the main entrance to the new Island Park and the landscape: here the green elements, waterways, and passageways create the urban design contexts, while the buildings accompany these or act as eye-catchers – like the new BSU offices.

From a landscape planning perspective, the new Island Park, as Hamburg's first major public park of the new century, has to be assessed as a visible exclamation mark. It was certainly no matter of course that an international garden show should again be held after a break of 40 years and this in Wilhelmsburg of all places. Instead, it was in fact a considered decision in favour of the city district. The entry chosen in the competition was one that adopted the local typology in a particularly successful manner, one that took into account the sensitivity of existing uses, and one with an approach that was an especially appropriate reaction to the district and the existing green structures. Its two key ideas, the "passageways" and "Around the World in 80 Gardens" were ideally suited to the "Metrozones" and "Cosmopolis" themes. The passageways create spatial depth, provide orientation, and link the new park with the adjoining neighbourhoods in an exemplary manner. The 80 gardens create a global bridge and allow the different garden designs and open space usages from different cultures and countries to be integrated into the park concept as a matter of course.[26] Perhaps this multi-faceted configuration will be successful in the long term in creating an open space able to do equal justice to culturally differentiated usage requirements and to cross-cultural identity.

Open and green space design activity during the IBA Hamburg and the igs were not limited to Wilhelmsburg's Island Park, however. The theme of opening and linking passageways in green spaces was continued in the development of the green axis to the Reiherstieg and in making the whole of the Assmannkanal navigable for boat traffic through to the Wilhelmsburg Town Hall. From here there is now a fantastic view of the neighbourhood characterised by water and greenery. The opening of the Spreehafen will see the linking of a harbour basin

begleiten oder als Blickfänge – wie der BSU-Neubau – akzentuieren.

Landschaftsplanerisch muss der neue Insel-park als erster großer Volkspark Hamburgs im neuen Jahrhundert als sichtbares Ausrufezeichen gewertet werden. Es war keineswegs eine Selbstverständlichkeit, nach 40 Jahren Unterbrechung eine Internationale Gartenschau ausgerechnet in Wilhelmsburg stattfinden zu lassen, sondern tatsächlich eine programmatische Entscheidung zugunsten des Stadtteils. Im Wettbewerb wurde ein Entwurf gekürt, der in besonders gelungener Weise die Topologie des Ortes aufnahm, mit Sensibilität die vorhandenen Nutzungen berücksichtigte und in seiner Haltung ausgesprochen angemessen auf den Stadtteil und die vorhandenen Grünstrukturen reagierte. Seine beiden entscheidenden Ideen, die „Passagen" und „In 80 Gärten um die Welt" wiederum passten überzeugend zu den Themen „Metrozonen" und „Kosmopolis". Die Passagen schaffen räumliche Tiefe, bieten Orientierung und vernetzen in vorbildlicher Manier den neuen Park mit den angrenzenden Quartieren. Die 80 Gärten schlagen eine Brücke in die Welt und erlauben mit großer Selbstverständlichkeit die unterschiedliche Gartengestaltung und Freiraumnutzung verschiedener Kulturen und Länder in das Parkkonzept zu integrieren.[27] Vielleicht gelingt es durch diese facettenreiche Ausgestaltung, langfristig einen Freiraum zu schaffen, der gleichermaßen kulturell differenzierten Nutzeranforderungen wie einer kulturübergreifenden Identität gerecht wird.

Maßnahmen der Freiraum- und Grüngestaltung beschränkten sich im Rahmen der IBA und der igs aber nicht nur auf den Wilhelmsburger Inselpark. Das Thema der die Grünräume öffnenden und verbindenden Passagen wurde bei der Entwicklung der Grünachse zum Reiherstieg und der vollständigen Schiffbarmachung des Assmannkanals für Barkassen bis zum Rathaus Wilhelmsburg verfolgt. Von hier aus ergibt sich heute ein fantastischer Blick auf die von Wasser und Grün geprägte Charakteristik des Stadtteiles. Mit der Öffnung des Spreehafens wird ein Hafenbecken für die Freizeit- und Erholungsnutzung der Veddeler und Wilhelmsburger Bevöl-

kerung erschlossen, das aufgrund seiner Gestalt und Dimension überwältigend ist. Daneben sind es eine Reihe kleinerer Plätze und Wegeverbindungen, die neu geschaffen und hergestellt werden konnten; unter ihnen sind insbesondere der Weimarer Platz, der Kanalplatz in Harburg und der erste Bauabschnitt des Freizeitrundkurses über die Elbinsel hervorzuheben. Und mit dem neuen Ballinpark auf einer ehemaligen Straße und dem Park auf der Schloßinsel anstelle ehemaliger Brach- und Lagerflächen ist der „Sprung über die Elbe" zu einem Sprung neuer Parkanlagen durch die Stadtteile geworden.

Architektonisch hat die IBA für die Elbinseln eine Reihe von Impulsen gebracht. Nicht mit dem Ziel, vordergründig aufsehenerregende Gebäude zu platzieren, sondern das allgemeine Qualitätsniveau zu heben und durch eine gebrauchstüchtige, bezahlbare, aber nichtsdestoweniger konzeptionell anspruchsvolle und innovative Architektur zu überzeugen. In diesem Sinne wurde das Exzellenzkriterium in den vielen Wettbewerben verstanden und das war und ist sowohl dem Thema der „Metrozonen" wie einer allgemein notwendigen Rückbesinnung in der Architektur angemessen. Dementsprechend zeigen sich die meisten Projekte auf den ersten Blick in einem gehobenen, aber nicht unbedingt auffälligen Niveau und werden erst auf den zweiten Blick, bei näherer Kenntnis der Nutzungsziele, der energetischen Lösung oder aber der Überwindung besonderer Schwierigkeiten, richtig interessant. Dies gilt beispielsweise für die Wohnungsbauvorhaben im „Weltquartier" und am „Veringeck", wo insbesondere soziale Fragen des interkulturellen Wohnens und der Bezahlbarkeit eine Rolle spielten, beim „Open House" und an den „Neuen Hamburger Terrassen", für deren ambitioniertes architektonisches und energetisches Gesamtkonzept Baugemeinschaften gewonnen werden mussten, und die Vorhaben auf der Harburger Schloßinsel, die den Standort praktisch und kommunikativ in einem zwar aufregenden, aber schwierigen Gewerbeumfeld erst einmal etablieren mussten.

Einige zeigen sich natürlich in frecherer und ungewöhnlicherer Gestalt, wie etwa das im

for leisure and recreational use by the residents of Veddel and Wilhelmsburg, and this in a manner overwhelming in terms of its design and dimensions. Then there is also a series of smaller squares and thoroughfares that have been created and set up, including the Weimarer Platz, the Kanalplatz in Harburg, and the first building phase of the leisure circuit across the Elbe islands, these being worthy of particular mention. And with the new Ballinpark on a former street and the park on the Schloßinsel, instead of what used to be wasteland and storage space, the "Leap across the Elbe" has become the leap of new parklands across the district.

Architecturally, the IBA Hamburg has brought various different forms of impetus to the Elbe islands. Not with the aim of placing sensational buildings at the forefront but rather of raising the general level of quality with convincing, usable, affordable, and yet conceptually sophisticated and innovative architecture. It was in this sense that the criterion of excellence was understood in the many competitions and it was and is an appropriate reminder necessary not just with regard to the issue of metrozones but in general as well. Accordingly, most of the projects appear at first glance to be of an elevated but not necessarily conspicuous level and it is only at a second glance, with greater awareness of the usage aims, the energy solution, or else the overcoming of particular difficulties, that they become really interesting. This applies, for example, to the housing schemes in the "Global Neighbourhood" and at "Veringeck", where social issues of intercultural living and affordability played particular roles, to the "Open House" and to "New Hamburg Terraces", housing associations having had to be found for their ambitious overall architectural and energy concept, and the plans for the Harburg Schloßinsel, which first required the practical and communicative establishment of the location in what was an appealing but difficult commercial environment.

There are some ventures, of course, which are bolder and more unusual in design, such as the "Youth Centre", for instance, initiated during the setting up of the IBA Hamburg, the "House of Projects", the "IBA DOCK", "Maritime Housing by the Kaufhauskanal", the "Wälderhaus", or the projects making up the "Building Exhibition within the Building Exhibition". None of these are self-serving productions either, but well-thought-through, conceptual considerations that have led to the respective end results. And even the key projects rendered more obvious by their dimensions and dominance, like the "Energy Bunker", the "Georgswerder Energy Hill", the new BSU building, and the igs hall complex, follow these principles, even with their intended future-oriented focus on identity development in the neighbourhood. *Summa summarum*, we are therefore far from a superficial style debate if we want to give the Elbe islands, like other metrozones with architecture thats it just as sophisticated as it is appropriate, as well as being original and emotional, with maxims derived from social and ecological responsibility, a usable impetus for aesthetic renewal and further development.

The IBA Format as Prerequisite for a Change of Perspective

With the classic urban design instrumentation it is practically impossible to change an area like the Elbe islands, blocked by mental, social, and technical barriers. Such instruments are not cut out for the typology and dimensions of such a space and for the action needed here to come up with convincing solutions. Here it is about hard facts, established structures, and branded clichés, requiring new and different thinking and action to break through them. This is not everyday routine and the willingness to accept a new world of ideas and thinking patterns has to be awakened and supported on all sides, both in politics and in administration, amongst the public and commercially. The "Leap across the Elbe" is a major, long-term urban development project for Hamburg, requiring cross-party consensus and sufficient conceptual, personnel, and financial resources. This is why a particular format was required, one that Hamburg has found in the IBA. It was intended to lead to concrete, local solutions, to create open-ended

Zuge der Entstehung der IBA konzipierte „Haus der Jugend", das „Haus der Projekte", das „IBA-Dock", das „Maritime Wohnen am Kaufhauskanal", das „Wälderhaus" oder die Vorhaben innerhalb der „Bauausstellung in der Bauausstellung". Es sind aber auch in diesen Fällen keine selbstgefälligen Inszenierungen, sondern wohldurchdachte konzeptionelle Überlegungen, die zu dem jeweiligen Erscheinungsbild geführt haben. Und selbst die wegen ihrer Größe und Dominanz unübersehbaren Schlüsselprojekte, wie der „Energiebunker", der „Energieberg", das neue BSU-Gebäude" und der igs-Hallenkomplex, folgen diesen Prinzipien, auch wenn sie durchaus auf die Zukunft gerichtete Zeichen zur Identitätsstiftung im Stadtteil setzen wollen. Summa summarum ist es also fernab von einer vordergründigen Stildebatte möglich, den Elbinseln wie anderen „Metrozonen" mit einer ebenso niveauvollen wie angemessenen, aber auch originellen und emotionalen Architektur, die ihre Maximen aus der sozialen und ökologischen Verantwortung herleitet, brauchbare Impulse für eine ästhetische Erneuerung und Weiterentwicklung zu geben.

Das Format IBA als Voraussetzung für einen Perspektivwechsel

Mit klassischem, städtebaulichem Instrumentarium ist es beinahe unmöglich, ein Gebiet wie die Elbinseln zu verändern, das durch mentale, soziale und technische Barrieren blockiert wird. Denn es ist nicht auf Typologie und Dimension eines solchen Raumes und die hier zu ergreifenden Aktivitäten für glaubwürdige Lösungen zugeschnitten. Es geht hier um harte Fakten, verfestigte Strukturen und eingebrannte Klischees, die ein neues und anderes Denken und Handeln verlangen, um sie zu durchbrechen. Das ist kein Alltagsgeschäft und die Bereitschaft für neue Ideenwelten und Denkmuster muss auf allen Seiten, der Politik wie der Verwaltung, der Bürger wie der Wirtschaft, geweckt und befördert werden. Der „Sprung über die Elbe" ist für Hamburg ein großes und langfristiges Stadtentwicklungsprojekt, das einer überparteilichen Verständigung und ad-

äquater ideeller, personeller sowie finanzieller Ausstattung bedarf. Deshalb verlangte es nach einem besonderen Format, das Hamburg in der IBA gefunden hat. Es sollte zu konkreten und ortsbezogenen Lösungen führen, Prozesse mit offenem Ausgang gestalten können, aber auch ein zeitliches Ziel haben, um die Kräfte bündeln und einen wirklichen Anschub auslösen zu können – allesamt Merkmale, die die Internationalen Bauausstellungen schon in der Vergangenheit charakterisiert und ausgezeichnet haben. Natürlich muss man sich fragen, ob die Themen und Projekte der Hamburger IBA von einem ausreichenden Gewicht, überörtlicher Bedeutung, internationalem Bezug und der notwendigen Qualität sind, um das Format IBA, das ja nicht geschützt ist, in Anspruch zu nehmen. Gerade hierüber ist in Fachkreisen und auf Bundesebene in den letzten Jahren vor dem Hintergrund einer befürchteten Inflation von Bauausstellungen viel diskutiert worden. Unabhängig von der Frage, wie berechtigt oder problematisch diese Befürchtung ist, hat sich die IBA Hamburg in diese Debatte im Rahmen des von ihr initiierten Netzwerkes „IBA meets IBA" eingebracht, aus dem das Memorandum zur Durchführung Internationaler Bauausstellungen hervorgegangen ist.[28] In der Sache selbst liegt sie hinsichtlich ihres räumlichen Maßstabes zwischen den „regionalen" Ausstellungen IBA Emscher Park im Ruhrgebiet, IBA See in Brandenburg und IBA Stadtumbau in Sachsen-Anhalt und den vorhergehenden „städtischen" Ausstellungen IBA Berlin 84/87, Interbau, „Weißenhofsiedlung" oder „Mathildenhöhe". In Verwandtschaft zu den letzteren und im Unterschied zu den ersteren knüpft sie aber wieder an der Frage der Entwicklung der großen Städte unter dem Gesichtspunkt des Um- und Neubaus bei moderaten Wachstumsbedingungen an. Sie versteht sich mehr als „lernende" denn als „zeigende" Ausstellung, worin die Verwandtschaft zur „IBA Berlin-Alt" und den regionalen Bauausstellungen der letzten beiden Jahrzehnte liegt. Neu war die Thematisierung der inneren Peripherie als zentrale Zukunftsfrage des gesellschaftlichen und räumlichen Wandels in den Metropolen. Nie zuvor ist für

Die Internationale Bauausstellung und die internationale gartenschau haben einen Perspektivwechsel für die Elbinseln herbeigeführt. Als Gesamtensemble sind sie beispielgebend für eine nachhaltige Komposition aus Stadtentwicklung und Landschaftsplanung.

The International Building Exhibition IBA and the international garden show igs have effected a change of perspective for the Elbe islands. As an overall ensemble these events provide an example of the sustainable composition of urban development and landscape planning.

processes, but also to have a temporal goal in order to be able to bundle resources and trigger real impetus. All of these are features that have characterised and distinguished the international building exhibitions even in the past. Of course, we do have to ask ourselves whether the topics and projects of the IBA Hamburg have carried enough weight, have been of interregional significance, have had international relevance, and have been of the necessary quality, to avail themselves of the IBA format, a format that is not protected. This very issue has been the subject of much discussion in expert circles and at a federal level in recent years and this against background fears of an inflation of building exhibitions. Irrespective of how justified or problematic this fear is, the IBA Hamburg has participated in this debate through the "IBA meets IBA" network it has initiated, from which the memorandum on staging international building exhibitions is derived.[27] On the issue itself, its spatial scale places it between

the "regional" exhibitions – IBA Emscher Park in the Ruhrgebiet, IBA See in Brandenburg, and IBA Stadtumbau in Sachsen-Anhalt – and the preceding "urban" exhibitions IBA Berlin 84/87, Interbau, "Weissenhofsiedlung", or "Mathildenhöhe". Related to the latter and different from the former, it does, however, again take up the issue of the development of major cities from the perspective of conversion and new construction under moderate growth conditions. It sees itself more as a "learning" than a "showing" exhibition, wherein the relationship to "IBA Berlin-Alt" and the regional building exhibitions of the last two decades lies. What was new was the addressing of the inner periphery as a key future issue of social and spatial transformation in major cities. Never before has this type of "patchwork city" with all its problems and opportunities had a future concept drawn up and implemented with such concentration and thematic depth as in the case of the Elbe islands. This was not just about conceptual innovations

diesen Typus der „Patchwork-Stadt" mit all ihren Problemen und Chancen so konzentriert und in thematischer Breite ein Zukunftskonzept erarbeitet und angegangen worden wie auf den Elbinseln. Dabei ging es nicht nur um konzeptionelle Innovationen, sondern um modellhafte Lösungen durch konkrete Projekte – wie es das Ziel einer jeden Bauausstellung sein muss. Mit der IBA konnte im Großen und Ganzen ein Qualitätsmaßstab auf den Elbinseln eingezogen werden, der ohne sie undenkbar gewesen wäre. Diese Bilanz gilt ganz unabhängig von der Frage, ob man mit jedem Einzelprojekt, jedem Gebäude oder jedem Landschaftsgarten einverstanden ist. Insgesamt besteht kein Zweifel, dass die Elbinseln strukturell vorangekommen, ja in vielen Handlungsfeldern zum Vorbild für ganz Hamburg und darüber hinaus geworden sind, ihre Lage zum Wasser und im Grünen herausgearbeitet und sich städtebaulich und architektonisch profiliert haben. Die Wahrnehmung des Stadtteiles ist nicht mehr dieselbe wie vor zehn Jahren und das Ausstellungsjahr leistet dazu noch einen wesentlichen Beitrag. Dabei hat sich die enge konzeptionelle, räumliche und organisatorische Verschränkung von IBA und igs ebenso bewährt wie die jahrelange behördenübergreifende Koordinierungsstelle innerhalb der Verwaltung (siehe S. 398). Und wie in vielen anderen Fällen war das zeitliche Ziel ein wichtiger Katalysator für ein zielorientiertes Zusammenwirken und zügige Entscheidungsprozesse – bei allen Schwerpunktsetzungen, die innerhalb eines begrenzten Zeitraums und Budgets notwendig sind.

Die Ausstellungsziele der IBA und igs haben aber nicht nur den entscheidenden Beitrag zur Qualität der Ergebnisse, sondern auch zu ihrer Entstehung durch eine ausgefeilte Verfahrens- und Beteiligungskultur geführt. Dazu gehören vielfältige Formate wie Foren und Labore, aufsuchende und diskursive Beteiligungen, Partnerschaften und begleitende Gremien, Wettbewerbe und Qualitätsvereinbarungen, künstlerische Impulse und Bildungsinitiativen oder Publikationen und Präsentationen. Der Anspruch der Internationalität wurde durch die globale Relevanz der Thematik, den unter anderem in der Schriftenreihe dokumentierten breit gefächerten internationalen Diskurs, die Umsetzung von Projekten aus dem Ausland und eine international ausgerichtete Öffentlichkeitsarbeit eingelöst. Die positive Resonanz aus anderen Ländern und Kontinenten belegt die Sinnhaftigkeit eines solchen Diskurses. Insgesamt gilt das Resümee, dass die IBA für die Elbinseln und Hamburg eine lohnende und erfolgreiche Anstrengung bedeutete und dem Anspruch des Formates gerecht wurde – selbst wenn das zu Beginn eines IBA-Prozesses wohl nie abzusehen ist und Hamburg nicht über eine finanzielle Ausstattung wie die ganz großen Bauausstellungen in Berlin und im Ruhrgebiet verfügte. Die Impulse jedenfalls, die sie mit ihrem offenen und eben gerade nicht institutionalisierten Herangehen in Hamburg ausgelöst hat, kann sich der deutsche Städtebau eigentlich nur an möglichst vielen Orten und bei möglichst vielen Themen wünschen.

but about exemplary solutions through concrete projects – as should in fact be the goal of every building exhibition.

All in all, the IBA Hamburg has brought quality standards to the Elbe islands that would have been unthinkable without it. This assessment applies irrespective of whether one is in agreement with every individual project, with every building, or every landscaped garden. Overall there is no doubt that the Elbe islands have seen structural progress and have become a role model in many fields for the whole of Hamburg and beyond, having utilised their waterside location and green spaces, and distinguished themselves in both urban design and architectural terms. The perception of the city district is no longer what it was ten years ago and the Exhibition Year is making a further key contribution to this. The close conceptual, spatial, and organisational involvement of the IBA and the igs has proven itself in the process, as has the long-standing interdisciplinary coordination centre within the administration (see p. 398). And, as in many other cases, the temporal goal was an important catalyst for targeted cooperation and prompt decision-making – despite all of the setting of priorities necessary within a limited timeframe and budget.

The exhibition aims of the IBA and the igs have not only made the key contribution to the quality of the results, but also to their development through a polished culture of process and participation. This includes the diverse formats like forums and laboratories, outreach and discursive participation, partnerships, and supporting committees, competitions, and quality agreements, artistic impetus and education initiatives, or publications and presentations. The requirement for internationality was met through the global relevance of the topics, the broadly based international discourse documented in the publication series, the implementation of projects from abroad and internationally focussed public relations efforts. The positive response from other countries and continents is evidence of the meaningfulness of such discourse. Overall, it has to be said in summary that the IBA has been a worthwhile and successful endeavour for the Elbe islands and Hamburg and has fulfilled the demands made of its format – even though this can never be foreseen at the start of an IBA process and Hamburg did not have the financial resources of the really major building exhibitions in Berlin and in the Ruhrgebiet. However, the impetus that it has brought to Hamburg with its open and non-institutionalised approach is something that German urban development can only hope to see in as many places as possible and for as many topics as possible.

Anmerkungen

1 Zukunftskonferenz Wilhelmsburg (Hg.): *Weißbuch In-seln im Fluss – Brücken in die Zukunft.* Hamburg 2002.

2 Freie und Hansestadt Hamburg – Umweltbehörde (Hg.): *Hamburg im Fluss – IGA auf den Inseln.* Hamburg 2001; Freie und Hansestadt Hamburg – Behörde für Stadtentwicklung und Umwelt (Hg.): *Sprung über die Elbe – Dokumentation der Internationalen Entwurfs-werkstatt 17.-24. Juli 2003.* Hamburg 2004.

3 Freie und Hansestadt Hamburg – Behörde für Stadt-entwicklung und Umwelt (Hg.): *Sprung über die Elbe – Hamburg auf dem Weg zur internationalen Bauaus-stellung.* Hamburg 2005.

4 IBA Hamburg GmbH (Hg.): *Metropole: Kosmopolis.* Berlin 2011.

5 IBA Hamburg GmbH (Hg.): *Metropole: Metrozonen.* Berlin 2010.

6 Intergovernmental Panel on Climate Change (Hg.): *IPCC 2007 – Fourth Assessment Report.* Cambridge 2007.

7 Hamburger Klimaschutzkonzept 2007-2012, Senats-drucksache 18/6803, Hamburg 2007.

8 IBA Hamburg GmbH (Hg.): *Metropole: Ressourcen.* Berlin 2008.

9 Jörn Walter: „Der Sprung über die Elbe – Ein Projekt zur Erneuerung des Großstadtversprechens". In: *Sprung über die Elbe – Dokumentation der Inter-nationalen Entwurfswerkstatt 17.-24. Juli 2003,* (siehe Anmerkung 2; S. 16); „Memorandum für eine Internationale Bauausstellung". In: *Sprung über die Elbe – Hamburg auf dem Weg zur Internationalen Bauausstellung,* (siehe Anmerkung 3; S. 30).

10 IBA Hamburg GmbH (Hg.): *IBA Hamburg – Projekte und Konzepte.* Berlin 2010 (S. 18).

11 Jürgen Dege-Rüger: „Gut zu wissen". In: IBA Hamburg GmbH (Hg.): *Metropole: Bilden.* Berlin 2009 (S. 72ff.).

12 Vgl. dazu: *Metropole: Bilden* (siehe Anmerkung 11).

13 IBA Strukturmonitoring 2012 – Endbericht, Analyse & Konzepte. Hamburg 2012 (S. 20f.).

14 *GEW Landesverband Hamburg (Hg.): Bildungsnotstand – Die Schulen der Elbinseln warnen vor ‚Deichbruch'.* Hamburg 2012. Nachzulesen unter http://www.gew-hamburg.de/themen/bildungspolitik/hilferuf-der-elbinsel-schulleitungen.

15 Studio UC: *Kreative Milieus und offene Räume in Hamburg.* Hamburg 2010 (S. 36f. und S. 130f.).

16 IBA Hamburg GmbH (Hg.): Kreativität trifft Stadt – Zum Verhältnis von Kunst, Kultur und Stadtentwick-lung im Rahmen der IBA Hamburg. Berlin 2010.

17 Sabine De Buhr/Thomas Schulze: „Ausblick auf Verän-derung – Von der Arbeitersiedlung zum Weltquartier". In: *Metropole: Kosmopolis* (siehe Anmerkung 4; S. 248ff.); „Weltquartier". In: *IBA Hamburg – Projekte und Konzepte* (siehe Anmerkung 10; S. 46ff.).

18 „Bauausstellung in der Bauausstellung", In: *IBA Ham-burg – Projekte und Konzepte* (siehe Anmerkung 4; S. 118ff.).

19 IBA Hamburg GmbH (Hg.): *Wege zur neuen Stadt.* Essen 2012 (S. 132ff.)

20 Genske/Henning-Jacob/Joedecke/Ruff: „Grundlagen und Ausgangssituation", „Prognosen für die Referenz-szenarien", „Prognosen für die Exzellenzszenarien". In: IBA Hamburg GmbH (Hg.): *Energieatlas – Zukunfts-konzept erneuerbares Wilhelmsburg.* Berlin 2010 (S. 43ff., S. 79ff., S. 97ff.)

21 Genske/Henning-Jacob/Joedecke/Ruff: „Prognosen für die Exzellenzszenarien". In: IBA Hamburg GmbH (Hg.): *Energieatlas – Zukunftskonzept erneuerbares Wilhelmsburg.* Berlin 2010 (S. 108).

22 „Energiebunker", In: *IBA Hamburg – Projekte und Konzepte* (siehe Anmerkung 4; S. 214ff.).

23 „Energieverbund Wilhelmsburg Mitte", In: *IBA Ham-burg – Projekte und Konzepte* (siehe Anmerkung 4; S. 224ff.)

24 Studio Urbane Landschaften: *Wasseratlas – Wasser-Land-Topologien für die Hamburger Elbinsel.* Hg.: IBA Hamburg GmbH. Berlin 2008.

25 IBA Hamburg GmbH (Hg.): *Deichpark Elbinsel.* Ham-burg 2011.

26 Jörn Walter: "Neue Urbanität in der Inneren Periphe-rie". In: IBA Hamburg GmbH: *Metropole: Metrozonen* (siehe Anmerkung 5; S. 220).

27 igs hamburg 2013 gmbh (Hg.): *In 80 Gärten um die Welt.* Hamburg 2012.

28 Werner Durth u.a.: „Ein Memorandum zur Zukunft Internationaler Bauausstellungen". In: IBA Hamburg GmbH (Hg.): *IBA meets IBA.* Berlin 2010 (S. 67ff.)

Notes

1 Zukunftskonferenz Wilhelmsburg (ed.): *Weißbuch Inseln im Fluss – Brücken in die Zukunft*. Hamburg 2002

2 Free and Hanseatic City of Hamburg – State Ministry for the Environment (ed.): *Hamburg im Fluß – IGA auf den Inseln*. Hamburg 2001; Free and Hanseatic City of Hamburg – State Ministry for Urban Development and the Environment (ed.): *Sprung über die Elbe – Dokumentation der Internationalen Entwurfswerkstatt 17.-24. Juli 2003*. Hamburg 2004

3 Free and Hanseatic City of Hamburg – State Ministry for Urban Development and the Environment (ed.): *Sprung über die Elbe – Hamburg auf dem Weg zur internationalen Bauausstellung*. Hamburg 2005

4 IBA Hamburg GmbH (ed.): *Metropole: Kosmopolis*. Berlin 2011

5 IBA Hamburg GmbH (ed.): *Metropole: Metrozonen*. Berlin 2010

6 Intergovernmental Panel on Climate Change (ed.): *IPCC 2007 – Fourth Assessment Report*. Cambridge 2007

7 Hamburg's Climate Protection Concept 2007-2012, Senate Publication 18/6803. Hamburg 2007

8 Jörn Walter: "Der Sprung über die Elbe – Ein Projekt zur Erneuerung des Großstadtversprechens". In: *Sprung über die Elbe – Dokumentation der Internationalen Entwurfswerkstatt 17.-24. Juli 2003* (see note 2; p. 16); "Memorandum für eine Internationale Bauausstellung". In: *Sprung über die Elbe – Hamburg auf dem Weg zur Internationalen Bauausstellung* (see note 3; p. 30)

9 IBA Hamburg GmbH (ed.): *IBA Hamburg – Projekte und Konzepte*. Berlin 2010 (p. 18)

10 Jürgen Dege-Rüger: "Gut zu wissen". In: IBA Hamburg GmbH (ed.): *Metropole: Bilden*. Berlin 2009 (p. 72ff.)

11 Cf.: *Metropole: Bilden* (see note 11)

12 IBA Strukturmonitoring 2012 – Endbericht, Analyse & Konzepte. Hamburg 2012 (p. 20f.)

13 "Bildungsnotstand – die Schulleitungen der Elbinseln warnen vor „Deichbruch". Hamburg 2012. Available at http://www.gew-hamburg.de/themen/bildungspolitik/hilferuf-der-elbinsel-schulleitungen

14 Studio UC: *Kreative Milieus und offene Räume in Hamburg*. Hamburg 2010 (p. 36f. and p. 130f.)

15 IBA Hamburg GmbH (ed.): Kreativität trifft Stadt – Zum Verhältnis von Kunst, Kultur und Stadtentwicklung im Rahmen der IBA Hamburg. Berlin 2010

16 Sabine De Buhr, Thomas Schulze: "Ausblick auf Veränderung – Von der Arbeitersiedlung zum Weltquartier". In: *Metropole: Kosmopolis* (see note 4; pp. 248ff.); "Weltquartier". In: *IBA Hamburg – Projekte und Konzepte* (see note 10; pp. 46ff.)

17 "Bauausstellung in der Bauausstellung". In: *IBA Hamburg – Projekte und Konzepte* (see note 4; pp. 118ff.)

18 IBA Hamburg GmbH (ed.): *Wege zur neuen Stadt*. Essen 2012 (pp. 132ff.)

19 Genske, Henning-Jacob,Joedecke, Ruff: "Grundlagen und Ausgangssituation", "Prognosen für die Referenzszenarien", "Prognosen für die Exzellenzszenarien". In: IBA Hamburg GmbH (ed.): *Energieatlas – Zukunftskonzept erneuerbares Wilhelmsburg*. Berlin 2010 (pp. 43ff., pp. 79ff., pp. 97ff.)

20 Genske, Henning-Jacob, Joedecke, Ruff: "Prognosen für die Exzellenzszenarien". In: IBA Hamburg GmbH (ed.): *Energieatlas – Zukunftskonzept erneuerbares Wilhelmsburg*. Berlin 2010 (p. 108)

21 "Energiebunker". In: *IBA Hamburg – Projekte und Konzepte* (see note 4; pp. 214ff.)

22 "Energieverbund Wilhelmsburg Mitte". In: *IBA Hamburg – Projekte und Konzepte* (see note 4; pp. 224ff.)

23 IBA Hamburg GmbH (ed.): *Wasseratlas – WasserLand-Topologien für die Hamburger Elbinsel*. Studio Urbane Landschaften. Berlin 2008

24 IBA Hamburg GmbH (ed.): *Deichpark Elbinsel*. Hamburg 2011

25 Jörn Walter: "Neue Urbanität in der Inneren Peripherie". In: IBA Hamburg GmbH: *Metropole: Metrozonen* (see note 5; p. 220)

26 igs hamburg 2013 gmbh (ed.): *In 80 Gärten um die Welt*. Hamburg 2012

27 Werner Durth et al.: "Ein Memorandum zur Zukunft Internationaler Bauausstellungen". In: IBA Hamburg GmbH (ed.): *IBA meets IBA*. Berlin 2010 (pp. 67ff.)

Die IBA hat einen Perspektivwechsel für Hamburg eingeleitet

Olaf Bartels im Gespräch mit Kunibert Wachten

Herr Wachten, Sie waren einer der Moderatoren der Internationalen Entwurfswerkstatt, die 2003 in Hamburg stattfand und Ideen zur planerischen Konkretisierung des Stadtentwicklungsprogramms „Sprung über die Elbe" diskutierte. Sie haben 2005 aus den daraus gewonnenen Ergebnissen, den Ergebnissen der Zukunftskonferenz Wilhelmsburg und dem daraus hervorgegangenen Weißbuch sowie aus dem Rahmenkonzept der Stadtentwicklungsbehörde „Sprung über die Elbe" das Memorandum für eine IBA in Hamburg erarbeitet. Daraus sind dann ihre Leitthemen destilliert worden. Außerdem sind Sie Mitglied im Kuratorium der IBA Hamburg. Waren die Leitthemen, die sich die IBA Hamburg mit „Metrozonen", „Kosmopolis", „Stadt im Klimawandel" gestellt hat, die richtigen?

Im Prinzip haben sich die Themen als die richtigen erwiesen. Man muss aber sagen, dass die „Stadt im Klimawandel" beim Verfassen des IBA-Memorandums zunächst nicht im Fokus stand. Dieses Thema hat sich erst später stärker herausgebildet. Die damaligen Überlegungen für eine IBA in Hamburg zielten mehr auf ein Zusammenspiel sozialer und stadtplanerischer Aspekte ab. Über die Elbinseln sind ja fast alle städtebaulich relevanten, von Bund und Land vorgehaltenen Erneuerungsprogramme „hinweggezogen" und einmal ausprobiert worden. Man könnte wohl schon fragen, was sie im Einzelnen bewirkt haben. In der Behörde für Stadtentwicklung und Umwelt (BSU), bei Oberbaudirektor Jörn Walter, wuchs dann die Idee, mit dem Instrument einer Internationalen Bauausstellung dem Erneuerungsprozess in Wilhelmsburg mehr Aufmerksamkeit zu schenken, ihm eine stärkere politische Kraft zu geben und zu versuchen, Ressourcen noch stärker zu bündeln. Ich glaube, dieser Ansatz ist aufgegangen. Ich habe es sehr begrüßt, dass man Fragen in den Fokus stellte wie diese: Kann man das Patchwork auf den Elbinseln städtebaulich ein wenig ordnen? Wie geht man mit den Potenzialen der Elbinseln, mit ihren zahlreichen Wasserlagen, freien Flächen und dem dichten Nebeneinander von urbanen Zonen und Bereichen, in denen man fast Naturberührung hat um? Wie können diese Potenziale für das Wachstum der Stadt stärker genutzt werden? Kann es wirklich gelingen, das Wachstum auf die Elbinseln zu lenken? Ich meine, es hat sich erwiesen, dass dieser Ansatz richtig war.

Wie beurteilen Sie den Ansatz der IBA Hamburg, über Projekte und Konzepte Module für eine integrierte Stadtentwicklung zu generieren, ohne dabei den Anspruch einer flächendeckenden Stadtentwicklung zu erheben?

Jede Internationale Bauausstellung steht unter dem Zwang, in kurzer Zeit konzentriert etwas Sichtbares, etwas Vorzeigbares aufzuweisen. Eine IBA muss sich also auf das Entwickeln von besonders guten Projekten fokussieren, die für eine nach vorne gerichtete „Stadtentwicklungsphilosophie" stehen. Das war auch bei der IBA Emscher Park nicht anders. Am Ende haben alle auf die großartigen Projekte geschaut und weniger die dahinterstehenden Prinzipien der Kreislaufwirtschaft in der Stadtentwicklung

Kunibert Wachten im Gespräch, im Café auf dem IBA DOCK
Talking to Kunibert Wachten in the IBA DOCK café

The IBA Has Brought Hamburg a Change of Perspective

Olaf Bartels Talks to Kunibert Wachten

Mr Wachten, you were one of the presenters at the International Design Workshop that took place in Hamburg in 2003 to discuss ideas for the planned urban development programme "Leap across the Elbe". In 2005 you compiled the memorandum for an *Internationale Bauausstellung IBA (International Building Exhibition) in Hamburg*, derived from the results of this workshop, the "Future of Wilhelmsburg Conference" and the consequent white paper, as well as the urban development authorities' framework concept "Leap across the Elbe". It was from this that your themes were then distilled. You are also a member of the *IBA Hamburg board of trustees.*

Were the themes adopted by the IBA Hamburg – "Metrozones", "Cosmopolis", "Cities and Climate Change" – the right ones?

In principle, yes, the issues have proved to be the right ones. It does have to be said, though, that the main focus was not on "Cities and Climate Change" initially when the IBA memorandum was drawn up. It was only later that this topic turned out to carry more weight. Earlier thoughts about an IBA in Hamburg were concerned more with the interaction of social and urban planning issues. Almost all renewal programmes of any urban development relevance prescribed either nationally or regionally have been tried out in one form or another on the Elbe islands. This does beg the question: what have any of them achieved individually? The "*State Ministry for Urban Development and Environment (BSU)*", under Chief Planning

Officer Jörn Walter, then came up with the idea of an international building exhibition as an instrument for drawing more attention to the renewal process in Wilhelmsburg, to give it more political clout, and to try to bundle resources more effectively. I believe that this approach has worked. I welcomed wholeheartedly the fact that it focussed on issues such as: can the patchwork on the Elbe islands be subjected to a little urban planning? How do we deal with the potential of the Elbe islands, with their numerous water-related locations, open spaces, and the close proximity of urban zones and areas, where you almost come into contact with nature? How can better use be made of this potential for the growth of the city? Can steering growth on the Elbe islands really work? I believe that this approach has proved itself to be right.

What is your assessment of the IBA Hamburg's approach in using projects and concepts to generate modules for integrated urban development without aspiring to a comprehensive urban development plan in the process?

Every international building exhibition is faced with the constraint of having to concentrate on producing something visible and exemplary within a short space of time. An IBA therefore has to focus on the development of particularly successful projects standing for a forward-looking "urban development philosophy". It was no different with the IBA Emscher Park. At the end everyone looked towards the magnifi-

beachtet. Die Sichtbarkeit einer IBA erweist sich über ihre Projekte. Bei der IBA Hamburg steht die Idee einer neuen Form integrierter Stadtentwicklung hinter den Projekten, die sich auf das Zusammenwirken vieler Handlungsfelder, beispielsweise einer Bildungsoffensive, von Sozialpolitik, einer lokalen Politik der Wirtschaftsförderung und eine besondere Freiraum- und Baukulturpolitik bezieht.

Hat sich die Auswahl der IBA-Projekte bewährt?

Es gibt ein Grundproblem, mit dem die IBA Hamburg zu kämpfen hat: Einige der zahlreichen Projekte sind deutlich sichtbar zu machen, andere gar nicht. Das Bündeln der unterschiedlichen Bildungsinitiativen auf den Elbinseln ist beispielsweise nur schwer sichtbar zu machen, ist aber ein sehr wichtiger Baustein für die Idee einer integrierten Stadtentwicklung und die IBA Hamburg hat gerade für derartige Handlungsfelder wichtige Zeichen gesetzt. Sie hat sehr offensiv Fragen der Bildungs- und Integrationspolitik, die Stärkung lokaler Ökonomien in die Stadtentwicklungsplanung einbezogen. In dem Maße, in dem eine IBA darauf angewiesen ist, sichtbare und erlebbare Projekte zu schaffen, rücken diese auch in den Vordergrund. Insofern wird das Bild der IBA Hamburg wahrscheinlich stärker durch das farbenprächtige neue Verwaltungsgebäude der Behörde für Stadtentwicklung und Umwelt oder durch die Experimentierbauten am Eingang zur internationalen gartenschau igs in Wilhelmsburg Mitte geprägt sein und die „stilleren" Projekte werden in den Hintergrund treten. Dies ist das Bild, das sich von außen betrachtet ergeben wird. Gleichwohl werden die weniger gut sichtbaren Projekte eine wichtige Rolle für die IBA spielen, weil sie vor allem die Bevölkerung der Elbinseln ansprechen. Es sind „mustergültige" Projekte mit neuen Beteiligungsformen entwickelt worden – beispielsweise der Planungsprozess für das Zukunftsbild von Georgswerder –, die ein neues Verständnis von Planungskultur aufzeigen. Gerade Projekte, die nicht so sehr nach außen strahlen, haben für die Bevölkerung der Elbin-

seln eine hohe Bedeutung. Das Ensemble der Projekte ist schon sehr gut ausgewogen.

Wie hätte man das Dilemma der leisen oder nur wenig sichtbaren Projekte auflösen können?

Mit diesem Dilemma muss eine Bauausstellung, die auf eine integrierte Stadtentwicklung ausgerichtet ist, leben. Das ist nicht tragisch. Die IBA richtet sich ja an unterschiedliche Zielgruppen. Sie muss sicherlich ein international orientiertes Fachpublikum ansprechen. Das ist dem Format geschuldet. Denn man will bei jeder IBA modellhafte Lösungen für drängende Fragestellungen präsentieren. Und dann richtet sich das Vorzeigbare auch an die hamburgische Bevölkerung, die Interesse daran hat, zu sehen, was aus ihrer Stadt wird und werden kann. Und schließlich stehen im Mittelpunkt alle, die auf den Elbinseln leben und arbeiten. Für die letzte Gruppe des „Publikums" ist entscheidend, ob sich die Lebensverhältnisse auf den Elbinseln nachhaltig verbessern, ob die durch die IBA in einem befristeten Programm gesetzten Impulse zu einer stetigen Stabilisierung führen. Die IBA muss eben über ihr Präsentationsjahr 2013 hinaus Wirkung zeigen und dafür sind gerade auch die „stillen" Projekte wichtig. Sie können dann ein Garant für eine längerfristige Entwicklung auf den Elbinseln sein.

Wie haben sich die sieben Exzellenzkriterien der IBA Hamburg bewährt, die das Kuratorium sehr wesentlich auf Ihre Initiative hin für die Projekte der IBA entwickelt hat?

Die Exzellenzkriterien waren hilfreich und belastbar. Sie haben geholfen, Qualitätsstandards festzulegen. Und sie waren wichtig, um zu klären, was ein IBA-Projekt ausmachen muss, welche Projekte die Triebkraft IBA brauchen, um auf den Weg zu kommen, und welche Projekte die IBA braucht, um ihr Programm anschaulich zu machen. Aber nicht bei jedem Exzellenzkriterium lässt sich heute schon sagen, ob sich der Anspruch auch erfüllt hat. Wenn es beispielsweise um die Strukturwirksamkeit der Projekte

IBA-Exzellenzkriterien

1. **Besonderheit**

2. **IBA-Spezifität**

3. **Multitalentiertheit**

4. **Strukturwirksamkeit**

5. **Prozessfähigkeit**

6. **Präsentierbarkeit**

7. **Realisierbarkeit**

cent projects and less attention was paid to the principles of the economic cycle in urban development that were behind them. An IBA's visibility is determined by its projects. With the IBA Hamburg it is the idea of a new form of integrated urban development that is behind the projects, relating to the interaction between a great many spheres of activity, such as an "Education Drive", for instance, social politics, local economic development policy, and particular open space and construction policies.

Has the choice of IBA Hamburg projects proved itself?

There is one basic problem that the IBA Hamburg has had to battle with: some of the many projects are clearly visible, others not at all. For example, it is very difficult to make the bundling of the different education initiatives on the Elbe islands visible, even though this is a very important building block for the notion of integrated urban development and the IBA Hamburg has sent out clear signals regarding these spheres of activity in particular. It has very actively incorporated education and integration policy issues, as well as the strengthening of local economies, within urban development planning. Given the extent to which an IBA is reliant on the creation of visible and tangible projects, these, too, come to the fore. Consequently, the image of the IBA Hamburg will probably be more strongly characterised by the vibrant colours of the *new administration building for the State Ministry for Urban Development and Environment* or through the experimental buildings at the entrance to the *international garden show (igs)* in Wilhelmsburg Central, and the "quieter" projects will move into the background. This is the image as seen from the outside. Nonetheless, the less visible projects will play an important role for the IBA Hamburg because they are directed at the Elbe islands' population in particular. "Exemplary" projects with new forms of participation have been developed – such as the planning process for the future Georgswerder scenario, demonstrating a new understanding of planning culture. In

particular, it is those projects that do not have a great deal of charisma that are especially important to the people of the Elbe islands. The project ensemble is indeed very well balanced.

How could the dilemma of the quiet or hardly visible projects have been resolved?

A building exhibition focussed on integrated urban development has to live with this dilemma. It is not the end of the world. After all, the IBA is aimed at different target groups. It certainly needs to address an internationally oriented specialist audience. It owes that to its format. Every IBA wants to be able to present exemplary solutions for pressing issues. And then these solutions are also directed at the population of Hamburg that has an interest in seeing what can and will become of their city. And, finally, the focus is on all of those living and working on the Elbe islands. What is key for this last group within the "audience" is whether the living conditions on the Elbe islands see permanent improvement, whether the impetus triggered by the IBA Hamburg within a fixed-term programme leads to increasing stability. After all, the IBA Hamburg does need to have an impact that extends beyond the IBA Hamburg Presentation Year 2013 and it is the "quiet" projects that are important in this regard. They can become the guarantee of long-term development on the Elbe islands.

To what extent have the IBA Hamburg's seven criteria of excellence, developed by the board of trustees largely on your initiative for the IBA projects, proved themselves?

The criteria of excellence were helpful and resilient. They have helped to set quality standards. And they were important for clarifying what has to define an IBA project, which projects need the IBA driving force in order to get them started, and which projects the IBA needs in order to illustrate its agenda. We are not yet able to say, though, if every criterion of excellence has fulfilled its respective aspiration. With the structural impact of the projects, for example,

IBA Excellence Criteria

1. **Distinctivness**

2. **IBA specificity**

3. **All-roundness**

4. **Structural effectiveness**

5. **Process capability**

6. **Presentation suitability**

7. **Feasibility**

geht, eines der sieben Exzellenzkriterien, dann kann man heute nicht abschließend beurteilen, ob ein Projekt die Wirksamkeit erreicht hat oder nicht. Dazu werden später noch einige Evaluierungen notwendig werden. Aber generell lässt sich wohl feststellen, dass die Kriterien die notwendige Belastbarkeit aufweisen.

Können Sie denn im Rückblick sagen, ob alle Projekte die Kriterien wirklich erfüllt haben?

Ja, das kann man schon sagen, wenn auch nicht jedes Projekt alle sieben Exzellenzkriterien gleichermaßen erfüllen kann. Bei dem Kriterium der Prozessfähigkeit geht es beispielsweise um die Frage, ob ein Projekt so angelegt ist, dass breite Beteiligungsformen möglich sind, die Menschen „mitgenommen" werden können, unterschiedliche Akteure einbezogen werden, privatwirtschaftliches wie bürgerschaftliches wie öffentliches Engagement gleichermaßen möglich ist. Ein Projekt wie die Verlagerung der BSU kann dies nicht leisten. Also: Nicht jedes Projekt erfüllt gleichermaßen alle Kriterien. Einige Projekte sind auch auf der Strecke geblieben, weil ihre Realisierbarkeit nicht gegeben war, andere Projekte wiederum werden zwar auch nicht bis zum Präsentationsjahr 2013 fertig werden, werden aber durch die „Kraft" der Bauausstellung auf den Weg gebracht, weil sie eine hohe „Strukturwirksamkeit" haben werden – wie zum Beispiel die Verlegung der Wilhelmsburger Reichsstraße.

Was meinen Sie: Haben sich die Lebensverhältnisse der Bevölkerung auf den Elbinseln durch die IBA verbessert oder entwickelt sich das Gebiet vielleicht auch zu stark, sodass Verdrängungsprozesse absehbar sind, die die IBA eigentlich verhindern wollte?

Auch dies lässt sich heute nicht abschließend beantworten. Die IBA versucht in einem laufenden Monitoring die sozialräumlichen Veränderungen zu erfassen. Es ist jedoch nicht einfach, notwendige Impulse zur Verbesserung der Lebenssituation zu setzen, ohne sozialräumliche Veränderungen zu bewirken. Es ist

auch schwer auszutarieren. Insofern ergibt sich sicherlich ein widersprüchliches Bild. Zum Beispiel: Wir haben im Kuratorium oft über die Frage diskutiert, ob insbesondere zusätzliche Wohnangebote hier auf den Elbinseln nicht in einem noch größeren Umfang als sich im Moment abzeichnet, gemacht werden sollten. Denn wenn Hamburg in seinem Inneren, also auch auf den Elbinseln, wachsen soll und nicht mehr an seinen Rändern, dann müsste der Anteil des Wohnens, vor allem angesichts des Senatsvorhabens, jährlich 6000 vorrangig preisgünstige Wohnungen zu bauen, markant größer sein als er es heute ist. Gleichzeitig stellt sich aber die Frage: wieviel Veränderung bewirkt das auf den Elbinseln und was bedeutet das für die diejenigen, die heute hier leben? Aufwertungsimpulse sind für die langfristige Stabilisierung des Gebietes notwendig, um die Elbinseln auch für private Investitionen attraktiv zu machen. Es ist planerisch schwierig, dies auszubalancieren und es wird in der Bevölkerung sehr kontrovers aufgenommen. Doch trotz dieser Problematik gibt es zahlreiche Verbesserungen, die keine sozialräumlichen Verschiebungen bewirken werden.

Was wird nach Ihrer Einschätzung international von der IBA wahrgenommen? Was hat eine so starke Strahlkraft, dass es über die Grenzen Hamburgs oder Deutschlands hinaus wirkt?

Hamburg hat ohnehin durch die stadtentwicklungspolitischen und baukulturellen Initiativen des letzten Jahrzehnts in der Außenwirkung leichtes Spiel. Es gibt vieles, was von dieser Stadt international wahrgenommen wird. Die Entwicklung der HafenCity als künftiger Teil der Innenstadt genießt schon seit Jahren eine hohe internationale Aufmerksamkeit. Diese Facette der Stadtentwicklung, ein Konversionsprojekt mit höchsten Qualitätsmaßstäben in einer bevorzugten, einmaligen Lage umzusetzen, wird mit der IBA um eine Facette integrierter Stadtentwicklung in einem Stadtraum ergänzt, der sich bis dato aus eigner Kraft nicht stabilisieren konnte. Mit der IBA kann Hamburg auch mit die-

this being one of the seven criteria of excellence, we are not yet able to make a final assessment as to whether a project has achieved the impact or not. This will require further evaluations at a later stage. In general, though, it can be said that the criteria exhibit the necessary resilience.

Looking back, can you say whether all of the projects have really fulfilled the criteria?

Yes, that can be said, even though not every project is able to fulfil all seven excellence criteria to the same extent. The process capability criterion, for instance, is about the issue of whether a project is set up to enable broad participatory forms, able to "take people with it", incorporating different protagonists, where commercial, civil, and public involvement are possible in equal measure. A project such as the relocation of the BSU cannot fulfil this. So: not every project fulfils all criteria in equal measure. Some have also fallen by the wayside due to a lack of feasibility, while others will not be completed by the IBA Hamburg Presentation Year 2013 but the "force" of the building exhibition has been instrumental in getting them started because they will have a high "structural impact" – for example, the relocation of Wilhelmsburg's Reichsstrasse.

What is your opinion: have the living conditions for the population on the Elbe islands been improved by the IBA Hamburg or is the area developing too rapidly, with the displacement processes that the IBA Hamburg actually wanted to prevent now becoming foreseeable?

This cannot yet be answered conclusively either. The IBA is attempting to record the socio-spatial alterations by means of ongoing monitoring. It is not easy, however, to provide the impetus required for improving living standards without bringing about socio-spatial changes. Striking a balance is also difficult. And so the picture is sure to be a contradictory one. For instance: within the board of trustees we have often discussed the issue of whether

additional housing, in particular, should be addressed here on the Elbe islands to a greater extent than is evident at the moment. For if Hamburg is to grow from within, meaning on the Elbe islands as well, and no longer on its peripheries, then the proportion of land taken by housing needs to be considerably larger than what it is today, especially given the Senate's plans to build 6000 priority affordable housing units annually. At the same time, however, there is the question of how much change does that mean for the Elbe islands and what does that mean for the people living here now? An upgrade impetus is necessary for the long-term stabilisation of the area, in order to make the Elbe islands attractive for private investment as well. This is difficult to balance from a planning perspective and it meets with very mixed reactions among the public. Despite these problems, though, there are numerous improvements that will not bring about any socio-spatial shifts.

What, in your assessment, is the international perception of the IBA? Where is the charisma strong enough to have an impact beyond the borders of Hamburg or Germany?

Hamburg has anyway had it easy in terms of external impact due to the urban development policy and architectural initiatives of recent decades. There is a great deal in this city that is noticed abroad. The development of the HafenCity as part of the future city centre has been enjoying a high degree of international attention for years now. With the IBA, this facet of urban development, implementing a conversion project with the highest quality standards in a unique, preferential location, gains the further dimension of integrated urban development in an urban space that had not yet been able to become established by its own means. With the IBA, Hamburg is able to make its mark internationally with this urban development policy as well. It is precisely the duality of the concepts for the HafenCity and the IBA Hamburg's very socially oriented, integrated urban development policy that "feeds" the international debate on the development of cities.

ser Stadtentwicklungspolitik eine international wahrnehmbare Marke setzen. Gerade mit der Dualität der Konzepte für die HafenCity und der sehr sozial orientierten integrierten Stadtentwicklungspolitik für die IBA wird die internationale Debatte über die Entwicklung von Städten gut „genährt".

Wie kann die IBA Hamburg zu einem Baustein für Hamburgs übergeordnete Stadtentwicklungsstrategie „Sprung über die Elbe" werden?

Die IBA hat dem Programm „Sprung über die Elbe" erst ein spezifisches Gesicht gegeben. Dieses Programm war zunächst nur eine politische Willenserklärung, ein Areal, das zwar geografisch im Herzen der Stadt liegt, von der Stadtgesellschaft aber stets als exterritorial wahrgenommen wurde, in den Fokus der Stadtentwicklungspolitik zu nehmen. Provokant deutlich wurde dieser Sichtwechsel in der bei Start der IBA plakatierten Frage: „Was kann Wilhelmsburg für Eppendorf tun?" Fast alle Städte stehen vor einer Neubewertung ihrer Stadtteile. Die alten Einteilungen in gute oder schlechte Quartiere decken sich ja nicht mit dem Zukunftsbild dieser Städte. Das wird sehr schnell deutlich, wenn man sich sozialdemografische und andere Kenndaten vergegenwärtigt. Beispielsweise findet man einen überdurchschnittlichen Anteil junger Menschen, Integrationsvermögen, einen hohen Grad an Selbstorganisationsfähigkeit und preisgünstige Wohnungen und Areale in den Quartieren, die als benachteiligt oder erneuerungsbedürftig gelten. Dort liegt aber das Zukunftspotenzial einer Stadt und nicht in den gut situierten Gebieten. Auf dieses Entwicklungspotenzial hinzuweisen, ist mit dem „Sprung über die Elbe" verbunden. Wie der mit dem „Sprung über die Elbe" angestrebte Perspektivwechsel konkret programmatisch umgesetzt werden kann, hat erst die IBA gezeigt. Sie hat deutlich gemacht, dass auf den Elbinseln ein Potenzial liegt, das Entwicklungen freisetzen kann, von denen die gesamte Stadt künftig profitieren kann.

Was empfehlen Sie für die Entwicklung der Elbinseln nach der IBA im Rahmen des Programms „Sprung über die Elbe"?

Man müsste am Ende zu einem flächendeckenden Konzept der integrierten Stadtentwicklung kommen. Die Impulse, die die IBA punktuell gesetzt hat, sollten dann in einen systematischeren Zusammenhang gebracht werden. Durch die Planungen sollte ein verlässlicher Rahmen gesetzt werden, aus dem heraus sich bürgerschaftliches und privatwirtschaftliches Engagement weiterentwickeln kann. Die IBA hat zwar viele solcher Projekte angestoßen, aber im Wesentlichen basieren sie auf dem Prinzip, mit öffentlicher Förderung Impulse zu setzen. Man wird in Zukunft auch stärker die Entwicklungen beobachten müssen, die die Projekte der IBA im Einzelnen bewirkt haben. Und man wird der Frage nachgehen müssen, ob und welche sozialräumliche Dynamik sich eingestellt hat und welche Folgen damit verbunden sind.

Wie würden Sie diese Strategie in die nationale oder vielleicht auch internationale Debatte um die Stadtentwicklung einordnen?

Die IBA Hamburg ist zunächst einmal ein Musterprojekt der Leipzig Charta aus dem Jahr 2007. Denn dort wird ja nicht nur auf die notwendigen Inhalte der Stadtentwicklungsprojekte abgezielt, sondern auch auf deren Organisationsformen. In Zukunft muss sehr intensiv darüber nachgedacht werden, welche Rolle kommunale Planung und hoheitlich initiierte Projekte im Zusammenspiel mit bürgerschaftlichem und privatwirtschaftlichem Engagement einnehmen. Dieses Verhältnis wird neu zu justieren sein. Bei den IBAs wird das über temporär agierende Agenturen gemacht. Daraus resultieren keine verstetigten Organisationsstrukturen, es zeigt sich aber, dass agenturähnliche Einrichtungen für die Erneuerung von Quartieren hilfreich sind. Denn es gilt, Organisationsformen zu entwickeln, die deutlicher als bislang bürgerschaftliches und privatwirtschaftliches Engagement einbinden. Hier wird man darüber nachdenken müssen, was adäquate Governance-Strukturen

How can the IBA Hamburg become a building block for Hamburg's primary urban development strategy "Leap across the Elbe"?

It was the IBA that first gave the "Leap across the Elbe" programme a specific face. This programme was initially no more than a political declaration of intent to focus urban development policy on this area at the geographic heart of the city but was always perceived by city society as extraterritorial. The IBA Hamburg's provocative question on a poster: "What can Wilhelmsburg do for Eppendorf?" made this change of perspective clear from the outset. Almost all cities are faced with a reassessment of their urban districts. The old classifications into good or bad neighbourhoods do not match the future scenarios for these cities. That becomes evident very quickly when we look at social demographic and other characteristics. For example, we find an above-average proportion of younger people, greater integration capability, a high degree of self-organising capacity, as well as affordable housing and space in the districts considered to be disadvantaged or in need of renewal. That, however, is where a city's future potential is to be found, and not in the well-situated areas. The "Leap across the Elbe" is related to this development potential. It was the IBA Hamburg that first showed how the change of perspective aspired to in the "Leap across the Elbe" can be implemented programmatically and concretely. It made it clear that there is potential on the Elbe islands that can trigger development from which, in the future, the entire city can benefit.

What do you recommend for the development of the Elbe islands after the IBA Hamburg, within the framework of the "Leap across the Elbe" programme?

In the end we will have to come up with a comprehensive concept of integrated urban development. The impetus provided by the IBA Hamburg on a selective basis ought then to be brought into a more systematic context. Planning ought to set up a reliable framework from

within which civil and commercial involvement can develop further. The IBA Hamburg has initiated several such projects but in essence they are based on the principle of creating impetus through public funding. The developments triggered by the individual IBA Hamburg projects will also require closer observation in the future. And we will need to look at the issue of if, and which, socio-spatial dynamics have become established and with what consequences.

How would you classify this strategy within the national or perhaps also the international debate on urban development?

First of all, the IBA Hamburg is a model project deriving from the Leipzig Charter of 2007. This focussed not only on the necessary content of urban development projects but also on their organisational forms. In the future, a great deal more thought needs to be given to the role played by municipal planning and independently initiated projects in interaction with civil and commercial involvement. This relationship will require readjustment. With IBAs this is done by agencies in a provisional capacity. This does not result in established organisational structures but it does show that agency-like facilities are helpful for the renewal of neighbourhoods. Organisational forms need to be developed to incorporate civil and commercial involvement more distinctly than has been the case to date. This will require thought being given to what concrete contribution suitable governance structures can make to the integrated urban development policy demanded by the Leipzig Charter. Building exhibitions supply templates for this, which, to a certain extent, have been provided by the IBA Hamburg.

How do you see that on an international level?

The IBA Hamburg has organised the first forum for the exchange of experiences between building exhibitions under the banner "IBA meets IBA". The former Federal Ministry of Construction followed up on this initiative. This made the

für eine integrierte Stadtentwicklungspolitik konkret sein können, die die Leipzig Charta fordert. Dazu geben die Bauausstellungen Vorlagen, in besonderer Weise hat dieses aber die IBA Hamburg gegeben.

Wie stellt sich das für Sie auf der internationalen Ebene dar?

Die IBA Hamburg hat unter dem Motto „IBA meets IBA" erstmalig einen Erfahrungsaustausch unter den Bauausstellungen organisiert. Das damalige Bundesbauministerium hat diesen Anstoß aufgegriffen. Es hat das besondere deutsche Instrumentarium der Internationalen Bauausstellungen in Europa sichtbarer gemacht und einen internationalen Diskurs angeregt, weil dieses „Format" Chancen bietet, die Grundsätze der Leipzig Charta konkret zu machen. Die Leipzig Charta ist eine europäische Konvention. Sie ist während der deutschen Ratspräsidentschaft der EU entstanden. Mit der IBA Hamburg ist das Netzwerk der IBAs wieder neu belebt worden. Dafür interessieren sich schon jetzt einige europäische Staaten. Es gibt eine IBA Basel, die das Instrumentarium eines Netzwerkes dafür nutzt, um im Dreiländereck Deutschland, Frankreich, Schweiz zu agieren und für die Regional- und Stadtentwicklung wichtige Positionen zu besetzen. In ähnlicher Form gilt das für die Parkstad Limburg in den Niederlanden, die auch eine IBA durchführt. Diese IBAs orientieren sich an der IBA Hamburg.

Wie kann von dem Ausnahmezustand einer IBA in den Normalzustand einer Bau- und Stadtentwicklungsverwaltung umgeschaltet werden? Was geben Sie der Stadt Hamburg mit auf den Weg?

Das ist schwierig. Ein wichtiges Instrument für die Umsetzung der Ansätze ist die Agentur, also die IBA-Gesellschaft. Sie hat die Anstöße aus der Politik, aber auch aus dem Stadtteil in einem zeitlich sehr konzentrierten Kraftakt gebündelt. So etwas geschieht im Normalfall eigentlich nicht. Wie kann man das jetzt verstetigen? Es

könnte sicher helfen, wenn in der BSU und im Bezirk Hamburg-Mitte kleine Teams gebildet würden, die dafür Sorge tragen, dass die Projekte, die noch auf dem Weg sind, die gewünschte Qualität auch in der Umsetzung erfahren. Denn irgendwann muss es wieder in „normales Verwaltungshandeln" übergehen. Dabei gilt es besonders auch Mittel und Formen zu finden, das Interesse von privaten Investoren für den Stadtteil wach zu halten. Noch ist dies auf die Bereiche beschränkt, in denen die IBA Akzente gesetzt hat. Und schließlich gilt es ganz besonders, das bürgerschaftliche Engagement aufrechtzuerhalten und zu festigen. Für all dies bedarf es zumindest für eine Übergangzeit noch eines Grundstocks an Sonderkonditionen. Wie diese genau zu gestalten sind, vermag ich nicht zu sagen. Man wird aber nicht von heute auf morgen einen Schnitt machen können. Nun wird es im Präsentationsjahr 2013 erst einmal so etwas wie ein „Fest" der Stadtentwicklung geben. Man wird aber auch aufpassen müssen, dass danach keine zu starke Ernüchterung eintritt.

Könnte nicht eine Schlussfolgerung aus der IBA Hamburg sein, dass für lokales Gebiets- oder Quartiersmanagement so etwas wie eine „mobile Eingreiftruppe" in der Form notwendig ist, wie sie die IBA-Gesellschaft jetzt in den letzten Jahren gebildet hat?

Die wesentlichen Stadtentwicklungsaufgaben werden sich in den Quartieren abbilden. Ich sehe hier die Aufgabe der strategischen Quartiersentwicklung, der energetischen Ertüchtigung des Bestandes, des altersgerechten Umbaus oder die stadtteilbezogene Verknüpfung von Bildungs-, Integrations- und Arbeitspolitik, die Verbindung privatwirtschaftlichen, bürgerschaftlichen und öffentlichen Engagements. All dies sind Aufgaben, die jenseits des „normalen Verwaltungshandelns" voraussichtlich über eine Form von Agenturen organisiert werden müssen. Dafür bilden die IBA-Gesellschaften Vorlagen. Sie agieren für einen bestimmten Raum, für einen bestimmten Zeitraum und mit einem festgelegten Budget, um Anstöße für eine integrierte Entwicklung zu geben.

Im Präsentationsjahr 2013 wird es erst einmal so etwas wie ein „Fest" der Stadtentwicklung geben."

particularly German instrument of IBAs more visible in Europe and triggered discourse between countries because this "format" provides opportunities for concretising the resolutions of the Leipzig Charter. This is a European convention, which came into being during the German EU Council Presidency. The IBA Hamburg has revived the network of IBAs and there are already a number of European cities that have shown interest. There is an IBA Basel that uses the network instrument for activities within the border triangle between Germany, France, and Switzerland and to fill important regional and urban development positions. This applies in a similar form to the Parkstad Limburg collaboration in The Netherlands, which also holds an IBA. These IBAs are based on the IBA Hamburg.

How can the exceptional case of an IBA be turned into the normal situation of building and urban development administration? What is your legacy for the City of Hamburg?

That is difficult. An important instrument for undertaking the first steps is the agency, meaning the IBA membership. With a monumental effort within a very tight time frame it has brought together both the political impulses and those from within the neighbourhood. Something like that does not actually happen under normal circumstances. So how can it be consolidated? It would certainly help if small teams could be set up in the BSU and in the Hamburg-Mitte district to ensure that the projects that are still under way are carried out to the desired standard. At some point work has to return to "normal administrative activity". Particularly important is the development of means and form for retaining the interest of private investors in the neighbourhood. At present this is still limited to the areas highlighted by the IBA Hamburg. And, ultimately, it is especially vital that the civil involvement be maintained and consolidated. All of this will still require a basic stock of special conditions for a transition period at least – I am not going to try to prescribe what exactly these ought to look like. Making a clean break overnight will not be

an option. The IBA Hamburg Presentation Year 2013 will now be something of a "celebration" of urban development first of all. We will have to make sure that we don't have major disillusionment setting in immediately after.

Could one of the conclusions to come from the IBA Hamburg not be that, for local area or neighbourhood management, something like a "mobile task force" along the lines of that set up by the IBA body in recent years is required?

The key urban development tasks will emerge in the neighbourhoods. This is where I see the task of strategic neighbourhood development, the energy-related upgrading of existing buildings, the age-appropriate conversion or neighbourhood-related linking of education, integration, and labour policy, the connection of commercial, civil, and public involvement. All of these are tasks that need to be organised outside of "normal administrative activity", probably through a form of agencies. The IBA companies are models for this. They act within a specific arena, for a specific period of time, and with a set budget, in order to provide the impetus of integrated development.

The Presentation Year 2013 will now be something of a "celebration" of urban development first of all.

GERT KÄHLER

Wilhelmsburg - von der Verfügungsmasse zum Zukunftsprojekt

Eine historische Betrachtung

Zwischen Norder- und Süderelbe

Man kann die Geschichte der Inseln zwischen Norder- und Süderelbe aus verschiedenen Perspektiven betrachten - die der Herrscher, die der Bewohner, die der Ökonomie. Man muss sie aber immer als eine Geschichte erzählen, die von der Topografie ausgeht *und* diese als veränderbar betrachtet, als eine Art Verfügungsmasse. Man muss damit anfangen, dass die Elbe hier einmal rund zehn Kilometer breit war, als nach der letzten Eiszeit die Gletscher schmolzen und diese das Urstromtal füllten. Als das Wasser abgelaufen war, entstand das breite Stromspaltungsgebiet, das sich von den Vierlanden bis weit flussabwärts erstreckt.

Über Jahrhunderte lebte man auf den Elbinseln das bäuerliche Leben im Rhythmus der Jahreszeiten. Erst zwei fast gleichzeitige Ereignisse am Beginn des 19. Jahrhunderts zeigten, dass eine neue Zeit angebrochen war: 1816 fuhr das erste Dampfschiff die Elbe hinauf - eine technische Revolution für Verkehr und Transport, die das 19. Jahrhundert nicht nur auf See prägen würde. Es war der Vorbote einer industriellen Revolution, die eine neue Gesellschaft mit einem neuen Lebensgefühl auf neuen ökonomischen Grundlagen hervorbrachte. Das andere Ereignis war die Besetzung Hamburgs durch die Truppen Napoleons von 1806 bis 1814. Sie konstituierte den Charakter der Elbinseln als eine Art „Trampolin" zur Überquerung der Elbe, als Nord-Süd-Verkehrsachse, unter der die Bewohner heute noch zu leiden haben.

Ende des 19. Jahrhunderts veränderte ein Geflecht von Verkehrsinfrastruktur, Industrialisierung und Bevölkerung durch eine neue Schicht - die Arbeiterschaft - das ländliche Wilhelmsburg: Solange Hamburg außerhalb des Zollgebietes des Deutschen Reiches lag, waren Orte wie Ottensen, Altona, Wilhelmsburg oder Harburg für Hamburger Industrielle interessant, weil man dort den lästigen Zollumschlag vermeiden konnte. Viele Industriebetriebe entstanden in diesen Städten. Außerdem: Für den Bau der Speicherstadt wurden rund 20.000 Bewohner vertrieben, ohne dass ihnen Ersatzwohnungen angeboten worden wären - ein Teil blieb in Hafennähe und zog nach Wilhelmsburg. Und schließlich: Nach dem Zollverbund mit dem Reich bot das Südufer der Norderelbe beste Möglichkeiten für den Bau neuer Hafenbecken und Industriegelände, zumal Grund und Boden Hamburg gehörten. Die Straßenbrücken über die Elbe und der Elbtunnel unter ihr (1911) stellten neue Nord-Süd-Verbindungen dar.

1885 hatte Wilhelmsburg rund 5000 Einwohner, 15 Jahre später waren es bereits mehr als dreimal soviel (16.640), weitere 15 Jahre darauf hatte sich die Zahl noch einmal verdoppelt (34.000), davon waren an die 25.000 Arbeiter, von denen ein großer Teil aus dem Osten zugewandert war - aus dem heutigen Polen, aus dem Gebiet der späteren Tschechoslowakei und dem Balkan. Das verlangte eine neue Infrastruktur aus Straßen, Wohnungen, Schulen und Verwaltung.

Auch die technische Infrastruktur veränderte sich: Da die Industrieanlagen zu einem großen Teil auf den Wasseranschluss angewiesen waren, wurden Kanäle gebaut und Industrieflächen am Wasser erschlossen; das Reiherstiegviertel zum Beispiel: Werften, Reparaturbetriebe,

Napoleons Truppen errichteten während der Besatzungszeit von 1806 bis 1814 die erste Brücke über die Elbe und gaben den Elbinseln damit den Charakter eines „Trampolins" für die Flussüberquerung. Gemälde *Die Elbbrücke nach Harburg* von Christoph Suhr (1771-1842). Napoleon's troops built the first bridge across the Elbe during the 1806-14 occupation, the Elbe islands thus acquiring the character of a "trampoline" for crossing the river. Painting *Die Elbbrücke nach Harburg* („The Elbe bridge to Harburg") by Christoph Suhr (1771-184).

GERT KÄHLER

Wilhelmsburg – From Commodity to Future Concept

A Historical View

Chemiefabriken entstanden sowie die Wollkämmerei als eine der ersten Fabriken.

Die Infrastruktur wurde meist auf privater Basis gebaut: Kanäle wie der Veringkanal oder die Aufschüttung des nördlichen Reiherstieg-Geländes waren Unternehmungen von Terraingesellschaften, die den Bauern das Land abkauften, um von der Erweiterung des Hamburger Hafens zu profitieren. Die private Initiative hatte allerdings den Nachteil, dass es keine systematische Entwicklung gab. Wilhelmsburg musste sich erst einmal selbst erfinden: Es musste sich seiner Rolle als kleine, für Hamburg wichtige Industriestadt bewusst werden, um daraus ein Konzept für die Zukunft herzuleiten. Der mit der Stadtwerdung 1903 berufene Bürgermeister Adolf Menge hatte ein Gespür dafür: „Es ist zur Zeit die vornehmste Aufgabe der Gemeindepolitik, dafür zu sorgen, daß Wilhelmsburg nicht ein Arbeitervorort von Hamburg wird. Wenn es der Gemeinde nicht gelingt, das zu verhüten, so wird Wilhelmsburg einer trüben Zukunft entgegengehen und unter dem Druck der Schul- und Armenlasten zusammenbrechen müssen, trotz der Steigerung des Bodenwertes.“[1] Denn Arbeiter zahlten praktisch keine Steuern, die Gemeinde aber musste die Infrastruktur bereitstellen. Trotz – in gewisser Weise sogar wegen – der Industrie blieb die Stadt also arm, blieb eine Arbeiterstadt. Denn das Geld wurde in Hamburg verdient, wo die Unternehmer saßen. Auch eine Wertzuwachssteuer, die 1910 in Wilhelmsburg eingeführt wurde, um die beträchtlichen Spekulationsgewinne abzuschöpfen, änderte daran nur wenig.

Das Leben der Arbeiter

Die Lebensbedingungen der Arbeiterschaft waren, wie überall in der ersten Hälfte des 20. Jahrhunderts, bescheiden, die Wohnbedingungen katastrophal. Man muss sich die Situation vorstellen: eine (zu) schnell gewachsene Stadt ohne Kapitalkraft einer eigenen Unternehmerschaft, eine Bevölkerung mit einem hohen Arbeiteranteil, die aus vielen Ländern zusammengewürfelt war, ungesunde und gefährliche Arbeitsbedingungen, ein Lohn, der nur für das Existenzminimum reichte, aber auch eine Bevöl

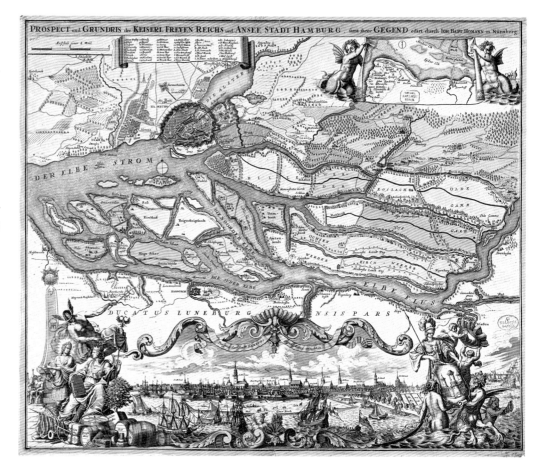

kerung, die Hafen- und Industriearbeit als Chance für ein besseres Leben sah. Die Wohnungen wurden in der Nähe der Industrie errichtet. Es entstanden Quartiere, die je nach Herkunft der Bewohner als „eigene Welten“ gelten konnten; die polnischen Bewohner zum Beispiel waren meist Katholiken, die sich in einer protestantischen Umgebung zurechtfinden mussten – sie besaßen im Übrigen zwar einen deutschen Pass, sprachen aber meist kein Deutsch.

Die Wollkämmerei hatte schon früh Arbeiter aus dem heutigen Polen angeworben, mit einem großen Frauenanteil; sie wohnten um die 1898 errichtete katholische Kirche St. Bonifatius herum. Die Wohnungen wurden von Baugenossenschaften oder privaten Bauinvestoren gebaut, und auch die Wollkämmerei stellte eigene Wohnheime zur Verfügung – was die Abhängigkeit der Arbeiter von der Fabrik erhöhte.

Die Unterkünfte waren in einer Dichte bewohnt, wie man es sich heute nur schwer vorstellen

Ansicht und Grundriss der Kaiserlichen Freien Reichs-
und Hansestadt Hamburg und ihrer Umgebung,
kolorierter Kupferstich um 1720 von Johann Baptist
Homann (1664-1724)   View and layout of the Imperial
Free and Hanseatic City of Hamburg and surroundings. Coloured copperplate engraving from around
1720 by Johann Baptist Homann (1664-1724)

1816 fuhr der erste Dampfer auf der Elbe. Die Dampf-
schifffahrt war eine technische Revolution für Verkehr
und Transport, die das 19. Jahrhundert nicht nur auf
See prägte. Sie war der Vorbote einer industriellen
Revolution, die eine neue Gesellschaft mit einem
neuen Lebensgefühl auf neuen ökonomischen Grundlagen hervorbrachte. Hier der Raddampfer „Neptun"
auf einem Gemälde (um 1840) von Lorenz Petersen
(1803-1870)   The first steamship travelled up the Elbe
in 1816. Steam navigation involved a technical revolution for traffic and transport, one that characterised
the nineteenth century - and not just on water. It was
the precursor of an industrial revolution that brought
about a new society with a new approach to life based
on new economic principles. Pictured here is the
paddle-steamer Neptun in a painting (circa 1840) by
Lorenz Petersen (1803-1870)

Between the North and the South Elbe

The history of the islands between the north
and the south Elbe can be viewed from different
perspectives - the authorities', the residents',
the economy's. It always needs to be told as a
story, however, that starts with the topography
and one in which this is seen as changeable,
as a kind of commodity. It needs to start with
the fact that the Elbe here was once around 10
kilometres wide, when the glaciers melted following the last Ice Age, filling the glacial valley.
Once the water had drained away the broad
area of estuary and inlets developed, extending
far upstream from Vierlande.

For centuries, life on the Elbe islands followed the
rural rhythm of the seasons. It was two almost simultaneous events at the start of the nineteenth
century that heralded the dawning of a new age:
the first steamship sailed up the Elbe in 1816 - a
technical revolution for traffic and transport
that was to define the nineteenth century, not
only on the oceans. It was the forerunner of the
industrial revolution, which was to bring about a
new society with a new attitude to life and a new
economic basis. The other event was the occupation of Hamburg by Napoleon's troops between
1806 and 1814. This established the character of
the Elbe islands as a kind of trampoline for crossing the Elbe, as a north-south traffic axis that still
plagues the residents to this day.

At the end of the nineteenth century a mesh
of traffic infrastructure, industrialisation, and
a new class of population - the workforce —
moved rural Wilhelmsburg into a new dimension.
For as long as Hamburg remained outside the
customs territory of the German Reich, places
like Ottensen, Altona, Wilhelmsburg, or Harburg
were of great interest to Hamburg industrialists
because there they could avoid bothersome
customs handling. Many industrial operations
were established in these towns. Furthermore,
the construction of the Speicherstadt (Hamburg's warehouse district) led to around 20,000
residents being displaced without being offered
alternative accommodation - some of them
remained close to the harbour and moved to

Wilhelmsburg. And, finally, owing to the customs
agreement with the German Reich, the southern bank of the northern Elbe offered the best
opportunities for building new harbour basins
and industrial areas, particularly as the land belonged to Hamburg. The road bridges over the
Elbe and the Elbe Tunnel beneath the river (1911)
constituted new north-south links.

In 1885 Wilhelmsburg had around 5000 residents; fifteen years later there were already
more than three times as many (16,640); another fifteen years later the number had doubled
again (34,000). Some 25,000 of these were
workers, the majority of whom had migrated
from the East - from present-day Poland, from
Czechoslovakia, and from the Balkans. This
required a new infrastructure comprising roads,
housing, schools, and administration.

The technical infrastructure changed, too. As
the industrial plants were largely dependent
on water access, canals were built and water
supplies connected to the industrial areas; the
Reiherstieg district, for example: shipyards,
repair workshops, and chemical factories were
established as well as the wool-combing works
as one of the first factories.

Most of the infrastructure was built using
private funds: canals such as the Veringkanal
or the filling in of the northern Reiherstieg
area were undertaken by land companies that
bought the land from farmers in order to profit
from the expansion of Hamburg's harbour.
The disadvantage of these private initiatives,
however, was that they lacked systematic
development. Wilhelmsburg had to invent itself
first: it had to become aware of its role as a
small industrial town of great importance for
Hamburg in order to then develop a concept
for the future. Mayor Adolf Menge, appointed in
1903 when Wilhelmsburg acquired town status,
sensed this: "The most important task of local
politics at present is to ensure that Wilhelmsburg does not become a working-class suburb
of Hamburg. If the local authorities do not succeed in preventing this, Wilhelmsburg will face a
dismal future and will be left to fall apart under
the burden of schools and poverty, despite the
rising land values."[1] The workers paid practically

kann: „Die meisten Zuwanderer hausen – wie viele einheimische Arbeiter auch – in feuchten Kellern oder in dunklen, engen Räumen mit zu niedrigen Decken, Räumen, die man nicht richtig belüften kann."[2] Die Wohnungsbedingungen der Arbeiter waren anderswo ebenso schlecht – auch in Hamburg. Der Unterschied lag darin, dass eine Bevölkerung mit einem eigenen, lokalen Selbstverständnis erst langsam wuchs. Dieses Gemeinschaftsgefühl entstand erst in den jahrzehntelangen Auseinandersetzungen um Elbvertiefungen, Ausbau des Köhlbrands, Eingemeindung nach Harburg oder Hamburg: „Wir sind bereit, an der Weiterentwicklung der Weltposition von Hamburg als einem großartigen Hafen mitzuwirken – aber nur dann, wenn keine preußischen Interessen geschädigt werden", hieß es 1909 im preußischen Abgeordnetenhaus, als es um den Köhlbrandvertrag ging.[3] Wilhelmsburg sah sich immer von den Interessen anderer bedroht: Einerseits wollte Hamburg, schon seit 1915, die Inseln Neuhof und Kattwiek-Hohe Schaar als Hafenerweiterungsgebiet eingemeinden, andererseits versuchte Harburg, wie Wilhelmsburg preußisch, den eigenen Hafen zu stärken. In den 1920er Jahren eskalierte der Streit, in dem Wilhelmsburg versuchte, als eigenständiger Partner zu agieren. Es wollte selbst Neuhof und Kattwiek-Hohe Schaar eingemeinden, da man anderenfalls vom seetiefen Wasser abgeschnitten wäre. Notfalls wollte man als Ganzes zum Hamburger Staatsgebiet geschlagen werden – in der Hoffnung, von dessen Prosperität zu profitieren. Das wiederum wollte Preußen auf keinen Fall. Der Streit dauerte bis Mitte 1927 und wurde heftig geführt; am 12. Juli des Jahres wurde *Harburg-Wilhelmsburg* unter Einschluss von Neuhof und Kattwiek-Hohe Schaar zu einer neuen Stadt. Es war ein Gebilde, dem ein Zentrum fehlte, eine Stadt, die kein gemeinsames Selbstverständnis hatte und deren nördlicher Teil stark auf Hamburg bezogen war. Einer – allerdings geheim gehaltenen – Planung des renommierten Berliner Architekten Erwin Gutkind nach hätte das geändert werden sollen; er hatte 1928 im Auftrag des Oberbürgermeisters Walter Dudek einen Plan für ein neues Zentrum von Wilhelmsburg vorgelegt. Mit seinem Rathausturm, der Kuppel eines Planetariums (wohl als Ersatz für eine Kirche wirkend) und angrenzenden Wohngebieten, umschlossen von einem begrünten Wall, hätte hier ein neues Zentrum entstehen können. Der Entwurf war aber gegen den Widerstand der eigenen Verwaltung und in der politisch-wirtschaftlich schwierigen Situation nicht zu realisieren, sodass er in der Schublade verschwand.[4]

Als 1937 Hamburg mit seinen Nachbarstädten Altona, Harburg-Wilhelmsburg und Wandsbek zu *Groß-Hamburg* zusammengeschlossen wurde, hatte das trotz der ideologischen Intention, Hamburg als „Führerstadt" und „Tor zur Welt" auszubauen, durchaus seine landesplanerische Logik: Die zum Teil jahrhundertelangen Versuche Harburgs und Altonas, sich als Konkurrenten von Hamburg zu positionieren, wurden jetzt zugunsten einer einheitlichen Hafenplanung aufgegeben. Dass dabei Hamburg dominierte, ist nicht wirklich überraschend. Dessen Sicht auf die Elbinseln als Reservoir für ökonomische Entwicklung – nicht Wilhelmsburgs, sondern Hamburgs – blieb bestehen.

Der Bau des Elbtunnels revolutionierte 1911 die innerstädtische Querung der Elbe. Fußgänger, Radfahrer, Fuhrwerke und Automobile konnten den Fluss
schneller, aber vor allem auch sicherer überwinden
als mit Booten. The building of the Elbe Tunnels in
1911 revolutionised the inner city crossing of the Elbe.
Pedestrians, cyclists, wagons, and cars were able to
cross the river more quickly and, especially, more
safely than in boats.

Über Jahrzehnte gehörte der Fährverkehr zum Alltag
der Arbeiter. Er war die einzige Möglichkeit, die Elbe
als Fußgänger effizient zu überqueren. *Heimkehrende Werftarbeiter auf der Elbe*, Gemälde (1894) von
Leopold von Kalckreuth (1855-1928) Ferry traffic was
part of workers' everyday lives for decades. It was the
only efficient means for pedestrians to cross the Elbe.
Heimkehrende Werftarbeiter auf der Elbe (Dock Workers Returning Home on the Elbe), a painting (1894)
by Leopold von Kalckreuth (1855-1928)

no tax but the local authorities had to provide
the infrastructure. Despite – or to a certain
extent because of – the industry, the town thus
remained a poor, working-class town because
the money was earned in Hamburg where the
entrepreneurs were based. Even the increment
value tax introduced in Wilhelmsburg in 1910 in
order to exploit the considerable speculative
gains did little to change that.

The Worker's Life

As was the case everywhere in the first half
of the twentieth century, the workers' living
conditions were modest, the housing conditions
catastrophic. Picture the situation: a (too) fast
growing city without the financial might of its
own body of entrepreneurs, a population with a
high proportion of workers from many different
countries, unhealthy and dangerous working
conditions, wages that sufficed only for a minimum subsistence level, but also a population that
saw harbour and industrial labour as the chance
for a better life. Housing was built close to the
industrial plants. Neighbourhoods developed as
"worlds of their own", depending on where the

residents came from; the Polish residents, for example, were mostly Catholic and had to orientate
themselves in a Protestant environment – and
they may have possessed German passports but
most of them did not speak German.
Early on, the wool-combing works started recruit-
ing workers from present-day Poland, most of
them women; in around 1898 they lived in the
proximity of the St. Bonifatius Catholic church.
The housing was built by housing associations or
private building investors, and the wool-combing
works had its own hostels, increasing the workers' dependency on the factory.
The density with which the accommodation was
inhabited is something we can barely imagine
today: "The majority of immigrants live – as do
many local workers too – in damp cellars or in
dark, cramped rooms with low ceilings, rooms
with no proper ventilation."[2] The workers' living
conditions were just as bad elsewhere – even in
Hamburg. The difference was that a population
with its own local self-awareness was something
that first grew slowly.
This sense of community came into being
only in the course of the decade-long disputes
regarding the deepening of the Elbe, the Köhlbrand extension, incorporation with Harburg
or Hamburg: "We are prepared to participate in
the further development of Hamburg's leading
international position as a magnificent harbour
– but only if this does not harm Prussian interests" was the position in the Prussian House of
Representatives in 1909 on the subject of the
Köhlbrand contract.[3] Wilhelmsburg had always
seen itself as being under threat from the
interests of others: for one, since 1915 Hamburg
had been wanting to incorporate the islands of
Neuhof and Kattwiek-Hohe Schaar as harbour
extension areas, while, on the other hand,
Harburg, which like Wilhelmsburg was Prussian,
was trying to consolidate its own harbour. The
dispute escalated in the 1920s, with Wilhelmsburg attempting to act as an independent partner. Wilhelmsburg itself wanted to incorporate
Neuhof and Kattwiek-Hohe Schaar, as it would
otherwise have been cut off from deep sea waters. If need be, Wilhelmsburg as a whole wanted
to be incorporated into the territory of Hamburg

Die Menschen in Wilhelmsburg

Die Bevölkerung Wilhelmsburgs war in den 1920er Jahren stark sozialdemokratisch und kommunistisch geprägt. Die politischen Aktionen führten zu einem wachsenden Zusammenhalt der Bewohner, der nicht aus der Identifikation mit einem *Ort* entstand, sondern aus einem gemeinsamen *Verständnis ihrer sozialen Klasse*. Das machte sich nicht nur bei den Wahlen bemerkbar, sondern in gemeinsamen Aktionen, Hilfsbündnissen und Bildungseinrichtungen. Organisationen wie die Konsumgenossenschaft für den Einkauf, die Gründung einer freien Schule (1924) oder die Erwerbslosen-Selbsthilfe Ende der 1920er Jahre stärkten das gemeinsame Selbstverständnis und Selbstbewusstsein. Es ist schwer einzuschätzen, wie stark dieses linke Bewusstsein auch während der Zeit des Nationalsozialismus Bestand hatte. Noch am 17. Februar 1933 hatte es eine große Demonstration gegen „Hitler, Papen, Hugenberg" gegeben unter dem Motto „Alles auf die Straße für die Freiheit!". Und es gab die Verfolgung der Linken durch die Nazis wie auch den Widerstand im Untergrund; aber das „kleine preußische Dorf", das dank eines Zaubertranks Widerstand leistete, das war Wilhelmsburg auch nicht.

Die Lage nach dem Zweiten Weltkrieg war allerdings auf eine zynische Weise besser als anderswo: Wilhelmsburg war Verkehrsgebiet; jeder Kohlenwaggon aus dem Ruhrgebiet musste durch die ganze Elbinsel fahren. Und der Osten war landwirtschaftlich geprägt – auch das bot Möglichkeiten, etwas „zu organisieren". Das war überlebensnotwendig: Rund 4000 Wohnungen waren in Wilhelmsburg zerstört, das mit seinen Hafenanlagen und der Industrie ein bevorzugtes Angriffsziel für die Bomben der Alliierten dargestellt hatte.

Der wirtschaftliche Aufschwung

In den Jahren des sogenannten Wirtschaftswunders wurden Wirtschaft und Wohnungen wieder aufgebaut, die Industrie boomte, die Zahl der Einwohner stieg bis 1954 auf fast 55.000. Der wirtschaftliche Aufschwung

hatte eine verbindende Wirkung: Wenn es (fast) allen besser geht, dann erzeugt das ein Gemeinschaftsgefühl, das – schwerlich messbar – dadurch befördert wurde, dass man sich als Wilhelmsburger und dann erst als Hamburger verstand. Umgekehrt war der Blick der Hamburger immer noch nach Westen, in die große, weite Welt gerichtet. Dort verstand man Groß-Hamburg als Recht, nicht als Verpflichtung. Am 22. Dezember 1955 wurde das erste Anwerbeabkommen der Bundesrepublik geschlossen, und zwar mit Italien: nicht wegen Arbeitskräftemangels in Deutschland, sondern wegen der Arbeitslosigkeit in Italien. Wenn die Bundesrepublik weiter so hohe Exportüberschüsse erwirtschaften wollte, müssten zum Ausgleich Arbeiter in Deutschland arbeiten dürfen. Tatsächlich wurden billige Arbeitskräfte in der Industrie benötigt – die deutschen wurden zu teuer. Die Bewohner von Wilhelmsburg hatten sich nach der ersten Einwanderungswelle kurz vor 1900 zu einer Bewohnerschaft zusammengefunden – jetzt erfolgte eine zweite Welle.

Für die Akzeptanz der neuen Generation von Arbeitern waren mehrere Aspekte nicht zuträglich: Sie mussten die „Drecksarbeit" machen, standen also am unteren Ende der Lohnskala und des Ansehens. Sie konnten sich nicht

Ein türkischer Junge lernt in einer Grundschule in Hamburg-Wilhelmsburg.   A Turkish boy attending primary school in Hamburg's Wilhelmsburg district

Die Flutkatastrophe von 1962 traf Bewohner von Gartenlauben und Behelfsheimen in Wilhelmsburg besonders hart. Sie löste auch eine Welle der Abwanderung von den Elbinseln aus. In die nach der Flut verlassenen Wohnungen zogen viele Einwanderer vor allem aus der Türkei.   The residents of garden sheds and makeshift homes in Wilhelmsburg were especially hard hit by the flood disaster of 1962. It also triggered an exodus from the Elbe islands. Many immigrants, from Turkey in particular, moved into the homes abandoned after the floods.

– in the hope of profiting from its prosperity. The Prussians, however, did not want that at all. The dispute lasted until mid-1927 and was a heated one; on 12 July of the same year, *Harburg-Wilhelmsburg* became a new town with the inclusion of Neuhof and Kattwiek-Hohe Schaar. It was an entity without a centre, a town with no common self-awareness and its northern section has strong links with Hamburg. That was to have been changed, though, according to plans – kept secret, however – by the renowned Berlin architect Erwin Gutkind; he was commissioned in 1928 by Mayor Walter Dudek to put forward a plan for a new centre for Wilhelmsburg. This could have been developed here with a city hall tower, the dome of a planetarium (effectively a replacement for a church), and adjoining residential areas, enclosed by a green embankment. The plan proved not to be feasible in the face of resistance within Wilhelmsburg's own administration and under the difficult political and economic situation, such that it disappeared into a drawer.[4]

When Hamburg was merged in 1937 with the neighbouring towns of Altona, Harburg-Wilhelmsburg, and Wandsbek to form *Greater Hamburg*, this was in fact logical to a certain degree with regard to regional planning, despite the ideological intention of developing Hamburg as a "Führerstadt" and "Gateway to the World". Attempts, some of them going back centuries, by Harburg and Altona to position themselves as competitors to Hamburg were now abandoned in favour of unified harbour planning. The fact that Hamburg dominated the process is not really surprising. Hamburg's view of the Elbe islands as a reservoir for economic development – not Wilhelmsburg's but Hamburg's – remained intact.

The People in Wilhelmsburg

The Wilhelmsburg population was strongly characterised by social democratic and communist politics in the 1920s. The political activities led to a growing bond between the residents that developed not from identification with a *place* but from a mutual *understanding of their social class*. This was evident not only in elections but also in joint activities, self-help associations,

and educational facilities. Organisations such as the cooperative society for shopping, the founding of a free school (1924), or self-help for the unemployed at the end of the 1920s reinforced mutual self-awareness and self-confidence. It is hard to say to what extent this left-wing awareness held during the National Socialist era as well. As late as 17 February 1933 there was a large demonstration against "Hitler, Papen, Hugenberg" under the slogan "Everyone onto the streets for freedom!". The left wing was persecuted by the Nazis and there was underground resistance activity here as well, but neither was Wilhelmsburg a "little Prussian village" that offered resistance courtesy of a magic potion. Ironically enough, though, the position following the Second World War was better there than elsewhere. Wilhelmsburg was a traffic zone; every coal wagon from the Ruhr had to travel right across the Elbe island. And the east was agricultural in character, providing opportunities to "make arrangements". That was vital for survival: around 4000 homes had been destroyed in Wilhelmsburg, its harbour facilities and industry having made it a favoured target for the Allied bombs.

The Economic Recovery

The economy and the housing were rebuilt during the years of the so-called economic miracle: industry boomed, the number of residents rose to almost 55,000 by 1954. The economic recovery had a bonding effect: when (almost) everyone is better off it creates a sense of community, however difficult to measure, that was reinforced by the fact that people felt themselves first to be citizens of Wilhelmsburg and then citizens of Hamburg. Conversely, the citizens of Hamburg were focussed on the West, on the world at large. There Greater Hamburg was seen as a right, not a duty. The German Federal Republic concluded its first labour recruitment agreement on 22 December 1955, with Italy: not due to a labour shortage in Germany but to the unemployment in Italy. If the Federal Republic was to continue to achieve such high export surpluses then this needed to

verständigen und sahen auch noch – anders als die polnischen Einwanderer – fremdländisch aus, man identifizierte sie also auf der Straße als Ausländer. Und sie lebten nach eigenem Selbstverständnis nur auf Zeit in Deutschland, sie wollten gar nicht heimisch werden. Dass sie das deutsche Lohnniveau drückten, machte sie nicht beliebter, selbst wenn dieser Zusammenhang nicht jedem klar war.

Sie wohnten meist in Wohnbaracken, weil sie ohne Familie kamen und möglichst viel Geld nach Hause schicken wollten. Die Bewohner dieser Behelfsheime und die der Gartenlauben in den Kleingartenvierteln wurden dann von der Flutkatastrophe 1962 besonders getroffen. Sie löste die nächste große Umwälzung in Wilhelmsburg aus: Viele der Bewohner zogen nach der Katastrophe in neue Sozialbauwohnungen außerhalb der Elbinsel; neue Immigranten, jetzt besonders aus der Türkei, bezogen deren alte Wohnungen. Die Diskussion, die nach der Flut darüber geführt wurde, ob man die Elbinseln nicht vollständig als Wohnstandort aufgeben solle, half auch nicht gerade zu einem neuen Selbstbewusstsein.

Aber aus der Flutkatastrophe wuchs auch neue Kraft: Die Bürger stritten für den Erhalt als Wohnstandort und setzten damit ein Zeichen als Bürger von Wilhelmsburg. Die erfolgreiche Verhinderung der Güterumgehungsbahn 1977 und der Hafenerweiterungspläne im gleichen Jahr, die erkämpfte Sanierung des Müllbergs nach den Dioxinfunden (1984) und der Stopp der Müllverbrennungsanlage (1994) sind weitere Beispiele dafür, dass sich ein neues Selbstbewusstsein entwickelte.

Die Hamburger Politik hat spät darauf reagiert, obwohl mit dem Beschluss zum Bau der HafenCity 1997 ein Zeichen für eine neue Binnenentwicklung der Stadt gesetzt worden war. Die vollständige Umwandlung der Hafenstruktur durch die Container, die Entwicklung des nördlichen Elbufers zu einem gemischten Gebiet aus Wohnen, Freizeit und Büroarbeit, die Gründung der HafenCity, die Aufgabe des Freihafens (ab 2013) – all das sind Elemente einer Entwicklung, die die Blickrichtung in Richtung Süden verschiebt. Inzwischen ist klar, dass die Elbinseln das bedeutendste Entwicklungspotenzial der Stadt darstellen.

Voraussetzung ist ein Denken, das auf die Zukunft gerichtet ist: Nicht mehr Preußen und Hamburg sind jetzt die Akteure, sondern eine Stadt in einer globalisierten Welt. Seit mit der *Zukunftskonferenz* Wilhelmsburger Bürger ihr Schicksal in die Hand genommen haben, ist eine Perspektive entstanden, die die einstige Verfügungsmasse Wilhelmsburg zum eigenständigen Akteur macht. Sehen wir uns um: Das *rive gauche* in Paris, das südliche Themseufer Londons – Stadtteile, die zunächst als minderwertig betrachtet wurden – zählen heute zu den aufregendsten.

So wird es wohl auch in Hamburg kommen: Wilhelmsburg wird das angesagteste Viertel der Stadt werden, wenn Blankenese verschnarcht, St. Pauli völlig gentrifiziert und nur noch Altona-Altstadt und Wilhelmsburg für ein lebendiges Stadtleben attraktiv sein werden.

Anmerkungen

1 Zitiert nach: Ernst Reinstorf: *Geschichte der Elbinsel Wilhelmsburg. Vom Urbeginn bis zur Jetztzeit.* (2. Auflage). Hamburg 2003 (S. 285).

2 Angela Dietz: „Fremdarbeiter, Gastarbeiter, Einwanderer. Migration in Geschichte und Gegenwart". In: Geschichtswerkstatt Wilhelmsburg Honigfabrik e.V. (Hg.): *Wilhelmsburg. Hamburgs große Elbinsel.* Hamburg 2008 (S. 98).

3 Zitiert nach: Margret Markert: „Eine Insel wird zum Industriegebiet – Portrait des Reiherstiegviertels". In: Geschichtswerkstatt Wilhelmsburg Honigfabrik e.V. (Hg.): *Wilhelmsburg. Hamburgs große Elbinsel* Hamburg 2008 (S. 43).

4 Vgl. Elke Pahl-Weber: „Das Neue Wilhelmsburg". In: Ulrich Höhns (Hg.): *Das ungebaute Hamburg.* Hamburg 1991 (S. 174 ff.).

be offset by workers being allowed to work in Germany. Cheap labour was indeed required by industry – the Germans became too expensive. The residents of Wilhelmsburg had merged as a body of inhabitants following the first wave of immigration shortly before 1900 – and now came the second wave.

There were a number of aspects that were not conducive to the acceptance of the new generation of workers: they had to do the "dirty work", meaning that they were right at the bottom of the scale in terms of wages and social standing. They were unable to communicate and – unlike the Polish immigrants – they also looked foreign and so were identified as foreigners on the streets. And it was their own understanding that they were living in Germany only for a limited time: they did not want it to become their home at all. The fact that they lowered German wage levels did not make them any more popular, even though not everyone was aware of this fact. The second wave of immigrants mostly lived in residential barracks because they came without their families and wanted to send as much money home as possible. Those residing in this temporary accommodation and those from the makeshift homes in the allotment district were especially hard hit by the flood disaster of 1962. This triggered the next major upheaval in Wilhelmsburg: following the disaster, many of the residents moved into new social housing away from the Elbe islands; new immigrants, now from Turkey in particular, moved into their old housing. The discussion that followed the floods as to whether the Elbe islands should not be abandoned altogether as a residential location did not exactly help the development of a new self-confidence.

New strength also derived from the flood disaster: the citizens fought for Wilhelmsburg to be retained as a residential location and thus made their mark as citizens of Wilhelmsburg. The successful prevention of the goods traffic bypass in 1977 as well as of the harbour expansion plans in the same year, the victory in having the refuse site rehabilitated following the dioxin contamination (1984), and the stopping of the refuse incineration plant (1994) are further examples of the development of a new self-confidence.

Politics in Hamburg were late to react, even though the 1997 decision to build the HafenCity was the sign of a new domestic development within the city. The complete transformation of the harbour structure through the container traffic, the development of the northern bank of the Elbe into a mixed area of housing, leisure, and office premises, the founding of the HafenCity, the relinquishing of the free port (as of 2013) – these are elements of a development process that is concentrating attention in a southerly direction. It has since become clear that the Elbe islands constitute the city's most important development potential.

The prerequisite is thinking focussed on the future: the protagonists are no longer Prussia and Hamburg but a city in a globalised world. The prospects for turning what was once a commodity into an independent player have been in evidence ever since the citizens of Wilhelmsburg took control of their destiny with the *Future Conference*. Take a look around us: the Rive Gauche in Paris, the South Bank of the Thames in London – city districts that were initially seen as inferior – are now among the most exciting. The same will happen in Hamburg too: Wilhelmsburg will become the city's hottest district, when Blankenese becomes too sleepy, when St. Pauli becomes completely gentrified, and only Altona Old Town and Wilhelmsburg still hold the appeal of vibrant city life.

Notes

1 Quoted in: Ernst Reinstorf: *Geschichte der Elbinsel Wilhelmsburg. Vom Urbeginn bis zur Jetztzeit, 2nd ed*. Hamburg 2003 (p. 285).

2 Angela Dietz: "Fremdarbeiter, Gastarbeiter, Einwanderer. Migration in Geschichte und Gegenwart". In: Geschichtswerkstatt Wilhelmsburg Honigfabrik e.V. (ed.): *Wilhelmsburg. Hamburgs große Elbinsel*. Hamburg 2008 (p. 98).

3 Quoted in: Margret Markert: "Eine Insel wird zum Industriegebiet – Portrait des Reiherstiegviertels". In: Geschichtswerkstatt Wilhelmsburg Honigfabrik e.V. (ed.): *Wilhelmsburg. Hamburgs große Elbinsel* (see note 2), p. 43.

4 Cf. Elke Pahl-Weber: "Das Neue Wilhelmsburg". In: Ulrich Höhns (ed.): *Das ungebaute Hamburg*. Hamburg 1991 (pp. 174 ff.).

Der Zollzaun am Spreehafen war bis Januar 2013 über Jahrzehnte ein Symbol der Ausgrenzung, auch wenn man es sich in seinem Schatten gemütlich machen konnte. Until January 2013, the Spreehafen customs fence had been a symbol of exclusion for decades, even if it did afford a comfortable spot on occasion.

Wilhelmsburg hat immer schon für ein positives Image gekämpft. Die Frage bei Beginn der IBA war, ob es gelingt, dieses weiter zu transportieren, aber dabei die Bewohnerinnen und Bewohner auch mitzunehmen. In meiner Funktion erlebe ich es täglich, dass die IBA genau diese Ziele erreicht hat und dass Wilhelmsburg heute für Hamburg eine andere Rolle spielt. Ich bin fest von der nachhaltigen Wirkung und der positiven Entwicklung des gesamten Regionalbereiches Wilhelmsburg/Veddel auch nach 2013 überzeugt.

Wilhelmsburg has always had to fight for a positive image. The question at the start of the IBA Hamburg was whether it was going to be possible to convey this further and at this time with the residents on board. It is my experience on a daily basis in my position that the IBA Hamburg has achieved precisely this goal and that Wilhelmsburg now plays a different role for Hamburg. I am entirely convinced of the long-term impact and the positive development within the whole of the Wilhelmsburg/Veddel region, and this after 2013 as well.

THORSTEN SCHULZ   Dezernent für Bürgerservice und Regionalbeauftragter Wilhelmsburg/Veddel im Bezirksamt Hamburg-Mitte   Head of Public Services and Wilhelmsburg/Veddel regional commissioner in the District of Hamburg-Mitte

Mein Wunsch war, die Wilhelmsburger Mitte städtebaulich zum Wohle der Bürger und zur Imageverbesserung mit den Mitteln der IBA und der Investoren neu zu gestalten. Mit den Neubauten für die Stadtentwicklungs- und Umweltbehörde, des S-Bahnhofes mit den eindrucksvollen Brückenbauten sowie allen Bauten für Sport, Gesundheit und wegweisende Wohnformen wurde die Mitte nachhaltig umgestaltet. Positiv werden sich auch das neue Einkaufszentrum, die Sanierung der Hochhäuser und die Umgestaltung des Berta-Kröger- Platzes auf das Leben in Wilhelmsburg auswirken.

It was my hope that the centre of Wilhelmsburg would see a new urban development in the interests of its residents and image improvement using the resources of the IBA Hamburg and the investors. The new buildings for the BSU, the "Urban Railway Station" with the impressive bridges, as well as all the sport and health facilities and the pioneering residential buildings have all meant long-term redevelopment for the urban centre. The new shopping centre, the renovation of the high-rise buildings, and the re-development of the Berta-Kröger-Platz will also have a positive impact on life in Wilhelmsburg.

EGON MARTENS   Vorsitzender des Sanierungsbeirates S6 – Berta-Kröger-Platz und des Fördervereins Bürgerhaus Wilhelmsburg e.V.   Chairman of the S6 – Berta-Kröger-Platz Renovation Committee and of the "Förderverein Bürgerhaus Wilhelmsburg e.V." (Wilhelmsburg Citizens' Hall Development Association)

Die IBA Hamburg greift die aktuell wichtigsten drei Themenfelder der Stadtentwicklung auf. Ihre größte Leistung besteht darin, dass sie einen Entwicklungsprozess auf der Veddel und in Wilhelmsburg vor allem in den Bereichen „Kosmopolis" und „Metrozonen" angeschoben hat, der weit über das Präsentationsjahr hinaus wirken wird. Ihn weiterzuführen ist unsere große Aufgabe.

The IBA Hamburg addresses what are currently the three most important issues in urban development. Its greatest achievement is its push-starting of a development process on Veddel and in Wilhelmsburg particularly in the areas of "Cosmopolis" and "Metrozones", a process that will continue to have an impact way beyond the Presentation Year. Continuing to drive it is our major task.

BODO HAFKE   Dipl.-Ing. Architekt, Dezernent für Wirtschaft, Bauen und Umwelt im Bezirksamt Hamburg-Mitte   Architect, head of the Department of Industry, Building and the Environment in the District of Hamburg-Mitte

Die flächendeckende integrierte Stadtentwicklung der IBA als Beitrag zur nachhaltigen Entwicklung hat bewusst auf ausschließlich architektonische und kulturhistorische Leuchttürme verzichtet und konzentriert sich auf einen ökologischen und sozialen Transformationsprozess. Die sich daraus entwickelnden ökonomischen Maßnahmen und Projekte standen und stehen im Dialog mit dem Kuratorium und führten zum Beispiel durch die nunmehr geplante Verlegung der Reichstraße zu einer Synthese von Urbanität und Mobilität. Die IBA-Projekte und der damit verbundene Kommunikationsprozess stellten dafür die entscheidende Plattform für die Bürgerbeteiligung dar. Wilhelmsburg hat darüber hinaus die zukünftige Aufgabe, einen Beitrag zum Sprung über die Elbe ohne Verlust der eigenen Identität zu leisten und in der Debatte über die neue europäische Stadt, das Quartier insbesondere auf revitalisierten Flächen als Nukleus der Stadt der kurzen Wege zu repräsentieren.

The IBA's extensive integrated urban development, as a contribution towards sustainable growth, deliberately renounced the use of purely architectural and cultural beacons and is concentrating instead on an ecological and social transformation process. The resultant economic measures and projects were and are the subject of dialogue with the board of trustees and, with the relocation of Wilhelmburg's Reichstrasse now planned, for example, led to a synthesis of urbanity and mobility. The IBA projects and the related communication process were the key platform for public participation. Furthermore, in the future Wilhelmsburg faces the task of contributing to the "Leap across the Elbe" without meanwhile losing its own identity and, in the debate on the new European city, of representing the district, with regard to its revitalised areas in particular, as the nucleus of the short distance city.

JENS-UWE FISCHER   Professor an der Universität Leipzig, Wirtschaftswissenschaftliche Fakultät   Professor at the Faculty of Economics, University of Leipzig

Der Anspruch: „Lösungen für die Stadt im 21. Jahrhundert" – die Hoffnung: Die Elbinsel wird zum Thema und nicht nur zum Ort einer Ausstellung. Der eigentliche Metrozonenkonflikt Wilhelmsburgs ist der Konflikt zwischen Stadt und Hafen und Verkehr: Wohnort oder Containerland? Transitraum für die Metropole oder Lebensraum im Herzen der Stadt? Die „Bauausstellung in der Bauausstellung" fokussiert jedoch räumlich und thematisch verengend auf ein Pionierhäuser-Konglomerat in der Wilhelmsburger Mitte. Mit der „Bauausstellung in der Bauausstellung" werden hier Investoren begeistert, aber die Kongruenz der Insel wird aufs Spiel gesetzt. Eine störende Straße wird anderen vor die Türe geschoben und der DEGES für ein autistisches Fernstraßenprojekt überlassen. Projekte ersetzen keine Konzepte.

The requirement: "Solutions for twenty-first century cities" – the hope: Wilhelmsburg will become the issue and not just an exhibition site. Wilhelmsburg's actual metrozone conflict is between city, harbour, and traffic: residential area or container space? Transit area for the metropolitan region or living environment in the heart of the city? The "Building Exhibition within the Building Exhibition", however, has a narrow spatial and thematic focus on a pioneering conglomerate in the centre of Wilhelmsburg. Here the "Building Exhibition within the Building Exhibition" appeals to investors, but the island's congruence is compromised. An intrusive road is turned into someone else's problem and left to the DEGES (German Unity Long-Distance Road Planning and Construction Company) as an autistic long distance road project. Projects do not replace concepts.

MANUEL HUMBURG   Hausarzt in Wilhelmsburg, Mitorganisator der Zukunftskonferenz Wilhelmsburg (2001/2002) und Mitautor des Buches „Eine starke Insel mitten in der Stadt" (2012)   General practitioner in Wilhelmsburg, co-organiser of the "Zukunftskonferenz Wilhelmsburg" (Wilhelmsburg Future Conference 2001/2002), and co-author of the book *A Strong Island in the Middle of the City* (2012)

Unsere Erfahrungen aus der vorgefertigten Bauweise wollten wir gemeinsam mit dem Büro Prof. Fusi & Ammann Architekten auf das mehrgeschossige Bauen übertragen. Dafür erschien uns die international renommierte Bauausstellung in Hamburg sehr gut geeignet. Mit diesem Konzept sind angemessene Preiskalkulationen möglich geworden.

Together with Prof. Fusi & Ammann Architekten we wanted to apply our experience with prefabricated construction to multistorey building. The internationally renowned IBA in Hamburg seemed to us to be the ideal opportunity. This concept has enabled reasonable price calculations because surprises on site were largely eliminated.

JOHANNES SCHWÖRER   Geschäftsführer der SchwörerHaus KG, realisierte das Projekt „Case Study #1" (Smart Price Houses)   Managing director of SchwörerHaus KG, implemented the "Case Study #1" project (Smart Price Houses)

Harburg rückt mit der IBA näher an Hamburg! Diese, meine ganz persönliche Erwartung hat sich erfüllt! Städtebaulicher Wandel und Veränderungen sind in unserem Bezirk jeden Tag deutlich zu spüren. Die Aufbruchsstimmung, die hier seit Jahren herrscht, ist durch die und mit der IBA noch stärker beflügelt worden. So erfüllen innovative Wohnprojekte mit maritimem Flair und eine neue Grün- und Erholungsanlage auf der Schloßinsel für die künftigen Bewohner im Harburger Binnenhafen den „Sprung über die Elbe" endlich mit echtem Leben.

Harburg has moved closer to Hamburg with the IBA! This very personal expectation on my part has been fulfilled! Urban development transformation and change has a daily impact on our district. The optimism prevalent here for years now has been boosted further by and with the IBA. Innovative housing projects with a maritime flair and a new green, recreational area on the Schloßinsel finally really bring the "Leap across the Elbe" to life for the future residents of the "Harburg Upriver Port".

THOMAS VÖLSCH   Bezirksamtsleiter Hamburg-Harburg   Head of the Hamburg-Harburg District

Die IBA hat – zusammen mit der igs – Wilhelmsburg aus dem Dornröschenschlaf erweckt. Mit der zeitgerechten Sanierung von Altbauten, in die Zukunft weisenden Neubauten – energetisch und

architektonisch auf dem neuesten Stand –, dem Erschließen erneuerbarer Energien am „Energiebunker" und auf dem „Energieberg", dem Zusammenschluss von Bildungsangeboten in der in Hamburg bisher einmaligen Schulform „Tor zur Welt" und vielem mehr ist eine Entwicklung eingeleitet worden, die zu großen Hoffnungen für die Zukunft berechtigten Anlass gibt. Danke, IBA!

Together with the igs, the IBA Hamburg has awakened Wilhelmsburg like a Sleeping Beauty. The modern renovation of old buildings, future-oriented new buildings, up to date in terms of energy and architecture, the exploitation of renewable energy resources at the "Energy Bunker" and on the "Energy Hill", the networking of educational opportunities with Hamburg's unique "Gateway to the World" educational approach, as well as a great deal more, have all meant the initiation of developments that provide justified grounds for future hopes. Thank you, IBA!

LISA ZAHN   Oberstudiendirektorin a.D., Gründungsmitglied von Zukunft Elbinsel Wilhelmsburg e.V.   Former principal, founding member of the "Zukunft Elbinsel Wilhelmsburg e.V.", Wilhelmsburg Elbe Island Future Association

Metrozonen – Neue Räume für die Stadt

Bei dem Leitthema „Metrozonen – Neue Räume für die Stadt" geht es darum, wie innerstädtische Peripherien für neues urbanes Leben nutzbar gemacht werden können.

In seinem Prolog fasst Michael Koch die Strategien und Konzepte des europäischen Dialogs zusammen und postuliert eine ebenso analytische wie programmatische Annäherung an die inneren Ränder und Übergangsbereiche der Stadt. Olaf Bartels formuliert Gedanken über die Stadt „as found", während Christophe Girot über die Bedeutung der Landschaftsarchitektur für die Entwicklung von Metrozonen schreibt. Dirk Meyhöfer richtet den Fokus auf Wilhelmsburg Mitte und vertritt die These, dass die architektonisch-städtebaulichen Leistungen der IBA erst in einigen Jahren zu bewerten sein werden. Die IBA Projektkoordinatoren Karen Pein und Hans Lied stellen mit dem Spreehafenareal und der Harburger Schloßinsel exemplarische Lösungen für Metrozonen am Wasser vor und zum Abschluss des Kapitels kommen stellvertretend sechs Investoren zu Wort, die ein weitgehend positives Resümee ziehen.

Metrozones – New Spaces for the City

The theme "Metrozones ⊹ New Spaces for the City" is about how inner city peripheries can be made useable for new urban life.
In his Prologue, Michael Koch summarises the strategies and ideas of the European dialogue and postulates an approach, both analytical and programmatic in nature, to the city's inner margins and transitional areas. Olaf Bartels contemplates the city "as found", while Christophe Girot writes about the significance of landscape architecture for the development of metrozones. Dirk Meyhöfer focuses on Wilhelmsburg Central and supports the hypothesis that an evaluation of the IBA's architectural and urban development performance will be possible only in several years' time. IBA project coordinators Karen Pein and Hans Lied present exemplary solutions for waterside metrozones: the Spreehafen's open areas and the Harburg Schloßinsel. At the end of the section, the words of a representative group of six investors constitute a largely positive conclusion.

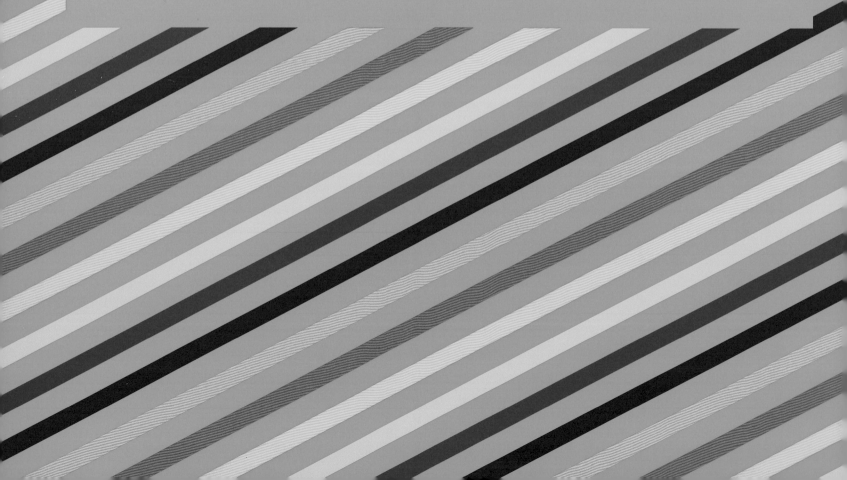

METROZONEN
Neue Räume für die Stadt

METROZONES
New Spaces for the City

MICHAEL KOCH

Prolog: Metrozonen

Die Entdeckung eines Bausteins der Neuen Stadt?

Die IBA Hamburg bringt sich mit ihren Leitthemen „Kosmopolis", „Metrozonen" und „Stadt im Klimawandel" in die aktuelle urbanistische Debatte ein. Sie versucht damit, einen neuen Blick auf die Stadt zu werfen und mit neuen Verfahren und Projekten Impulse für – im Wortsinn – neue Stadt-Teile zu geben.

Der Begriff der „Metrozone" postuliert eine ebenso analytische wie programmatische Annäherung an die inneren Ränder und Übergangsbereiche der Stadt und lotet hierfür neue Strategien und Konzepte aus. So sollen neue Potenziale für die städtische Entwicklung gesehen, verstanden und erschlossen werden. Mit der „Metrozone" werden wichtige Bereiche der gegenwärtigen Stadt angesprochen, die zentrale Bausteine der Stadt des 21. Jahrhunderts sein können.

Stadt

Was ist Stadt? Eine große Frage. Ähnlich groß wie die Frage, die der Philosoph Michael Serres stellt und lakonisch beantwortet: „Was ist das Leben? Ich weiß es nicht. Wo wohnt es? Diese Frage beantworten die Lebewesen, indem sie den Ort erfinden."[1]

Wenn man in diesem Zitat „Leben" durch „Stadt" ersetzt und „Lebewesen" durch „Stadtbewohner" ist man dem Verständnis von Stadt sehr nahe, wie es Christopher Dell in seinem neuen Buch ausführt: „Vergangene Epochen glaubten zu wissen, was Stadt ist. Die planerischen Systeme, die in diesem Glauben entstanden sind, gingen sogar davon aus, zu wissen, was eine wahrhaft gute Stadt ist. Heute

allerdings verfügen wir nicht mehr über diese Sicherheit. Doch dieser Verlust könnte sich als Gewinn herausstellen. Indem wir nicht mehr an Stadt als äußerlichem Objekt festhalten (...) Gemeint ist damit: Wir alle sind die Stadt und gestalten sie mittels unseres Alltags als Lebensform mit."[2]

Im Kontext eines solchen Verständnisses von Stadt wird die ambivalente Bedeutung des Begriffs der „Metrozone" deutlich: „Metrozone" verweist auf Orte in der Stadt und auf Prozesse, wie sie entstanden und zu verändern sind.

Themengeneratoren

Jede IBA hat der Fach- und Nachwelt einen neuen Blick auf Stadt und Städtebau, auf Stadtplanung und Stadtgesellschaft hinterlassen. Das war – und ist – eine IBA als besonders geförderter „Ausnahmezustand" von Stadt-Teil-Entwicklung der sie beauftragenden städtischen Gesellschaft schuldig. Als Experimentierfelder öffentlichen Planungshandelns verlassen alle IBAs die Verwaltungsroutine, was durchaus Zumutungen für alle Beteiligten und Betroffenen bedeuten kann. Aber neue Erkenntnisse über die Möglichkeiten sozial, wirtschaftlich und städtebaulich erfolgreicher und zukunftsweisender Stadtveränderung sind ohne Experimente und Risiken, auch ohne Fehler und Misserfolge, nicht zu haben.

Die IBA Berlin 1987 hat die Begriffe der behutsamen Stadterneuerung und der kritischen Rekonstruktion mit nachhaltiger Wirkung in die Diskussion gebracht. Seither werden sämtliche bestehenden Strukturen der Stadt sehr viel

Alle Fotos in diesem Beitrag stammen von der in Hamburg lebenden Fotografin Frederike Busch, 2012.
All of the photographs in this article are by the Hamburg photographer Frederike Busch, 2012.

Der Mix macht es: Improvisation, Wasser und Mut. Der Charme des Städtischen bezieht seine Kraft auch aus dem Temporären; idyllische Momentaufnahme des Ernst-August-Kanals, Wilhelmsburg 2012.
It's all in the mix: improvisation, water, and courage. Urban charm also draws its power from the temporary: an idyllic shot of the Ernst-August-Kanal, Wilhelmsburg, 2012.

MICHAEL KOCH

Prologue: Metrozones

The Discovery of a Building Block for the New City?

stärker als Ressource für ihre Weiterentwicklung betrachtet. Kees Christiaanses und Martina Baums kürzlich erschienenes Buch *City as Loft* (2013)[3] hat hier seinen diskursiven Fluchtpunkt. Die IBA Emscher Park der 1990er Jahre hat das urbane Transformationspotenzial einer durch die Industrialisierung dramatisch überformten und geformten Stadtregion aufgezeigt und damit gleichzeitig unsere Begriffe von Landschaft, Stadt und Urbanität mit neuen Phänomenen beziehungsweise mit einer neuen Sicht auf bestehende Phänomene bereichert: So steht der seit einigen Jahren in NRW benutzte „(...) Begriff der Ruhrbanität (...) für die besondere und spezifische Urbanität im Ruhrgebiet" (Veranstaltungsreihe des Dortmunder U – Zentrum für Kunst und Kreativität mit der TU Dortmund 2013). Martin Prominskis Auseinandersetzung mit industriellen Landschaften und Regine Kellers Postulierung eines eigentlichen Infrastrukturbanismus sind ohne diese intellektuelle und kreative Vorhut kaum denkbar.

Gleichzeitig hat die IBA Emscher Park mit dem Begriff des „perspektivischen Inkrementalismus" das disziplinäre Selbstverständnis der Planung herausgefordert und die Debatte um ein den realen Veränderungsmöglichkeiten angemessenes Planungsverständnis bis heute befruchtet. Die in jüngerer Zeit geführten Diskussionen um die Rolle der Zivilgesellschaft bei der zielgerichteten und zukunftsorientierten Veränderung der Städte ergänzt diese Debatte um weitere Argumente, die das Selbstverständnis der stadtplanenden und -bauenden Disziplinen im Kern berühren.

Stadtlabor

Immer waren die thematischen Fokussierungen und die baulichen Ergebnisse von Internationalen Bauausstellungen Anlass, über die zeitgemäße Idee von Stadt und über angemessene städtebauliche Strategien und Konzepte nachzudenken. Und in der Regel war dies mit Erkundungen neuer Wege, der Einbeziehung unterschiedlichster Akteure, mit der Einübung neuer Planungsprozesse und mit dem Ausprobieren neuer Planungsverfahren verbunden.

Die Internationalen Bauausstellungen können ihre Wurzeln in der Moderne nicht verleugnen: Sie sind, weil sie die Planungsroutine und damit auch implizit die zeitgenössisch jeweils zugrunde liegenden Konventionen über die Idee von Stadt hinterfragen oder gar verlassen, ihrem Wesen nach jeweils zeitgemäße Laboratorien einer Suche nach der „Neuen Stadt" oder nach neuen Stadt-Teilen.

Die Moderne hat „Die Neue Stadt" nach 1900 angesichts völlig neuer gesellschaftlicher und technischer Bedingungen für die Entwicklung der Städte apodiktisch und mit omnipotenten Gestaltungsansprüchen gefordert. Es folgten Versuche, sie tatsächlich neu zu bauen. Und diese Versuche werfen, in der Regel nur als Stadtfragmente realisiert, die Frage nach der neuen, zeitgemäßen und zukunftsfähigen Stadt erneut auf. Die Stadtfragmente zeigen zugleich, dass die Antwort auf die Frage nach der Neuen Stadt immer nur eine zeitgenössische sein kann, deren Gültigkeit, Weiterentwickelbarkeit und Robustheit nur in einem transdisziplinären Diskurs abgeschätzt werden kann.

Typische Ausformung der Metrozone am Rande der Elbinseln: verfügbare Flächen vor alter und alternativer Industrie-, Kraftwerks- und Hafenkulisse
Typical metrozone configuration on the periphery of the Elbe islands: available space against an older and alternative industrial, power station, and harbour backdrop

The Internationale Bauausstellung IBA (International Building Exhibition) Hamburg 2013 is participating in the current urbanist debate with its themes "Cosmopolis", "Metrozones", and "Cities and Climate Change". In doing so it attempts to take a fresh look at cities and, with new processes and projects, to provide impetus – literally – for new city areas.

The term "metrozone" postulates both an analytical and a programmatic approach to the inner margins and transitional areas of the city and acts as a sounding board for novel strategies and concepts. The intention is for new urban development potential to be seen, understood, and exploited. The term "metrozone" addresses key areas within contemporary cities, areas that could be important building blocks for twenty-first century cities.

Cities

What are cities? A big question. Of a magnitude similar to that posed by the philosopher Michael Serres with his own laconic answer: "What is life? I do not know. Where does it live? Living creatures answer this question by inventing the place."[1]

If we replace "life" with "cities" in this quotation and "living creatures" with "city residents", we come closer to the understanding of cities portrayed by Christopher Dell in his new book: "Past epochs believed they knew what cities are. The planning systems that emerged from this belief even claimed to know what a truly good city is. Today we no longer enjoy this security, though. This loss could prove to be of benefit, however, in that we no longer cling to cities as external objects .... This means: all of us are the city and we help to shape it as a life form through our everyday life."[2]

The ambivalent meaning of the term "metrozone" becomes clear in the context of such an understanding of cities: "metrozone" refers to places in the city and to the processes that bring them about and change them.

Theme Generators

Every IBA has left experts and posterity with a new view of cities and urban development, of urban planning and urban society. As a specially promoted set of "exceptional circumstances" with regard to city district development, an IBA owed and owes this to the urban society that commissions it. As an experimental field for public planning, all IBAs are situated outside routine administration, something that can indeed mean demands being made of all participants and those affected. New insights into the opportunities for future-oriented urban change bringing social, economic, and urban development success are not be gained, however, without experiments and risks, and not without errors and failures either.

The IBA Berlin in 1987 brought references to cautious urban renewal and critical reconstruction with long-term impact into the discussion. All existing city structures have since come to be seen far more as resources for the city's further development. The recently published book by Kees Christiaanse and Martina Baum, *City as Loft* (2013),[3] has its discursive vanishing point here.

The IBA Emscher Park in the 1990s demonstrated the urban transformation potential of a region dramatically shaped, and over-shaped, by industrialisation and, at the same time, enriched our landscape, city, and urban terminology with new phenomena and/or with a new view of existing phenomena. Hence the term in use for a number of years now in Nord-Rhein-Westfalen: "... Ruhrbanity ... for the particular urbanity specific to the Ruhrgebiet" (a series of events by the Dortmund U – Zentrum für Kunst und Kreativität, together with the TU Dortmund 2013). Martin Prominski's approach to industrial landscapes and Regine Keller's postulation of an actual infrastructural urbanism are barely conceivable without this intellectual and creative vanguard.

At the same time, the IBA Emscher Park challenged the planning discipline's self-image with the term "incremental perspectives" and, to

Nun schließen sich in diesem Jahr (2013) die HafenCity und die IBA Hamburg unter dem Titel „Stadt neu bauen" zusammen, um ihre Erfahrungen und bisherigen Ergebnisse als Beispiele für die Einlösung dieses damit formulierten Anspruchs zu diskutieren. Wenn im Fall der HafenCity eine ehemalige Hafen- und Industriefläche und im Fall der IBA mit Wilhelmsburg ein Stück innerer, städtischer Peripherie Gegenstand sind, dann kann sich der Titel „Stadt neu bauen" nicht nur auf die Prozesse beziehen, wie Stadt neu gebaut werden kann, sondern muss sich auch darauf beziehen, mit welchen Bildern von Stadt, mit welcher Idee von Stadt dies geschehen sollte. Das eigentliche, in diese Thematik der Stadtveränderung eingebettete Thema ist demnach: „Die neue Stadt neu bauen." Dafür ist Voraussetzung, die Stadt und ihre Entwicklungskräfte und Veränderungsmechanismen neu zu verstehen beziehungsweise richtig einzuschätzen.

Metrozone

Mit dem Begriff der „Metrozone" möchte die IBA Hamburg bestimmte Bereiche als Potenziale zukünftiger Stadtentwicklung ins Gespräch bringen und experimentell qualifizieren. Die Debatte über Stadtentwicklung lebt von neuen Begriffen, wenn sie nicht der Selbstvermarktung – und damit mehr der Vernebelung als der Klärung – von urbanen Herausforderungen und Chancen dienen.

Dabei ist zweitrangig, ob der Begriff ein altes Phänomen neu erkennt und beschreibt oder ob er ein neues Phänomen zu erklären sucht. Entscheidend ist die urbane Relevanz, die sich daran misst, ob der Begriff neue Perspektiven urbanistischer Interventionen stimuliert.[4]

Eine Zone ist ein von seiner Umgebung unterscheidbarer Bereich mit besonderen Eigenschaften oder Merkmalen. Der Zusatz „Metro" signalisiert, dass es sich um urbane Verdachtsgebiete in Städten oder gar Metropolen handelt. Auch wenn es in Deutschland angesichts der „wirklichen" Metropolen der Welt ein wenig lächerlich anmuten mag, von Metropolen zu sprechen, so verheißt der Begriff „Metrozone"

wenigstens Bereiche, in denen es „neu urban" oder „anders urban" zugeht oder zugehen könnte. Der Begriff soll spürbar machen, dass städtische Gemenge- oder Randlagen neue Urbanitätsversprechen in sich tragen: Dichte, Nutzungsvielfalt, Möglichkeitsräume, städtische Atmosphäre und Lebensqualitäten jenseits des Gewöhnlichen. Vielleicht ist gerade diese Tatsache entscheidend: Dass „Metrozonen", auch wenn sie – vorsichtig formuliert – gewöhnungsbedürftig sind, in ihren Qualitäten zunächst entdeckt, erkannt, angeeignet und transformiert werden müssen, damit sie zu echten Hoffnungsräumen neuer Urbanität werden können.

Wörter-See

Man kann eigentlich in der Vergangenheit beliebig in den unterschiedlichen sich mit Stadt beschäftigenden Disziplinen nach Versuchen forschen, das Neue an der Stadt des 20. Jahrhunderts erfassen und beschreiben zu wollen: 1976 sprach man schon von einer *Ville éparpillé* (dt.: zersplitterte oder zerstreute Stadt) oder von einer *Rurbanisation*[5]. Und nachdem die krisengeschüttelten 1980er Jahre mit ihrer stadttheoretischen Defensive überwunden waren, trieben in den 1990er Jahren Begriffe wie *Métapolis*[6], *Generic City*[7] oder *Ville poreuse* (dt.: poröse oder durchlässige Stadt)[8] die Stadtsuche voran, die heute zum Beispiel in das Verständnis von einer „Parapolis"[9] mündet, in der die Menschen in komplizierten Gemengelagen transnationaler Bezüge leben, wofür man sich von einem „Infrastruktururbanismus"[10] substanzielle Erkenntnisse erhoffen darf. Anders ausgedrückt und mit Sophie Wolfrum gesprochen: Heute muss eigentlich jeglicher neue Versuch, die Stadt und ihre Entwicklungsperspektiven in ein Bild zu fassen, in ein Verständnis von einer *Multiple City*[11] münden.

Die zahlreichen in urbanistischen Debatten verwendeten Wortschöpfungen wie *posturbia*, *exurbia* oder *technourb* , *light urbanism*[12], *heavy urbanism*[13] oder *movism* stehen für die vielen sprachlichen Annäherungsversuche der stadtplanerischen und stadtforschenden Zünfte

Wörter-See I: Die Poesie der neuen urbanistischen Kraft: Stadt, Polis oder City im Wandel – Key-Wörter aus der Metropolendiskussion   Sea of Words I: poetry of the new urban force, changing city or metropolis – key words from metropolitan discussions

this day, fuelled the debate about real opportunities for change within an appropriate understanding of planning. More recent discussions about the role of civil society in targeted and future-oriented changes to cities augment this debate with further arguments touching on the core self-image of the urban planning and urban development disciplines.

Urban Laboratory

The thematic focus and the constructional outcome of international building exhibitions have always occasioned contemplation of the contemporary notion of the city and of appropriate urban development strategies and concepts. And as a rule this has been linked to the exploration of new paths, the incorporation of very different protagonists, the practising of new planning processes, and to the testing of new planning procedures.

There is no denying that international building exhibitions have their roots in Modernism: they exist because they question or even depart from planning routine and thus also implicitly from the respective fundamental contemporary conventions regarding the notion of the city, their existence being a quest for the New City or new city districts through contemporary laboratories.

In the face of entirely new social and technical conditions, post 1900 Modernism called for the New City as being incontestable for city development and this with omnipotent design demands. This was indeed followed by attempts to build it anew. And these efforts, generally implemented only as city fragments, again raise the issue of the new, contemporary, and future-oriented city. At the same time, the city fragments show that the response to the issue of the New City can only ever be a contemporary one, an assessment of its applicability, its capacity for further development, and its robustness being possible only in interdisciplinary discourse.

This year (2013), the HafenCity and the IBA Hamburg have now come together under the banner "Building Cities Anew", in order to discuss their experiences and previous outcomes as examples to aid meeting the demands raised as a result. With a former harbour and industrial area as the subject, in the case of the HafenCity, and a piece of inner urban periphery in the case of the IBA Hamburg with Wilhelmsburg, the title "Building Cities Anew" relates not only to the processes for building cities anew but must also refer to the city images and city notions with which this is to come about. Accordingly, the actual issue embedded in the theme of urban change is: "Building the New City Anew". The prerequisite for this is a new understanding of cities, their developmental forces, their change mechanisms, and/or the correct assessment of these.

Ville poreuse

Urban flotsam

La ville émergente **Métapolis**

La Ville eparpillée **Parapolis**

Ruhrbanisation **Zwischenstadt**

Infrastructural urbanism

Infrastruktururbanismus **Multiple city**

Metrozone

With the term "metrozone" the IBA Hamburg aims to bring specific areas into discussion about their potential for future urban development and to qualify these experimentally. The debate about urban development relies on new terms, provided they do not serve the aims of self-promotion – therefore obfuscation rather than clarification – in urban challenges and opportunities.

It is of secondary importance whether the term revisits and describes a known phenomenon or whether it attempts to explain a new phe-

an städtische Eigenschaften und Eigenarten, die nicht so recht in das tradierte Bild von Stadt passen wollen. Anhand der Versuche, die *amalgame Stadt*[14] zu beschreiben, aber auch an dem *StadtLand Schweiz*[15] lässt sich unschwer erkennen, dass sich die „Ru(h)rbanitätsdiskussion" der 1980er Jahre fortsetzt: Michel Bassand sprach 1982[16] davon, dass die „Rurbanité" die der Schweiz spezifische Form der Urbanität sei. Franz Oswald knüpfte daran mit seiner Diskussion um eine neue Urbanität an, in der es um das Verschmelzen von Stadt und Landschaft geht[17] und zu der im Hinblick auf eine nachhaltige urbane Zukunft eigentlich ein Verständnis vom *urbanen Metabolismus*[18] gehört.

Aber die tradierte Vorstellung von Stadt und das Idealbild von Stadt erweisen sich als erstaunlich resistent gegenüber dieser jahrzehntelangen, sehr intensiven und in immer neuen (Inter-)disziplinären Kooperationen stattfindenden Suche nach einem der real existierenden Stadt angemessenen Verständnis und Bild. Vermutlich, weil sich die Stadt als Ganzes diesen zuvor erwähnten neuen ganzheitlichen Erklärungsversuchen doch immer wieder entzieht. Vielleicht auch, weil die urbanen Transformationsprozesse sich, trotz aller Versuche, nicht in festen Entwicklungsstadien von Stadt und allgemein- oder endgültigen Bildern davon einfangen lassen. Dieses definitorische Unvermögen bedroht aber die stadtentwickelnden Disziplinen in ihrem Selbstverständnis. Da greift man dann lieber auf die tradierten Stadtvorstellungen zurück, die eine bildhafte Selbstvergewisserung ermöglichen und den Anspruch suggestiv aufrecht erhalten, dass man genau wisse, wie man zur guten Stadt kommt.

Es wäre der Komplexität der Stadt oder des Urbanen wohl angemessener, die neue Stadt – das, was Stadt heute ist und morgen sein könnte – nicht in Gänze definieren oder auch nur beschreiben zu wollen, sondern nur solche Teile davon einer neuen Betrachtung zu unterziehen, die bisher in ihrer Bedeutung für die bestehende Stadt übersehen wurden und in sich neue urbane Möglichkeiten bergen.

Anstatt nach einem neuen Bild von der Stadt der Zukunft zu suchen, erscheint es ange-

messener, nach diesen Möglichkeitsräumen zukünftigen städtischen Lebens zu forschen: nach den Bausteinen einer *Ville émergente*[19]. Der Begriff des *urban flotsam*[20] bewegt sich in diese Richtung: In den durch das städtische Leben „angeschwemmten" urbanen Ablagerungen spiegelt sich das lebendige Potenzial der die Stadt verändernden Kräfte. Die „Metrozone" hat in diesen begrifflichen Annäherungen an die städtischen Wirklichkeiten und Chancen ihre geistigen Vorfahren.

Wort-Führer

Es reicht aber in der Planung der Stadt nicht aus, einfach einen neuen Begriff in den Raum zu stellen und damit zu versuchen, neue urbane Phänomene und Chancen zu verstehen oder neu verstehen zu wollen.

Gerade die Planungswissenschaft braucht intellektuelle Gläubiger aus der Praxis, die bestätigen, dass der neue Begriff dem konkreten Planungshandeln etwas bringt. Und die Praktiker brauchen intellektuelle Gläubiger aus der Wissenschaft, um nicht der subjektivistischen Tagträumerei oder der eitlen Selbstvermarktung bezichtigt werden zu können.

Sobald ein neuer Begriff im Rahmen öffentlicher Planungspolitik oder Planungsförderung auftaucht, ist er schnell einmal planungsprak-

Posturbia

Exurbia

Light urbanism

Heavy urbanism

Technourb

Amalgame Stadt

StadtLand

Urbaner Metabolismus

Neue Urbanität

Metroscape

nomenon. What is key is the degree of urban relevance and whether the term triggers new perspectives on urbanist intervention.[4]

A zone is an area distinguishable from its surroundings with particular properties or features. The prefix "metro" indicates that it relates to the relevant urban areas in cities or even metropolitan regions.

Even though it might seem somewhat preposterous to talk of a metropolis in Germany, given the examples of what is a "real" metropolis elsewhere in the world, the term "metrozone" does at least refer to areas that relate to, or could relate to, the "new urban" or the "other urban". The term is intended to make it clear that urban conflict or marginal locations carry an inherent promise of new urbanity: density, diversity of usage, opportunity-filled spaces, urban atmosphere, and a quality of life that extends beyond the usual. Perhaps this is in fact the key factor: "metrozones", even if they take some getting used to – to put it mildly – and their features at first need to be discovered, recognised, assimilated, and transformed, in order for them to be able to become real hope-imbued spaces for the new urbanity.

Sea of Words

We can in fact look back into the past at any of the different disciplines dealing with cities to find attempts at capturing and describing what is new about the twentieth-century city. In 1976, talk was of a *ville éparpillé* (scattered city) or of *rurbanisation*.[5] And once the crisis-ridden 1980s with their defensive urban theory had been overcome, it was terms like *métapolis*,[6] generic city,[7] or *ville poreuse* (porous or permeable city)[8] that continued the quest for the city in the 1990s. This search has today led to the notion of a "parapolis",[9] for example, in which people live in complicated conflict locations with transnational characteristics, into which it is hoped that "infrastructure urbanism"[10] will deliver substantial insights. In other words, as discussed with Sophie Wolfrum: today every new attempt to depict the New City and its development perspectives must in fact lead to a notion of the Multiple City.[11]

The numerous coined words used in the many urbanist debates, like posturbia, exurbia, or technourb , light urbanism,[12] heavy urbanism,[13] or movism stand for the numerous attempts by urban planners and urban researchers at linguistic approaches to urban properties and features that simply do not fit into the traditional picture of cities. Attempts to describe the amalgam city,[14] and also the *StadtLand Schweiz*,[15] make it clear that the "ru(h)rbanity discussion" of the 1980s is ongoing: in 1982 Michel Bassand[16] claimed that *rurbanité* was a form of urbanity specific to Switzerland. Franz Oswald picked up on this with his discussion about a new urbanity that was about the merging of city and landscape,[17] and included the notion of an urban metabolism[18] with regard to the long-term urban future.

The established idea and the idealised image of the city have proven to be astoundingly resistant to this very intensive, decade-long quest for the appropriate concept and image of the real, existing city in the constantly renewed (interdisciplinary) cooperative efforts. This is probably due to the fact that the city as a whole repeatedly eludes this new, homogeneous search for clarification. Perhaps also because, despite all of these attempts, urban transformation processes do not allow themselves to be ensnared in fixed city development stages and general or definitive images of these. This resistance to definition threatens the self-image of the urban development disciplines, however. Here the tendency is rather to resort to the established notions of the city that enable a graphic self-assurance and suggestively maintain the claim to know precisely how to achieve successful cities.

It would be more fitting for the complexity of cities or the urban environment to define or even to want to describe the New City – namely, what the city is today and could be tomorrow. This would not be in its entirety but a new perspective applied to just parts of it, which have been previously overlooked in terms of their importance for the city as it exists and harbour new urban possibilities.

Wörter-See II: Die Stadt im 21. Jahrhundert als Amalgam, Technourb oder eben Metroscape? Sea of Words II: Twenty-first century city as an amalgamation, techno-urb, or perhaps metroscape?

Metrozonen sind energetisch und schlagen Brücken.
Metrozones are energetic and they create bridges.

tisch und planungstheoretisch „geadelt": Er
vermag offensichtlich verschiedene Akteure
der Stadtentwicklung auf ein - neues - urbanes
Ziel zu verpflichten. Eine Art goldener Zügel,
der genutzt wird, die Suchbewegungen in den
Disziplinen der Stadtveränderer ein wenig zu
lenken, indem sie auf relevantes städtisches
Territorium oder relevante städtische Nutzungen und Nutzer abseits der ausgetretenen dis-
ziplinären Pfade aufmerksam gemacht werden.
Dass mit der „Metrozone" ein solches
Postulat von der IBA Hamburg kommt, mag
unter anderem damit zu tun haben, dass
ihr Geschäftsführer Uli Hellweg und ein Teil
des Teams der IBA Hamburg durch eine der
wichtigsten − weil mit einem städtebaulichen Paradigmenwandel verbundenen − IBAs
des 20. Jahrhunderts, der IBA Berlin 1987,
fachlich sozialisiert wurden. Darüber hinaus
knüpft die „Metrozone" an die Debatte um die

Zwischenstadt[21] an und bricht sie herunter auf
kleinräumigere Gebiete, die von unterschiedlichen Interessen und nach unterschiedlichen
Logiken entwickelt werden, die aber aus dem
Raster der Gesamtbetrachtung der Stadt bis
dahin herausgefallen sind.

Metroscape?

Rem Koolhaas hatte mit dem aus *Urban Land-
Scape* extrahierten Begriff des *scape* in den
1990er Jahren die Beschreibung aktueller
Lebensweisen des Menschen zunächst einmal
unabhängig von bestimmten vorgeprägten
Bildern und Eigenschaften vornehmen wollen. Der immer wieder zu hörende Begriff des
metroscape sucht daran anzuschließen. Er mag
in bestimmten Situationen helfen, die zeitgenössische „Stadt-Land-Schaft" angemessener
zu verstehen und zu verändern. Schließlich

Instead of seeking a new image of the city of the future it seems more appropriate to research these spaces of opportunity for future urban life: for the building blocks of a *ville émergente*.[19] The term urban flotsam[20] moves in this direction: the deposits "washed up" by urban life reflect the vibrant potential of city-changing forces. These terminological approaches to urban reality and potential are the spiritual ancestors of the "metrozone".

Mouthpiece

It is not sufficient for urban planning, however, to simply introduce a new term as an attempt to understand or to want to re-understand new urban phenomena and opportunities.
It is precisely the planning discipline that needs intellectual believers with practical experience who confirm that the new term is of use in concrete planning activity. And the practitioners need intellectual believers from the academic world in order to avoid being charged with subjectivist daydreaming or vain self-promotion.
As soon as a new term appears in public planning policy it is quickly "ennobled", by planning practice and planning theory first of all: it is clearly in a position to commit different urban development protagonists to a - new - urban objective. A kind of golden bridle used to steer search attempts within the disciplines of urban change a little by drawing their attention to relevant urban territory or urban uses and users beyond the beaten disciplinary tracks.
The fact that, with the "metrozone", such a postulation has emerged from the IBA Hamburg may have something to do with its Managing Director, Uli Hellweg, and part of the IBA Hamburg team having been socialised professionally by one of the most important IBAs of the twentieth century (because it was linked to a paradigm change in urban development), the IBA Berlin 1987. In addition, the "metrozone" is linked to the debate about the transurban[21] and breaks it down into smaller-scale areas developed from differing interests and according to a different logic, but which have fallen through the net in the overall view of the city to date.

Metroscape?

With the term "scape" extracted from *Urban Land-Scape* in the 1990s, Rem Koolhaas first of all wanted to describe people's current ways of life independently of specific pre-defined images and properties. The recurrent term metroscape attempts to associate itself with this and may indeed help to achieve a more appropriate understanding and changing of contemporary urban landscapes in specific situations. Ultimately, for the current debate, urban landscape is also a term impaired by images from the era of its emergence in around 1950. The term "metrozone", too, does not aim to evoke a specific image of the city but simply to designate city areas open to *rurbain* developments and uses, namely to the intensification of uses and building conversions.
Unfortunately, the entirely sincere, venerated, illustrative, and omnipresent "European city" faces the multiple threats of touristification, Disneyfication, or even "zombification".[22] The latter because the rising costs of housing and living in the attractive nineteenth-century districts of major cities importune the younger population, threatening them with displacement. In the USA it is now evident that major cities are simply no longer seen as the urban environment promised to young Americans and, instead, small suburban towns as places of *country coolness* are becoming the focus of this generation because they promise more urban freedom.[23]
In major European cities, "real" urban life has perhaps long since started to infiltrate the cities' "metrozones". As "urban spaces of opportunity"[24] the "metrozones" appear as places where urban coexistence and the community development of the city can be practised anew. The "metrozone" as a new city zone: it incorporates hybrid, overlapping, indistinct, multi-faceted usages and overcomes the well-meaning but entirely outdated reasons for the proclaimed functional segregation of work, leisure, commercial, and residential zones.
As with every ambiguous and therefore appealing coined word, "metrozone", too, needs to be

ist „Stadtlandschaft" auch ein Begriff, der mit Bildern aus seiner Entstehungszeit um 1950 für die aktuelle Debatte formal vorbelastet ist.

Auch der Begriff der „Metrozone" will kein bestimmtes Bild von Stadt evozieren, sondern lediglich Bereiche in der Stadt benennen, die „rurbanen" Entwicklungen und Nutzungen, also der Intensivierung von Nutzungen und baulichen Veränderungen, offenstehen.

Der vielfach leider völlig ironiefrei gehuldigten bildmächtigen und omnipräsenten „europäischen Stadt" droht die Touristifizierung, Disneyfizierung oder gar „Zombifikation"[22]. Letzteres, weil steigende Wohn- und Lebenskosten in den attraktiven Gründerzeitquartieren der Großstädte die junge Bevölkerung bedrängen und zu verdrängen drohen. Inzwischen kann man in den USA beobachten, dass für junge Amerikaner die Großstadt nicht mehr als das urbane Versprechen schlechthin gilt, sondern suburbane Kleinstädte als Orte einer *country coolness* ins Visier dieser Generation geraten, weil sie mehr urbane Freiheiten versprechen.[23]

In den europäischen Großstädten beginnt sich das „wahre" städtische Leben vielleicht längst in den „Metrozonen" der Städte einzunisten. Die „Metrozonen" erscheinen als „städtische Möglichkeitsräume"[24] als Orte, wo urbanes Zusammenleben und eine gemeinschaftliche Entwicklung der Stadt neu eingeübt werden. Die „Metrozone" als eine neue Zone der Stadt: Sie schließt hybride, überlagerte, nicht eindeutige, vielschichtige Nutzungen ein und überwindet die seinerzeit aus guten, aber längst überholten Gründen proklamierte funktionalistische Trennung in Arbeits-, Freizeit-, Geschäfts- und Wohnzonen.

„Metrozone" muss man allerdings wie jede mehrdeutige und deshalb attraktive Wortschöpfung vor modischer Vereinfachung und inhaltsleerer Beliebigkeit schützen, zum Beispiel davor, dass „Metrozone" nicht auf einmal zum vermarktbaren Immobilientrend wird: „Loftwohnen in der Metrozone – Kaufen Sie mit Ihrer Wohnung ein Stück unverwechselbare multifunktionale urbane Identität". Der Gebrauch des Begriffs – seine Anwendung auf ein bestimmtes Stück Stadt – sollte immer einhergehen mit dem Versuch, deutlich zu machen, warum dieser Ort im physischen Gewebe und sozialen Netzwerk

der Stadt ein besonderer ist, dessen Potenzial nur erschlossen werden kann, wenn anstatt klassischer Entwicklungstypologien topologische Strategien und Konzepte ausprobiert und angewendet werden.

Die „Metrozone" vermag als offener, gleichwohl nicht unbestimmter Begriff die urbanistische Neugier und städtebauliche Experimentierfreude zu wecken: bauen, wo man eigentlich nicht bauen kann, wohnen, arbeiten, leben, wo es eigentlich nicht geht. HCU-Studierende der Stadtplanung inspirierte der Begriff der „Metrozone", in einem städtebaulichen Entwurf neue Kombinationen von Nutzungen und Bauten auszumalen, die ungewöhnliche Orte zu neuen Stadtteilen machen könnten. Den Begriff der „Metrozone" benutzten sie dabei fast so selbstverständlich wie „Wohnzone", als sei er ein innovativer Begriff der Baunutzungsverordnung für die zahlreichen großen und kleinen ungenutzten Flächen, die aus der Wahrnehmung gefallen sind, weil sie so gar nicht in die normale Gebietsbeschreibung passen wollen.

Eigentlich sind der Begriff und die Entdeckung der „Metrozone" eine wunderbare Ergänzung der Kategorien der europäischen Stadt, wenn man diese nicht vordergründig formal auf eine bestimmte Bebauungstypologie reduziert, sondern die europäische Stadt auch als sozioökonomisches Produkt anerkennt. „Metrozonen" entstanden, weil der Anspruch auf die totale und ganzheitliche Planung der Stadt gescheitert ist und scheitern musste. Sie sind Zeugnisse abgebrochener oder nicht koordinierter Entwicklungen. Sie verweisen auf unterschiedliche Zuständigkeiten und Interessen. Sie sind Beleg, dass sich das urbane Leben, dass sich die stadtgestaltenden Kräfte letztlich immer wieder der obrigkeitlichen Kontrolle entziehen. „Metrozonen" können gerade wegen dieser Eigenschaften der Weiterentwicklung und Transformation der europäischen Stadt dienen, weil sie urbane Experimentierfelder sind. In und mit der „Metrozone" wird auch die Trennung von Stadt und Land und von verschiedenen städtischen oder land(-wirt-)schaftlichen Nutzungen in Frage gestellt. In der „Metrozone" schlummert die Zukunft der europäischen Stadt.

Auch das Gewohnte und Triviale kann mit entsprechender Kraft neu erfunden werden: Rechts im Bild das „Haus der Projekte", von den Nutzern liebevoll „die mügge" genannt; es nimmt traditionelle Bauformen auf und transformiert sie zeitgenössisch.

The familiar and the trivial can also be reinvented with the appropriate power: to the right of the picture the House of Projects, affectionately referred to as "die mügge" by its users. It takes traditional building forms and subjects them to a contemporary transformation.

protected from fashionable simplification and empty popularity, not that "metrozone", for example, should suddenly become a marketable property trend: "Loft living in the metrozone – buy yourself a piece of inimitable multifunctional urban identity with your apartment." The use of the term – its application to a specific piece of the city – should always be accompanied by the attempt to clarify why this place is a special one within the city's physical fabric and social network, with potential that can only be exploited when, instead of classical development typologies, topological strategies and concepts are tested and applied.

As an open but not undefined term, "metrozone" may arouse urbanist curiosity and an urban development willingness to experiment: building where one in fact cannot build, living,

working where it is not in fact possible. The term "metrozone" inspired HafenCity University urban planning students to depict new combinations of uses and buildings in an urban development design that could turn unusual places into new city districts. They used the term "metrozone" as naturally as "residential zone", as if it were an innovative term in the land use ordinance for the many larger and smaller unused spaces that have remained unperceived because they do not fit at all into normal area designation.

The term and the discovery of the "metrozone" is in fact a wonderful addition to the categories of the European city, if not superficially reduced to a specific development typology, but also recognises the European city as a socio-economic product. "Metrozones" have emerged

Anmerkungen

1 Michael Serres, zitiert von Andrea Benze / Carola Ebert / Julia Gill, /Saskia Hebert: „Ex-zentrische Normalität: Zwischenstädtische Lebensräume. Fragen an die Lebensqualität und Lebensweisen in randständigen Gebieten". In: *dérive*, Nr. 47, 2012 (S. 37).

2 Christopher Dell: *Das Urbane: Wohnen. Leben. Produzieren.* Berlin 2013. Zitat aus Ankündigungstext des Jovis Verlages. Berlin 2013.

3 Martina Baum / Kees Christiaanse: *City as Loft: Adaptive Reuse as a Resource for Urban Development.* Zürich 2013.

4 Michael Koch: „Lob des Pragmatismus". In: Internationales Doktorandenkolleg Forschungslabor Raum (Hg.): *Forschungslabor Raum. Das Logbuch.* Berlin 2012 (S. 278-293).

5 Gérard Bauer / Jean Michel Roux: *La rurbanisation ou la ville éparpillé.* Paris 1976.

6 François Ascher: *Métapolis ou l'avenir des villes.* Paris 1995.

7 Rem Koolhaas / Bruce Mau: „Generic City". In: *S, M, L, XL.* New York 1995 (S. 1239-1264).

8 Bernardo Secchi / Paola Viganò: *La ville poreuse.* Genf 2011.

9 Mark Terkessidis: *Interkultur.* Berlin 2010.

10 Thomas Hauck / Regine Keller / Volker Kleinekort (Hg.): *Infrastructural Urbanism: Addressing the In-between.* Berlin 2011.

11 Sophie Wolfrum / Winfried Nerdinger (Hg.): *Multiple City. Stadtkonzepte 1908 I 2008.* Berlin 2008.

12 Tanja Blankenburg: „Suburban Chicago - Strategien gegen die Zersiedelung". In: *Stadtbauwelt*, Heft 187. München 2010 (S. 46-51).

13 Thomas Sieverts: „Versuch einer Positionsbestimmung der Stadtplanung". In: *Polis. Magazin für Urban Development*, Heft 02/2011 (S. 10).

14 Oliver Frey / Julia von Blumenthal (Hg.): *Die amalgame Stadt. Orte. Netze. Milieus.* Wiesbaden 2009.

15 Angelus Eisinger, Michel Schneider (Hg.): *StadtLand Schweiz. Untersuchungen und Fallstudien zur räumlichen Struktur und Entwicklung in der Schweiz.* Basel 2003.

16 Michel Bassand: *Villes, régions et societés.* Lausanne 1982.

17 Franz Oswald (Hg.) / Nicola Schüller: *Neue Urbanität – das Verschmelzen von Stadt und Landschaft.* Zürich 2003.

18 Michael Prytula: „Der urbane Metabolismus. Ganzheitliche Betrachtungen zum Ressourcenhaushalt urbaner Systeme". In: *Arch+*, Heft 196/197, Berlin 2010 (S. 116-117).

19 Geneviève Dubois-Tainem, Yves Chalas (Hg): *Ville emergent.* Paris 1997.

20 Raoul Bunschoten / Hélène Binet / Takuro Hoshino: *Urban Flotsam: Stirring the City.* Rotterdam 2001.

21 Thomas Sieverts: *Zwischenstadt: „Zwischen Ort und Welt, Raum und Zeit, Stadt und Land.* Wiesbaden 1997; Thomas Sieverts: *Fünfzig Jahre Städtebau, Reflektion und Praxis.* Stuttgart 2001.

22 Niklas Maak: „Stadt der Untoten". In: *FAZ am Sonntag*, 02.12.2012 (S. 25).

23 Ralph Martin: „Vergesst die Großstadt!". In: *FAZ am Sonntag*, 27.01.2013 (S. 41).

24 Dieter Läpple: „Metrozonen - städtische Möglichkeitsräume? Das Beispiel IBA Hamburg". Vortrag am Fachbereich Örtliche Raumplanung der TU Wien. Wien 10.10.2012.

Ungewissheit bildet immer ein Potenzial für Kreativität: Auch aufgegebene Gleise geben irgendwie eine Richtung vor.   Uncertainty always creates the potential for creativity: even abandoned tracks can still indicate direction.

because the aim of totally integrated city planning has failed, as indeed it had to. They are testimony to unfinished or uncoordinated developments. They are indicative of different responsibilities and interests. They are proof of the fact that, ultimately, urban life, the forces shaping cities, repeatedly evade authoritarian control. It is precisely because of these properties of further development and transformation that "metrozones" are able to serve the European city, because they are fields of urban experiment. The separation of urban and rural and of different urban or rural usages is also being questioned in and with the "metrozone". The "metrozone" is where the future of the European city is slumbering.

Notes

1 Michael Serres, quoted by Andrea Benze, Carola Ebert, Julia Gill, Saskia Hebert: "Ex-zentrische Normalität: Zwischenstädtische Lebensräume. Fragen an die Lebensqualität und Lebensweisen in randständigen Gebieten." In: *dérive*, no. 47. 2012 (p. 37).

2 Christopher Dell: *Das Urbane: Wohnen. Leben. Produzieren*. Berlin 2013. Quotation taken from the JOVIS Verlag publicity material. Berlin 2013.

3 Martina Baum, Kees Christiaanse: *City as Loft: Adaptive Reuse as a Resource for Urban Development*. Zurich 2013.

4 Michael Koch: "Lob des Pragmatismus". In: Internationales Doktorandenkolleg Forschungslabor Raum (ed.): Forschungslabor Raum. Das Logbuch. Berlin 2012 (pp. 278–93).

5 Gérard Bauer / Jean Michel Roux: *La rurbanisation ou la ville éparpillé*. Paris 1976.

6 François Ascher: *Métapolis ou l'avenir des villes*. Paris 1995.

7 Rem Koolhaas / Bruce Mau: "Generic City". In: *S, M, L, XL*. New York 1995 (pp. 1239–64).

8 Bernardo Secchi / Paola Viganò: *La ville poreuse*. Geneva 2011.

9 Mark Terkessidis: *Interkultur*. Berlin 2010.

10 Thomas Hauck / Regine Keller / Volker Kleinekort (eds.): *Infrastructural Urbanism: Addressing the Inbetween*. Berlin 2011.

11 Sophie Wolfrum / Winfried Nerdinger (eds.): *Multiple City. Stadtkonzepte 1908 I 2008*. Berlin 2008.

12 Tanja Blankenburg: "Suburban Chicago – Strategien gegen die Zersiedelung". In: *Stadtbauwelt*, issue 187, Munich 2010 (pp. 46–51).

13 Thomas Sieverts: "Versuch einer Positionsbestimmung der Stadtplanung". In: *Polis. Magazin für Urban Development*, issue 02. 2011 (p. 10).

14 Oliver Frey / Julia von Blumenthal (eds.): *Die amalgame Stadt. Orte. Netze. Milieus*. Wiesbaden 2009.

15 Angelus Eisinger / Michel Schneider (eds.): *StadtLand Schweiz. Untersuchungen und Fallstudien zur räumlichen Struktur und Entwicklung in der Schweiz*. Basel 2003.

16 Michel Bassand: *Villes, régions et societés*. Lausanne 1982.

17 Franz Oswald (ed.), Nicola Schüller: *Neue Urbanität – das Verschmelzen von Stadt und Landschaft*. Zurich 2003.

18 Michael Prylula: "Der urbane Metabolismus. Ganzheitliche Betrachtungen zum Ressourcenhaushalt urbaner Systeme". In: *Arch+*, issue 196/197. Berlin 2010 (pp. 116–7).

19 Geneviève Dubois-Tainem / Yves Chalas (eds.): *Ville emergent*. Paris 1997.

20 Raoul Bunschoten / Hélène Binet / Takuro Hoshino: *Urban Flotsam: Stirring the City*. Rotterdam 2001.

21 Thomas Sieverts: *Zwischenstadt: „Zwischen Ort und Welt, Raum und Zeit, Stadt und Land*. Wiesbaden 1997; Thomas Sieverts: *Fünfzig Jahre Städtebau, Reflektion und Praxis*. Stuttgart 2001.

22 Niklas Maak: "Stadt der Untoten". In: *FAZ am Sonntag*, 02.12.2012 (p. 25).

23 Ralph Martin: "Vergesst die Großstadt!". In: *FAZ am Sonntag*, 27.01.2013 (p. 41).

24 Dieter Läpple: "Metrozonen – städtische Möglichkeitsräume? Das Beispiel IBA Hamburg". Lecture at the Local Planning Department of the Vienna University of Technology. Vienna 10.10.2012.

OLAF BARTELS

„Das is hier kein Feinschmeckertempel! Das is, was es is!"

Gedanken über die geformte Stadt oder eine Stadt *as found*?

Die Geschichte in Fatih Akins Film *Soul Kitchen* dreht sich um eine alte Fabrikhalle in der Wilhelmsburger Industriestraße. Mit dem Restaurant, das der Protagonist des Films, Zinos Kazantsakis, dort eingerichtet hat, steht und fällt auch seine Existenz. Massiv prasseln Forderungen nach Veränderungen dieses Ortes auf ihn ein. Das Finanzamt, das Gesundheitsamt, gute und falsche Freunde drängen ihn dazu, aus seinem Laden etwas zu machen, dessen Potenziale zu nutzen und zu verwerten oder die Halle zu verkaufen, um den Weg dafür freizugeben, diesen etwas abseitigen Orte aufzuwerten. Metrozonen wie das Areal an der Industriestraße können sehr romantisch sein. Das zeigt Akins Film. Sie sind vergessene Orte am Rande des tobenden Großstadtbetriebes. Sie dämmern in einem Dornröschenschlaf, warten vielleicht, aber nicht unbedingt darauf, zu neuem Leben erweckt zu werden. Orte wie die Fabrikhalle in Akins Film prägen die Identität der Elbinseln in erheblichem Maße. Vielfach wächst in diesen Zonen eine spontane, vielleicht geduldete, vielleicht autorisierte Zwischennutzung: Grünflächen unter Hochbrücken mit Wassernähe als ruhiger Ort für ein Insider-Picknick, Angelplätze an wenig oder gar nicht befahrenen Kanälen in direkter Nachbarschaft von Containerlagerflächen, ein zum Restaurant mutierter Truckerimbiss mit Geheimtippstatus, Schlossruinen im Industriegebiet mit potenzieller Uferpromenade, ein Hafenbecken in ruhiger Lage als Liegeplatz für Hausboote. Alle diese Orte leben vom Charme dessen, was ihre Benutzer hier vorgefunden haben und von den Potenzialen, die an sie herangetragen werden. Möglichkeiten, die sie entwicklungsfähig machen sind ihre zentrale Lage im Stadtgebiet, ihre Anbindung im Verkehrsnetz oder ihre Lage am Wasser, die in den Hafengebieten an den Rändern der Elbinseln natürlich vorkommt.

Städte neualt

Seit Städte in Deutschland nicht mehr neu gedacht, konzentrisch ergänzt oder nach Kahlschlag neu definiert werden, also seit die großen Konzepte des Wiederaufbaus zu den Akten gelegt wurden und entweder kritisch rekonstruiert oder behutsam saniert wird, stellen sich die Fragen: Was leistet der Bestand? Was soll und was kann davon erhalten werden, wenn hier die Stadt revitalisiert und umgebaut werden soll? Und schlussendlich: Wie kann das Flair, der Charme des vergessenen oder verlorenen Ortes, erhalten werden und weiterhin für ihn prägend bleiben? In den späten 1980er Jahren, zu Zeiten der IBA in Berlin, wurde heftig darüber debattiert, ob eine Stadt überhaupt rekonstruiert werden könne, wenn sie weitgehend abgerissen und nur der Struktur nach wieder neu aufgebaut wird, oder ob nicht eine behutsame Stadterneuerung über die Bausubstanz hinaus auch die soziale Struktur erhalten könne. Heute sind die damals zum Abriss freigegebenen und dann doch geretteten gründerzeitlichen Stadtgebiete in deutschen Städten so beliebt, dass ihre Bebauung nicht mehr gefährdet ist, sondern im Gegenteil Neubauten als Vorbild dient. Bedroht ist ihr Flair durch die sozialen Umwälzungen, die ihre Beliebtheit in Form von Miet- und Kaufpreissteigerungen mit sich bringt.

Fatih Akins Film *Soul Kitchen* hat die alte Halle an der Industriestraße in Hamburg-Wilhelmsburg aus einem Dornröschenschlaf geholt und über Hamburgs Grenzen hinaus berühmt gemacht. Ihre Zukunft ist ungewiss.   Fatih Akin's film *Soul Kitchen* brought back to life the old factory building on Industriestrasse in Hamburg's Wilhelmsburg district and made it famous even beyond Hamburg's borders. Its future remains uncertain.

OLAF BARTELS

"This Here Is No Gourmet Temple! It Is What It Is!"

Thoughts on the Shaped City or a City "as Found"?

Für brach gefallene Industriezonen, die einen guten Teil der Metrozonen auf den Elbinseln ausmachen, ist mit einer solchen Gefahr auf den ersten Blick nicht zu rechnen. Die Romantisierung ihres Flairs und das laute Nachdenken über ihre Potenziale erregen aber eine Aufmerksamkeit, die jeder Behutsamkeit schnell ein Ende bereiten kann. Die Bilanz der Werte und der Möglichkeiten eines Areals hat sich die IBA Hamburg auf die Fahnen geschrieben. Dieses Prinzip des Abwägens hat vor allem dann eine hohe Bedeutung, wenn es darum geht, die Aufwertung von Stadtteilen zu ermöglichen, starke architektonische Akzente zu setzen,

gleichzeitig die Vertreibung der angestammten Bevölkerung aber zu verhindern und außerdem Entwicklungspotenzialen offen zu halten.

Die geformte Stadt

Das Prinzip einer neu geformten Stadt, wie es in Hamburg beispielsweise in der HafenCity Anwendung findet, macht vor allem den Wandel der Stadt sichtbar und die angrenzenden Gebiete für weitere Investitionen interessant. Die neue städtebauliche Definition der Mitte Wilhelmsburgs mit einem markanten Verwaltungsgebäude für die Behörde für Stadtentwicklung

Die Potenziale vergessener Orte, ihr Wert und ihre Aufwertung sind auch Themen in der Kunst. Die Fotografie von Matthew Griffin mit dem Titel *Verkehrswert* erinnert an die Poesie, die solche Orte verlieren können, wenn Aufwertung stattfindet.   The potential of forgotten places, their value, and their improvement are also issues addressed by art. Matthew Griffin's photographs entitled *Verkehrswert* (Market Value) remind us of the poetry that can be lost in such locations when they are upgraded.

The story in Fatih Akin's film *Soul Kitchen* is set in an old factory building in Wilhelmsburg's Industriestrasse. The restaurant established there by the film's protagonist, Zinos Kazantsakis, is the basis of his livelihood. He is faced with a stream of demands for changes to be made to it. The tax office, the health authorities, good and false friends alike urge him to make something out of his premises, to exploit and utilise their potential, or to sell the building and open the way for this somewhat forlorn location to be upgraded.

As Akin's film demonstrates, Metrozones such as the Industriestrasse area can be very romantic. Forgotten places on the periphery of bustling city activity, they slumber as Sleeping Beauties, perhaps waiting, perhaps not waiting, to wake up to a new life. Structures such as the factory building in Akin's film to a large degree characterise the identity of the Elbe islands. These zones often see the emergence of spontaneous, interim uses, perhaps tolerated, perhaps authorised: green spaces beneath viaducts and close to the water, a quiet place for a discreet picnic; fishing spots on barely or unused canals in direct proximity to container storage sites; a truck stop that has mutated into a snack bar with insider tip status; a ruined castle in an industrial area with potential as a waterside promenade; a harbour basin in a peaceful situation, suitable as houseboat moorings. All of these places are alive due to the charm that their users have found there and from the potential that they see in them. The factors making them viable for development are their central location within the city area, their transport connections, or the proximity to the water, which is of course prevalent in the harbour areas on the peripheries of the Elbe islands.

Old Cities Anew

Now that cities in Germany are no longer being planned anew, expanded concentrically, or redefined with complete clearance, i.e., now that the great rebuilding plans have been filed away and the process is one of either critical reconstruc-

tion or careful renovation, the question that arises is: what use are the existing buildings? Which of these can and ought to be retained if a city is to be revitalised and adapted? And, ultimately, how can the flair, the charm of an abandoned or desolate place be maintained, retained as a characteristic of the location? In the late 1980s, at the time of the Internationale Bauausstellung (International Building Exhibition) IBA in Berlin, there was a lively debate as to whether a city can be reconstructed at all if it is largely destroyed and rebuilt only in terms of the structure, or whether circumspect urban renewal extending beyond the buildings themselves might not also be able to preserve social arrangements. The nineteenth-century districts in German cities, once approved for demolition but ultimately saved, are today so sought-after that they are no longer in danger of being rebuilt. On the contrary, they now serve as role models for new buildings. What is under threat is their style, due to social upheavals in the form of rising rents and purchase prices, caused by their popularity.

On the face of it, the disused industrial areas that make up a good number of the metrozones on the Elbe islands are not likely to face such a threat. The romanticisation of their style and the audible reflections on their potential do, though, attract attention that can see caution thrown to the winds. The IBA Hamburg is committed to taking stock of the value and opportunities presented by a site. This weighing up principle is especially important when it comes to enabling the upgrading of city districts, using distinct architectural features, while at the same time preventing the displacement of the established residents, yet also keeping development potential open.

The Shaped City

The principle of a new shaped city, as applied, for instance, in Hamburg with the HafenCity, makes the city's transformation particularly noticeable and renders adjoining areas attractive for further investment. The new urban development definition of Wilhelmsburg Central,

und Umwelt (BSU) nach dem Entwurf der Architekten Sauerbruch Hutton, die spätere Nutzung der igs-Flächen als Park und die Bauten der „Bauausstellung in der Bauausstellung" setzen solche Zeichen. Für die nördlich angrenzenden Areale wirken diese Bauten wie ein Leuchtturm und forcieren deren Entwicklung. Nur handelt es sich bei diesen Gebieten nicht um leere Flächen. Auch hier haben sich in der jetzigen Nischenlage Nutzungen entwickelt, deren Bestand gleichzeitig das besondere Flair dieser Zonen ausmacht. Hier haben sich Künstler in alten Fabriken niedergelassen und auch das eine oder andere erhaltenswerte Gebäude ist hier zu finden. Im Spreehafen, eine der in den Fokus der IBA gestellten Metrozonen am nördlichen Ufer der Elbinseln, ist im Schatten des heute überflüssigen Zollzauns eine Hausbootkolonie mit hoher Wohnqualität entstanden. Die Strahlkraft des BSU-Hochhauses könnte deren Vorzüge schnell überzeichnen, wären die Qualitäten dieser Metrozone nicht bekannt und anerkannt und würde hier nicht ein ganz anderes Planungsprinzip verfolgt, das den bestehenden Bauten sowie deren Bewohnern und dem aus sich selbst heraus entwickelten Potenzial einen hohen Wert beimisst. In sehr kompakter Form ist dies auch im Süden der Elbinsel in den IBA-Projektgebieten des Harburger Binnenhafens und der Harburger Schloßinsel zu beobachten, die in direkter Nachbarschaft von Flächen mit erheblichen Entwicklungsmöglichkeiten liegen.

Eine neue Stadtentwicklung ohne Architektur?

In den jüngsten Debatten, die in Deutschland um städtebauliche und architektonische Planungen geführt werden, fällt auf, dass nicht nur der bauliche Bestand, sondern auch der soziale Kontext von Planungs- und Bauvorhaben erheblich an Bedeutung gewinnen. Architektur und Städtebau treten dabei allerdings schnell, vielleicht zu schnell, in den Hintergrund. Es stellen sich folgende Fragen: Müssen Architektur und Städtebau stets perfekte Antworten parat haben oder müssen sie nicht viel mehr auch Fragen aufwerfen und Antworten der

Benutzer zulassen können? Kann ein Stück der planerischen Kontrolle über das Baugeschehen aufgegeben werden, um den Nutzer- oder Bewohnerwünschen Raum zu geben? Der Bund Deutscher Architekten (BDA) zeigte sich in diesem Punkt offen als er seine Mitglieder im 16. Berliner Gespräch 2011 fragte: „Was soll Architektur?" Damit sollte für die Berufsgruppe eine Sinnsuche und die Suche nach neuen Beteiligungsformen von Nutzern am Planungs- und Bauprozess eingeläutet werden. Der Architekt Arno Brandlhuber formuliert gerne seinen Verzicht auf einen ästhetischen Anspruch zugunsten einer sozial verträglichen und nutzerorientierten Architektur. Der Generalkommissar für den Deutschen Beitrag auf der 13. Architekturbiennale in Venedig 2012, Muck Petzet, fordert im Rahmen seines Konzeptes „Reduce, Reuse, Recycle" mehr Zurückhaltung in der Architektur und im Städtebau sowie eine stärkere Würdigung bestehender Baustrukturen – seien sie auch noch so gewöhnungsbedürftig, wie die Ansicht einer ruppig ergänzten und provokant unverputzten Backsteinwand.

Eine Architektur des Vorgefundenen?

Die erneute Forderung nach einer Würdigung des baulichen Bestands ruft den Ansatz der britischen Architekten Alison und Peter Smithson in Erinnerung, der darin besteht, in dem Vorgefundenen eine Ästhetik des Gewöhnlichen und damit des Alltags zu entdecken und daraus eine künstlerische und vor allem architektonische Position, sozusagen eine Architektur *as found*, zu entwickeln. Nur beließen es die Architekten nicht bei einer Poesie des Vorgefundenen, sondern nutzten diese als Orientierung für ihren Entwurf einer neuen Architektur.
Auch in den Metrozonen der IBA Hamburg entsteht, wenn sie nicht allein aufgeräumt und neu geformt, sondern aus dem Bestand, seinen Reizen und Potenzialen entwickelt werden sollen, keine Stadt *as found* allein aus der Romantik des Vorgefundenen. Es bedarf eines eigenen, vielleicht eines besonderen interaktiv mit den Bewohnern und zukünftigen Nutzern

Das Leben am Kanal kann in Wilhelmsburg auch in Zukunft sehr idyllisch sein, wenn der Bestand solcher Orte gewahrt wird. Life alongside the canal in Wilhelmsburg could be idyllic in the future, too, if places such as these are left in existence.

with a striking administration building for the Ministry of Urban Development and Environment, designed by the architects Sauerbruch Hutton, the later use of the international garden show (igs) site as a park, and the structures of the "Building Exhibition within the Building Exhibition" send precisely such signals. For the adjoining areas to the north, these buildings are beacons of light accelerating their own development. Except that these areas are not empty sites. Here, too, what are currently niche locations have seen the emergence of uses that constitute the very style of these zones. Artists have based themselves in old factories, while, here and there, you will find buildings worth retaining. In the Spreehafen, one of the metrozones on the northern shores of the Elbe islands made the focus of the IBA, a high amenity houseboat community has developed in the shadow of the now superfluous customs fence. The charisma of the Ministry of Urban Development and Environment building would probably outshine it, if not for the fact that the

features of this metrozone are known and recognised. An entirely different planning principle has been applied here, in terms of which the existing buildings, as well as their residents, and the potential derived therefrom, are ascribed a very high value. This can also be seen in a very compact form to the south of the Elbe islands with the IBA project sites of the Harburg upriver port and the Harburg Schloßinsel, situated in direct proximity to areas with considerable development potential.

A New Form of Urban Development without Architecture?

In the most recent debates taking place in Germany with regard to urban development and architectural planning it becomes clear that not only the existing buildings but also the social context of planning and construction projects are becoming considerably more important. Architecture and urban development are quickly assigned a back seat, however, perhaps

neuer oder transformierter Gebäude betriebenen Planungsprozesses, der auch die ästhetische
Zielstellung, also einen architektonischen und
städtebaulichen Entwurf, umfasst. Denn das
tatsächlich Gebaute formt letztendlich die neue
Umwelt und lässt dem Bestehenden seinen Raum
oder eben auch nicht. Ein wildes Wachstum bau-
licher Strukturen alleine gewährleistet das nicht.
In den Metrozonen der IBA sind dazu vielfältige
Ansätze entwickelt und erprobt worden. Nicht
alle konnten zu Ende geführt werden, aber sie
geben Hinweise, wie zukünftige Verfahren aussehen könnten.

Zinos Kazantsakis kämpft im Film um seine Halle, damit aus ihr wird, was er sich erträumt hat.
Die Realität hat sie allerdings sehr verwandelt:
In den Dornröschenschlaf kann sie als international bekannter Filmdrehort nicht mehr zurück-
fallen. Heute wird sie für Kulturveranstaltungen
genutzt. Die IBA kämpft um ihren Erhalt.

too quickly. This raises the following questions: must architecture and urban development always have the perfect answers ready or should they not, rather, be raising issues and allowing the answers to come from the users? Can part of the planning control over the construction process be relinquished in order to allow space for the wishes of users or residents? The Bund Deutscher Architekten (Association of German Architects) BDA showed itself to be open with regard to this point when it asked its members in the 16th Berlin Meeting in 2011: "What is architecture for?" This was intended to initiate a quest for meaning on the part of the profession and for new forms of participation for users of the planning and construction process. The architect Arno Brandlhuber stated his willingness to dispense with aesthetic aspiration in favour of socially compatible and user-oriented architecture. Within the scope of his "Reduce, Reuse, Recycle" concept, the general commissioner for the German entry at the 13th Architecture Biennale in Venice in 2012, Muck Petzet, called for greater restraint in architecture and in urban development, as well as a greater appreciation of existing built structures – even if they need as much getting used to as the sight of the raw finish of a provocatively unplastered brick wall.

Architecture "as Found"?

The renewed call for the appreciation of existing buildings brings to mind the approach of the British architects Peter and Alison Smithson, namely to see in that which already exists the aesthetics of the familiar and thereby of everyday life, from which to develop an artistic and more especially an architectural position, or architecture "as found." The architects did not leave it at "as found" poetry, though, and used this as the orientation for their new architectural designs.

The same applies to the metrozones of the IBA Hamburg, too, where, assuming that the intention is not simply to sweep aside and start anew but to make use of existing buildings with their appeal and their potential, no city develops "as found" solely out of the romance of what

already exists. It requires its own planning process, one that is perhaps driven as an especially interactive one with the residents and the future users of new or transformed buildings, one that also encompasses the aesthetic objective and is as such both an architectural and an urban planning design. After all, it is that which is actually built that ultimately shapes the new environment and leaves space for existing structures, or not, as the case may be. This is not assured by the uncontrolled growth of built structures alone. Diverse approaches have been developed and tested in the metrozones of the IBA to this end. Not all of them are complete but they do provide indications of what future processes could look like.

In the film, Zinos Kazantsakis fights for his premises in order to make them into the stuff of his dreams. Reality has changed them considerably, however. As an internationally renowned film location, keeping itself inaccessible to the public is no longer an option. The premises are now used for cultural events and the IBA Hamburg is fighting for their preservation.

Dass bei einer Aufwertung der Elbinseln ihr Bestand an lebenswerten Orten und vor allem an bezahlbaren Mieten erhalten wird, wird trotz aller Beteuerung der Behutsamkeit bei der Stadtentwicklung in Teilen der Bevölkerung bezweifelt. Despite the emphasis on caution with the urban development measures, some sections of the population have doubts as to whether the upgrading of the Elbe islands will retain the liveable place already in existence and, above all, allow for affordable rents.

CHRISTOPHE GIROT

Ein erster Schritt zur Elbe

Die Bedeutung der Landschaftsarchitektur für die Entwicklung von „Metrozonen"

Der Sprung über die Elbe

Als die IBA Hamburg vor sieben Jahren startete und ich von Uli Hellweg ins Kuratorium berufen wurde, erschien ein Schritt über die Elbe als optimistisches und angemessenes Logo und Sinnbild für die ehrgeizigen Ziele dieser Internationalen Bauausstellung. Visualisiert wurde es durch eine menschliche Figur aus diagonalen weißen Linien auf blauem Hintergrund, die sich im Sprung von links nach rechts befindet. So wie sie sich über den Horizont erstreckte, schien die Figur geradezu zu fliegen: ein deutliches Symbol für das vorherrschende Bedürfnis der Elbinselbewohner, sich über den Fluss hinaus mit dem Hamburger Norden und dem südlich gelegenen Harburg zu verbinden. Für Wilhelmsburg, ein unterprivilegiertes Arbeiterviertel, das im Jahr 1962 die schlimmsten Überschwemmungen in Deutschland nach dem Zweiten Weltkrieg erlitten hatte, bedeutete dieser Sprung eine Überwindung des Inseldaseins. Das erste und wichtigste Anliegen der IBA war und bleibt bis zum heutigen Tag der wahrhaftige Sprung über die Elbe. Eine symbolträchtige Brücke wäre eine perfekte Ikone und ein moralisches Gegengewicht zur eher pompösen Elbphilharmonie gewesen, die zum Stadtwahrzeichen bestimmt wurde. Ein Vor- und Nachkriegsgewirr von Straßen, Brücken, Deichen, Docks, Rangierbahnhöfen, Containerdepots und anderer Infrastruktur in und um den Hafen macht den Wohnbezirk auf der Elbinsel zur Enklave, hermetisch abgetrennt (und ignoriert) von der übrigen Stadt. Die Kombination von IBA und igs (internationale gartenschau) bot Landschaftsarchitekten und Stadtplanern eine ideale Gelegenheit, Alternativen zur derzeitigen räumlichen Isolation der Elbinsel von der Stadt zu erörtern. Wir werden hierfür einige neue und unerwartete Optionen sehen. Insbesondere für die Gebiete entlang des Flusssystems selbst sind Vorschläge entstanden, welche für die fehlgeschlagenen Debatten um die Wilhelmsburger Reichsstraße durchaus entschädigen.

Freiräume für die „Kosmopolis"

Aber der besagte Sprung über die Elbe galt nicht nur im räumlichen Sinne. Er war auch ein großer Sprung für Wilhelmsburg und die IBA im sicheren Wissen um eine soziale und wirtschaftliche Herausforderung, wie sie die meisten großen Städte Europas heute erleben. Priorität wurde neuen Bildungsprogrammen eingeräumt, die auf die aus vielen Minderheiten und ethnischen Gruppen bestehende Bevölkerung von Wilhelmsburg eingehen. Das „Bildungszentrum Tor zur Welt" legte seinen Schwerpunkt auf Alphabetisierung und Integration mithilfe einer besser angepassten Ausbildung. Das war eine völlig neue Dimension für die IBA Hamburg, da die Schule nicht mehr nur als ein reines Gebäude, sondern eher als ein „Marktplatz des Wissens" mitsamt Lernprogrammen und Lehrern verstanden wurde. Wenn die jüngere Migrantengeneration ihren Weg in die Gesellschaft findet, könnte der Erfolg dieses Projektes in den kommenden Jahren weitergehende Impulse für die Gemeinschaft aussenden.
Bildung beinhaltet in erster Linie das Akzeptieren des Anderen und das Verständnis von

Der See am Bürgerhaus Wilhelmsburg, direkt gegenüber dem Rathaus Wilhelmsburg, wird von den Ursula-Falke-Terrassen gerahmt. Hier befindet sich auch der Anleger. Der Ausbau der Wasserwege macht seit Frühjahr 2013 die Barkassenanbindung von Wilhelmsburg in die Innenstadt möglich.   The lake at the Wilhelmsburg community centre, directly opposite the Wilhelmsburg town hall, is framed by the Ursula-Falke-Terrassen. The water intake is also here. From spring 2013, the extension of the waterways has made possible a through passage for launches from Wilhelmsburg to the city centre.

CHRISTOPHE GIROT

A First Step Towards the Elbe

The Meaning of Landscape Architecture for the Development of "Metrozones"

Werten, die nicht immer auf den ersten Blick zu erkennen sind. Ich erinnere mich noch an das Gesicht des kleinen afrikanischen Jungen in Wilhelmsburg, den seine Mutter vor dem Wilhelmsburger Rathaus bat, still auf einer Bank sitzend auf sie zu warten. Die Bank war von einem Wald von Brennnesseln umgeben, welche durch das städtische Grünflächenamt als ökologisch angemessene Pflanzen eingestuft waren. Das Kind, sommerlich in kurzen Hosen gekleidet, setzte sich artig hin – und verbrannte sich sofort an den Pflanzen. Und es war in der Tat sehr schwierig, dem weinenden Kind oder seiner Mutter zu erklären, welchen kulturellen Stellenwert eine solch unwirtliche Pflanze vor dem Wilhelmsburger Rathaus hätte. Seit ich diese Anekdote in einem Gespräch vor fünf Jahren erwähnte, sind die Brennnesseln und die Bank zugunsten einer neuen zum Wasser orientierten Landschaftsgestaltung für das erneuerte Wilhelmsburg Mitte entfernt worden.

Wilhelmsburg Mitte ist sicherlich die Hauptattraktion der „Metrozonen"-Projekte der IBA. Mit dem neuen Gebäude der Behörde für Stadtentwicklung und Umwelt und der neuen Architektur in seiner Umgebung, in der Straßen, Schienenverkehr und Wasserkanäle zusammenströmen, stellt Wilhelmsburg Mitte den architektonischen Schmelztiegel der IBA dar.

Stadtlandschaft und „Metrozonen"

Gegenüber dem neuen Verwaltungssitz der Behörde liegt der igs-Park. Die Architektur seiner Wasserflächen ist in ein Netz künstlich angelegter Kanäle integriert, die durch das IBA-Projekt „Wilhelmsburg zu Wasser" die umliegenden Stadtteile mit dem neuen Zentrum verbinden. Die realisierten Ergebnisse der abgestimmten Anstrengungen von IBA und igs, auf gemeinsame Ziele in Bezug auf Landschaft, öffentlicher Raum und Architektur in Wilhelmsburg Mitte hinzuarbeiten, können nun begutachtet werden. Vom ursprünglichen städtebaulichen Konzept über interdisziplinäre Workshops und die Einbeziehung weiterer Wettbewerbsteilnehmer, um die urbane Landschaft breiter und stärker integriert zu überdenken, wurden zahlreiche

Verbesserungen erreicht. Viele der Wilhelmsburger Kanäle wurden aus gegebenem Anlass gereinigt und dienen während der gesamten Ausstellungsperiode als alternative Kanurouten für Besucher.

Bedauerlich ist dagegen, dass das Projekt, die alte Wilhelmsburger Reichsstraße stillzulegen oder zumindest für die Dauer der Ausstellung zu sperren, politisch nie zu Ende gedacht wurde. Die IBA und igs wären ein guter Anlass gewesen, diesen Schritt zu wagen. Andere Städte waren im Hinblick auf das Schicksal überkommener Infrastrukturen mutiger und haben damit ihr städtisches Escheinungsbild und ihr Image stark aufgebessert. Beispiele wie die „Highline" in New York, die „Promenade plantée" in Paris oder das „Cheonggyecheon River Project" in Seoul sind zu weltweit herausragenden Beispielen dafür geworden, wie stillgelegte Infrastrukturen mit Gewinn in die Stadtlandschaft reintegriert werden können. Sie sprechen für sich und es ist wirklich schade, dass die IBA und die igs diese Chance verpasst haben. Die Argumente für die Erhal-

Die Bank in der Nähe des Rathauses Wilhelmsburg hatte 2007, bedingt durch den starken Brennnesselwuchs, nur zweifelhafte Verweilqualitäten. The overgrown stinging nettles made the bench close to the Wilhelmsburg town hall somewhat less inviting (2007).

In Wilhelmsburg bekommt das Thema *shared space* eine besondere Bedeutung. The issue of *shared space* takes on a special meaning in Wilhelmsburg.

The Leap across the Elbe

When the IBA Hamburg began seven years ago, and I was invited by Uli Hellweg to sit on the curatorial board, the symbol of a step over the River Elbe appeared the most optimistic and appropriate logo for the ambitious task at hand. It was personified by a small human figure, consisting of diagonal white stripes on a blue background, leaping across the page from left to right. Extending over the horizon, the figure seemed almost to fly. This was the most obvious way to express the prevailing need of the inhabitants of the Elbe island to build a much stronger bond over the river towards the districts of Hamburg to the north and Harburg to the south. For Wilhelmsburg, an underprivileged working-class district, subject in 1962 to the worst floods suffered by post-war Germany, the symbolism of this leap was manifold and encompassed a possible escape from the prevailing landscape.

The first and foremost concern of the IBA was, and remains to this day, the actual physical leap over the River Elbe. A symbolic bridge would have been perfect and an ethical counterweight to a rather ostentatious Elbe Philharmonie destined to become the city icon. A pre-war and post-war tangle of roads, bridges, dykes, dock, rail yards, container storage, and other infrastructure in and around the harbour created an enclave that hermetically separated (not to say ignored) the housing district of the Elbe island from the rest of Hamburg. The combination of the IBA with the igs (international garden show) was the ideal opportunity for landscape architects and urban designers to discuss alternatives to the physical isolation of Wilhelmsburg, and propose other bonds between island and city. As we shall see, some new and unexpected opportunities arose in this domain, more particularly along the river system itself, which greatly compensates for the more obvious synergies that unfortunately failed along the Wilhelmsburger Reichsstrasse.

Open Spaces for the "Cosmopolis"

But, for the IBA in Wilhelmsburg, the leap was not just a physical endeavour: it was also a leap of faith into a social and economic challenge that most large European cities face at the present time. Priority was given to new education programmes tailored to the numerous minorities and ethnic groups comprising the population of Wilhelmsburg. The Gateway to the World Educational Centre placed the accent on literacy and integration through better, more adapted education. This was an entirely new dimension for the IBA Hamburg, where a school was not just conceived of as some building, but rather as a "marketplace of knowledge", complete with programme and teachers. Its success in Wilhelmsburg may send ripples across the community in years to come as the younger generation of migrants find their way into society. Education is first and foremost about accepting the other, and understanding values that are not always so obvious at first glance. I still remember the face of this young African boy in Wilhelmsburg, who had been asked by his mother to sit quietly on a bench and wait for her outside the Town Hall. The bench was surrounded by a sea of stinging nettles, which were then considered ecologically appropriate plants by the parks and gardens service of the town. The child, dressed in shorts, sat down as asked but immediately started screaming because of the intensely burning sting. It was indeed quite difficult to explain to him, or his mother for that matter, the cultural context of such an unwelcoming plant in front of the Wilhelmsburg Town Hall. Since I mentioned this anecdote during a talk five years ago, the stinging nettles and the bench have been removed, making way for a new water-focussed landscape as part of the modernised Wilhelmsburg Central.

Wilhelmsburg Central is certainly the main feature of the so-called IBA Metrozones projects. It has become the architectural crucible of the IBA with the New Building of the State Ministry for Urban Development and the Environment and the new houses in its surroundings, where roads, railways, and canals converge.

tung der Wilhelmsburger Reichsstraße in ihrem jetzigen Zustand waren nicht nur schwach, sie waren falsch: Die Straße zu schließen, hätte einen positiven Wandel bewirkt und wäre ein Schritt in die richtige Richtung gewesen. Hoffen wir, dass die politische Klasse in Hamburg bald zu einer vernünftigeren Entscheidung kommen wird, die mehr im Einklang mit den wahren Werten unserer Zeit steht.

Die igs hätte enorm von der Schließung der Wilhelmsburger Reichsstraße profitiert. Selbst bei begrenzten Mitteln hätte die Schließung ähnliche Initiativen hervorbringen und Potenziale für weitere landschaftliche Umnutzungen aufgegebener Straßen aufzeigen können.

Es ist kaum anzuzweifeln, dass die igs ein Erfolg werden wird. Die mit Kunstfertigkeit und Liebe angelegten Gärten werden den Erwartungen an eine Internationale Gartenschau gerecht wer-

den – und dennoch: Die igs hat die Gelegenheit verschenkt, aus ihrem traditionellen Rahmen auszubrechen und sich im urbanen Kontext lebendig und unverwechselbar neu zu positionieren. Wenn andere Städte wie Paris, Berlin und London es sich leisten können, einige ihrer wichtigsten Straßen für besondere Veranstaltungen über Wochen oder Monate zu schließen, dann gibt es keinen Grund, warum Hamburg das nicht auch könnte, um IBA und igs ein solches gemeinschaftliches Projekt in Wilhelmsburg zu ermöglichen. In Zukunft wird die Landschaft in Gänze und in all ihrer Komplexität Teil der Stadt sein – und nicht nur in Form schmückender Gärten. Nur wenn wir als Architekten, Landschaftsarchitekten und Ingenieure zusammenarbeiten, können wir die Welt, in der wir leben, sichtbar verändern und die Lebensqualität in unseren Städten wirklich verbessern.

Die internationale gartenschau hamburg 2013 und die IBA Hamburg haben sowohl räumliche als auch stadtlandschaftsthematische Schnittmengen. Hier ein Blick aus der igs durch die „Welt der Häfen" in Richtung des Neubaus der Behörde für Stadtentwicklung und Umwelt.   The international garden show igs hamburg 2013 and the IBA Hamburg intersect not just spatially but also in terms of urban landscape issues. Seen here is a view from the igs through the "World of Harbours" towards the new State Ministry for Urban Development and Environment building.

Urban Landscape and Metrozones

The new administration building fronts the igs park. The park and its "water architecture" are integrated in a network of landscaped canals linking, through the "Wilhelmsburg Waterborne" IBA project , the surrounding neighbourhoods with the centre. Concerted efforts, divided between the IBA and the igs to work on common goals in matters of landscape, public space, and architecture in Wilhelmsburg Central, can now be seen developed. Many improvements were made, from the original urban concept through concerted workshops and by inviting competitors to rethink the urban landscape in a broader, more integrated way. Many of the Wilhelmsburg canals have been cleaned up for the occasion and will serve as alternative canoe routes for visitors throughout the exhibition period.

One only regrets that the project aiming to tear down the old Wilhelmsburger Reichsstrasse, or at least to shut it down for the duration of the exhibition, was a policy never carried out to its logical conclusion. The IBA and igs would have provided a perfect reason to do so. Other cities have been more courageous regarding the fate of existing infrastructures and have thus greatly improved their urban image and value all round. Examples such as the "Highline" in New York, the "Promenade Plantée" in Paris, or the "Cheonggyecheon River Project" in Seoul have become world-class examples of urban landscape projects based on disused infrastructures. They speak for themselves, and it is really a pity and a lost opportunity for the IBA and the igs. The arguments for the maintenance of the Wilhelmsburger Reichsstrasse as it is were not only weak, they were wrong. Closing it down would have made a real difference and been a step in the right direction. Let us hope that the political class in Hamburg will come around to a more sensible decision soon, more in tune with the true values of our time.

The igs could have benefited hugely from the discontinuation of the Reichstrasse. Even with limited means, it could have spawned initiatives and displayed other potential landscape uses on abandoned road strips. The igs will most certainly have a successful garden show and will fulfil its programme expectations with all the skill and joy that has been put into its gardens, but it has missed the rare opportunity to break away from its traditional enclave and make the igs concept original and more vibrant within the urban sphere. If other cities like Paris, Berlin, and London can afford to shut down some of their important roads for special events extending over weeks or months, there is no reason why the city of Hamburg cannot do so too and allow the IBA and igs to achieve this common goal in Wilhelmsburg. The landscape of the future will be one that belongs to the city in all its infrastructural complexity, not just the beautiful patch of garden. It is only by working together—architects, landscape architects, and engineers—that we can make a real palpable difference to the world we live in, and the improving quality of life in our towns.

Landscapes of Art and the Culture of Open Spaces

The "Cosmopolis" key theme of the IBA in Wilhelmsburg did not limit itself to educational goals, but also included an incredible mosaic of broader cultural and entrepreneurial aims. These ranged from the creation of public space for intercultural neighbourhoods, to a variety of "laboratories" for the arts and urban development. The message is that both individual and collective creativity can help shape the identity of a city. This in turn contributes to greater acceptance of a place, its particular landscape, and the talent that it attracts. Whether IBA will succeed in turning Wilhelmsburg into an alternative art scene for Hamburg remains open, but it has provided input and a strong voice to all sorts of talents in and around the different neighbourhoods of the island. Social equity comes first and foremost through recognition: of talent, of difference, and of appreciation. Some of the art installations have made major contributions in changing certain landscape aspects of Wilhelmsburg. A disused industrial courtyard becomes an ephemeral, colourful

Landschaften der Kunst und die Kultur der Freiräume

Das Leitthema „Kosmopolis" der IBA in Wilhelmsburg beschränkte sich nicht nur auf pädagogische Projekte, sondern umfasste darüber hinaus ein unglaubliches Mosaik aus kulturellen und unternehmerischen Zielen – von der Schaffung öffentlicher Räume für interkulturelle Nachbarschaften bis hin zu einer Reihe von „Laboren", die sich mit Kunst und Stadtentwicklung auseinandersetzen. Die Botschaft ist, dass sowohl individuelle als auch kollektive Kreativität dazu beitragen können, die Identität einer Stadt zu gestalten. Dies trägt wiederum zu einer größeren Akzeptanz eines Ortes bei, seiner besonderen Landschaft und der Talente, die er anzieht. Ob es der IBA gelingen wird, in Wilhelmsburg eine alternative Kunstszene anzusiedeln, bleibt offen. Sie hat allerdings einen Beitrag geleistet und den verschiedensten Talenten in und um die verschiedenen Quartiere der Insel eine starke Stimme gegeben. Soziale Gerechtigkeit entsteht in erster Linie durch Anerkennung: Anerkennung von Talent, von Unterschieden, von Wertschätzung. Einige der Kunstinstallationen haben stark dazu beigetragen, gewisse landschaftliche Aspekte Wilhelmsburgs zu verändern. Der Innenhof einer Industriebrache wird zu einem kunterbunten Spielplatz, der aus einem schönen Traum flüchtige Wirklichkeit werden lässt. Die Landschaft von Wilhelmsburg ist ein sich entwickelndes kulturelles Konstrukt, und es ist wichtig für die Menschen, die in den so genannten „kreativen Vierteln" arbeiten, zu spüren, dass sie die Hauptgestalter ihrer Umgebung sind.

Stadtlandschaft im Klimawandel

In Wilhelmsburg könnte man für einen Augenblick beinahe vergessen, dass der Meeresspiegel ansteigt, würden wir nicht durch den Tropensturm Sandy, der vor einiger Zeit entlang der Ostküste und in New York City verheerend gewütet hat, daran erinnert. Man könnte behaupten, dieser Sturm sei nur ein weiteres außergewöhnliches Ereignis gewesen. Tatsache ist aber, dass der Klimawandel schneller voranschreitet, als man glauben mag. Nur zu bald wird er das Antlitz unserer Küstenstädte verändern, ob wir es wollen oder nicht. Schon früh diskutierten wir das Thema Klimawandel im IBA-Kuratorium und verbanden dabei Fragen der Verringerung des CO_2-Ausstoßes mit solchen des steigenden Meeresspiegels. Ich bin froh, dass die „Stadt im Klimawandel" zu einem Leitthema dieser Ausstellung geworden ist. Kann es einen besseren Ort als die Elbinseln geben, um zu diskutieren, wie sich die Landschaft tiefgelegener Küstenregionen an den Klimawandel anpassen wird? Die IBA hat hierzu interdisziplinäre Kompetenzzentren geschaffen, die sich mit der Erforschung und Entwicklung von Lösungskonzepten auf den Gebieten der Energieversorgung und des Hochwasserschutzes befassen. Eines ist sicher: Die erarbeiteten Konzepte sind für viele vom Klimawandel

Kunst kann die individuelle sowie die kollektive Kreativität fördern und so die Akzeptanz eines Ortes, insbesondere der Landschaft stärken oder auch gesellschaftliche oder ökologische Themen zuspitzen: *Häuserspitze*, eine Kunstinstallation von Laura Sünner und Sabine Mohr im Wihelmsburger Mengepark im Rahmen des IBA Kunst und Kultur Sommers 2007. *Art is able to boost both individual and collective creativity, thus strengthening the acceptance of a place, particularly the landscape, or highlighting social or ecological issues: Häuserspitze (Rooftops), an art installation by Laura Sünner and Sabine Mohr in Wihelmsburg's Mengepark as part of the IBA Art and Culture Summer 2007.*

playground, transforming a joyful dream into a possible reality. The landscape of Wilhelmsburg is an evolving cultural construct, and it is important for the people working in the so-called "creative quarters" to feel like they are the main artistic influences on the environment.

Urban Landscape in Climate Change

One could forget for an instant that the sea levels are rising around Wilhelmsburg, if we were not reminded of the contrary by the tropical storm Sandy that struck the Eastern Seaboard in New York a in the autumn of 2012, causing devastating damage. One could argue that this storm was just another freak event, but the fact is that climate change is happening faster than one would like to believe and it is soon going to change the shape of our coastal cities whether we like it or not. The theme of climate change was discussed at an early stage of the IBA curatorial board, and we blended alternative low carbon energy issues with the theme of rising waters. I am glad that *Cities and Climate Change* has become a major theme of this exhibition. What better place than the Elbe island is there to discuss how the landscapes of low-lying coastal developments will adapt to change? The IBA has developed significant areas of competence in order to reach out and find better solutions in terms of energy and flood protection–across administrative boundaries and disciplinary territories. One thing is certain: the results that have been produced at the IBA are leading the way for many places where coastal landscapes are meant to change. The most emblematic projects are undoubtedly the Energy Bunker and Georgswerder Energy Hill. The Energy Bunker, disused since the war, will become an alternative biomass heating system for the entire Global Neighbourhood. The Energy Hill with its imposing wind turbine will become the emblem of the whole IBA. But there is a project, which has gone almost unnoticed because it is not particularly spectacular, that holds the promise of a future landscape revolution for the entire Hamburg estuary region. The Elbe Island Dyke Park pilot project, and more particularly the Kreetsand project, demonstrates how part of the Elbe island can flood naturally and allow the dykes to become an attraction. After the launch of the IBA's *Water Atlas* the floodwater problem became clear. The IBA decided to change scale by supporting the team that had worked on the *Water Atlas* to develop the much larger Binnendelta project. This refers to a plan of the Elbe estuary dating back to 1568, in which the river weaves a broad network of river arms through shifting sand islands across the estuary. The team of landscape architects that worked on this IBA project achieved ground-breaking synergies with the Hamburg Port Authority regarding how to implement much greater tidal areas within the greater Hamburg estuary. The goal was to reduce the peak tide level in Hamburg by almost 1 metre. Back in the sixteenth century the Binnendelta had low dykes and the city of Hamburg seldom flooded. Today the River Elbe has become relatively narrow, it is dredged, and held by dykes on either side; these have created a tidal time bomb.

With this broader landscape approach fostered by the IBA, the team of landscape architects addressed the design of the entire estuarine system, defining a set of coastal typologies. It has focussed attention on one of the prevailing Elbe island taboos: the right to shape and use dykes as public amenities. For the inhabitants of the Elbe island today, it is still difficult, not to say impossible, to visit and use the dykes as public space. Since the traumatic floods of 1962, which left many dead and homeless, the entire waterfront has been cordoned off with a higher Ring Dyke protected with barbed wire and fencing. Except for a few rare spots, the coastline of the island remains inaccessible. An island without a view is something of a contradiction, particularly in an IBA exhibition that claims to take a step over the River Elbe. Is it not only the lack of horizon, but rather the forced enclosure of the inhabitants that creates an oppressive climate? The pretexts of safety and fear should be openly questioned today and discussed in terms of alternative possibili-

gefährdete Küstengebiete wegweisend. Die bedeutendsten Projekte sind zweifellos der „Energiebunker" und der „Energieberg" in Georgswerder. Der seit dem Krieg ungenutzte Bunker wird zu einem Biomassekraftwerk umgebaut und könnte das gesamte „Weltquartier" der IBA versorgen. Der „Energieberg" mit seiner imposanten Windkraftanlage wird zum zukunftsweisenden Wahrzeichen der IBA werden.

Ein Projekt ist, weil an sich nicht besonders imposant, fast unbemerkt geblieben. Es verspricht indes eine Revolution für das Landschaftsbild der gesamten Hamburger Elbmündung. Das Pilotprojekt „Deichpark Elbinsel" und vor allem das „Kreetsand"-Projekt zeigen auf, wie natürlich überflutete Bereiche der Elbinsel aus den örtlichen Deichen eine landschaftliche Attraktion machen. Der *Wasseratlas* der IBA machte die Hochwasserproblematik deutlich. Die IBA bat das Team, das den *Wasseratlas* entwickelte, um Ausweitung seiner Analysen auf das gesamte Binnendeltaprojekt. Das Binnendeltaprojekt bezieht sich auf einen Plan der Elbmündung aus dem Jahr 1568, in welchem der Fluss ein breites Netz von Flussarmen bildet, das sich durch veränderliche Sandinseln im Mündungsgebiet schlängelt. Ein IBA-Projektteam aus Landschaftsarchitekten erarbeitete in enger Kooperation mit der Hamburg Port Authority (HPA) ein Konzept, um umfassendere Flutbereiche im Großraum der Hamburger Elbmündung umzusetzen. Ziel war es, den Spitzenflutpegel in Hamburg um fast einen Meter zu reduzieren. Im 16. Jahrhundert hatte das Binnendelta niedrige Deiche und die Stadt Hamburg wurde nur selten überflutet. Heute ist die Elbe relativ schmal; sie ist ausgebaggert, begradigt und auf beiden Seiten durch Deiche befestigt. So wurde eine Art tickende Gezeitenbombe geschaffen. Mithilfe dieses von der IBA geförderten Landschaftskonzepts entwickelte das Team den Entwurf für das gesamte Mündungsgebiet und definierte dabei eine Reihe von Küstentypologien. Der Entwurf fokussiert eines der vorherrschenden Tabus auf der Elbinsel: das Recht, die Deiche als öffentliche Bereiche zu definieren und zu nutzen. Für die Bewohner der Elbinsel ist es heute immer noch schwierig - um nicht

zu sagen unmöglich - die Deiche zu begehen. Seit den traumatischen Erlebnissen von 1962, als die Überschwemmungen viele Tote forderten und zahlreiche Menschen obdachlos machten, ist das gesamte Ufer mit einem höheren Ringdeich abgeriegelt und zusätzlich durch Stacheldraht und Zäune geschützt. Abgesehen von einigen wenigen Stellen bleiben die Uferbereiche der Insel nach wie vor unzugänglich. Eine Insel ohne Aussicht ist ein Widerspruch in sich, insbesondere im Rahmen einer IBA, die den Sprung über die Elbe thematisiert. Ist es vielleicht nicht so sehr der fehlende Horizont als vielmehr das Gefühl des Eingesperrtseins, das das bedrückende Klima hervorruft? Die Vorwände „Sicherheit" und „Angst" sollten heutzutage offen hinterfragt und zugunsten alternativer Optionen diskutiert werden. Ironischerweise kann Hochwasserschutz in der Zukunft nur durch eine selektive Toleranz für Überschwemmungen erreicht werden. Anders formuliert: Die Ermöglichung einer offeneren Erschließung des Ringdeichs mithilfe von IBA-Projekten wie dem „Kreetsand"-Pilotprojekt könnte sehr wohl der erste Schritt seit 50 Jahren hin zur Elbe sein. Dies wird ein Schritt ins Freie sein, mit all seinen Gefahren, Faszinationen und Erwartungen. Wenn dies dank der IBA um den gesamten Ringdeich herum geschähe, würde es den Bewohnern – mehr als jedes andere Projekt – ein immenses Gefühl der Befreiung vermitteln. Lassen wir gemeinsam diesen ersten Schritt in Richtung Elbe zu, dann kann der Rest später folgen.

Neben der Funktion des Hochwasserschutzes soll auch die Bedeutung der Deiche in den Landschaftsräumen wieder stärker in den Fokus rücken. Das Projekt „Deichpark Elbinsel" vereint den Sicherheitsanspruch mit neuen Möglichkeiten, die Insellandschaft zu erleben und sucht nach zukunftsweisenden Ideen für die wasserbezogene Stadtentwicklung. Die „Deichbude" ist ein Informations- und Ausstellungsort. Greater attention should be paid to the significance of dykes for the landscape spaces, in addition to their function for flood protection. The "Elbe Islands Dyke Park" project combines safety requirements with new opportunities for experiencing the island landscape and seeks future-oriented ideas for water-related urban development. The "Dyke Shack" is the information and exhibition centre.

ties. Ironically enough, flood protection in the future will be achieved only through a selective tolerance for flooding. In other words, providing more open access to the Ring Dyke of Elbe island, thanks to IBA projects like the Kreetsand pilot project, could very well become the very first step towards the Elbe to happen in the last fifty years. It will be a step involving a view to the outside with all its threats, fascination, and expectation. If this were to happen around the entire Ring Dyke thanks to the IBA, it would, more than any other project, convey an immense sense of liberation for the residents. Let us allow this first step towards the River Elbe to take place: the rest may follow later.

DIRK MEYHÖFER

Städtebau und Architektur der Metrozone: Wilhelmsburg Mitte

Neue Ideen für die Stadt-Landschaft

„Städte entstehen nicht von selbst", schreibt die Münchner Planerin und Professorin Sophie Wolfrum im Vorwort von *Multiple City*[1], „sondern werden von Menschen gemacht, Räume bilden gesellschaftliche Strukturen ab, sind Ausdruck zeittypischer Konditionen, Vorlieben und Maßgaben". Was dies für die große europäische Industrie- und Hafenstadt Hamburg jenseits von City und Ansichtskartenmotiven am Ende des industriellen und Beginn des postfossilen Zeitalters bedeuten kann, zeigt der Mikrokosmos der Elbinseln. Der „schwächelnde Patient" Wilhelmsburg kann das Leben wieder lebenswert finden und nach neuen Perspektiven suchen, wenn seine Leiden behandelt werden. Dieser wichtige Moment der Therapie ist überfällig. Es ist die gemeinsame Stunde der analysierenden Sozialarbeiter, moderierenden Stadtplaner, bauenden Ingenieure und künstlerischen Architekten gekommen, die Stunde eines urbanistisch agierenden „Ärzteteams", das sowohl allopathisch als auch homöopathisch vorgehen muss.

Der Fluch des spätmodernen Städtebaus und die Auswege aus dem Dilemma

Die allgemeine Ausgangslage war katastrophal: Vornehmlich funktionale Stadtplanungsmodelle der Spätmoderne hatten gänzlich versagt, Begriffe wie *Funktionstrennung, autogerechte Stadt* oder *Stadtlandschaft* hatten sich verselbstständigt oder jeglichen Sinn verloren. Die Widersprüche wuchsen und damit sank die Akzeptanz. Es gab zwar Operationswerkzeuge, ein therapeutischer Zusammenhang zwischen der Operation und der Krankheitsursache war aber nicht mehr erkennbar. Eine *Patchwork City* entstand als Abbild der entsprechenden gesellschaftlichen Verhältnisse. Theorie und Forschung brachten kaum kluge Analysen oder zukunftsweisende Konzepte hervor, stattdessen Schockstarre. Angelus Eisinger, bis Frühjahr 2013 Soziologe an der HCU im Studiengang „Kultur der Metropole", vermutet, dass die zackige Architektur der letzten Jahrzehnte dazu diene, von mangelnden Inhalten und Schwächen des Städtebaus abzulenken.[2] In Hamburg wird unter anderem die HafenCity mit ihrer Elbphilharmonie von Kritikern für ein solches kosmetisches Surrogat gehalten.

In Wilhelmsburg und auf den anderen Elbinseln kann die kosmetische Korrektur nicht das Thema sein. Die große Flutkatastrophe von 1962, in deren Folge Deiche brachen und viele Menschen starben, führte zur sozialen Schwächung des Stadtteils, man sprach schließlich (zu Recht) von einem „sozialen Brennpunkt". Spätestens seit der Jahrtausendwende steht fest, dass mit speziell zugeschnittenen Konzepten die vorhandene Sozialstruktur gestärkt werden muss, um neue Einwohnerschichten zum Zuzug auf die Elbinseln zu bewegen.[3] Die Schwerpunkte der IBA Hamburg 2013 lagen von Beginn an auf dem Gebiet einer integrierten und vernetzten Vorgehensweise – mit den drei Leitthemen der IBA: „Metrozonen", iKosmopolis" und „Klimawandel". In Band 4 dieser Schriftenreihe[4] begreift Uli Hellweg, Geschäftsführer der IBA Hamburg und einer ihrer theoretischen Vordenker, die „Metrozone" als Addition von „Metro"pole und Rand„zone". Sie ist eine Bezeichnung für all die

Wilhelmsburg Mitte bei Nacht: rechts im Bild der Neubau der Behörde für Stadtentwicklung und Umwelt, links die Wohnungsbauten der „Bauausstellung in der Bauausstellung" *Wilhelmsburg Central by night: to the right the new State Ministry for Urban Development and Environment building, to the left the residential blocks of the "Building Exhibition within the Building Exhibition"*

DIRK MEYHÖFER

The Urban Development and Architecture of the Metrozone: Wilhelmsburg Central

New Ideas for the Cityscape

"Schrottquartiere der Industrialisierung", die es zu revitalisieren gelte; es gehe dabei – und das ist vielleicht das wichtigste an dieser Definition – um exakt bestimmte, durch Verkehrsbänder (in Hamburg zum Beispiel Hafen und Elbe) abgegrenzte städtische Räume, die nicht wie *Urban Plankton* oder die „Zwischenstadt" zerfließen. Im selben Band erläutern Oliver Bormann und Michael Koch Unterschiede zwischen den Begriffen „Zwischenstadt" und „Metrozonen", ihre jeweiligen Veränderungen und die Zielstellungen.[5]

Die Frage, ob sich der Begriff „Metrozone" über die Fachöffentlichkeit hinaus etablieren wird oder nicht, ist weniger wichtig als die Tatsache, dass im kollektiven Gedächtnis eine Metrozone als veränderte Komposition unter optimalem Einsatz der vorhandenen Ressourcen haften bleibt – als Neuanfang auf einem *brownfield*,

also als notwendige Binnenentwicklung und *reset* eines Areals, das seine früheren Gewerbe- und Industrienutzungen verloren hat und auf eine entsprechende Konversion wartet. Wilhelmsburg und seine Mitte sind dementsprechend ein Prototyp der Metrozonentypologie. Richtungsweisend kann auch die Architektur dieser Metrozone werden – vor allem der Städtebau oder der städtische Ausdruck – eine fein komponierte Collage aus dem *Ist* und dem *Soll*, aus Bestand und Planung.

Urbane Architektur und architektonische Urbanistik

Wenn nun im Jahre 2013 die Welt zu Gast ist, um das Ergebnis zu betrachten, wird man die Mitte Wilhelmsburg als *Case Study* für Metrozonen-Architektur einer europäischen

Blick von Westen in Richtung S-Bahnhof auf die neugeschaffene städtebauliche Eingangssituation von Wilhelmsburg Mitte. Links im Bild: Der Neubau der Behörde für Stadtentwicklung und Umwelt, rechts Ärztehaus und Haus der InselAkademie

View from the west in the direction of the urban railway station at the newly created urban development entrance area for Wilhelmsburg Central. To the left: new State Ministry for Urban Development and Environment building, to the right the Medical Centre and the InselAkademie building

"Cities do not arise by themselves," writes the Munich planner and professor Sophie Wolfrum in the foreword to *Multiple City*,[1] "they are made by people; spaces depict social structures, are the expression of contemporary conditions, preferences, and stipulations." What this can mean, at the end of the industrial and the beginning of the post-fossil fuel ages, for the large industrial European port city of Hamburg beyond the city centre and the picture postcard motifs is illustrated by the microcosm that is the Elbe islands. The "sick man", Wilhelmsburg, is now finding life worth living again and is able to seek new prospects now that his ailments are being treated. This important moment of therapy is overdue. The time has come not just for the analytical social worker but also, for the moderating city planner, the building engineers, and the artistic architects, it is time for an urban-oriented "medical team," one with an allopathic as well as a homeopathic approach.

The Curse of Late Modern Urban Development and the Ways out of the Dilemma

The overall starting point was catastrophic: Late Modern urban planning models, primarily functional in nature, had failed entirely, terms such as *separation of function, car-friendly city*, or *urban landscape* had taken on a life of their own or had become completely meaningless. Contradictions were increasing and, consequently, acceptance was decreasing. There were surgical tools, but there was no longer any recognisable therapeutic link between the operation and the cause of illness. A patchwork city emerged as a depiction of the corresponding social conditions. Theory and research yielded few clever analyses or future-oriented concepts and produced shock reactions instead. Angelus Eisinger, sociologist with the "Culture of Metropoles" course at the HafenCity University until the spring of 2013, surmises that the jagged architecture of the last decades serves to distract from the lack of content and the weaknesses of urban development.[2] In Hamburg, critics consider the HafenCity, and with it

the Elbphilharmonie, for one, to be just such a cosmetic surrogate.

It is not about cosmetic correction in Wilhelmsburg and on the other Elbe islands. The great flood disaster of 1962, during which dykes broke and many people died, led to the area's social debilitation and the talk was ultimately of a "social flashpoint" (and rightly so). It is only since the turn of the millennium that the need to reinforce the existing social structure with tailor made concepts in order to encourage new classes of residents to move to the Elbe islands has become evident.[3] From the outset, the focus of the Internationale Bauaustellung (International Building Exhibition) IBA Hamburg 2013 was on an integrated and networked approach – with the three IBA themes: "Metrozones", "Cosmopolis", and "Cities and Climate Change". In Volume 4 of this series,[4] Uli Hellweg, managing director of the IBA Hamburg and one of its theoretical masterminds, sees the "metrozone" as the combination of "metro"pole and marginal "zone." It refers to all of "industrialisation's junk yards" that now need to be revitalised; it is about – and this is perhaps the most important aspect of this definition – precisely determined urban spaces demarcated by transport routes (in Hamburg the port and the Elbe, for instance), instead of diffusing like urban plankton or the "transurban". In the same volume, Oliver Bormann and Michael Koch illustrate differences between the terms "transurban" and "metrozones", their respective changes and objectives.[5]

The question of whether or not the term "metrozone" will become established outside the specialist public is less important than the fact that, in collective memory, a metrozone adheres as a changed composition making optimal use of existing resources – as a new start on a brownfield site, meaning a necessary inner development and the reset of an area that has lost its earlier commercial and industrial use and is awaiting a corresponding conversion. Accordingly, Wilhelmsburg and its new centre are a prototype of the metrozone typology. The architecture of this metrozone can also be fashionable – particularly in urban development

Hafenstadtmetropole betrachten können. Unter anderem ist hier der industrielle Strukturwandel noch lange nicht abgeschlossen: Der Hafen wächst weiter, auch auf den Elbinseln! Die Hafengebiete nehmen auf den Elbinseln einen signifikanten Anteil der Flächen ein, sodass der Hafen als sakrosankt geltender Motor der Hamburger Wirtschaft gerade hier alle anderen Siedlungsentwicklungen beeinflusst. Den Hafenbetrieb dort, wo er andere Aktivitäten wie Wohnen und Freizeit auf den Elbinseln beeinträchtigt, zu neutralisieren und Flächen, die er nicht mehr benötigt, zu integrieren – das sind wichtige Aufgaben der IBA Hamburg. Mit dem Fall des Zollzaunes im Januar 2013 wurde dafür bereits ein Zeichen gesetzt; die Wilhelmsburger haben nun eine Art Aussichtsboulevard auf den Hafen (siehe auch S. 148ff.) bekommen. Die jahrelange Diskussion um eine neue „Hafenquerspange" für den Wirtschaftsstraßenverkehr, die mitten durch Wilhelmsburg führt, hat durch die IBA Hamburg ebenfalls neue Qualität bekommen: Jetzt werden Alternativen diskutiert.

Eine große Chance für die Neuordnung zentraler Bereiche von Wilhelmsburg besteht, wenn die vierspurige Wilhelmsburger Reichsstraße parallel zur Nord-Süd-Hauptlinie der Bahn verlegt wird. Das bringt nicht nur die Bündelung und Verminderung von Lärm- und anderen Emissionen mit sich, auch als „Türöffner" für eine großräumige park- und landschaftsbezogene Stadtplanung eignet es sich. Es werden dann nämlich zusätzlich neue Freiräume für die Wilhelmsburger Mitte zur Verfügung stehen, die mit den vorhandenen Quartieren verzahnt werden können.

In den bestehenden Wohn- bzw. Siedlungsgebieten von Wilhelmsburg spiegeln sich die Entwicklungsschübe und auch der städtische Ausdruck Nord-Hamburgs wider. Diese Quartiere sind allerdings weniger gepflegt worden als andere und wirken entsprechend desolat. Doch sie alle prägen und bestimmen die neue Metrozonenarchitektur, weil sie den *void*, also die noch leeren oder leer geräumten Flächen determinieren. Das Reiherstiegviertel aus dem frühen 20. Jahrhundert (es lässt sich durchaus mit Ottensen

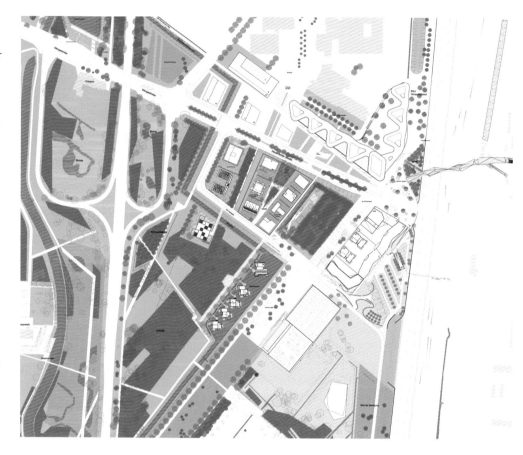

oder Eimsbüttel vergleichen) ist das Herz des Siedlungskerns Wilhelmsburg und wird wieder hergerichtet. Nördlich der Mitte entsteht ein neues Korallusviertel. Trotz stark befahrener Bahntrassen wird es mithilfe von innovativem Lärmschutz Wohn- und Aufenthaltsqualitäten erreichen können, die einem nachhaltigen Großstadtquartier des 21. Jahrhunderts genügen. Im Osten, jenseits der Bahn, liegt das Bahnhofsviertel mit dem Charme und der Körnung der 1970er Jahre – es wird grundlegend saniert und mit einem neu strukturierten Einzelhandel wird die Nahversorgung der Mitte sichergestellt. Es folgt die Großsiedlung Kirchdorf Süd (vergleichbar mit Mümmelmannsberg oder dem Osdorfer Born nördlich der Elbe), die ebenfalls integriert werden muss. Um beide Gebiete entsprechend einzubinden, werden elegante Fußgängerbrücken vom neuen signalgrünen S-Bahnhof Wilhelmsburg die Besucher zur Neuen Mitte leiten und zu dem Haupteingang der igs 2013 und ihren 80 Gärten führen.

Grundlage der Planungen für Wilhelmsburg Mitte ist der Masterplan. Gewinner des Wettbewerbs war Jo Coenen & Co. Architects, Maastricht, Niederlande zusammen mit agence ter Landschaftsarchitekten, Karlsruhe. Die Realisierung lag bei Rolo Fütterer, Metropolitan Architecture Research Studio, Esch-Sur-Alzette, Luxemburg zusammen mit agence ter Landschaftsarchitekten, Karlsruhe.   The master plan forms the basis of the Wilhelmsburg Central planning. The competition winner was Jo Coenen & Co. Architects (Maastricht, Netherlands), with agence ter Landschaftsarchitekten (Karlsruhe). It was built by Rolo Fütterer, Metropolitan Architecture Research Studio (Esch-Sur-Alzette, Luxembourg), with agence ter Landschaftsarchitekten.

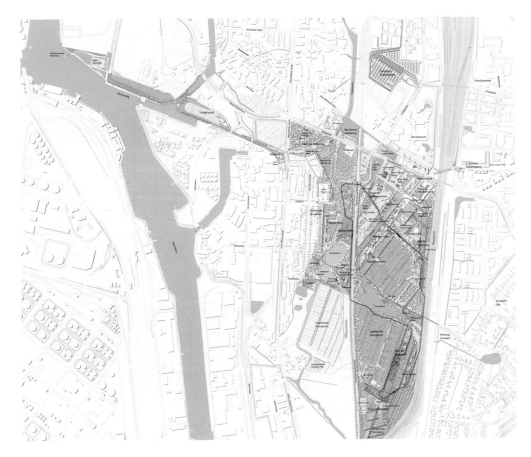

Landschaftsplanerischer Entwurf der internationalen gartenschau hamburg 2013 des Architekturbüros RMP Stephan Lenzen Landschaftsarchitekten, Bonn, Hamburg   The landscape planning design for the international garden show igs hamburg 2013 by RMP Stephan Lenzen Landschaftsarchitekten (Bonn, Hamburg)

or urban expression – a finely composed collage of the *actual* and the *intended*, of building stock and planning.

Urban Architecture and Architectural Urbanistics

With the world arriving to view the results in 2013, we will be able to see the new Wilhelmsburg Central as a case study for the metrozone architecture of a major European port city. For one thing, industrial structural change is far from complete here: the port continues to grow, even on the Elbe islands! The harbour areas account for a significant proportion of the land on the Elbe islands, such that the harbour as the sacrosanct motor behind the Hamburg economy influences all other settlement developments here in particular. Neutralising the harbour operations where they impair other activities on the Elbe islands, such as living and leisure, and integrating the areas no longer

required for the harbour – these are the most important tasks of the IBA Hamburg. This was already signalled by the dismantling of the customs fence in 2012; the Wilhelmsburg residents have now gained a kind of scenic boulevard overlooking the harbour (see also pp. 148 ff.). The longstanding discussion surrounding a new "harbour link" for commercial road traffic, running right through the middle of Wilhelmsburg, has also taken on a new dimension through the IBA Hamburg: alternatives are now being discussed.

The relocation of the Wilhelmsburg Reichsstrasse dual carriageway to run parallel to the main North-South railway line will present a major opportunity for reorganising central Wilhelmsburg. Not only will this channelise and reduce noise and other emissions, it will also be a suitable "door-opener" for spacious park- and landscape-oriented urban planning. Additional new open spaces will thus become available for the new centre of Wilhelmsburg that can then be dovetailed with the existing neighbourhoods. Developmental thrusts and also north Hamburg urban expression are reflected in Wilhelmsburg's existing residential areas. These neighbourhoods have been less well maintained than others, though, and make a correspondingly desolate impact. Yet they all characterise and define the new metrozone architecture because they determine the void, the still empty or cleared sites. The Reiherstieg district, dating from the early twentieth century (indeed, comparable to Ottensen or Eimsbüttel), is the heart of Wilhelmsburg's residential nucleus and is being renovated. A new neighbourhood, the Korallus district, is being developed to the north of Wilhelmsburg Central. Despite heavy rail traffic, with the help of innovative noise protection it will be able to achieve a quality of living and leisure worthy of a sustainable, twenty-first-century city neighbourhood. To the east, beyond the railway, is the railway station district with all the charm and grit of the 1970s – it is being completely refurbished and the local Wilhelmsburg Central infrastructure assured through restructured retail facilities. Then comes the large Kirchdorf-Süd housing area

Lösung und Masterplan: grünes Adersystem, Pflänzchen und Beete

Wilhelmsburg Mitte ist mit den Bauwerken der „Bauausstellung in der Bauausstellung" also zum zentralen Vernetzungselement im räumlichen Spiel mit den älteren Quartieren geworden. Obwohl hier in vergleichsweise hoher Verdichtung hybride Nutzungsmöglichkeiten entstehen,[6] was auch kennzeichnend für eine Citybebauung ist, kann von einer City und ihrer entsprechenden Bebauungslogik nicht die Rede sein. Wilhelmsburg ist allen genannten Kriterien nach eine revitalisierte Metrozone. Wie die Aufgabe der Revitalisierung in einem angemessenen räumlichen Layout von der IBA Hamburg organisiert und schon im ersten Workshopverfahren angenommen wurde, zeigte 2008 der Siegerentwurf von Jo Coenen & Co und Agence Ter: Am Masterplan der igs 2013 orientiert,

wird in einer Collage aus Bebauung, Frei- und Wasserflächen der Raum der Mitte nach einem dynamischen Strahlenmuster neu geordnet. Von zentraler Bedeutung ist dabei die Verlegung der Wilhelmsburger Reichsstraße, wodurch ein „linearer Park" von der Norder- zur Süderelbe entsteht.[7] Ebenso relevant sind andere Entscheidungen für die Landschaftspflege, zum Beispiel für den Park der igs 2013 und die Revitalisierungen im nördlichen Spreehafen.[8] Rolo Fütterer, der aus dem Entwurf einen Masterplan entwickelt hat, spricht von „einem grünen Adersystem, welches Vorhandenes vernetzt und Gebiete aus ihrer Isolation befreit".[9] Auch die Architektur – diese Ergänzung sei erlaubt – gleicht hier zarten Pflänzchen, die in entsprechend vorbereitete Beete zu setzen und zu pflegen sind! Der Beitrag des Masterplans zum Diskurs wird deutlich: *Parkstadt* und *Blockrand* werden in einem verflochtenen Layout kombiniert und

Schwungvoll, farbig, nachhaltig und eine moderne Arbeitswelt. Die Behörde für Stadtentwicklung und Umwelt zieht im Frühjahr 2013 mit ihren ca. 1400 Mitarbeitern von der Hamburger Innenstadt nach Wilhelmsburg. Architektur: ARGE Sauerbruch Hutton Generalplanungsgesellschaft mbH und INNIUS RR GmbH, Berlin Dynamic, colourful, sustainable, and a modern working environment. In summer 2013 the State Ministry for Urban Development and Environment with its about 1,400 staff members will be moving from the centre of Hamburg to Wilhelmsburg. Architects: ARGE Sauerbruch Hutton Generalplanungsgesellschaft mbH (Berlin) and INNIUS RR GmbH (Rosbach)

Willkommen in Wilhelmsburg. Die großzügige Muharrem-Acar-Brücke am neuen S-Bahnhof (Entwurf: Gössler Kinz Kreienbaum Architekten, Hamburg) verbindet das Einzelhandelszentrum Berta-Kröger-Platz mit Wilhelmsburg Mitte. Welcome to Wilhelmsburg. The spacious Muharrem Acar Bridge at the new urban railway station (designed by Gössler Kinz Kreienbaum Architekten, Hamburg) links the Berta-Kröger-Platz retail centre with Wilhelmsburg Central.

(comparable to Mümmelmannsberg or Osdorfer Born north of the Elbe), which also needs to be integrated. In order to amalgamate both areas appropriately, elegant pedestrian bridges are to take visitors from the new green-signal "S-Bahnhof Wilhelmsburg" ("Wilhelmsburg urban railway station") to the new centre of Wilhelmsburg and to the main entrance of the international garden show (igs) and its 80 gardens.

Solution and Master Plan: Green Vascular System, Plants, and Flowerbeds

With the structures composing the "Building Exhibition within the Building Exhibition", Wilhelmsburg Central has become the central networking element in the game of space with the older neighbourhoods. Although hybrid usage opportunities arise here at a comparatively higher density,[6] this also being characteristic of a city development, there can be no talk of a city and the corresponding development logic. According to all of the criteria mentioned, Wilhelmsburg is a revitalised metrozone. How the task of revitalisation was organised in an appropriate spatial layout by the IBA Hamburg

and promptly adopted in the first workshop proceedings was illustrated in 2008 by the winning design from Jo Coenen & Co and Agence Ter: based on the igs master plan, the space making up the centre is rearranged as a collage comprising developments as well as open and water spaces in a dynamic radial pattern. The relocation of Wilhelmsburger Reichsstrasse plays a key role, allowing the emergence of a "linear park" from the North Elbe to the South Elbe.[7] Of equal relevance are other decisions, relating to landscape maintenance for the igs Park, for instance, and the revitalisation work on the northern Spreehafen.[8] Rolo Fütterer, who has developed the design into a master plan, talks of "a green vascular system, networking what already exists and liberating areas from their isolation".[9] The architecture here – I might add – also resembles delicate plants that need to be set in appropriately prepared beds and cared for!

The master plan's contribution to the debate is clear: *urban parks* and *city blocks* are combined in an interwoven layout and supplemented by the igs gardens and/or their subsequent uses. This is to be seen as a modern variation of the twentieth century's public park movement.[10] It is in this way that the symbioses and synergies aspired to by the IBA Hamburg and the igs are to be achieved.

The First View from the Train: Wilhelmsburg Reinvented

Guests arriving from the south see a new Hamburg setting. That's when they suddenly realise that Hamburg begins long before the North Elbe bridges: Harburg, Harburg upriver port, and the South Elbe bridges are theatrically aligned with one another and form the entrance to the Elbe islands. This is how the new image of Wilhelmsburg reveals itself right from the first glance out of the window (please sit on the left when arriving by rail).

During the igs Hamburg 2013 and the IBA Hamburg Presentation Year 2013, the usual event accessories such as a sea of flags and mega-banners will still distract from what will later be

durch die Gärten der igs bzw. deren Nachnutzung ergänzt. Das ist als eine moderne Variante der Volksparkbewegung aus dem 20. Jahrhundert zu begreifen.[10] Auf diese Weise werden die angestrebten Symbiosen und Synergien der IBA Hamburg und der igs erreicht.

Der erste Blick aus der Bahn: Wilhelmsburg stellt sich neu auf

Bei der Anreise von Süden sehen Gäste eine neue Hamburg-Inszenierung. Dann verstehen sie plötzlich, dass Hamburg weit vor den Norderelbbrücken beginnt: Harburg, der Harburger Binnenhafen und die Süderelbbrücken sind dramaturgisch aufeinander abgestimmt und bilden das Entree der Elbinseln. Auf diese Weise erschließt sich einem schon beim ersten Blick aus dem Fenster (bei Anreise mit der Bahn bitte links sitzen) das neue Bild von Wilhelmsburg.

Während der igs 2013 und des Präsentationsjahres der IBA Hamburg 2013 werden übliche Eventaccessoires wie Fahnenmeere und Megatransparente noch von dem ablenken, was später frei sichtbar sein wird: Die bis vor wenigen Jahren stigmatisierte Stadtlandschaft zeigt dann endlich architektonisch Flagge. Wer neuere architekturgeschichtliche Zusammenhänge der Bundesrepublik kennt, weiß, dass vor etwa fünf, sechs Jahren in einer noch stärker geschundenen Metrozonenlandschaft in der Industrie-, Bauhaus- und Ex-DDR-Stadt Dessau ein bunt gestreifter „Vogel" als Heimat des Bundesumweltamtes allen Zugreisenden zwischen Leipzig und Berlin zeigte: Hier ist ein Neuanfang! Nun wurde von denselben Architekten in ähnlicher Signifikanz das Hauptquartier der Behörde entworfen, die Stadtentwicklung und Umwelt im Namen trägt. Mehr Zeichen geht nicht.

Die BSU könnte der Anker einer neuen Urbanität werden, viele neue Besucher und Mitarbeiter werden die Entwicklung Wilhelmsburgs voranbringen; und auch wenn viele Bürger eine beschleunigte Gentrifizierung befürchten, so ist doch die Verdrängung von Bewohnern dank der fürsorglichen Arbeit der IBA Hamburg unwahrscheinlich.

Das größte Hochbauprojekt der IBA Hamburg entsteht auf einem 23.200 Quadratmeter großen Grundstück. Unter seinem Dach wird Raum für über 1300 Arbeitsplätze sein. Blickfang entlang des an der Neufelder Straße gelegenen, etwa 200 Meter langen Gebäudes wird ein über 45 Meter hoher Turm sein (Architekten: ARGE Sauerbruch Hutton Generalplanungsgesellschaft mbH und INNIUS RR GmbH, Planung: Obermeyer Planen + Beraten GmbH, Hamburg). Wenn dieser Neubau den etablierten Pol der Büro- und Gewerbenutzungen bildet, dann ist der „Welt-Gewerbehof" sein Gegenpol. Dieser liegt in der Nachbarschaft des „Weltquartiers" und wird mit flexiblen Moduleinheiten im Stil einer Garagenhof-Architektur funktional und städtebaulich aufgewertet werden, damit eine nachhaltige Sicherung und Weiterentwicklung der kleinteiligen ökonomischen Einheiten gewährleistet ist.

Welche Architektursprachen für die Metrozone? Nachhaltig? Allegorisch? Oder doch lieber funktional?

Jede Internationale Bauausstellung birgt ein ihr inhärentes Risiko: Sie muss am Ende zu besichtigen sein, auch wenn die Ausstellungsgegenstän-

Das Hybrid House „igs Zentrum" nimmt zur Zeit die igs-Verwaltung und Ausstellungsflächen sowie eine Kanzlei auf. Das hybride Konzept des Gebäudes bietet nach 2013 vielfältige Möglichkeiten einer gemischten Nachnutzung von Wohnen und Arbeiten. Entwurf: Nägeliarchitekten, Berlin   The Hybrid House "igs Centre" currently accommodates the international garden show igs administrative and exhibition premises as well as solicitors' offices. The building's hybrid concept offers diverse opportunities for subsequent mixed living and working usage after 2013. Design: Nägeliarchitekten (Berlin)

Ein hybrides Gebäude in vielerlei Hinsicht: Die Inselparkhalle beherbergt 2013 neben der neuen Schwimmhalle auch die Halle für die wechselnden Blumenschauen der igs. Ab 2014 soll die Halle im Rahmen des Projektes InselAkademie der Integrationsarbeit mit Jugendlichen Raum bieten, indem sie zu einer Dreifeldsporthalle und bis 2017 zu einer bundesligatauglichen Basketballhalle umgebaut wird. Architektur: Allmann Sattler Wappner, München   A hybrid building in a number of respects: in addition to the new indoor swimming pool, Island Park Hall is also housing a series of international garden show igs flower exhibitions in 2013. As of 2014 the hall is to provide space for integration work with young people as part of the InselAkademie project, by 2017 incorporating a federal league basketball hall in addition to a triple sports hall. Architects: Allmann Sattler Wappner (Munich)

freely visible: the urban landscape, stigmatised until just a few years ago, will finally nail its architectural colours to the mast. Anyone familiar with more recent architectural history in the Federal Republic of Germany knows that, five, six years ago, in an even more severely maltreated metrozone landscape in the former GDR industrial town of Dessau, home to Bauhaus, a colourful "presence" housing the Federal Environment Agency demonstrated to all rail passengers travelling between Leipzig and Berlin: here is a new start! Now, the same architects, in a project of similar significance, have designed the new building of the State Ministry of Urban Development and Environment (Behörde für Stadtentwicklung und Umwelt) BSU. There could not be a stronger signal.

The BSU could become the anchor of a new urbanity, the many new visitors and employees will further Wilhelmsburg's development; and even though many citizens fear accelerated gentrification, the careful work done by the IBA Hamburg makes the displacement of residents unlikely. This, the IBA Hamburg's largest construction project, is being developed on a piece of land 23,200 square metres in size. It will house more than 1000 jobs beneath its roof. The eye-catching feature of the roughly 200-metre-long building situated on the Neufelder Strasse will be a tower more than 45 metres high (architects: ARGE Sauerbruch Hutton Generalplanungsgesellschaft GmbH and INNIUS RR GmbH, planning: Obermeyer Planen + Beraten GmbH, Hamburg). Once this new structure forms the established pole of the office and commercial sites, the "Global Commercial Park" will form the opposite pole. This is located within the "Global Neighbourhood" and is to undergo a

de (noch) nicht komplett fertiggestellt worden sind. Möglicherweise erscheinen sie auch weniger „künstlerisch" oder „architektonisch" wertvoll, als es sich für Exponate gehört. Genau diese Überzeichnung des Architekturbildes ist obsolet, es gilt, sie zu überwinden. Man muss Architektur neu bewerten und wieder auf den Adressaten beziehen. Wir bauen unsere Städte für die Bewohner und nicht für Planer und Architekten. Die dOCUMENTA 13, von den Dogmatikern abgetan wie eine alte Tante, zeigte noch einmal ihr ganzes Können und ihre Schönheit und wurde ein gigantischer Publikumserfolg. Beide, dOCUMENTA 13 und IBA Hamburg 2013, stehen jeweils in der Tradition ihrer Vorgängerveranstaltungen, aber sie dürfen und müssen sich den Problemen und Aufgaben ihrer Zeit stellen. Und noch etwas könnte sich heute verändert haben: Städte werden von Menschen gemacht,

aber ihr Bild wird nicht mehr allein von Architekten entworfen. Berufsbilder verschlanken und erweitern sich. Stadtplaner treten als Regisseure urbaner Events auf, Landschaftsarchitekten und Freiraumplaner bilden die eigentliche Klammer im Stadtentwicklungsgeschäft.[11] Die Internationale Bauausstellung Hamburg 2013 begreift sich erfolgreich als eine entsprechende Versuchsanleitung bei solchen Prozessen. Die architektonisch-städtebaulichen Leistungen der IBA Hamburg sind jedoch weder bei Drucklegung dieses Buches noch im Präsentationsjahr 2013 fair zu bewerten. Städte müssen ihren architektonischen Ausdruck über Jahre entfalten können. Prae festum wird aber durchaus schon spürbar, was eine Metrozonenarchitektur (im Falle Wilhelmsburg) sein könnte: Sie beschäftigt sich mit den drei genannten Leitthemen der IBA Hamburg. Die IBA Hamburg hat in vielen

Starkes Vis á Vis zur Behörde für Stadtentwicklung und Umwelt: Nach den Plänen von BOLLES+WILSON, Münster entstand am Eingang der internationalen gartenschau hamburg 2013 der Eingangskomplex mit integriertem Ärztehaus, Seniorenzentrum, Apotheke etc. A strong counterpart to the State Ministry for Urban Development and Environment: designed by BOLLES+WILSON (Münster), the entrance complex with its integrated Medical Centre, Senior Citizens' Centre, pharmacy, etc. was built at the entrance to the international garden show igs hamburg 2013.

Die Fassade des „Wälderhauses" aus Lärchenholz bildet einen imposanten Blickfang im Blockrand. Das Multifunktionsgebäude der Schutzgemeinschaft Deutscher Wald (SDW) Landesverband Hamburg, widmet sich ganz dem Thema „Wald". Neben dem Science Center Wald ist es auch Tagungsort, Restaurant und Hotel. Entwurf: Studio Andreas Heller Architects & Designers, Hamburg   The "Wälderhaus" (Forest House) has a façade of larch wood that is an eye-catching feature on the edge of the block. The multifunctional building, belonging to the Hamburg branch of the German Forest Conservation Society (SDW), is entirely dedicated to the "forest" theme. In addition to the Forest Science Centre it also houses meeting facilities, a restaurant, and a hotel. Design: Studio Andreas Heller Architects & Designers (Hamburg)

functional and an urban design upgrade with flexible modular units in the style of garage forecourt architecture so as to ensure the sustainable retention and further development of small-scale economic units.

What Is to Be the Architectural Language of the Metrozone? Sustainable? Allegorical? Or Functional, rather?

Every international building exhibition carries with it an inherent risk: it has, finally, to be open to viewing, even if the objects on display are not (yet) completely finished. It is also possible that their "artistic" or "architectural" worth might appear to be less than that appropriate for exhibits. It is precisely this oversubscription of the architectural image that is obsolete and needs to be done away with. Architecture should be reassessed and made to relate to its addressees again. We build our cities for the residents and not for planners and architects. The dOCUMENTA 13 exhibition, dismissed by dogmatists as an old lady, again displayed its ability and beauty to the full and was a huge success with the public. Both the dOCUMENTA 13 and the IBA Hamburg

2013 follow in the tradition of their previous shows but they may and must deal with the problems and tasks of their times.

And there is something else that might now have changed: cities are made by people, but city images are no longer being designed by architects alone. The building profession is streamlining and developing. Urban planners appear as the directors of urban events, landscape architects and spatial planners are in fact the clamps within the business of urban development.[11] The IBA Hamburg 2013 rightfully sees itself as a correspondingly experimental approach in such processes.

However, the architectural and urban design achievements of the IBA Hamburg cannot be fairly assessed either at the time of printing of this book nor in the Presentation Year 2013. Cities have to be able to develop their architectural expression over a matter of years. It will be evident beforehand, though, what metrozone architecture (in the case of Wilhelmsburg) can be: it deals with the IBA Hamburg's three themes, as mentioned. The IBA Hamburg commissioned the design of the "Case Study Houses" during the course of a great many competitions and in dialogue with investors and project developers, all this, due to climate change, from the perspective of taking sustainability and energy design into consideration for construction and materials. The "WaterHouses" and the "Smart Material Houses" were the result.[12]

If you want to put in a nutshell the architectural spirit of the metrozone that is Wilhelmsburg Central, then the igs Centre (Nägeliarchitekten, Berlin) is a suitable example. Its current use is as a mixture of administrative and exhibition building; it is simple and its energy arrangements are sound reasoning. A greened-over base states that something sustainable is growing out of the ground here; the façade panels above it have an unusual shape and are made from energy-saving material; and the wheelchair ramp clearly signals absolute accessibility in a social environment. The charm of the 1970s dominates the interior, though – *no design*. Why not?

In their perfect form, the neighbouring hall for exhibitions, sports, and swimming

Wettbewerben und im Dialog mit Investoren und Projektentwicklern die *Case Study Houses* entwerfen lassen, und zwar unter dem Gesichtspunkt, bei Bau und Materialien Nachhaltigkeit und Energievernunft aufgrund des Klimawandels zu berücksichtigen. So sind die „WaterHouses" oder „Smart Material Houses" entstanden.[12] Wenn man den architektonischen Geist der Metrozone der Mitte Wilhelmsburg auf den Punkt bringen möchte: Als Beispiel eignet sich das igs-Zentrum (Nägeliarchitekten, Berlin). In der derzeitigen Nutzung eine Mischung aus Verwaltungs- und Ausstellungshaus, ist es schlicht und energetisch vernünftig konstruiert. Ein begrünter Sockel signalisiert: Hier wächst etwas nachhaltig aus der Erde, Fassadenpaneele darüber sind ungewöhnlich geschnitten und aus energiesparendem Material, die Rollstuhlfahrerrampe ist ein deutliches Signal für unbedingte Barrierefreiheit in einer sozialen Umwelt. Innen herrscht aber der Charme der 1970er Jahre vor – *no design*. Warum nicht?

Die benachbarten Hallen, Ausstellungs-, Sport- und Schwimmhalle „Inselparkhalle" (Allmann Sattler Wappner Architekten GmbH, München), zeigen in ihrer perfekten Form, dass hier keine architektonischen Mätzchen gefragt sind. Schlichte Containerarchitektur passt zum Entwicklungskonzept, das „Sport-Park" heißt.

Die Antwort auf eine weitere Frage steht aus: Soll Metrozonenarchitektur eine allegorische oder erzählerische Ebene besitzen? Wenn ja, welche? Das „Wälderhaus" zum Beispiel trägt ein entsprechendes Holzlattenkleid (für Ausstellungen, Hotel und Büros; Architektur: Andreas Heller GmbH Architects & Designers, Hamburg) und wirkt wie ein riesiger Baumstumpf auf einer weiten Lichtung. Stadt war immer bunt und vielfältig, warum nicht auch Holzbau in der Stadt, wenn er so gut ist, dass der entsprechende Holzbaupreis „schon unterwegs" ist? Ähnliches gilt für den Woodcube (Realisierung: PP GmbH, Hamburg). Dieses „No fossil energy house" hat ausschließlich tragende Wände, Decken und Böden aus massivem Vollholz und gehört auch zu den Häusern mit geringem Energieverbrauch.[13] Was ist nun eine Architektur, die einer Metrozone, zum Beispiel in Wilhelmsburg, gerecht wird?

Weit mehr als ein architektonisches Idiom, heißt meine Antwort. Sie umfasst neue hybride Nutzungsmöglichkeiten, achtet auf Wirtschaftlichkeit, Freirauminszenierung, demografischen Wandel und auf die Menschen, die dort leben (wollen)! Sie soll eben von vielen Menschen gemacht und getragen werden. Als Mitglied der Quartiers- und Stadtteilfamilie der Hamburger Stadtlandschaft nimmt Wilhelmsburg (auf den Inseln) außerdem das Große im Kleinen auf, soll dabei ein individueller Stadtteil bleiben, dessen Städtebau und Architekturen subjektiv für die Bewohner erlebbar sind. Der Anspruch, in Hamburg und der Welt von der IBA zu lernen, besteht außerdem. Zuviel gewollt? In jedem Fall sehr viel gearbeitet und experimentiert.

Anmerkungen

1 Sophie Wolfrum / Winfried Nerdinger (Hg.) in Zusammenarbeit mit Susanne Schaubeck: *Multiple City*. Berlin 2008. In diesem Katalog zur gleichnamigen Ausstellung im Münchner Architekturmuseum wurde der Urbanismus zu Beginn des 21. Jahrhunderts analysiert und illustriert.

2 Vgl. Angelus Eisinger / Jörg Seifert (Hg.): *Urban Reset: Freilegen immanenter Potenziale städtischer Räume*. Basel 2011.

3 „Soziale Brennpunkte" ist die Umschreibung für Krisengebiete der Hamburger Stadtentwicklung; im internationalen Vergleich ist dies eher ein Luxusproblem (Anm. d. Verf.).

4 Vgl. Uli Hellweg: „Metrozonen – auf der anderen Seite der Stadt". In: IBA Hamburg GmbH (Hg.): *Metropole: Metrozonen*. Berlin 2010 (S.8ff.).

5 Vgl. Oliver Bormann / Michael Koch: „Von der Zwischenzone bis zur Metrozone". In: IBA Hamburg GmbH (Hg.): *Metropole: Metrozonen*. Berlin 2010 (S.46-53).

6 Der Begriff „Hybrid", der aus der Biologie übernommen wird, wo man vom Aufpfropfen einer weiteren Sorte auf einen anderen Stamm spricht, bedeutet in der Architektur die Gleichzeitigkeit verschiedener Nutzungen oder auch das unmittelbare Nacheinander.

7 Rolo Fütterer: „Das Vokabular der Stadt". In: IBA Hamburg GmbH (Hg.): *Metropole: Metrozonen*. Berlin 2010 (S. 222ff.).

8 Vgl. in diesem Band Lucia Grosse-Bächle / Antje Stokman: S. 204ff.

9 Rolo Fütterer: „Das Vokabular der Stadt". In: IBA Hamburg GmbH (Hg.): *Metropole: Metrozonen*. Berlin 2010 (S. 226).

10 In Hamburg wird damit die Tradition aus dem 20. Jahrhundert fortgesetzt, vor allem Arbeiter- und Kleinbürgerquartiere um Gärten und Parks zu erweitern; das galt für den Volkspark Altona, den Stadtpark in Winterhude und sogar für zahlreiche Pocketparks am Elbufer an der Elbchaussee.

11 In Hamburg schlägt sich dies sichtbar nieder im neuen Konzept der HafenCity Universität, die als Einheit die „Kultur der Metropolen" in all ihren ingenieurtechnischen und geisteswissenschaftlichen Disziplinen untersucht und bearbeitet.

12 Im Gebiet der „Bauausstellung in der Bauausstellung" zeigen dies vor allem „Water Houses" oder „Smart Material Houses". Vgl. in diesem Band Dirk Meyhöfer: „*Städtebau und Architektur im Klimawandel*", S. 230.

13 Vgl. in diesem Band Claas Gefroi, S. 215.

14 Vgl. Anmerkung 7.

Inselparkhalle (Allmann Sattler Wappner Architekten GmbH, Munich) show that architectural antics are not required here. Simple container architecture suits the development concept known as the "sports park".

There is another question waiting to be answered: should metrozone architecture possess an allegorical or narrative dimension? If yes, which? The "Forest House", for example, features wooden cladding (to use for exhibitions, hotel and offices; architects: Andreas Heller GmbH Architects & Designers, Hamburg) and appears like a giant tree stump in a broad forest clearing. Cities have always been colourful and diverse, so why not a wooden building in the city if it is so good that the corresponding wooden construction prize is "already on the way"? The WOODCUBE (implementation: PP GmbH, Hamburg) is a similar case. This "no fossil energy house" has load-bearing walls, ceilings, and floors exclusively of solid wood and is also one of the buildings with low energy consumption.[13]

So what architecture does justice to a metrozone such as Wilhelmsburg, for instance? One that goes far beyond architectural idiom, is my answer. It encompasses new hybrid use opportunities, pays attention to economic feasibility, open space settings, demographic change, and to the people who (want to) live there! Indeed, it should be built and supported by a great many people. As a member of the family of neighbourhoods and districts within the Hamburg city landscape, Wilhelmsburg (on the islands) is also a small-scale reflection of the larger picture and ought to remain an individual city district, its urban development and architecture still subjectively tangible for the residents. Then there is also the expectation, in Hamburg and worldwide, of learning from the IBA. Asking for too much? It has carried out, either way, a great deal of work and experimentation.

Notes

1 Sophie Wolfrum / Winfried Nerdinger (eds) in cooperation with Susanne Schaubeck: *Multiple City*. Berlin 2008. Urbanism at the start of the twenty-first century is analysed and illustrated in this catalogue, which accompanies the exhibition of the same name in the Architekturmuseum in Munich.

2 Cf. Angelus Eisinger / Jörg Seifert (eds): *Urban Reset: Freilegen immanenter Potenziale städtischer Räume*. Basel 2011.

3 "Social flashpoints" is the Hamburg Department of Urban Development's euphemism for troubled areas; by international comparison this is more of a luxury problem (author's comment).

4 Cf. Uli Hellweg: "Metrozones – On the Other Side of the City". In: IBA Hamburg GmbH (ed.): *Metropolis: Metrozones*. Berlin 2010 (pp. 8 ff.).

5 Cf. Oliver Bormann / Michael Koch: "From Transurban to the Metrozone". In: IBA Hamburg GmbH (ed.): *Metropolis: Metrozones*. Berlin 2010 (pp.46-53).

6 In architecture, the term "hybrid", taken from biology where it refers to the grafting of a further variety on another stem, means the concurrence of different uses or else their direct succession.

7 Rolo Fütterer: "The City Vocabulary". In: IBA Hamburg GmbH (ed.): *Metropolis: Metrozones*. Berlin 2010 (pp. 222 ff.).

8 Cf. in this volume Lucia Grosse-Bächle / Antje Stokman, p. 204ff.).

9 Cf. note 7 (p. 226).

10 In Hamburg this is the continuance of a twentieth-century tradition of expanding working and lower middle-class suburbs in particular with gardens and parks; this applied to the Altona public park, the municipal park in Winterhude and even to the many pocket parks on the banks of the Elbe along the Elbchaussee.

11 In Hamburg this is clearly reflected in the new concept for the HafenCity University as an entity examining and dealing with the "culture of metropoles" in all of its technical, engineering and arts disciplines.

12 This is illustrated by the "WaterHouses" or the "Smart Material Houses", particularly in the "Building Exhibition within the Building Exhibition" section. Cf. in this volume Dirk Meyhöfer: "*Urban Development, Architecture and Climate Change*", p. 230.

13 Cf. in this volume Claas Gefroi, p. 215.

14 Cf. note 7.

HANS-CHRISTIAN LIED, KAREN PEIN

Metrozonen am Hafenrand

Stadt und Hafen

Bei all seiner Produktivität bildete der Hamburger Hafen an seinen Rändern auch Zonen mit schwankender, schrumpfender oder brachliegender Entwicklung aus. Die Nähe dieser Bereiche zu den Wohngebieten der Elbinseln schafft gleichzeitig Potenziale für die Stadt- respektive Stadtteilentwicklung. Es sind Gebiete, die das Charakteristikum der Metrozonen[1] besonders deutlich machen. Die von der IBA intendierte und begleitete Entwicklung am Harburger Binnenhafen, am beziehungsweise im Müggenburger Zollhafen und am sowie im Spreehafen, die alle drei zum südlichen Bereich des Hamburger Hafens gehören, werden in diesem Beitrag beleuchtet.

In dem von der Hamburg Port Authority verwalteten Hamburger Hafen gilt statt des allgemeinen Planungsrechts das Hafenentwicklungsgesetz, nach dem ausschließlich Nutzungen zulässig sind, die Hafenzwecken dienen. Dieser planungsrechtliche Status ist vergleichbar einer Ausweisung als Industriegebiet nach der Baunutzungsverordnung, mit entsprechendem Recht, Lärm und Abgase zu erzeugen.

Die gewandelten Anforderungen an die Größe und den Zuschnitt von Gewerbegrundstücken hat in den letzten Jahren auf der einen Seite dazu geführt, dass kleinere Grundstücke und Flächen in Randlagen sowie Flächen in der Nachbarschaft zu bestehenden Wohngebieten (wegen der in diesem Fall eingeschränkten Emissionsrechte) unattraktiv geworden sind. Das Hafenentwicklungsgesetz und in einigen Fällen die Immissionsbelastungen haben auf der anderen Seite zur Folge, dass Wohnnutzungen gar nicht und andere hafenfremde Nutzungen nur in Ausnahmefällen genehmigungsfähig sind. Deshalb wurden brach gefallene Flächen in Nebenhäfen und Randlagen vielerorts durch Mindernutzungen (extensive Lagerhaltung, Bauhöfe) besetzt und das zum Teil in Wasserlagen, die für die Wohnnutzung eigentlich hochattraktiv sind.

Diese Gebiete in die (Stadt-)Entwicklung sozusagen zurückzuholen und sie neuen oder gemischten Nutzungen zuzuführen, hat sich die IBA besonders in den drei erwähnten Hafengebieten zur Aufgabe gemacht. Die Herausforderung lag dabei darin, das bislang angewandte Prinzip der Funktionstrennung zu überwinden, denn viele Nutzungen können am Rande von Häfen durchaus verträglich nebeneinander existieren. Außerdem waren die typischen Belastungen solcher Flächen wie Altlasten, Lärm, Geruch, hohes Verkehrsaufkommen, Unzugänglichkeiten der Uferzonen, Sanierungsstau in der Infrastruktur oder Barrieren der fußläufigen Erschließung zu überwinden.

Alle drei Gebiete sollten für die Öffentlichkeit besser erreichbar werden. Im Harburger Binnenhafen waren die Uferzonen der Harburger *Schloßinsel* jahrzehntelang wegen gewerblicher Nutzungen nicht zugänglich, der Spreehafen ist ein ehemals zollfreies Gebiet und war deshalb eingezäunt. Ebenso waren in allen drei Gebieten die neuen städtischen Nutzungen mit fortbestehenden Hafennutzungen verträglich zu organisieren. Das gelang am Spreehafen bei der stärkeren Betonung von Freizeitmöglichkeiten noch relativ einfach. Der Harburger Binnenhafen musste im Bereich der *Schloßinsel* eigens aus dem Hafengebiet entlassen werden, um

Im Januar 2013 ging mit der Aufhebung des zollfreien Gebiets ein lang gehegter Wunsch aus dem Stadtteil in Erfüllung: Der Zollzaun auf dem Spreehafendeich wurde abgebaut. Die Anwohner des Reiherstiegviertels und der Harburger Chaussee können jetzt auf kurzem Wege ans Wasser gelangen und das Hafenbecken auf einem Wanderweg umrunden.   The lifting of the customs exemption in January 2013 saw the fulfilment of a longstanding wish on the part of this neighbourhood: the customs fence on the Spreehafen Dyke was dismantled. Residents of the Reiherstieg district and the Harburger Chaussee now have shortcut access to the water and are able to enjoy a walk along the path circling the harbour basin.

HANS-CHRISTIAN LIED, KAREN PEIN

Metrozones on the Harbour Periphery

City and Harbour

dort auch Wohnungsbau zu ermöglichen. Der neue Bebauungsplan schafft nun Regeln für das Nebeneinander von empfindlichen Wohnnutzungen sowie emittierendem Hafengewerbe und macht diese baurechtlich miteinander verträglich. Die IBA Hamburg konnte zu dieser Entwicklung mit einem kleinteiligen Entwicklungsmanagement beitragen, hilfreich war dafür aber auch die Verwendung eines eigens für die HafenCity entwickelten Fenstertyps, der auch in einem leicht geöffneten Zustand lärmmindernd wirkt.

Metrozone Harburger Binnenhafen

Im Harburger Binnenhafen bestand die Herausforderung darin, den bereits etablierten Bürostandort bei seiner Entwicklung hin zu einem gemischt genutzten Quartier zu beglei-

ten und gezielt Wohnnutzung sowie flankierend wohnungsnahe Infrastruktur zu etablieren. Im Rahmen der IBA wurden im Harburger Binnenhafen vier Wohnungsbauprojekte mit einem Volumen von insgesamt ca. 270 Wohneinheiten initiiert. Bei den drei Projekten in Wasserlagen konnte die Zugänglichkeit der Uferzonen für die Öffentlichkeit hergestellt und dauerhaft gesichert werden. Das vierte Projekt beherbergt eine Kindertagesstätte und trägt mit der Eröffnung der ersten sozialen Infrastruktureinrichtung auf der Harburger Schloßinsel zur Umnutzung der Insel zu einem gemischten Quartier bei. Diese Umnutzung wird durch verschiedene Infrastrukturprojekte gestützt, wobei der neue Park mit drei Wasserzugängen hier als erstes zu nennen ist. Aber auch die Neugestaltung des Kanalplatzes, die Anlage des neuen Lotseplatzes und der Bau einer neuen Fußgänger- und Fahrradbrücke

Der bislang stark durch die Industrie- und Hafennutzungen geprägte Harburger Binnenhafen mit der Schloßinsel erfährt durch die Wohnungsbauprojekte und den neuen Park eine lebendige Durchmischung der Nutzungen (Blick von Norden). Previously characterised strongly by industrial and harbour usage, the housing construction projects and the new park in the Harburg Upriver Port with its Schloßinsel have introduced a vibrant mix of activities (view from the North).

For all its productivity, the margins of Hamburg's harbour constitute areas of fluctuating, shrinking, or stagnating development. At the same time, the proximity of these spaces to the Elbe islands' residential locations creates potential for urban and urban district development. These are places that make the characteristics of metrozones[1] especially clear. This article examines the development planned and monitored by the Internationale Bauausstellung IBA (International Building Exhibition) Hamburg 2013 in the "Harburg Upriver Port", in the Müggenburg Customs Harbour, as well as in the Spreehafen, all three on the southern side of Hamburg harbour.

The harbour, managed by the Hamburg Port Authority (HPA), is subject not to public planning law but to the Port Development Act, under the terms of which only usages serving the purposes of the port are permitted. This planning law status is comparable to designation as an industrial area in terms of Hamburg's land use ordinance, with the corresponding right to produce noise and emissions.

On the one hand, in recent years changes in demand regarding the size and layout of commercial land has led to smaller plots and sites becoming unattractive: in peripheral areas in general, as well as in locations bordering on existing residential neighbourhoods (in this case due to the limited emission laws). Consequently, the Port Development Act and, in some cases, emission levels have, on the other hand, led to residential use being entirely unacceptable and other non-port usages permitted in exceptional cases only. In many places, therefore, wasteland areas in sub-ports and on the periphery have come to host low-level usage (extensive storage, building yards), partly in waterside spaces that are in fact highly attractive for residential use. Bringing these areas back into the urban development process and granting them new or mixed usages is the task taken on by the IBA Hamburg in the three harbour areas mentioned. The challenge lay in overcoming the previously applied principle of use segregation as there are many usages that are indeed able to exist in compatibility with one another on harbour peripheries. However, encumbrances typical of such areas, and requiring remedy, include contaminated sites, noise, odour, heavy traffic, the inaccessibility of the shore areas, infrastructure refurbishment backlogs, and barriers to pedestrian access.

All three areas were to be made more accessible to the public. In the "Harburg Upriver Port", the shore of the Harburg Schloßinsel had been unapproachable for decades due to commercial use. The Spreehafen is a former custom-free area and was therefore fenced in. Equally, in all three areas the new urban usages in place alongside ongoing harbour operations had to be arranged contractually. This was relatively simple in the case of the Spreehafen with the strong emphasis on leisure opportunities. The Schloßinsel section of the "Harburg Upriver Port" had to be specially declassified as harbour territory in order to enable housing construction there. The new land use plan creates new rules for the proximity of sensitive residential usages and emissive harbour operations, making these compatible with one another in terms of the building regulations. The IBA Hamburg has been able to contribute to this with small-scale development management but what was also helpful was the use of a type of window developed especially for the HafenCity, with a noise-reducing function even when opened slightly.

Harburg Upriver Port Metrozone

With the "Harburg Upriver Port" the challenge lay in supporting the already established office location in its development into a mixed use district and establishing targeted residential use flanked by nearby infrastructure. Four housing projects consisting of approximately 270 residential units in total were initiated in the "Harburg Upriver Port" within the scope of the IBA Hamburg. The three projects in waterside locations saw public access to the shoreline being for the long term. The fourth project houses a childcare centre and, as the first social infrastructure facility to open on Harburg's Schloßinsel, contributes to the island's conversion to a

erhöhen die Wohnqualität im neuen Quartier und machen den Binnenhafen lebenswert. Durch besonders innovative Lösungen konnten schon auf der Ebene des Städtebaus Hürden im Genehmigungsverfahren überwunden werden. Hier ist insbesondere die von der Bjarke Ingels Group aus Dänemark für den Kaufhauskanal entwickelte Architektur zu nennen, geprägt vor allem durch die markante Dachform. Das Büro hat dafür ein asymmetrisches Dach mit einem diagonal über die Gebäudegrundfläche verlaufenden First entworfen, das aber noch entfernt an das in der Region traditionelle Satteldach erinnert, das auch in der Nachbarschaft des Projektes häufig zu finden ist. Die Dachform selbst wirkt schon mindernd gegen Lärmimmissionen, für einen maximalen Lärmschutz sind die hohen Gebäudekanten der Häuser außerdem zu den lärmbelasteten Seiten ausgerichtet. Allen Projektentwicklungen im Harburger Binnenhafen ist gemein, dass die im Vorfeld der Bebauung notwendigen Ordnungsmaßnahmen, wie Betriebsverlagerung, Grundstücksankauf, Altlasten- und Kampfmittelbeseitigung sowie archäologische Untersuchungen, in höchstem Maße entwicklungshemmend gewirkt haben und nur durch die außerordentliche Einsatzbereitschaft der einzelnen Dienststellen und die stringente behördenübergreifende Zusammenarbeit möglich wurden.

Obwohl sich alle Projekte im Einzelnen durch besondere Innovationen und Lösungsansätze auszeichnen, liegt der besondere Mehrwert der Metrozone Binnenhafen wohl in deren Auswahl. Das Zusammenspiel der Projekte führt wiederum zu einer synergetischen Vernetzung und damit zu einer Implementierung eines stabilen Wohnstandortes.

Metrozone Müggenburger Zollhafen

Der Müggenburger Zollhafen ist ein Beispiel dafür, dass auch Wasserflächen Metrozonen sein können. Nachdem in den 1970er Jahren die Zollpontons und die Flussschifferkirche von dort verschwanden, war die Wasserfläche weitgehend verwaist. Leere und die Geräuschkulisse der in den 1940er Jahren über das Hafenbecken gebauten Autobahn bestimmten die

Wahrnehmung. Der Eindruck verschärfte sich noch durch das partielle Ersetzen der Steinschüttungen durch Hochwasserschutzwände. Die bei Ebbe etwa acht Meter hohen Spundwände trennen die braunen Fluten hermetisch von ihren Ufern. Zugleich ermöglichte der neue Hochwasserschutz mit einer Promenade das Spazierengehen weit oberhalb der Wasseroberfläche. Vor allem dieser Aspekt war ein Anlass, wieder einen stärkeren Bezug vom Ufer zum Wasser zu ermöglichen. Ein erster Schritt dahin war der Bau des kleinen schwimmenden Bootshauses, das der gemeinnützige Verein „Get the Kick" betreibt. Mit dem 2006 eröffneten Auswanderermuseum Ballinstadt kamen der Ballinpark am südwestlichen Ufer und ein neuer Bootsanleger hinzu.

Mit dem IBA DOCK bekam das kleine Bootshaus 2009 einen großen Nachbarn. Das derzeit größte schwimmende Haus Deutschlands beherbergt die Büroräume und das Informationszentrum der Internationalen Bauausstellung Hamburg. Als schwimmendes Gebäude hebt und senkt sich das IBA DOCK mit der Tide, nutzt die Wasserfläche als Präsentierteller und belebt sie.

Gegenüber am verwilderten Südufer, ist 2011 ein zweites IBA-Projekt entstanden, das „Haus der Projekte – die mügge". Dieses bereits zuvor auf der Veddel existierende Haus der Jugend ist hierhin umgezogen und erweitert sein Angebot im Bereich handwerklicher Qualifizierung. Im Zentrum steht dabei die Bootsbauwerkstatt, die mit einer über das Wasser kragenden Kranbahn mit dem Wasser verbunden ist. Die holländischen Architekten Studio NL-D gaben dem archetypischen Satteldachhaus eine Wellblechhaut, mit der es sich perfekt in den rauen Hafencharme seiner Umgebung einfügt. Beide IBA-Projekte sind wesentliche Schritte im Transformationsprozess der Metrozone Müggenburger Zollhafen. Weitere Metrozonen am Hafenrand warten auf der Veddel noch auf ihre Entwicklung: Am Südausgang des S-Bahnhofs Veddel empfängt den Besucher ein großer ebenerdiger Pendlerparkplatz und signalisiert Peripherie. Hier und auf den Zollflächen zwischen der Veddeler Wohnsiedlung aus den 1920er Jahren und dem Südufer der

Die für das Quartier am Kaufhauskanal entworfene Architektur verspricht prägnante Akzente zu setzen. Sie geht auf einen Wettbewerbsentwurf des Architekturbüros BIG Bjarke Ingels Group zurück.
The architecture designed for the Kaufhauskanal neighbourhood offers the promise of concise accentuation. It goes back to a design by BIG Bjarke Ingels Group.

mixed district. This is supported by a variety of infrastructure projects: the new park with its triple water access is worth initial mention, but the redesign of the Kanalplatz, the new Lotseplatz complex, and the construction of a new pedestrian and cyclist bridge also enhance the quality of living in the new district and make the "Upriver Port" an attractive residential location. Particularly innovative solutions meant that hurdles in the approval procedure could be cleared at an urban development level, for example the architecture developed by the Bjarke Ingels Group from Denmark for the Kaufhauskanal, characterised by its distinctive roof shape. The architects designed an asymmetrical roof with an apex running diagonally over the building's surface area, remotely reminiscent of the region's traditional gabled roofs, still

frequently found in the project neighbourhood. The shape of the roof itself has a noise-reducing effect, while the building's high edges on the noise-polluted sides afford maximum noise protection. The feature common to all of the projects in the "Harburg Upriver Port" is that the impact of the regulatory measures required prior to the construction (like relocations, property acquisition, dangerous waste and weapons disposal, as well as archaeological surveys) were highly inhibitory to the development work and the projects were made possible only by the extraordinary goodwill of individual departments and the comprehensive cooperation between different authorities.
Although all of the individual projects are characterised by particular innovations and solutions, the particular value of the "Harburg

Norderelbe sollen neue Bausteine der Stadtentwicklung entstehen. Beide Standorte sind
lärmbelastet und bedürfen einer sorgfältigen
Planung, die von vornherein die verkehrlichen
und die städtebaulichen Belange gemeinsam
und gleichwertig behandelt.

Metrozone Spreehafen

Symbol des Spreehafens war für Jahrzehnte
der gut zwei Kilometer lange, drei Meter hohe
stacheldrahtbewehrte Zollzaun. Er verhinderte,
dass Anwohner aus dem nördlichen Reiherstiegviertel und von der Harburger Chaussee
auf kurzem Wege an das Ufer des großen
Hafenbeckens gelangen konnten. 2013 geht mit

der Aufhebung der Zollfreiheit dieses Gebietes
auch der lang gehegte Wunsch aus dem Stadtteil in Erfüllung: Der Zollzaun auf dem Spreehafendeich fällt.
Auf Initiative der IBA konnten bereits 2010,
zweieinhalb Jahre vor der anstehenden Aufhebung, zwei neue Pforten in den Zaun geschnitten werden, die die Wege zum Spreehafen
deutlich verkürzen. Seitdem hat sich das große
Hafenbecken mit Hamburgs größter Ansammlung von schwimmenden Häusern, Hausbooten
und sogenannten Hafenliegern zum gemeinsamen Freiraum der Bewohner der Veddel, des
Reiherstiegviertels und des Kleinen Grasbrook
(Wohnbebauung Harburger Chaussee) entwickelt. Eine weitere wichtige Voraussetzung hier-

Mit dem IBA DOCK (im Vordergrund) und dem „Haus
der Projekte – die mügge" (im Hintergrund) gibt die
IBA Hamburg weitere Impulse für vielfältige Nutzungsmöglichkeiten des Müggenburger Zollhafens und
trägt neben den schon bestehenden Einrichtungen,
dem Bootshaus des Vereins „Get the Kick" und dem
Auswanderermuseum „Ballinstadt", zur weiteren
Belebung der Metrozone bei. With the IBA DOCK
(foreground) and the House of Projects – die mügge
(background) the IBA Hamburg provides further impetus for the multifaceted usage of the Müggenburg
Customs Port and, together with the existing facilities
(the "Get the Kick" boathouse and the BallinStadt
Emigration Museum), contributes to the continued
revival of the metrozone.

Upriver Port" metrozone lies in the range of projects. The interaction between the projects leads in turn to synergetic networking and thus to the realisation of a stable residential location.

Müggenburg Customs Harbour Metrozone

The Müggenburg Customs Harbour is witness to the fact that expanses of water can also be metrozones. With the customs pontoons and the floating church having disappeared in the 1970s, this stretch of water then became largely deserted. It featured emptiness and the background noise of the motorway built over the harbour basin in the 1940s, an impression further enhanced by the partial replacement of the rock fills with flood protection walls. The bulkheads, some 8 metres high at low tide, hermetically separate the brown waters from the shore. At the same time, the new flood protection measures with their promenade enabled people to walk high above the water's surface. This aspect in particular enabled a better link between the shoreline and the water. A first step in this direction was the building of the small, floating boathouse run by the "Get the Kick" association. The opening of the Ballinstadt Emigration Museum in 2006 brought with it the Ballinpark on the southwest shore and a new jetty.

The little boathouse acquired a big neighbour in 2009 in the shape of the "IBA DOCK". The largest floating building in Germany at the time, it houses the IBA Hamburg offices and the information centre. As a floating structure, the "IBA DOCK" rises and sinks with the tide, using the water's surface as a showcase and bringing it back to life in the process.

A second IBA Hamburg project was developed opposite, on the overgrown southern shore, in 2011: the "House of Projects" – known as "the mügge". The Youth Centre, previously situated on Veddel, has been relocated here, offering an extended range of qualifications in manual skills. The focus is on the boatbuilding workshop, which has access to the water via crane rails. The Dutch architects Studio NL-D gave the archetypal gabled building a corrugated iron roof, thus integrating it perfectly within the raw harbour charm of its surroundings. Both IBA projects are key steps in the Müggenburg Customs Harbour metrozone transformation process. There are other harbour periphery metrozones on Veddel still awaiting development: visitors leaving the Veddel S-Bahn station via the southern exit are greeted by a large ground-level commuter parking lot that signals periphery. New urban development building blocks are due to be created here and on the customs sites between the Veddel residential area dating from the 1920s and the southern bank of the North Elbe. Both locations suffer from noise pollution and require careful planning that from the outset approaches both the traffic and the urban development issues together and equally.

Spreehafen Metrozone

For decades, the Spreehafen was symbolised by the 2-kilometre-long, 3-metre-high barbed wire customs fence. It prevents the residents from the northern Reiherstieg district and the Harburg Chaussee from having shortcut access to the shoreline of the large harbour basin. The lifting of the customs exemption for this area in 2013 sees the fulfilment of a longstanding wish on the part of this neighbourhood: the customs fence on the Spreehafen Dyke is coming down. On the initiative of the IBA Hamburg, in 2010, two and a half years ahead of the imminent abolition, two new gateways were cut into the fence, enabling a significant shortcut to the Spreehafen. The large harbour basin has subsequently developed into a shared leisure area for the residents of Veddel, the Reiherstieg district, and the Kleiner Grasbrook (residential houses of the Harburg Chaussee), featuring Hamburg's largest collection of floating buildings, houseboats, and other waterside structures. A further important prerequisite was the establishment of the pedestrian and cycle paths alongside the new port railway bridges by the Hamburg Port Authority in 2011, on the initiative of the IBA Hamburg. The closing of this loophole has

für waren die von der Hamburg Port Authority auf Initiative der IBA 2011 fertiggestellten Fuß- und Radwege entlang der neuen Hafenbahnbrücken. Durch den Lückenschluss ist es möglich, den Spreehafen zu umrunden (4,5 Kilometer), ein wichtiges Qualitätsmerkmal für Jogger und Spaziergänger. Außerdem verkürzt sich dadurch die Radstrecke vom Stübenplatz im Reiherstiegviertel zum östlichen Ende der HafenCity von etwa 23 auf 18 Minuten.

Weitere neue Wegeverbindungen entstehen gerade auf dem Spreehafendeich, dort, wo bislang der Zollzaun den Weg versperrte. Die Berliner Landschaftsarchitekten TOPOTEK1 planten in Abstimmung mit dem Landesbetrieb Straßen, Brücken und Gewässer unter anderem eine neue Art Deichtreppe, für den sie die im Deichbau bewährten, untereinander verzahnten Deckwerksteine zu besonderen Treppensteinen weiterentwickelten. Die auch vom Stadtteil her weithin sichtbaren Treppen und Wege sollen Wohnstandorte und Hafen besser miteinander verbinden und den Spreehafen auch in den Stadtteilen ins Bewusstsein bringen. Ebenso wird der Spreehafen nach Norden hin vernetzt: Dazu tragen die von der Hamburg Port Authority verbesserte Hauptfahrradroute nach St. Pauli und die auf Initiative der IBA zum Spreehafen hin verlängerte Fährverbindung mit der Linie 73 von den St.-Pauli-Landungsbrücken bei.

Alle Planungen zielen darauf ab, nicht das zu zerstören, was den Reiz des Spreehafens für den Spaziergänger heute ausmacht, nämlich ein authentischer Teil des Hafens mit weiten Blicken auf die Hafenlandschaft zu sein. Er soll sich auf keinen Fall zu einer beliebigen Grünanlage mit See entwickeln. Dieser Gedanke deckt sich mit den funktionalen Anforderungen des Hafens, nach denen das Hafenbecken auch zukünftig für Hafenzwecke benötigt wird. Durch die Randlage des Spreehafens im Hamburger Hafengebiet ist auch zukünftig auf den Uferwegen kein hohes Verkehrsaufkommen zu erwarten. Dies ist eine wichtige Voraussetzung für eine dauerhaft positive Koexistenz von Freizeit, Hafen und Industrie in dieser Metrozone.

Alle drei IBA-Projekte sind Beispiele dafür, wie die Metrozone Hafenrand mit unterschiedlichen Zielrichtungen und Methoden an Aufenthaltsqualität und Nutzungsintensität gewinnen konnte. Das Nebeneinander der neuen Nutzungen mit dem fortbestehenden Hafenbetrieb macht dabei einen besonderen Reiz dieser Gebiete aus.

Anmerkungen

1 Vgl. die Beiträge von Michael Koch und Olaf Bartels in diesem Band.

made it possible to circumnavigate the Spreehafen (4.5 kilometres), an important quality-
enhancing feature for joggers and walkers. It
also shortens the cycle route from Stübenplatz
in the Reiherstieg district to the eastern end of
HafenCity from about 23 to 18 minutes.
Further new access links are currently being developed on the Spreehafen Dyke, where access
had previously been blocked by the customs
fence. In consultation with the State Department of Roads, Bridges, and Water, the Berlin
landscape architects TOPOTEK1 designed a new
type of dyke step, using the dovetailed paving
stones already tried and tested in dyke construction. The steps and paths, clearly visible
from the neighbourhood, are also intended to
improve the access links between the harbour
and the residential locations and to raise awareness of the Spreehafen in the neighbourhood as
well. The Spreehafen is also being networked to
the north, the improvements made by the Hamburg Port Authority to the main cycle route to
St. Pauli, and the extension of the No. 73 ferry
link from the St. Pauli Landungsbrücken (landing bridges) to the Spreehafen on the initiative
of the IBA Hamburg contributing to this.
All of the plans are aimed at conserving the
appeal of the Spreehafen for today's leisure
visitors, as an authentic part of the harbour
with open views over its landscape. The intention is not to develop it into an arbitrary piece
of greenbelt with a lake. The plan adopted is
in keeping with the functional demands of the
harbour: the harbour basin will still be required
for harbour purposes in the future. The Spreehafen's peripheral location within the Hamburg
harbour area means that heavy traffic along
the shoreline is not likely in the future either.
This is an important prerequisite for the long-
term positive coexistence of leisure, harbour,
and industry in this metrozone.
All three IBA Hamburg projects are examples of
how the harbour periphery metrozone is able to
acquire both enhanced appeal and intensity of
use through different approaches and methods.
The juxtaposition of the new usages and the ongoing harbour operations constitute the special
attraction of these areas.

Notes

1 Cf. articles by Michael Koch and Olaf Bartels in this
volume.

Die neu angelegte Treppenanlage (Entwurf Topotek 1,
Berlin) lädt zum Überqueren des Spreehafendeiches
ein, kann aber auch für einen Aufenthalt genutzt
werden. The newly constructed step area (designed
by Topotek 1, Berlin) invites visitors to cross the Spreehafen Dyke but can also be used as seating.

OLAF BARTELS, OLIVER G. HAMM, DIRK MEYHÖFER

Die Rolle der Investoren

Ein Gespräch mit Rosemarie Oltmann, Mathias Böttcher, Holger Cassens, Peter Jorzick, Achim Nagel, Christian Roedel und Stefan Wulff

Die Bauten der IBA Hamburg werden zu einem großen Teil von privaten Projektentwicklern und Investoren betreut. Sechs von Ihnen ziehen ein weitgehend positives Resümee für die Zusammenarbeit zwischen IBA Hamburg GmbH, Architekten, der Behörde und ihnen.

Neuer Wohnungsbau, Hybridität und andere Sonderfälle: Sechs Investoren und ihre *Case Studies*

In „Wilhelmsburg Mitte" werden im Rahmen der IBA Hamburg 2013 Modellbauwerke, also Experimente des Bauens gezeigt. Ein Schlüsselwort im modernen Städtebau lautet „hybrides Bauen". Gemeint sind damit multifunktionale Konzepte. Damit wird hoher Anspruch wird formuliert. Kann ein Projektentwickler diesen unter den besonderen Bedingungen einer Bauausstellung einlösen?

Peter Jorzick: Es ist das teuerste Haus, das wir bisher gebaut haben. Wir investieren hier tatsächlich viel mehr pro Quadratmeter, als wir es gewohnt sind. Wir wollten damit ausleuchten, was es bedeuten kann, ein aktuelles multifunktionales Gebäude zu erstellen, dessen Nutzungen sich im Laufe seines Lebenszyklus immer wieder verändern, und dass dabei entsprechend viele, und zwar gegensätzliche Vorschriften zu beachten sind. Zusammen ergab dies eine Fallstudie, wie wir sie noch nie realisieren konnten. Ein sehr ambitioniertes Projekt, denn auch wenn es nur 16 Einheiten sind, ist es schwierig, genau jene Kunden zu

finden, die so einen Hybriden in dieser Lage in einem Pioniergebiet wollen.

Und finden Sie diese Kunden, Mieter und Käufer?

Peter Jorzick: Wir sind zuversichlich, aber der Vertrieb läuft noch. Das Konzept war nicht einfach umzusetzen und es erklärt sich nicht aus den Plänen allein. Denn in den beiden Hauskuben liegen die Einheiten rechtwinklig übereinander verschränkt, um Arbeiten und Wohnen nach Himmelsrichtungen und Belichtungen jeweils zu optimieren. Das ist, vorsichtig formuliert, ungewohnt und überraschend. Aber darin liegt eben auch der Reiz des Experiments.

Sie, Herr Wulff haben mit dem igs-Zentrum bereits im Frühsommer 2012 ein hybrides Haus eröffnet – welche Erfahrungen machen Sie damit?

Stefan Wulff: Wir – das betrifft auch unseren Verband – waren das erste Unternehmen das sich dort mit der IBA Hamburg engagiert hat, zu einer echten Pionierzeit, als es für sie darum ging, ihre mutigen Pläne in die Köpfe Hamburger Investoren zu bringen. Wir haben uns dann in einem intensiven Dialog angenähert. Damals stimmten die Rahmenbedingungen noch nicht…

Rahmenbedingungen heißt…

Stefan Wulff: … Grundstückspreise und grundstücksbezogene Mehrkosten. Wie geht es mit den IBA-Exzellenzen (also jene sieben Quali-

Herbst 2012, Baukräne über Wilhelmsburg: Die „Bauausstellung in der Bauausstellung" ist eine wichtige Investition in die Zukunft Hamburgs. Autumn 2012, construction cranes over Wilhelmsburg: The "Building Exhibition within the Building Exhibition" is an important investment in Hamburg's future.

OLAF BARTELS, OLIVER G. HAMM, DIRK MEYHÖFER

The Role of Investors

A Discussion with Rosemarie Oltmann, Mathias Böttcher, Holger Cassens,
Peter Jorzick, Achim Nagel, Christian Roedel, and Stefan Wulff

tätskriterien, die ein IBA-Projekt prägen)[1] weiter und was kann man später erzielen? Wie fügt sich das alles in die komplexe Problematik von Wilhelmsburg und in deren spezielle Lösungsansätze wie die Bildungsoffensive ein? Bei der Entscheidung zu investieren hat es uns natürlich geholfen, dass wir mit der *igs* schon einen Mieter hatten. In einem harten, aber fairen Annäherungsprozess mit dem Architekten Prof. Nägeli aus Berlin haben wir dann zum heutigen Ergebnis (*igs*-Verwaltung, IBA-Ausstellung und andere.) gefunden, mit dem wir sehr zufrieden sind und von dem wir hoffen, dass es auch nach der Gartenausstellung gut genutzt wird. Ich glaube aber nicht unbedingt an eine hybride Weiternutzung des Gebäudes, weil die Investitionen hoch waren. Wenn es geht, werden wir es als Bürohaus weitervermieten.

Mit Ihrem anderen Projekt, dem „Smart Material House" waren Sie noch mutiger...

Stefan Wulff: Ja mit dem „Algenhaus", also dem Projekt, das heute „BIQ" heißt (es setzt als weltweit erstes Gebäude mit einer Bioreaktorfassade neue Maßstäbe), haben wir die Latte schon recht hoch gelegt, um hier die Algentechnologie umzusetzen. Man muss die Risiken eines solchen Projekts genau klären und kalkulierbare Bedingungen im Auge behalten.

Wie genau wird ein Experiment kalkulierbar?

Stefan Wulff: Wenn man so früh wie möglich in ein solches Projekt einsteigen, es technisch hinterfragen und es mit dem Architekten zusammen umsetzen kann. Es ist natürlich mühsam, die guten Ideen der Planer den Mieten anzupassen, die wir erzielen müssen.

Erschließen Sie durch diese Erfahrungen neue Kundenfelder?

Stefan Wulff: Ich glaube schon, dass auf diesen Feldern ein Potenzial an neuen Käufern und Mietern zu finden ist, so dass wir uns weiterhin darum kümmern werden. Das ist auch aus Marketingaspekten interessant, weil sich die Medien

sehr intensiv um Experimente kümmern und die Projekte unser Image aufwerten.

Das gilt, Herr Nagel, sicher auch für die „Smart Price Houses", die mit ihrem Namen die Botschaft versenden: Das hier könnt Ihr Bauherren und Mieter euch wirklich leisten! Wie sind Sie auf die Idee gekommen ein solches Haus zu bauen?

Achim Nagel: Ich hatte beim IBA LABOR „Architektur im Klimawandel" 2008 in der AG „Programming Commisson" mitgemacht, und mich am Thema festgebissen. Sicher war das auch der Überzeugungskraft der früheren Stadtentwicklungssenatoren Gedaschko und Hajduk zu verdanken, so dass ich das Gefühl hatte, dabei sein zu müssen, obwohl man es eigentlich so nicht machen darf! Ich entwickle das Projekt zusammen mit meinem Freund Manfred König als Privatmann mit hohem Risiko, obwohl damals unter Freunden und auch bei meiner Ehefrau Wilhelmsburg als *No Go* für solche Unternehmungen galt.

Hybrid Houses: „Wir waren das erste Unternehmen, das sich hier zusammen mit der IBA Hamburg engagiert hat", sagt Stefan Wulff, Vertretungsberechtigter Geschäftsführer der Otto Wulff Bauunternehmung, der das Gebäude zusammen mit wph Wohnbau und Projektentwicklung Hamburg nach einem Entwurf von Nägeliarchitekten, Berlin, realisierte. Hybrid Houses: "We were the first company to become involved with the IBA Hamburg here," said Stefan Wulff, authorised representative and executive director of Otto Wulff Bauunternehmung, which erected the building together with wph Wohnbau and Projektentwicklung Hamburg based on a design by Nägeliarchitekten (Berlin).

Hybrid House: „Das teuerste Haus, das wir bisher gebaut haben!", so Peter Jorzick, Geschäftsführender Gesellschafter der Hamburg Team Gesellschaft für Projektentwicklung mbH. Gewinner des Architektur-wettbewerbs: Brandlhuber + NiehüserS Architekten, Berlin; Realisierung: Kleffel Papay Warncke Architekten, Hamburg   Hybrid House: "The most expensive building we have built to date!" said client Peter Jorzick, managing partner of Hamburg Team Gesellschaft für Projektentwicklung mbH. Winner of the architectural competition: Brandlhuber + NiehüserS Architekten (Berlin); implementation: Kleffel Papay Warncke Architekten (Hamburg)

The buildings of the Internationale Bauausstellung (International Building Exhibition) IBA Hamburg are, to a large extent, the work of private project developers and investors. Their cooperation with the IBA Hamburg GmbH, the architects, and the authorities is summed up by six of them as an overall success.

New Housing Construction, Hybridity, and Other Special Cases: Six Investors and Their Case Studies

Wilhelmsburg Central is to feature model constructions, or building experiments, as part of the IBA Hamburg 2013. One of the key terms in modern urban development is "hybrid building," meaning multifunctional concepts and also high demands. Is a project developer able to meet these under the particular conditions of a building exhibition?

Peter Jorzick: It is the most expensive building that we have constructed to date. We are indeed investing more per square metre here than what we are used to. In doing so we wanted to highlight what it can mean to create a contemporary, multifunctional building, the uses of which are going to change repeatedly during its life cycle, and that this involves taking a great many, and at that contradictory, regulations into consideration. All in all this has evolved into a case study unlike anything we have so far developed. A highly ambitious

Galt. Gilt?

Achim Nagel: Nicht mehr. Das ist ja das Gute an der IBA, die für mich als gelernten Architekten, eine hohe Strahlkraft besitzt. Ich hatte auch als Architekt am Wettbewerb teilgenommen. Erfolglos. Ich habe dann, als wir trotzdem eine Chance bekamen, mit meinem Architekten Jörg Leeser lange darüber nachgedacht, hier sehr ökonomisch vorzugehen, beispielsweise einen Beton zu benutzen, der trägt und gleichzeitig dämmt. Das funktionierte erst einmal nicht, aber mit dem Netzwerk und den Unternehmen, die man kennt, dann doch. Es war ein Abenteuer, dessen Risiko die Banken erst einmal nicht mit trugen. Da musste ich als Entwickler mit eigenem Kapital das Investment absichern. Nun werden wir zwei Etagen an sogenannte „Siedler" verkaufen können, die etwa 2500 Euro pro Quadratmeter zahlen und dann weiter ausbauen. Wir mussten das alles ohne Vertriebsbudget stemmen. Wir haben auch keine Makler eingesetzt, weil ich der Meinung bin, dass derjenige, der dieses Produkt haben will, uns auch finden wird. Dieser Plan ist aufgegangen: 30 Bewerber haben uns angesprochen und die haben wir dann handverlesen ausgesucht.

Nicht in der „Bauausstellung in der Bauausstellung", sondern am Rande des Reiherstiegviertels ist das Projekt „Open House" entstanden. Sind Sie zufrieden, Frau Oltmann?

Rosemarie Oltmann: Wenn ich vor unserem Haus stehe, dann gefällt es mir dort am Vogelhüttendeich sehr gut, wie es sich zum Ernst-August-Kanal öffnet. Das Grundstück wurde lange Zeit nicht nachgefragt, weil niemand hier sozialen Wohnungsbau realisieren wollte oder konnte. Weil das Grundstück für eine übliche Größenordnung von bis zu 50 Wohneinheiten für die Genossenschaft Schanze zu groß war, haben wir dann mit der steg Hamburg (Stadterneuerungs- und Stadtentwicklungsgesellschaft) kooperiert. Jetzt sind von uns 31 Wohnungen als Genossenschaftswohnungen entstanden, gefördert

durch öffentlichen Wohnungsbau –, für mich auch der teuerste soziale Wohnungsbau, den ich bisher verantwortet habe.

Das hat welche Gründe?

Rosemarie Oltmann: Letztendlich liegen diese in den städtebaulichen Ansprüchen, wie sie durch die IBA und dann im Wettbewerb formuliert wurden. Allerdings muss ich auch sagen: Ohne die IBA hätte das Projekt mit diesem Anspruch nicht entstehen können. Die Bewohner sind sehr glücklich. Das Problem ist das „Open House", also die Öffnung zum Stadtteil. Ob ein privates Grundstück den Anspruch des freien Durchgangs einlösen kann, wird die Zukunft zeigen, das ist nicht problemfrei. Wir hoffen, dass alle Fremden die private Eigentumssituation akzeptieren und sich entsprechend benehmen.

Matthias Böttcher, wie Achim Nagel haben sie privat investiert – auf der Harburger Schloßinsel. Warum?

Grundbau und Siedler: „30 Bewerber haben uns angesprochen und die haben wir dann handverlesen ausgesucht" erläutert Achim Nagel, Architekt und Investor bei Primus Developments GmbH. Die Idee zum Selbstbau kam von den Architekten BeL Sozietät für Architektur BDA, Köln.   Basic Building and Do-it-yourself Builders: "30 applicants approached us and we were then able to handpick them," explained Achim Nagel, architect and investor with Primus Developments GmbH. The do-it-yourself building idea came from architects BeL Sozietät für Architektur BDA (Cologne).

project because, even though there are only sixteen units, it is difficult to find precisely those clients looking for a hybrid like this in this location in a pilot area.

And are you going to find these clients, tenants, and buyers?

Peter Jorzick: We are confident, but marketing efforts are continuing. It was not an easy concept to implement and the plans alone do not speak for themselves. Within the building's two cubes the units are interlocked above one another at right angles in order to optimise both working and living in terms of direction and lighting. This is, to put it mildly, unusual and unexpected. But then that is precisely the appeal of this experiment.

Mr Wulff, with the igs-Centre you had already opened a hybrid house by the early summer of 2012 – what have been your experiences in this regard?

Stefan Wulff: We – and that includes our association as well – were the first enterprise to become involved with the IBA Hamburg there, during the real pilot phase when they were faced with the task of introducing their bold plans into the minds of Hamburg investors. The contact then grew closer through intensive dialogue. The general framework was not yet in place back then...

General framework, meaning...?

Stefan Wulff: ...site costs and site-related incremental costs. Where does it go from here with the IBA excellence standards (the seven quality criteria that characterise an IBA project)[1] and what can be achieved later on? How does all that fit in with Wilhelmsburg's complex issues and with their specific solution approaches such as the "Elbe Islands Education Drive"? Our decision to invest was of course made easier by the fact that we already had a tenant in the form of the igs. During the course of the hard-going but fair process of developing a rapport with the architect, Professor Nägeli from Berlin, we ultimately achieved the results you see today (igs administration, IBA exhibition, and others), which we are very happy with and which we hope will be put to good use after the garden show as well. I do not necessarily believe that subsequent use of the building will be hybrid because the investment was high. If possible, we will rent it out as office premises in the future.

With your other project, the "Smart Material House," you were even bolder...

Stefan Wulff: Yes, with the "algae house," i.e., the project now referred to as "BIQ" (it sets new standards as the first building worldwide with a bioreactor façade), we really raised the bar in order to be able to deploy the algae technology here. You need to clarify precisely the risks of such a project and keep your eye on calculable conditions.

How exactly does an experiment become calculable?

Stefan Wulff: When you can get on board with a project like this as early as possible, when you are able to scrutinise the technology involved, and when you are able to implement it together with the architect. Adapting the good ideas of the planners to the rents we need to achieve is of course a tedious process.

Has this experience opened up new customer markets for you?

Stefan Wulff: I do believe that there is potential for finding new buyers and tenants in these markets and so we will be continuing to address that. It is also interesting from a marketing aspect because the media pay a great deal of attention to experiments and the projects boost our image.

Mr Nagel, that surely applies to the "Smart Price Houses," too, with their name sending the message: this is something that people can really afford as principals and tenants!

Matthias Böttcher: Das ist ein spannender Ort, der viel Pioniergeist verlangt. Er liegt direkt am Wasser und ist für mich als Wassersportler besonders spannend, weil man mit dem Boot ins Haus fahren kann. Die Idee so zu wohnen, trage ich seit 20 Jahren mit mir herum. Ich beschäftige mich normalerweise mit Gebäudetechnik und führe in Harburg ein mittelständisches Unternehmen. Ich habe mir einem leistungsstarken Architekten gesucht, mit dem ich schon sehr lange zusammenarbeite. Wir haben am Wettbewerb teilgenommen und gewonnen. Dann überschlugen sich die Ereignisse, denn ich hatte die Aufgabe unterschätzt. Der Umfang, ein 20-Familienhaus, ist weniger das Problem, aber direkt am und im Wasser mussten wir alte Slipanlagen zurückbauen und Weltkriegskampfmittel beseitigen.

Würden Sie es wieder tun?

Matthias Böttcher: Ich habe die Aufgabe unterschätzt, auch wenn ich viel Spaß daran habe. Zusammen mit dem Bauvorhaben „Inselleben" von Herrn Cassens (nebenan) werden wir z.B. ein innovatives Energiekonzept mit Geo- und Solarthermie umsetzen. Für mich als quasi Privatmann ist das sehr aufwendig.

Herr Cassens, Sie investieren auch auf der Schloßinsel, doch haben Sie bereits ein anderes Projekt, die „Neuen Hamburger Terrassen" fertiggestellt. Können Sie schon ein Resümee ziehen?

Holger Cassens: Man kann noch nicht absehen, ob es wirklich eine gelebte Nachbarschaft auf den Höfen und in den Gemeinschaftsräumen gibt. Aber grundsätzlich können wir sagen, dass der Ort direkt an der igs und dem alten Wasserwerk eine sehr interessante Lage ist. Also ein ideales Grundstück für uns mit sehr zufriedenen Mietern.

Der Prozess: Voraussetzungen, Investoren, Architekten, Banken und andere. Hat es funktioniert?

Herr Nagel, bei Ihnen war der Grundstückspreis so interessant, dass Sie sagen konnten: Das rechnet sich?

Achim Nagel: Wenn die Freie und Hansestadt Hamburg selbst Geld in die Hand nimmt für Infrastruktur – der Park der igs ist ja ein echter Hit –, wird sich das irgendwann in marktfähigen Mieten und Verkaufspreisen niederschlagen; so meine Erfahrung. Wir versuchen unseren Kunden Raum zu möglichst gerechten Bedingungen anzubieten. Etwa so, dass man der Bank bei einem Eigenleistungsanteil von vielleicht 500 Euro pro Quadratmeter bei insgesamt 3000 Euro pro Quadratmeter sagen kann: Ein Sechstel habe ich hier durch meine eigene Muskelkraft aufgebracht. Das ist jetzt mein Eigenkapital. Als Bauträger bekommt man das nicht

Boat House: „Der Umfang, ein 20-Familien-Haus, ist weniger das Problem, aber direkt am und im Wasser mussten wir alte Slipanlagen zurückbauen und Weltkriegskampfmittel beseitigen", so beschreibt der Bauherr Matthias Böttcher, Boathouse GmbH die Entstehung des Gebäudes im Quartier am Park auf der Harburger Schloßinsel; entworfen wurde es vom Architekten Reinhard Hagemann, Hamburg.
"Boathouse": "The problem is not so much the volume, a 20-unit building, but rather the fact that right on the water's edge and in the water we had to dismantle old slipways and dispose of weapons from the Second World War", is how the client Matthias Böttcher, Boathouse GmbH, described the development of the block in the Park Quarter on Harburg's Schloßinsel. It was designed by architect Reinhard Hagemann (Hamburg).

How did you come up with the idea of build-ing a house like this?

Achim Nagel: I had taken part in the "Pro-gramming Commission" working group within the IBA LABORATORY "Architecture and Climate Change" in 2008, and found it was an issue I could really get my teeth into. It was also without doubt the persuasiveness of the former urban development senators Gedaschko and Hajduk that made me feel that I simply had to do it, even though that is not actually the way it should be done! I am developing the project together with my dear friend Manfred König in my private capac-ity with a high level of risk, even though, at that time, my friends and also my wife saw Wilhelmsburg as a no-go area for such under-takings.

Saw. See?

Achim Nagel: Not any more. That is the good thing about the IBA – for me as a qualified architect it has a great deal of charisma. As an architect I had also taken part in the competition. Not succsessfully. Then, when we were nevertheless given a chance, I spent a long time deliberating with my architect Jörg Leeser about taking a very ecological approach here, to use a concrete, for example, that both supports and insulates. That did not work at first, but with the network and the companies we know, we got there in the end. It was an adventure, the risks of which were not carried by the banks at first. As developer I had to use my own capital. Now, though, we are able to sell two floors of the "Siedler" ("Smart Price Houses: Basic Building and Do-It-Yourself Build-ers"), for about 2500 euros per square metre and these will then be expanded further. We had to absorb all of that without an internal marketing budget. We have not used an estate agent either because I am of the opinion that the person who wants to have this product will find us. This plan has worked: thirty applicants approached us and we were then able to hand-pick them.

The "Open House" project has been devel-oped not in the "Building Exhibition within the Building Exhibition" but on the periphery of the Reiherstieg district. Are you happy with the outcome, Ms Oltmann?

Rosemarie Oltmann: When I stand in front of the building what I really like about its loca-tion there on the Vogelhüttendeich is how it opens out to Ernst-August-Kanal. There was no interest in the site for a long time because no one wanted to or was able to build subsidised housing here. With the property being too large for us (the usual size is up to 50 housing units) we joined forces with Hamburg's Stadterneu-erungs- und Stadtentwicklungsgesellschaft – steg (Urban Renewal and Urban Development Corporation. The result has been 31 apartments on a housing association basis, funded as public housing, and also the most expensive subsi-dised housing that I have been responsible for to date.

For what reasons?

Rosemarie Oltmann: The reasons ultimately lie in the urban planning requirements as formulated by the IBA and subsequently in the competition. I must also say, however, that this project with these aspirations would not have been able to come into being without the IBA. The residents are really happy. It is the "Open House," namely the opening up to the neigh-bourhood, that is the problem. It remains to be seen whether a private property is able to main-tain the aspiration to free access, for this is not without its problems. We can only hope that all of the outsiders accept the private property situation and behave accordingly.

Matthias Böttcher, like Achim Nagel you have invested in your private capacity – on Harburg's Schloßinsel. Why?

Matthias Böttcher: It is an exciting place that requires a great deal of pioneer spirit. It is situated directly on the water and is of particu-lar interest for me, as a water sports enthu-

hin, weil die Banken sofort fragen: Wie ist das mit der Gewährleistung usw.?

Sie haben einen der Bedenkenträger genannt: die Banken. Wie kann man diesen deutlich machen, dass Sie auch bei einem Experiment gewinnen können?

Peter Jorzick: In diesem Fall hat es auf unsere Initiative hin ein gemeinschaftliches Treffen zwischen IBA, Bauinteressenten und der HASPA (Hamburger Sparkasse) gegeben. Das Verhältnis zwischen Banken und Liegenschaft (also der Stadt als Eigentümer) ist immer schwierig – zum Beispiel beim Thema Rückkaufsrecht. Deshalb haben wir das also im frühen Dialog zu lösen versucht.

Einen anderen wichtigen Baustein im System verantworten die Architekten. Hat die Zusammenarbeit mit Ihnen funktioniert?

Peter Jorzick: Die IBA hat Projekte forciert, die zu Beginn zu stark auf die Architektur bezogen waren. Es ist zu wenig klar geworden, dass auch der Architekt ein Dienstleister des Bauherrn bleibt und nicht allein bestimmt, was auf einer Parzelle zu geschehen hat. Ich habe den Eindruck, hier ist der Dialog zwischen Bauherr und Architekt zu spät begonnen worden. In unserem Fall hat das zu einem Austausch der Architekten geführt. Und wenn die Kritik erlaubt ist, nicht nur bei unserem Bauvorhaben entstand bei uns der Eindruck, als ob die experimentellen sakrosankt sind und der Bauherr nur unten rechts zu unterschreiben hätte.

Neue Hamburger Terrassen: „Grundsätzlich können wir sagen, dass der Ort direkt an der igs und dem alten Wasserwerk eine sehr interessante Lage ist. Also ein ideales Grundstück für uns mit sehr zufriedenen Mietern", freut sich Holger Cassens, Neue Hamburger Terrassen oHG. Verantwortlich für die Architektur zeichnen Hausschild + Siegel Architekten, Hamburg. New Hamburg Terraces: "In principle we can say that the location in direct proximity to the igs and the old waterworks is a very appealing one. It is the ideal property for us and our tenants are very pleased," enthused Holger Cassens, Neue Hamburger Terrassen oHG. Architecture: Hausschild + Siegel Architekten (Hamburg)

siast, because you can drive your boat right into the building. The idea of living like this is something I have been carrying around with me for twenty years. I am otherwise involved in building services engineering and run a medium-sized company in Harburg. I got hold of a high-performance architect with whom I have worked for a very long time. We took part in the competition and won. And then it was just one thing after another as I had underestimated the task at hand. The problem is not so much the volume, a 20-unit building, but rather the fact that directly on the water's edge and in the water we had to dismantle old slipways and dispose of weapons from the Second World War.

Would you do it again?

Matthias Böttcher: I underestimated the task, even though it has been a great deal of fun. Together with Mr Cassens' "Island Living" building project (next door), we wanted to implement an innovative energy concept using solar and geothermal energy, for example. That is simply far too much for me in my more or less private capacity.

Mr Cassens, you also invested on the Schloßinsel, but you have already completed another project, the "New Hamburg Terraces." Are you able to sum up at this stage?

Holger Cassens: It is too early to tell whether neighbourhood life really is being lived in the courtyards and common rooms. In principle, though, we can say that the location in direct proximity to the igs and the old Wilhelmsburg waterworks is a very appealing one. It is the ideal property for us and our tenants are very pleased.

The Process: Conditions, Investors, Architects, Banks, and Others. Has it Worked?

Mr Nagel, in your case the site price was so appealing that you had to ask yourself: does that really make sense?

Achim Nagel: When the Free and Hanseatic City of Hamburg itself spends money on infrastructure – and the igs Park is really great – then that impacts on marketable rents and selling prices at some stage; that is my experience. We try to offer our clients space under conditions that are as fair as possible. Along the lines of perhaps 500 euros per square metre of my own capital towards a total of 3000 euros per square metre and thus being able to say to the bank: I have come up with one sixth through my own muscle power. That is my equity. You can't manage that as a property developer because the banks ask right away: what about the guarantee and so on?

You called them the "objectors" – the banks. How can you make it clear to them that with an experiment they also stand to gain?

Peter Jorzick: In this case we initiated a joint meeting between the IBA Hamburg, interested developers, and the "Hamburger Sparkasse – HASPA." The relationship between banks and real estate (meaning the city as title bearer) is always a difficult one – when it comes to the issue of right of repurchase, for example. And so that is why we tried to solve this early on in the dialogue.

Another important building block in the system is one for which the architects are responsible. Did cooperation with them work?

Peter Jorzick: The IBA Hamburg pushed projects that, at the outset, were too strongly architecture-related. It was not made clear enough that the architect, too, remains a service provider for the developer and does

Christian Roedel (Projektkoordinator bei der IBA Hamburg): Wir setzen mit unserem Verfahren immer auf eine Kooperation von Architekten und Investor. Alle Verfahren waren darauf angelegt, dass sich Investoren und Planer partnerschaftlich bewerben. Natürlich ist es vorgekommen, dass wir für die Wettbewerbsgewinner nicht immer auch den passenden Investitionspartner gefunden haben, was eben dafür spricht, dass hier ein schwieriges Terrain vorliegt. Aber es gibt Verfahren, wie bei den „Water Houses", wo es perfekt funktioniert hat. Bei anderen Projekten mussten wir wie beim „BIQ" weiterentwickeln.

Liegt die IBA falsch mit ihrer Vorgehensweise, die Qualität über Wettbewerbe zu steuern? Ist das Verhältnis zwischen Architekten und dem Bauherrn bzw. Investor in diesem Verfahren besonders stark beansprucht?

Steffan Wulff: Wir hatten mit Splitterwerk aus Salzburg mehr einen Künstler als einen Architekten. Der Architekt hat das Projekt zwar begleitet, wir haben ihm aber einen professionellen Hochbauplaner zur Seite gestellt und so das Know-how eines Ingenieurs hinzugefügt. Die komplexe Algenfassade bereitete uns weitere Probleme. Wir haben uns aber nicht vom Architekten getrennt, sondern es gemeinsam mit ihm durchgezogen ...

Michaela Oltmann: Bei unserem Projekt, dem „Open House", war eine Eins-zu-eins-Umsetzung des Architektenentwurfs gar nicht denkbar, weil dieser zu Beginn auf eine ganz

not have the only say about what happens on a piece of land. I have the feeling that the dialogue between developers and architects got going too late. In our case this led to a change of architect. And if I may be permitted to criticise, it was not only with regard to our building project that we had the impression that the experimental aspects were sacrosanct and the developer was just required to sign on the dotted line.

Christian Roedel (project coordinator with the IBA Hamburg): Our system is always focussed on cooperation on the part of architects and investors. All of our systems were set up on the basis of investors and planners applying on a partnership basis. Of course it has happened that we have not always been able to find the appropriate investor for the competition winners, which again underlines the fact that we are dealing with difficult territory. But there are also the cases, such as the "WaterHouses," where it worked perfectly. With other projects, such as the "BIQ", we had to refine the concept further.

Is the IBA approach of putting quality above competitiveness wrong? In this system is the relationship between architects and developers and/or investors a very taxing one?

Stefan Wulff: With Splitterwerk from Salzburg we were dealing with more of an artist than an architect. The architect was involved in the project but we put a professional structural engineering planner at his side to contribute the expertise of an engineer. The complex algae façade gave us further problems. We did not part company with the architect, though. Instead, we pulled it off together with him...

Michaela Oltmann: With our project, the "Open House," a one to one implementation of the architect's design was unthinkable because this was tailored to a very specific building owner right from the outset. With ownership structures that had the floors all jumbled up, so to speak. We had to convince the architect that other owners had to be catered for as well.

In Summary: Where Does It Go from Here, What Still Needs to Be Developed Further?

Let's try to come up with a joint summary. Was the construction of an International Building Exhibition, with the city as the tendering authority, worthwhile in your opinion? Are the results "presentable"?

Achim Nagel: We have an IBA here – and it has managed an experimental field of urban development very successfully. What all of us here have produced, however, is far more than a project of the sort implemented by SAGA following a competition. It is less about attempting to display international architecture and more about the willingness to build good buildings that are marketable. That is what matters to me.

Matthias Böttcher: From my point of view it was the right decision. I always had someone I could turn to at the IBA Hamburg and there was always advice or a suggested solution that helped.

Peter Jorzick: I do have my doubts as to whether the urban planning chosen for this location is in fact right. They are relatively small buildings, expensive ones – lots of shell, not a lot of content, freestanding, somewhat atypical of our cities and hardly suitable as models for others. I would really like to have seen an IBA Hamburg built in a manner far more typical of the location and one that provided answers to questions: what is good-value housing construction? After all, we are no longer actually building for the middle class, but for the most assertive classes in housing construction. How could we, the city, and the IBA have come up with a stronger reaction to this?

Could the private sector do it any better?

Peter Jorzick: Where does it say that an IBA has to function solely under city control? For me, our entry was timed too late because I believe that as project developers we have the creativ-

Open House: „Ohne die IBA hätte das Projekt mit diesem Anspruch nicht entstehen können. Die Bewohner sind sehr glücklich", sagt Rosemarie Oltmann, Wohnungsbaugenossenschaft Schanze eG. Die Baugemeinschaft Schipperort und die steg Stadterneuerungs- und Stadtentwicklungsgesellschaft Hamburg sind weitere Projektpartner. Preisträger des Architekturwettbewerbs war Onix, Groningen. Die ARGE Onix / Kunst + Herbert, Hamburg steht für Planung und Realisierung.
Open House: "The project would not have come into being at this level without the IBA. The residents are very happy," said Rosemarie Oltmann, Wohnungsbaugenossenschaft Schanze eG. The other project partners are the Baugemeinschaft Schipperort and the steg Stadterneuerungs- und Stadtentwicklungsgesellschaft Hamburg. Winner of the architectural competition was Onix (Groningen, Netherlands) with ARGE Onix/Kunst + Herbert (Hamburg) responsible for the planning and implementation.

spezielle Bauherrenschaft zugeschnitten war. Mit Eigentumsverhältnissen, bei denen sich die Geschosse sozusagen wild durcheinanderschoben. Wir mussten die Architekten überzeugen, dass auch andere Bauherren zufriedengestellt werden müssen.

Resümee: Wie geht es weiter, was sollte weiterentwickelt werden?

Wagen wir gemeinsam ein Resümee. War die Konstruktion einer Internationalen Bauausstellung als städtische Regiegesellschaft aus ihrer Sicht sinnvoll, sind die Ergebnisse „vorzeigbar"?

Achim Nagel: Wir haben hier eine IBA – und die managte ein städtebauliches Experimentierfeld sehr erfolgreich, das, was wir alle hier leisten, ist doch viel mehr als ein Projekt, wie es die Saga nach einem Wettbewerb durchzieht. Es ist weniger der Versuch, Weltarchitektur zu zeigen, als der Wille, gute Häuser zu bauen, die vermarktungsfähig sind. Das zählt für mich.

Matthias Böttcher: Aus meiner Sicht war das eine richtige Entscheidung. Ich fand immer einen Ansprechpartner bei der IBA und auch immer einen Tipp oder einen Lösungsansatz, die weitergeholfen haben.

Peter Jorzick: Ich hege Zweifel daran, dass der gewählte Städtebau für diesen Ort überhaupt richtig ist. Das sind relativ kleine Häuschen, die teuer sind – viel Hülle, wenig Inhalt, frei stehend, ziemlich untypisch für unsere Städte und kaum als Modell für andere tauglich. Ich wünschte mir wirklich eine IBA, die ortstypischer baut und zur Fragestellung Stellung bezieht: Was ist denn preiswerter Wohnungsbau? Denn wir bauen eigentlich nicht mehr für die Mittelschicht, wir bauen nur für die durchsetzungsstärksten Schichten im Wohnungsbau. Wie hätten die Stadt, die IBA und wir stärker darauf reagieren können?

Könnte es die Privatwirtschaft besser?

Peter Jorzick: Wo steht geschrieben, dass eine IBA ausschließlich in städtischer Regie agieren muss? Mir war unser Auftritt zu spät angesetzt, denn ich glaube, dass wir als Projektentwickler die Kreativität besitzen, sehr frühzeitig schon die Stadt bzw. die IBA beraten zu können und auch gemeinsam den Vertrieb früher hätten starten können. Mich würde auch interessieren, wie effizient die Mittel für den öffentlichen Raum eingesetzt werden? Kann man sich nicht Konstruktionen überlegen, in denen von Anfang an die Banken und wir mit all unseren Erfahrungen beteiligt werden?

Das sind viele Fragen. Wo sind die Antworten?

Peter Jorzick: Wir können von Anfang an realistisch planen, wir kennen die Kosten und die entsprechenden Produkte. Und ich möchte doch die BSU auffordern, einmal ihre Aktenschränke zu entrümpeln. Die Konsequenzen daraus, was wir alles beachten müssen, sind ja zum Teil absurdes Theater. Soll ich Ihnen den E-Mail-Verkehr mit Planern zeigen, wer da mit wem was besprechen muss und wer wen nicht versteht? Der Bauauftrag für unser kleines Hybridhaus hat ein Jahr gebraucht – für 16 Einheiten!

Sie haben ja viele Erfahrungen über die IBA gewonnen, wenn Sie jetzt eine IBA selbst organisieren könnten, was wäre dann die geeignete Organisationsform?

Peter Jorzick: Die BSU behält natürlich den Hut auf, es ist nicht unsere Aufgabe die Stadt zu entwickeln. Was wir aber wollen, ist eine frühere Beteiligung.

Sie wollen also nicht allein entwickeln, aber früher eingebunden werden?

Steffan Wulff: Sicher, weil man die Produkte dann klarer definieren kann, denn zu Beginn stimmten diese nicht. In unserem Fall beispielsweise waren die Grundrisse viel zu groß. Gleiches gilt für Erschließungs- und Energiekonzepte. Hier mussten wir leider mit Energiekonzepten arbeiten, die teilweise nicht oder

Im Gespräch (von links): Mathias Böttcher, Boathouse GmbH; Peter Jorzick, Hamburg Team; Oliver G. Hamm, Journalist; Stefan Wulff, Otto Wulff Bauunternehmung; Holger Cassens, Neue Hamburger Terrassen oHG; Olaf Bartels, Journalist; Rosemarie Oltmann, Wohnungsbaugesellschaft Schanze eG; Dirk Meyhöfer, Journalist. Nicht auf dem Bild: Achim Nagel, Primus Developments GmbH; Christian Roedel, IBA Hamburg
From the left: Mathias Böttcher, Boathouse GmbH; Peter Jorzick, Hamburg Team; Oliver G. Hamm, journalist; Stefan Wulff, Otto Wulff Bauunternehmung; Holger Cassens, Neue Hamburger Terrassen oHG; Olaf Bartels, journalist; Rosemarie Oltmann, Wohnungsbaugesellschaft Schanze eG; Dirk Meyhöfer, journalist. Not pictured: Achim Nagel, Primus Developments GmbH; Christian Roedel, IBA Hamburg

ity to be able to advise the city and/or the IBA at a very early stage and the joint marketing could also have started earlier. I would be interested to know how efficiently resources were used for the public domain? Can we not contemplate constructions in which we, with all of our experience, and the banks are involved from the outset?

That is a lot of questions. Where are the answers?

Peter Jorzick: We are able to plan realistically from the outset: we know the costs and the corresponding products. And I want to call on the State Ministry of Urban Development and Environment to clear out their filing cabinets just for once. The consequences of their clutter, and this is something we all have to consider, are the theatre of the absurd at times. Shall I show you the email correspondence with planners: who has to address what with whom and who does not understand whom? The building

contract for our little hybrid house took a year – for sixteen units!

You have gained a great deal of experience of the IBA Hamburg. If you were able to organise an IBA yourself, what would be the appropriate organisational form?

Peter Jorzick: The BSU keeps its position, of course. It is not our job to develop cities. What we want is to be involved earlier on.

So you do not want to develop on your own, you want rather to be brought on board at an earlier stage?

Stefan Wulff: Of course, because the products can then be defined more clearly, because these were not right at the beginning. In our case, for example, the layouts were far too large. The same applies to the access and energy concepts. Here, unfortunately, we had to work with energy designs, parts of which did not work or

noch nicht richtig funktionierten. Statt des Fernwärmeverbundes hätte man mit einer intelligenten Nahwärmelösung für das Projekt effektiver und kostengünstiger sein können. Hätte die IBA nicht öffentlich ausschreiben müssen, wären wir bei einer Privatvergabe kostengünstiger gewesen. Das ist dann Geld, das am Ende fehlt oder das dem Mieter oder Investoren oder wem auch immer zugutegekommen wäre.

Holger Cassens: Ich bin da etwas anderer Meinung. Die IBA war sehr hilfreich – sie konnte bei Behörden durchsetzen, was normalerweise viel mehr Zeit gekostet hätte. Zum Beispiel im Baugenehmigungsverfahren und die IBA-Zuschüsse, die gegeben wurden, waren nach meiner Ansicht zielführend, um das Projekt überhaupt erst in Gang zu bringen.

Rosemarie Oltmann: Ich bin etwas zwiegespalten hinsichtlich eines Urteils. Erst einmal bin ich Heimfelderin. Wenn ich täglich meinen Arbeitsweg von Heimfeld nach Hamburg in die Innenstadt über Wilhelmsburg fahre, dann fällt mir auf, dass die Stadt Hamburg größer geworden ist und es herrscht nicht mehr die verschlafene Situation entlang der Bahngleise von früher. Jetzt sollte sich auch Harburg rühren und sich nicht nur selbst genügen, um an Wilhelmsburg anzuschließen. Inzwischen denke ich, dass es gut war und ist, dass die Stadt Hamburg Geld in die Hand genommen und Wilhelmsburg und auch Teile von Harburg aus dem Schlaf geweckt hat. Schade ist nur, dass hier Elitesituationen geschaffen werden, die nicht kopierbar sind für andere Stadtteile oder Städte. Ein Urteil lässt sich vermutlich erst in einigen Jahren fällen, da zurzeit alles noch zu frisch ist und das Leben in den neuen Stadträumen bisher noch nicht stattgefunden hat. Warten wir es einfach ab.

Vielen Dank für dieses Gespräch!

Redaktionelle Bearbeitung: Dirk Meyhöfer

Anmerkung

1 Die sieben IBA-Qualitätskriterien: Besonderheit, IBA-Spezialität, Multitalentiertheit, Strukturwirksamkeit, Prozessfähigkeit, Präsentierbarkeit, Realisierbarkeit.

were not yet working properly at all. Instead of the community heating network, an intelligent district heating solution would have been more effective and less expensive for the project. Had the IBA Hamburg not had to tender publicly, private tender would have been more affordable. That represents money that was lacking at the end or that could have benefited the tenant or the investors or whomever.

Holger Cassens: I am of a somewhat different opinion. The IBA Hamburg has been very helpful – they were able to assert themselves with the authorities, something that would normally have cost far more time. With the building permission proceedings, for example, and the IBA grants that were provided, they were expedient in getting the project going in the first place, in my view.

Rosemarie Oltmann: I am in two minds. First of all, I come from Heinfelde. Now, when I travel daily into Hamburg via Wilhelmsburg, I see that something is coming together and it is no longer the sleepy situation along the traces it was before. Harburg now needs to budge, too, and not just be self-satisfied. It was good that the Hanseatic City put up the money. What is a shame is the creation of elite situations here, which are not copyable for other cities or city districts. Perhaps we can only judge that in a few years' time – everything is still too fresh now. I am unsure of my assessment there.

Thank you for this discussion.

Edited by Dirk Meyhöfer

Note

1 The seven IBA excellence criteria: distinctivness, IBA specificity, all-roundness, structural effectiveness, process capability, presentation suitability, feasibility.

In den Hafenmetropolen dieser Welt gibt es häufig divergierende Auffassungen zur Entwicklung der Übergangszonen zwischen Hafen und Stadt. Die IBA hat das Thema aufgegriffen und einen fachlichen Austausch hierzu initiiert. Durch Diskussionen mit Hafenvertretern sind anerkannte Themen intensiver ausgeleuchtet und gemeinsame Projekte realisiert worden. Die Notwendigkeit, Kompromisse zwischen den unterschiedlichen Interessenvertretern zu erarbeiten, wurde wieder stärker ins öffentliche Bewusstsein gerückt.

There are often divergent opinions in the world's harbour cities on the development of transitional zones between the harbour and the city. The IBA Hamburg has tackled this issue and initiated expert interaction on the subject. Discussions with harbour representatives have placed a more intensive focus on recognised issues and joint projects have been realised. Public awareness of the necessity to reach compromises between the different interests has been increased.

WOLFGANG HURTIENNE Dipl.-Ing., Geschäftsführer der HPA Hamburg Port Authority, die seit 2005 alle hafenbezogenen Zuständigkeiten der Hamburger Behörden in einer Anstalt öffentlichen Rechts vereint Qualified engineer, managing director of the Hamburg Port Authority (HPA), a public institution combining the harbour-related responsibilities of all Hamburg authorities since 2005

Als einer der „Paten" des „Sprungs über die Elbe" ziehe ich den Hut vor der Gesamtleistung der IBA Hamburg GmbH. Gemeinsam mit allen anderen Akteuren wurde viel in Bewegung gesetzt und auch viel erreicht. Auch für die weitere Entwicklung dieser einzigartigen „Metrozone" im Herzen Hamburgs hoffe ich auf politischen Rückhalt und auf konstruktive Zusammenarbeit mit allen Beteiligten - von den Bürgerinnen und Bürgern bis zum Hafen!

As one of the "godfathers" of the "Leap across the Elbe" I take my hat off to the overall achievements of the IBA Hamburg GmbH. Together with all the other protagonists, a great deal has been set in motion and also achieved. I hope we will also see political backing for the further development of this unique metrozone in the heart of Hamburg as well as constructive cooperation with all of those involved - from the citizens through to the harbour!

ANDREAS KELLNER Dipl.-Ing., Leitender Baudirektor in der Behörde für Stadtentwicklung und Umwelt der Freien und Hansestadt Hamburg, Stellvertretender Leiter des Amtes für Landes- und Landschaftsplanung, Leiter der Projektgruppe „Sprung über die Elbe" Qualified engineer, director of Building with the Free and Hanseatic City of Hamburg's BSU, deputy head of the Office of Urban and Landscape Planning, head of the "Leap across the Elbe" Project Group.

Für den „channel hamburg" ist die IBA ein Glücksfall: 2006 war der Harburger Binnenhafen bereits ein moderner Bürostandort, dank IBA wird nun die Vision des Wohnens am Wasser auf der Schloßinsel wahr. Leben und Arbeiten mit Hafenflair entstehen, der Innovationsstandort für Hamburg - das zukünftige Wissensquartier - wächst weiter! 2013 wird der „Drei-Sprung" über die Elbe dann im „channel hamburg" vollendet. Die Zusammenarbeit mit der IBA hat ganz toll funktioniert.

The IBA Hamburg has been a stroke of luck for "channel hamburg": in 2006 the "Harburg Upriver Port" was already a modern office location; now thanks to the IBA Hamburg the vision of living at the water's edge on the Schloßinsel has become reality. Living and working with harbour flair has come into being, and Hamburg's innovation location - the knowledge neighbourhood of the future - continues to grow! In 2013 the "three-way leap" across the Elbe will thus be complete with "channel hamburg". Working together with the IBA Hamburg was a great success.

MELANIE-GITTE LANSMANN Dipl. Betriebswirtin, Geschäftsführerin des channel hamburg e.V. Qualified business economist, managing director of the channel hamburg association

Unsere mittlerweile legendäre Soul-Kitchen-Halle, eine über 100 Jahre alte charmante Lagerhalle und einst Drehort von Fatih Akins Film „Soul Kitchen", ist besonders abends und am Wochenende ein alternativer Standort für Kultur und Geselligkeit. Aktive aus dem Stadtteil organisieren dort ein facettenreiches Programm und bieten einen Freiraum für Experimente. Ein (Stand-)Ort nah an Wohngebieten - leider bedroht durch die Finanzbehörde, die dort lieber LKWs und Logistikhallen sehen mag.

Our now legendary Soul Kitchen Factory, a charming old warehouse more than 100 years old and once the setting for Fatih Akin's film *Soul Kitchen*, is an alternative location for culture and conviviality in the evenings and at weekends in particular. Local protagonists organise a multifaceted programme here and provide room for experiments. A location close to residential areas - threatened, unfortunately, by the State Ministry of Finance which would prefer to see trucks and logistics warehouses there.

MATHIAS LINTL Initiator und Mitbetreiber der „Soul-Kitchen-Halle" in Hamburg-Wilhelmsburg Initiator and co-manager of the Soul Kitchen Factory in Hamburg's Wilhelmsburg district.

Die IBA ist ein unversenkbarer Gewinn für die Menschen auf der Veddel: Energetisch gute und günstigere Wohnungen in einem denkmalgeschützten Backsteinbau ohne Verdrängung, ein „Haus der Projekte" für bessere Bildungschancen, dazu neue Wege am Spreehafen. Nicht zu vergessen der Sommer im historischen Ballsaal, der inzwischen leider verschwunden ist. Kritik habe ich nur an den Projekten zu äußern, die nicht verwirklicht wurden: das „Haus der Begegnung" und die Umgestaltung des Busbahnhofs.

The IBA Hamburg is of undisputed benefit to the people of Veddel: more affordable housing to a good energy standard in a listed brick building without displacement, a "House of Projects" for improved educational opportunities, as well as new routes along the Spreehafen. Not forgetting the summer in the historic ballroom, which has now disappeared, unfortunately. The only criticism I have relates to the problem of projects that were not realised: the "House of Encounters" and the conversion of the bus station.

KLAUS LÜBKE   Mitglied der Bezirksversammlung Hamburg-Mitte, Sprecher der SPD-Fraktion für Denkmalschutz, Vorsitzender der SPD Veddel   Member of the "Bezirksversammlung" (Hamburg-Mitte District Council), Speaker for the SPD fraction on monument protection, chairman of the Veddel SPD

Anfangs den Bedürfnissen der Bewohner zugewandt, dann zunehmend den Renditeinteressen der Investoren, hinterlässt die IBA den Wilhelmsburgern gute Gebäude für die Bildung, ein hübsches, aber überflüssiges Verwaltungsgebäude, einen endlich offenen Spreehafen und eine Baustelle für eine „Wilhelmsburger Reichs-Autobahn" mit sechs Meter hohen Wänden, die den Stadtteil für den Rest des Jahrhunderts teilen wird. Integrierte Stadtteilentwicklung in Zusammenarbeit mit den Bewohnern - das war ein schnell verflogener Traum.

Initially focussed on the needs of the residents, then increasingly on the yields enjoyed by the investors, the IBA Hamburg leaves the people of Wilhelmsburg with good buildings for education, an attractive but superfluous administrative building, a Spreehafen that is finally opened, and a building site for a "Wilhelmsburg Reichs-Autobahn" with 6-metre-high walls that will split the neighbourhood for the rest of the century. Integrated neighbourhood development in cooperation with the residents – that was a short-lived dream.

MICHAEL ROTHSCHUH   Professor an der Hochschule in Hildesheim, wohnhaft in Wilhelmsburg, seit zehn Jahren aktiv in der Bürgerorganisation „Zukunft Elbinsel Wilhelmsburg", die sich für eine integrierte Entwicklung der Elbinsel einsetzt - vor, während und nach der IBA   Professor at the Hildesheim University (University of Applied Science), resident in Wilhelmsburg, actively involved in the "Zukunft Elbinsel Wilhelmsburg" (Elbe Island Wilhelmsburg Future citizens' association) for the last ten years, a grouping campaigning for the integrated development of Wilhelmsburg prior to, during, and following the IBA Hamburg

Im Rahmen der Entwicklung der Neuen Wilhelmsburger Mitte wurde ein funktionstüchtiges, aber weder energetisch noch gestalterisch zeitgemäßes Schwimmbad durch ein neues ersetzt. Aufgrund der hohen Anforderungen an Wärmedämmung und Energieeffizienz hat sich der Wärmebedarf des neuen Bades im Vergleich zum alten halbiert. Dies und der Energieverbund führen dazu, dass das Bad CO_2-neutral betrieben werden kann. In der Projektarbeit hat die IBA ihr Leitthema „Stadt im Klimawandel" konsequent verfolgt und gesteuert.

During the course of the new development of the centre of Wilhelmsburg a functioning swimming pool that was, however, out of date in terms of energy requirements and design has been replaced by a new one. The high demands in terms of heat insulation and energy efficiency have meant that the heating requirements for the new pool have halved in comparison with the old one. This and the "Integrated Energy Network" mean that the pool can be run on a CO_2-neutral basis. The IBA Hamburg consistently followed and monitored its "Cities and Climate Change" theme during the course of the project work.

DIRK SCHUMAIER   Geschäftsführer der Bäderland Hamburg GmbH, Projektträger des Neubaus Schwimmbad Wilhelmsburg   Managing director of Bäderland Hamburg GmbH, responsible for building the new Wilhelmsburg swimming pool

Das „Weltquartier" nimmt Gestalt an. Die SAGA GWG wird das gesamte Quartier behutsam und nachhaltig entwickeln. Ein Hauptziel ist dabei die Stabilisierung der Nachbarschaften. Bedanken möchte ich mich speziell bei unseren Mietern, ohne deren Kooperationsbereitschaft die Umsetzung dieses Projektes so nicht möglich gewesen wäre. Unsere anfänglichen Erwartungen sind übertroffen worden, schließlich waren manche Mieter bereit, für einen längeren Zeitraum aus ihren Wohnungen auszuziehen, um dann in ihre neuen „alten" Wohnungen mit verbessertem Grundriss zurückzukehren.

The "Global Neighbourhood" is taking shape. SAGA GWG will develop the entire neighbourhood carefully and sustainably. One of the key objectives in this process is the stabilisation of the neighbourhood. I want to thank our tenants in particular, whose willingness to cooperate has made the implementation of this project possible. Our initial expectations have been exceeded, with some tenants ultimately having been willing to move out of their apartments for a longer period in order to then be able to return to their new "old" apartments with improved layouts.

THORSTEN SCHMIDT   Leiter Kundenbetreuung der SAGA GWG, Projekt Weltquartier, Geschäftsstelle Wilhelmsburg   Head of customer liaison with SAGA GWG, "Global Neighbourhood Project", Wilhelmsburg Branch

Seit die IBA Hamburg das Leitthema „Stadt im Klima-wandel" aufgegriffen hat, hat es weder an Aktualität noch an Brisanz verloren. Stefan Schurig führt uns dies in seinem einleitenden Beitrag noch einmal vor Augen, nicht ohne dabei auf das Ringen um die Aus-formung der ertragreichsten Frucht, des Klimaschutz-konzepts „Erneuerbares Wilhelmsburg" hinzuweisen. Die Projektkoordinatoren Karsten Wessel und Simona Weisleder stellen es nachfolgend detailliert vor. Oliver G. Hamm verweist auf die beiden markantesten Pro-jekte in diesem Themenfeld, den „Energiebunker" und den „Energieberg", während Lucia Grosse-Bächle und Antje Stokman die städtebaulichen Konsequenzen des Lebens und Wohnens am Wasser angesichts des ansteigenden Meeresspiegels und der daraus resultie-renden Hochwasserschutzmaßnahmen thematisieren. Welche Konsequenzen der Klimawandel in seiner Folge und als Prävention von Architektur und Städtebau for-dert und welche Lösungsansätze dafür im Rahmen IBA Hamburg konzipiert wurden und präsentiert werden, zeigen Claas Gefroi, Olaf Bartels und Dirk Meyhöfer.

The issue of "Cities and Climate Change" has lost nothing in terms of topicality or relevance since the IBA Hamburg adopted it as a theme. Stefan Schurig presents us with another reminder of this in his introductory article, as well as drawing attention to the efforts involved in shaping that most fruitful of outcomes, the "Renewable Wilhelmsburg" Climate Protection Concept, about which project coordina-tors Karsten Wessel and Simona Weisleder then go on to provide us with a detailed presentation. Oliver G. Hamm points out the two most distinctive projects in this subject area, the "Energy Bunker" and the "Energy Hill", while Lucia Grosse-Bächle and Antje Stokman address the urban development consequenc-es of waterside living and working in the face of rising sea levels and the resultant flood protection meas-ures. Claas Gefroi, Olaf Bartels, and Dirk Meyhöfer demonstrate the demands made by climate change on architecture and urban development, both in its wake and on a preventative basis, as well as the solutions designed and presented in the context of the IBA

STADT IM KLIMAWANDEL
Neue Energien für die Stadt

CITIES AND CLIMATE CHANGE
New Energies for the City

STEFAN SCHURIG

Prolog: Stadt im Klimawandel

Warum die Welt auf die IBA Hamburg nach Wilhelmsburg schauen wird!

Die Wahrheit eines US-Präsidentschaftskandidaten

Es gab eine Schlüsselszene in dem Film *Eine unbequeme Wahrheit* (*An Inconvenient Truth*, USA 2006, Regie: Davis Guggenheim). In dem preisgekrönten Dokumentarfilm über den Klimawandel steigt der ehemalige US-Präsidentschaftskandidat Al Gore in den Korb einer Hebebühne und schwebt zehn Meter vertikal nach oben. Dabei zieht er mit dem Finger auf der Leinwand den Verlauf einer Grafik nach, die den Anstieg der weltweiten Kohlendioxidemissionen allein in den letzten 100 Jahren anzeigt. Der Verlauf ist so drastisch, dass man die Spitze trotz Hebebühne nicht erreicht. Sofort wird klar: Einen derart rasanten Anstieg hat es in der Menschheitsgeschichte noch nie gegeben. Jetzt muss alles in Bewegung gesetzt werden, um diesen Trend zu stoppen. Das war im Jahr 2006.

Die Einfachheit und Verständlichkeit, mit denen Al Gore das Klimaproblem in seinem Film auch für Nicht-Experten darstellte, brachte ihm ein Jahr später den Friedensnobelpreis ein, zusammen mit dem UN-Klimawissenschaftlergremium IPCC, dessen dritter Sachstandsbericht im selben Jahr veröffentlicht wurde und der erstmals konkret die schockierenden Folgen des vom Menschen verursachten Klimawandels für den Planeten Erde darstellte.

Die trockene, aber erschütternde Diagnose des weltweit größten und einzigartigen Wissenschaftlergremiums lautete: Die globalen atmosphärischen Konzentrationen von Kohlendioxid, Methan und Lachgas sind als Folge menschlicher Aktivitäten seit 1750 markant gestiegen und übertreffen heute die aus Eisbohrkernen über viele Jahrtausende bestimmten vorindustriellen Werte bei Weitem. Der weltweite Anstieg der Kohlendioxidkonzentration ist primär auf den Verbrauch fossiler Brennstoffe und auf Landnutzungsänderungen zurückzuführen. Der IPCC-Bericht sagte auch klipp und klar, dass unmittelbares Gegensteuern erforderlich ist, um die globale Erwärmung noch unter dem durchschnittlichen Anstieg von zwei Grad zu halten.

Das Medienecho

Ausnahmslos alle Medien weltweit räumten dem Thema über Monate höchste Priorität ein. Manche beschrieben die Bedrohung durch den Klimawandel in geradezu biblischem Ausmaß. Vielleicht muss man deshalb irgendwann in der Geschichte zurückblicken und feststellen, dass dies der Wendepunkt der Klimadiskussion war. Die Menschen wurden aufgerüttelt von der Erkenntnis, dass durch die Industrialisierung der Weltenergiebedarf zwischen 1950 und 2007 um 500 Prozent angestiegen war, die Weltbevölkerung sich in weniger als 100 Jahren vervierfacht hatte. Und dass dies einherging mit der flächendeckenden Zerstörung von Ökosystemen, dem Verlust fruchtbarer Böden, schrumpfender Artenvielfalt und Wetterextremen in unbekanntem Ausmaß.

Von nun an wurde das Thema nicht nur in Expertenkreisen aus Wissenschaftlern und Nichtregierungsorganisationen diskutiert. Es war in der breiten Bevölkerung angekommen.

Der frühere US-Präsidentschaftskandidat Al Gore erklärt im Film *Eine unbequeme Wahrheit* eindringlich und publikumswirksam den Klimawandel und seine Folgen. In the film *An Inconvenient Truth* former US presidential candidate Al Gore drew urgent and effective attention to climate change and its consequences.

STEFAN SCHURIG

Prologue: Cities and Climate Change

Why the Eyes of the World Will Be on the IBA Hamburg in Wilhelmsburg!

Plötzlich konnte man mit diesem Thema sogar Wahlen gewinnen.

Was noch wichtiger ist: Der Fokus richtete sich schnell auf die Ursache des Klimaproblems, die massenhafte Verbrennung von Öl, Gas und Kohle. Und darauf, dass der Treibstoff der Industrialisierung zügig durch Erneuerbare Energien ersetzt werden muss und die Städte und Metropolen der Welt dabei im Zentrum stehen würden. Nicht nur, weil die meisten Städte der Welt an der Küste liegen und sie somit unmittelbar vom Anstieg des Meeresspiegels bedroht sind. Sondern auch, weil 80 Prozent aller Ressourcen hier verbraucht werden und schon bald zwei Drittel der globalen Weltbevölkerung in Städten leben werden.

Die Internationale Bauausstellung in Hamburg

In dieser Zeit fiel auch in Hamburg die naheliegende Entscheidung, Klimaschutz und die Energiefrage zu einem der drei Schwerpunkte der Internationalen Bauausstellung zu machen. Diese Entscheidung war wegweisend. Denn die IBA Hamburg liefert heute einen wichtigen Impuls im weltweiten Diskurs darüber, wie Städte Schritt für Schritt in nachhaltige Systeme transformiert werden können.

Die IBA Hamburg hat das erklärte Ziel „Entwürfe für die Zukunft der Metropole" zu liefern. Und es war augenscheinlich, dass dies auch Entwürfe für die Energieversorgung der Zukunft im innerstädtischen Bereich umfassen müsste. Hamburg würde durch die IBA zudem die Gelegenheit haben, sich der Welt mit konkreten Beispielen für eine nachhaltige Stadtentwicklung zu empfehlen. Denn überall auf der Welt steht man vor ähnlichen Fragen: Wie können Metropolen unabhängiger von fossilen Rohstoffen werden und wie können sie sich auf die nicht mehr vermeidbaren Folgen des Klimawandels einstellen? Welche Technologien werden sich durchsetzen, welche Raumordnungskonzepte werden dem Ziel der Nachhaltigkeit gerecht? Wie kann die lokale Wirtschaft am besten davon profitieren? Wie kann der ökologische Fußabdruck einer Stadt wieder mehr in Einklang mit ihrer tatsächlichen räumlichen Ausdehnung gebracht werden?

Das Besondere an dem Ansatz der IBA Hamburg ist dabei das erklärte Ziel, diese Fragen nicht isoliert zu betrachten, sondern im Zusammenhang mit den sozioökonomischen und soziokulturellen Herausforderungen vor Ort. Wie also gelingt es, ein überzeugendes nachhaltiges Energiekonzept für einen Stadtbezirk zu entwerfen und umzusetzen, ohne dass der Charakter des Ortes, die lokalspezifische Identität abhanden kommt? Wie kann in diesem Sinne ein Bezirk wachsen und modernisiert werden? Für die Elbinseln hieß das zum Beispiel, die unterschiedlichen Verhaltensmuster und Bedürfnisse von Menschen aus über 100 verschiedenen Ländern und Kulturen in die Planungen mit einzubeziehen. Es gibt weltweit nur wenige Beispiele, bei denen dies gelungen ist.

Die IBA Hamburg hatte sich also viel vorgenommen und soviel sei schon jetzt gesagt: Sie hat ihre Ziele erreicht – allerdings ist es offensichtlich, dass die energetische Transformation eines gesamten Stadtbezirks mit etwa 55.000 Einwohnern nicht von heute auf morgen umzusetzen ist. Es wird also sehr darauf ankommen, dass der eingeschlagene Weg fortgesetzt wird. Denn trotz der gesteigerten Wahrnehmung des Klimaproblems in der Gesellschaft und trotz der vielen vorhandenen technischen Lösungen ist die Umwandlung von Städten in nachhaltige Systeme bei Weitem kein Selbstläufer. Die größten Herausforderungen der energetischen Transformation liegen innerhalb politischer Spannungsfelder.

Der Blick vom „Energiebunker" auf die Hamburger Stadtsilhouette ist auch ein Ausblick auf die kommenden Aufgaben einer energetischen Stadtentwicklung. The view of the Hamburg city skyline from the "Energy Bunker" also presents the prospect of the tasks ahead for energy-related urban development.

Der „Energieberg Georgswerder" versorgt etwa 4000 Haushalte auf der Elbinsel mit Strom, der durch Windkraft, Sonnenenergie, aus Gasen der ehemaligen Haus- und Sondermülldeponie sowie aus Geothermie gewonnen wird. Der „Energieberg" ist damit ein wesentlicher Baustein im Energiekonzept „Erneuerbares Wilhelmsburg".   The Georgswerder "Energy Hill" supplies about 4000 households on the Elbe islands with electricity generated by wind power, solar energy, gases from former household and hazardous waste sites, as well as geothermal energy. The "Energy Hill" is thus a key component of the "Renewable Wilhelmsburg" energy concept.

The Truth from a US Presidential Candidate

There was a key scene in the film *An Inconvenient Truth* (USA 2006, directed by Davis Guggenheim). In this award-winning documentary about climate change, the former US presidential candidate Al Gore climbs onto a hoisting platform and is lifted up vertically 10 metres. In the process his finger traces along a graphic on the screen showing the rise in worldwide carbon dioxide emissions in the last 100 years alone. The curve is so dramatic that even the hoisting platform does not reach the peak. That makes it clear straightaway: there has never been a rise as rapid as this in the history of mankind. Everything now needs to be set in motion to stop this trend. That was in 2006. The straightforward and comprehensible manner in which Al Gore presented the climate problem in his film, which was also intended for non-experts, earned him the Nobel Peace Prize a year later. The UN's Intergovernmental Panel on Climate Change (IPCC) published its third assessment report in the same year, predicting in concrete terms the shocking consequences for Planet Earth of man-made climate change for the first time.

The prosaic but alarming diagnosis from the world's largest and most exceptional scientific panel was as follows: "Global atmospheric concentrations of carbon dioxide, methane, and nitrous oxide have increased markedly as a result of human activities since 1750 and now far exceed pre-industrial values determined from ice cores spanning many thousands of years .... The global increases in carbon dioxide concentration are due primarily to fossil fuel use and land use change...." The IPCC report also clearly stated that immediate countermeasures are necessary to keep the increase in global warming below an average 2°C.

The Media Response

Without exception, the subject was awarded top priority throughout the media for months. Some described the threat of climate change in almost biblical terms. This is perhaps why, at some point in the story, we need to look back and realise that this was the turning point in the climate discussion.

People were shaken by the realisation that, as a result of industrialisation, the world's energy requirements had risen by 500% between 1950 and 2007, that the world's population had quadrupled in less than 100 years. And that this was accompanied by the extensive destruction of ecosystems, the loss of fertile soils, declining biodiversity, and weather extremes on an unprecedented scale.

From now on the topic was discussed not only in expert circles comprising scientists and non-governmental organisations. It had reached the public at large. All of a sudden, even elections could be won with this issue.

What is even more important: the focus quickly turned to the cause of the climate problem, the combustion of oil, gas, and coal on a massive scale. And then the fact that the fuels of industrialisation needed to be rapidly replaced by renewable energy sources and that the world's towns and cities would be at the centre of this. Not only because the majority of the world's cities are situated at the coast and thus under direct threat from a rise in sea levels but also because cities are where 80% of all resources are consumed and two thirds of the world's population will soon be living in cities.

The International Building Exhibition in Hamburg

It was at this time that in Hamburg, too, the obvious decision was taken to make climate protection and the energy issue one of the three focal points of the International Building Exhibition. This was a pioneering choice as the IBA Hamburg today offers an important impetus in the worldwide discussion of how cities can be transformed step by step into sustainable systems.

The IBA Hamburg has the declared objective of providing "models for the future of cities." And it was clear that these would also have to encompass models for the energy supply

Der Energiebeirat der IBA Hamburg

So basiert, wie beschrieben, das bisherige Energieversorgungssystem der Städte vor allem auf dem Einsatz der Rohstoffe Kohle, Öl, Erdgas und Uran. Ihm liegt eine punktuelle, vertikale Erschließung der Energieressourcen zugrunde, die vor allem das Geschäftsmodell von Großunternehmen begünstigt, die die Metropolen mit Energie versorgen. Die Erschließung der erneuerbaren Energien geschieht hingegen in erster Linie flächig (vielleicht mit Ausnahme der Geothermie). Dies begünstigt vor allem das Geschäftsmodell von kleinen Einheiten, also Genossenschaften, Privatpersonen, Kooperativen und Stadtwerken.

2008 gründete sich auf dem ersten Klima- und Energielabor der IBA Hamburg der Fachbeirat Energie. Die Expertinnen und Experten aus Wissenschaft, Politik und Praxis erhielten den Auftrag, die Arbeit der IBA Hamburg kritisch zu begleiten und die Innovationskraft der Projekte zu stärken. Gemeinsam mit den IBA-Verantwortlichen hat sich der Beirat daraufhin intensiv mit der Frage beschäftigt, wie das Ziel einer möglichst flächendeckenden Versorgung mit erneuerbaren Energien in eine realisierbare Handlungsstrategie umgesetzt werden kann. Bei der Strategiefindung für die energetische Aufwertung des IBA-Gebietes sollte ausdrücklich der Blick auf die soziale, wirtschaftliche und ökologische Nachhaltigkeit sowie auf Energiesicherheit gerichtet werden.

Die These, dass hundertprozentige Vollversorgung aus innerstädtischen erneuerbaren Energien verwirklicht werden kann, wurde vielfach vertreten. Aber würde sie in der Realität Bestand haben? Der in den zwei folgenden Jahren erarbeitete „Energieatlas Erneuerbares Wilhelmsburg" zeigt, dass es geht. Besonders hervorzuheben ist, dass das 100-Prozent-Ziel nicht nur bilanziell realisiert, sondern durch vor Ort vorhandene erneuerbare Energien abgedeckt wird.

Der erste naheliegende Schritt war daher zunächst, die Klimaneutralität aller Bauprojekte der IBA Hamburg sicherzustellen. Die Projekte führen in der CO_2-Bilanz, gemessen an dem eigenen CO_2-Ausstoß im Betrieb, nicht zu einem erhöhten Treibhausgas Ausstoß. Nicht vermeidbare CO_2 Emissionen der Neubauprojekte werden durch Einsparungen in Bestandsprojekten und beim Ausbau von Projekten zu erneuerbaren Energien auf den Elbinseln kompensiert. Blockheizkraftwerke sowie lokale und regionale Energieverbundsysteme liefern sowohl Wärme als auch Strom und „virtuelle Kraftwerke" steuern die Verteilung. Der Anteil der erneuerbaren Energien wird schrittweise erhöht, bis das Ziel *Hundert Prozent erneuerbar* erreicht ist.

Ein besonders zukunftsweisender Aspekt des Konzeptes ist das Einbinden der Bewohnerinnen und Bewohner der Elbinsel sowie der ansässigen Unternehmen. Durch umfangreiche Kommunikationsmaßnahmen und ökonomische Anreize werden diese motiviert, an dem Projekt teilzunehmen.

Wichtig war es, im Modellraum über alle entscheidenden Berechnungsdaten zu verfügen und sie in geeigneter Weise aufzuarbeiten. Der Anspruch auf Zugang zu diesen Daten war dabei

Der massive Erdölaustritt nach der Explosion der BP-Bohrplattform Deepwater Horizon im Golf von Mexiko im Jahr 2010 und die nach einem Tsunami im Kernkraftwerk Fukushima in Japan 2011 eingetretene Kernschmelze machten ein weiteres Mal die Notwendigkeit zur Versorgung aus erneuerbaren, risikoarmen Energiequellen deutlich. In 2010 the massive oil spill following the explosion at BP's Deepwater Horizon drilling platform in the Gulf of Mexico and in 2011 the core meltdown, following a tsunami, at the Fukushima nuclear power station in Japan again emphasised the necessity of supplies from renewable, low-risk energy sources.

of the future in inner-city areas. Through the IBA, Hamburg would also have the opportunity to become a role model for the world with concrete examples of sustainable urban development. Cities all over the world are faced with similar issues: how can they become less dependent on fossil fuels and how are they to prepare for the now unavoidable consequences of climate change? Which technologies will come to dominate, which regional planning concepts do justice to the goal of sustainability? How can the local economy best benefit from this? How can a city's ecological footprint again be brought into harmony with its actual spatial expansion?

The particular feature of the IBA Hamburg's approach is the stated intention of viewing these issues not in isolation but in the context of the local socio-economic and socio-cultural challenges. How do you come up with and implement a convincing sustainable energy concept for a city district without losing the local character of the place, the specific local identity? How can a district grow and be modernised in this sense? For the Elbe islands this meant, for example, incorporating the different behavioural patterns and needs of people from more than 100 different countries and cultures into the planning. There are only very few examples worldwide of where this has been achieved successfully.

The IBA Hamburg had therefore taken on a great deal but this much can already be said: it has achieved its goals – though it is clear that the energy transformation of an entire city district with about 55,000 residents is not something that can be implemented overnight. A great deal will therefore depend on the path already embarked on being continued. Despite increased awareness of the climate problem within society and the many existing technical solutions, the transformation of cities into sustainable systems is by no means a given. The greatest energy transformation challenges lie in the political arena.

The IBA Hamburg's Energy Advisory Council

As mentioned above, cities' energy supply systems to date have been primarily based on the use of the raw materials coal, oil, natural gas, and uranium. This requires the selective, vertical exploitation of energy resources, favouring above all the business models of large companies supplying the cities with energy. The exploitation of renewable energy, on the other hand, is primarily flat (with the possible exception of geothermal energy). This is primarily suitable for the business models of small units such as associations, private individuals, cooperatives, and public utilities.

The Expert Energy Advisory Council was founded in 2008 during the IBA Hamburg's first Climate and Energy Laboratory. The experts from science, politics, and practice were given the task of critically monitoring the work of the IBA Hamburg and consolidating the innovative impact of the projects. Together with the responsible parties within the IBA, the council subsequently intensively examined the issue of how the goal of obtaining supplies using renewable energy as comprehensively as possible can be turned into a feasible action plan. The quest for a strategy to achieve an energy upgrade of the IBA area was to pay specific attention to social, economic, and ecological sustainability, as well as to energy security.

The thesis that a complete, 100% supply from inner-city renewable energy sources is feasible was put forward by numerous parties. But would it stand the test in reality? The Wilhelmsburg Renewable Energy Atlas compiled over the two years that followed shows that it does. Worthy of particular mention is the fact that the 100% goal was achieved not only on balance but is also met through local renewable energy sources.

The first obvious step was therefore to ensure the climate neutrality of all the IBA Hamburg's building projects. In terms of the CO_2 balance and based on their own CO_2 operating emissions, the projects do not cause increased greenhouse gas production. Unavoidable CO_2

keine Selbstverständlichkeit. Durch den Erhalt der Daten konnten aber schließlich prototypische, energetisch relevante Stadt- und Landschaftsraumtypen für den Modellraum definiert werden. Nur so konnte zum Beispiel der langfristige Energiebedarf des IBA-Geländes sowie das vor Ort vorhandene Potenzial zur Erzeugung erneuerbarer Energien dargestellt werden.

Die IBA Hamburg und ihre Folgen

Städten und Metropolen bietet das Zukunftskonzept der IBA Hamburg eine zukunftsweisende *Roadmap*. Das Konzept initiiert nicht nur innovative Schritte in Wilhelmsburg. Die vielen Ideen und Projekte der IBA sind schon jetzt von großem Nutzen für ganz Hamburg.
Denn leider haben sich die eindringlichen Warnungen von Al Gore und dem IPCC nicht als falsch herausgestellt – im Gegenteil. Der Anstieg der globalen Durchschnittstemperatur geht ungebremst weiter, manche Prognosen aus dem Jahr 2007 haben sich schon jetzt als zu vorsichtig erwiesen. Gleichzeitig haben Ereignisse wie die verheerende Ölpest im Golf von Mexiko im Jahr 2010 oder die Nuklearkatastrophe von Fukushima im Jahr 2011 die Dringlichkeit einer Versorgung mit zu 100 Prozent erneuerbaren Energien noch einmal unterstrichen. Aber, und das muss an dieser Stelle auch betont werden: Positive Entwicklungen wie der rasante Ausbau der erneuerbaren Energien haben dazu geführt, dass es in Deutschland mittlerweile 132 Regionen gibt, die sich das Ziel einer Vollversorgung mit erneuerbaren Energien gesetzt haben. In diesen Regionen leben etwa 20 Millionen Menschen – ein Viertel der Gesamtbevölkerung Deutschlands. Sogar Großstädte wie München oder Barcelona haben diese Ziele formuliert. Die IBA Hamburg kommt also genau zur richtigen Zeit, um zu zeigen, wie man ein solches Ziel auch umsetzen kann.

Ausblick

Wie geht es mit der IBA Hamburg nach 2013 weiter? Fakt ist, dass das zukunftsweisende Konzept der IBA auch über 2013 hinaus umgesetzt werden muss und dass dies strukturell abgesichert werden muss. Hamburg hat in die IBA investiert und schon jetzt eine enorme Aufwertung des Stadtteils Wilhelmsburg erreicht. Vielleicht noch bedeutender ist aber die internationale Signalwirkung, die von der IBA Hamburg schon heute ausgeht. Kaum eine andere Stadt in der Welt hat ein ähnlich gut ausgearbeitetes Zukunftskonzept wie das der IBA.
Der renommierte amerikanische Städteforscher Edward Glaeser spricht vom Siegeszug von Städten als „die gesündesten, grünsten, kulturellsten und reichsten Orte des Lebens". Aber nicht ohne einschränkend hinzuzufügen, „nur dann, wenn man die richtigen Strategien zur Fortentwicklung der Stadt hat". Angesichts dessen, was auf uns zukommt, sollten Warnungen wie die Al Gores und des IPCC vor den Gefahren des Klimawandels wirkungslos bleiben, lässt sich sagen: Die IBA ist eine solche zukunftsfähige Strategie, die durchaus auf ganz Hamburg übertragbar wäre. Es kommt nun auf die Stadtoberen an, dieses Potenzial zu nutzen.

emissions from new building projects are compensated for by savings in projects involving existing buildings and in the upgrading of projects to use renewable energy sources on the Elbe islands. Thermal power stations as well as local and regional energy association systems provide both heating and electricity, while "virtual power stations" control distribution. The proportion of renewable energy is being increased step by step until the goal of *100% renewable energy* is achieved.

A particularly future-oriented aspect of the concept is the involvement of the Elbe islands residents and of companies based there. Comprehensive communication measures and economic incentives provide the motivation to participate in the project.

What was important was to have all of the key calculation data for the model area available and to process these appropriately. Access to this data was not a given, either, but its acquisition did ultimately allow for the definition of prototype, energy-relevant city and landscape typologies for the model area. It was only in this way that the long-term energy requirements of the IBA area, for example, as well as the local renewable energy generation potential, could be established.

The IBA Hamburg and Its Consequences

The IBA Hamburg's future concept provides towns and cities with a future-oriented road map. The concept initiates not only innovative measures in Wilhelmsburg, the IBA's many ideas and projects are already of great use to the whole of Hamburg.

Unfortunately, the urgent warnings from Al Gore and the IPCC have not turned out to be unfounded – on the contrary. The rise in the average global temperature continues unabated, with some of the prognoses from 2007 already having proven to be too conservative. At the same time, events such as the devastating oil pollution in the Gulf of Mexico in 2010 or the Fukushima nuclear catastrophe in 2011 have again emphasised the urgency of the need for

supplies 100% from renewable energy. But, and this has to be emphasised here: positive developments such as the rapid expansion of renewable energy sources have led to the fact that there are now 132 regions in Germany that have set themselves the goal of complete supply based on renewable energy. Some 20 million people live in these regions – a quarter of Germany's total population. Even major cities such as Munich or Barcelona have adopted this aim. The IBA Hamburg therefore comes at precisely the right time to show how such a goal can be achieved.

Outlook

Where does the IBA Hamburg go after 2013? The fact is that the IBA's future-oriented concept also needs to be implemented beyond 2013 and this needs structural safeguards. Hamburg has invested in the IBA and has already achieved a major upgrading of the Wilhelmsburg district. Perhaps even more significant, however, is the international signal already being sent out by the IBA Hamburg. Hardly any other city in the world has a future concept as well thought-out as that of the IBA.

The renowned American urban researcher Edward Glaeser talks of the triumph of cities as "the healthiest, greenest, and richest (in cultural and economic terms) places to live." But not without adding the caveat, "but only with the right strategies for the city's ongoing development." Given what we face if warnings like that from Al Gore and the IPCC about the dangers of climate change go unheeded, it only remains to say: the IBA is just such a future-oriented strategy, one that would indeed be applicable to the whole of Hamburg. It is now up to the city fathers to utilise this potential.

OLIVER G. HAMM

Vom Menetekel zum Kraftwerk

Gelungene Konversionen: Der „Energiebunker" und der „Energieberg Georgswerder"

Eine Internationale Bauausstellung lebt immer auch von sogenannten Leuchtturmprojekten – Bauten, die aus der Vielzahl einzelner Interventionen besonders herausragen, die plastisch einen Strukturwandel verdeutlichen und zugleich über den konkreten Ort und mithin über sich selbst hinausweisen. Die IBA Hamburg verfügt allein beim Leitthema „Stadt im Klimawandel" über zwei solche Projekte, deren Geschichten inklusive des jeweiligen Konversionsprozesses „vom Menetekel zum Kraftwerk" unterschiedlicher nicht sein könnten. Der „Energiebunker" im Reiherstiegviertel und der „Energieberg Georgswerder" haben beide das Potenzial, über das Ende der Bauausstellung hinaus die Botschaft von der nachhaltigen Erneuerung der Elbinseln zu verkünden.

Unheimliche Geschichte mit gutem Ende: Hausmüllkippe, Trümmerschutt, Industrieabfälle, dioxinverseuchte Flüssigabfälle – Schließung und Rekultivierung

Die Konversion der früheren Georgswerder Mülldeponie zu einem „Energieberg" vollzog sich größtenteils schon vor Beginn der Internationalen Bauausstellung. Doch erst im Zuge der IBA Hamburg wurde die energetische Nutzung der künstlich geschaffenen höchsten Erhebung auf der Elbinsel optimiert, ihre wechselvolle Geschichte dokumentiert und in einer Dauerausstellung aufbereitet. Zudem hat erst die Bauausstellung der Öffentlichkeit den Weg zum Erleben des „Energiebergs" freigemacht. Ein

neuer, aufgeständerter Horizontweg (den die Berliner Landschaftsarchitekten Häfner/Jimenez entwarfen) ermöglicht Besuchern zudem einen grandiosen Ausblick auf ganz Hamburg. Nachts illuminiert, kündet der Pfad als „weißer Ring" selbst den auf der A 255 vorbeifahrenden Autofahrern vom tiefgreifenden Wandel des „Energiebergs Georgswerder".

Besucher müssen zunächst die Fiskalische Straße passieren, die in diesem Abschnitt einen etwas verwahrlosten Eindruck vermittelt, ehe sie den nördlichen Fuß des rund 40 Meter hohen „Energiebergs" erreichen. Dort befinden sich die Betriebsgebäude und das 2012 eröffnete Informationszentrum. Der Neubau von Konermann Siegmund Architekten, Hamburg, schmiegt sich unmittelbar an die vom Ausstellungsraum einsehbare Halle zur Aufbereitung des Grundwassers an. Die Dauerausstellung dokumentiert die problematische Vorgeschichte des „Energiebergs", der ab 1935 zunächst als Hausmüllkippe entstand, auf der ab 1948 aber auch Trümmerschutt und ab 1967 Industrieabfälle gelagert wurden, darunter 720 Tonnen dioxinverseuchte Flüssigabfälle. Nach dem Giftgasunfall in Seveso (1976), bei dem Dioxin in großen Mengen austrat, dauerte es noch einmal drei Jahre, bis die Deponie Georgswerder geschlossen und rekultiviert wurde. Nachdem auch im aus ihr austretenden Wasser Dioxin nachgewiesen und sie mit einem der größten Umweltskandale Deutschlands in Verbindung gebracht worden war, erwirkte die aufgebrachte Bürgerschaft 1984 eine aufwendige Sanierung, die erst 1995 abgeschlossen werden konnte.

Von der giftigen Altlast zum Gipfel Erneuerbarer Energien. Die ehemalige Mülldeponie Georgswerder erlebte im Rahmen der IBA eine Transformation zum „Energieberg". Besucher beim Aufstieg im Frühjahr 2013, ...
From a toxic legacy to the pinnacle of renewable energy. The former Georgswerder refuse site has been transformed into an "Energy Hill" as part of the IBA. Shown here are visitors on the ascent in spring 2013 ...

OLIVER G. HAMM

From Writing on the Wall to Power Plant

Successful Conversions: The "Energy Bunker" and the "Georgswerder Energy Hill"

Heute ist der gesamte „Energieberg Georgswerder" auf einer Fläche von 45 Hektar mit einer Kunststoffdichtungsbahn – die das Eindringen von Regenwasser verhindert – und mit einem Oberboden abgedeckt. Die Hälfte des Bergs (22 Hektar, das entspricht der Fläche der Binnenalster) ist öffentlich zugänglich, der Rest wird zur Energiegewinnung genutzt, ist als geschützter Bereich für Flora und Fauna (darunter das in Hamburg einmalige Filzkraut) ausgewiesen oder als sensibelster Bereich der Deponie (Flüssigkeitsbecken, technische Sicherheitsanlagen und Betriebsanlagen) für den Besucherverkehr gesperrt. Als weithin sichtbares Zeichen für die Konversion der Mülldeponie in einen „Energieberg" ragt seit Dezember 2011 eine große Windenergieanlage in den Himmel über Hamburg. Mit einer Leistung von 3,4 Megawatt übertrifft sie jene der drei zwischen 1992 und 1996 errichteten Anlagen, die

sie ersetzt hat, um das Dreifache. Gemeinsam mit einer ab 2009 in zwei Bauabschnitten errichteten Photovoltaikanlage am Südhang gewährleistet sie die Stromversorgung von rund 4000 Haushalten – das ist jeder fünfte auf der Elbinsel.

Der „Energieberg" selbst birgt aber noch mehr Energiequellen, sowohl an seiner Oberfläche als auch in seinem Inneren: Aus dem gemähten Gras könnte Biogas erzeugt werden, dem (ebenso wie das Sickerwasser aus der Deponie) aufgefangenen und gereinigten Grundwasser wird mittels einer Wärmepumpe Energie entzogen, die zur Beheizung des Betriebsgebäudes und des Informationszentrums genutzt wird. Und schließlich tragen auch die permanenten Zersetzungsprozesse im Inneren des Hügels zur Energiegewinnung bei: Das entstehende Deponiegas mit einem hohen Methananteil wird an die benachbarte Kupferhütte Aurubis geliefert.

… um die Aussicht vom „Horizontweg" über die City, den Hafen und die Elbinseln aus rund 40 Metern Höhe zu genießen. Der landschaftsplanerische Entwurf kam von Häfner/Jiménez, Büro für Landschaftsarchitektur, Berlin.
(Rechts) Am Fuße der Deponie zeigt das Informationszentrum (Konermann Siegmund Architekten, Hamburg) mit der Multimedia-Show „Der gebändigte Drache" (mgp ErlebnisRaumDesign GmbH, Hamburg) die vielfältigen Facetten des Ortes und widmet sich der Geschichte der Deponie, ihrer Sicherung und der Umwandlung.
… to enjoy the view from the Horizon Path over the city, the harbour, and the Elbe islands at a height of some 40 metres. The landscape planning design came from Häfner/Jiménez, Büro für Landschaftsarchitektur (Berlin).
(Right) At the foot of the Energy Hill the information centre (Konermann Siegmund Architekten, Hamburg) illustrates the many facets of the structure with the multimedia show "The Tamed Dragon" (mgp ErlebnisRaumDesign GmbH, Hamburg) and is dedicated to the site's history, the safety measures, and its transformation.

An international building exhibition is always also defined by its so-called beacon projects – buildings that stand out from the multitude of other features, that graphically illustrate a structural change, and, at the same time, transcend the real location and thus themselves. Within the "Cities and Climate Change" theme alone the Internationale Bauaustellung (International Building Exhibition) IBA Hamburg 2013 has two such projects, the stories behind which, including their respective conversion processes "from writing on the wall to power plant", could not be more different. The "Energy Bunker" in the Reiherstieg district and the "Georgswerder Energy Hill" both have the potential to deliver the Elbe islands' sustainable renewal message beyond the end of the IBA Hamburg.

An Unpleasant Story with a Happy Ending: Household Refuse, Debris, Industrial Waste, Dioxin-Contaminated Liquid Waste – Closure and Replanting

The conversion of the former Georgswerder refuse dump to the "Energy Hill" largely took place before the start of the IBA Hamburg. It

was due to the course of the exhibition, though, that the energy-related use of this man-made elevation, the highest in the Elbe islands, was optimised, its eventful history documented, and then presented in a permanent exhibition. It was also the IBA Hamburg that first opened up the Energy Hill to the public. A new, elevated walkway (designed by the Berlin landscape architects Häfner/Jimenez) affords visitors a magnificent view over the whole of Hamburg. Illuminated at night, the walkway is a "white ring," itself testifying, for motorists driving past along the A255, to the major transformation of the "Georgswerder Energy Hill."

First following Fiskalische Strasse, the section of the road here making a rather seedy impression, visitors then reach the northern base of the around 40-metre-high Energy Hill. It is here that the offices and the information centre, opened in 2012, are located. The new building, designed by Konermann Siegmund Architekten, Hamburg, directly adjoins the groundwater processing plant visible from the exhibition room. The permanent exhibition documents the Energy Hill's problematic history: it first came into being as a dump for household waste in 1935, with debris and rubble added as of 1948, and then industrial waste from 1967, including 720 tonnes of dioxin-contaminated liquid effluent. Following the toxic gas accident in Seveso (1976), which saw large quantities of dioxin released, it took another three years before the Georgswerder refuse dump was closed and replanted. Following the detection of dioxin in water originating from the dump and the linking of the dump to one of the greatest environmental scandals in Germany, outraged residents were successful in their 1984 demands for a thorough clean-up, which was then finally completed only in 1995.

Today, the entire "Georgswerder Energy Hill," amounting to some 45 hectares, is covered with synthetic sealing sheeting – that prevents rainwater from penetrating the ground – and a layer of topsoil above that. Half of the hill (22 hectares, an area equal to that of the Binnenalster) is open to the public, while the rest is used for energy generation purposes, reserved as

Flakbunker, gesprengte Ruine, partieller Rückbau, jetzt ehrgeiziges, alternatives Blockkraftwerk mit Ausblick

Ebenso wie der „Energieberg Georgswerder" wird auch der „Energiebunker" im Reiherstiegviertel gleich in mehrfacher Hinsicht zur Energiegewinnung (und -speicherung) genutzt. Mit Fug und Recht darf behauptet werden, dass es sich dabei um das ambitionierteste und auch aufwendigste Projekt der IBA Hamburg GmbH handelt, die hier ausnahmsweise sogar selbst die Bauherrenfunktion übernahm, weil sich für den Umbau kein Investor finden ließ; nach dem Ende der IBA wird der „Energiebunker" im Besitz der Freien und Hansestadt Hamburg bleiben. Nach Jahrzehnten des Verfalls blickt das gewaltige Bauwerk auf eine hoffnungsvolle Zukunft – und bietet seinen Besuchern Einblicke (in die Geschichte des Gebäudes und des Reiherstiegviertels) und beste Aussichten auf die Elbinsel, das Hafenareal und das Hamburger Stadtzentrum mit der HafenCity. Auch der „Energiebunker" blickt auf eine wenig rühmliche Vorgeschichte zurück, die in einer Ausstellung im, auf und um den Bunker herum dokumentiert wird. Als Flakbunker 1942/43 in nur zehn Monaten gebaut, wurde er bereits 1947 in seiner inneren Struktur durch Sprengladungen kontrolliert zerstört (aus Rücksichtnahme auf die umliegende Bebauung verzichteten die Briten, anders als bei einem kleineren Bunker in der Nähe des Flakbunkers, auf eine komplette Sprengung des Betonkubus mit jeweils fast 50 Metern Kantenlänge). Mehr als ein halbes Jahrhundert lang verrottete die äußerlich scheinbar unversehrte Ruine, ehe erste konkrete Nutzungsüberlegungen angestellt wurden. Vor Beginn der IBA Hamburg war ihr Ausbau zu einem reinen Solarbunker geplant, doch wies ein Gutachten die Unwirtschaftlichkeit der Pläne nach. Im Rahmen einer Sitzung des IBA-Fachbeirates Klima und Energie mit anschließendem IBA-Workshop (2008) wurde dann die Idee eines Wärmespeichers geboren – und nach einem architektonischen Konzept der HHS Planer + Architekten AG, Kassel, realisiert.[1]

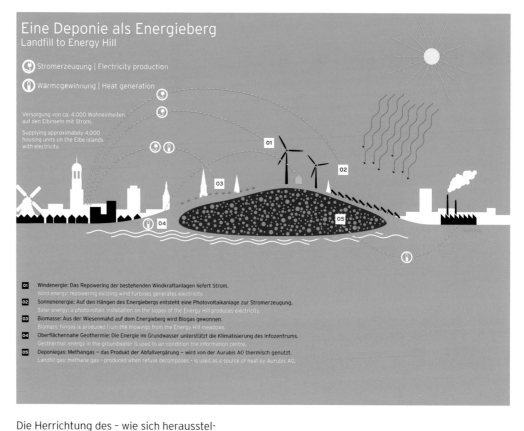

Eine Deponie als Energieberg
Landfill to Energy Hill

⚡ Stromerzeugung | Electricity production

🔥 Wärmegewinnung | Heat generation

Versorgung von ca. 4.000 Wohneinheiten auf den Elbinseln mit Strom.
Supplying approximately 4.000 housing units on the Elbe islands with electricity.

01 Windenergie: Das Repowering der bestehenden Windkraftanlagen liefert Strom.
Wind energy: repowering existing wind turbines generates electricity.

02 Sonnenenergie: Auf den Hängen des Energiebergs entsteht eine Photovoltaikanlage zur Stromerzeugung.
Solar energy: a photovoltaic installation on the slopes of the Energy Hill produces electricity.

03 Biomasse: Aus der Wiesenmahd auf dem Energieberg wird Biogas gewonnen.
Biomass: hinges is produced from the mowings from the Energy Hill meadows.

04 Oberflächennahe Geothermie: Die Energie im Grundwasser unterstützt die Klimatisierung des Infozentrums.
Geothermal: energy in the groundwater is used to air-condition the information centre.

05 Deponiegas: Methangas – das Produkt der Abfallvergärung – wird von der Aurubis AG thermisch genutzt.
Landfill gas: methane gas – produced when refuse decomposes – is used as a source of heat by Aurubis AG.

Die Herrichtung des – wie sich herausstellen sollte auch außen – schwer geschädigten Bauwerks für die neuen Nutzungen erforderte einen großen Aufwand. Baupläne für den Wilhelmsburger Flakbunker lagen nicht vor, sondern lediglich für den – fast baugleichen – Wiener Flakbunker aus derselben Zeit. Weite Teile des Bauwerks waren nicht zugänglich, weil Trümmer den Weg versperrten oder herabzustürzen drohten. Daher musste zunächst mit statischen Vermutungen gearbeitet werden, die erst im Laufe der Zeit geprüft und in Berechnungen verfeinert werden konnten. Bevor am Gebäudeinneren Untersuchungen vorgenommen werden konnten, mussten zunächst die beiden oberen Ebenen (die als einzige infolge der Sprengung nicht eingestürzt waren) an die sogenannte Schilddecke angehängt werden. Schließlich mussten 25.000 Tonnen Schutt abgefahren werden, bevor mit den eigentlichen Bauarbeiten begonnen werden konnte: Die inneren Wandvorlagen und die inneren Stützen wurden erneuert, ebenso die Dächer und Fußböden der Flaktürme und die Terrassen. Auf die bis zu drei Meter

Energiebunker - Verwandlung in ein Öko-Kraftwerk
Energy Bunker - transformation into an eco power plant

⚡ Stromerzeugung | Electricity production

♨ Wärmegewinnung | Heat generation

Versorgung von bis zu 3.000 Wohneinheiten mit Wärme und etwa 1.000 Wohneinheiten mit Strom. So wird eine CO_2-Einsparung um 95% erreicht, das sind 6.600 Tonnen CO_2 im Jahr

Supplying up to 3000 housing units with heating and approximately 1000 housing units with electricity, whereby a CO_2 reduction of 95 per cent is achieved, which represents 6600 tonnes of CO_2 per year

01 Eine Solarthermieanlage auf dem Dach erzeugt Wärme aus der Sonne.
A rooftop solar thermal unit generates heat from the sun.

02 Eine Photovoltaikanlage an der Südseite der Fassade erzeugt Strom.
A photovoltaic system on the south-facing façade produces electricity.

03 Ein Biogas-Blockheizkraftwerk produziert Strom und Wärme.
A biogas CHP plant produces electricity and heat.

04 Ein Holzhackschnitzel-Kessel liefert Wärme.
A woodchip heating system generates heat.

05 Von einem Industriebetrieb in der Nachbarschaft wird Abwärme im Bunker gespeichert und in das Wärmenetz eingespeist.
Waste heat from a neighbouring industrial plant is fed into a storage "bunker" and fed into the heating grid.

06 Ein Spitzenlastkessel sichert die Wärmeversorgung ab und deckt Lastspitzen.
A peak load power plant ensures a steady supply of heat by covering load peaks.

07 Der Wärmespeicher „bunkert" die Wärme, gleicht Nachfragespitzen aus und sichert den Betrieb ab.
A heat storage unit "bunkers" surplus heat, reacts to periods of peak demand and maintains supply.

a protected area for flora and fauna (including the Filago variety unique to Hamburg), or closed to visitors as the most sensitive area of the dump (liquid basins, technical safety installations, and operating equipment). A large wind energy plant has towered up into the skies above Hamburg since December 2011 as a readily visible symbol of the conversion of the refuse dump into an "Energy Hill." With an output of 3.4 megawatts, it has three times the performance of each of the three plants established between 1992 and 1996 that it has replaced. Together with a photovoltaic plant on the southern slope, built in two construction phases beginning in 2009, it provides electricity for around 4000 households – that is, every fifth household on the Elbe island.

The "Energy Hill" itself is home to even more energy sources, however, both on its outer surface and in its interior. Biogas could be produced from the mown grass, while a heat pump is used to extract energy from the groundwater (as well as the seepage from the dump), which is collected and purified, the energy obtained

used to heat the offices and the information centre. And, finally, the ongoing decomposition processes inside the hill contribute to energy generation: the resultant landfill gas has a high proportion of methane and is supplied to the neighbouring copper foundry, Aurubis.

Flak Bunker, Bombed-Out Ruin, Partial Demolition, Now an Ambitious, Alternative Combined Heat and Power Station with a View

Like the "Georgswerder Energy Hill," the "Energy Bunker" in the Reiherstieg district is also used in a number of ways for energy generation (and storage). It can justifiably be said that this is the most ambitious and also the most complex of the IBA Hamburg GmbH's projects, the IBA itself having taken on the function of principal as an exceptional case here because no investor came forward for the conversion; following the end of the IBA, the "Energy Bunker" will remain in the possession of the Free and Hanseatic City of Hamburg. After decades of neglect, the huge structure now enjoys the prospect of a hopeful future – and provides its visitors with insights (into the history of the building and the Reiherstieg district) and the best views of the Elbe island, the harbour area, and the Hamburg city centre with the HafenCity. The "Energy Bunker," too, looks back on a less than laudable history, which is documented in an exhibition in, on, and around the bunker. Built as a flak bunker in just ten months in 1942–43, the interior structure was then destroyed in 1947 by means of controlled explosions (unlike the case of a smaller bunker near the flak bunker, the British decided against completely destroying the concrete cube, each of its sides being almost 50 metres in length, out of consideration for the surrounding buildings). The outwardly seemingly undamaged ruin then rotted away for more than half a century before the first firm usage considerations were undertaken. Prior to the start of the IBA Ham-

dicken Außenwände wurde – nachdem die schadhaften Betonoberflächen beseitigt worden waren – frischer Beton aufgebracht. Alle Eingriffe in die Bausubstanz – darunter auch das Herausbrechen eines Teils der Außenwand des nordwestlichen Flakturms zugunsten eines Panoramafensters für ein Café – wurden mit der Denkmalpflege abgestimmt. Einige „Sichtfenster" in den Fassaden vermitteln noch einen Eindruck vom Zustand des Bauwerks vor seiner Sanierung.

Die thermischen Solarkollektoren (Dach) und die Photovoltaikmodule (Südfassade) mit ihrer stählernen Unterkonstruktion auf einer Fläche von insgesamt rund 3500 Quadratmetern sind das von außen sichtbarste Zeichen für die Transformation des früheren Flakbunkers in einen „Energiebunker". Doch im großen „Bauch" des Gebäudes, der mit seiner gewaltigen Höhe von rund 27 Metern und seinen Stützenreihen abstrakt an einen Kircheninnenraum erinnert, ist außerdem Platz für eine ganze Reihe weiterer Komponen-

ten der Energieerzeugung und -speicherung. Herzstück der Anlage ist ein 2000 Kubikmeter großer, mit Wasser gefüllter Stahlzylinder, in dem die Wärme eines mit Biomethan gespeisten Blockheizkraftwerks, einer Holzhackschnitzel-Feuerungsanlage und der solarthermischen Anlage sowie die Abwärme eines nahe gelegenen Industriebetriebs (Nordische Ölwerke) gespeichert wird. Da ausschließlich eine Nahwärmenutzung (unter anderem im unmittelbar benachbarten „Weltquartier") vorgesehen ist, kann die Temperatur im Nahwärmenetz auf 70-85°C beschränkt werden (in Abhängigkeit von den Außentemperaturen). Im Speicher selbst kann die Temperatur bis auf 98°C ansteigen. Dank der Pufferwirkung des Speichers konnte die zu installierende thermische Erzeugerleistung von 11 auf 6,5 Megawatt reduziert werden, wodurch die Wirtschaftlichkeit der hier ausschließlich verwendeten erneuerbaren Energien deutlich gesteigert werden konnte.

Ein Mahnmal treibt den Stadtteil an. Der ehemalige Flakbunker in Wilhelmsburg ist zum Symbol des Klimaschutzkonzeptes „Erneuerbares Wilhelmsburg" geworden; realisiert von den Bauherren IBA Hamburg und HAMBURG ENERGIE nach den Plänen der Architekten Hegger Hegger Schleiff HHS Planer + Architekten AG, Kassel.   A memorial driving the neighbourhood. The former flak bunker in Wilhelmsburg has become the symbol of the "Renewable Wilhelmsburg" Climate Protection Concept. Built by the IBA Hamburg and HAMBURG ENERGIE based on plans by architects Hegger Hegger Schleiff HHS Planer + Architekten AG (Kassel).

burg, there were plans to develop it into a solely solar bunker but an expert assessment then showed these plans to be unfeasible. It was during the course of a meeting of the IBA's Climate and Energy Expert Panel and a subsequent IBA Workshop (2008) that the energy storage idea came into being – and was then implemented based on an architectural concept by HHS Planer + Architekten AG, Kassel.[1]

The renovation for the new usage of what then turned out to be a building badly damaged on the outside as well took a great deal of effort. There were no building plans for the Wilhelmsburg flak bunker, only for the Vienna flak bunker, almost identical in structure, from the same period. Many parts of the building were inaccessible because rubble was in the way or they were in danger of collapse. Initial work therefore had to be based on structural assumptions that then had to be verified over the course of time and calculations adjusted. The two upper levels (the only ones that had not collapsed as a result of the explosions) had to be secured before examination of the interior of the building could take place. Ultimately, 25,000 tonnes of rubble had to be cleared out before the actual building work could start. The original internal walls and supports were renovated, as were the ceilings and the flooring in the flak towers and the terraces. Following repairs to the damaged concrete surfaces, fresh concrete was applied to the exterior walls, which were up to 3 metres thick in places. All operations carried out on the basic structure – including the breaking out of part of the exterior wall in the northwest flak tower for a panorama window in a café – were agreed with the monument preservation authorities. A number of "inspection windows" in the façades still provide an impression of the condition of the building prior to its renovation.

With their steel substructures covering a total area of 3500 square metres, the thermal solar collector (roof) and the photovoltaic modules (south façade) are the most visible external signs of the transformation of the former flak bunker into an "Energy Bunker." The building's large "belly," its tremendous height of around 27 metres, and its rows of supports making it vaguely reminiscent of the interior of a church, also accommodates a whole range of other energy generation and storage components. At the heart of the complex is a steel cylinder, 2000 cubic metres in size and filled with water, in which is stored the heat from a combined heat and power plant run on biomethane, a wood chippings combustion plant, and the solar unit, as well as the exhaust heat from a nearby industrial works (Nordische Ölwerke).

As only usage for neighbourhood heating (including the directly adjoining "Global Neighbourhood") is planned, the temperature within the neighbourhood heating network can be limited to 70-85°C (depending on the outside temperature). In the storage unit itself the temperature can reach up to 98°C. The buffer effect of the storage unit means that the installed thermal generating capacity could be reduced from 11 to 6.5 megawatts, significantly increasing the economic feasibility of the renewable energy only used here.

A gas peak load boiler, switched on in continuous operation only when required, was already put into operation during the construction phase. With the expansion of the heating network, other energy units will be switched on successively as of March 2013 and into 2014. As of 2014, the "Energy Bunker" will generate a total of around 22,500 megawatts of heating and almost 3000 megawatt-hours of electricity – and will thus be able to supply around 3000 households in the Reiherstieg district with heating, as well as around 1000 homes with electricity. Energy monitoring (for the whole of Wilhelmsburg) will show by the end of 2014 whether these ambitious targets have ultimately been achieved.

Two Extraordinary Landmarks Document the Energy-Related Renewal Process

With the "Georgswerder Energy Hill" and the "Energy Bunker" in the Reiherstieg district, Wilhelmsburg has two extraordinary landmarks embodying the structural changes on the Elbe

Bereits während der Bauphase hat ein Gas-Spitzenlastkessel, der im Dauerbetrieb nur bei Bedarf zugeschaltet werden wird, seinen Betrieb aufgenommen. Die weiteren Energieanlagen werden ab März 2013 bis ins Jahr 2014 hinein mit dem Ausbau des Wärmenetzes sukzessive hinzugeschaltet. Ab dem Jahr 2014 wird der „Energiebunker" insgesamt rund 22.500 Megawatt Wärme und fast 3000 Megawattstunden Strom erzeugen – und rund 3000 Haushalte im Reiherstiegviertel mit Wärme sowie rund 1000 Wohnungen mit Strom versorgen können. Ein Energiemonitoring (für ganz Wilhelmsburg) bis Ende 2014 wird zeigen, ob die ehrgeizigen Ziele schließlich auch erreicht wurden.

Zwei außergewöhnliche Landmarken dokumentieren den energetischen Erneuerungsprozess.

Mit dem „Energieberg Georgswerder" und dem „Energiebunker" im Reiherstiegviertel verfügt Wilhelmsburg über zwei außergewöhnliche Landmarken, die wie kein anderes Einzelbauwerk (abgesehen vom Neubau der Behörde für Stadtentwicklung und Umwelt) den Strukturwandel der Elbinsel visualisieren. Mit ihnen können zwei bislang unzugängliche Orte im Süden Hamburgs ganz neu entdeckt werden. Viel wichtiger ist aber, dass der „Energieberg" und der „Energiebunker" schon heute und auf Dauer im Rahmen des Klimaschutzkonzepts „Erneuerbares Wilhelmsburg" einen wesentlichen Beitrag zur Versorgung Wilhelmsburgs mit erneuerbaren Energien leisten. Ausgerechnet mithilfe dieser beiden Bauwerke, die jahrzehntelang als ungeliebtes Erbe ihr Dasein fristeten, setzt sich die Elbinsel an die Spitze eines energetischen Erneuerungsprozesses, der künftig auch in anderen Hamburger Stadtteilen und in anderen Städten stärker voranschreiten muss als bisher, wenn das Ziel einer langfristig nur noch mit erneuerbaren Energien versorgten Welt nicht aus den Augen verloren werden soll.

Anmerkung

1 Die weiteren, am ursprünglichen Konzept Beteiligten waren: Prof. Dipl.-Ing. Peter Bartram und Partner, Fischerhude (Statik); Steinbeis Transferzentrum, Stuttgart (Energiekonzept); Ing.-Büro Lichtenfels, Keltern (Speicherkonzept); sumbi INGENIEURE, Hamburg (Konzept für das Blockheizkraftwerk).

islands like no other single building (apart from the new building of the State Ministry for Urban Development and the Environment). They have enabled the complete rediscovery of two previously inaccessible locations in the south of Hamburg. What is perhaps more important, though, is that, as part of the Renewable Wilhelmsburg climate protection concept, the "Energy Hill" and the "Energy Bunker" are making a major contribution to supplying Wilhelmsburg with renewable energy, both now and in the long term. With the help of precisely these two structures, which had vegetated for decades as unloved legacies, the Elbe islands have put themselves at the head of an energy-related renewal process that needs to move forward more aggressively in the future in other districts of Hamburg as well as in other cities, if the goal of a world supplied only with renewable energy in the long term is to remain in sight.

Note

1 The others involved in the original concept were: Professor Peter Bartram and Partner, Fischerhude (structural analysis); Steinbeis Transferzentrum, Stuttgart (energy concept); Ing.-Büro Lichtenfels, Keltern (storage concept); sumbi INGENIEURE, Hamburg (the combined heat and power station concept).

Vom Café „vju" und der umlaufenden Terrasse in 30 Meter Höhe bietet sich ein einzigartiger Blick über die Stadt und den Hafen, wodurch der „Energiebunker" bereits unmittelbar nach der Eröffnung zu einem beliebten Anziehungspunkt wurde.   Café "vju" and the circular terrace at a height of 30 metres provide a unique view over the city and the harbour, making the "Energy Bunker" a popular attraction right from the opening.

SIMONA WEISLEDER, KARSTEN WESSEL

Das Klimaschutzkonzept „Erneuerbares Wilhelmsburg"

Vom klimagerechten Bauen, energetischen Sanieren, Wärmeverbund und virtuellen Kraftwerk

Die IBA Hamburg verfolgt im Leitthema „Stadt im Klimawandel" und dem seit 2008 entwickelten Klimaschutzkonzept „Erneuerbares Wilhelmsburg" einen dezidiert dezentralen Ansatz zu 100 Prozent erneuerbaren Energien in der Stadt. Der Weg zu den klimaneutralen Elbinseln ist 2010 im *Energieatlas*[1] en Detail beschrieben worden und kann jetzt mit den über 60 realisierten energetischen und baulichen IBA-Projekten auch in der Umsetzung besichtigt werden. Mit Abschluss dieser ersten Phase des Konzeptes können bereits über 50 Prozent der Gebäude auf den Elbinseln mit Strom aus erneuerbaren Energien oder Kraft-Wärme-Kopplung versorgt werden.

Die Mischung aus konkreten, in wenigen Jahren realisierten Projekten und dem im *Energieatlas* veröffentlichten Zukunftsszenario, das diese Entwicklung bis 2050 weiterzeichnet, hat auch die europäische Vereinigung für erneuerbare Energien Eurosolar[2] und die von ihr eingesetzte Jury überzeugt, den Europäischen Solarpreis 2012 an die IBA Hamburg zu vergeben.

Neben dieser Auszeichnung zeigen auch die zahlreichen Anfragen für Vorträge und zur konkreten Zusammenarbeit, dass die IBA in ihrer Vorreiterrolle für den städtischen, quartiersbezogenen Klimaschutz auch international wahrgenommen und geschätzt wird. Durch die Teilnahme an einigen Forschungsprojekten wie „Build with Care" (Interreg IVb), „KLIMZUG Nord" (Bundesministerium für Forschung) und die Einwerbung von Fördermitteln (EFRE, Klimaschutzkonzept Hamburg) konnten die Projekte im Leitthema „Stadt im Klimawandel" deutlich finanziell unterstützt werden. Beson-

ders wichtig ist dabei, dass im Forschungsprojekt „EnEff:Stadt – IBA Hamburg"[3] alle energetischen und baulichen Projekte der IBA bis 2015 planerisch begleitet, die Energieströme gemessen, das Nutzerverhalten untersucht und Hinweise zur Betriebsoptimierung gegeben werden. So werden die Konzepte und die damit erzielten Erfahrungen und Ergebnisse der IBA sowohl für Planer und Bauherren verfügbar gemacht als auch für die breite Öffentlichkeit aufbereitet. Im sogenannten Energietisch, einem Multi-Media-Tisch in der zentralen IBA-Ausstellung auf dem IBA DOCK, werden die Ergebnisse des energetischen Monitorings der Projekte und der gesamten Elbinseln dargestellt.

Auch die Fortführung und Übertragung des Projektes wird wissenschaftlich untersucht. Beim Forschungsprojekt „TRANSFORM - Transformation Agenda for Low Carbon Cities" (EU 7th Framework Programme for Research), an dem die IBA als Hamburger Partner gemeinsam mit dem Energieversorger HAMBURG ENERGIE und der Behörde für Stadtentwicklung und Umwelt teilnimmt, ist das Klimaschutzprojekt „Erneuerbares Wilhelmsburg" eines der untersuchten Modellprojekte.

Damit zeigt sich in Hamburg genauso wie bundesweit, dass Klimaschutz auf lokaler und regionaler Ebene selbst dann erfolgreich ist, wenn die Bestrebungen zum Klimaschutz international stagnieren. Lokale und regionale Initiativen für erneuerbare Energien sind nach wie vor stark im Wachsen. 132 Regionen in Deutschland mit fast 20 Millionen Einwohnern befinden sich auf dem Weg zu einer „100-Prozent-Erneuerbare-Energie-Region". Bis Oktober

Windkraftanlagen haben schon jetzt neben den Hafenkränen eine wichtige Präsenz im Bild des Hamburger Hafens. Sie könnten in naher Zukunft an Dominanz gewinnen und dabei die Tradition technischer Ästhetik fortschreiben. Together with the harbour cranes, wind turbines are now an important presence in the landscape of Hamburg harbour. They could come to dominate in the near future, continuing the tradition of technical aesthetics.

SIMONA WEISLEDER, KARSTEN WESSEL

The "Renewable Wilhelmsburg" Climate Protection Concept

Climate-friendly Construction, Energy-related Renovation, Heating Network, and Virtual Power Plant

2012 wurde bereits ein Anteil von 26 Prozent erneuerbarer Energien an der Stromerzeugung in Deutschland erreicht, nahezu 50 Prozent bis 2020 zeichnen sich aufgrund konkreter Planungen ab.

Die strategischen Handlungsfelder des Klimaschutzkonzeptes

Energetische Sanierung

Energetische Sanierung des Gebäudebestandes und damit die Absenkung des Wärmebedarfs ist Voraussetzung für eine klimafreundliche und gleichzeitig langfristig bezahlbare Wärmeversorgung der Gebäude und bleibt das schwierigste Handlungsfeld bei allen Klimaschutzkonzepten. Die Steigerung der Sanierungsraten auf drei Prozent im Jahr auf Neubauniveau kann nur gelingen, wenn die staatliche Förderung verstetigt wird und die Beratungsangebote im Stadtquartier verankert werden, wie es die IBA mit der „Prima-Klima-Kampagne" vorgemacht hat. Unterschiedliche Stadtraumtypen und Eigentumsverhältnisse verlangen unterschiedliche und vor allem maßgeschneiderte Lösungen. Bei dicht bebauten Quartieren wie dem Reiherstiegviertel ist der Anschluss an regenerative dezentrale Wärmenetze sinnvoll. Bei den vielen Einzelhaussiedlungen der Elbinseln müssen individuelle Gebäudelösungen gemeinsam mit den Eigentümern entwickelt werden. Hierfür bot die „Prima-Klima"-Kampagne der IBA mit der intensiven Beratung und finanziellen Unterstützung bei der Umsetzung der energetischen Sanierung einen Ansatz. Ein besonders gelungenes Beispiel ist die fast unsichtbare Sanierung in der Wilhelmsburger Straße auf der Veddel in einem typischen Quartier aus der Amtszeit des Oberbaudirektors Fritz Schumacher in den 1920er Jahren.[4] Hier konnte die IBA einen ambitionierten Bauherrn dabei unterstützen, einen hohen Standard bei der Sanierung zu realisieren – unter Wahrung des Denkmalschutzes und dem Erhalt der originalen Straßenfassade. Dass es gelingen, kann engagierte Menschen im Stadtteil zu erreichen und ihr Ansinnen zu fördern, ihre Immobilie der nächsten Generation gut auf die Zukunft vorbereitet zu

übergeben, zeigt eines der ambitioniertesten „Prima-Klima Projekte" in der Straße Auf der Höhe. Die um die Jahrhundertwende gebaute Doppelhaushälfte der in Wilhelmsburg alteingesessenen Eigentümer Magdalene Baus und Heinz Wernicke war kaum saniert worden. Die Sanierung musste also allumfassend vorgenommen werden. Darin liegt hier gleichzeitig die Besonderheit dieser Maßnahme. Die Außenwände des Hauses wurden hochwertig von außen gedämmt, die Zierelemente der ursprünglichen Fassade nachgebildet und Fenster mit dem Dämmstandard eines Passivhauses eingebaut. Um dem Ensembleschutz Genüge zu tun, wurden die Sprossen der neuen Fenster den alten Fenstern nachgebildet. Ergänzend wurden eine Lüftungsanlage mit Wärmerückgewinnung und ein Holzpelletkessel mit solarthermischer Unterstützung installiert. Daraus ergibt sich primärenergetisch eine Einsparung von 95 Prozent auf 24 kWh/m² im Jahr.

Der „Verein der Kirchdorfer Eigenheimer" war für die IBA Hamburg ein wichtiger Ansprechpartner und Multiplikator für die Gebäudesanierung. Das kam auch bei der sehr gelungenen Kooperation mit dem IBA-Partner, der Firma VELUX, im Rahmen der modellhaften Sanierung eines typischen Siedlerhauses aus den 1950er Jahren zum Tragen, dem IBA

Die Grafik aus dem *Energieatlas* der IBA Hamburg zeigt ein Exellenzszenario für den Weg zu einer klimaneutralen Energieversorgung der Hamburger Elbinseln. This diagram from the IBA Hamburg's *Energy Atlas* depicts an excellence scenario for the path to climate-neutral energy supplies for Hamburg's Elbe islands.

- Bevölkerungsentwicklung
  Population growth
- Elektrische Selbstversorgung
  Electrical self-sufficiency
- Thermische Selbstversorgung
  Thermal self-sufficiency
- CO_2-Emissionen
  CO_2 emissions

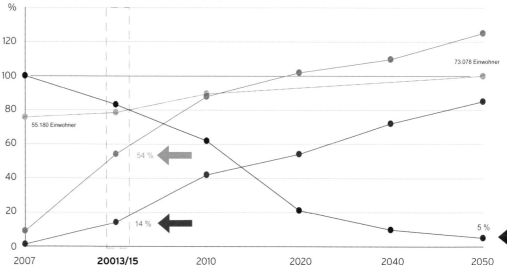

Fertigstellung der IBA-Projekte
Completion of the IBA projects

With its theme "Cities and Climate Change", as well as the "Renewable Wilhelmsburg" Climate Protection Concept developed in 2008, the Internationale Bauausstellung IBA (International Building Exhibition) Hamburg 2013 is pursuing a determinedly decentralised approach to the goal of 100 per cent renewable energy in the city. The path towards climate neutrality for the Elbe islands was described in detail in the *Energy Atlas*[1] in 2010 and can be seen in the form of the IBA's sixty-plus energy- and construction-related projects now implemented. With the conclusion of this first phase of the concept, more than 50 per cent of the buildings on the Elbe islands are already being supplied with electricity from renewable sources or from cogeneration.

The combination of concrete projects implemented within just a few years and the future scenario published in the *Energy Atlas*, taking this development through to 2050, also convinced the European Association for Renewable Energy – Eurosolar[2] and its appointed jury to award the European Solar Prize 2012 to the IBA Hamburg.

In addition to this award, the numerous requests for presentations and for concrete cooperation confirm the perception of and the regard for the IBA in its pioneering role with regard to urban, neighbourhood-related climate protection – on an international level too. The participation in a number of research projects such as "Build with Care" (Interreg IVb), "KLIMZUG Nord" (Federal Ministry of Education and Research), and the award of funds (EFRE, "Hamburg Climate Protection Concept") meant significant financial support for the "Cities and Climate Change" theme projects. Particularly important is that, with the research project "EnEff:Stadt – IBA Hamburg",[3] all of the IBA's energy- and construction-related projects are to receive planning support until 2015, energy flows are to be measured, user behaviour examined, and indicators for process optimisation provided. In this way, the concepts, the experience gained, and the results achieved by the IBA will be made available to planners and principals as well as to the general public.

The results of the energy monitoring for the projects and the whole of the Elbe islands will be presented in the form of an Energy Table, a multi-media table in the central IBA exhibition at the "IBA DOCK".

The continuation and the transfer of the projects are also subject to scientific monitoring. The "Renewable Wilhelmsburg" Climate Protection Concept is one of the model projects monitored within the research project "TRANSFORM - Transformation Agenda for Low Carbon Cities"(EU 7th Framework Programme for Research), in which the IBA is participating as Hamburg's partner together with energy supplier HAMBURG ENERGIE and the State Ministry for Urban Development and Environment.

This shows that in both Hamburg and nationwide, climate protection at local and regional levels can be successful even when international climate protection efforts are stagnating. Local and regional renewable energy initiatives continue to see strong growth. In Germany, each of 132 regions with almost 20 million residents is on its way to becoming a "100 per cent renewable energy region". By October 2012, Germany had already achieved a quota of 26 per cent renewable energy within its nationwide electricity generation, with concrete plans indicating close to 50 per cent by 2020.

Climate Protection Concept: Strategic Spheres of Activity

Energy-Related Renovation

The energy-related renovation of existing buildings and the subsequent reduction in heating requirements is a prerequisite for the installation of climate-friendly as well as sustainable, affordable heating, making it the most difficult sphere of activity for all climate protection concepts. Increasing the rate of renovation to 3 per cent per year at new building level can only be achieved if state funding is consolidated and consultancy options are anchored in the district, as the IBA has shown with the "Top Climate Plan" campaign.

Different types of urban space and ownership structure require different and, more especially,

Projekt „LichtAktiv Haus" am Katenweg. Es ist eines von insgesamt sechs Projekten in fünf europäischen Ländern für das „Model Home 2020", mit denen VELUX klimaneutrale Zukunftshäuser realisieren will. Neben einer optimalen Energieeffizienz sollte auch ein hoher Nutzungskomfort für die Bewohner gewährleistet werden. Die ersten kreativen Ideen lieferten Studierende der TU Darmstadt in einem Wettbewerb. Auf der Basis der studentischen Arbeiten wurde die Konzeption weiterentwickelt. 2010 wurde das „LichtAktiv Haus" in Wilhelmsburg eröffnet. Seit 2011 wird es von einer Probefamilie für die Dauer von zwei Jahren bewohnt und dies wissenschaftlich begleitet. Es wurde nach den Richtlinien der Deutschen Gesellschaft für Nachhaltiges Bauen in CO_2-neutraler Bauweise saniert - der Energiebedarf für Heizwärme, Warmwasser und Strom werden durch erneuerbare Energien gedeckt.

Energetisch hocheffizienter Neubau

Mit ihren vielfältigen Neubauprojekten zeigt die IBA, dass das klimafreundliche Bauen keine Einschränkung der architektonischen Planung bedeuten muss.[5] Das Erreichen des IBA-Mindeststandards von EnEV 2009 minus 30 Prozent gelang mit sehr unterschiedlichen Konzepten. Bei über 40 Prozent der Gebäude wurden noch höhere Standards erreicht, darunter solche, die mehr Energie erzeugen, als sie selber verbrauchen. Diese im Vergleich zum gesetzlichen Standard deutlich erhöhte energetische Qualität der Neubauten ist ein wichtiger Baustein auch bei einer Weiterführung des Klimaschutzkonzeptes und muss durch das Angebot entsprechender Beratungsleistungen gesichert werden.
Neben der hohen Effizienz im Betrieb ist auch die Reduzierung der „grauen", also der für die Herstellung der Baumaterialien und der Gebäude selbst aufzubringenden Energie ein wichtiger Parameter des klimagerechten Bauens. Besonders mit den zahlreichen Holzbauprojekten[6] der IBA wurde teilweise technologisches und baurechtliches Neuland betreten und in der Tradition der ersten Bauausstellungen in Deutschland Forschungs- und Entwicklungsarbeit geleistet.

Diese Schwerpunktsetzung auf Neubauten mit geringem Verbrauch an „grauer" Energie sollte ebenfalls als ein Aushängeschild der Elbinseln nach dem Präsentationsjahr der IBA Hamburg 2013 weitergeführt werden.

Wärmenetze

Die Entwicklung von dezentralen, überwiegend mit erneuerbaren Energien gespeisten Wärmenetzen ergänzt die Energie- und Klimaschutzeffizienz der Einzelgebäude um die Potenziale, die das Stadtquartier bietet. Besonders die von der IBA entwickelten Wärmenetze in Bestandsquartieren - Energiebunker und Tiefengeothermie[7] - sind unverzichtbare Voraussetzungen zur Erreichung des Ziels „klimaneutrale Elbinseln". Mit dem Energieverbund Wilhelmsburg Mitte realisiert HAMBURG ENERGIE das erste offene Wärmenetz, in dem die Grundstückseigentümer berechtigt sind, nicht nur Wärme aus dem Netz zu beziehen, sondern auch erneuerbare Wärme aus ihren Gebäuden einzuspeisen. Die ersten Einspeiser in das zur Anfangsphase noch kleine Netz werden vor allem solarthermische Überschüsse in das Netz einspeisen. Ein garantierter Primärenergiefaktor von 0,3 und eine durch den Einsatz von Biomethan und Kraft-Wärme-Kopplung tatsächlich erreichte klimaneutrale Wärmeversorgung zeichnen den Energieverbund aus. Der „Energiebunker" ist eines der komplexesten IBA-Projekte. Er versorgt das nördliche Reiherstiegviertel klimaneutral mit Wärme und erzeugt zusätzlich Strom. Die Komplexität des Projektes erforderte bereits in der Phase der dreijährigen Projektentwicklung einen konzentrierten Austausch zwischen Denkmalschutz, Energieplanung, Architektur, Wohnungswirtschaft, Kulturbehörde und der Nachbarschaft. Doch auch nach Fertigstellung wird weiter am Konzept des „Energiebunkers" im EnEff:Stadt-Projekt „Smart Power Hamburg"[8] geforscht. Es zeichnet sich ab, dass der große Wärmespeicher mit 2000 Kubikmeter zukünftig auch überschüssigen Windstrom aufnehmen kann („Power to Heat" - Umwandlung von Strom in Wärme) oder die Erzeugung von Strom ermöglicht, wenn Sonne und Wind gerade zu wenig Strom produzieren (Speicherung der Wärme

Die um die Jahrhundertwende gebaute Doppelhaus-hälfte in der Straße Auf der Höhe ist allumfassend saniert worden. Die Außenwände des Hauses wurden dabei hochwertig gedämmt, die Zierelemente der ursprünglichen Fassade nachgebildet und Fenster mit dem Dämmstandard eines Passivhauses eingebaut. Das Bild zeigt den Zustand des Hauses während der Sanierung. The semi-detached house on Auf der Höhe, dating from around 1900, has been fully renovated. The building's exterior walls acquired high-quality insulation, the decorative elements of the façade were replicated, and the windows fitted to Passive House insulation standards. The photograph shows the state of the house during the renovation work.

Die Firma VELUX baute ein typisches Siedlerhaus der 1950er Jahre (links) zu einem „LichtAktiv Haus" (rechts) um. Seit 2011 wird es von einer Testfamilie für die Dauer von zwei Jahren bewohnt und dies wissen-schaftlich begleitet. The VELUX company converted a typical 1950s house (left) into a "Light Active House" (right). Since 2011 it has been occupied by a test family for a period of two years, with acade-mic monitoring during this time.

tailor-made solutions. Connection to renewable, decentralised heating networks makes sense in heavily built-up neighbourhoods like the Reiher-stieg district. Individual building solutions need to be developed together with the owners for the many single family home areas on the Elbe islands. One approach to this has been the IBA's "Top Climate Plan" campaign offering intensive consultancy and financial support if energy-related renovation work is carried out. One par-ticularly successful example is the almost invis-ible renovation in "Wilhelmsburger Strasse" on Veddel in a neighbourhood characteristic of the time in office of Fritz Schumacher, Hamburg's Chief Planning Director in the 1920s.[4] Here the IBA was able to support an ambitious developer in achieving a high standard of renovation while adhering to historical monument requirements and retaining the original street façade.

One of the most ambitious "Top Climate Plan" projects, located on "Auf der Höhe", shows that it is possible to reach committed individuals within a neighbourhood and to support their suggestions, properly preparing their proper-ties for the future and for the next generation. The semi-detached houses belonging to long-standing Wilhelmsburg residents Magdalene Baus and Heinz Wernicke date from around 1900 and had seen very little in the way of renovation. This meant that the work needed to be comprehensive, which is in fact what was so special about this job. The building's exterior walls acquired high-quality external insula-tion, the decorative elements of the façade being replicated, and the windows were fitted to the insulation standards of a Passive House. In order to meet the requirements of historic ensemble preservation the new window frames replicate the originals. In addition, a ventilation system with heat recovery and a wood pellet boiler, supplemented with solar energy, were installed. This has resulted, per year, in a 95 per cent primary energy saving, down to 24 kilowatt hours per square metre.

The Kirchdorf Homeowners Association was an important liaison partner for the IBA and a work multiplier for the building renovations. This was also of benefit in the very success-ful joint venture with the IBA's partner, the VELUX company: the model home renovation of a typical 1950s house as the "LightActive House" on Katenweg. It is one of a total of six "Model Home 2020" projects in five European countries with which VELUX intends to develop climate-neutral houses for the future. In addi-tion to optimum energy efficiency the intention was also to achieve for the residents a greater degree of comfort in use. The initial creative ideas came from students entering a competi-tion at the TU Darmstadt and the concept was developed further based on these students' work. The "LightActive House" in Wilhelmsburg was opened in 2010. As of 2011 it is being occu-pied by a "test family" for a period of two years, with academic monitoring during this time. It was renovated on a CO_2-neutral basis according to the guidelines of the German Sustainable Building Council (DGNB), with the energy re-quirements for heating, hot water, and electric-ity met from renewable energy sources.

New Buildings with High Energy Efficiency

With its diverse new building projects the IBA demonstrates that climate-friendly construction does not have to mean restrictions in architec-tural planning.[5] The achievement of the IBA minimum standard of German Energy Saving Regulations (EnEV) 2009 minus 30 per cent was made possible by very different concepts. Even higher standards were met in over 40 per cent of the buildings, including those that generate more energy than they consume. This significant increase in new construction energy saving, in comparison to the legislated standard, is also an important building block for the continuation of the "Climate Protection Concept" and needs to be assured by the avail-ability of appropriate consultancy services. In addition to high operating efficiency, the reduction of "grey" energy (meaning the energy required for the manufacture of the building materials and the building itself) is an important parameter within climate-friendly construction. The IBA, with its many wooden building projects[6] in particular, ventured at times into new territory in terms of technology

des Blockheizkraftwerks (BHKW) im Speicher).
Mit dem Wärmespeicher im Energiebunker wird
damit ein Beitrag zum Ausgleich der nicht re-
gulierbaren Sonnen- und Windenergie geleistet,
nur so kann die hundertprozentige Versorgung
aus erneuerbaren Energien gelingen.[9]
Das dritte Wärmenetz – Tiefengeothermie Wilhelmsburg – zeigt beispielhaft, wie die gemeinsame Versorgung von Industrie- und Gewerbebetrieben und Wohngebäuden gelingen kann
und welche Effizienzvorteile daraus zu erzielen
sind. Es ist ein erstes Beispielprojekt für den
dringend erforderlichen Umbau des Hamburger
Fernwärmenetzes hin zu mehr Energie- und
CO_2-Effizienz.

Erzeugung von erneuerbaren Energien im Stadtquartier

Der „Energiebunker" mit seiner Solarhülle
und der „Energieberg Georgswerder" mit
Windkraftanlagen und Photovoltaikanlage sind
zwei weithin sichtbare Produktionsstandorte
für erneuerbare Energien im Stadtquartier.
Auch in Wilhelmsburg Mitte finden sich einige
Beispiele, bei denen mit Photovoltaik- (zum
Beispiel die PV-Membran auf dem „Soft House")
und Solarthermieanlagen (zum Beispiel an der
Fassade der „Water Houses") architektonisch
sehr anspruchsvolle Gebäude gestaltet wurden.
Der Einsatz erneuerbarer Energien und die
anspruchsvolle Gestaltung des Stadtraums
und der Gebäude sind also schon lange kein
Widerspruch mehr, sondern müssen zusammen angegangen werden. Nur so können die
großen Potenziale zur Erzeugung erneuerbarer
Energien in der Stadt auf den Dächern, an den
Fassaden und unter den Gebäuden genutzt werden. Das Stadtbild wird sich weiter verändern.
Im Hafen dominieren beispielsweise noch die
beeindruckenden Hafenkräne, aber zunehmend
mischen sich Windenergieanlagen in die Silhouette und zeigen, dass erneuerbare Energien
auch in der Stadt im großen Maßstab produziert
werden können.

Weiteres Handlungsfeld: CO_2-freie Mobilität

Nicht im Energieatlas bearbeitet, aber Teil des
Klimaschutzprojektes ist die CO_2-freie Mobilität.

Die IBA hat sich hier vor allem dem Radverkehr
gewidmet, erst gegen Ende entwickelte sich das
Thema E-Mobilität – mehrere IBA-Bauten sind
Teil des Förderprojektes „e-Quartier Hamburg"
und werden dazu dienen, die Einbindung von
Elektromobilen in verschiedenen Konzeptionen
zu untersuchen – ein weiterer wichtiger Baustein der klimafreundlichen Stadt.
Die Förderung des Fahrradverkehrs baut in den
Konzepten der IBA maßgeblich auf einer Initiative vor Ort auf, insbesondere dem Arbeitskreis
(AK) Fahrradstadt Wilhelmsburg. Dieser Zusammenschluss lokaler Initiativen, Vereine und
einzelner FahrradaktivistInnen verfolgt schon
länger das Ziel, die Elbinseln radfreundlicher zu
machen. In einer sehr gelungenen Kooperation
zwischen der IBA, dem AK Fahrradstadt, der
internationalen gartenschau (igs), der Hamburg
Port Authority (HPA), dem Bezirk Hamburg-
Mitte und den Radverkehrsbeauftragten der
Stadt Hamburg konnte die "RADWOCHE 2010"
umgesetzt werden. Diese war so erfolgreich,
dass der Bezirk daraufhin ein Radverkehrskon-
zept beauftragte und beschloss, Wilhelmsburg
zum Modellstadtteil für Radverkehr in Hamburg
zu machen. Ein Programm, das weit über den
IBA-Zeitraum hinausgeht.

Im Inneren des „Energiebunkers" befindet sich ein
Wärmespeicher, der die erzeugte Wärme zwischen-
speichert und bei Bedarf wieder abgibt. So konnte die
zu installierende thermische Anlagenleistung deutlich
reduziert und der wirtschaftliche Einsatz erneuerbarer Energien ermöglicht werden. Inside the Energy
Bunker is a heat storage unit that retains the thermal
energy generated on an interim basis and releases it
as required. This means a significant reduction in the
plant's thermal output installation and enables the
efficient use of renewable energy sources.

and building law and, in the tradition of the first building exhibitions in Germany, performed research and development work. This focus on new buildings with low "grey" energy consumption also ought to be continued as a hallmark of the Elbe islands following the IBA Hamburg Presentation Year 2013.

Heating Networks

The development of decentralised heating networks fed largely from renewable energy sources supplements the energy and climate protection efficiency of individual buildings with the potential available in the city district. The heating networks developed by the IBA in existing neighbourhoods in particular – the "Energy Bunker" and "Geothermal Energy Wilhelmsburg"[7] – are indispensible for achieving the goal of "climate neutrality for the Elbe islands". With the "Wilhelmsburg Central Integrated Energy Network", HAMBURG ENERGIE established the first public heating network in which property owners are entitled not only to draw heating from the network but also to feed in renewable energy from their buildings. The first sources of input into what was initially still a small network were largely solar energy surpluses. The energy network is characterised by a guaranteed primary energy factor of 0.3 and climate-neutral heating achieved through the use of biomethane and cogeneration.

The "Energy Bunker" is one of the most complicated of the IBA projects. It supplies the northern Reiherstieg district with climate-neutral heating and also generates electricity. Even in the project's three-year development phase, its complexity required intense interaction between the historical monument authorities, energy planning, architecture, the housing industry, cultural authorities, and the neighbourhood. Following its completion, the "Energy Bunker" concept will continue to be a subject of research within the EnEff:Stadt project "Smart Power Hamburg".[8] It looks likely that the large heat storage unit of 2000 cubic metres will also be able to accommodate surplus wind-generated electricity in the future ("Power to Heat" – Converting Electricity into Heat) or enable the generation of electricity when there is too little reliable sun and wind to produce electricity (storing heat from the cogeneration plant (BHKW) in the storage unit). The heat storage capacity in the "Energy Bunker" will therefore contribute to offsetting non-adjustable solar and wind energy: it is only in this way that a supply based 100 per cent on renewable energy can be achieved.[9]

The third heating network – "Geothermal Energy Wilhelmsburg" – is a prime example of how the joint supply of industrial and commercial operations, as well as residential buildings, can be achieved and what efficiency advantages are to be gained in the process. It is an initial role model project for the urgently needed improvement (greater energy and CO_2 efficiency) of the Hamburg district heating network.

Generating Renewable Energy within the District

The "Energy Bunker" with its solar shell and the "Georgswerder Energy Hill" with wind turbines and photovoltaic units are two highly visible production sites for renewable energy at district level. In Wilhelmsburg Central, too, there are a number of examples of highly architecturally designed buildings with photovoltaic (see the PV membrane on the "Soft House") and solar energy units (see the façade of the "WaterHouses"). The use of renewable energy and the sophisticated design of urban space and its buildings have long ceased to be a contradiction in terms but, instead, need to be tackled together. It is only in this way that the huge potential for generating renewable energy in cities on roofs, on façades, and beneath buildings can be utilised. The cityscape will go on changing. The impressive cranes still dominate the harbour, for instance, but the wind energy plants are becoming an increasingly common feature within the silhouette and show that renewable energy can also be produced in cities on a large scale.

Fortführung des Klimaschutzkonzeptes „Erneuerbares Wilhelmsburg"

Das „Klimaschutzkonzept Erneuerbares Wilhelmsburg" ist trotz verschlechterter Rahmenbedingungen ein Erfolgsmodell geworden und sollte daher konsequent weitergeführt werden. Dazu gehört auch, dass weiterhin ein unabhängiger „Treiber", wie es die IBA Hamburg sieben Jahre lang war, von der Stadt mit entsprechenden Ressourcen und entsprechendem Auftrag ausgestattet wird.

Weitere konkrete Klimaschutzprojekte wurden bereits vorbereitet, einige im *Energieatlas* benannt: Nach der Verlegung der Wilhelmsburger Reichsstraße können die „Klimahäuser am Haulander Weg" und die Weiterführung des Projektes „Wilhelmsburger Mitte" mit dem Energieverbund bis zum Spreehafen realisiert werden. Die Großwohnsiedlung Kirchdorf Süd und die dichte Bebauung auf der Veddel bieten sich für die Entwicklung weiterer Wärmenetze an.

Die Vision der klimaneutralen Elbinseln ist es wert, sich weiter für sie einzusetzen.

Anmerkungen

1 IBA Hamburg GmbH (Hg.): *Energieatlas. Zukunftskonzept Erneuerbares Wilhelmsburg.* Berlin 2010.

2 Der europäische Solarpreis wird von EUROSOLAR seit 1994 für beispielhafte Projekte und Initiativen zur Nutzung erneuerbarer Energien vergeben. Aus der Laudatio: „... Das ‚Zukunftskonzept Erneuerbares Wilhelmsburg' zeigt auf beeindruckende Weise, wie die Vision eines klimaneutralen Stadtteils Realität werden kann. Es ist Vorbild für die Zukunft der Metropole."

3 „EnEff:Stadt – IBA Hamburg" ist ein Forschungsprojekt im Rahmen der Förderinitiative „EnEff:Stadt" des Bundesministeriums für Wirtschaft (Projektträger Jülich); Laufzeit: 1.12.11 – 31.3.2015.
Wissenschaftliche Partner: IGS – Institut für Gebäude- und Solartechnik der TU Braunschweig; EFZN Energieforschungszentrum Niedersachsen, HCU - Hafen City Universität Hamburg, IBA Hamburg GmbH
Projektpartner: IBA-Investoren, Netzbetreiber Vattenfall Distribution und EON Hanse.

4 Siehe auch den Beitrag von Olaf Bartels in diesem Band (S. 222).

5 Siehe auch die Beiträge von Claas Gefroi (S. 215) und Dirk Meyhöfer (S. 134) in diesem Band.

6 „Urbaner Holzbau, Holzbau im hochverdichteten Stadtraum", Teil 1: Januar 2012; Teil 2: Februar 2012.

7 Die Entscheidung von HAMBURG ENERGIE zur Realisierung des Projektes „Tiefengeothermie Wilhelmsburg" steht zum Zeitpunkt der Erstellung dieses Artikels noch aus.

8 „SMART POWER Hamburg", Projektpartner: Hamburg Energie, Hochschule für Angewandte Wissenschaften Hamburg, RWTH Aachen.

9 Siehe auch den Beitrag von Oliver G. Hamm in diesem Band (S. 184).

Further Sphere of Activity: CO₂-Free Mobility

Not covered by the *Energy Atlas* but also part of the "Climate Protection Concept" is CO_2-free mobility.

Here the IBA has focussed in particular on cycling traffic, the issue of e-mobility having developed only towards the end. Several of the IBA buildings are part of the "e-Quarter Hamburg" sponsored project and will serve to examine the integration of electric cars into different concepts – a further important building block for the climate-friendly city.

The promotion of cycling traffic within the IBA concepts is largely based on a local initiative, and more especially on the Cycling City Wilhelmsburg working group. This consolidation of local initiatives, associations, and individual cycling activists has long been pursuing the goal of making the Elbe islands more cyclist-friendly. The staging of "CYCLING WEEK 2010" was the result of very successful cooperation between the IBA, Cycling City Wilhelmsburg working group, the international garden show (igs), the Hamburg Port Authority (HPA), the Hamburg-Mitte District, and the City of Hamburg's cycling representatives. This was so successful that the district subsequently commissioned a concept and decided to make Wilhelmsburg a model neighbourhood for cycling traffic in Hamburg. A programme extends way beyond the IBA time period.

Continuation of the "Renewable Wilhelmsburg" Climate Protection Concept

Despite the worsening of the prevailing circumstances, the "Renewable Wilhelmsburg" Climate Protection Concept has nevertheless become a model of success and should therefore be continued. This also means that an independent "driver", as the IBA Hamburg was for seven years, again needs to be equipped by the city with the appropriate resources and mandate. Further concrete climate protection projects have already been prepared, some of which are cited in the *Energy Atlas*: following the relocation of Wilhelmsburg's Reichsstrasse, the

"Climate Houses on Haulander Weg" and the continuation of the "Wilhelmsburg Central" project (integrated energy network through to the Spreehafen) can be implemented. The large housing area KirchdorfSüd and the densely built-up districts on Veddel are ideally suited to the development of further heating networks. The vision of climate-neutrality for the Elbe islands is worth the continued commitment.

Notes

1 IBA Hamburg GmbH (ed.): *Energieatlas*. Zukunftskonzept Erneuerbares Wilhelmsburg. Berlin 2010.

2 The European Solar Prize has been awarded by EUROSOLAR since 1994 to exemplary projects and initiatives using renewable energy sources. From the laudation: "… The 'Renewable Wilhelmsburg Climate Protection Concept' is an impressive illustration of how the vision of a climate-neutral city neighbourhood can become reality. It is a role model for the future of our cities."

3 "EnEff:Stadt – IBA Hamburg" is a research project forming part of the "EnEff:Stadt" funding initiative by the German Federal Ministry of Economics (project organiser Jülich); term: 1.12.2011 – 31.3.2015. Scientific partners: IGS – Institut für Gebäude- und Solartechnik der TU Braunschweig; EFZN – Energieforschungszentrum Niedersachsen; HCU – HafenCity Universität Hamburg; IBA Hamburg GmbH. Project partners: IBA investors, network operators Vattenfall Distribution, and EON Hanse.

4 Also see the article by Olaf Bartels in this volume (p. 222).

5 Also see the articles by Claas Gefroi (p. 215) and Dirk Meyhöfer (p. 134) in this volume.

6 "Urbaner Holzbau, Holzbau im hochverdichteten Stadtraum"; part 1: January 2012; part 2: February 2012.

7 At the time of writing, HAMBURG ENERGIE has yet to decide on implementing the "Geothermal Energy Wilhelmsburg" project.

8 "SMART POWER Hamburg"; project partners: HAMBURG ENERGIE, Hamburg University for Applied Sciences (HAW), North Rhine-Westphalia Technical University (RWTH) Aachen.

9 Also see the article by Oliver G. Hamm in this volume (p. 184).

Ein Aspekt des IBA-Klimaschutzkonzeptes ist die CO₂-freie Mobilität. Dazu gehört der Ausbau des Radwegenetzes, aber auch die Förderung der Elektromobilität durch eBikes und Elektroautos, für die beispielsweise Ladestationen in mehreren Neubauprojekten konzipiert wurden. Hier die „Radwoche 2010", initiiert vom Verein Fahrradstadt Wilhelmsburg

One aspect of the IBA's Climate Protection Concept is CO₂-free mobility. This includes the extension of the cycle path network but also the promotion of electromobility through eBikes and electric cars, for which charging stations have been featured in the design of several new building projects, for example. Pictured here is "CYCLINGWEEK 2010", initiated by the Wilhelmsburg City Cycling Association.

LUCIA GROSSE-BÄCHLE, ANTJE STOKMAN

Mit dem Wasser leben

Bauen in hochwassergefährdeten Stadtgebieten

Wohnen am Wasser, davon träumen wir. Einen Bootsanleger direkt vor der Tür, morgens beim Frühstück – mit der wärmenden Kaffeetasse in der Hand – den Blick über die glitzernde Wasserfläche gleiten lassen, einen aufspringenden Fisch beobachten: Szenarien wie dieses sind längst keine Zukunftsvision mehr. Wie in vielen anderen Hafenstädten und Flussmetropolen kommt auch Hamburg dem Traum vom Leben am Wasser ein Stück näher – nicht fernab der Zivilisation, sondern mitten in der Stadt. Urbane Flussräume haben durch die Verbesserung der Abwasserreinigung und globale Veränderungen in der Hafenlogistik einen enormen Wandel erlebt: Von der stinkenden Rückseite entwickelten sie sich zur ersten Adresse und Visitenkarte der Stadt.[1]

Wurden Elbe, Alster, Bille und die Kanäle im 19. und 20. Jahrhundert noch überwiegend als Transportwege ausgebaut und ihre städtischen Uferzonen für den Umschlag von Waren und Schüttgütern genutzt, so bietet sich heute – nach dem Strukturwandel – durch die Umwidmung brachgefallener Hafen- und Gewerbeareale die Gelegenheit, mit neuen wasserbezogenen Wohn- und Arbeitsformen zu experimentieren. Mit der Hinwendung zum Wasser entstehen neue Stadtstrände, Uferpromenaden, -plätze und -parks, Sitztreppen und schwimmende Stege in der amphibischen Zone zwischen Wasser und Land; sie sollen dazu beitragen, die Lebensqualität in den Flussmetropolen zu erhöhen.

Hochwasserschutz und Stadtentwicklung

Mit dem Anspruch an die vielfältige Nutzung der Flussufer steigen auch die Anforderungen an den Hochwasserschutz. Besonders die großen *Delta Cities* in den gezeitenbeeinflussten Ästuarien sind auf unterschiedliche Weise den Gefahren des Hochwassers ausgesetzt. Neben der Tide sind es vor allem seltener auftretende Extremereignisse wie heftige Sturmfluten oder Binnenhochwasser durch Starkregen, die in den Mündungsgebieten der Flüsse gut funktionierende Hochwasserschutzsysteme erfordern. Meist schützen kilometerlange und viele Meter hohe Deiche kombiniert mit Flutschutzwänden, Sperrwerken und Sperrtoren das Hinterland der dicht besiedelten Deltagebiete vor Überschwemmungen. Im Laufe der Jahrhunderte wandelten sich Deichbauwerke von ehemals baumbestandenen, mit Häusern, Treppen und Straßen versehenen Landschaftselementen zu monofunktionalen, unter rein technischen Gesichtspunkten gestalteten Hochwasserinfrastrukturen, die aufgrund der hohen Sicherheitsanforderungen weder bepflanzt noch bebaut werden dürfen. Massive Schutzbauwerke bilden heute in vielen überschwemmungsgefährdeten Gebieten eine Trennung zwischen Stadtraum und Wasserlandschaft. Mit dem Verlust des Zugangs und der Sicht auf das Wasser schwindet bei den Bewohnern der eingedeichten Gebiete mehr und mehr das Gefühl dafür, was es bedeutet mit dem Wasser zu leben.

Blick zurück: Im Jahr 1962 waren große Teile Wilhelmsburgs von der verheerenden Flut betroffen, bei der allein auf den Elbinseln mehr als 200 Menschen den Tod fanden. Rechtes Bild: Hausbootidylle im Spreehafen A look back. Large areas of Wilhelmsburg were hit by the devastating floods of 1962, in which more than 200 people died on the Elbe islands alone. Picture on right: houseboat idyll in the Spreehafen

LUCIA GROSSE-BÄCHLE, ANTJE STOKMAN

Living with Water

Building in Flood-prone Urban Areas

Das Wasser akzeptieren

Langfristig ist als Folge des Klimawandels mit einem Ansteigen der Meeresspiegel zu rechnen, wodurch sich die Hochwassergefahr an den Küsten und in den Ästuarien drastisch verschärfen wird. Klimaforscher prognostizieren für die Nordseeküste Werte zwischen einigen Dezimetern und mehreren Metern bis zum Jahr 2100! Gewiss ist, dass dieser Prozess bereits begonnen hat und stetig voranschreitet, also sind Hochwasserschutz und Stadtentwicklung gefordert, sich auf die Klimaveränderungen mit geeigneten Anpassungsstrategien einzustellen. In dieser unsicheren Situation genügt es nicht mehr, allein auf die ohnehin sehr kostenintensive Erhöhung der Hochwasserschutzbauwerke zu setzen. Neben den bewährten Hochwasserschutzstrategien müssen neue, vorausschauende Konzepte entwickelt werden, die einerseits den Flüssen mehr Raum geben, um die Hochwasserspitzen in den dicht besiedelten Gebieten zu senken, und andererseits den Menschen die Nähe zum Wasser ermöglichen. Das niederländische Programm „Mehr Raum für den Fluss" zeigt in bemerkenswerter Weise, wie durch großräumige Rückbaumaßnahmen zusätzlicher Flutraum geschaffen werden kann: In 39 Gebieten entlang des Niederrheins, der Ijssel, Lek, Waal, Bergsche Maas und anderen Flüssen werden zurzeit neue Flachwassergebiete und Flussarme angelegt, einige Flächen werden sogar komplett entpoldert.[2] Hochwasserschutz betrachtet man in diesen Projekten nicht allein unter wasserbautechnischen Gesichtspunkten, sondern zugleich als räumlich-kulturelle Aufgabe nachhaltiger Stadt- und Landschaftsentwicklung. Ein in diesem Sinne integriertes Hochwassermanagement verfolgen auch die Wissenschaftler und Praktiker des Forschungsverbundes KLIMZUG-NORD in Hamburg. Sie sind dabei, Bausteine für ein ganzheitliches Hochwasserrisikomanagement zu entwickeln, das nicht auf dem Prinzip der Hochwasserabwehr beruht, sondern von einem erhöhten Risikobewusstsein und der flexiblen Anpassung an Gefahrensituationen ausgeht.

Auf den Punkt gebracht bedeutet dies: Man muss lernen, mit dem Hochwasser zu leben. Die Strategie dieses Schutzkonzepts umfasst Maßnahmen sowohl zur Reduktion der Hochwasserwahrscheinlichkeit als auch zur Stärkung der Widerstandskraft der Städte gegenüber den Einwirkungen des Hochwassers (Resilienz).[3] Während zu den erstgenannten Maßnahmen zum Beispiel die Schaffung von zusätzlichen Retentionsräumen durch Deichrückverlegung oder die Anlage von Entlastungspoldern gehören, sind Maßnahmen zur Hochwasserresilienz darauf ausgerichtet, den Schaden an den vom Hochwasser betroffenen Menschen, Gütern und Flächen möglichst gering zu halten. Zu den Resilienzmaßnahmen zählen neben der Sensibilisierung der Bewohner für die Hochwassergefahren zum Beispiel auch der Objektschutz an Gebäuden und die Anpassung der Bauweisen an wechselnde Wasserstände.

Der integrative Ansatz dieses Schutzkonzepts eröffnet vielfältige Möglichkeiten, Aspekte der nachhaltigen Stadtentwicklung mit Maßnahmen des Hochwasserschutzes zu verknüpfen. Dabei

Flutraum schaffen und die Tideelbe erlebbar machen. Das ist das Ziel des Pilotprojekts Kreetsand, welches derzeit im Osten der Elbinsel entsteht. Das 30 Hektar große Rückdeichungsgebiet ist der erste Baustein einer großräumigen Strategie der Hamburg Port Authority (HPA) und der Wasser- und Schifffahrtsdirektion (WSV) zur nachhaltigen Entwicklung der Tideelbe als Lebensader der Metropolregion Hamburg. Creating floodplain space and making the tidal Elbe accessible: the goal of the Kreetsand Pilot Project currently being developed in the east of Wilhelmsburg island. The 30-hectare dyke relocation area is the first building block of an extensive strategy by the Hamburg Port Authority (HPA) and the Waterways and Shipping Directorate (WSV) for the sustainable development of the tidal Elbe as the lifeline of the Hamburg metropolitan region.

Living by the water is the stuff that dreams are made of. A jetty right on your doorstep, gazing over the glistening surface of the water over breakfast in the morning – a warm cup of coffee in your hand, watching the fish jumping: scenarios such as these are now far more than just visions of the future. As in many other harbour and river cities, Hamburg, too, is moving a little closer to the fantasy of living by the water – not far removed from civilisation, but in the midst of the city. Urban river areas have undergone an enormous transformation through improvements in wastewater treatment and global changes to harbour logistics: they have developed from being the smelly back end to become both a top address and a calling card for cities.[1]

While the Elbe, Alster, Bille, and the canals were largely developed in the nineteenth and twentieth centuries as transport routes and their urban banks used for handling goods and bulk cargo, today structural change and, with it, the redesignation of harbour and commercial wasteland, provides the opportunity to experiment with new water-related forms of living and working. The focussing of attention on water has seen, in the amphibian zone between water and land, the emergence of new urban peripheries, waterside promenades, squares, and parks, step seating, floating footbridges; these are also intended to contribute to an improved quality of life in river cities.

Flood Protection and Urban Development

Aspirations to diverse use for riverbanks are accompanied by increased demands for flood protection. Large *delta cities* in tidal estuaries in particular are exposed to the dangers of flooding in a variety of ways. Not just the tides but, more especially, the more infrequent extreme situations such as storm tides or inland flooding due to heavy rainfall are what require effective flood protection systems in river estuary areas. The hinterland of heavily populated delta areas is mostly protected from flooding by kilometre-long dykes, several metres in height, combined with flood protection walls, barriers, and barrage gates. Over the course of the centuries, dyke constructions have been transformed from what were formerly wooded landscape elements with houses, steps, and streets into monofunctional flood infrastructure elements designed from a purely technical perspective; due to strict security requirements they may not be planted or built up. In many flood-prone areas today, massive protective structures separate the urban space from the water landscape. With the loss of access and sight of the water, residents of the dyke-protected neighbourhoods have increasingly lost the sense of what it means to live with water.

Accepting the Water

A rise in sea levels is to be expected as a long-term consequence of climate change, drastically exacerbating the threat of flooding along coastlines and in estuaries. For the North Sea coast, climatologists are predicting values of between a few decimetres and several metres by the year 2100! What is certain is that this process has already begun and is forging ahead constantly, meaning that there is a requirement for flood protection and urban development to prepare for climate changes with appropriate adaptation strategies.

The uncertainty of the situation means that it is no longer sufficient to rely solely on the very costly raising of flood-protection barriers. Alongside the tried and tested flood-protection strategies, new, forward-looking concepts need to be developed that allow more space for rivers in order to reduce flood peaks in heavily settled areas, on the one hand, and enable people to enjoy a greater proximity to the water, on the other. The Dutch programme "More Space for the River" is a remarkable illustration of how additional flood-plain space can be created through extensive "renaturation" measures: 39 areas along the Lower Rhine – the Ijssel, Lek, Waal, Bergse Maas, and other rivers – are currently seeing the establishment of new shallow water areas and river branches, with some areas being completely de-poldered.[2]

geht es nicht nur um Risikobewältigung. In den neuen Herausforderungen steckt auch eine große Gestaltungsaufgabe. Wie Wasserlagen als Chance für die Stadtentwicklung genutzt werden können, zeigt das Beispiel der Hamburger Elbinseln.

Integrierte Strategien für die Elbinsel

Das ständige Ringen um die Frage, wie man sich vor dem Wasser schützen und Nutzen aus dem Wasser ziehen kann, hat das Wesen und die Geschichte der Stadt Hamburg schon immer bestimmt. Die Auseinandersetzung mit der Dynamik des Wassers ist für die Hafenstadt eine permanente Herausforderung, die angesichts steigender Meeresspiegel an Brisanz gewinnen wird. Mit dem städtebaulichen Leitprojekt „Sprung über die Elbe" und der Internationalen Bauausstellung IBA Hamburg rückt die Elbinsel und damit auch der Hochwasserschutz als zentrale Aufgabe in den Fokus der Stadtentwicklung. Die Lage der Flussinsel im Binnendelta der Elbe erfordert ein besonderes Augenmerk hinsichtlich der Entwicklung zukunftsfähiger Hochwasserstrategien und modellhafter Lösungen für das Bauen in Wasserlagen. Seit der ersten Besiedlung weiß man, wie empfindlich dieser Lebensraum gegenüber Naturgewalten ist. Bei der großen Flut von 1962 starben allein im Stadtteil Wilhelmsburg 172 Menschen, weil die Deiche brachen. Heute schützt ein 27 Kilometer langer und bis zu 8,35 Meter hoher Ringdeich die Insel.

Auch wenn die Lage am Wasser eine permanente Herausforderung darstellt, sie gehört zu den größten Vorzügen der Elbinsel. Die Kunst besteht darin, das Potenzial der tidebeeinflussten Elbinseln als dynamische Wasserlandschaft zu entdecken. Der vom STUDIO URBANE LANDSCHAFTEN bearbeitete *WASSERATLAS*[4] zeigt viele Möglichkeiten, wie man die wassergeprägte Landschaft der Elbinseln zu etwas Unverwechselbarem machen kann. Er interpretiert die gesamte Elbinsel aus der Beziehung der Landschaft zum Wasser und bildet so die Grundlage für neue Zukunftsperspektiven. Auch Hochwas-

serinfrastrukturen wie Deiche und Flutschutzmauern gehören zur Wasserlandschaft der Insel.

Deichpark Elbinsel

Als Impuls für einen fachübergreifenden Dialog über die räumlichen Qualitäten von Hochwasserschutzanlagen hat die IBA Hamburg die Machbarkeitsstudie *Deichpark Elbinsel*[5] auf den Weg gebracht.

Der Begriff „Deich" steht dabei für die Funktion der Sicherung und des Hochwasserschutzes, „Park" für die ästhetischen Qualitäten, das Raumerlebnis und die Nutzbarkeit. Der Deichpark verknüpft die Räume entlang des Ringdeichs, setzt Vorland und Hinterland in Beziehung, ist Teil des Stadtraums und der Flusslandschaft. Die Vielfalt der angrenzenden Nutzungen bestimmt den Charakter des 27 Kilometer langen Landschaftsraums. Viele Menschen nutzen den Ringdeich heute schon für Freizeit und Erholung. Deshalb besteht der erste Schritt der Deichparkstrategie in der Neuinterpretation des Bestandes. Durch kleine Veränderungen wie neue Wegebeziehungen und Querungen, Kontaktstellen zum Wasser, Aussichtsplattformen und Informationspavillons (unter anderem „Deichbude Kreetsand") lassen sich die Deichlandschaften als spannende Raumfolge erleben. Diese kurzfristig realisierbaren Interventionen setzen im IBA Präsentationsjahr 2013 erste Zeichen für eine neue Zukunft. Dies ist aber nur der Anfang. Mit dem Beschluss neuer Bemessungswasserstände, die auch einen Zuschlag für den zu erwartenden Anstieg des Meeresspiegels beinhalten, von derzeit NN + 7,30 Meter am Pegel St. Pauli um 80 Zentimeter auf NN + 8,10 Meter, ergeben sich auch für den Deichpark Elbinsel neue Handlungsaufgaben.

Im Frühjahr 2013 lobt die IBA Hamburg gemeinsam mit dem Landesbetrieb für Straßen, Brücken und Gewässer ein Workshop-Verfahren aus, bei dem Entwürfe für die notwendigen Erhöhungen der Hochwasserschutzbauwerke im Sinne des Deichparkgedankens entwickelt werden sollen. Mit dem Deichpark Elbinsel stößt die IBA Hamburg eine Entwicklung an, die weit über ihre eigene Laufzeit hinausreicht.

Durch die Sammelpunkte bei Hochwasser ist die Flut von 1962 im übertragenen Sinne präsent. With the flood assembly points the floods of 1962 retain their presence in the neighbourhood.

Flutmarken erinnern an die Wasserstände der Jahre 1962 und 1999. Flood marks are reminders of the water levels in 1962 and 1999.

These projects see flood protection not only from the hydraulic engineering perspective but also as the spatial-cultural task of sustainable urban and landscape development. Both the scientists and the practitioners of the KLIMZUG-NORD research group in Hamburg practise this sort of integrated flood management. They are currently developing building blocks for the purpose, based not on the principle of flood defences but rather on increased risk awareness and flexible adaptation to hazard situations. To put it more simply, this means that we have to learn to live with floodwaters. The strategy underpinning this protection concept comprises measures both for the reduction of flood probability and for reinforcing urban resistance to flood impact (resilience).[3] While this first group of measures includes the creation of additional retention space through dyke relocation, for example, or the establishment of relief polders, flood resilience measures are aimed at minimising flood damage for the people, goods, and areas affected. In addition to sensitising residents to flood dangers, resilience measures also include property protection on buildings and the adaptation of construction methods to changing water levels, for example.

The integrative approach of this protection concept opens up diverse opportunities for linking aspects of sustainable urban development with flood protection measures. This is not simply about risk management. The new challenges also bring with them a major design task. The example of Hamburg's Elbe islands shows how locations featuring water can be used as an opportunity for urban development.

Integrated Strategies for Wilhelmsburg

Constant deliberations on the issue of protection from the water and what use can be made of the water have always determined the very being and the history of the city of Hamburg. Dealing with the dynamics of water is a permanent challenge for the harbour city, one that will become all the more charged due to rising sea levels.

The leading urban planning project "Sprung über die Elbe" (Leap across the Elbe) and the International Building Exhibition Hamburg 2013 have placed Wilhelmsburg and thereby also flood protection as a central undertaking at the focus of urban development. Wilhelmsburg's position in the Elbe's inland delta requires particular attention with regard to the evolution of future-oriented flood strategies and model solutions for building in water-focussed locations. The susceptibility of this living environment to the forces of nature has been known ever since the first settlements. On this island alone, 172 people died in the major floods of 1962 because the dykes broke. Today, Wilhelmsburg is protected by a ring dyke, 27 kilometres long and up to 8.35 metres high.

Even if the water-based location presents a permanent challenge, it is among the island's greatest assets. The skill lies in seeing the potential of the tidal Elbe islands as a dynamic water landscape. The *WASSERATLAS*[4] (WATER ATLAS) compiled by STUDIO URBANE LANDSCHAFTEN illustrates many possibilities for turning the territory of the Elbe islands, characterised as it is by water, into something distinctive. It interprets the whole of Wilhelmsburg in terms of the relationship of the land to the water and thus forms the basis for new future prospects. Flood infrastructure elements such as dykes and flood defence barriers form part of the island's water landscape.

Elbe Island Dyke Park

The IBA Hamburg has initiated the *Deichpark Elbinsel*[5] ("Elbe Island Dyke Park") feasibility study as an impetus for interdisciplinary dialogue on the spatial features of flood protection systems.

Here, the term "dyke" stands for the security and flood protection function, and "park" for the aesthetic qualities, the spatial experience, and the usability. The "Elbe Island Dyke Park" links the spaces along the ring dyke, brings foreshore and hinterland into relation, and is part of the urban space and the river landscape. The diversity of the adjoining usages deter-

Mehr Flutraum für die Elbe

Die Schaffung von Flutraum für die Elbe ist das Ziel des neuen „Tidegebiets Kreetsand", das derzeit auf der Ostseite der Elbinsel entsteht. Das 30 Hektar große Flachwassergebiet ist ein erster Baustein des Tideelbekonzepts, einer großräumigen Strategie der Hamburg Port Authority (HPA) und der Wasser- und Schifffahrtsdirektion (WSV) zur „nachhaltigen Entwicklung der Tideelbe als Lebensader der Metropolregion Hamburg". Die Umsetzung dieses Konzepts ist Bedingung für die Zukunftsfähigkeit des Hamburger Hafens und erfordert eine radikale Änderung im Umgang mit der Tidedynamik. In der Vergangenheit haben natürliche Entwicklungen und der intensive Einfluss des Menschen die Tideelbe von Geesthacht bis zur Mündung stark verändert. Heute unterliegen nur noch rund drei Prozent der ursprünglichen Elbmarsch dem regelmäßigen Einfluss der Gezeiten. Als Folge dieser Veränderungen hat der Tidenhub in den letzten 100 Jahren um 1,5 Meter zugenommen. Insbesondere der Flutstrom hat sich verstärkt, sodass große Mengen Sediment mit der Tide flussaufwärts geschwemmt werden und sich ablagern. Sie müssen kontinuierlich gebaggert werden, damit die Seeschiffe den Hamburger Hafen ungehindert erreichen können. Neue Flachwassergebiete sollen nun die Strömung reduzieren und damit auch den Sedimenttransport in der Tideelbe. Davon profitiert nicht nur der Hamburger Hafen, denn die tidebeeinflussten Wasserlandschaften bieten gleichzeitig neue Möglichkeiten für Naturschutz und Naherholung. Lebensräume für auentypische Tiere und Pflanzen, Zugänge zum Wasser, Stege und Wege werden künftig auch das Bild des Tidegebiets Kreetsand prägen. Während des Bauprozesses erhält man in einem temporären Ausstellungsgebäude, der „Deichbude Kreetsand", Informationen über die Entstehung des neuen Flachwassergebiets[6]. Das Tidegebiet ist ein Teilprojekt des IBA Projekts „Deichpark Elbinsel".

Hochwasserangepasste Bauweisen

Die Anpassung von Gebäuden an wechselnde Wasserstände ist für die Elbinsel von großer Bedeutung. Zwei Projekte sollen deshalb zeigen, wie Wasserlagen zu Wohn- und Arbeitsstandorten werden können. Das IBA DOCK, im tidebeeinflussten Müggenburger Zollhafen (Architektur Han Slawik)[7] gebaut, entstand auf einem Ponton als Prototyp für einen zukunftsweisenden Umgang mit dem Hochwasserrisiko. Der Ponton ist an Dalben befestigt, an denen er sich mit der Tide täglich 3,5 Meter auf und ab bewegt. Bei Sturmflut schwimmt das amphibische Gebäude mit dem Wasser auf und passt sich so an den erhöhten Wasserspiegel an. Die „WaterHouses", die in einem durch Hoch- und Grundwasser gefährdeten Bereich in Wilhelmsburg Mitte entstanden, wurden auf Pfählen in einem 4000 Quadratmeter großen Wasserbecken errichtet, das in das vorhandene Gewässernetz integriert ist und durch Regenwasser gespeist wird.[8] Bei den „WaterHouses" geht es nicht nur um hochwassersichere Bautechnologien, sondern auch um neue Formen des Wohnens *auf* und *mit* dem Wasser. Schwimmende Terrassen, Bootsstege, Unterwassergärten und Wasserwände als Sichtschutz machen

Die Aussichtsplattform und der Informationspavillon „Deichbude Kreetsand" geben Einblicke in und Ausblicke auf die Deichlandschaften. The viewing platform and the Kreetsand Dyke Shack information pavilion provide insights into, and views of, the dyke landscape.

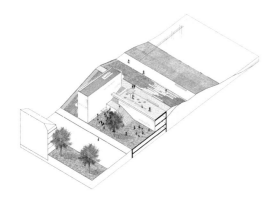

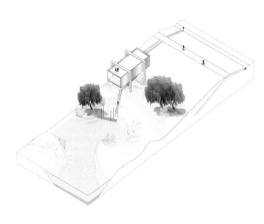

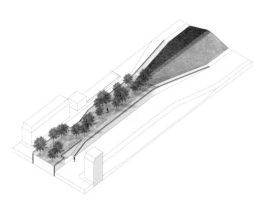

Schematische Darstellungen zu innovativen landschaftsgestalterischen Lösungen für den Hochwasserschutz; sie entstanden 2011 im Rahmen der Machbarkeitsstudie „Deichpark Elbinseln". Diagrams illustrating the innovative landscape design solutions for flood protection; created in 2011 during the feasibility study „Elbe Island Dyke Park"

mines the character of the 27-kilometre-long landscape space. Many people already use the ring dyke today for leisure and recreation and hence the first step in the "Elbe Island Dyke Park" strategy is the reinterpretation of the existing structure. Minor changes such as new pathway arrangements and crossings, water access points, viewing platforms, and information pavilions (including the "Kreetsand Dyke Pavilion") enable the dyke landscapes to be experienced as appealing spatial arrangements. These measures, capable of being implemented at short notice, are the first signs of a new future in the IBA Hamburg Presentation Year 2013. This is just the beginning, however. The amending of new design water levels, which also include a supplement for the expected rise in the sea level, from the current MSL + 7.30 metres at the St. Pauli gauge by 80 centimetres to MSL + 8.10 metres, presents the "Elbe Island Dyke Park" with new tasks.

In early 2013 the IBA Hamburg, together with the State Department of Roads, Bridges, and Water, praised a workshop procedure for the development of designs for the necessary raising of flood defences, referring to the "Elbe Island Dyke Park". With this project, the IBA Hamburg has initiated a process extending way beyond its own lifespan.

More Flood Plain Space for the Elbe

The creation of more flood plain space for the Elbe is the goal of the new "Kreetsand Tidal Area – Pilot Project" currently being developed on the eastern side of Wilhelmsburg. The shallow water area, 30 hectares in size, is a first building block within the Tidal Elbe Concept, a far-reaching strategy by the Hamburg Port Authority (HPA) and the Waterways and Shipping Directorate (WSV) aimed at the "sustainable development of the tidal Elbe as the lifeline of the Hamburg metropolitan region". The implementation of this concept is a prerequisite for the sustainability of Hamburg harbour and requires a radical change in the approach to tidal dynamics. In the past, natural developments and intensive human influence have brought major

changes to the tidal Elbe from Geesthacht to the river mouth. Today, only around 3 per cent of the original Elbe marshes are still subject to regular tidal influence. As a result of these changes the tidal range has increased by 1.5 metres in the last hundred years. The incoming tide, in particular, has strengthened such that large quantities of sediment are swept with the tide upriver, where they are then deposited. This has to be constantly dredged so that seagoing vessels are able to reach Hamburg harbour without difficulty. New shallow water areas are now intended to reduce the current and thus also the transportation of sediment in the tidal Elbe. This benefits not only Hamburg harbour as the tidal water landscapes also provide new opportunities for nature conservation and local recreation. Habitats for floodplain flora and fauna, water access, jetties, and pathways will continue to characterise the image of the "Kreetsand Tidal Area" in the future as well. During the building process, a temporary exhibition structure, the "Kreetsand Dyke Pavilion", provides information on the development of the new shallow water area.[6] The tidal area is a project forming part of the IBA Hamburg's "Elbe Island Dyke Park" project.

Flood-Adapted Structures

The adaptation of buildings to changing water levels is of major significance to Wilhelmsburg. Consequently, there are two projects aimed at showing how water locations can become residential and working areas. The "IBA DOCK" (architect Han Slawik),[7] in the tidal Müggenburg customs harbour, was built on a pontoon as a prototype for a future-oriented approach to flood risk. The pontoon is fastened to pilings on which it moves up and down 3.5 metres daily. The amphibian building rises with the incoming tide, thus adapting to the higher water level. The "WaterHouses", developed in an area of Wilhelmsburg Central at risk from both flooding and from groundwater, were built on posts in a large water basin, 4000 square metres in size, which is integrated into the existing watercourse network and fed by rainwater.[8] The

das Wasser in diesem Ensemble zu einem allgegenwärtigen Thema. Wasser ist außerdem ein Element des Energiekonzepts: Über eine Geothermie-Wärmepumpanlage wird es zur Temperierung der im Passivstandard errichteten Häuser genutzt.

Ausblick

Hochwasserschutz ist und bleibt eine Daueraufgabe für Küstenstädte und Flussmetropolen – gerade in Zeiten des Klimawandels. Er muss als kooperativer, partizipativer und fachübergreifender Prozess verstanden werden, in dem gemeinsam nach integrierenden Strategien und Lösungen gesucht wird; Hochwasserschutz muss sich als gesamtgesellschaftliche Aufgabe begreifen. Die IBA Hamburg kommt diesem Prinzip mit den Projekten „Deichpark Elbinsel" und Tidegebiet „Kreetsand" mit einem behörden- und fachübergreifenden Dialog über wasserbezogene Stadtentwicklung sehr nahe; dieser Prozess sollte weit über das Ausstellungsjahr 2013 hinausgehen.

Anmerkungen

1 Herbert Dreiseitl in: Martin Prominski et al.: *Fluss. Raum. Entwerfen.* Berlin 2012 (S. 5).

2 Dirk Sijmons in: IBA Hamburg (Hg.): *IBA-Labor Klimafolgenmanagement: Herausforderung Wasser.* Hamburg 2009 (S. 40 ff.).

3 Erik Pasche in: IBA Hamburg (Hg.), *IBA-Labor Klimafolgenmanagement: Herausforderung Wasser* (siehe Anmerkung 2) (S. 68 f.).

4 IBA Hamburg / STUDIO URBANE LANDSCHAFTEN (Hg.): *WASSERATLAS. Wasser Land-Topologien für die Hamburger Elbinsel.* Hamburg 2008.

5 IBA Hamburg / osp urbanelandschaften (Hg.): *IBA Machbarkeitsstudie Deichpark Elbinsel.* Hamburg 2011.

6 Ausstellung Deichbude Kreetsand.

7 Vgl. Aufsätze Dirk Meyhöfer etc. in diesem Band.

8 Vgl. Aufsätze Dirk Meyhöfer etc. in diesem Band.

"WaterHouses" are not only about construction technology with greater flood safety, but also deal with new ways of living, on and with water. Floating terraces, jetties, underwater gardens, and water walls as privacy shields make water an omnipresent element in this ensemble. Water is also an element within the energy concept: a geothermal heat pump uses it for temperature regulation in the Passive Standard houses.

Outlook

Flood protection is and remains an ongoing task for coastal and river cities - the more so in times of climate change. It needs to be seen as a more cooperative, participative, and interdisciplinary process in which integrating strategies and solutions are sought jointly; flood protection has to be regarded as a task for society as a whole. With its interinstitutional and interdisciplinary dialogue on water-related urban development, the IBA Hamburg approximates this principle very closely with the "Elbe Island Dyke Park" and "Kreetsand Tidal Area" projects; this process ought to extend way beyond the exhibition year, 2013.

Notes

1 Herbert Dreiseitl in Martin Prominski et al.: *Fluss. Raum. Entwerfen*. Berlin 2012 (p. 5).

2 Dirk Sijmons in IBA Hamburg (ed.): *IBA-Labor Klimafolgenmanagement: Herausforderung Wasser*. Hamburg 2009 (pp. 40 ff.).

3 Erik Pasche in IBA Hamburg (ed.): *IBA-Labor Klimafolgenmanagement: Herausforderung Wasser* (see note 2) (pp. 68 ff.).

4 IBA Hamburg/STUDIO URBANE LANDSCHAFTEN (eds.): *WASSERATLAS. Wasser Land-Topologien für die Hamburger Elbinsel*. Hamburg 2008.

5 IBA Hamburg/osp urbanelandschaften (eds.): *IBA Machbarkeitsstudie Deichpark Elbinsel*. Hamburg 2011.

6 "Deichbude Kreetsand" exhibition.

7 Cf. contributions by Dirk Meyhöfer et al. in this volume.

8 Cf. contributions by Dirk Meyhöfer et al. in this volume.

Erlebnisraum Deich. Teilnehmer des VHS Sommerateliers „Hafen 2012" vor den 50er-Schuppen mit Blick auf die HafenCity   The dyke experience: participants in the Summer Studio adult education programme "Harbour 2012", in front of the „50er-Schuppen", with a view of HafenCity

CLAAS GEFROI

Schöner Wohnen im Klimawandel

Innovative Neubaukonzepte

Dass der Klimawandel unsere Bauten und Städte immer stärker beeinflusst, ist wahrlich eine Binsenweisheit. Der Zwang, Energie einzusparen und CO_2 zu vermeiden, prägt schon heute die Gestalt ganzer Stadtteile: Man fahre nur einmal ins einst „rote Hamburg", in die backsteinernen Arbeiterwohnquartiere des Hamburger Ostens. Zug um Zug werden dort die Ziegelfassaden in Wärmedämmungen eingepackt – mit dem Effekt, dass man Häuser und Viertel nach Abschluss der Maßnahmen kaum wiedererkennt. Im Schatten der Sanierung des Gebäudebestands standen lange die Möglichkeiten im Neubaubereich, denn die Bedeutung des Energieverbrauchs von Neubauten ist gegenüber der Masse des Bestands zunächst eine kleine Größe. Doch die Neubauten von heute sind der Bestand von morgen, dessen Energiebilanz über den Verlauf des Klimawandels mitentscheidet. Um ihre ambitionierten Klimaschutzziele zu erreichen, treibt die IBA Hamburg deshalb nicht allein die energetische Sanierung des Gebäudebestands in Wilhelmsburg voran, sondern entwickelt beispielhafte Lösungen für klimafreundliche Neubauten.

Die Suche nach neuen Ansätzen

Eine wichtige Grundlage bildeten internationale Workshops, deren Ziel es war, Möglichkeiten für eine klimagerechte Architektur zu finden, die auch ästhetisch neue Qualitäten entwickelt. Dabei wurden die gängigen Methoden infrage gestellt, etwa als Stefan Behnisch erklärte: „So stellt man fest, dass wir weitgehend unsinnige Gebäude bauen, die starr und statisch sind und nicht auf unterschiedliche Klima- und Lebensbedingungen eingehen. (...) Natürlich können wir versuchen, mit immer mehr Technik Probleme zu kompensieren, beziehungsweise den Energieverbrauch der Gebäude zu mindern. Aber mittelfristig muss es doch das Ziel sein, eine schlechte Situation nicht nur graduell zu verbessern, sondern tatsächlich neue Ansätze zu finden. Wir sollten möglichst bald aus einem Energiesparmuss einen offeneren architektonischen Umgang machen!"

Zukunftsmodelle: Die „Smart Material Houses"

Es blieb nicht bei diesem Appell: Es entstanden zahlreiche *Case Study Houses* für eine energetisch nachhaltige Architektur des 21. Jahrhunderts in den Themenbereichen „Smart Price Houses", „Smart Material Houses", „Hybrid Houses" und „Water Houses". In die Ausschreibungen flossen viele Erkenntnisse aus den Workshops ein. Es folgten die Grundstücksvergabeverfahren mit integrierten Architekturwettbewerben und schließlich der Bau der Häuser in der Wilhelmsburger Mitte. Am augenfälligsten zeigt sich der architektonische Wandel bei den „Smart Material Houses". Hier wird mit neuen und intelligenten Baustoffen experimentiert, die Gebäude und Fassaden dynamisch auf Veränderungen reagieren lassen. Nach einem vorgeschalteten Fachworkshop und einem Bewerbungsverfahren wurden 15 Entwürfe eingereicht, von denen acht einen 1. Rang erreichten. Vier der acht Konzepte werden derzeit realisiert: „BIQ" vom Team

Ein Blick auf die Gebäude der „Bauausstellung in der Bauausstellung" in Wilhelmsburg Mitte. In der ersten Reihe (v.l.n.r.): „BIQ", „Case Study #1", „CSH Case Study Hamburg" und „Grundbau und Siedler" A view of the "Building Exhibition within the Building Exhibition" venue in Wilhelmsburg Central. Front row (from left to right): "BIQ", "Case Study #1", "CSH Case Study Hamburg" and "Basic Building and Do-it-Yourself-Builder"

CLAAS GEFROI

Better Living with Climate Change

Innovative New Construction Concepts

SPLITTERWERK aus Graz, „Smart ist grün"
von zillerplus Architekten aus München, „Soft
House" von Kennedy & Violich Architecture aus
Boston und der „WOODCUBE" der architekturagentur aus Stuttgart.

Der Stoff, aus dem die Häuser sind: „Soft House"

Das Büro Kennedy & Violich Architecture aus
Boston ist bekannt für die langjährige For-
schung zu innovativen Textiloberflächen. Ihr
„Soft House" ist ein dreigeschossiges Town-
house für vier Parteien, gebaut als Passivhaus
in CO_2-sparender Holzbauweise mit einem Dach
aus glasfaserverstärktem Kunststoff sowie
einer textilen Membran, die auch das oberste
Stockwerk überspannt. In Dachhäute wurden
Photovoltaik-Elemente integriert, die bei jedem
Sonnenstand Energie produzieren können. Der
Strom wird direkt weitergeleitet zu mit dünnen
LEDs bestückten Textilvorhängen im Inneren.
Diese an Schienen geführten Vorhänge erhalten
somit ganz neue Funktionen: Sie gliedern die
Räume immer wieder neu und spenden zudem
Licht. So macht das „Soft House" seinem Na-
men alle Ehre: Ein statisches Gebäude wird zur
variablen Wohnlandschaft, die sich klimatischen
Bedingungen sowie individuellen Nutzerwün-
schen anpasst und den Energiefluss anschau-
lich macht.

„BIQ": Das Wohnhaus als Biomaschine

Ursprünglich hieß der Entwurf einmal „Smart
Treefrog" (intelligenter Laubfrosch). Damit
klingen schon im Namen die beiden Haupt-
charakteristika des „BIQ"-Gebäudes an: das
wandelbare, mitdenkende Innere und die
„grüne" Biofassade. Die Grazer Architekten von
Splitterwerk entwarfen hierfür ein Tragwerk für
größtmögliche Grundrissflexibilität. In zwei der
15 Wohnungen können je nach Bedarf einzelne
Funktionen der Wohnung – Bad, Küche, Schlafen
– wechselnd oder auch gleichzeitig zu einer
„neutralen Zone" zugeschaltet werden. Diese
Zonierung ermöglicht nicht nur eine größere

Nutzungsflexibilität, sondern auch unterschiedliche Klimabereiche, mit deren Hilfe Energie
gespart werden kann. Dass das „BIQ" keine
fossilen Energiequellen benötigt, liegt jedoch
in erster Linie daran, dass es selbst ein großes
Biomassekraftwerk ist: In einer der eigentlichen
Fassade vorgelagerten zweiten Außenhülle
wachsen – genährt von Sonnenlicht und CO_2 –
Mikroalgen in wassergefüllten zweischaligen
Fensterelementen. Sie werden regelmäßig
geerntet und für die Gewinnung von Biogas
genutzt. Zusätzlich wird die durch das Sonnenlicht erzeugte Wärme des Wassers mittels eines
Wärmetauschers als Energiequelle verwendet.
Eine solche Bioenergiefassade ist derzeit ohne
Beispiel – gelingt das Experiment, wird es
zeigen, dass Fassaden mehr können, als allein
gegen Regen, Kälte oder Wärme zu schützen.

Flexibel und clever: „Smart ist grün"

Schlauer, wandelbarer Grundriss und energie-
erzeugende Fassade: Die Eigenschaften des
Pionierbaus „Smart ist Grün" von Zillerplus

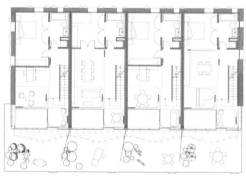

Die vier Townhouses sind außerdem sehr kompakt
gebaut, was nicht nur Fläche, sondern auch Energie
spart. The four town houses are very compact in their
construction, saving not only space but also energy.

Das „Soft House" von Kennedy & Violich Architecture, Boston nutzt durch seine dynamische Textilfassade das Sonnenlicht auf flexible und intelligente Weise und dient mit seiner Vollholzbauweise als Exempel für nachhaltiges Bauen. In die Dachhäute wurden Photovoltaik-Elemente integriert, die sich im optimalen Einfallswinkel positionieren und je nach Sonnenstand Energie produzieren. Der Strom wird direkt in die mit dünnen LEDs bestückten Textilvorhänge im Inneren des Hauses weitergeleitet. Soft House by Kennedy & Violich Architecture (Boston) has a dynamic textile façade, enabling it to make flexible and intelligent use of sunlight, while its solid wood construction renders it a role model for sustainable building. The roof cladding features integrated photovoltaic elements that adapt to the changing angle of the sun and are able to produce energy whatever the sun's position. The electricity is transmitted directly to interior textile curtains equipped with thin LEDs.

The fact that climate change is having an ever greater influence on our buildings and cities is of course a truism. The pressure to save energy and to avoid CO_2 already determines the form of entire city districts today: just take a trip into what was once "red Hamburg," to the red brick working class residential areas in the east of the city. Step by step, the brickwork façades there are being wrapped up in thermal insulation – rendering buildings and districts barely recognisable once these measures have been completed. Opportunities in the field of new buildings were long overshadowed by the renovation of existing buildings, as the significance of new building energy consumption is initially small scale in the face of the mass of existing buildings. Today's new structures are the existing buildings of tomorrow, however, and their energy balance co-determines the course of climate change. In order to achieve its ambitious climate protection goals, therefore, the Internationale Bauausstellung (International Building Exhibition) IBA Hamburg is expediting not only the energy-related renovation of the existing buildings in Wilhelmsburg, but is also developing exemplary solutions for climate-friendly new buildings.

The Quest for New Approaches

One important foundation was the International Workshops, their goal having been the determination of opportunities for climate-friendly architecture that also develops new aesthetic features. This involved questioning popular methods, for instance, as Stefan Behnisch explained: "We then established that we build largely nonsensical buildings that are rigid and static and not receptive to differences in climate and living conditions. (...) Of course we can try, with ever more technology, to compensate problems and/or to minimise the building's energy consumption. In the medium term, however, the goal must be more than just the gradual improvement of a bad situation but also to actually find new approaches. We must turn the need to save energy into a more open architectural approach as soon as possible!"

Model for the Future: the Smart Material Houses

It went beyond this appeal: with the creation of numerous Case Study Houses for the twenty-first century, sustainable energy architecture came into being with the "Smart Price Houses," "Smart Material Houses," "Hybrid Houses," and "WaterHouses." The tenders incorporated a great many insights derived from the workshops. They were followed by the site allocation processes with integrated architectural competitions and ultimately the building of the houses in the centre of Wilhelmsburg. The most eye-catching is the architectural transformation of the "Smart Material Houses." Here, new and intelligent building materials were experimented with to allow the buildings and façades to react dynamically to change. Following an upstream expert workshop and an application procedure, fifteen designs were submitted, of which eight made it to the shortlist. Four of the eight concepts are being implemented at present: the "BIQ" by Team SPLITTERWERK from Graz, "Smart is Green" by zillerplus Architekten from Munich, "Soft House" by Kennedy & Violich Architecture of Boston, and the WOODCUBE by the architekturagentur from Stuttgart.

The Stuff that Houses Are Made of: "Soft House"

Kennedy & Violich Architecture from Boston is known for its longstanding research into innovative textile surfaces. Their "Soft House" is a three-storey townhouse of four units, built as a passive house with a CO_2-saving wooden construction, a synthetic, glass fibre reinforced roof, and a textile membrane that also spans the upper floor. The roof cladding features integrated photovoltaic elements able to produce energy whatever the position of the sun. The electricity is transmitted directly to textile curtains in the interior equipped with thin LEDs. These railed curtains thus acquire an entirely new function: they subdivide the rooms in a multitude of ways and also provide light. And so the "Soft House" does justice to its name: a

Architekten aus München gleichen dem „BIQ"-Projekt, doch wurde hier ein anderer Weg beschritten. Das interessanteste Element sind Vorhänge aus PCM (Phase-Change-Material), sogenannte Latentwärmespeicher, die man beispielsweise von Taschenwärmern kennt. Hier nimmt das Phasenwechselmaterial die Wärme des Sonnenlichts am Tage auf, um sie in der Nacht wieder abzugeben. Die Reduzierung der Wärme am Tag und verzögerte Wärmeabgabe in der Nacht kappt Temperaturspitzen und fördert ein ausgeglichenes Wohnklima. Als sommerlicher Hitzeschutz wurden auf der Südseite zudem noch begrünte Fassadenelemente installiert. Darüber hinaus erzeugen an Außenwänden und auf dem Dach installierte Photovoltaik- und Solarthermie-Flächen Strom und Wärme. Insgesamt wird so im Haus mehr Energie erzeugt, als verbraucht wird – „Smart ist grün" ist ein Plusenergiehaus. Überschüssige Wärmeenergie wird in einen platzsparenden PCM-Heizungsspeicher geleitet, wo sie für die Wärme- und Warmwasserversorgung des Hauses vorgehalten wird. Werden große Energiemengen erzeugt, können sie in den Wilhelmsburger Nahwärmeverbund eingespeist werden. Auch bei den Grundrissen wurde Neues erprobt: Durch geschickte Anordnung des Treppenhauses und der Versorgungsschächte können Wohnungen separiert und zusammengelegt, erweitert und verkleinert werden. Der Vorteil: Der bislang bei einer Veränderung der Lebenssituation (Single, Paar, Familie) erforderliche Wohnungswechsel entfällt, weil die Wohnung sich den neuen Umständen anpasst.

Altbekanntes neu entdeckt

„Smart Material Houses" müssen keine Hightech-Produkte sein. Dies zeigt der „Woodcube" des Stuttgarter Büros Architekturagentur. Das fünfgeschossige Mehrfamilienhaus ist ein Holzmassivbau. Nur der Kern und die Bodenplatte bestehen aus Beton, die tragenden Wände sowie die Decken und Unterzüge sind allesamt in Holz errichtet. Bemerkenswert sind die Vollholz-Außenwände, in die eine Dämmung aus Holzweichfaserplatten eingearbeitet wurde.

Sie sorgen für sehr gute Dämmwerte bei einer diffusionsoffenen, das Raumklima befördernden Bauweise. Die 23 Zentimeter starken Vollholzdecken spannen vom Kern bis zu den Außenwänden, ja sie reichen sogar als Balkonplatten bis ins Freie. Dank dieser großen Spannweite sind tragende Wände oder Stützen im Inneren unnötig, wodurch eine außerordentliche Vielfalt an Grundrisstypologien und spätere Umbauten möglich werden. Die vielleicht wichtigste Eigenschaft des „Woodcube" aber ist seine allumfassende Nachhaltigkeit. Es ist dies der erste Geschosswohnungsbau, der in seinem gesamten Lebenszyklus, von der Errichtung bis zum Recycling, als ein Null-CO_2-Haus einzustufen ist. Und auch wenn für Hamburger ein Massivholzhaus ein eher ungewohnter Anblick ist – das behagliche Wohngefühl mit hölzernen Außenwänden, Decken und Böden dürfte unvergleichlich sein.

Von Low- bis Hightech: Konzepte für das Wohnen von morgen

Es gab, dies sollte nicht vergessen werden, noch weitere interessante Projekte im Bereich der „Smart Material Houses", die jedoch nicht zur Ausführung gekommen sind. Der Entwurf „Haus mit Garten" von eins:eins Architekten (Hamburg) bestach durch die Idee, die Qualitäten des Einfamilienhauses im Grünen mittels großer Gartenzonen und verschiebbarer Glaselemente auf einen städtischen Geschosswohnungsbau zu übertragen. Das „Solar Layer

Das Haus „BIQ" unterhält mit der Algen- bzw. Bioreaktorfassade eine eigene Biomasseplantage. In den Glaselementen der „Biohaut" werden Mikroalgen gezüchtet, die zur Energieerzeugung genutzt werden und gleichzeitig Licht und Schatten regulieren. (Detail Seite 221 oben) With its algae (bioreactor) façade the BIQ building maintains its own biomass plantation. Microalgae bred in the glass elements of the "biomembrane" are used to produce energy while regulating light and shade at the same time. (Detail page 221 top)

Das Gebäude „Smart ist Grün" zeichnet sich nicht nur durch seine innovative Energieeffizienz aus. Seine Wohnungen lassen sich auch dem Lebensrhythmus der Bewohner anpassen. The Smart is Green building is characterised not only by its innovative energy efficiency: the apartments are able to adapt to the residents' living patterns.

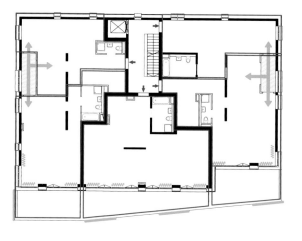

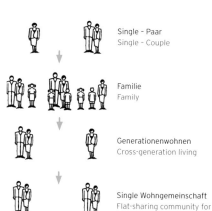

Single – Paar
Single – Couple

Familie
Family

Generationenwohnen
Cross-generation living

Single Wohngemeinschaft
Flat-sharing community for singles

static building becomes a variable living landscape that adapts to climatic conditions and to individual user requirements as well as simplifying the energy flow.

"BIQ": the Home as a Bio-Machine

At one stage the design was originally entitled "Smart Treefrog", a name that echoes both of the main characteristics of the "BIQ" building: the convertible, intelligent interior and the "green" bio-façade. For this the Graz architects from SPLITTERWERK designed a supporting structure with the greatest possible layout flexibility. In two of the fifteen apartments individual functions – bathroom, kitchen, bedroom – can be activated as required interchangeably or else simultaneously as a "neutral zone". This zoning enables not only a greater flexibility of use but also differing climate areas, helping to save energy. The fact that the "BIQ" requires no fossil fuel energy, however, is primarily due to it being a large biomass power plant itself. One of the second outside shells in front of the actual façade features microalgae – fed on sunlight

and CO_2 – in water-filled bivalve window elements. They are harvested regularly and used for producing biogas. In addition, the heat in the water, produced by the sunlight, is turned into an energy source by a heat exchanger. A bio-energy façade of this nature is currently without precedent. If the experiment is successful it will show that façades can do more than simply protect against rain, cold, or heat.

Flexible and Clever: "Smart is Green"

A clever, convertible layout and an energy-producing façade: the features of the pilot construction "Smart is Green" by zillerplus Architekten from Munich resemble those of the "BIQ" project but it was another path that was taken here. The most interesting elements are the PCM (phase change material) curtains, or latent heat accumulators, which we know from pocket warmers, for example. Here the phase change material absorbs the heat of the sunlight during the day in order to then release it during the night. Reducing the heat during the day and delayed heat release at night caps temperature peaks and promotes a balanced interior climate. Planted façade elements were installed on the south side as summer heat protection. Photovoltaic and solar energy surfaces installed on the exterior walls and on the roof also generate electricity and heating. This means that, overall, the building generates more energy than it consumes – "Smart is Green" is a plus energy house. Surplus heat energy is conducted to a space-saving PCM heat storage unit, where it is held to supply heating and hot water for the building. If large amounts of energy are produced they can be fed into the Wilhelmsburg local heating network. New approaches to layouts were also tried out: apartments can be separated and merged, expanded or scaled down, through the clever arrangement of the stairway and the utility ducts. The advantage: the change of address previously necessitated by a change in life situation (single, couple, family) falls away as the apartment adapts to the new circumstances.

Unten: Die „energieintelligente Fassade" des Hauses „Smart ist grün" erzeugt zu jeder Jahreszeit Energie. Wärme und Energie können im Haus gespeichert werden. Das macht das Haus von zillerplus Architekten und Stadtplaner, München zu einem Modellvorhaben „EffizienzhausPlus", also zu einem Haus, das mehr Energie erzeugen kann, als seine Nutzer verbrauchen.
Below: The "energy-intelligent façade" of the "Smart is Green" building generates energy throughout the year. The building is able to accumulate heat and energy. This makes the building, by zillerplus Architekten und Stadtplaner (Munich), a model Efficiency House Plus project, meaning that it is in fact able to generate more energy than its users consume.

House" des Architekten Peter Olbert sollte zusammenschaltbare Wohneinheiten bieten und mittels einer dreischichtigen Gebäudehülle aus verschiebbaren Glaselementen und integrierten Photovoltaik-Modulen Energieeffizienz mit Transparenz verbinden. Behnisch Architekten differenzierten ihr „Sommer-Winter-Haus" in ein kompaktes, energiesparendes Winterhaus und ein großzügiges, offenes Sommerhaus. Barkow Leibinger Architekten nutzten für ihre Gebäudestruktur aus Brettschichtholzdecken und geschwungenen (tragenden und zugleich dämmenden) Infraleichtbetonwänden die neuen technischen Möglichkeiten zweier einfacher, uralter Baumaterialien. Aus der Kombination unterschiedlich profilierter Wandscheibentypen entstünden spannende Raumsequenzen mit Nischen, Loggien und Terrassen. Das „Plus-Energie-Haus" von Werner Sobek ist auf seine Weise ebenso bemerkenswert, denn es sollte mittels Hightech das Triple-Zero-Konzept umsetzen: null Energiebedarf, null Emissionen, null Abfall beim Rückbau. Dazu sollten schaltbare Gläser, vakuumgedämmte Isolationspaneele, Phase-Change-Materialien und ein hoher Grad an Gebäudeautomatisation eingesetzt werden.

Die Zukunft beginnt – jetzt

Man sieht: Die IBA Hamburg hat eine Fülle von Möglichkeiten eröffnet. Ob gebaut oder bislang nur Projekt, alle Konzepte eint die Verbindung von innovativem Ansatz und Praxistauglichkeit. Diese *Case Study Houses* zeigen Konzepte für eine nachhaltige Architektur fern immer dickerer Außendämmungen und zunehmender Isolation des Inneren vom Äußeren. Hier werden Wohnhäuser zu Erzeugern und Speichern erneuerbarer Energien, hier verschmelzen Infrastruktur und Hülle, hier entstehen neue Wohn- und Naturerlebnisse und weite Spielräume für die individuelle Lebensgestaltung. Die Fassaden entwickeln sich zu Elementen einer variablen Raumbildung und Medien von gesteuerten Licht-, Energie- und Stoffflüssen. Die IBA zeigt: Architektur im Klimawandel bedeutet keine Einengung, sondern völlig neue Möglichkeiten der Gestaltung.

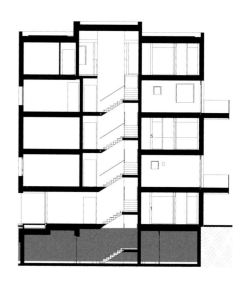

Das Haus „Woodcube", dessen Architektur und Realisierung auf die Architekturagentur, Stuttgart und den Wettbewerbesentwurf von Christoph Roedig und Daniel Rozynski zurückgeht, ist bis auf die Bodenplatte und das Treppenhaus als aussteifendem Kern vollständig aus Holz gebaut. Auf die Verwendung von Leim und jegliche Schutzanstriche wurde verzichtet. Aus der unbehandelten, natürlich alternden, 32 Zentimeter starken Holzfassade ragen hölzerne Balkonplatten heraus, die das architektonische Erscheinungsbild des Gebäudes mitbestimmen. With the exception of the floor slab and the core stairwell, the WOODCUBE, designed and constructed by the Architekturagentur (Stuttgart), is built entirely out of wood, using no adhesives or protective coatings. Balcony slabs extending from the untreated, naturally ageing wood façade, 32 centimetres in thickness, help to define the building's architectural image.

The Rediscovery of the Well Known

"Smart Material Houses" do not have to be high-tech products. This is illustrated by the WOODCUBE, designed by the Stuttgart Architekturagentur. The five-storey apartment building is a solid wood structure. Only the core and the floor slab are made of concrete; the load-bearing walls, the ceilings and the girders are all built of wood. A remarkable feature is the solid wood exterior walls incorporating wood fibre panel insulation. They combine a high degree of insulation with a permeable construction method benefiting the indoor climate. The solid wood ceilings, 23 centimetres thick, extend from the core to the exterior walls, in fact further extending into the open as balcony slabs. This large span makes load-supporting walls or supports in the interior unnecessary, enabling an extraordinary diversity of layout types and later conversions. Perhaps the most important feature of the WOODCUBE, however, is its all-embracing sustainability. It is the first multistorey residential building that can be categorised as a zero CO_2 structure for the whole of its life cycle, from its construction through to recycling. And even if a solid wooden building is something of an unusual sight for the people of Hamburg, the cosy atmosphere with wooden exterior walls, ceilings, and floors is without compare.

From Low- to High-Tech: Concepts for Tomorrow's Living

It needs to be remembered that there were also other interesting projects in the category of "Smart Material Houses" that have not come into being, however. The design "House with Garden" from eins:eins Architekten (Hamburg) was appealing in its idea of conveying the features of a single family house in the countryside to an urban multistorey apartment building by means of large garden zones and moveable glass elements. The "Solar Layer House" by architect Peter Olbert was intended to provide interconnectable residential units and to combine energy efficiency with transparency by means of a three-layered building shell constructed out of moveable glass elements and integrated photovoltaic modules. With their "Summer-Winter House," Behnisch Architekten combined a compact, energy-saving winter house with a spacious, open summer house. For their building structure of laminated timber ceilings and curved (both load-bearing and insulating) infra-lightweight concrete walls, Barkow Leibinger Architekten used the new technical opportunities presented by two simple, age-old building materials. The combination of differently contoured wall panels produced interesting room sequences with niches, balconies, and terraces. The "Plus Energy House" by Werner Sobek is just as remarkable in its own way because it was intended to implement a high-tech triple zero concept: zero energy requirements, zero emissions, and zero waste when demolished. The use of switchable glass, vacuum-insulated insulation panels, phase change materials, and a high degree of building automation were also planned.

The Future Is Beginning – Now

And so we see: the IBA Hamburg has opened up a wealth of possibilities. Whether built or still just a project, what all of the concepts have in common is the combination of innovative approach and practical suitability. These Case Study Houses demonstrate concepts for sustainable architecture going beyond ever thicker exterior insulation and the increasing isolation of the interior from the exterior. Here, residential buildings are turned into generators of and storage units for renewable energy. Here is where infrastructure and shell merge; here is where new living and nature-based experiences and ample scope for individual lifestyles come into being. The façades develop into the elements of variable space creation and the media of controlled light, energy and material flows. The IBA Hamburg shows: architecture with climate change means not constrictions but entirely new composition opportunities.

OLAF BARTELS

Gedämmte Architektur

Der ästhetische Spielraum für die energetische Optimierung von Bestandsbauten

Verfolgt man die Diskussionen der letzten Jahre über die Sanierung bestehender Wohnbauten in Deutschland, kann man den Eindruck gewinnen, dass sich die Belange einer energetisch optimierenden Sanierung und die Ansprüchen an architektonisch hochwertige Substanzerneuerung gegenseitig ausschließen. Auf die eine Seite werden dabei gerne die Zahlen des durch die Sanierung vermeintlich reduzierten Energieaufwands und der dadurch zu erzielenden Einsparungen des CO_2-Ausstoßes gestellt, auf der anderen Seite steht die angenommene Gleichgültigkeit gegenüber der veränderten Architektur. Denn mancherorts spielt es offenbar keine Rolle, ob Backsteinfassaden nach der Sanierung als weiß verputzte Flächen erscheinen oder die Ansicht eines echten Klinkers durch dessen fotografische Kopie ersetzt wird. Hohe baukulturelle Werte und regionale Eigenarten verschwinden so hinter einer bundesweit verordneten Einheitsdämmung. Backstein- oder Klinkerwände, profilierte Stuckfassaden und prägnante Fachwerkbauten könnten sich nach ihrer Energieoptimierung zum Verwechseln ähneln, wenn nicht gleichzeitig ihr Erscheinungsbild thematisiert oder auf eine Dämmung der Außenwände verzichtet würde.
Mittlerweile verwahren sich nicht nur Architekten wie Hans Kollhoff oder Christoph Mäckler gegen einen „Verpackungswahn" aller Bestandsgebäude, auch Bundesbauminister Peter Ramsauer (CSU) warnt davor, mit der Energieeinsparverordnung „bürokratisch fundamentalistischen Unfug" zu betreiben und mahnt, die baukulturellen sowie städtebaulichen Qualitäten der Städte und Regionen zu bewahren. Man

wird weder dem Bundesminister noch den genannten Architekten Gleichgültigkeit gegenüber den Klimazielen der Bundesregierung oder der allgemein wohl zugestandenen Notwendigkeit zu Energieeinsparung unterstellen können. Man kann sich mit ihnen aber fragen, ob die Außenwanddämmung und deren ästhetisch gravierende Einschnitte in das Erscheinungsbild der Häuser und Städte wirklich so alternativlos ist, wie es oft dargestellt wird, und ob diese Veränderung nicht gerade eine besondere Herausforderung an die Architekten stellen sollte, hier aus einem unter Umständen wenig zufriedenstellenden baulichen Zustand hohe architektonische Qualität zu schaffen.
Der energetischen Sanierung im Gebäudebestand hat sich die IBA Hamburg in mehreren Projekten angenommen. Da ist das „Velux-Haus" zu nennen, der energietechnische Komplettumbau eines freistehenden Einfamilienhauses oder die IBA-Kampagne „Prima Klima-Anlage" und nicht zuletzt der energetisch optimierende Umbau des Weltquartiers. Zwei Projekte sind wegen des für sie gewahrten architektonischen Spielraums besonders hervorzuheben.

Häuser auf der Veddel

Da sind zunächst die Wohnhäuser in der Wilhelmsburger Straße Nummer 76 bis Nummer 82 auf der Veddel. Sie sind Teil der IBA-Kampagne „Prima Klima-Anlage". Ihre Straßenfassade ist denkmalgeschützt und damit verbot sich eine Dämmung dieser Außenwand. Um dennoch zu einer guten Energiebilanz zu kommen, wurde

Die Straßenfassade der Gebäude aus den 1920er Jahren in der Wilhelmsburger Straße 76–82 wurde energetisch saniert und dabei ohne äußere Dämmung in ihrem ursprünglichen Zustand belassen. Die ästhetischen Reize der Klinkerfassade behalten ihre volle Entfaltung.   The street façades of the 1920s buildings occupying Wilhelmsburger Strasse 76–82 underwent energy-related renovation work without external insulation, thus leaving them in their original condition outside. The aesthetic appeal of the red brick façade remains intact.

OLAF BARTELS

Insulated Architecture

Aesthetic Scope for the Energy Optimisation of Existing Buildings

ein Bündel an einzelnen Maßnahmen ergriffen, mit denen in der Gesamtbilanz ein Neubaustandard für den sanierten Altbau erreicht werden konnte. Dafür wurde zunächst eine neue Heizungsanlage eingebaut, die durch Solarthermie auf dem Dach des Hauses unterstützt wird. Alle Fenster wurden erneuert. In die denkmalgeschützte Straßenfassade wurden doppelt verglaste Fenster eingebaut, deren Sprossenstärke die Erscheinung der Fassaden nicht beeinträchtigt. Auf der Hofseite, die nicht unter den Denkmalschutz fällt, konnten dreifach verglaste Scheiben eingesetzt werden. Hier wurde außerdem eine 18 Zentimeter starke Außendämmung mit weißem Putz aufgebracht, womit man dem ursprünglichen Bild dieser Außenwand entsprach. Ein Dachausbau beziehungsweise die Aufstockung des Gebäudes ermöglichte auch die Verwendung einer 26 Zentimeter dicken

Dämmung. Schließlich wurde auch die Kellerdecke mit einer Wärmedämmung versehen. Die hochgradig effektiven Maßnahmen sind von der Straße aus nicht zu sehen, aber wohl an der Tatsache erkennbar, dass das Gebäude als eines der wenigen in diesem Viertel keine gänzlich neue Wandoberfläche hat. Das Hinweisschild als Ausweis eines IBA-Projekts konnte hier deshalb auch mit Schrauben befestigt und musste nicht geklebt werden, um eine Verletzung der Isolierschicht zu vermeiden.

Weltquartier

Das ist an den Außenwänden der Gebäude im „Weltquartier" nicht so einfach. Hier wurde auf die alten Klinkerwände eine dicke Dämmschicht aufgetragen, die wiederum mit einer dünnen Schicht sogenannter Riemchen

Während die zum Blockinneren gewandten Fassaden mit einer 18 Zentimeter starken Dämmschicht verkleidet wurden (rechts oben), verblieb die Straßenseite in ihrem Ursprungszustand (oben). Damit blieben die haptischen Qualitäten der Klinkerfassade weiterhin erlebbar.   While the façades facing the inside of the block were clad with an insulation layer 18 centimetres in thickness (above right), the street side remained in its original condition (above), retaining its haptic (touch-related) features.

Anyone following discussions in recent years on the renovation of existing residential buildings in Germany might gain the impression that energy optimising renovation issues and high-quality architectural restoration aspirations are mutually exclusive. The one side willingly cites the alleged reductions in energy expenditure as a result of renovation and the cuts in CO_2 emissions to be achieved as a result, while, on the other side, is the assumed indifference towards changed architecture. In some places it seems to be of no consequence whether brick façades become white plastered surfaces following renovation or whether the sight of face brick is replaced by a photographic copy thereof. Buildings with a high architectural value and regional characteristics are thus disappearing behind uniform insulation applied on a nationwide basis. Brick or face brick walls, moulded stucco façades, and distinctive timber-frame buildings could become deceptively similar following their energy optimisation if specific, simultaneous attention were not drawn to their outside appearance or if the insulation of the exterior walls were not dispensed with.

In the meantime it is not only architects like Hans Kollhoff or Christoph Mäckler who are eschewing the "packaging craze" for all existing buildings. Germany's federal minister for construction, Peter Ramsauer (CSU), warns against carrying out "bureaucratic fundamentalist nonsense" with the Energy Saving Regulations (EnEV) and urges the retention of both the architectural and the urban design features of cities and regions. Neither the federal minister nor the two architects named can be accused of indifference with regard to the climate objectives of the federal government or the commonly accepted need to save energy. However, we can join them in asking whether, as is so often purported, there really is no alternative to outside wall insulation and the serious aesthetic impact it has on the appearance of buildings and cities, and whether this problem should not rather be presenting a particular challenge to architects to create high architectural value out of an at times less than satisfactory structural situation.

The Internationale Bauausstellung IBA (International Building Exhibition) Hamburg 2013 presents exemplary models of the energy-related renovation of existing buildings with two housing projects.

The IBA Hamburg has taken on the energy-related renovation of existing buildings in several projects. Examples are the "VELUX Model Home 2020", the complete energy conversion of a freestanding single family home, the IBA "Top Climate Plan" campaign, and not least the energy-optimising conversion of the "Global Neighbourhood". There are two projects worthy of special mention on account of the architectural leeway accorded to them.

The Veddel Buildings

First of all, there are the residential buildings in Wilhelmsburger Strasse 76–82 on Veddel island. They are part of the IBA campaign "Top Climate Plan". Their street façade is protected as an historic monument and so the insulation of this exterior wall was prohibited. In order to still arrive at a sound energy balance, a bundle of individual measures was undertaken with which an overall new building standard balance was achieved for the renovated old structure. To do

verkleidet ist. Diese oberste Schicht des Wandaufbaus besteht zwar aus wirklichen Ziegeln und besitzt nicht wie oft üblich nur eine Ziegeloptik, die aus Ziegelmehl, Kunstharz und anderen Ingredienzen hergestellt wurde, hat aber dennoch keine ausreichende konstruktive Tiefe, um daran ein Schild oder gar einen Haken spontan, aber dauerhaft festzuschrauben, ohne gleichzeitig eine Wärmebrücke zu bauen. Selbstverständlich ging es beim Bau des „Weltquartiers" nicht allein um solche Details. Die IBA hat das Projekt dem Leitthema „Kosmopolis" zugeordnet und nicht dem der „Stadt im Klimawandel", obgleich es den in diesem Zusammenhang formulierten Zielen folgt. Wesentlich war hier, den Umbau der Wohnungen in der ehemaligen Werftarbeitersiedlung aus den 1930er Jahren sowie die Siedlung selbst weitgehend nach den Wünschen der Bewohner mit internationaler Herkunft umzubauen und ihnen auch nach der Modernisierung das Bleiben zu ermöglichen. Dazu gehörten der Ausbau vieler Dächer und die Ergänzung von Balkonen auf der Gebäuderückseite sowie die Errichtung von Neubauten. Die Eingriffe in die Gebäude und die Siedlung waren dabei so immens, dass von vielen alten Häusern nicht wesentlich mehr übrig blieb als ihr konstruktives Grundgerüst. Sie gehörten in ihrer ursprünglichen Erscheinung eher zum Alltäglichen und waren nicht besonders spektakulär. Sie standen nicht unter Denkmalschutz. Ihren Wert für das Stadtbild, für die Erinnerung der Bewohner und deren Heimatgefühl hat das nicht geschmälert, im Gegenteil. Auch wenn einige Häuser gänzlich erhalten blieben, galt es dennoch, mit der neuen Ästhetik ein Zeichen des Aufbruchs und der Erneuerung zu setzen. Die neuen Wandoberflächen sind Teil des umfänglichen architektonischen Konzepts, das nicht nur die bestehenden Gebäude, sondern auch die Neubauten einschließt und der Siedlung nun wieder ein ganzheitliches Bild gibt. Die Neubauten wurden also nicht in den bestehenden Kontext gestellt, sondern an den Kontext wurde ein neuer Maßstab angelegt, an den der Bestand angepasst wurde.

Schlussfolgerungen

Die beiden Beispiele zeigen, dass unterschiedliche Probleme nicht nur nach unterschiedlichen Lösungen verlangen, sondern auch maßgeschneidert werden sollten. In beiden Fällen spielten architektonische Entscheidungen eine wichtige Rolle. In der Wilhelmsburger Straße hat der Denkmalschutz der Fassade zu einem differenzierten Umgang mit der notwendigen Energieoptimierung geführt, die auch dann sinnvoll ist, wenn eine erhaltenswerte Fassade kein Denkmal ist. Die Umbauten im „Weltquartier" machen deutlich, dass die energetische Sanierung im Bestand auch Herausforderungen an eine architektonische Gesamtkonzeption stellt, wenn die Eingriffe so massiv sind wie in diesem Fall.

Keines der Beispiele kann aber als Rezept für die Sanierung des Bestandes gelten, zumal bislang keine der angewandten Techniken die Erprobungsphase hinter sich hat. Immer deutlicher werden nicht nur von politischer Seite oder aus ästhetischer Sicht Zweifel am Sinn einer Außenwanddämmung geäußert. Haus- und Energietechniker warnen vor der Gefahr von Feuchtigkeitsschäden, wenn die ständige

Neubauten, sanierte und nicht sanierte Altbauten bilden im „Weltquartier" eine neue städtebauliche Einheit und setzen damit auch architektonisch ein Zeichen für einen Neuanfang. New buildings and old buildings (renovated and non-renovated) form a new urban development entity in the Global Neighbourhood and are also a sign of new architectural beginnings.

Die Altbauten an beiden Seiten der Weimarer Straße haben durch den Entwurf von kfs-Architekten, Lübeck ein neues architektonisches Gesicht erhalten. Ihr ursprünglicher Zustand ist hinter der Außendämmung und der neuen Klinkerverkleidung nicht mehr erkennbar.   The old buildings on both sides of the Weimarer Strasse have acquired a new architectural face through the design by kfs-Architekten (Lübeck). Their original condition is no longer recognisable behind the exterior insulation and the new red brick cladding.

this, a new heating unit was installed first of all, supported by solar energy from the roof of the building. All of the windows were replaced. Double-glazed windows were built into the protected street façade, the rows of which do not compromise the façade's appearance. Triple glazing could be used on the courtyard side, which is not covered by the historic monument protection. Here, exterior insulation, 18 centimetres thick, was applied with white plaster, corresponding to the original appearance of this exterior wall. Roof extensions and/or the addition of another storey also enabled the use of a 26 centimetre insulation layer. Finally, heat insulation was applied to the cellar ceiling. These highly effective measures are not visible from the street but are evidenced by the fact that the building is one of the few in this neighbourhood without an entirely new wall surface. The IBA sign marking this as an IBA project

could therefore be applied with screws instead of having to be stuck on to avoid damaging the insulation layer.

"Global Neighbourhood"

With the exterior walls of buildings in the "Global Neighbourhood" the task is not quite so simple. Here, a thick insulation layer was applied to the old face brick walls, and this in turn had a thin layer of cladding applied to it. This outer layer of the wall's composition does comprise real bricks and, unlike in many other cases, is not just made to look like brickwork using brick dust, synthetic resin, and other ingredients, but it still does not have sufficient construction depth to subsequently screw on a sign or even a hook for the long term without constructing a thermal bridge at the same time. Of course, the "Global Neighbourhood" building

Lüftung der Wohnräume vor allem nach dem Einbau neuer, stark abdichtender Fenster nicht gewährleistet werden kann. Problematisch erscheint es auch, wenn eine effektive Dämmung unter Umständen den Wärmeeintrag durch Sonneneinstrahlung verhindert und so der Energieaufwand steigt statt sinkt.

Richard Haimann wies kürzlich in mehreren Beiträgen in der Tageszeitung *Die Welt* auf die mangelnde Zahl von der Herstellerindustrie unabhängiger bauphysikalischer und ökonomischer Untersuchungen zur energetischen Gebäudesanierung hin. Gutachten oder Untersuchungen, die von der Dämmstoffindustrie unterstützt werden, liefern schließlich andere Ergebnisse als solche, die die Ziegelindustrie in Auftrag gegeben hat. Die IBA konnte für die von ihr betreuten Projekte Freiräume für den experimentellen Umgang mit diesen Themen einräumen. Individuelle Probleme brauchen schließlich individuelle Lösungen, auch das zeigen die IBA-Projekte.

was not just about such details. The IBA had assigned the project to the "Cosmopolis" theme and not to "Cities and Climate Change", even though it pursues the objectives formulated in the latter context. What was key here was the conversion of the apartments in the former 1930s dock workers' housing estate, as well as the conversion of the neighbourhood itself, largely according to the wishes of the residents (with international backgrounds) and to make it possible for them to stay on after the modernisation as well. This included a great many roof extensions and the addition of balconies at the rear, as well as the construction of new buildings. The measures undertaken on the buildings and in the neighbourhood itself were of such magnitude that many old structures retained little more than their basic construction framework. These tended to be very ordinary in terms of their original appearance, were not particularly spectacular, and not protected as historic monuments. This has not reduced their value for the city's image, for the residents' memories, and their feeling of home; on the contrary. Even though some buildings were retained in their entirety, the new aesthetics was still intended to signal fresh beginnings and renewal. The new wall surfaces form part of the comprehensive architectural concept that includes not only the existing buildings but also the new ones, giving the neighbourhood a uniform appearance once again. The new buildings were not situated within the existing context, therefore; instead, the context was given a new benchmark to which the existing buildings were adapted.

Conclusions

These two examples show that different problems not only demand different solutions but that these should also be tailor-made. In both cases, the architectural decisions played an important role. In the Wilhelmsburger Strasse, the façade's historic monument protection led to a different approach to the necessary energy optimisation, one that also makes sense even if a façade worthy of preservation is not

a historic monument. The conversions in the "Global Neighbourhood" make it clear that energy-related renovations to existing buildings also constitute an overall architectural concept when the amount of work is as massive as in this case.

Neither of these examples can be seen as a prescription for the renovation of existing buildings, however, particularly given that none of the techniques applied has yet completed the trial phase. Doubts with regard to exterior wall insulation are being expressed ever more loudly, not only from the political side but also from an aesthetic point of view. Construction and energy engineers warn of the risk of damage due to damp if the consistent airing of the living space, especially following the installation of new, very well-sealed windows, cannot be ensured. What also appears to be problematic is if effective insulation happens to prevent heat input from solar radiation, thus increasing energy expenditure rather than reducing it. Richard Haimann recently made reference in several articles in the daily *Die Welt* newspaper to the lack of research being carried out independently of the manufacturing industry into the construction physics and economic aspects of energy-related building renovation. Assessments or studies, carried out with the support of the insulation material industry, ultimately produce different results to those commissioned by the brick industry. The IBA Hamburg was able to ensure the scope for an experimental approach to these issues in the projects under its auspices. After all, individual problems need individual solutions, something that the IBA projects have demonstrated too.

Blick vom „Energiebunker" auf das städtebauliche Ensemble der sanierten Altbauten des „Weltquartiers"
The view from the "Energy Bunker" of the urban design ensemble of renovated old buildings in the Global Neighbourhood

DIRK MEYHÖFER

Städtebau und Architektur im Klimawandel

Verdichtung und Bauen in aquatischer Landschaft

Die landläufige Vorstellung von Stadtlandschaft in Zeiten des Klimawandels wird bestimmt durch Wälder von Windrädern oder Scharen von Solarmodulen, die unsere Dächer und Hauswände belegen und angeblich unser heimatliches Landschafts- und Stadtbild beschädigen. Mittlerweile werden Windräder bekämpft – bisweilen mit derselben Vehemenz wie ehemals die Schornsteinbatterien von Kraftwerken des fossilen Zeitalters; nur dass die Windräder kein CO_2 produzieren, sondern Lärm.

Diese landläufig Vorstellung ist oberflächlich, unvollständig und schlichtweg falsch. Die energieeffiziente und nachhaltig geplante Stadt wird sich zunächst durch strukturelle Veränderungen und später durch ein daraus resultierendes neues Layout profilieren. Für die Elbinseln hat die IBA Hamburg 2013 das Zukunftskonzept „Erneuerbares Wilhelmsburg" in einem *Energieatlas* vorgelegt.[1] Darin äußert sich zum Beispiel Manfred Hegger zu Grundsätzen eines räumlich-energetischen Leitbilds. Energie sei unsichtbar, sagt er. Aber der Strom komme nicht aus der Steckdose, sondern aus „sichtbaren Elementen der Energieversorgung". Im fossilen und industrialisierten Zeitalter waren das vor allem Kraft- und Umspannwerke. „Wenn die Energieversorgung unserer Städte auf eine neue Grundlage gestellt wird, wird dies wiederum die Parameter von Stadt und Landschaft und von Architektur entscheidend verändern!"[2] Der *Energieatlas* zeigt in diesem Zusammenhang konstruktiv und an Beispielen, wie die Elemente der Stadt – ihre Gebäude, Freiräume und Nutzungen – in Verdichtung, aber auch durch Licht und Sonne in neuer

Qualität kombiniert werden können: Diese neue Stadt wird dicht bebaut sein müssen, um Ressourcen und Infrastruktur nicht übermäßig zu strapazieren. Andererseits darf sie nicht zu kompakt sein, weil sie dringend das Mikroklima freier Landschaftsräume und Parks braucht. An Wilhelmsburg Mitte wird sich beispielhaft illustrieren lassen,[3] wie durch die Verlegung der Wilhelmsburger Reichsstraße an die Bahntrasse und das Freiwerden der alten Trasse eine landschaftsschonende und -pflegerische Planung ermöglicht wird. Eine Stadtplanungsstrategie, die auf den Klimawandel in angemessener Form reagiert, soll mehr als die bloße Addition der Einzelposten sein und auch mehr als nur eine CO_2-Vermeidungsstrategie. Sie soll einen Mehrwert für einen ganzheitlichen Urbanismus erbringen, sodass sie zu anderen Siedlungskonzepten als den gewohnten führt.

Dieses Konzept ist in Hamburg-Wilhelmsburg unter anderem aquatisch geprägt, denn das Inselland ist ein hochwassergefährdetes Terrain. Dadurch ergeben sich Abhängigkeiten: Nachteile, aber auch Chancen. Die IBA Hamburg hat das Thema „Bauen in Hochwassergebieten" deswegen sehr akribisch verfolgt und Lösungen vorgeschlagen. Das betrifft das Bauen an Land wie auf dem Wasser gleichermaßen. Das IBA DOCK ist zum Beispiel ein dreifaches *Case-Study*-Statement in diese Richtung: Das Dock floatet erstens mit den Gezeiten, es nutzt zweitens die Sonne und drittens das Wasser der Elbe zur Energiegewinnung – durch einen im Boden des Betonpontons integrierten Wärmetauscher oder durch Solarthermie-Kollektoren und Photovoltaikmodule.

Die Einzelgebäude der „WaterHouses" zeigen, wie man Wasserlagen als Wohnstandorte nutzen kann, und zwar unter Berücksichtigung von Umweltbelangen und dem Sicherheitsbedürfnis der Menschen. Zugleich sind sie Ausdruck einer individuellen Lebensweise und für viele verbunden mit einem besonderen Lebensgefühl. Architektur: Schenk + Waiblinger Architekten, Hamburg
The individual buildings composing the WaterHouses demonstrate how water locations can be used as residential sites, while taking environmental issues and the population's safety requirements into consideration. They are also an expression of personal lifestyles and for many people they are associated with a particular way of life. Architecture: Schenk + Waiblinger Architekten (Hamburg)

DIRK MEYHÖFER

Urban Development, Architecture, and Climate Change

Densification and Building in the Aquatic Landscape

Was das Image der Architekturen hier betrifft, spielt das IBA DOCK eine Sonderrolle: Es ist das Herz der IBA für Ausstellungen, Events und Bürgerinformation und als Hauptquartier der IBA Hamburg GmbH. In seiner symbolischen Bedeutung könnte man das IBA DOCK als eine Mischung aus moderner Wasserburg (hier wird das neue Denken verteidigt!) und Hafenromantik (Containerberg) interpretieren. Das *darf* sich eine Bauausstellung, das *muss* sich eine IBA leisten können! Wichtig ist, dass der Bau als Hybrid auch nach der IBA Hamburg für weitere Zwecke nutzbar ist, zum Beispiel als Jugendherberge, Bürostruktur, Wohnhaus, Ausstellungs- oder Stadtteilhaus.

Auch der *Energiebunker* und der *Energieberg* entwickeln – losgelöst von ihrer innovativen Kraft – für das Stadtbild von Wilhelmsburg im Klimawandel neue Maßstäbe. Sie ragen als Landmarken aus der Stadt heraus wie früher die Kirch- und später die Kühltürme und Schornsteine und markieren den neuen Geist der Zeit. Besser als durch diese beiden IBA-Projekte kann der Wandel vom Industrie- zum postfossilen Zeitalter nicht abgebildet werden: Aus einem Luftschutzbunker entstand ein Kraftwerk für regenerative Energien und eine hochvergiftete Deponie wurde zum „Energieberg". Beide Projekte sind weithin sichtbar und bieten einen außergewöhnlichen Blick auf Stadt und Land, den früher nur die Aussichtskanzeln von Kirch-, Bismarck- und Telefontürmen lieferten.

Sea City – Zukunftsvision für das 21. Jahrhundert: Ein futuristisches Flugzeug ist im Anflug auf Sea City, die Stadt auf und unter dem Meer, in der 30.000 Menschen leben können. Der britische Architekt Hal Moggridge und die beiden Ingenieure John Martin und Ken Anthony sind für das Konzept verantwortlich, das das Pilkington Glass Age Development Committee produzierte. Die Vision wurde am 28.2.1968 in London durch den Minister für Wissenschaft Anthony Wedgwood Benn im Londoner Hilton Hotel vorgestellt.

Sea City – Future Vision for the Twenty-first Century: A futuristic aircraft approaches Sea City, located on and below the sea, in which 30,000 people are able to live. The British architect Hal Moggridge and the two engineers John Martin and Ken Anthony were responsible for this concept, produced by the Pilkington Glass Age Development Committee. The vision was presented on 28 February 1968 by the science minister Anthony Wedgwood Benn in London's Hilton Hotel.

The popular notion of the urban landscape
in times of climate change is characterised
by forests of wind turbines or droves of solar
modules covering roofs and walls, apparently
compromising our local city- and landscapes.
Wind turbines are now being opposed – at
times with the same vehemence as the rows of
power plant chimney stacks during the fossil
fuel age – except that wind turbines produce
not CO_2 but noise.

This image is superficial, incomplete, and simply wrong. The energy efficient and sustainably planned city will be defined by structural
changes first of all and then by the resultant
new layout. For the Elbe islands the Internationale Bauausstellung IBA (International
Building Exhibition) Hamburg 2013 has issued
the "Renewable Wilhelmsburg" Climate Protection Concept as an *Energieatlas*,[1] with contributions from authors like Manfred Hegger
on the principles of a spatial energy related
approach. Energy may be invisible, he says,
but electricity does not come from the socket
in the wall, but from "visible energy supply
elements".In the fossil fuel and industrialised
age these included mainly power plants and
substations. "Once the energy supplies for
our cities are given a new basis, this in turn
will change the parameters of city, landscape,
and architecture fundamentally!"[2] It is in
this context that the *Energieatlas* provides
constructive, illustrative examples of how city
elements – the buildings, open spaces, and
usages – can be combined in a new fashion
during densification but also through light
and sunlight. These new cities will have to be
densely built-up so as not to tax resources
and the infrastructure unduly. On the other
hand, they should not be too compact because
they desperately need the microclimate of
open landscape spaces and parks. Wilhelmsburg Central will be an exemplary **illustration**[3] of how the relocation of Wilhelmsburg's
Reichsstrasse to the rail route and the
freeing up of the old traffic axis will enable
sustainable landscape-friendly planning. An
urban planning strategy with an appropriate
response to climate change ought to be more
than simply the sum of its individual parts and
more than just a CO2 avoidance mechanism;
it ought to bring added value to an integrated
urbanism, leading to ideas other than the
usual about residential areas.

In Hamburg's Wilhelmsburg district this concept is partly aquatic in nature as the island's
land is flood risk territory. This has consequences: disadvantages but also opportunities.
The IBA Hamburg has meticulously pursued
the issue of building in flood risk areas and
put forward proposed solutions. This applies
in equal measure to building on land and on
water. The "IBA DOCK", for example, is a three-
fold case study statement along these lines:
firstly, the "Dock" floats with the tide; secondly,
it uses the sun and, thirdly, the water from
the Elbe for energy production – via a heat
exchanger integrated into the floor of the concrete pontoon or using solar energy collectors
and photovoltaic modules.

As the heart of the IBA's exhibition, event, and
public information efforts and as the headquar-
ters of the IBA Hamburg GmbH, **the** "IBA DOCK"
plays a special role with regard to the image of
architecture. In a symbolic sense the "Dock" can
be seen as a combination of modern moated
castle (where new thinking is defended!) and harbour romance (container stacks). This is a liberty
that a building exhibition can and that an IBA
must be able to take! What is important is that,
as a hybrid, after the IBA Hamburg the building
is useable for many other purposes, as a youth
hostel, office, housing, exhibitions, or neighbourhood centre, for instance.

Quite apart from their innovative significance
the "Energy Bunker" and the "Energy Hill" set
new standards for the Wilhelmsburg cityscape
in times of climate change. They stand out as
landmarks in the way church and then cooling
towers and chimney stacks used to do, and they
denote the new spirit of the age. There is no
better way of depicting the transformation from
the industrial to the post-fossil fuel age than
with these two IBA projects: an air raid shelter
is turned into an alternative energy power plant
and a highly toxic waste disposal site becomes
an "energy hill". Both are visible from afar

Das Haus als Kraftwerk und seine neue Anmutung

Zusammenfassend darf man erwarten, dass sich das Bild von der zukünftigen klimagerechten Stadt mittelfristig weniger vom heutigen unterscheiden wird als gedacht. Es wird möglicherweise vielmehr durch Komplexität geprägt sein als durch Dichte. Es wird Stadt und Land hoffentlich auch wieder klarer voneinander trennen. Im Sonderfall einer aquatischen Landschaft – eines Archipels wie den Elbinseln – können Anlagen des Hochwasserschutzes als integratives Element unmittelbar landschaftsbildend sein.[4]

Ein besser zu vermittelnder Maßstab für eine Bauausstellung sind die Bauwerke selbst: Häuser, die durch Konstruktion und Architektur die „Haltung" ihrer Architekten zu Themen wie Nachhaltigkeit und Klimawandel illustrieren. Schon im Jahre 2009 hat sich die IBA Hamburg (in Zusammenarbeit mit der HafenCity GmbH) in einem *Labor* dazu geäußert. IBA-Labore sind

ein Format, in dem in einer speziellen Mischung aus Vorträgen, Diskussionen und bisweilen auch Workshops diverse Aspekte der drei IBA-Leitthemen diskutiert und untersucht werden. Dieses und viele andere IBA-Labore haben bewiesen, dass die IBA Hamburg viel mehr als nur eine Bauausstellung ist: Über einen Zeitraum von bald einem Jahrzehnt reflektiert sie den Städtebaudiskurs und treibt ihn voran, was zeigt, dass schon lange vor dem Präsentationsjahr 2013 und nicht erst anhand der gebauten Ergebnisse konkrete Ideen entwickelt und vorgelegt wurden.

Das Labor „Architektur im Klimawandel" war ein Basar der Ideen: Nationale und internationale Ingenieure, Architekten und Fachleute saßen gemeinsam mit Investoren, Politikern und Juristen am Tisch. So entwickelte sich ein interdisziplinärer Austausch mit hohem Lerneffekt auf allen Seiten. Neben den Entwurfsarbeiten wurden Thesen zum nachhaltigen Bauen erarbeitet, „die wir als Einstieg in eine breite öffentliche Diskussion mit der Politik

Das IBA DOCK setzt in Sachen Klimaschutz Standards: Eine Sole/Wasser-Elektro-Wärmepumpe beheizt das Gebäude. Die von der Wärmepumpe benötigte Umweltwärme wird durch einen im Boden des Betonpontons integrierten Wärmetauscher der Elbe entnommen und / oder von Solarthermiekollektoren geliefert. Der Strombedarf der Wärmepumpe wird durch eine Photovoltaikanlage auf dem IBA DOCK bilanziell gedeckt. Weitere Kühl- oder Heizenergie wird nicht benötigt. Architekten: Architekturbüro Han Slawik, Hannover; Unterstützung bei Planung und Bau der CO_2-neutralen Klimatisierung: IMMOSOLAR GmbH

The "IBA DOCK" sets the standard for climate protection: a saline water/electric heat pump warms the building. The ambient heat required by the heat pump is extracted from the water of the Elbe by a heat exchanger integrated in the floor of the concrete pontoon and/or is supplied by solar panels. The heat pump's remaining electricity requirements are met by a photovoltaic unit on the "IBA DOCK". No other cooling or heating energy is required. Architects: Architekturbüro Han Slawik, Hannover; planning and construction support for the CO_2-neutral air conditioning: IMMOSOLAR GmbH

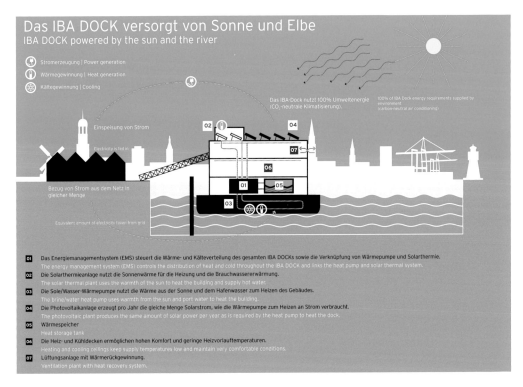

Das IBA DOCK versorgt von Sonne und Elbe
IBA DOCK powered by the sun and the river

Stromerzeugung | Power generation
Wärmegewinnung | Heat generation
Kältegewinnung | Cooling

Einspeisung von Strom
Electricity is fed in

Bezug von Strom aus dem Netz in gleicher Menge
Equivalent amount of electricity taken from grid

Das IBA-Dock nutzt 100% Umweltenergie (CO₂-neutrale Klimatisierung).
100% of IBA Dock energy requirements supplied by environment (carbon-neutral air conditioning)

01 Das Energiemanagementsystem (EMS) steuert die Wärme- und Kälteverteilung des gesamten IBA DOCKs sowie die Verknüpfung von Wärmepumpe und Solarthermie.
The energy management system (EMS) controls the distribution of heat and cold throughout the IBA DOCK and links the heat pump and solar thermal system.

02 Die Solarthermieanlage nutzt die Sonnenwärme für die Heizung und die Brauchwassererwärmung.
The solar thermal plant uses the warmth of the sun to heat the building and supply hot water.

03 Die Sole/Wasser-Wärmepumpe nutzt die Wärme aus der Sonne und dem Hafenwasser zum Heizen des Gebäudes.
The brine/water heat pump uses warmth from the sun and port water to heat the building.

04 Die Photovoltaikanlage erzeugt pro Jahr die gleiche Menge Solarstrom, wie die Wärmepumpe zum Heizen an Strom verbraucht.
The photovoltaic plant produces the same amount of solar power per year as is required by the heat pump to heat the dock.

05 Wärmespeicher
Heat storage tank

06 Die Heiz- und Kühldecken ermöglichen hohen Komfort und geringe Heizvorlauftemperaturen.
Heating and cooling ceilings keep supply temperatures low and maintain very comfortable conditions.

07 Lüftungsanlage mit Wärmerückgewinnung.
Ventilation plant with heat recovery system.

and provide an unusual view of the city and its surroundings, a panorama that it used to be possible to see only from the viewing platform of church, Bismarck, and telephone towers.

Buildings as Power Plants and Their New Image

All in all, we can assume that image of the climate-friendly city of the future in the medium term will differ less than we think from that of today. It is likely to be characterised by complexity far more than by density. It will, hopefully, separate the urban from the rural again but more distinctly. In the special case of an aquatic landscape – an archipelago like the Elbe islands – flood protection structures as integrative elements can have a direct impact in shaping the landscape (cf. the article by Lucia Grosse-Bächle, Antje Stokman: "Living with Water").[4] A more obvious yardstick for an IBA are the buildings themselves, whose construction and architecture illustrate their architects' "stance" on issues like sustainability and climate change. The IBA Hamburg (in cooperation with the HafenCity GmbH) took a position on this in an

IBA Laboratory back in 2009. IBA Laboratories are a format in which different aspects of the three IBA themes are examined and discussed in a special mix of talks, discussions, and workshops. This and many other IBA Laboratories have proven that the IBA Hamburg is far more than just a building exhibition: over a period of almost a decade, it has reflected and advanced urban planning discourse, showing that concrete ideas had been developed and put forward long before the IBA Presentation Year 2013 and not only on the basis of the constructed results.

The "Architecture and Climate Change" Laboratory was a bazaar of ideas with national and international engineers, architects, and other specialists. Also sitting around the table were investors, politicians, and legal experts. What emerged was an interdisciplinary exchange, leading on all sides to a high-level learning experience. In addition to the design work, the subject of sustainable building was developed, "which we see as the start of a broad public discussion with politicians and experts", as Uli Hellweg summarised it.[5] The result was a paper on climate-friendly building with twelve topics addressing, among others, certification and quality assurance, the legal framework, and monitoring. This made it clear that aesthetics (not taste) was also in need of (re)invention on an "object" scale: in this day and age the issue is no longer the "Passive House" or the "Zero Energy House", which consumes nothing (zero!) apart from the electricity for lighting and hot water. The energy-saving and energy-efficient construction of new buildings was no longer the problem in 2009. What appeared more difficult was how to get old buildings "into shape" while, at the same time, retaining their character in the interests of historical preservation. These requirements became especially relevant to a 1920s red brick building on Veddel.[6] Here the energy-related renovation work determined the discourse between architecture and historical preservation, as was to be the case later with similar projects.[7]

It was and still is about "buildings as power plants", about architecture that no longer

und Fachleuten verstehen", fasste Uli Hellweg damals zusammen.[5] Es entstand ein Papier zum klimagerechten Bauen mit zwölf Thesen, unter anderem zur Zertifizierung und Qualitätssicherung, zum rechtlichen Rahmen oder zum Monitoring. Es verdeutlichte, dass Ästhetik (nicht Geschmack!) auch im „Objekt"-Maßstab neu zu (er)finden ist: Es geht in diesen Zeiten nicht mehr um „Passivhaus" oder „Nullenergiehaus", das nichts (null!) verbraucht, abgesehen von der Elektrizität für Licht und Warmwasser. Energiesparend und -effizient neu zu bauen war 2009 nicht mehr das Problem. Schwieriger gestaltete es sich, die alten Häuser „fit zu machen" und gleichzeitig ihren Charakter denkmalpflegerisch zu erhalten. Beispielsweise auf der Veddel kam diese Forderung für einen Klinkerbau aus den 1920er Jahren zum Tragen.[6] Dort bestimmte die energetische Sanierung den Diskurs zwischen Architektur und Denkmalschutz wie später auch bei ähnlichen Projekten.[7]

Es ging und geht auch heute um den Typus „Haus als Kraftwerk", also um Architektur, die nicht mehr nur Energie verbraucht, sondern welche erzeugt. Der experimentelle, ja spielerische Charakter eines IBA-Labors setzte spontan Kräfte und Ideen frei. So war es nur ein kleiner gedanklicher Schritt, die Frage zu stellen, wie das postfossile Energiesparzeitalter seinen eigenen architektonischen Ausdruck finden könne. Es gehört zum Repertoire der Architektenausbildung, die Studierenden für große Designaufgaben in einem Stegreifentwurf (fokussierte Aufgabe, begrenzte Bearbeitungszeit) zu trainieren. Auch für das Labor wurde ein Workshop mit breitem Themenspektrum sehr spielerisch – für einen Stegreifentwurf typisch – organisiert, um den Teilnehmern den Weg zu einer individuellen Ästhetik zu öffnen. Wie die hohe Zeit der Moderne das Wohnhaus im übertragenen Sinn als Wohnmaschine ausgebildet hatte, so verlangt auch der Klimawandel nach einer neuen spezifischen Form.

Der Workshop hat Vorschläge hervorgebracht wie die lebenden „grünen Wände" als Lärmschutz und für Wohnungen; es wurden Utopien entwickelt wie der „gestauchte Wald" (ein Wald wird zur Haut und Wand). Für das Projekt „Plug

In" hieß die Losung „Aus Lärm wird Energie" – Energie wird hier sichtbar gemacht werden! Die Anlagen zur Erzeugung, Speicherung und zum Verbrauch von Energie wurden hier als eigenständiger Ver- und Entsorgungstrakt entworfen und dem jeweiligen Wohnhaus zugeordnet. Den Diskussionen und Skizzen im IBA-Labor sind auf den Elbinseln inzwischen viele Taten gefolgt. Aus dem Stegreifentwurf ist eine Art Masterthesis in Entwurfsform geworden. Unter den Beispielen für vorbildliche Stadtentwicklung im Klimawandel ragt die liebenswerte Arbeitersiedlung heraus, die in einer sehr komplexen und durchdachten Weise zum „Weltquartier" umgebaut und energetisch saniert wurde.[8] Dabei war wichtig, dass sie nun größtenteils durch den „Energiebunker" versorgt wird. Mit dem „BIQ"-Projekt in Wilhelmsburg Mitte, einem anderen Ausstellungsschwerpunkt der IBA Hamburg, wird tatsächlich eine Bioreaktorfassade realisiert. In den Glaselementen der „Biohaut" dieses Hauses werden Mikroalgen gezüchtet, die zur Energieerzeugung genutzt werden und gleichzeitig die Steuerung von Licht und Schatten kontrollieren können.

Auf den Elbinseln ist Wasser ein allgegenwärtiges Thema. Mit den „WaterHouses" zeigen fünf Gebäude, wie man Wasserlagen als Wohnstandorte nutzen kann, und zwar unter Berücksichtigung von Umweltbelangen und dem Sicherheitsbedürfnis der Menschen. Die WaterHouses stehen auf Pfählen in einem Wasserbecken mit einer Größe von 4000 Quadratmetern. Es ist in das vorhandene Gewässernetz integriert und wird durch Regenwasser gespeist. Es befindet sich in Wilhelmsburg Mitte, in einem Bereich, der durch Hoch- und Grundwasser gefährdet ist. Die WaterHouses sind als Passivhäuser konzipiert und ihr Wärmebedarf wird ausschließlich über regenerative Energiequellen abgedeckt. Eine Geothermie-Wärmepumpenanlage nutzt das Wasser zur Temperierung der Häuser. Solarthermische Elemente in den Fassaden stellen die Grundversorgung mit Warmwasser sicher. Zusätzlich sind die WaterHouses an den Energieverbund Wilhelmsburg Mitte angeschlossen. Intelligente

simply uses energy but also generates it. The experimental, almost playful character of an IBA Laboratory released spontaneous forces and ideas. It was therefore only a small mental step to pose the question of how the post-fossil fuel, energy-saving era might find its own architectural expression.

Part of the architectural studies repertoire is to train students for major design tasks with an ad lib design (focussed task, limited preparation time). The Laboratory, too, organised a workshop with a broad range of topics in a very light-hearted manner typical of an ad lib design, so that the participants could come up with their own aesthetics. Just as Modernism wanted to turn residential buildings into "machines for living in" (in which it ultimately failed), climate change, too, requires its own new and specific form.

Proposals for making living "green walls" to be used as noise protection and in apartments were developed during the workshop, as were Utopias like the "compressed forest" (a forest becoming both a membrane and a wall). For the "Plug In" project the solution was "From Noise Comes Energy", with energy made visible! Here, the generation, storage, and consumption of energy were designed as an independent supply and disposal tract assigned to the respective residential building.

On the Elbe islands the Laboratory discussions and sketches have since been followed by a great deal of action. The ad lib design has become something of a master's thesis in design practice. Outstanding among the instances of exemplary urban development in times of climate change is the appealing working class suburb updated to become the "Global Neighbourhood" in a very complex and well thought out process of conversion and energy efficiency related renovations.[8] What was important here was that it is now largely supplied by the "Energy Bunker". The "BIQ" project in Wilhelmsburg Central (another exhibition focus for the IBA Hamburg) in fact features the implementation of a bioreactor façade. Microalgae are bred in the glass elements of this building's "biomembrane" for use in energy production, while, at

the same time, able to control light and shade. Water is omnipresent on the Elbe islands. The "WaterHouses" are five buildings demonstrating how water locations can be used as residential sites, while taking environmental issues and people's safety requirements into consideration. The "WaterHouses" are built on stilts in a water basin 4000 square metres in size, which is integrated into the existing network of waterways, and is filled via rainwater. It is situated in Wilhelmsburg Central, in an area at risk from groundwater and the high water table. The "WaterHouses" are designed as Passive Houses and their heating requirements are met solely from renewable energy sources. A geothermal heat pump unit uses the water to regulate the temperature in the houses. Solar thermal elements in the façades ensure the basic hot water supply. The "WaterHouses" are also connected to the Wilhelmsburg Central Integrated Energy Network. Intelligent building technology controls the flow of fresh air and energy centrally and provides the residents with feedback concerning their energy consumption.

At the start of the planning process, the idea of building on an artificial water basin in Wilhelmsburg was not something that the island's residents considered plausible. However, the houses have become "exhibits for subsequent use" – and this, hopefully, in the long term. The "WaterHouses" facilitate the illustration and discussion of the status quo in architecture and climate change. The building ensemble, featuring the four "TriPlex Houses", each with three separately accessible, three-storey units, and the nine-storey "WaterTower" with its 22 apartments, are very impressive architecturally. The residential units each have a "ground" or water floor with spacious glazed façades. There is a tangible link with the water throughout the ensemble: on boat jetties and floating terraces, as well as in underwater gardens and with water walls that serve as privacy shields.

Very close by, the issue of "architecture and climate change" is addressed further with the "Smart Material Houses" and "Smart Price Houses", in part intelligent prefabricated constructions. The same applies to the "Hybrid

Gebäudetechnik steuert die Frischluft- und Energiezufuhr zentral und gibt den Bewohnern Rückmeldung über ihren Energieverbrauch. Für die „Insulaner" war es zu Anfang der Planung nicht plausibel, ausgerechnet auf der Insel Wilhelmsburg in einem künstlich angelegten Gewässer zu bauen. Doch die Häuser sind „Ausstellungsexponate mit Nachnutzung" – einer hoffentlich sehr langen. Mit den WaterHouses kann man den Status quo einer Architektur im Klimawandel illustrieren und diskutieren. Architektonisch ist das Gebäudeensemble mit den vier „TriPlex Houses" mit jeweils drei separat erschlossenen, dreigeschossigen Wohnungen und dem neungeschossigen „WaterTower" mit seinen 22 Wohneinheiten architektonisch sehr eindrucksvoll ausgestattet. Die Wohnungen verfügen über je ein „Erd"- beziehungsweise Wassergeschoss mit großzügig verglasten Fassaden. Der Bezug zum Wasser ist im gesamten Ensemble erlebbar: auf Bootsstegen und schwimmenden Terrassen, auch in Unterwassergärten und mit Wasserwänden, die dem Sichtschutz dienen.

In unmittelbarer Nachbarschaft wird das Thema „Architektur im Klimawandel" mit Häusern, die „Smart Material" und „Smart Price" heißen und zum Teil zu einem intelligenten Fertighausbau gehören, fortgesetzt. So auch mit „hybriden Häusern", die sich an die Wohn- und Arbeitsbedürfnisse der Nutzer anpassen.[9]

Die dichte architektonische Ballung auf einem Ausstellungsgelände mag anfangs irritieren und schockieren. Doch in der Regel hat jede Bauausstellung zunächst für Aufruhr gesorgt und wenig später den Dialog angetrieben. Aus hanseatischem Blick mag die „Stadt im Klimawandel" mancherorts einem „bunten Hund" gleichen. (Das gilt im übergeordneten Sinne wie vielleicht konkret auch für Bauausstellung in der Bauausstellung.) Sie weckt aber Hoffnung, dass solche Architekturen überlebensfähig und nachhaltig sind. Die Dinosaurier starben bekanntlich aus, als sie sich der Evolution widersetzten – das gilt auch in der Architektur.

Anmerkungen

1 IBA Hamburg (Hg.): *Energieatlas*. Berlin 2010.

2 Ebd. (S. 170).

3 Vgl. Beitrag in diesem Band von Dirk Meyhöfer: *Städtebau und Architektur der Metrozone: Wilhelmsburg-Mitte*. (S. 134ff).

4 Vgl. Beitrag in diesem Band von Lucia Grosse-Bächle / Antje Stokman: *Mit dem Wasser leben*.

5 Vgl. Anm 1., S. 9.

6 Vgl. Beitrag in diesem Band von Olaf Bartels: *Gedämmte Architektur*. (S. 222).

7 Vgl. Beitrag in diesem Band von Karsten Wessel / Simona Weisleder: *Das Klimaschutzkonzept erneuerbares Wilhelmsburg*. (S. 194).

8 Vgl. Anm. 6.

9 Vgl. Beitrag von Claas Gefroi in diesem Band: *Schöner Wohnen im Klimawandel*. (S. 215). Dort werden weitere Projekte beschrieben und analysiert.

Houses" that adapt to the living and working requirements of the users.[9]

The dense concentration of architecture on the exhibition site may irritate and shock at first. As a rule, though, every building exhibition has been a source of uproar initially, only to advance the dialogue just a short while later. The theme "Cities and Climate Change" may at times seem like something of a "curiosity" in Hanseatic eyes. It does, however, raise the hope that such architecture is sustainable and has the capacity to last. In nature, survival may depend on evolution – the same applies to architecture, too.

Notes

1 IBA Hamburg (ed.): Energieatlas. Berlin 2010.

2 Ibid. (p. 170).

3 Cf.: article by Dirk Meyhöfer in this volume: "The Urban Development and Architecture of the Metrozone: the New Centre of Wilhelmsburg" (pp. 134ff.).

4 Lucia Grosse-Bächle/Antje Stokman: "Mit dem Wasser leben". In: Bauen in hochwassergefährdeten Stadtgebieten.

5 Cf. note 1 (p. 9).

6 Cf. article by Olaf Bartels in this volume: "Insulated Architecture" (p. 222).

7 Cf. article by Karsten Wessel, Simona Weisleder in this volume: "The 'Renewable Wilhelmsburg' Climate Protection Concept" (p. 194).

8 Cf. note 6.

9 Cf. article by Claas Gefroi in this volume: "Better Living with Climate Change" (p. 215), where individual projects are described and analysed.

IBA und Hamburg Energie verbindet das gemeinsame Ziel, Hamburgs Zukunft klimafreundlich zu gestalten. Auf dem Weg dorthin haben wir in Projekten zum Leitthema „Stadt im Klimawandel" gezeigt: Wo urbane Strukturen - wie in Wilhelmsburg Mitte - entwickelt werden, sind Ökologie und Nachhaltigkeit ein verlässlicher Kompass. Dass auch bestehende Strukturen verändert und zu zentralen Bausteinen innovativer Konzepte werden können, belegen der „Energieberg Georgswerder" und der „Energiebunker". Die Signalkraft dieser Projekte wird über die Dauer der IBA weit hinausgehen.

IBA and HAMBURG ENERGIE share the common goal of providing Hamburg with a climate-friendly future. Along the road, with the projects making up the "Cities and Climate Change" theme, we have shown that ecology and sustainability provide a reliable compass for the development of urban structures - as in Wilhelmsburg Central. The fact that existing structures can also be changed and become the central building blocks for innovative concepts is proven by the "Georgswerder Energy Hill" and the "Energy Bunker". The symbolic power of these projects will extend way beyond the duration of the IBA Hamburg.

DR. MICHAEL BECKEREIT   Geschäftsführer der Hamburg Energie GmbH   Managing director of Hamburg Energie GmbH

Unser Verein hat von Anfang an mit der IBA eng und sehr offen zusammengearbeitet. Viele Aktionen wie „Prima-Klima" und „Energiepartnerschaften" waren bei direkter Beteiligung für unsere Mitglieder von großem Nutzen und brachten im Einzelnen persönliche Vorteile. Wir Einfamilienhausbewohner haben besonders durch viele Veranstaltungen über neue Wärmedämmtechniken und wirtschaftliche Energienutzung profitiert.

Our association has had a very close and very open working relationship with the Internationale Bauausstellung IBA (International Building Exhibition) Hamburg 2013 from the outset. Many of the projects such as "Top Climate Plan" and "Energy Partnerships" with their direct involvement were of great benefit to our members and brought with them individual advantages in some cases. The many events regarding heat insulation techniques and commercial energy use were especially beneficial to us as residents of single family homes.

HELMUT BILJES   1. Vorsitzender des Vereins Kirchdorfer Eigenheimer e.V.   Chairman of the "Kirchdorfer Eigenheimer e.V." (Kirchdorf Homeowners' Association)

Eine „Internationale" Bauausstellung in Verbindung mit dem „Sprung über die Elbe" und mit Saskia Sassen im Boot ließ mich ein völlig neues Handeln in der Stadtentwicklungspolitik erwarten: Das musste ja zu einem fundamentalen Wandel innerhalb der Stadtgesellschaft in Richtung kreative Kooperationen und zu einem Klima von geistiger Weite führen. Jetzt liegt ein entsprechendes Saatbeet mit frischen Keimen vor. Respekt vor all der Mühe! Toller Erfolg und nur mit der IBA denkbar: Die Metrozone Wilhelmsburg wird zum Modellstadtteil für den Radverkehr! Dennoch: Am Verständnis für die Tragweite der BSU-Verlagerung muss noch gearbeitet werden.

An "international" building exhibition in conjunction with the "Leap across the Elbe" and with Saskia Sassen on board made me expect a completely new approach in urban development politics: that had to bring about a fundamental change within urban society towards creative cooperation and a climate of intellectual breadth. We now have the appropriate seed bed with fresh seedlings in it. I take my hat off to all this effort! A great success and one that is conceivable only with the IBA Hamburg: the Wilhelmsburg metrozone will become a model city district for cyclists! However, work still needs to be done with regard to acceptance of the consequences of the "State Ministry for Urban Development and Environment (BSU)" relocation.

ASTRID CHRISTEN   geboren in Wilhelmsburg, Groß- und Außenhandelskauffrau, von 2003 bis 2012 ehrenamtlich aktiv beim Verein Zukunft Elbinsel Wilhelmsburg; Schwerpunkt: Konzeption und Moderation der Diskussionsreihe „Pegelstand". Seit 2007 Netzwerkarbeit bei Fahrradstadt Wilhelmsburg e.V.   Born in Wilhelmsburg, wholesale and export specialist, actively involved with the "Verein Zukunft Elbinsel Wilhelmsburg" (Elbe Island Wilhelmsburg Future Association) from 2003 to 2012 in a voluntary capacity; focus: conception and presentation of the "Water Level" series of discussions. Networking role with the "Fahrradstadt Wilhelmsburg e.V." (Cycling City Wilhelmsburg Association) since 2007

Eine IBA ist immer etwas Besonderes, eine IBA in Wilhelmsburg war für mich von Anfang an etwas ganz Besonderes. Endlich standen die Elbinseln im Fokus politischer und finanzieller Anstrengungen. „Stadt im Klimawandel" ist und bleibt für eine Flussinsel eine Überlebensfrage. Hierauf hat die IBA Antworten gegeben, im Bereich energiesparenden Bauens und Sanierens, ausgestattet mit modernster Technik, aber auch im Bereich des Hochwasserschutzes. Ich wünsche mir, dass die Anstrengungen auch nach 2013 fortgesetzt werden, denn auf die Elbinseln und ihre Bewohner warten noch viele Herausforderungen.

An IBA is always something special, an IBA in Wilhelmsburg was the start of something very special for me. The Elbe islands were finally the focus of political and financial efforts. "Cities and Climate Change" is and remains a question of survival for a river island. A question to which the IBA provided answers, in the field of

energy-saving construction and renovation, using the most modern technology, but also with regard to flood protection. I hope that the efforts will also be continued after 2013 as there are still a great many challenges facing the Elbe islands and their residents.

DR. HERLIND GUNDELACH Senatorin a.D., Vorsitzende des Bürgervereins Wilhelmsburg und Präses des Zentralausschusses Hamburgischer Bürgervereine von 1886 Former senator, member of the board of the Wilhelmsburg Residents' Association and head of the central committee of the Hamburg Residents' Associations of 1886.

Die IBA Hamburg zeigt in ihrem ganzheitlichen Herangehen, wie Europas größte Flussinsel Wilhelmsburg, durchschnitten von vielen Verkehrsschneisen, zu einem Stadtraum mit mehr Lebensqualität weiterentwickelt werden kann. Ich habe mich stets dafür stark gemacht, dass auch die Stadt Hamburg durch zusätzliche Investitionen, zum Beispiel mit dem neuem Schwimmbad, der neuen S-Bahn-Brücke oder dem Bildungszentrum „Tor zur Welt" zu diesem Ziel beiträgt. Ich wünsche mir, dass die Vision für Wilhelmsburg – als klimaneutraler Stadtteil und damit Vorbild für die gesamte Metropole – auch über die IBA hinaus weiterverfolgt wird.

In its overall approach the IBA Hamburg shows how Europe's largest river island, Wilhelmsburg, traversed by a multitude of traffic routes, can be further developed to become an urban environment with a better quality of life. I have repeatedly called for the City of Hamburg to contribute to this goal through additional investment, for example for the new swimming pool, the new suburban railway bridge, or the "Gateway to the World" Education Centre. I hope that the vision for Wilhelmsburg – as a climate-neutral city district and thus as a model for the whole of the metropolitan region – will continue to be pursued beyond the IBA Hamburg.

ANJA HAJDUK MdHB und stellvertretende Vorsitzende der GRÜNEN Bürgerschaftsfraktion Hamburg, von 2008 bis 2010 Senatorin für Stadtentwicklung und Umwelt in Hamburg und Aufsichtsratsvorsitzende der IBA Hamburg GmbH Member of the "Bürgerschaft" (Hamburg Assembly) and deputy chairperson of the GREEN PARTY's Hamburg faction, senator for Urban Development and the Environment in Hamburg from 2008 to 2010 and member of the supervisory board of the IBA Hamburg GmbH

IBA? – eine Herausforderung! Mit ihren Leitthemen bekam sie ein Bild von nachhaltiger Stadtentwicklung auf den Elbinseln mit dem Hafen-Stadt-Konflikt in einer Metrozone. Schade, dass es nicht gelungen ist, die Verkehrsprobleme innovativ und im Konsens mit den Bewohnern zu lösen. Dennoch sind viele sehenswerte Projekte auf den Weg gebracht worden, ein Umbau ganzer Quartiere mit vielen guten infrastrukturellen Besonderheiten und vorzeigbaren Projekten für eine Stadt im Klimawandel. Gratulation an die IBA!

IBA? – a challenge! With its themes it acquired an image of sustainable urban development on the Elbe islands with the harbour-city conflict in a metrozone. It is a shame that it has not been possible to solve the traffic problems innovatively and with the consensus of the residents. Nevertheless, a great many worthwhile projects have been brought under way, the conversion of whole neighbourhoods with many good infrastructure features and exemplary projects for a city faced with climate change. Congratulations to the IBA!

HELGA SCHORS Sprecherin der Bürgerinitiative Arbeitskreis Georgswerder (seit 1985), Leiterin der AG Wohnen in der Zukunftskonferenz Wilhelmsburg und Mitglied der Weißbuch-Redaktion; Mitveranstalterin bei der Stadtteilwerkstatt zum „Zukunftsbild Georgswerder 2025" Speaker for the Georgswerder Working Group Citizens' Initiative (since 1985), head of AG Wohnen in the Wilhelmsburg Future Conference, and member of the white paper editorial team; co-organiser of the neighbourhood workshop "Georgswerder Future Scenario 2025"

Das Projekt „Energieberg Georgswerder" ließ erwarten, dass an diesem „hervorragenden" Standort nachhaltige Energiegewinnung und problematische Industriegeschichte ohne Schönfärberei präsentiert werden. Die IBA hat unter anderem zusammen mit der BSU, Hamburg Energie und Landschaftsarchitekten ein schwieriges Projekt auf den Weg gebracht, das bei Besuchern weite Ausblicke ermöglichen und unvergessliche Eindrücke hinterlassen soll. Diese „Nachnutzung" einer gekapselten Sondermülldeponie ist mit vielen (Sicherheits-)Problemen verbunden, die sich hoffentlich alle als beherrschbar erweisen. Erfreulich, dass die Georgswerderaner einbezogen sind und der gesamte Stadtteil davon profitiert.

The "Georgswerder Energy Hill" project led to the expectation that sustainable energy production and problematic industrial history would be presented without window dressing in this "outstanding" location. Amongst other things, together with the BSU, HAMBURG ENERGIE, and landscape architects, the IBA Hamburg has brought a difficult project into being, one enabling broad perspectives for visitors and one intended to leave lasting impressions. This "subsequent use" of a sealed hazardous waste deposit comes with many (safety) problems, all of which will hopefully prove to be manageable. It is pleasing to see the involvement of the Georgswerder residents and that the neighbourhood as a whole is benefiting.

DR. VOLKER SOKOLLEK Wissenschaftlicher Angestellter in der Abteilung Bodenschutz/Altlasten der Behörde für Stadtentwicklung und Umwelt (BSU), wirkt bei der Planung und Umsetzung des Projekts „Energieberg Georgswerder" permanent beratend mit Research associate with the Soil Conservation/Contaminated Sites Department at the BSU, ongoing consultancy for the planning and implementation of the "Georgswerder Energy Hill" project

Stadt ist das Ergebnis von Migration. Sie ist mit der heutigen globalen Mobilität zwangsläufig kosmopolitisch. Dieter Läpple klärt zu Beginn des Kapitels, was der Begriff des Kosmopolitismus für die Stadt und für Hamburg-Wilhelmsburg als Einwandererstadtteil bedeutet und welche Antworten die IBA Hamburg auf die damit verbundenen Herausforderungen gibt. Dem Thema „Wohnen heißt Bleiben!" widmet sich der Beitrag von Olaf Bartels. Er thematisiert die Notwendigkeiten und Strategien, um mit sozialen, infrastrukturellen, städtebaulichen und architektonischen Angeboten Heimat in der Fremde zu schaffen und zu erhalten. Ein wichtiger Baustein ist Bildung. Mit der „Bildungsoffensive Elbinseln" beschäftigt sich der Beitrag von Gert Kähler; die konkreten Projekte stellen Wolfgang Meyer und Theda von Kalben vor. Den Spagat zwischen messbarem Erfolg und dem Mut zum Experiment zeigen Constanze Klotz und Gerti Theis anhand der Kunst- und Kulturprojekte sowie der auf den Stadtteil zugeschnittenen kreativwirtschaftlichen Impulse auf. Dieter Läpple verweist noch einmal auf die Notwendigkeit einer lokal verankerten beziehungsweise lokal eingebetteten Ökonomie als unverzichtbaren Bestandteil einer ebenso umfassenden wie integrierten Stadtteilentwicklung. Gottfried Eich skizziert nachfolgend die von der IBA Hamburg in diesem Zusammenhang angestoßenen und durchgeführten Projekte. Einen kritischen Blick auf die Beteiligungsformen und die Akzeptanz der IBA-Projekte in Teilen der Bevölkerung der Elbinseln, werfen am Ende des Kapitels die Sprecherinnen des IBA/igs-Beteiligungsgremiums Bettina Kiehn und Corinna Peters-Leimbach.

Cities are the result of migration. Today's global mobility makes them necessarily cosmopolitan. At the beginning of the section Dieter Läpple clarifies what the term cosmopolitanism means for the city and for Hamburg's Wilhelmsburg neighbourhood as an immigrant district, and what responses the IBA Hamburg provides to the related challenges. The "Living Means Staying!" issue is the focus of Olaf Bartels' contribution. He addresses the requirements and strategies for establishing and maintaining a home abroad, taking advantage of social, infrastructural, urban development, and architectural opportunities. One important building block is education. Gert Kähler's article looks at the "Elbe Islands Education Drive", while Wolfgang Meyer and Theda von Kalben introduce the specific projects. The balancing act between measurable success and the courage to experiment is illustrated by Constanze Klotz and Gerti Theis, using the art and culture projects as well as the neighbourhood-oriented creative economy impulse. Dieter Läpple again draws attention to the necessity of a locally anchored and/or locally embedded economy as an indispensable component of urban district development that is as comprehensive as it is integrated. Gottfried Eich then outlines the projects initiated and implemented by the IBA Hamburg in this context. At the end of the section the IBA/igs Participation Committee spokespersons Bettina Kiehn and Corinna Peters-Leimbach take a critical look at the forms of participation and the acceptance of the IBA projects in some sectors of the Elbe islands population.

KOSMOPOLIS
Neue Chancen für die Stadt

COSMOPOLIS
New Opportunities for the City

DIETER LÄPPLE

Prolog: Kosmopolis

Chancen durch Vielfalt

Die offene Stadt und eine Kultur der Differenz

Eines der wesentlichen Merkmale der Stadt ist ihre Offenheit für Fremde. Im Gegensatz zum Dorf, das auf der festen Nachbarschaft basiert und dem, „der von draußen kommt, feindselig begegnet"[1], hat die Stadt die Fähigkeit, „Nichtansässige an sich zu ziehen"[2]. In dieser Offenheit gegenüber dem Fremden, „der heute kommt und morgen bleibt"[3], liegt eine wesentliche Ursache für die Kreativität der Stadt. Nach Simmel bringt der Fremde nicht nur andere, neue Ideen mit, sondern durch seine besondere soziale Situation behält er eine Distanz zu seiner gesellschaftlichen Umgebung, die eine wichtige Basis ist für Reflexion und innovatives Denken. Die Stadt bot immer schon soziale und kulturelle Nischen, in denen das Fremd- und Anderssein nicht nur geduldet und ausgehalten werden, sondern in eine produktive Dynamik umgesetzt werden können. Typisch für die moderne Stadt ist die spannungsvolle Gleichzeitigkeit von räumlicher Nähe und sozialer und kultureller Distanz, von Vertrautheit und Anonymität. Mit diesem Urbanitätskonzept einer „offenen Stadt" verbindet sich die Hoffnung auf eine „Kultur der Differenz": die Stadt als der Ort eines zivilisierten Neben- und Miteinanders von unterschiedlichen, sich nicht selten gegenseitig abstoßenden sozialen Gruppen. Urbanität lebt von Vielfalt, sei es in sozialer oder ethnischer Hinsicht. In den städtischen Räumen verdichten sich Mannigfaltigkeit und Differenzen. Gleichzeitig bilden sich zum Schutz vor Überforderung und Anomie sozialräumliche Strukturen heraus,

wie das von Park beschriebene „Mosaik aus kleinen Welten"[4], die kulturelle Differenz und soziale Integration zugleich ermöglichen. Wesentliche Voraussetzung für die „offene Stadt" sind jedoch die Möglichkeiten einer Teilhabe der Stadtbewohner an den verschiedenen Teilsystemen der Gesellschaft: dem Bildungssystem und der Sprachkultur, dem Arbeitsmarkt und dem Wohnungsmarkt, dem Gesundheitssystem und dem politischen System sowie die allgemeine Akzeptanz kultureller Diversität. Mit anderen Worten, das Urbanitätskonzept einer „offenen Stadt" ist hochgradig voraussetzungsvoll und immer auch mit einem Risiko des Scheiterns verbunden.

Kosmopolis – die offene Stadt im Zeitalter der Globalisierung

Das Leitthema „Kosmopolis" der IBA greift das Urbanitätskonzept der „offenen Stadt" auf und stellt es in den globalen Kontext, der die Stadtentwicklung heute prägt. Dieses Leitthema repräsentiert gewissermaßen die „offene Stadt" im Zeitalter der Globalisierung, deren wesentliches Merkmal mit einem Wort zu erfassen ist: Interdependenz. Angesichts der historischen Realität einer allgemeinen Interdependenz bedarf es – wie Ulrich Beck es formuliert – eines „kosmopolitischen Blicks" auf die Stadt, der nicht nur die „Zerrissenheit", sondern auch die Möglichkeiten erfasst, „das eigene Leben und Zusammenleben in kultureller Melange zu gestalten".[5] „Kosmopolis" stellt sich in die geistige Tradition des Kosmopolitismus, der „Philosophie des Weltbürgertums"[6], die zurückreicht bis

Typisch für die moderne Stadt ist die spannungsvolle Gleichzeitigkeit von räumlicher Nähe und sozialer sowie kultureller Distanz, von Vertrautheit und Anonymität. Typical of the modern city is the exciting simultaneity of spatial proximity and social as well as cultural distance, of familiarity and anonymity.

DIETER LÄPPLE

Prologue: Cosmopolis

Opportunity through Diversity

zur griechischen Polis, aber auch eine zentrale Rolle spielt in den neuzeitlichen philosophischen Diskursen von Kant bis Habermas. Nach dem Philosophen Appiah sind im Begriff des Kosmopolitismus zwei Denkstränge miteinander verwoben, die man schlagwortartig mit „universelle Sorge um andere" und „Achtung vor legitimen Unterschieden" zusammenfassen kann. Aber Appiah macht zugleich klar, dass „Kosmopolitismus" nicht der Name einer Lösung, sondern einer Herausforderung ist.[7] Und diese „Herausforderung besteht darin, das über Jahrtausende eines Lebens in kleinen, lokalen Gruppen geformte Denken und Fühlen mit Ideen und Institutionen auszustatten, die uns ein Zusammenleben in dem globalen Stamm erlauben, zu dem wir geworden sind."[8]
Dies klingt als geistige Herausforderung unserer Zeit überzeugend. Aber was bedeutet dies für die Quartiersentwicklung in einem benachteiligten Stadtteil? Ist damit nicht eine völlige Überforderung der unterschiedlichen Akteure vor Ort verbunden? Beck und Beck-Gernsheim versuchen dieses Problem aufzulösen mit der Unterscheidung zwischen einem normativen Kosmopolitismus – also einer Geisteshaltung – und dem faktischen Prozess der Kosmopolitisierung, der sich sozialwissenschaftlich erfassen lässt. „Kosmopolitismus im philosophischen Sinn" ist demnach eine weltpolitische Aufgabe, die von den beiden Autoren vor allem der Elite zugewiesen wird. „Kosmopolitisierung dagegen vollzieht sich von unten und innen, im alltäglichen Geschehen, oft ungewollt, unbemerkt."[9] Kosmopolitisierung zeigt sich insbesondere in Städten und meint die „Erosion der eindeutigen Grenzen, die einst Märkte, Staaten, Zivilisationen, Städte, Familien, Kulturen, Lebenswelten und Menschen trennten" – kurz: „die Begegnung mit dem global Anderen im eigenen Leben".[10]
Aber wie weit kann die Erosion von Grenzen gehen und wie different können die kulturellen und politischen Unterschiede sein und als legitim akzeptiert werden, ohne das Gemeinwesen zu gefährden? In ihrer Streitschrift *Über das Politische. Wider die kosmopolitische Illusion* formuliert Chantal Mouffe die Warnung,

dass „das Streben nach einer Welt, in der die Wir-Sie-Unterscheidung überwunden wäre, (...) auf fehlerhaften Prämissen [basiert]".[11] Sie fordert Grenzen des Pluralismus, allerdings nicht auf einer moralischen Grundlage, sondern über eine politische Auseinandersetzung. Das Ziehen einer Trennlinie zwischen dem Legitimen und dem Illegitimen ist nach Mouffe eine politische Entscheidung, „und als solche muss sie konsequenterweise für kontroverse Diskussionen immer offenbleiben."[12] Ulrich Beck und Edgar Grande, auf deren Verständnis von Kosmopolitismus sich die IBA im Wesentlichen bezieht, nehmen zu dieser Frage eine deutliche Position ein: „Der Kosmopolitismus akzeptiert Andersartigkeit, er verabsolutiert sie aber nicht, sondern sucht zugleich nach Wegen, um sie universell verträglich zu machen. Dabei stützt er sich auf ein Gerüst von verbindenden und für alle verbindlichen Normen, mit deren Hilfe ein Abgleiten in einen postmodernen Partikularismus verhindert werden soll."[13]

Die Lower East Side in New York war eine erste Heimat für irische, deutsche, osteuropäische und ist es heute für chinesische Migranten. The Lower East Side in New York was once home to Irish, German, Eastern European, and now Chinese migrants.

Auf dem Albert-Cuyp-Markt in Amsterdam-Süd zeigt sich die Einwanderergesellschaft. Immigrant society in evidence at the Albert Cuyp Market in south Amsterdam

The Open City and a Culture of Difference

One of the key features of cities is their openness towards outsiders. In contrast to a village based on an established neighbourhood that takes "a hostile view of those coming from the outside",[1] cities have the capacity "to draw non-locals".[2] This openness towards the stranger "who arrives today and stays tomorrow"[3] is a key source of a city's creativity. As Georg Simmel put it, outsiders bring not only other, new ideas with them, their specific social situation means that they keep a distance from their social surroundings, this being an important basis for reflection and innovative thinking.

Cities have always provided social and cultural niches not only tolerant and abiding of outsiders and strangers but with productive dynamics enabling their deployment. Typical of modern cities is the exciting simultaneity of spatial proximity and social and cultural distance, of familiarity and anonymity. This urbanity concept of an "open city" is accompanied by the aspiration to a "culture of difference": cities as places of civilised juxtaposition and the coexistence of different, often mutually repellent social groups. Urbanity thrives on diversity, be it from a social or ethnic perspective. Multiplicity and differences become densified in urban spaces. At the same time, socio-spatial structures develop as protection against overburdening and anomie, described by Robert E. Park as "a mosaic of little worlds,"[4] enabling cultural differences and social integration simultaneously. Opportunities for city residents to participate in society's various sub-systems, however, are key prerequisites for an "open city": the education system and the linguistic culture, the labour market and the housing market, the health system and the political system, as well as general acceptance of cultural diversity. In other words, the urbanity concept of an "open city" is highly conditional and also always carries with it the risk of failure.

Cosmopolis – Open Cities in the Age of Globalisation

The Internationale Bauausstellung IBA (International Building Exhibition) Hamburg 2013's "Cosmopolis" theme addresses the urbanity concept of the "open city" and places it in the global context that characterises urban development today. To a certain extent this theme represents the "open city" in the age of globalisation, the key feature of which can be expressed in a single word: interdependence. Given the historical reality of a general interdependence we need to take what Ulrich Beck termed a "cosmopolitan view" of the city, one that embraces not only the "fragmentation" but also the opportunities for "shaping one's own life and coexistence in the cultural mix".[5] "Cosmopolis" positions itself within the intellectual tradition of cosmopolitanism, the "philosophy of global citizenship",[6] which dates back to the Greek notion of the "polis" but also plays a central role in modern philosophical discourse from Kant to Habermas. The philosopher Kwame Anthony Appiah sees the term "cosmopolitanism" as comprising two interwoven lines of thought that can be summarised in essence by "universal concern for others" and "respect for legitimate differences". At the same time, though, Appiah makes it clear that "cosmopolitanism" is the name not of a solution but of a challenge.[7] And this "challenge lies in equipping thought and emotions shaped by life in small, local groups over thousands of years with ideas and institutions that will allow us to live together as the global tribe we have become".[8] This sounds convincing as the intellectual challenge of our age. But what does it mean for neighbourhood development in a disadvantaged city district? Is it not accompanied by a complete overburdening of the different local protagonists? Ulrich Beck and Elisabeth Beck-Gernsheim attempt to resolve this problem by distinguishing between a normative cosmopolitanism – meaning a mentality – and the de facto process of cosmopolitanisation in social science terms. This sees "cosmopolitanism in the philosophical sense" as a global political task that

Zentral für das Leitthema „Kosmopolis" der IBA ist die Herausforderung, eine besondere Form des gesellschaftlichen Umgangs mit kultureller Andersartigkeit zu entwickeln, ohne gesellschaftliche Andersartigkeit in ein hierarchisches Über- und Unterordnungsverhältnis zu bringen. Kulturelle und ethnische Unterschiede werden dabei in der Tradition des Urbanitätskonzeptes der offenen Stadt nicht als Hindernis und Problem, sondern als Quelle von Kreativität und Identität gesehen.

Die Elbinseln – eine Einwandererstadt

Mit der Transformation der Bauern- und Fischerinsel zu einem Hafen- und Industriegebiet Ende des 19. Jahrhunderts wurden Wilhelmsburg und die Veddel zu Einwandererstadtteilen. Heute leben auf der Hamburger Elbinsel über 100 Nationen auf rund 35 Quadratkilometern. Diese kulturelle und ethnische Vielfalt ist das historische Resultat sehr unterschiedlicher Entwicklungsprozesse.[14] Es gab Phasen, da wurden ausländische Arbeiter und Arbeiterinnen direkt von speziellen Unternehmen angeworben. So warb beispielsweise die Wollkämmerei bei ihrer Eröffnung 1889 sogenannte Fremdarbeiter, darunter viele Frauen, aus Regionen des heutigen Polens an. Nach dem Zweiten Weltkrieg kamen im Rahmen der Anwerbeabkommen von 1955 und 1968 mit Italien, Griechenland, Spanien, Portugal, Türkei, Marokko, Tunesien und Jugoslawien sogenannte Gastarbeiter, die in Werften, Fabriken, der Bahn oder in der Bauwirtschaft einen Arbeitsplatz fanden. Viele „Gastarbeiter" holten ihre Familien nach und entschieden sich, zu bleiben. Damit stellte sich neben den Fragen des Arbeitens, des Wohnens und der Freizeitgestaltung verstärkt die äußerst wichtige Frage der Bildung, insbesondere der Schulen. In den 1990er Jahren wurden die Elbinseln zu einem Zufluchtsort für Bürgerkriegsflüchtige und Asylsuchende, zunächst vor allem aus Ex-Jugoslawien, später zunehmend aus Ländern der „Dritten Welt".

Die mit der Zuwanderung verbundenen Fragen vermengten sich seit Anfang der 1980er Jahre – wie in vielen anderen Städten – zunehmend mit einer selektiven Dynamik des Arbeitsmarktes und der Wohnungsmarktentwicklung. Durch den Abbau von Arbeitsplätzen in der industriellen Produktion waren insbesondere Migranten betroffen, die als Gastarbeiter für genau diese Arbeitsplätze im Nachkriegsboom angeworben wurden. Insgesamt verengte sich die Absorptionsfähigkeit städtischer Arbeitsmärkte am unteren Qualifikationsbereich gravierend. Der Arbeitsmarkt blieb den Verlierern des wirtschaftlichen Strukturwandels und zunehmend auch den Migranten weitgehend verschlossen. Ein möglicher Einstieg in den Arbeitsmarkt gelingt – wenn überhaupt – oftmals nur noch in einfachen, meist prekären Dienstleistungstätigkeiten mit sehr begrenzten Aufstiegsoptionen. Durch die Mechanismen des Wohnungsmarktes – insbesondere durch den weitgehenden Rückzug des Staates aus dem sozialen Wohnungsbau – wurden die „Verlierer" des Strukturwandels in die Quartiere gedrängt, in denen sich soziale Probleme konzentrieren, wodurch sich die Segregation der sozialrandständigen Bevölkerung verschärfte. Die deutschen Verlierer des Strukturwandels gerieten in eine sozusagen erzwungene Nachbarschaft mit Migranten, die sich mangels Perspektive in mehr oder weniger geschlossene Lebenswelten zurückzogen, die man auch „ethnische Kolonien" nennt. Von diesen Entwicklungen einer multiplen und kumulativen Benachteiligung, die zur Herausbildung eines sich selbst verstärkenden Milieus immer geringerer gesellschaftlicher Teilhabe führte, waren Wilhelmsburg und die Veddel in besonderem Maße betroffen.

Die politischen Folgen sind bekannt. Bei den Wahlen von 1997 bekamen die rechtsradikalen Parteien DVU und Republikaner im Stadtteil Wilhelmsburg von den deutschen Wählern 17,4 Prozent der Stimmen fürs Bezirksparlament und 2001 wurde Wilhelmsburg zur Hochburg des Rechtspopulisten Ronald Schill. Es ist ein Glück, dass es engagierte, demokratische Gegenkräfte gab, die unter anderem mit dem Weißbuch der „Zukunftskonferenz Wilhelmsburg" (2002) eine programmatische Zukunftsvision für die Elbinsel formuliert und erkämpft haben. Und diese Programmatik, in der die Elbinsel als

Berlin-Kreuzberg war vor dem Fall der Mauer ein wichtiger Ankunftsort der „Gastarbeiter" und ihrer Familien. Heute hat die daraus entstandene „Kreuzberger Mischung" hohen touristischen Wert, zum Beispiel auf der Admiralbrücke über den Landwehrkanal. Prior to the fall of the Berlin Wall, the Kreuzberg district was an important arrival point for migrant workers and their families. Today the resultant "Kreuzberg mix" has a high tourist appeal, for example on the Admiral Bridge over the Landwehrkanal.

Das Viertel Belsunce in Marseille ist ein typisches Ankunftsquartier der Stadt. The Belsunce neighbourhood in Marseille is a typical urban new arrivals district.

logically, always remain open to controversial discussion".[12] Ulrich Beck and Edgar Grande, on whose understanding of cosmopolitanism the IBA is essentially based, take a clear stance on this issue: "Cosmopolitanism accepts otherness, not making it an absolute but, rather, seeking ways to make it universally compatible at the same time. In doing so it relies on a framework of connective norms that are binding for all, with the help of which a slide into post-modern particularism is to be avoided."[13]

Central to the IBA Hamburg's theme "Cosmopolis" is the challenge of developing a particular form of social interaction with otherness, without placing social otherness in a hierarchical context of super- and subordination. Cultural and ethnic differences come to be seen within the tradition of the urbanity concept of the open city not as a hindrance and a problem but as a source of creativity and identity.

The Elbe Islands – An Immigrant City

Wilhelmsburg and Veddel became immigrant neighbourhoods with the transformation of the farming and fishing islands into a harbour and industrial area at the end of the nineteenth century. Today, Hamburg's Elbe islands are home to more than a hundred nationalities in an area of around 35 square kilometres. This cultural and ethnic diversity is the historical result of very different development processes.[14] There were times when foreign labour was recruited directly by specialist enterprises. The wool-combing works, for instance, recruited foreign workers when it was set up in 1889, many of them women from what is now Poland. Following the Second World War, bilateral recruitment agreements with Italy, Greece, Spain, Portugal, Turkey, Morocco, Tunisia, and Yugoslavia between 1955 and 1968 brought in migrant workers who were employed in the shipyards, factories, railways, or construction industry. Many migrant workers were later followed by their families and decided to stay. In addition to labour, housing, and leisure issues, this then increasingly raised the important question of

the two authors assign to the élite in particular. "Cosmopolitanisation, on the other hand, takes place from below and from within, in everyday events, often involuntarily, unnoticed."[9] Cosmopolitanisation is especially evident in cities and refers to the "erosion of the distinct boundaries that once separated markets, states, civilisations, cities, families, cultures, living environments, and people" – in short: "the encounters with the global others in our own lives".[10]

How far, though, can the erosion of boundaries go and how different can the cultural and political variations be to still be accepted as legitimate, without posing a threat to the community? In her polemical work *Über das Politische. Wider die kosmopolitische Illusion*, Chantal Mouffe warns that "the aspiration to a world in which the them-and-us differentiation were to be surmounted, ... [is based] on a flawed premise".[11] It requires the boundaries of pluralism, albeit not on a moral basis but through political debate. According to Mouffe, drawing a dividing line between the legitimate and the illegitimate is a political decision, "and as such it must,

eine „Insel der Vielfalt" und eine „Insel der Völker" konzipiert ist, bildete eine wesentliche Grundlage für das Aktionsprogramm der 2007 gestarteten IBA Hamburg mit ihrem Leitthema „Kosmopolis".

Das Themenfeld „Kosmopolis" im Rahmen der IBA-Strategie

Die Elbinseln haben eine – im Vergleich zur Gesamtstadt – sehr junge und zugleich eine wachsende Bevölkerung. Die Tradition der Einwanderung spiegelt sich sehr deutlich im Anteil der Bevölkerung mit Migrationshintergrund wider. Dieser Anteil liegt in Wilhelmsburg bei rund 57 und im Stadtteil Veddel bei 70 Prozent; bei den Jugendlichen unter 18 Jahren haben auf der Veddel sogar 90 Prozent einen Migrationshintergrund. Zugleich sind Wilhelmsburg und Veddel Stadtteile mit einer weit überdurchschnittlich jungen Bevölkerung. 21 Prozent sind unter 18 Jahren (in Gesamthamburg beträgt dieser Anteil 15,6 Prozent).[15]
Die Zahl der Schulabbrecher und der arbeitslosen Jugendlichen liegt auf den Elbinseln deutlich über dem Hamburger Durchschnitt. Es ist leicht einsichtig, dass vor diesem Hintergrund die Bildung die zentrale Aufgabe des Themenfeldes „Kosmopolis" ist. Integration ist vor allem eine Bildungsfrage. Die Bildung ist der entscheidende Filter beim Zugang zum Arbeitsmarkt; ohne Schulabschluss ist der Zugang zum Arbeitsmarkt blockiert. Die in der Vielfalt angelegten Potenziale der Elbinsel lassen sich gewissermaßen nur über Bildung und Ausbildung in Wert setzen. Darauf ist die „Bildungsoffensive Elbinseln" ausgerichtet: die Förderung der Sprachkompetenz; die Verbesserung der Schulabschlüsse; die Verbesserung der Ausbildungsmöglichkeiten und des Berufseinstiegs; die kulturelle Bildung und das lebenslange Lernen. Da die Möglichkeiten der Stadt zur Bereitstellung von Beschäftigung begrenzt sind, kommt es vor allem darauf an, die Beschäftigungsfähigkeit der Bevölkerung durch Bildung und Ausbildung zu fördern.
Ein in den letzten Jahren immer wichtigeres Handlungsfeld wurde der Wohnbereich. Die Ten-

denz zu einer Reurbanisierung und die damit verbundene Konkurrenz um Wohnmöglichkeiten in der Stadt, oder zugespitzt formuliert: der sich verschärfende „Kampf um den Raum", führen dazu, dass ärmere Haushalte an periphere Standorte abgedrängt werden. Die zentrale Maxime, der sich die IBA verpflichtet fühlt, ist daher „Aufwertung, ohne zu verdrängen". Mit dem „Weltquartier" und anderen Projekten werden hierfür modellhafte Lösungen erprobt.
Neben der Bildung ist der Arbeitsmarkt nach wie vor die zentrale Arena, in der die Entscheidungen über die Lebenschancen der Menschen fallen. Die gilt insbesondere für Migranten: „Die Teilnahme am Arbeitsleben ist in einer auf Erwerbsarbeit ausgerichteten Gesellschaft entscheidend für gelingende Integration."[16] An diesem Zusammenhang setzen die Förderung des lokalen Gewerbes und die Unterstützung der migrantischen Ökonomie an. Hier versucht die IBA Hamburg auch sehr interessante „crossover"-Strategien zu erproben, in denen Künstler und Kreative mit Beschäftigungsträgern, Menschen ohne Arbeit oder migrantischen Ökonomien gemeinsame Projekte entwickeln.
Mit diesen Handlungsansätzen versucht die IBA, die Teilhabemöglichkeit und -fähigkeit der Stadtteilbewohner am Bildungssystem und der Sprachkultur, am Wohnungs- und Arbeitsmarkt, an Kultur und Kunst zu fördern, damit sich die in der Vielfalt angelegten Chancen und Potenziale für soziale Integration, Identitätsbildung und Kreativität entfalten können.

education, particularly in schools. In the 1990s the Elbe islands became a refuge for civil war fugitives and asylum seekers, initially from the former Yugoslavia in particular, later with increasing numbers from "Third World" countries. As in many other cities, since the start of the 1980s immigration-related issues have become increasingly linked to the selective dynamics of labour and housing market developments. Migrant workers were especially affected by the decline in industrial production jobs, having been specifically recruited as labour for these very positions during the post-war boom. Overall, the absorption capacity of urban labour markets shrank dramatically in the low skills sector. The labour market remains largely closed to the losers in this economic restructuring and, increasingly, to migrant workers as well. Entry into the labour market is often still possible - if at all - only in basic, usually precarious service industry jobs with very limited prospects of advancement.

The mechanisms of the housing market - especially with the state's widespread withdrawal from subsidised housing - saw the structural change "losers" being forced into districts with a concentration of social problems, exacerbating the segregation of population groups on the social periphery. The German structural change losers ended up in forced proximity to migrant neighbours whose lack of prospects had them withdraw into more or less closed living environments that also came to be referred to as "ethnic colonies". Wilhelmsburg and Veddel were particularly affected by this development of multiple and cumulative discrimination that led to the emergence of a self-perpetuating milieu of ever-decreasing social participation. The political consequences are familiar. In the 1997 elections the radical right-wing parties, the DVU and the Republicans, won 17.4 per cent of the votes from German voters in Wilhelmsburg for the district parliament and, in 2001, Wilhelmsburg became the bastion of the right-wing populist Ronald Schill. Luckily, there were committed, democratic counterforces who, with the white paper from the "Future of Wilhelmsburg Conference" (2002), amongst other items,

compiled and fought for a planned future scenario for the Elbe islands. And this agenda, which conceives of Wilhelmsburg as the "Island of Diversity" and the "Peoples' Island," formed a vital basis for the 2007 programme of action by the newly founded IBA Hamburg with its theme "Cosmopolis".

The "Cosmopolis" Theme within the IBA Hamburg Strategy

The Elbe islands have - in comparison to the city as a whole - a very young and yet growing population. The immigrant tradition is very clearly reflected in the proportion of the population with a migration background. On Wilhelmsburg this proportion is around 57 and in Veddel 70 per cent; on Veddel 90 per cent of young people under 18 have a migration background. At the same time, Wilhelmsburg and Veddel are urban districts with a young population that is way above average: 21 per cent are under 18 (in Hamburg as a whole this figure is 15.6 per cent).[15]

The number of school dropouts and unemployed youngsters on the Elbe islands is significantly higher than the Hamburg average. It is clear that, with this background, education is the key task of the "Cosmopolis" theme. Integration is an education issue in particular. Education is the deciding filter for access to the labour market; entry is blocked without school-leaving qualifications. To a certain extent, the islands' potential harboured by their diversity can acquire value only through education and training. This is what the "Elbe Islands Education Drive" is aimed at: promotion of linguistic competence; improvement of school-leaving qualifications; progress in training opportunities, and entry into the job market; cultural development and lifelong learning. As the city's capacity for creating jobs is limited, promoting the employability of the population through education and training is key.

A field of activity that has become increasingly important in recent years is housing. The tendency towards re-urbanisation and the related competition for housing opportunities in the

Anmerkungen

1 Lewis Mumford: Die Stadt. Geschichte und Ausblick. München, 1980 (S. 9).

2 Ebd.

3 Georg Simmel: *Soziologie. Untersuchungen über die Formen der Vergesellschaftung.* Berlin 1908 (S. 685).

4 Robert E. Park: "The City: Suggestions for the Investigation of Human Behaviour in the Urban Environment". In: Robert E. Park / Ernest W. Burgess / Roderick D. McKenzie: The City. Chicago / London 1984 (1-46, hier S. 40).

5 Ulrich Beck: *Der kosmopolitische Blick oder: Krieg und Frieden.* Frankfurt a. M. 2004 (S. 10).

6 Kwame Anthony Appiah: *Der Kosmopolit. Philosophie des Weltbürgertums.* München 2007.

7 Ebd., S. 14.

8 Ebd., S. 11.

9 Ulrich Beck / Elisabeth Beck-Gernsheim: „Die Kosmopolitisierung der Gesellschaft". In: *Metropole: Kosmopolis,* Berlin 2011 (S. 32-40).

10 Ebd.

11 Chantal Mouffe: *Über das Politische. Wider die kosmopolitische Illusion.* Frankfurt a. M. 2007 (S. 8).

12 Ebd. (S. 159).

13 Ulrich Beck / Edgar Grande: *Das kosmopolitische Europa.* Frankfurt a. M. 2007 (S. 28).

14 Vgl. Angela Dietz: „Fremdarbeiter, Gastarbeiter, Einwanderer - Migration in Geschichte und Gegenwart". In: Geschichtswerkstatt Wilhelmsburg Honigfabrik e.V. (Hg.): *Wilhelmsburg -Hamburgs große Elbinsel.* Hamburg 2008, S. 97-111.

15 Vgl. NORD regional: Statistisches Amt für Hamburg und Schleswig-Holstein: *Hamburger Stadtteilprofile.* Hamburg 2011.

16 Integrationsbeauftragte: *8. Bericht der Beauftragten der Bundesregierung für Migration, Flüchtlinge und Integration über die Lage der Ausländerinnen und Ausländer in Deutschland.* Berlin 2010 (S. 98).

city, or, to put it more pointedly, the intensifying "fight for space", leads to poorer households being forced into peripheral locations. The central maxim to which the IBA Hamburg is committed is therefore "upgrading without displacing." Exemplary solutions for this have been put to the test with the "Global Neighbourhood" and other projects.

In addition to education, the labour market remains a key arena in which decisions on people's prospects are made. This applies to migrants in particular: "Within a society based on gainful employment, participation in working life is a key factor for successful integration."[16] This is the starting point for the promotion of local industry and the support of migrant economies. This is also where the IBA Hamburg attempts to test very interesting "cross-over" strategies in which artists and creative individuals develop joint projects together with employment institutions, the unemployed, or migrant economies.

With these approaches the IBA Hamburg is attempting to encourage the neighbourhood's residents to take advantage of their abilities and the opportunities to participate in the education system and the linguistic culture, in the housing and labour markets, in culture and art, so that the potential for social integration, identity, and creativity harboured by diversity can be exploited.

Notes

1 Lewis Mumford: *Die Stadt. Geschichte und Ausblick.* Munich 1980 (p. 9).

2 Ibid.

3 Georg Simmel: *Soziologie. Untersuchungen über die Formen der Vergesellschaftung.* Berlin 1908 (p. 685).

4 Robert E. Park: "The City: Suggestions for the Investigation of Human Behaviour in the Urban Environment". In: Robert E. Park, Ernest W. Burgess, Roderick D. McKenzie: *The City.* Chicago/London 1984 (pp. 1–46, here p. 40).

5 Ulrich Beck: *Der kosmopolitische Blick oder: Krieg und Frieden.* Frankfurt a. M. 2004 (p. 10).

6 Kwame Anthony Appiah: *Der Kosmopolit. Philosophie des Weltbürgertums.* Munich 2007.

7 Ibid. (p. 14).

8 Ibid. (p. 11).

9 Ulrich Beck / Elisabeth Beck-Gernsheim: "The Cosmopolitanisation of Society. In: *Metropolis: Cosmopolis.* Berlin 2011 (pp. 33–41).

10 Ibid.

11 Chantal Mouffe: *Über das Politische. Wider die kosmopolitische Illusion.* Frankfurt a. M. 2007 (p. 8).

12 Ibid. (p. 159).

13 Ulrich Beck / Edgar Grande: *Das kosmopolitische Europa.* Frankfurt a. M. 2007 (p. 28).

14 Cf. Angela Dietz: "Fremdarbeiter, Gastarbeiter, Einwanderer – Migration in Geschichte und Gegenwart". In: Geschichtswerkstatt Wilhelmsburg Honigfabrik e.V. (ed.): *Wilhelmsburg – Hamburgs grosse Elbinsel.* Hamburg 2008 (pp. 97–111).

15 Cf. NORD regional: Statistisches Amt für Hamburg und Schleswig-Holstein: *Hamburger Stadtteilprofile.* Hamburg 2011.

16 Integration commissioner: *8th Report by the Federal Government Commissioner for Migration, Refugees and Integration on the Position of Foreigners in Germany.* Berlin 2010 (p. 98).

Eine Proklamation der Vielfalt in Hamburg-Wilhelmsburg   A proclamation of the diversity that is Hamburg's Wilhelmsburg district

OLAF BARTELS

Kosmopolis, eine gebaute oder eine zu bauende Heimat?

Grundprinzipien von Erinnerung, Teilhabe, Inklusion und kultureller Wertschätzung

Architektonische Formen in Erinnerung

Herr Zwilling kennt in Czernowitz jedes Haus. Sein Vater war Architekt und hat viele von ihnen gebaut. Weder der Krieg noch der Zahn der Zeit noch ein wie auch immer gearteter Drang zur Veränderung haben sie zerstört. Sie sind Teil einer Erinnerung, die Herr Zwilling mit Frau Zuckermann teilt. Matthias Zwilling und Rosa Roth-Zuckermann sind die beiden Protagonisten in Volker Koepps Dokumentarfilm *Herr Zwilling und Frau Zuckermann*, den er 1999 über die untergegangene deutschsprachige und jüdische Lebensart in der heute ukrainischen Stadt gedreht hat. Die beiden fast 90-jährigen sind im Film Zeugen dieser Kultur und der mit ihnen verblassenden Erinnerung daran. Czernowitz war eine kosmopolitische Stadt. Bis 1918 gehörte sie zu Österreich-Ungarn, dann kurzzeitig zu Polen, bis 1944 zu Rumänien, bis 1991 zur Sowjetunion. Seitdem ist sie eine ukrainische Stadt. 1930 war mehr als die Hälfte der Stadtbevölkerung deutschsprachig, 38 Prozent Juden, 27 Prozent Rumänen. Außerdem lebten Ukrainer, Polen und Roma hier, bis die Verfolgung von Juden sowie Roma und nationalistisches Wetteifern diese Diversität beendete. Herr Zwilling und Frau Zuckermann wurden beide in Czernowitz geboren und sie haben diese Wirren wie viele Häuser der Stadt überlebt. Auch für den Schauspieler Hanns Zischler spielt die Architektur in der Erinnerung an die Jahre seiner Kindheit im fränkischen Jura eine große Rolle. Das berichtet er, um sein Verständnis der Architektur im Alltagsleben zu erläutern: Die

mit Schiefer gedeckten Scheunen und Bauernhäuser, die ohne Mörtel aufgeschichteten Mauern, das silbergrau verwitterte Holz, der Turm des Spritzenhauses neben den barocken Dorfkirchen, die Stimmen der Tiere, der Duft von faulendem Stroh, all das fügt sich zu einem Erinnerungsbild. In ihm wird es erst Jahre später wiedererweckt, als er durch die nach dem Entwurf des Architekten Peter Zumthor zum Expo-Pavillon der Schweiz aufgeschichteten, roh belassenen Holzstapel streift.

Der Fotograf Robert Conrad schildert anlässlich einer Ausstellung seiner Fotos, die er in den 1980er Jahren von der zerfallenden Altstadt Greifswalds gemacht hat, wie ihm durch die Flächensanierung, also den Abriss der Bauten, die kindliche Prägung durch stadträumliche Erfahrungen genommen wurde. Sein Schulweg war dadurch sozusagen gelöscht worden. Er konnte seine Schule aus dem Trümmerberg der Wohnbauten herausragen sehen und fragte sich, warum er dem Verlauf der Straße auf seinem Schulweg eigentlich noch folgen sollte. Die Straßen hatten ihre Bedeutung schlicht verloren. Aus Empörung über den gleichgültigen Umgang der Verantwortlichen mit der Bausubstanz und ihre sorglose Vernichtung wurde Robert Conrad zum kritischen Bildchronisten der Stadt, was ihm zu DDR-Zeiten einige Unannehmlichkeiten eintrug. Seine Ausstellung nannte er „Heimatkunde".

Folgt man diesen Schilderungen, und viele ähnliche könnten ergänzt werden, sind Architektur und Stadtgestalt wesentliche Faktoren für die Erinnerungen der Menschen an ihre Lebensumwelt. Sie sind ein wichtiger Teil des Lebens-

Das „Weltquartier" in Wilhelmsburg ist, bleibt und wird eine Heimat für viele Menschen mit und ohne internationale Migrationsgeschichte. *The Global Neighbourhood in Wilhelmsburg is, remains, and without international migration backgrounds.*

Herr Zwilling und Frau Zuckermann tauschen vor Volker Koepps Kamera für seinen nach ihnen benannten Film Erinnerungen über die Stadt Czernowitz und deren Häuser aus. *Mr Zwilling and Ms Zuckermann exchange memories of the city of Chernovtsy and its buildings in front of Volker Koepp's camera for the film named after them.*

OLAF BARTELS

Cosmopolis: a Homeland Built or to Be Built?

Basic Principles of Memory, Participation, Inclusion, and Cultural Regard

raums und im besten Fall ein Zuhause, mit dem man seine eigene Identität verbindet. Die IBA Hamburg hat in vielen Projekten, die dem Leitthema „Kosmopolis" zugeordnet sind, wie das „Weltquartier" oder das Projekt „Veringeck", auch aus diesem Grund großen Wert auf Mitwirkungs- und/oder Identifikationsmöglichkeiten der Bewohner gelegt.

Heimat wird uns, sagt Siegfried Lenz, erst in der Fremde bewusst, und von dieser Perspektive weiß auch seine türkische Kollegin Emine Sevgi Özdamar zu berichten. Sie ist in ihrem Leben viel gereist. Kam in jungen Lebensjahren als Arbeiterin mit sehr geringen Deutschkenntnissen nach West-Berlin und gewann prägende Erfahrungen in der Fremde. Später, nach einer Ausbildung als Schauspielerin in Istanbul, kehrte sie in den 1970er Jahren wieder nach Berlin zurück, lebte im Westen und arbeitete im Osten der Stadt. In kurzen Geschichten reflektiert sie ihre Erinnerungen an Istanbul und an Berlin. „Der Zug ist ein schönes Zuhause", sagt sie, aber: „Heimat war für mich früher dort, wo der Kühlschrank voll war". In ihren Erzählungen sind es Räume, Stadträume, an denen sich die Erinnerungen besonders kristallisieren: in Istanbul wie in Berlin oder in Amsterdam. Offenbar wird Heimat erst als Vergangenheit und in ihrem Verlust erkennbar. In der Gegenwart ist dagegen das Gefühl entscheidend, angekommen und heimisch zu sein. Einen Ort gefunden zu haben, mit dem man sich identifiziert und der den Kühlschrank füllt.

Die Elbinseln – eine (neue) Heimat

Auf den Elbinseln leben viele Menschen, die in ihrer Zuwanderungsgeschichte ihre Heimat, vielleicht sogar mehrfach, verloren und wieder gefunden haben. Insbesondere das Projekt eines „Weltquartiers" versucht, Migranten und ihren Nachkommen sowie ihren Nachbarn ohne internationale Wanderungsgeschichte ein Zuhause zu schaffen, es zu erhalten oder es so zu erneuern, dass sie dabei der Quartiersgemeinschaft nicht verlorengehen. Dass sich diese Gemeinschaft positiv erweitert und sich den Bewohnern edukatorische oder ökonomi-

sche Perspektiven bieten, ist ein von der IBA Hamburg gewollter Effekt. Die Aussicht auf eine persönliche berufliche Weiterentwicklung oder eine gute Bildung der Kinder sind neben einem starken sozialen Gefüge wesentliche Voraussetzungen für das Bleiben oder das Hinzukommen von Bewohnern. Das gilt selbstverständlich nicht nur für das „Weltquartier", es steht paradigmatisch für das Leitthema „Kosmopolis" der IBA Hamburg. „Wohnen heißt Bleiben!" ist der dafür geprägte Slogan.

Gebliebene türkische Immigranten hat auch die IBA 1984/87 in Berlin beheimatet. Hier sind die Identifikationsprozesse schon als Vergangenheit ablesbar. Die türkische Architekturforscherin Esra Akcan hat im Rahmen eines Forschungsaufenthaltes in Berlin seit 2009 deren Lebensbedingungen in den Bauten der IBA untersucht und sie den Ambitionen der damals für die IBA tätigen Architekten gegenübergestellt. Die Bewohner einer Wohnung in Álvaro Sizas Blockimplantat in der Schlesischen Straße, bekannt als „Bonjour Tristesse", die Familie Karaçizmeli, haben ihre Wohnung und deren Umfeld im Laufe der Jahre sehr schätzen

Links oben: Die Atmosphäre im Schweizer Pavillon auf der EXPO 2000 in Hannover (Architekt: Peter Zumthor) weckte die Erinnerung des Schauspielers Hanns Zischler an die architektonischen und räumlichen Erfahrungen seiner Kindheit in der fränkischen Jura. Links unten: Die nach Jahrzehnten der Vernachlässigung notwendigen Gebäudeabrisse waren für den Fotografen Robert Conrad ein Verlust seiner Heimat. Durch seine Fotos wurde er zu einem Chronisten der Zerstörung, sehr zum Unmut der offiziellen Stellen der DDR. Oben: Der zur IBA 1984/87 in Berlin erprobte partizipative Entwurfsansatz des Architekten Álvaro Siza ermöglichte es vielen Migranten, in seinem bekannten Haus „Bonjour Tristesse" in Berlin-Kreuzberg besonders gut heimisch zu werden.   Left above: The atmosphere in the Swiss Pavilion at the EXPO 2000 (architect: Peter Zumthor) brought back actor Hanns Zischler's memories of childhood architectural and spatial experiences in the Franconian Jura. Left bottom: Demolitions of buildings necessitated by decades of neglect represented for the photographer Robert Conrad the loss of his homeland. His photographs made him into a chronicler of the destruction, much to the annoyance of officialdom in the GDR. Above: The participative design approach tested by the architect Álvaro Siza during the 1984/87 IBA in Berlin enabled many migrants to feel especially at home in his renowned "Bonjour Tristesse" building in Berlin's Kreuzberg district.

Architectural Forms in Memory

Mr Zwilling knows every building in Chernovtsy. His father was an architect and many of them were built by him. They have been destroyed neither by the war nor by the ravages of time nor by any other pressure to change. They are part of a memory that Mr Zwilling shares with Mrs Zuckermann. Matthias Zwilling and Rosa Roth-Zuckermann are the two protagonists in Volker Koepp's documentary *Herr Zwilling und Frau Zuckermann*, made in 1999 about the lost German-speaking Jewish way of life in the now Ukrainian city. The two almost 90 year olds in the film are witnesses to this culture and the memory thereof that is fading with them. Chernovtsy was a cosmopolitan city. Up until 1918 it belonged to the Austro-Hungarian Empire, then briefly to Poland, then to Romania until 1944, and to the Soviet Union until 1991. It has been a Ukrainian city ever since. In 1930 more than half of the city's population was German-speaking, 38 per cent Jews, 27 per cent Rumanian. Ukrainians, Poles, and Roma also lived here, until the persecution of Jews as well as Roma, and nationalist fervour put an end to this diversity. Mr Zwilling and Mrs

Zuckermann were both born in Chernovtsy and, like many of the city's buildings, they survived this turmoil.

Architecture plays a key role in the memory of his childhood years in the Franconian Jura for the actor Hanns Zischler, too. He tells of this in order to explain his understanding of architecture in everyday life. The slate-tiled barns and farmhouses, the dry stone walls, the silver-grey weathered timber, the fire station tower next to the baroque village church, the sounds of the animals, the smell of rotting straw, all of this merges into a memory. A memory that is only reawakened years later when he strolls through the Swiss Expo Pavilion designed by the architect Peter Zumthor with its rough, untreated wood pile layers.

On the occasion of an exhibition of his photos taken of the disintegrating old town district of Greifswald during the 1980s, the photographer Robert Conrad described how land clearance, meaning the demolition of buildings, deprived him of the childhood character he had acquired through urban spatial experiences. His school route had been deleted, so to speak. He could see his school protruding from the mountain of housing debris and asked himself why he should even still follow the course of the street on his school route. The streets had simply lost their meaning. Out of indignation at the indifferent approach of those responsible for the buildings and their reckless destruction, Robert Conrad became the city's critical visual chronicler, earning him a certain degree of unpleasantness during the GDR era. He named his exhibition "Local History".

Based on these descriptions, and there are plenty more like them, architecture and urban setting are key factors in people's memories of their living environment. They are an important part of the living space and, ideally, are a home that people associate with their own identity. For this reason, in many of its projects within the category of the "Cosmopolis" theme, such as the "Global Neighbourhood" or the "Veringeck" ventures, the Internationale Bauausstellung IBA (International Building Exhibition) Hamburg 2013 has attached great

gelernt. Zwar hat der von der übrigen Wohnung unabhängig nutzbare Empfangsraum (im türkischen Haus „Sofa"), den weibliche Familienmitglieder meiden und so den Männern die öffentlichen Kontakte überlassen können, schnell eine andere Nutzung gefunden. Viel wichtiger waren die fünf Fenster des Wohnraums, durch die die ganze Familie am Leben auf den umgebenden Wohnstraßen optisch teilhaben kann und der von Álvaro Siza eingerichtete, vom Balkon als Loggia abgegrenzte Mehrzweckraum, der sich durch seinen direkten Außenkontakt als Küchenerweiterung anbot. Die Bewohner des Hauses standen mit Álvaro Siza zwar in direktem Kontakt und konnten ihm, den Maximen der IBA folgend, ihre Wünsche direkt vortragen, aber Frau Karaçizmeli hat zu spät gemerkt, dass eine offene Küche für ihre Kochgewohnheiten vielleicht unpraktisch sein könnte und die ganze Wohnung, wenn nicht das ganze Haus mit Essensgerüchen versorgen würde. Das Leben der Familie gestaltet sich aus kulturellen Versatzstücken dessen, was die Eltern vor 40 Jahren in der Türkei zurückgelassen haben, dem, was sie sich aus diesem Leben bewahrt und mit ihrem heutigen in Berlin-Kreuzberg zusammengefügt haben. Dafür ist Álvaro Sizas Architektur offenbar bestens geeignet, auch wenn sie der Architektur in der Türkei keine formalen Reverenzen macht (abgesehen vielleicht vom Ausblick aus den Wohnzimmerfenstern). Heute können sich die Karaçizmelis nicht mehr vorstellen, aus Kreuzberg wegzuziehen, so sehr ist ihr Leben mit der Wohnung und ihrer Umgebung sowie deren Struktur von Läden und Einrichtungen verflochten, die die migrantische Kultur geprägt hat. Einen solchen Zustand möchte die IBA Hamburg unter anderem im „Weltquartier" erreichen. Sie hat dazu intensive Befragungen durchführen lassen und studentische „Heimatforscher", Personen mit vielfältigen kulturellen Hintergründen und entsprechenden Sprachkenntnissen, von Wohnung zu Wohnung geschickt, die die persönlichen Wünsche der Bewohner nach Veränderungen in ihren Wohnungen erkundeten. Auf diese Weise konnten auch Menschen kontaktiert werden, die sonst unter Umständen nicht zu einem Kon-

takt bereit gewesen wären. Dabei stellte sich heraus, dass weniger kulturelle, religiöse oder ethnische Aspekte angesprochen als vielmehr pragmatische Ansprüche formuliert wurden, die sich auf eine Verbesserung der Sanitär- und Küchenbereiche, eine maßvolle Vergrößerung der Wohnungen und deren energetische Optimierung bezogen. Dadurch bestätigten sich die aus Berlin geschilderten Erfahrungen auf einer breiteren Ebene der Bewohnerbefragungen. Deren Ergebnisse wurden den Teilnehmern am Architektenwettbewerb als Arbeitsgrundlage zur Verfügung gestellt, sie wurden Teil der Bewertungskriterien und flossen so in den im Wettbewerb siegreichen und dann realisierten Entwurf des Lübecker Architekturbüros Krause, Feyerabend, Sippel (kfs) ein. Formale Avancen an die Architektur der über 30 Herkunftsländer blieben dabei aus. Sie hätten sich wohl auch kaum auf einen architektonischen Nenner bringen lassen. Der konnte nur in einer in diesem Sinne neutralen Architektur liegen, die aber dennoch soviel Identität stiften kann, dass sie auch in einer langjährigen räumlichen Erinnerung noch existiert.

Das Café im Projekt „Veringeck" stellt für die Hausbewohner eine Möglichkeit des Kontaktes zur Außenwelt dar, der ein introvertiertes Leben bereichern kann. Gleichzeitig öffnet sich das „Veringeck" so zum Stadtteil.   The café in the "Veringeck" project provides the building's residents with the opportunity for contact with the outside world, which can enrich an introverted life. It also opens the "Veringeck" to the neighbourhood.

Die bodentiefen Fenster im Gemeinschaftsraum der Wohngemeinschaft für unter Demenz leidende türkische Migranten erlauben es, zumindest optisch am Leben auf der Straße teilzuhaben. Dieses architektonische Element nimmt Bezug auf eine in der Türkei übliche Bauweise und soll den Bewohnern eine Erinnerung an die türkische Heimat vermitteln, die, durch ihre Krankheit bedingt, näher liegt als die Erinnerung an die deutsche Heimat.   The floor-level windows of the community room at the assisted-living association for Turkish migrants suffering from dementia enable participation, at the level of sight at least, in the life on the street. This architectural element echoes the type of construction common in Turkey and is intended to remind the residents of their Turkish homeland. Due to their illness, these memories are more alive to them than those of their life in Germany.

importance to participation and/or identification opportunities for the residents.

We only become aware of home when we are away from it, says Siegfried Lenz, and this is a perspective familiar to his Turkish colleague Emine Sevgi Özdamar too. She has travelled a great deal in her life. She came to West Berlin as a young female worker with very little in the way of German language skills and went through formative experiences away from home. Later, after training as an actress in Istanbul, she returned to Berlin in the 1970s, lived in the West and worked in the East of the city. In her short stories she reflects on her memories of Istanbul and Berlin. "The train is a nice home," she says, but: "For me, home used to be where the fridge was full." In her stories it is spaces in particular, urban spaces, where the memories crystallise, in Istanbul as in Berlin or in Amsterdam. Home is evidently only recognisable as the past and in the loss thereof. The determining factor in the present, however, is the feeling of having arrived and feeling at home. Of having found a place with which you can identify and which fills the fridge.

The Elbe Islands – A (New) Home

Many of the people living on the Elbe islands have lost their homes, perhaps more than once, during their migration story, and found it again. The "Global Neighbourhood" project in particular attempts to create a home for migrants and their descendants as well as for their neighbours without an international migration story, to maintain it or to renew it in such a way that they are not then lost to the neighbourhood community. The positive broadening of this community and the educational or economic prospects it offers its residents is an effect intended by the IBA Hamburg. In addition to strong social integration, the prospects of further personal career development or a good education for their children are key prerequisites for residents staying or moving in. Of course, this applies not only to the "Global Neighbourhood"; it is paradigmatic for the IBA

Hamburg's "Cosmopolis" theme with its "Living means Staying!" slogan.

The 1984/1987 IBA in Berlin also gave a home to lingering Turkish immigrants. Here the identification processes are already a thing of the past. As part of a research project in Berlin the Turkish architectural research scientist Esra Akcan has been studying their living conditions in the IBA buildings since 2009 and comparing them to the aims of the architects working on behalf of the IBA at that time. The Karaçizmeli family, residents of an apartment in Álvaro Siza's block in the Schlesische Strasse known as "Bonjour Tristesse", have come to greatly value their apartment and their surroundings over the course of the years. The area independent of the rest of the apartment and useable as a reception room (the "sofa" in Turkish houses), avoided by the female family members so as to leave public contact up to the men, soon found a different use. Far more important were the five windows in the living room through which the whole family is able to participate visually in life in the surrounding residential streets and the multipurpose room set up by Álvaro Siza as a recess separate from the balcony, its direct outside contact making it suitable as a kitchen extension. The building's residents had direct contact with Álvaro Siza and, in accordance with the IBA maxims, were able to present their wishes to him directly. Mrs Karaçizmeli realised too late, however, that an open-plan kitchen might in fact be impractical given her cooking style as it would fill the whole apartment, if not the whole building, with cooking smells. Their family life is made of set pieces from the culture the parents left behind in Turkey 40 years ago, from what they have retained from this life and merged together with their present life in Berlin's Kreuzberg district. Álvaro Siza's architecture seems to be entirely suited to this, even if it does not pay any formal respect to the architecture of Turkey (apart from the view from the living room windows, perhaps). The Karaçizmelis can no longer imagine moving away from Kreuzberg, their life having become so interwoven with the apartment and its surroundings, as well as the infrastructure of shops

Erinnerungsangebote als Therapie

Anders liegt der Fall im Wilhelmsburger Projekt „Veringeck". Hier ist eine interkulturelle Wohn-Pflege-Einrichtung entstanden, in der unter anderem auch eine Wohngemeinschaft aus zehn an Demenz erkrankten Menschen lebt, die aus der Türkei nach Deutschland zugewandert sind und wohl ein ähnliches Leben geführt haben wie die Familie Karaçizmeli in Berlin-Kreuzberg. Aber ihre Erinnerung verblasst schneller als bei nicht erkrankten Menschen, und zwar so, dass die jüngere Vergangenheit wie eine spät erlernte Fremdsprache oder die Eingewöhnung in eine fremde Lebenskultur weniger präsent ist als weiter zurückliegende Erfahrungen. Am Veringeck hat man deshalb auch Wert auf architektonische Elemente gelegt, die ihren Ursprung in der türkischen Wohnkultur haben. So hat man darauf geachtet, dass keine der Wohnungen im Erdgeschoss liegt, dass vor den Wohnungstüren jeweils Nischen angebracht wurden, in denen die Schuhe verstaut werden können, die nicht in der Wohnung getragen werden, und dass der Ausblick auf die Straße durch Fenster, die bis zum Fußboden reichen, beiläufig und bequem möglich ist. Im Haus gibt es ein Hamam, ein türkisches Bad. An der Fassade, an Balkon- und Treppengeländern finden sich orientalisch inspirierte Ornamente, die von den in der Türkei für blickdichte, aber luftdurchlässige Sichtschutzwände gebräuchlichen Mustern abgeleitet sind. Entstanden ist diese Architektur als Ergebnis eines Architektenwettbewerbs und einer intensiven, interaktiven Mitwirkung der Nutzer am Entwurfsprozess des Hauses. Der führte unter anderem dazu, dass nicht der im Wettbewerb erst-, sondern der zweitplatzierte Entwurf umgesetzt wurde. Er konnte schlicht den Anforderungen der Nutzer besser gerecht werden.

Ob sich diese gestalterischen Elemente in die Erinnerungsbilder der Menschen in der Komplexität integrieren lassen, wie sie sich in den Schilderungen von Matthias Zwilling, Hanns Zischler oder Robert Conrad zeigt, oder ob nicht doch eine verstärkte Verwirrung eintritt, weil der Ruf des Muezzins, des Simit-Verkäufers, des Schrotthändlers, das Zwitschern der Vögel, die nur in der Türkei singen, oder schlicht die klimatischen Bedingungen der alten Heimat fehlen, wird die Zukunft und die Erfahrung von Patienten und Betreuern zeigen. Ein engmaschig geknüpftes Infrastrukturnetz sozialer Einrichtungen, Bildungseinrichtungen und ertragreiche Arbeitsverhältnisse sind die Voraussetzungen für das Ansiedeln und das Bleiben. „Heimat [ist] dort, wo der Kühlschrank voll [ist]." Architektonische Formen, bauliche und städtebauliche Gestalt sind Erinnerungsträger, an denen sich auch ein Heimatgefühl festmacht. Das zeigen diese Ansätze der IBA Hamburg.

and facilities shaped by the migrant culture. Circumstances such as these are what the IBA Hamburg wants to achieve, amongst other things, in the "Global Neighbourhood". To this end it carried out intensive surveys, sending student "local historians", people with diverse cultural backgrounds and the corresponding language skills, from door to door in order to establish the residents' personal wishes for the changes to be made to their apartments. This approach meant that people were contacted who would perhaps not have been willing to be contacted under other circumstances. It turned out that cultural, religious, or ethnic aspects were less of an issue than the pragmatic requirements that were voiced relating to improved sanitary and kitchen facilities, a moderate enlargement of the apartments, and their optimisation from an energy perspective. This matched the experiences in Berlin on a broader level of resident surveys. The results were made available to the architectural contest participants as a working document, forming part of the assessment criteria, and were thus incorporated into the winning and subsequently implemented design by the Lübeck architects Krause, Feyerabend, Sippel (kfs). There were thus no formal overtures relating to the architecture of the more than 30 home countries and it would hardly have been possible to find a common architectural denominator anyway. Such a denominator was possible only in the sense of neutral architecture nevertheless able to furnish so much identity that it still exists in long-standing spatial memory as well.

Memory Opportunities as Therapy

The case of the Wilhelmsburg "Veringeck" project is a different one. This has seen the development of an intercultural residential care facility that includes a community of ten people suffering from dementia, people that had emigrated to Germany from Turkey and have lived a life similar to that of the Karaçizmeli family in Berlin's Kreuzberg district. Their memories fade faster than is the case with people not suffering from dementia and this in such as way

that the recent past and a foreign language learned later in life, or integration in a foreign culture, are less present than experiences in the more distant past. In the "Veringeck" project, therefore, importance was attached to architectural elements originating from the Turkish lifestyle. This meant ensuring that none of the apartments was on the ground floor, that niches were built next to the apartment doors where shoes could be placed that were not to be worn in the apartment, and that the view of the street through windows extending to the floor is casual and convenient. The building features a hammam, a Turkish bath. There is oriental-inspired ornamentation on the façade as well as on the balcony and staircase railings derived from the patterns commonly used in Turkey for shielding airy walls. This architecture came into being as a result of an architectural competition and the intensive, interactive involvement of the users in the building's design process. Amongst other things, this led to the second-placed, and not the first-placed, design in the competition being implemented because it was simply better able to meet the demands of the users.

Only time and the experience of the patients and their carers will show whether these design elements will be able to be integrated into people's memories in the complexity with which they are outlined by Matthias Zwilling, Hanns Zischler, or Robert Conrad, or whether greater confusion will not in fact arise because the call of the Muezzin, the simit (bread snack) seller, the junk dealer, the chirping of the birds that only sing in Turkey, or simply the climatic conditions of the former homeland are missing. A closely meshed infrastructural network of social facilities, educational facilities, and productive working relationships are the prerequisites for settling and staying. "Home [is] where the fridge [is] full." Architectural forms, building, and urban design are repositories of memory to which the feeling of home is also attached. This is evidenced by the approach of the IBA Hamburg.

Links: Die Ornamente der Balkongeländer leiten sich von Motiven der in der Türkei üblichen Sichtschutzwände ab und sollen die Bewohner an ihre türkische Heimat erinnern. Unten: Ganz lässt sich das Lebensgefühl in der Türkei nicht nach Hamburg bringen. Die Rufe der Simit-Verkäufer oder der Schrotthändler, das reiche Leben auf der Straße oder das Klima sind in ihrer Mischung dort einmalig. Left: The ornamentation on the balustrades derives from motifs commonly used on screening walls in Turkey and is intended to remind the residents of their Turkish homeland. Bottom: The Turkish way of life is not, however, something that can be brought to Hamburg in its entirety. The calls of the simit (sesame seed covered bread roll) sellers or the scrap merchants, the rich street life, and the climate are a mix unique to Turkey.

GERT KÄHLER

Ungeahnte Aufbruchsstimmung?

Über Netzwerke und Architektur in der Bildungslandschaft der Elbinseln

„Dumm macht arm" titelte die *ZEIT* und bezog diese Erkenntnis aus dem neuen Armutsbericht der Bundesregierung: Wirtschaftliche Aufstiegschancen sind an den Bildungsstand gekoppelt. Dass dabei das Recht auf eine bestmögliche Bildung für jedermann nicht immer optimal gewährt wird, ist ein Gemeinplatz. Wir haben zum Beispiel Einwanderer gerufen, die bereit waren, „niedere" Tätigkeiten zum Billiglohn zu verrichten, jetzt müssen wir die Folgen tragen. Dass das im Hinblick auf die Kosten für die Gesellschaft und die Bildungsferne vieler Einwanderer nicht ganz einfach ist, leuchtet jedem ein. Insofern reicht der Ansatz der IBA, ein besonders betroffenes Gebiet wie die Elbinseln beispielhaft so auszurichten, dass eine neue, vernetzte „Bildungslandschaft" entsteht, weit über das Projektgebiet hinaus.

Allerdings: Die IBA kann keine neue Bildungslandschaft bauen; es ist auch nicht ihre Aufgabe. Einrichtungen wie Bauten dafür sind zu einem großen Teil bereits vorhanden. Außerdem wird die Bildungspolitik immer noch von der Politik gemacht. Und die führt zu unterschiedlichen Zuständigkeiten zwischen Schulbehörde, Sozialbehörde und privaten Trägern – über allem die Finanzbehörde. Die IBA kann fördern und damit Besonderheiten und Notwendigkeiten hervorheben. Sie kann aber nicht zum Beispiel eine neue Schule gründen – sie ist auf viele andere angewiesen.

Das klingt selbstverständlich, muss aber erwähnt werden, wenn man auf die Erfahrungen kommt, die die Menschen an Ort und Stelle machen und gemacht haben. Da hört man oft das Fazit: „Schön, dass es die IBA gibt – sie hat uns geholfen, finanziell und indem sie die Bedeutung von Projekten in den Vordergrund gestellt hat. Aber wir waren schon da, als von der IBA noch nicht die Rede war. Und es wird uns auch nachher noch geben."

Die Bewohner der Elbinseln haben spätestens seit der Zukunftskonferenz 2001/2002 Bildung als Schlüssel für die weitere Entwicklung erkannt und sprechen heute von einer ungeahnten „Aufbruchsstimmung im Schul- und Bildungsbereich"[1]. Die IBA – und das ist ihr unzweifelhaftes Verdienst – bildete den Katalysator, der stimulierte, organisierte, ermutigte und dadurch neue Ideen und neue Begeisterung weckte. Die Aufgabe nach der IBA wird sein, kontinuierlich weiter zu arbeiten, was auch heißt: weiter finanziell zu fördern. Alles andere würde zu einer doppelten Enttäuschung der betroffenen Lehrer, Sozialpädagogen und Bewohner führen, die den Eindruck bekämen, die besondere Förderung sei nur für die Außendarstellung der Stadt durch eine Internationale Bauausstellung ins Leben gerufen worden. Wieweit dabei eine konsistente „Bildungslandschaft" im Sinne eines idealen Modells entsteht, bleibt eine offene Frage, solange die Bauten kaum fertiggestellt und damit noch gar nicht oder nur kurz erprobt sind. Dass die begonnenen Netzwerke ganz unterschiedliche Qualitäten haben, ist normal: Netzwerke funktionieren, wenn die Menschen darin sich gut verstehen. Wenn also ein Schuldirektor über seinen Architekten sagt: „Es war Liebe auf den ersten Blick!", dann kann man sich vorstellen, dass die Zusammenarbeit gut geklappt hat. Das Ergebnis, das Bildungszentrum Stübenhofer

Die Überwindung der Sprachbarriere schafft den Ansatz für Bildungschancen. Junge Migrantinnen erlernen in Hamburg-Wilhelmsburg die deutsche Sprache. Overcoming the language barrier creates an opening for educational opportunities. Here young female migrants are learning German in Hamburg's Wilhelmsburg district.

GERT KÄHLER

Unforeseen Spirit of Optimism?

On Networks and Architecture in the Elbe Islands' Educational Landscape

Weg (Architekt: Marc-Olivier Mathez) setzt die Idee der Schule („Klare Strukturen und klare Ansagen") in Architektur um.

Oder das „Haus der Projekte": Hier hat ein engagierter Mensch eine Aufgabe gesehen, die eigentlich beinahe selbstverständlich ist in dieser Gegend, nämlich Segeln als Sport in die Schule zu bringen. Er hat das Thema erweitert und alles, was rund ums Boot handwerklich geschieht, in ein Ausbildungsangebot für Jugendliche hineingenommen. Er hat den Bau vom Wettbewerb bis zur Fertigstellung begleitet (Studio NL-D, Rotterdam). Es ist eine Architektur entstanden, die das Handwerkliche, im positiven Sinne Einfache betont (dass Jugendliche den Ausbau in eigener Hand vollenden, passt dazu). Wenn es aber diesen einen Menschen nicht gegeben hätte, hätte es auch nicht das IBA-Projekt „Haus der Projekte" gegeben. Der schafft sich sein eigenes Netzwerk, indem er anderen so lange auf die Nerven geht, bis sie mitmachen. Das ist toll – es ist aber auch jenseits einer systematisch aufgebauten „Bildungslandschaft". Das zufällige Zusammenkommen mit der IBA führt zu einem Ergebnis, das Zukunft hat für die Jugendlichen. Es muss fortgeführt werden, auch finanziell. Stattdessen, und das betrifft auch andere Projekte dieser Art auf den Elbinseln, hangelt man sich von Zeitvertrag zu Zeitvertrag, von privatem Sponsor zu privatem Sponsor. Und die Schulbehörde, die eigentlich eine „Bildungslandschaft" gestalten soll? Die ist für das „Haus der Projekte" gar nicht zuständig. Das soll mit den 2010 ins Leben gerufenen „Regionalen Bildungskonferenzen" besser werden, die ein institutionenübergreifendes Konzept verfolgen. Deren Wirksamkeit lässt sich noch nicht einschätzen, weil es durch die IBA zurzeit im positiven Sinne verzerrt wird. Die „Bildungsoffensive Elbinseln" (BOE) hat seit der Zukunftskonferenz einen ähnlichen Ansatz verfolgt. Ihr zur Seite steht der Verein „Bildungsoffensive Elbinseln e.V.", der Gelder für neue Bildungsprojekte sammelt und über die IBA hinaus bestehen soll. Hinzu kommt das „Forum Bildung Wilhelmsburg", das als Plattform zur „Verbesserung der Kommunikation aller Wilhelmsburger Bildungseinrichtungen"[2] dienen soll – ein schö-

nes Ziel. Andere Netzwerke, wie das „Netzwerk Sprach- und Bewegungszentrum" und sogenannte „Kerngruppen" kommen noch hinzu. In der Summe hat man das Gefühl, hier gebe es einen organisierten „Netzwerk-Overkill" – zu viele Häuptlinge, zu wenige Indianer.

Dazu passt dann die Feststellung eines betroffenen Schuldirektors, die grundlegenden Fähigkeiten der Schüler, das Lesen, Schreiben und Rechnen, hätten sich in den letzten fünf Jahren nicht verbessert. Seine Schlussfolgerung: weniger Etiketten, mehr Inhalte.

Natürlich kann man, bevor die letzten Bauten überhaupt fertiggestellt sind, noch keine Bilanz ziehen, ob und welche Ziele erreicht werden; dazu braucht es Zeit, zumindest den Zyklus eines Schülerlebens. Aber es ist das Verdienst der IBA, das Thema systematisch in den Mittelpunkt gestellt zu haben – auch in der medialen Wirkung. Das ist wichtig, weil es das Selbstwertgefühl der Bewohner stärkt.

Wenn man sich nun das Kerngeschäft einer IBA ansieht, dann stellt man fest, dass (im Bildungsbereich) die großen Bauten ausbleiben – das aber ist Programm: Nicht die architektonischen Highlights sind gefragt, sondern die behutsame Weiterentwicklung einer bereits vorhandenen Bildungslandschaft. Da wird der Bedarf für eine neue Sporthalle zum „Sprach- und Bewegungs-

Die „Bildungsoffensive Elbinseln" in einer Vision als Informationsplakat. Während die baulich-räumliche Umsetzung weitestgehend abgeschlossen ist, bleibt die Pflege des Netzwerkes auch nach 2013 eine Daueraufgabe.   A vision of the Elbe Islands Education Drive as an information poster. The spatial construction is largely complete but the maintenance of the network will remain as a permanent task after 2013.

"Stupid means poor" ran the headline in *Die Zeit*, drawing on the latest poverty report from the German federal government: opportunities for economic advancement are linked to the level of education. It is common knowledge, however, that the right to the best possible education is not always optimally implemented for everyone. We have called immigrants, for example, who were prepared to perform "inferior" tasks for low wages and now we have to bear the consequences. It is not that simple with regard to the costs to society and the access to education for many immigrants, as is clear to everyone. In this respect, the IBA's approach in realigning a particularly affected area such as the Elbe islands in a manner so exemplary has resulted in a new, networked "educational landscape" extending way beyond the project area itself.

However, the IBA is not able to build new educational landscapes; nor is this its role. Facilities such as buildings are largely in existence already. Furthermore, educational policy is still determined by politics. And this leads to differing areas of responsibility, shared between school authorities, social services, private institutions, and, more especially, fiscal management. The IBA is able to promote and thus highlight specifics and areas of need. It is not, though, able to found a new school, for example – it is reliant on a great many others.

This sounds obvious but it does need to be mentioned when you encounter the opinions of local people. These often feature the comment: "The IBA is a good thing – it has helped us, financially and by drawing attention to the importance of projects. We were here long before there was any mention of the IBA, though. And we will still be here afterwards too."

Ever since the Future Conference in 2001/2002, if not before, the Elbe islands' residents have recognised education as the key to further development and today speak of an unforeseen "spirit of optimism in the field of schooling and education."[1] The IBA – quite undisputably – constitutes the catalyst that has stimulated, organised, encouraged, and thus generated new ideas and enthusiasm. The task after the IBA will be to continue the ongoing work, which also means ongoing financial support. Anything else would lead to a dual disappointment for the teachers, social workers, and residents involved, leaving them with the impression that special support was provided only for the external presentation of the city through an international building exhibition.

The extent to which a consistent "educational landscape," in the sense of an ideal model, will be the result remains to be seen, with the buildings as yet barely complete and therefore not yet, or only briefly, tested.

The fact that the initial "networks" have very different characteristics is perfectly normal: networks function when the people who make them get on well together. When a school principal says of his architect "It was love at first sight!" you know the teamwork was a success. The result, the Stübenhofer Weg Educational Centre (architect: Marc-Olivier Mathez), implements the philosophy of the school ("clear structures and clear messages") in architectural terms.

Or the Haus der Projekte (House of Projects): here a committed individual identified a new subject that is in fact almost self-evident in this area, namely sailing as a school sport. He broadened the subject and incorporated everything relating to the craft of boatmanship into a training opportunity for young people, monitoring the construction from the competition to completion (Studio NL-D, Rotterdam). The result is architecture that emphasises craftsmanship and simplicity in the positive sense (the young people completing the finishings by hand themselves was part of the concept).

Were it not for this one person, however, there would have been no IBA project called the House of Projects. He created his own network by getting on the nerves of others for so long that they joined in. That is great – but it is a long way from a systematically developed "educational landscape."

A chance encounter with the IBA has led to a result with a future for young people. This needs to be ongoing, also financially. Instead, and this applies to other projects of this nature

zentrum" erweitert, das MEDIA DOCK mit Musikräumen der Nelson-Mandela-Schule wird zu einem umfassenden Medienzentrum für alle Bewohner (bhl-Architekten).

Der zentrale Bau, in Bedeutung und Lage, ist das „Bildungszentrum Tor zur Welt", in dem eine Grundschule, ein Gymnasium, eine Sprachheilschule und Erwachsenenbildungseinrichtungen zusammengeführt werden – ein umfangreiches Programm mit Einrichtungen für 1400 Schüler (bof Architekten). Das Zentrum ist in mehr als einer Hinsicht programmatisch für die IBA. Zum einen gab es einen wohl einmaligen Beteiligungsprozess: Bereits vor dem Architektenwettbewerb setzten sich 18 schulische Arbeitsgemeinschaften mit konzeptionellen Überlegungen auseinander. Hier haben alle Seiten Erfahrungen gemacht, aus denen man zukünftig lernen kann: Die Rahmenbedingungen, was welche Seite wann entscheiden kann, müssen von Anfang an klar sein. Jetzt, wo die Bauten fast fertiggestellt sind, macht sich eine gewisse Erschöpfung breit, die zukünftig vermieden werden kann, wenn die Erfahrungen weitergegeben werden.

Aber es hat sich gelohnt, für die IBA, für die Architekten, vor allem: für den Schulbau und damit die Schüler. Die Architektur der Neubauten signalisiert eine räumliche Vielfalt und Transparenz, die hoffentlich auch inhaltlich umgesetzt wird. Dass die genehmigenden Instanzen wenig Verständnis für den Modellcharakter des Hauses haben (Pendelleuchten anstelle von Neonlichtbändern könnten womöglich Staub fangen!) zeigt, wie schwer es neue Konzepte in Hamburg haben: „Das haben wir noch nie so gemacht!" und „Das haben wir immer so gemacht!" als Maximen des Handelns taugen aber nicht, wenn man an einer Internationalen Bauausstellung arbeitet.

„Das Projekt arbeitet vernetzt" heißt es zum „Bildungszentrum Tor zur Welt". Es könnte die Überschrift zur IBA sein: Arbeiten mit Netz, allerdings ohne doppelten Boden. Das Netz hält nur, wenn alle mitmachen.

Anmerkungen

1 http://zukunft-elbinsel.de/ForumWIL/weissbuch/default.htm (25.9.2012).

2 http://www.f-b-w.info/index.php?option=com_content&task=blogcategory&id=2&Itemid=35.

Der Schuldirektor des „Bildungszentrums Stübbenhofer Weg" sagt über seinen Architekten Marc-Olivier Mathez, Hamburg: „Es war Liebe auf den ersten Blick" und meint damit den pädagogischen Wert seines Architekturentwurfes.   The principal of the Stübenhofer Weg Education Centre says of his architect Marc-Olivier Mathez (Hamburg), with reference to the educational value of his architectural design: "It was love at first sight."

on the Elbe islands, it is about stumbling from one temporary contract to another, from one private sponsor to another. And the school authorities who should in fact be creating an "educational landscape"? They are not responsible for the House of Projects at all.

This is set to improve with the "Regional Education Conferences" established in 2010 based on a cross-institutional concept. Their effectiveness cannot yet be assessed as this is currently distorted, in a positive sense, by the IBA. The "Bildungsoffensive Elbinseln" (BOE) (Elbe Islands Education Drive) has adopted a similar approach since the Future Conference. It is supported by the "Bildungsoffensive Elbinseln e.V." (Elbe Islands Education Drive Association), which raises funds for new educational projects and is intended to remain in existence after the IBA. Then there is also the "Forum Bildung Wilhelmsburg" (Wilhelmsburg Education Forum), intended to serve as a platform for "improving communication between all Wilhelmsburg educational facilities" – a worthy goal. There are other networks such as the "Netzwerk Sprach- und Bewegungszentrum" (Language and Motion Centre Network) and what are known as the "core groups." All in all, one is left with an impression of organised "network overkill" – too many chiefs and not enough Indians.

This corresponds with the assertion by one of the school principals involved, that the pupils' basic skills, namely reading, writing, and arithmetic, have not improved over the last five years. His conclusion: fewer labels, more content. Of course you cannot take stock of whether and which goals have been achieved before the last of the buildings have even been completed; this takes time, at least one cycle of school life. It has been the efforts of the IBA, though, that have systematically focussed attention on the issue – also in the sense of media attention. This is important because it reinforces the residents' sense of self-worth.

If we now take a look at the core business of an IBA we see that (in the field of education) the major buildings are lacking, but that is fully intended: it is not architectural highlights that are required, but the cautious advancement of an existing educational landscape. That's where the need for a new sports hall is extended to become a "Language and Motion Centre," the MEDIA DOCK, joined with the music rooms of the Nelson Mandela School, becomes a comprehensive media centre for all residents (bhl-Architekten).

The central building, both in terms of significance and location, is the "Bildungszentrum Tor zur Welt" (Gateway to the World Educational Centre), combining a primary school, a secondary school, a speech therapy school, and adult education facilities – a comprehensive programme accommodating 1400 pupils (bof Architekten). The centre is key to the IBA in more than one sense. For one, it involved a unique participatory process: eighteen school working groups addressed conceptual considerations even prior to the architectural competition. All parties gained experience here that can be learned from in the future: the parameters to be decided by which parties and when have to be clear from the outset. Now, with the buildings almost complete, there is a certain sense of fatigue that can be avoided in the future if experience is passed on.

It was worth it though, for the IBA, for the architects, and more especially for the school construction and thus for the pupils. The architecture of the new buildings signals spatial diversity and transparency, which will hopefully be implemented in the teaching content as well. The fact that the approving authorities exhibit little awareness of the building's model character (hanging lamps instead of fluorescent lighting could be dust traps!) shows how difficult it is for new concepts in Hamburg: "We have never done it that way before!" and "We have always done it this way!" are of no use as behavioural maxims when working on an international building exhibition.

"The project works as a network" is what it says in the Gateway to the World Educational Centre. This could be the motto for the IBA: work as a network, but without the false bottom. The network holds together only when everyone joins in.

Notes

1 http://zukunft-elbinsel.de/ForumWIL/weissbuch/default.htm (25.9.2012).

2 http://www.f-b-w.info/index.php?option=com_content&task=blogcategory&id=2&Itemid=35.

WOLFGANG MEYER, THEDA VON KALBEN

Bildung auf dem Sprung

Zwischenbilanz der Bildungsoffensive Elbinseln

Was will die Bildungsoffensive erreichen?

Die „Bildungsoffensive Elbinseln" (BOE) ist eine Initiative der lokalen Bildungseinrichtungen und begann mit einem umfassenden Beteiligungsprojekt, der „Zukunftskonferenz Wilhelmsburg 2001–2002". Seit 2006 ist die BOE ein wichtiges Querschnittsprojekt der IBA Hamburg im Themenfeld „Kosmopolis".

„Kosmopolis" beschreibt ein Stadtmodell, in dem kulturelle und ethnische Andersartigkeit positiv definiert sind. Es geht um die Frage, wie eine internationaler und multikultureller werdende Stadtgesellschaft in Zukunft friedlich zusammenleben kann. In Wilhelmsburg und auf der Veddel leben Bewohner aus fast 50 Nationen zusammen. Der Bildungsstand ist deutlich geringer als in der übrigen Stadt. Deshalb ist das Thema Bildung in einer Kosmopolis ein entscheidendes Handlungsfeld.

In dem Bewusstsein, dass die Zukunft der Städte auch stets von Bildungsmöglichkeiten ihrer Bewohner abhängt und es einen inzwischen offen diskutierten Zusammenhang von sozialer Herkunft und Bildungserfolg in Deutschland gibt, nimmt die IBA den Zusammenhang zwischen Bildung und Stadtteilentwicklung verstärkt in den Fokus. Sie will Beiträge zur Gestaltung einer internationalen Stadtgesellschaft liefern, die Bildung, Soziales, Kultur und Stadtteilentwicklung integriert behandeln, um die Kluft zwischen armen und reichen Stadtteilen zu verringern. Ziel ist es, die gesellschaftlichen Integrationschancen der Bewohner der Elbinseln durch eine verbesserte Bildungslandschaft zu erhöhen und die Elbinseln als Wohnstandort mit attraktiven Bildungsangeboten auch für neue Bewohner attraktiver zu machen.

Da Bildung nicht nur in der Schule stattfindet, sondern in der Familie, in der Freizeit, im Beruf und im Wohnumfeld, arbeitet die Bildungsoffensive an einer systematischen Netzwerkbildung. Das heißt, Schule allein kann den heutigen Anforderungen unserer Gesellschaft an ein lebenslanges Lernen nicht mehr gerecht werden. Die vielen unterschiedlichen Einrichtungen der Bildung – Kindertagesstätten, Schulen, Häuser der Jugend, Vereine und Träger der Erwachsenenbildung – müssen ihre Kompetenzen bündeln und ihre Zusammenarbeit verbessern, denn nicht die einzelne Institution, sondern das Kind, der Jugendliche und der Erwachsene müssen im Mittelpunkt der Aktivitäten stehen. Ein wichtiges Instrument, um die Vernetzungsarbeit zu initiieren, sind Orte und Profile. In den neuen Bildungshäusern arbeiten Kitas, Schulen und viele weitere Bildungsträger unter einem Dach gemeinsam an besseren Bildungsangeboten. Dabei erleichtern Profile wie beispielsweise das Thema Sprache und Bewegung oder Medienbildung die konkrete Zusammenarbeit.

Was ist bisher geschehen?

Die Struktur der neuen Lernorte mit vernetzten Angeboten ist wie folgt aufgebaut: Im Zentrum der Aktivitäten im Rahmen der IBA steht die Unterstützung von fünf Vernetzungsprojekten an neuen Lernorten: dem Sprach- und Bewegungszentrum, dem MEDIA DOCK, dem Bildungszentrum „Tor zur Welt", dem „Haus der Projekte"

Kinder lernen, sich im „Sprach- und Bewegungszentrum" sprachlich und sportlich zu verständigen.
At the Centre of Language and Exercise children learn to communicate through language and sport.

WOLFGANG MEYER, THEDA VON KALBEN

Education Moving Ahead

Interim Results of the Elbe Islands Education Drive

und dem Bildungszentrum Stübenhofer Weg mit dem Netzwerk „PraxisLernen".

Sprach- und Bewegungszentrum

Gute Sprachkenntnisse sind eine notwendige Voraussetzung für erfolgreiches Lernen und soziale Integration. In den Anfang 2013 eröffneten Räumlichkeiten des Sprach- und Bewegungszentrums (eins:eins Architekten, Hamburg) soll vor allem die Verbindung von Sprache und Bewegung in attraktiven Projekten umgesetzt werden, denn körperliche Aktivität fördert die Konzentrationsfähigkeit und erleichtert den Spracherwerb.

Das Gebäude liegt unmittelbar an einer zentralen Parkanlage mit vielfältigen Sport- und Bewegungsangeboten, die für Outdoor-Angebote genutzt werden können und die große Sporthalle des Zentrums ergänzen. Im Erdge-

schoss gibt es ein Foyer mit öffentlichem Café, das von Menschen mit Behinderung betrieben wird. Eine markante Treppenanlage bietet die Möglichkeit von Theater- und Musikpräsentationen. Im Obergeschoss runden Seminarräume, ein großer Bewegungsraum, eine Bibliothek das Angebot ab. Das Gebäude besticht durch seine ruhige Fassade aus recyceltem Backstein, die lichtdurchfluteten Räume und die Farbigkeit: wichtige Voraussetzungen für Freude an bewegtem Lernen.

Eine Koordinierungsgruppe der Hauptnutzer des neuen Hauses arbeitet, unterstützt von einer Netzwerkmanagerin, seit Jahren an der Konzeptentwicklung und Umsetzung des Profils. Seit 2011 begleitet der Fachbereich Erziehungswissenschaften der Universität Hamburg das Sprach- und Bewegungszentrum mit wissenschaftlicher Expertise. Erzieher, Pädagogen und Trainer von kombinierten Sprach- und

Oben: Wer sich viel bewegt, lernt besser – diese Erkenntnis wird im „Sprach- und Bewegungszentrum" beim Erlernen von Sprachen umgesetzt. Das Gebäude wurde von eins:eins architekten, Hamburg entworfen und bietet für alle Altersgruppen vielfältige Angebote rund um Sport, Bewegung und Fortbildung im Innen- und Außenbereich. Rechts: Das Erdgeschoss ist mit einem Café und der markanten Treppenanlage kommunikativ ausgestattet. Die Treppe kann auch für Theater- und Musikpräsentationen genutzt werden. Above: Physical activity makes learning easier – this theory is implemented for the learning of languages at the Centre of Language and Exercise. The building was designed by eins:eins architekten (Hamburg) and both the interior and exterior facilities provide a diverse range of sport, exercise, and training opportunities for all age groups. Right: The communicative ground floor features include a café and the distinctive stairway. This can also be used for theatre and music presentations.

What Does the Education Drive Aim to Achieve?

The "Elbe Islands Education Drive" (BOE) is a local education facilities initiative that began with a comprehensive participatory project, the "Wilhelmsburg Future Conference 2001–2002". Since 2006 the BOE has been one of the Internationale Bauausstellung IBA (International Building Exhibition) Hamburg's most important interdisciplinary projects within the "Cosmopolis" theme. "Cosmopolis" describes a city model in which cultural and ethnic diversity are defined as positive. It is about how an increasingly international and multicultural urban society will be able to coexist peacefully in the future. Wilhelmsburg and Veddel have residents from almost fifty nations living together. The level of education is much lower than in the rest of the city and hence the issue of education in a cosmopolis is a key field of action.

With the awareness that the future of cities is also continually dependent on the educational opportunities of its residents and that there is now a much discussed relationship between social background and educational success in Germany, the IBA has placed a greater focus on the link between education and urban district development. It aims to make a contribution to the shaping of international urban society, taking an integrated approach to education, social issues, culture, and urban district development in order to narrow the gap between poor and wealthy city areas. The objective is to expand the social integration potential for residents of the Elbe islands through an improved educational landscape and to increase the appeal of the islands as a residential location, for new residents as well, with attractive educational opportunities.

As education takes place not only at school but also within the family – in leisure time, at work, and in the home environment – the "Education Drive" is working on systematic network building. In other words, schools alone are no longer able to meet contemporary society's demands for lifelong learning. The many different educational facilities – children's daycare centres, schools, youth centres, associations, and adult

Bewegungsangeboten, von der Kita bis zum Sportverein, erhalten Fortbildungen zur Verbesserung ihrer Angebote: Wie können beim Sprachförderkurs Bewegungselemente eingebaut werden und wie kann im Sportunterricht auch Deutsch gelernt werden?

Zu den bereits erreichten Erfolgen gehört es, dass die Idee des Sprach- und Bewegungszentrum bereits über die an der Koordinierungsgruppe beteiligten Einrichtungen hinaus an weitere Einrichtungen herangetragen und hierdurch ständig neue, auch über das Sprach- und Bewegungszentrum hinausgehende Kooperationen angestoßen werden konnten. Es ist zu erwarten, dass sich diese Effekte durch die Aufnahme der Tätigkeiten und die über die wissenschaftliche Begleitung angestoßene Fachdiskussion in naher Zukunft deutlich erhöhen werden und der Modellcharakter des Sprach- und Bewegungszentrums weit über den Stadtteil und Hamburg hinaus ausstrahlen kann.

MEDIA DOCK

Als erstes Neubauprojekt der „Bildungsoffensive Elbinseln" wurde 2011 das MEDIA DOCK eröffnet. Kinder, Jugendliche und Bewohner des Stadtteils finden hier vielfältige Angebote zur Medienbildung und Medienproduktion. Im MEDIA DOCK (bhl-Architekten, Hamburg) gibt es einen großen Multimedia- und Computerraum, mehrere Übungsräume für Musik, Tanz und Theater, eine Teeküche sowie ein Film- und ein Tonstudio mit zwei Proberäumen. Die Aula der benachbarten Grundschule Kirchdorf steht als Raum für größere Chöre, Aufführungen, Konzerte und Präsentationen zur Verfügung. Für eine angenehme Lernatmosphäre sorgt der Einsatz regenerativer Baustoffe, der in der Holzfassade sichtbar wird.

Hier gilt ähnlich wie für das Sprach- und Bewegungszentrum, dass die Vernetzung zwischen unterschiedlichen Akteuren eine wichtige

Centre of Language and Exercise

Good language skills are a necessary requirement for successful learning and social integration. The facilities at the "Centre of Language and Exercise" (eins:eins Architekten, Hamburg), opened at the beginning of 2013, are primarily used to highlight the link between language and exercise with appealing projects, as physical activity promotes concentration capacity and makes language learning easier.

The building is located directly adjacent to a central park complex with diverse sport and exercise opportunities that can be used for outdoor activities, supplementing the centre's large sports hall. The ground floor houses a foyer with a café open to the public, which is run by people with disabilities. A distinctive stairway arrangement can be used as a theatre or music venue. The seminar rooms, a large exercise room, and a library on the upper floor round off the range of facilities. Of particular appeal are the building's tranquil façade of recycled brick, the well-lit rooms, and the colourfulness, important conditions for the enjoyment of learning in motion.

Over a number of years now, a coordinating group comprising the new building's main users has been working on concept development and implementation of the thematic profile, supported by a network manager.

The Educational Science Department at the University of Hamburg has been supporting the "Centre of Language and Exercise" with academic expertise since 2011. Educators, teachers, and trainers for combined language and exercise programmes, from nursery school through to the sports association, receive training aimed at improving the courses they offer: how can elements of exercise be incorporated into a language course and how can German be learnt during a sports lesson?

The successes already achieved include the idea of the "Centre of Language and Exercise" being extended outside the coordinating group's facilities to incorporate further institutions, thus constantly initiating new areas of cooperation beyond the centre. It is anticipated

Das MEDIA DOCK wurde nach den Entwürfen von bhl-Architekten, von Bassewitz Limbrock Partner GmbH, Hamburg errichtet. Es eröffnet Kindern, Jugendlichen und Erwachsenen vielfältige Möglichkeiten zur Medienbildung und Medienproduktion. Die Angebote reichen von einem großen Multimedia- und Computerraum über mehrere Übungsräume für Musik, Tanz und Theater, eine Teeküche bis hin zu einem Film- und ein Tonstudio.
The MEDIA DOCK was built according to a design by bhl-Architekten – von Bassewitz Limbrock Partner GmbH (Hamburg). It provides children, young people, and adults with diverse media training and media production opportunities. Facilities available range from a spacious multimedia and computer room to several rehearsal rooms for music, dance, and theatre, from a kitchenette to a film and sound studio.

education institutions – need to bundle their areas of competence and improve their cooperation as it is not the individual institutions but rather the children, the young people, and the adults who should form the focus of activities. Places and themes are important tools for initiating the networking efforts. Nursery schools, schools, and many other educational institutions are working together under one roof in the new educational facilities to provide improved educational opportunities. Themes such as the language/exercise issue, for example, or media education, facilitate the concrete cooperation efforts.

What Has Happened to Date?

The structure of the new places of learning with their networked opportunities is as follows: at the centre of the activities within the IBA framework is support for five networking projects in new learning locations, namely the "Centre of Language and Exercise", the "MEDIA DOCK", the "Gateway to the World Education Centre", the "House of Projects", and the "Stübenhofer Weg Education Centre" with the "Learning by Doing" Network.

Grundvoraussetzung für die Entwicklung eines angemessenen Angebots darstellt und dieses Angebot sich nicht nur auf die Nutzung der neuen Räumlichkeiten beschränken, sondern gerade auch darüber hinausgehen soll. Dafür ist auch hier eine Koordinierungsgruppe mit Vertretern verschiedener Bildungseinrichtungen als zumindest ideeller Träger des Netzwerkknotens aufgebaut worden.

Als erster Erfolg konnten bestehende Kooperationen zwischen einzelnen Einrichtungen und Bildungsträgern wie zum Beispiel zwischen Stadtteilschule und Tide TV oder zwischen Grundschule und Kita intensiviert und in gemeinsamen Projekten verdichtet werden.

Es besteht auch hier eine ausbaufähige Kooperationsvereinbarung mit dem Fachbereich Erziehungswissenschaften der Uni Hamburg in der Bemühung, eine wissenschaftliche Begleitung in ähnlicher Form wie bei dem Sprach- und Bewegungszentrum zu realisieren.

„Bildungszentrum Tor zur Welt"

Das „Bildungszentrum Tor zur Welt" (bof-Architekten mit Breimann & Bruun Landschaftsarchitekten, Hamburg) stellt das größte Bildungsbauvorhaben der IBA dar: ein bisher einzigartiges, zukunftsorientiertes Bildungszentrum mit Räumlichkeiten für drei Schulen und nichtschulische Einrichtungen insbesondere in der Erwachsenenbildung und -beratung.

Mit einer neuen, offenen Schularchitektur werden die Voraussetzungen für neue Unterrichtsformen geschaffen. Die einzelnen Baukörper des Neubaus bilden einen Campus. Sie sind im Erdgeschoss verbunden durch eine „Straße des Lernens". Flure dienen nicht mehr der reinen Erschließung, sondern bieten die Möglichkeit für eigenständiges Lernen, Präsentationen und Veranstaltungen. Alle Klassenräume haben Fenster zu diesen Räumen, Einblicke sind ausdrücklich erwünscht. Im Zentralen Torhaus sind die nichtschulischen Partner beheimatet, hier gibt es ein Elterncafé, eine Bibliothek mit neuen Medien, Familienberatung und Erwachsenenbildungsangebote und einen Theaterverein. Die zentrale Aula kann auch

für nichtschulische Veranstaltungen genutzt werden. In einer Produktionsküche wird täglich für etwa 1200 Schüler gekocht. Am zentralen Ankerplatz, der von Kindern und Jugendlichen entworfen wurde, liegt ein weiterer innovativer Lernort: In der medialen Geowerkstatt werden Produkte erstellt und immersiv (eintauchend) wie in einem Planetarium an einer Kuppel präsentiert. Das modernisierte Gymnasium erhält neue naturwissenschaftliche Räume in einem „Science Center" und für die Kooperation mit Wirtschaftsunternehmen ein „School & Business Center".

Ein wesentliches Ziel des „Bildungszentrums Tor zur Welt" ist auch hier das Aufbrechen der institutionellen Grenzen im Bildungswesen, was bereits durch die Vernetzungsarbeit gelungen ist. So konnten auf den Treffen Verbindungen zwischen unterschiedlichen schulischen und außerschulischen Anbietern hergestellt und Kooperationsvorhaben initiiert werden. Ein besonderer Schwerpunkt soll die Einbeziehung der Eltern werden.

Insgesamt konnte ein hohes Maß an Identifikation mit dem gemeinsamen Vorhaben erzielt wer-

Die Pläne von bof architekten, Hamburg überzeugten die Jury des „Bildungszentrums Tor zur Welt". Das größte Bildungsbauvorhaben der IBA ist ein bisher einzigartiges, zukunftsorientiertes Bildungszentrum, welches drei Schulformen und eine Vielzahl an Bildungseinrichtungen, insbesondere der Erwachsenenbildung und -beratung integriert. Die offene Schularchitektur schafft die Voraussetzungen für neue Unterrichtsformen, die einzelnen Baukörper des Neubaus bilden einen Campus. It was the plans by bof architekten of Hamburg that convinced the Gateway to the World Education Centre jury. To date, the IBA's largest educational building project is a unique, future-oriented centre integrating three school types and a multitude of training facilities for adult education and counselling in particular. The open school architecture creates the conditions for new forms of teaching, while the individual buildings within the new construction form a campus.

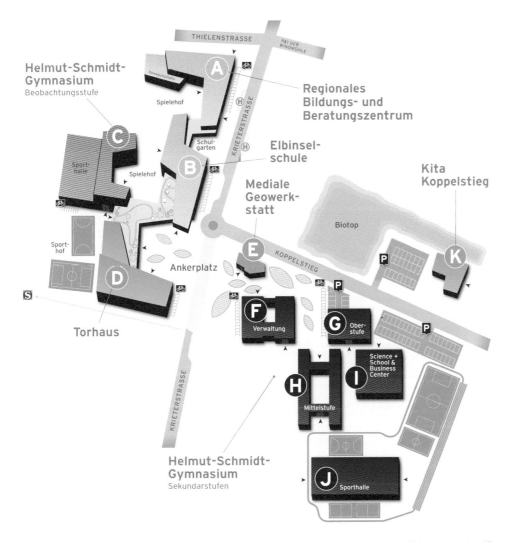

Helmut-Schmidt-
Gymnasium
Beobachtungsstufe

Regionales
Bildungs- und
Beratungszentrum

Elbinsel-
schule

Mediale
Geowerk-
statt

Kita
Koppelstieg

Torhaus

Helmut-Schmidt-
Gymnasium
Sekundarstufen

(bhl-Architekten, Hamburg) houses a large multimedia and computer room, several rehearsal rooms for music, dance, and theatre, a kitchenette, as well as a film and a sound studio with another two rehearsal rooms. The assembly hall of the nearby Kirchdorf primary school is available as a venue for performances, concerts (including larger choirs), and presentations. The use of recycled building materials, visible in the wooden façade, creates a pleasant learning environment.

As with the "Centre of Language and Exercise", here the networking of various scheme leaders is an important basic condition for the development of appropriate opportunities and for ensuring that these cannot only be limited to the use of the new premises but are also able to extend beyond these. To this end a coordinating group with representatives from the different educational institutions has been set up to serve, at least, as the theoretical support of the network cluster.

An initial success has been the intensification of existing cooperation efforts between individual facilities and educational institutions, such as between neighbourhood schools and Tide TV, or between primary schools and nursery schools, consolidating these into mutual projects.

In existence here, also, is a flexible cooperation agreement with the Educational Science Department at the University of Hamburg to provide academic support in a form similar to that of the "Centre of Language and Exercise".

Gateway to the World Education Centre

The "Gateway to the World Education Centre" (bof-Architekten with Breimann & Bruun Landschaftsarchitekten, Hamburg) constitutes the IBA's largest educational building project, becoming a unique (to date) future-oriented centre with premises for three schools and for non-school adult education and adult counselling facilities in particular.

The new, open school architecture creates the conditions for new forms of teaching. The building's individual structures form a campus and

that these developments will increase significantly in the near future through the adoption of these plans and through the expert discussion that has been triggered by the academic support, and that the function of the "Centre of Language and Exercise" as a role model will be able to extend further than the local district and Hamburg.

MEDIA DOCK

The "MEDIA DOCK" was opened in 2011 as the first new building project within the "Elbe Islands Education Drive". On offer here is a range of media education and media production opportunities for children, young people, and residents from the district. The "MEDIA DOCK"

den, nicht zuletzt durch die seit Projektbeginn kontinuierliche, intensive Managementarbeit vor Ort und umfassende Beteiligungsvorhaben. Bildung wird von den Beteiligten zunehmend ganzheitlich betrachtet und die gegenseitige Achtung ist deutlich wahrnehmbar gestiegen. Das Bildungszentrum nahm im Mai 2013 seinen Betrieb auf.

„Haus der Projekte - die mügge"

Das „Haus der Projekte" (Studio NL-D, Rotterdam, Niederlande) versteht sich als Träger für Projekte verschiedenster Art und soll insbesondere im Bereich der Verbindung zwischen Schule und Beruf durch berufspraktische Angebote für Schüler den Übergang erleichtern helfen. Das Gebäude unmittelbar am Müggenburger Zollhafen erinnert an eine traditionelle Werft. Mit inte-

grierter Kranbahn können Boote in die zentrale Bootsbauwerkstatt gehoben werden. Eine große Küche, Gruppen- und Musikräume bieten Raum für ein umfassendes Projektangebot.

Die bisherigen Aktivitäten des neu gegründeten Trägervereins beschränkten sich weitgehend auf die Gestaltung des Bauvorhabens und die Absicherung der Finanzierung der geplanten Projekte innerhalb des neuen Hauses. Dabei konnten bereits bei verschiedenen Baumaßnahmen Schüler als Bauhelfer eingebunden und so das Grundkonzept des „Hauses der Projekte" in die Schulen getragen werden. Darüber hinaus gab es für das Schuljahr 2012/13 Kooperationsgespräche und Vereinbarungen mit der Schule Slomanstieg, der Stadtteilschule Wilhelmsburg und der Nelson-Mandela-Schule.

Studio NL-D, Rotterdam entwarf das „Haus der Projekte – die mügge". Hier werden Jugendliche durch handwerkliche Qualifikationsmaßnahmen an den Arbeitsmarkt herangeführt. Bauherr und Kooperationspartner ist der Verein Get the Kick e.V. Das Gebäude, unmittelbar am Müggenburger Zollhafen gelegen, erinnert an eine traditionelle Werft. Mit integrierter Kranbahn können Boote in die zentrale Bootsbauwerkstatt gehoben werden.   Studio NL-D (Rotterdam) designed the House of Projects – die mügge. Here young people are introduced to the job market with artisan qualifications. The "Get the Kick" association is client and cooperation partner. The building, situated right in the Müggenburg Customs Harbour, is reminiscent of a traditional dockyard. The integrated crane track enables boats to be lifted into the central boat-building workshop.

on the ground floor they are linked by a "Street of Learning". The corridors no longer serve only as a means of access but provide opportunities for independent learning, presentations, and events. All of the classrooms have windows onto these areas, with looking through the express intention. The central gatehouse accommodates the non-school partners: parents' café, library with new media, family counselling, adult education opportunities, and a theatre association. The central assembly hall can also be used for non-school events. A production kitchen caters for some 1200 pupils daily. The Agora, a central square, designed by children and young people, houses a further innovative learning location: products are developed in the virtual "geo-workshop"; their presentation is immersive, as with the dome in a planetarium. The modernised high school has acquired new natural science rooms in a Science Centre, plus a School & Business Centre for joint projects with commercial enterprises.

Here, a key objective of the "Gateway to the World Education Centre" is the dismantling of institutional boundaries in the field of education, something that has already been achieved through networking efforts. These have enabled the establishment of links between different

school and extra-curricular opportunities and the initiation of joint projects. The involvement of parents forms a particular focus.

Overall this joint project has achieved a high degree of identification, not least through the continual, intensive management work carried out locally since the start of the project and the comprehensive participatory opportunities. Education is increasingly viewed as a whole by the participants and there has been a noticeable increase in mutual respect.

The "Education Centre" came into operation in May 2013.

House of Projects - die mügge

The "House of Projects" (Studio NL-D, Rotterdam, Netherlands) sees itself as a centre for highly diverse projects and, with regard to links between school and work in particular, is intended to facilitate and support pupils over the practical vocational transition. The building, situated directly adjacent to the Müggenburg Customs Harbour, is reminiscent of a traditional dockyard. The integrated crane track enables boats to be lifted into the central boat-building workshop. A large kitchen, group and music rooms provide the space for a comprehensive range of ventures.

To date the activities of the newly founded support organisation have been largely limited to the configuration of the building projects and assuring the financing for the projects planned within the new facility. This has already seen the involvement of pupils as building assistants for different construction tasks, thus taking the basic idea of the "House of Projects" philosophy into the schools. In addition, discussions regarding joint projects for the 2012/13 school year have already taken place and agreements reached with the Slomanstieg School, the Wilhelmsburg District School, and the Nelson Mandela School.

"Learning by Doing" Network

The "Learning by Doing" Network is focussed on the "Stübenhofer Weg Education Centre". Its

Netzwerk „PraxisLernen"

Das Netzwerk „PraxisLernen" hat einen Schwerpunkt am Bildungszentrum Stübenhofer Weg. Der städtebauliche Entwurf überwindet die Isolation in der Randlage der Hochhaussiedlung durch eine bewusste Orientierung zum Stadtteil hin. Durch neue Wegeverbindungen und großzügige Verglasungen der Erdgeschosse ist ein Angebot an alle Bewohner zur Nutzung des Bildungszentrums entstanden. Schule und Stadtteil sind räumlich wieder zusammengewachsen. Die bisher einzelnen Baukörper wurden zu einer erkennbaren Einheit geführt und beide Schulen miteinander verbunden.
Die Innenraumarchitektur besticht durch eine optimale Ausnutzung des Tageslichts. Versetzte Ebenen erhöhen die Transparenz innerhalb des Gebäudes und fördern die Kommunikation zwischen Schülern und Lehrern. Um den über mehrere Geschosse reichenden Innenraum für die pädagogische Arbeit ohne Beschränkungen nutzen zu können, wurden die erforderlichen Rettungswege direkt ins Freie auf außenliegende Fluchtwege geführt.
Zur Weiterentwicklung von Unterricht und Erziehung haben sich Schulen, Jugendhilfe- und Qualifizierungsträger in Kirchdorf und Kirchdorf-Süd zu einem Netzwerk „PraxisLernen" zusammengeschlossen: Lernen an realen Aufgaben soll in den beteiligten Schulen und Einrichtungen zum regelmäßigen Angebot gemacht werden. Von der ersten Klasse an soll vermehrt produktionsorientierte, praxisnahe Bildung angeboten werden können.
Die ersten Projekte sind bereits gestartet – am Bildungszentrum Stübenhofer Weg ebenso wie an anderen Bildungseinrichtungen des Netzwerks. So wurden zum Beispiel an der Grundschule Stübenhofer Weg als Ferienangebot für die 3. und 5. Klassen gemeinsam mit einer Textildesignerin T-Shirts bedruckt und Taschen produziert. Die Schüler der Produktionsschule Wilhelmsburg kochen täglich bis zu 330 Essen für die Grundschule An der Burgweide. Parallel wurde ein Frühstücksangebot von Grundschülern für Grundschüler aufgebaut. Außerdem werden die Schüler der 7. Klasse an

der Stadtteilschule Stübenhofer Weg täglich als Frühstückshelfer bei der Essenszubereitung eingesetzt.

Wie geht es weiter?

Die neuen Bildungshäuser und Netzwerke müssen nun zeigen, dass bessere Kooperationen und neue räumliche Möglichkeiten einen Beitrag zur Verbesserung der Integrationschancen der Bewohner und zur Stabilisierung benachteiligter Quartiere leisten.
Die zentrale Aufgabe in der Schlussphase der Internationalen Bauausstellung ist deshalb die Sicherstellung der Nachhaltigkeit des bisher Erreichten. Die Häuser und Netzwerke brauchen „Kümmerer", die die Zusammenarbeit koordinieren, für eine angemessene Öffentlichkeitsarbeit sorgen, neue Kooperationspartner finden und die Häuser mit Leben füllen.
Gleiches gilt für den Aufbau der Bildungslandschaft insgesamt. Hier geht um die Institutionalisierung der Bildungsoffensive im Zusammenhang mit den hamburgweit eingeführten Regionalen Bildungskonferenzen.
Die Bildungsoffensive ist keineswegs bereits an ihr Ende gekommen, die zentralen Aufgaben stehen im Gegenteil weiterhin an.

Die Bauten von Marc-Olivier Mathez, Hamburg für das „Bildungszentrum Stübenhofer Weg" schaffen durch ihre bewusste Orientierung zum Stadtteil trotz ihrer städtebaulichen Randlage eine Verbindung. Dazu trägt auch die großzügige Verglasung im Erdgeschoss bei, die die Bewohner von Kirchdorf-Süd zur Nutzung des Bildungszentrums einlädt. Schule und Stadtteil bilden eine räumliche Einheit. Schon deshalb liegt der Schwerpunkt des Bildungszentrums im Netzwerk „PraxisLernen". With their deliberate orientation towards the neighbourhood, buildings by Marc-Olivier Mathez (Hamburg) for the Stübenhofer Weg Education Centre create a link despite their peripheral urban development location. The extensive glazing of the ground floor, inviting the residents of Kirchdorf-Süd to make use of the education centre, is a contributory factor. School and neighbourhood form a spatial entity, hence the education centre's focus on the Learning by Doing Network.

urban development design overcomes the isolated marginal location of this area of high-rise buildings by means of a deliberate orientation towards the district. The new thoroughfares and the substantial glazing of the ground floors have made the "Education Centre" open to use by all residents. The schools and the district have grown together again spatially. What were previously individual structures have been merged into a recognisable unit and both schools linked with one another.

The interior architecture is made especially appealing through the optimum use of natural light. Different levels increase transparency within the building and promote communication between pupils and teachers. The requisite emergency exits lead directly to outside escape routes so as to enable unrestricted use of the multistorey interior for teaching purposes.

In the interests of the further development of lessons, and education in general, the schools, youth welfare, and training establishments in Kirchdorf and Kirchdorf-Süd have joined together to form the "Learning by Doing" Network, with the intention of offering the learning of real tasks as a regular opportunity at the schools and facilities involved. Production-oriented, practical education is to be featured on

an increased basis from the first grade onwards. The first of these projects has already begun – at the "Stübenhofer Weg Education Centre" as well as at other education centres within the network. For example, the "Stübenhofer Weg Primary School", together with a textile designer, organised the printing of T-shirts and the making of bags as a holiday project for the 3rd and 5th grade classes. The pupils at the Wilhelmsburg Production School cook up to 330 meals daily for the An der Burgweide Primary School. The preparation of breakfast by primary school pupils for primary school pupils was developed parallel to this. The 7th grade pupils at the "Stübenhofer Weg District School" also assist on a daily basis with the food preparation as breakfast helpers.

Where Does it Go from Here?

The new education centres and networks now need to show that improved cooperation and new spatial opportunities contribute to the improvement of residents' integration opportunities and to the stabilisation of disadvantaged neighbourhoods.

The key task in the closing phase of the IBA is thus assuring the sustainability of what has been achieved so far. The buildings and networks need "carers" who coordinate the cooperation efforts, ensure appropriate public relations work, find new cooperation partners, and who bring the buildings to life.

The same applies to the development of the educational landscape overall. This requires the institutionalisation of the "Education Drive" in relation to the Hamburg-wide regional education conferences.

The "Education Drive" has in no way reached the end of the road: on the contrary, the key tasks are ongoing.

CONSTANZE KLOTZ, GERTI THEIS

Planung des Unplanbaren?

Vom Spagat zwischen messbarem Erfolg und dem Mut zum Experiment –
Kunst, Kultur und Kreativität in der IBA

Wollte man versuchen, den Wert von experimentellem Handeln zu fassen, wo würde man beginnen? Bei der Anzahl der durchgeführten Experimente, ihrer methodischen Umsetzung, den erzielten Ergebnissen? Oder bei dem Ausnahmezustand, der den Raum zum Experiment erst eröffnet und damit – neben der Möglichkeit zum faktischen Erproben eine Umgebung erzeugt, die sich durch eine ganz besondere Qualität auszeichnet: Freiheit zum Denken und Handeln. Freiheit, an Bestehendem zu rütteln, um zu neuen Erkenntnissen zu gelangen. Freiheit, die zugleich aber auch von der Spannung getragen ist, das Moment des Risikos und Scheiterns, das jedem Experiment innewohnt, auszuhalten.
Die IBA Hamburg ist ein solches Experiment mit dem klar formulierten Auftrag, auf den Elbinseln bis 2013 ebenso zukunftsweisende wie strukturwirksame Konzepte und Projekte zu erproben und umzusetzen, dabei die Übertragbarkeit in die generelle Planungspraxis im Auge zu behalten und auch unkonventionelle Wege zu beschreiten. Neben stadtplanerischen und architektonischen Projekten bezog die IBA Hamburg Bildung und Kultur von Anfang an in ihr Handeln ein. Auch wenn diese gleichwertige Integration angesichts der kulturellen und der Bildungssituation auf den Elbinseln nur plausibel erscheint, so ist dies – auch im Vergleich zu vorherigen Internationalen Bauausstellungen – ein echtes Novum.
Gleichwohl sah sich die IBA Hamburg in ihrem faktischen Handeln mit der grundsätzlichen Frage konfrontiert: Wie kommt das Planungsinstrument IBA mit der Materie Kreativität zusammen, wenn diese in ihrem Selbstverständnis nachdrücklich vom Moment der Unplanbarkeit und Unvorhersehbarkeit geleitet ist? Erinnert sei an den Imperativ „Sei kreativ!", der vielfältige Reaktionen, nur in der Regel keine kreativen auslöst.

Von der Idee, Kreativität zu stimulieren

Dieser spannungsreichen Idee widmete sich das „Kreative Quartier Elbinsel", ein Projekt, das unter Kreativität sowohl künstlerische und kulturelle Formate als auch kreativwirtschaftliche Ansätze verstand. Von der IBA Hamburg im Jahr 2008 initiiert, verfolgte es nicht den Anspruch, Kreativität flächendeckend zu „verordnen". Vielmehr sollten Strukturen entstehen, die die Entfaltung von Kreativität ermöglichen, um die Elbinseln langfristig als kulturellen Schauplatz in Hamburg zu sichern.
Untersucht man das Thema „Stadtplanung und Kreativität", dann entwickelte sich mit der IBA ein Ansatz, der eine, auch in der Hansestadt nicht unbekannte, grundsätzliche Debatte aufgreift. Denn während sich Hamburg im Jahr 2009 etwa mit der künstlerischen Besetzung des Gängeviertels und dem Appell „Recht auf Stadt" konfrontiert sah, bei der sich zahlreiche Künstler und Kreativschaffende gegen eine imageorientierte „Kreativisierung" der Stadt ausgesprochen hatten, gab es zugleich Forderungen der Szene nach öffentlicher Unterstützung zur Einlösung des „Kreativ-Versprechens". Auch die IBA Hamburg ist als städtische Gesellschaft diesem Spannungsfeld verhaftet. Ihr Ziel war es, abgeleitet aus der sozialen und

Noch verhüllt: das Kunst- und Kreativzentrum am Veringkanal. Ab Herbst 2013 stehen den ca. 40 Nutzern langfristige und günstige Konditionen zur Entfaltung von Kreativität bereit. Verantwortlich für den Umbau: DR Architekten Dittert und Reumschüssel, Hamburg   Still under wraps: the Art and Creative Centre on the Veringkanal. This is where, as of autumn 2013, long-term, affordable conditions for developing creativity will be available to around 40 users. Responsible for conversion: DR Architekten Dittert und Reumschüssel (Hamburg)

CONSTANZE KLOTZ, GERTI THEIS

Planning the Unplannable?

The Balancing Act between Measurable Success and the Courage to Experiment –
Art, Culture, and Creativity in the IBA

kulturellen Situation der Elbinseln, der Stadt neue Chancen zu eröffnen und zugleich die Interaktion zwischen Planung und Unplanbarem zuzulassen. Dafür stand das Projekt „Kreatives Quartier Elbinsel" mit seinen vier Programmen: Mit den „Räumen für die Kunst" entstanden dauerhafte Orte für Akteure der Kunst- und Kreativszene, und zwar losgelöst von Verwertungszwängen des städtischen Immobilienmarktes. Mit dem Programm „Kunst macht Arbeit" wagte man eine Neudefinition des Themas Kreativwirtschaft – in einem engen Bezug zur arbeitsmarktpolitischen Situation Wilhelmsburgs. Hier kamen Menschen ohne Arbeit mit kreativen Köpfen zusammen, um gemeinsam künstlerisch-kreative Produkte, aber auch neue Arbeitsperspektiven zu entwickeln. Mit der „Kunstplattform" entstand ein kuratiertes Format für bildende Kunst , in dem die Leitthemen der IBA mit den Mitteln der Kunst reflektiert und erlebbar, aber auch kritisch in Bezug zu ihrer stadtplanerischen Klammer gesetzt wurden. Die Förderung der „Projekte der kulturellen Vielfalt" diente zuletzt dem Anschub oder der Professionalisierung von existierenden Projekten aus dem Stadtteil.

In allen Projekten verstand sich die IBA als Initiator und Katalysator. Aufgrund ihrer personellen und finanziellen Ressourcen sowie der engen Kooperation mit der Verwaltung und den stadtpolitischen Gremien eröffnete sie Möglichkeitsräume und schuf Strukturen, in denen künstlerische und kulturelle Projekte gedeihen können. Dabei entstanden insofern natürliche Grenzen, als experimentelles Wirken nur im Zusammenspiel mit den beteiligten Akteuren und Initiativen sowie deren Engagement möglich ist.

Kreative Orte – Zwischen Herstellbarkeit und Verhinderung

Im Rahmen des Programms „Räume für die Kunst" wächst bis zum Herbst 2013 mit den Veringhöfen ein Arbeits- und Ausstellungsort heran, der Kreativschaffenden aus Wilhelmsburg und dem Rest der Stadt langfristig zu günstigen Konditionen zur Verfügung stehen wird. Anders als bei vielen Zwischennutzungen,

in denen Kreative als Pioniere nur temporär wirken können, bevor die Gebäude einer höherwertigen Nutzung zugeführt werden, sind hier die 2000 Quadratmeter in dem ehemaligen Industriegebäude durch einen 30-jährigen Mietvertrag mit der Stadt gesichert. Die künftigen Nutzer haben außerdem das Privileg dauerhaft niedriger Nebenkosten dank einer energetischen Sanierung aus EU-, IBA- und Städtebaufördermitteln. Um diese Rahmenbedingungen zu schaffen, hat es mehr als vier Jahre der Zusammenarbeit von zahlreichen Akteuren bedurft. Damit entsprach dieser Zeitraum zunächst nicht der Voraussetzung der „situativen Aneignung von Gebäuden" durch Künstler und Kreativschaffende, was dazu führte, dass das Experimentelle des Projekts – der Aufbau einer eigenständigen Träger- und Betriebsstruktur durch die künftigen Nutzer – zuweilen in den Hintergrund geriet. Bereits 2008 hatte die IBA zusammen mit den zuständigen Behörden und dem Bezirksamt Hamburg-Mitte ein Workshop-Verfahren eingeleitet. Von 13 Ideen setzte sich das Konzept „KünstlerCommunity Wilhelmsburg" im Sommer 2009 durch. Die Verfasser[1] wurden für die Startphase als Projektentwickler eingesetzt und initiierten einen Gruppenbil-

Herstellbarkeit oder Verhinderung? Mit Zwischennutzungen in den Jahren 2010, 2011 und 2012 überbrückten die Mitglieder des Vereins Veringhöfe e.V. die lange Projektlaufzeit. Doable or a hindrance? The members of the Veringhöfe e.V. association bridged the long project period with interim usages in 2010, 2011, and 2012.

If we wanted to establish the value of experimental action, where would we begin? With the number of experiments carried out, their method of implementation, the results achieved? Or with the exceptional case that first opens up the chance to experiment and thus - in addition to the opportunity for de facto testing - creates surroundings characterised by a very special feature: freedom to think and act. Freedom to

shake up the status quo in order to gain new insights. Freedom that is also born of the tension of withstanding the moment of risk and failure inherent in every experiment.

The Internationale Bauausstellung IBA (International Building Exhibítion) Hamburg is just such an experiment, with the clearly formulated mandate, on the Elbe islands until 2013, to test and implement concepts and projects that are

dungsprozess. Während die lange Projektlaufzeit zunächst zu einer regen Fluktuation führte, hat sich die Situation mittlerweile konsolidiert. Im Herbst 2010 gründeten die Nutzer den Verein Veringhöfe e.V., der in Zusammenarbeit mit der IBA bis zum Ende des Jahres 2012 die Details des langfristigen Mietvertrags mit der Stadt fixiert hat und für Herbst 2013 den Einzug von etwa 30 Kreativen, Einzelkünstlern und Kollektiven aus den Bereichen Bildende und Darstellende Kunst, Fotografie, Illustration, Grafik-, Produkt- und Modedesign vorbereitet.

Kunst als Arbeit? Grenzen einer Diskurserweiterung

Die Kraft der IBA als Katalysator zeigte sich auch im Programm „Kunst macht Arbeit". Der hohe Anspruch, das Thema Kreativwirtschaft mit der arbeitsmarktpolitischen Situation auf den Elbinseln zu verbinden, hatte in verschiedenen öffentlichen Diskussionsrunden zur Bildung mehrerer Interessensgruppen geführt.[2] Die Spannbreite der Ideen war groß: Die Tankstelle Stillhorn sollte zu einer Kultur-Tankstelle umge-

Der Zirkus Willibald feierte 2013 sein 20-jähriges Bestehen. Zu diesem Anlass wurde das Musical *Zirkus Willibald trifft Mimi Loop* einstudiert und eine Sequenz beim IBA FORUM „Zivilgesellschaft" im November 2012 aufgeführt.   The Willibald Circus celebrated its 20th anniversary in 2013. To mark the occasion, the musical *Willibald Circus Meets Mimi Loop* was rehearsed and a sequence performed at the "Civil Society" IBA Forum in November 2012.

Kunst macht Arbeit: Die Wilhelmsburger Fahnen sind Kunstobjekt und Edition zugleich. Gemeinsam mit dem Hamburger Künstler Rupprecht Matthies haben Teilnehmer des beruflichen Integrationsprojektes „NähGut" eigene Worte und Begriffe in ihren Sprachen entwickelt.   Art Creates Work: the Wilhelmsburg flags are both art objects and special editions at the same time. Together with Hamburg artist Rupprecht Matthies, participants in the vocational integration project NähGut developed their own wording and phrases in their own languages.

both future-oriented and structurally effective; to be mindful of transferability to planning practice in general; as well as to tread unconventional paths. In addition to urban planning and architectural projects, from the outset the IBA Hamburg also incorporated education and culture within its activities. Even though this equal value integration appears plausible given the cultural and educational situation on the Elbe islands, it is in fact – even in comparison to previous IBAs – a truly new development. Nevertheless, the IBA Hamburg saw itself confronted with fundamental issues in its real activities: how does the IBA planning instrument concur with the issue of creativity, its self-image extensively derived from the moment of unplannability and unpredictability? This brings to mind the imperative "Be creative!", triggering as it does diverse reactions, albeit not normally creative ones.

The Idea of Stimulating Creativity

The "Elbe Island Creative Quarter", a project that understands creativity to mean artistic and cultural formats as well as creative economic approaches, is dedicated to this inspirational idea. Initiated by the IBA Hamburg in 2008, it does not aspire to "prescribe" creativity across the board. Rather, it aims to see structures emerge that enable the development of creativity, ensuring that the Elbe Islands remain a long-term cultural arena in Hamburg.

Looking at the issue of "urban planning and creativity", the IBA developed an approach instigating fundamental debates not entirely unknown in the city. In 2009, when Hamburg saw itself confronted with the artistic occupation of the Gänge district, for instance, and the call for a "Right to City", where numerous artists and creative professionals had spoken out against the image-orientated "creativisation" of the city, there were simultaneous demands from within this milieu for public funding in response to the "creativity promise".

As a city organisation, the IBA Hamburg, too, is subject to these tensions. Its goal, derived from the social and cultural situation on the Elbe islands, was to open up new opportunities for Hamburg and, at the same time, to facilitate interaction between planning and the unplannable. This is what the project "Elbe Island Creative Quarter" stood for with its four programmes: "Spaces for Art" saw the emergence of permanent locations for leaders from the art and creative milieu, free from the commercial constraints of the urban property market. The "Art Creates Work" programme was an attempt at redefining the issue of creative industry – in close relation to Wilhelmsburg's labour market situation. This brought together unemployed people with creative minds to develop artistic, creative products together, as well as new job prospects. The "IBA Hamburg Art Platform" resulted in a curated format for visual arts, in which the IBA's themes were reflected and made accessible through artistic means, as well as being viewed in critical relation to their urban planning bracket. Finally, the support of the "Cultural Diversity Projects" served to promote or professionalise existing projects from the neighbourhood.

The IBA saw itself as initiator and catalyst in all of these projects. With its manpower and financial resources, as well as the close cooperation with administrative and municipal bodies, it opened up areas of opportunity and created structures in which artistic and cultural projects are able to flourish. This produced natural boundaries, for experimental impact is possible only with interaction between the leading artists and the initiatives involved, as well as their commitment.

Creative Places – Between Feasibility and Frustration

Within the scope of the "Spaces for Art" programme, the Veringhöfe, until autumn 2013, will be growing into a work and exhibition location, to be made available to creative professionals from Wilhelmsburg and the rest of the city on an affordable, long-term basis. Unlike many interim arrangements, where creative individuals are able to have only a temporary impact as pioneers before the buildings are accorded

nutzt, der Arbeitsbegriff über die Zusammenarbeit von Künstlern und Langzeitarbeitslosen
reflektiert, Wilhelmsburg als Ort für Textiles
Design stark gemacht werden. Gemäß des
Ansatzes der IBA erhielten die Initiatoren eine
Starthilfe, nicht alle konnten sich jedoch etablieren. Zum Ende des Jahres 2012 blickt man
auf drei geglückte Projekte zurück: Aus dem
Theaterprojekt „Krimi Komödie" (initiiert von
der Theaterpädagogin Paula Zamora-Cornejo)
ist eine eigenständige Laien-Theatergruppe

erwachsen. Im Projekt „Wilhelmsburger Kissen
und Fahnen " fertigt der Hamburger Künstler
Rupprecht Matthies gemeinsam mit nähgut,
einem beruflichen Integrationsprojekt für Menschen ohne Arbeit, eine Edition: Aus den künstlerischen Fahnen werden Hals- und Kopftücher,
aus den künstlerischen Wortobjekten Alltagskis-
sen und Kunstgegenstände für daheim.
Mit dem Textilen Werkhof ist zudem ein Ort im
Aufbau, an dem Aus- und Weiterbildungsträger
Projekte rund um die Bereiche Mode-, Textil-

Im Rahmen der Kunstplattform entstand mit Christian
Hasuchas Installation auf einem Wilhelmsburger
Parkdeck ein Ort zum Probewohnen. „Akademie einer
anderen Stadt: Aussicht auf Veränderungen", 2010
Christian Hasucha's installation on a rooftop parking
facility in Wilhelmsburg as part of the IBA Hamburg
Art Platform resulted in a place for trial living. "Acade-
my of Another City: Prospects for Change", 2010

a superior use, here the 2000 square metres in the former industrial building are assured through a thirty-year rental contract with the city. Future users will also enjoy the privilege of lower utility costs in the long term, due to the energy-related renovations financed by the EU, the IBA Hamburg, and urban development funds. The achievement of these framework conditions took more than four years of cooperation between numerous protagonists. This time period did not initially meet the prerequisite "situational appropriation of buildings" by artists and creative professionals, leading to the fact that the project's experimental aspect – the establishment of an independent executive and operational structure involving the future users – at times faded into the background. Back in 2008 the IBA Hamburg had initiated the workshop process with the relevant authorities and the Hamburg–Mitte district. The thirteen ideas became the Wilhelmsburg Artists' Community concept in the summer of 2009. The authors[1] were deployed as project developers for the start phase and started a grouping process. While the length of the project lifetime initially led to rapid fluctuations, the situation has since stabilised. In autumn 2010 the users founded the Verein Veringhöfe e.V. association, which, in cooperation with the IBA, by the end of 2012 had established the details of the long-term lease with the city, paving the way for the arrival, in autumn 2013, of around thirty creative professionals, individual artists, and cooperatives from the fields of visual and performing arts, photography, illustration, as well as graphic, product, and fashion design.

Art as Work? The Boundaries of Enhanced Discourse

The IBA Hamburg's power as a catalyst was also evident in the "Art Creates Work" project. The ambitious aspiration to link the issue of the creative economy with the labour market situation on the Elbe islands led to the formation of several interest groups during the course of different public discussion rounds.[2] The range of ideas was broad: the Stillhorn service station

was to be converted into a culture service station, the concept of "labour" was to be reflected involving cooperation between artists and the long-term unemployed, Wilhelmsburg promoted as a location for textile design. The initiators received start-up support in accordance with the IBA approach, but not all of them were able to establish themselves. By the end of 2012, there were three successful projects to look back on: the "Wilhelmsburg Crime and Comedy Theatre" project (initiated by the drama teacher Paula Zamora-Cornejo) has grown into an independent amateur theatre group. Hamburg artist Rupprecht Matthies, together with NähGut, an occupational integration project for the unemployed, created a limited "Wilhelmsburger Edition" with the "Wilhelmsburg Cushions & Flags" project: artistic flags were made into scarves, and items decorated with words in the craftsperson's language turned into everyday cushions and art objects for the home.

The Textile Werkhof, or "Textile Operations Centre", is also a place in progress, where training institutions develop projects in the fields of fashion, textile, and product design, professionalising and cooperating with young designers. This bundling of the skills of all the institutions involved attracts a wide range of designer orders; the proximity of creation and production is set to be further reinforced by plans for co-working spaces.[3]

Esteem and Stamina

The start-up support provided by the "Cultural Diversity Projects" has seen the consolidation of extraordinary presentations such as the "MS DOCKVILLE" music and art festival, successfully staged in Wilhelmsburg by the "LÜTTVILLE" children's festival as of 2008[4] and under its own auspices since 2009. "LÜTTVILLE" provides up to 120 children from Wilhelmsburg with the chance to participate in artistic training opportunities during a summer camp held ahead of the music festival. Or the "Conspiratorial Kitchen Concerts",[5] a TV cookery programme. Now twice nominated for the Grimme Prize, it is recorded in Wilhelmsburg, ever more profes-

und Produktdesign entwickeln, professionalisie-ren und Kooperationen mit jungen Designern eingehen. Die Bündelung der Kompetenzen sämtlicher Träger schafft ein attraktives Ange-botsspektrum für Aufträge von Designern; die Nähe zwischen Kreation und Produktion soll perspektivisch noch durch *Co-working Spaces* verstärkt werden.[3]

Von Wertschätzung und Ausdauer

Im Rahmen der Anschubförderung der „Projek-te der kulturellen Vielfalt" haben sich außer-gewöhnliche Projekte konsolidiert, wie das Musikfestival MS DOCKVILLE, das seit 2008 erfolgreich vom Kinderfestival LÜTTVILLE in Wilhelmsburg durchgeführt wird[4] und sich seit 2009 selbst trägt. Bei LÜTTVILLE erhalten bis zu 120 Kinder aus Wilhelmsburg die Möglichkeit, im Vorfeld des Musikfestivals in einem Som-mercamp an künstlerischen Bildungsangeboten teilzunehmen. Oder die „Konspirativen Küchen-Konzerte"[5], eine mittlerweile zweifach für den Grimme-Preis nominierte Küchensendung, die in Wilhelmsburg aufgezeichnet wird und die mithilfe der Unterstützung der IBA ihre Profes-sionalisierung vorantreiben konnte, die zuletzt sogar zu einem Sendeplatz auf ZDFkultur führ-te. Gleichzeitig trug die Förderung der IBA auch zur Weiterentwicklung bereits bestehender Formate wie des Zirkus Willibald bei.[6]

Das Experiment im Experiment

Zuletzt ist die „Kunstplattform" hervorzuheben, der ein besonderer Experimentierstatus zukam. Schließlich erinnerte die Ausgangssituation, das heißt ein kuratiertes Format (Bildende Kunst) in einem kuratierten Format (IBA) durchzuführen, an eine Matrjoschka, jene russische Puppe, bei der nach dem Öffnen immer weitere Matrjosch-kas zum Vorschein kommen. Während zunächst angedacht war, die kuratorische Leitung jedes Jahr zu wechseln, wurde das Format nach den Erfahrungen aus zwei jährlichen Durchläufen – „Kultur I Natur" (2008 kuratiert von Anke Haarmann und Harald Lemke) und „Akademie einer anderen Stadt" (2009 unter der künstle-

rischen Leitung von Ute Vorkoeper und Andrea Knobloch) – in ihrer Wirkungszeit verlängert. Die „Akademie einer anderen Stadt" konnte 2010 ihre Arbeit also mit einem Stadtparcours unter dem Titel „Aussicht auf Veränderungen" fortführen. So avancierte im Jahr 2010 die S-Bahnlinie 3 von Altona bis Harburg zu einem begehbaren Kunstparcours, mit Projekten an ausgewählten Stationen, die jeweils Schulen, aber auch Kirchen oder Integrationskurse mit Künstlern zusammenbrachten und damit auf eindringliche Weise die Verflechtung von All-tagssituationen, städtischem Raum und Kunst verdeutlichten.

Die Impulskraft des Projektes soll auch über 2013 hinausstrahlen. In einem Findungsprozess, den die IBA im Anschluss an den Kunstparcours initiiert hatte, vernetzen sich seit 2011 Kurato-ren mit Projektträgern vergangener Jahre so-wie kulturellen Einrichtungen auf den Elbinseln, die gemeinsam das Modell eines wiederkehren-den, den Stadtraum in Bewegung bringenden Kunstformates entwickelten. Getragen von dem Kreis der seit Langem beteiligten Akteure sowie weiteren Partnern in der Stadt[7] könnte es sein, dass die Auseinandersetzung mit bildender Kunst in Stadtentwicklungsprozessen auch nach der IBA fortwirken wird.

Der Weg ist das Ziel oder: Unvorhersehbarkeit zulassen

Anhand der skizzierten Projekte wird deutlich, dass die Frage nach der Interaktion von Planung (IBA) und Unplanbarkeit (Kreativität) nicht ohne Weiteres zu beantworten ist. Auch wenn die IBA selbst als Format des Experiments agiert, so ist ihre Chance zum Laborieren immer auch von der Erwartung des Erfolgs begleitet: Als städtische Gesellschaft hat sie per se diese Verpflichtung; als Sonderformat der Stadtpla-nung werden ihr besonders hohe Maßstäbe an Qualität und Innovation abverlangt. Verge-genwärtigt man sich dieses Spannungsfeld, so hat die IBA bereits durch die Platzierung des Themas Mut bewiesen, nämlich innerhalb ihres Experimentierstatus Kunst und Kultur und die damit verbundene Eigenlogik zuzulassen.

sionally thanks to aid from the IBA Hamburg, ultimately leading to a slot on ZDFkultur. At the same time, the IBA Hamburg's support also contributed to the further development of already existing formats such as the Willibald Circus.[6]

The Experiment within the Experiment

Finally, another highlight worthy of mention is the "IBA Hamburg Art Platform", which has acquired a special experimental status. Ultimately, the starting point, meaning the implementation of a curated format (visual arts) within a curated format (IBA), was reminiscent of matrioshkas, those Russian dolls that reveal ever more matrioshkas once opened. While the initial thinking was to change the curator every year, the experience derived from two annual runs - "Culture | Nature" (2008, curated by Anke Haarmann and Harald Lemke) and the "Academy of Another City" (2009, under the artistic directorship of Ute Vorkoeper and Andrea Knobloch) - saw the lifetime of the format being extended. The "Academy of Another City" was thus able to continue its work in 2010 with an urban route entitled "Prospects of Change". During the course of 2010, the S3 suburban railway from Altona to Harburg went on to become a walkable art trail, with projects at selected stations, each bringing together schools, churches, or artists' integration courses, thus revealing with haunting clarity the interwoven nature of everyday situations, urban space, and art.

The project's stimulatory impact is also set to extend beyond 2013. In a process of identification, initiated by the IBA Hamburg upon the conclusion of the art trail, the curators networked with project organisers from previous years as well as with Elbe islands cultural institutions. Together, they have developed the model of a recurrent art format that mobilises the urban space. Supported by a circle of enthusiasts who have long been involved, as well as by other partners within the city,[7] there are good prospects that the examination of the impact of art within urban planning processes will continue after the IBA Hamburg as well.

The Path Is the Goal or: Allowing Unpredictability

The projects outlined here make it clear that the question of interaction between planning (IBA Hamburg) and the unplannable (creativity) is not an easy one to answer. Even if the IBA Hamburg itself acts as a format for experimenting, its opportunities as a laboratory are still accompanied by expectations of success: as a city body it has this obligation per se; as a special urban planning format, particularly high standards of quality and innovation are demanded of it. When visualising this spectrum it becomes clear that the IBA Hamburg was courageous simply in the placing of the issue within its experimental art and culture status and allowing the inherent logic involved. While the dialectics of the contradiction between planning and the unplannable will always remain, it becomes clear that the courage to experiment, with all of its unpredictability, is always worthwhile, despite the risk of failure. The project LÜTT-VILLE thus represent a definite enhancement of cultural life on the Elbe islands. And the Veringhöfe, with their favourable, long-term conditions, will continue to be a driving force for the local cultural milieu long after the IBA Hamburg. Here, it is not the rapid appropriation of production sites that counts but rather the process - albeit an arduous one - of involving a great many participants, a process that promises welcome, long-term prospects for the Elbe islands as a result. Finally, even if its continued existence does not lie entirely in the hands of the IBA Hamburg, the "Textile Operations Centre" forms a basis for committed participants through the framework conditions initiated, which are able to contribute to the success of the project. Urban planning and creativity as contradictions are a thing of the past; now, they cross-pollinate one another when, as is the case with the IBA Hamburg, planning results in general conditions that enable long-term experimentation as well as freedom of thought and action.

Während der Gegensatz zwischen Planung und Unplanbarkeit in seiner Dialektik also immer lebendig bleiben wird, wird deutlich, dass sich der Mut zum Experiment mit allen Unvorhersehbarkeiten trotz der Gefahr des Scheiterns immer auch auszahlt: So steht das Projekt LÜTTVILLE für eine deutliche Bereicherung des kulturellen Lebens auf den Elbinseln. Und die Veringhöfe werden durch ihre langfristig günstigen Rahmenbedingungen noch lange nach der IBA stetig Impulse für die Kulturszene vor Ort liefern. Hier zählt nicht der schnelle Akt des Aneignens von Produktionsorten, sondern der – wenn auch langwierige – Prozess vieler Beteiligter, der im Ergebnis eine erfreulich langfristige Perspektive für die Elbinseln verspricht. Zuletzt birgt der Textile Werkhof, auch wenn sein Fortbestehen nicht gänzlich in der Hand der IBA liegt, durch die initiierten Rahmenbedingungen für die engagierten Akteure eine Grundlage, die zum Gelingen des Projekts beitragen kann. Stadtplanung und Kreativität begegnen sich damit nicht länger nur als Gegensätze, vielmehr befruchten sie sich gegenseitig, wenn wie im Fall der IBA durch Planung Rahmenbedingungen entstehen, die langfristiges Experimentieren und Freiheit zum Denken und Handeln möglich machen.

Anmerkungen

1 Im Rahmen des Workshopverfahrens waren conecco UG – Management städtischer Kultur und STATTBAU Hamburg mit ihrem Konzept „Künstler Community Elbinsel" von einer Jury ausgewählt worden.

2 Zu den Interessensgruppen gehörten: Andrea Knobloch in Kooperation mit orange edge, Anke Haarmann in Kooperation mit der AIW Arbeitsloseninitiative Wilhelmsburg gGmbH, das Bürgerhaus Wilhelmsburg mit seinem Netzwerk „Musik von den Elbinseln", Textiler Werkhof, initiiert von der Grone Netzwerk Hamburg gGmbH, Rupprecht Matthies sowie Paula Zamora-Cornejo. Siehe: www.iba-hamburg.de/kunstmachtarbeit.

3 Zum Projektteam gehören alsterarbeit gGmbH, designxport, Elbe-Werkstätten GmbH, Grone Netzwerk Hamburg gGmbH, HAW Hochschule für Angewandte Wissenschaften Hamburg, IBA Hamburg GmbH, LoWi – Büro für Lokale Wirtschaft, passage gemeinnützige Gesellschaft für Arbeit und Integration mbH, SBB Kompetenz gGmbH, üNN Kunst Bauen Stadtentwicklung GmbH.

4 Zur Umsetzung des Lüttville Sommercamps hat sich 2009 der Verein Lüttville e.V. gegründet (www.luettville.de).

5 Für die „Konspirativen KüchenKonzerte" zeichnet die Hirn und Wanst GmbH verantwortlich, deren Macher vor etlichen Jahren nach Wilhelmsburg gezogen sind (www.konspirativekuechenkonzerte.de).

6 Der Zirkus Willibald veranstaltet seit 2004 das einzige Kinder- und Jugendzirkusfestival Hamburgs. Zum 20-jährigen Jubiläum entsteht 2013 erstmalig ein Zirkustheater, der Fokus liegt neben Artistik, Zauberei und Clownerie damit auch auf Tanz und Musik (www.zirkus-willibald.de).

7 Die künstlerische Leitung obliegt Ute Vorkoeper, Corinna Koch und Rolf Kellner. Zu den Kooperationspartnern gehören HafenCity Hamburg GmbH, HafenCity Universität, Kunstverein Harburger Bahnhof, Hafensafari e.V., MAKNETE e.V., Akademie einer anderen Stadt, Stadtteilschule Wilhelmsburg, Geschichtswerkstatt Wilhelmsburg & Hafen, Made auf Veddel – Verein zur Integration von Frauen mit Migrationshintergrund e. V., Evangelische Akademie der Nordkirche, Soulkitchen Halle, K3 – Zentrum für Choreographie | Tanzplan Hamburg, Hamburger Volkshochschule.

Notes

1 conecco UG – Management städtischer Kultur and STATTBAU Hamburg with their concept "Künstler Community Elbinsel" were selected by a jury during the course of a workshop process.

2 The interest groups included: Andrea Knobloch in cooperation with orange edge, Anke Haarmann in cooperation with the AIW Arbeitsloseninitiative Wilhelmsburg gGmbH, the Bürgerhaus Wilhelmsburg with its network "Musik von den Elbinseln", "Textile Operations Centre" (Textiler Werkhof), initiated by the Grone Netzwerk Hamburg gGmbH, Rupprecht Matthies and Paula Zamora-Cornejo. See: www.iba-hamburg.de/kunstmachtarbeit.

3 The project team comprises alsterarbeit gGmbH, designxport, Elbe-Werkstätten GmbH, Grone Netzwerk Hamburg gGmbH, HAW Hochschule für Angewandte Wissenschaften Hamburg, IBA Hamburg GmbH, LoWi – Büro für Lokale Wirtschaft, passage gemeinnützige Gesellschaft für Arbeit und Integration mbH, SBB Kompetenz gGmbH, üNN Kunst Bauen Stadtentwicklung GmbH.

4 The LÜTTVILLE e.V. association (www.luettville.de) was founded in 2009 to run the "LÜTTVILLE" summer camps.

5 Hirn und Wanst GmbH are responsible for the "Conspiratorial Kitchen Concerts", those involved having moved to Wilhelmsburg many years ago (www.konspirativekuechenkonzerte.de).

6 The Willibald Circus has been staging Hamburg's only children's circus festival since 2004. The first circus theatre, focussing on music and dance as well as artists, magicians, and clowns, is to appear in 2013 to mark their twentieth anniversary (www.zirkus-willibald.de).

7 The artistic direction is by Ute Vorkoeper, Corinna Koch, and Rolf Kellner. The cooperation partners included HafenCity Hamburg GmbH, HafenCity Universität, Kunstverein Harburger Bahnhof, Hafensafari e.V., MAKNETE e.V., Akademie einer anderen Stadt, Stadtteilschule Wilhelmsburg, Geschichtswerkstatt Wilhelmsburg & Hafen, Made auf Veddel – Verein zur Integration von Frauen mit Migrationshintergrund e. V., Evangelische Akademie der Nordkirche, Soulkitchen Halle, K3 – Zentrum für Choreographie | Tanzplan Hamburg, Hamburger Volkshochschule.

DIETER LÄPPLE

Neue Arbeit für ein altes Arbeiterquartier?

Lokale Ökonomie als Hoffnungsträger

Aufstieg und Niedergang eines Industriegebiets

Die Geschichte der Elbinsel ist eine Geschichte der Arbeit. Über Jahrhunderte wurde Kulturland durch Deichbau und Entwässerung der Elbe abgerungen und verteidigt. Deichbauer und Bauern, Fischer und Handwerker prägten das Leben. Mit dem Wegfall der Zollgrenzen von 1888 und dem Bau des Hamburger Freihafens wurde die Elbinsel ins Industriezeitalter katapultiert. In kürzester Zeit vollzog sich die Umwandlung der Bauern- und Fischerinsel zum Hafen- und Industriegebiet und zur Wohnstätte für Hafen- und Industriearbeiter.[1]

Durch die enge Abhängigkeit vom Hafen war die ökonomische und soziale Entwicklung der Elbinsel durch schwankende Konjunkturen, Krisen und Brüche geprägt. Sehr früh zeigten sich auch ökologische Probleme. Über viele Jahrzehnte hat sich ein extrem sorgloser Umgang mit den natürlichen Ressourcen Luft, Wasser und Boden etabliert. Die Wasserwege wurden verseucht, die Luft durch die industrielle Produktion extrem belastet, Industriemüll über Jahrzehnte vor Ort entsorgt.

Mit der Sturmflut von 1962 und der Strukturkrise der Werft- und Seehafenindustrien von Ende der 1970er bis Ende der 1980er Jahre kam eine große Zäsur. In relativ kurzer Zeit verlor die Elbinsel einen Großteil ihrer industriellen Basis. Dazu kam der Modernisierungsschub im Hafen, der zu einem starken Rückgang der traditionellen Hafenarbeit führte. Dem traditionellen Arbeiterquartier ging die Arbeit aus, und damit verlor es auch einen Teil seiner Identität.

Polarisierung der Stadtgesellschaft

Vergleichbare Entwicklungen vollzogen sich in anderen traditionellen Arbeiterquartieren in Deutschland. Als Folge des wirtschaftlichen Strukturwandels, der mit einem Abbau von Arbeitsplätzen in der industriellen Produktion verbunden war, blieben Menschen in diesen Quartieren oft ohne Arbeit zurück.

Durch einen schrittweise liberalisierten Wohnungsmarkt wurde die wachsende Zahl von städtischen Armen in die Quartiere gedrängt, in denen sich die sozialen und ökologischen Probleme konzentrieren. Mit dieser Entwicklung bildet sich zwar eine ethnisch und kulturell sehr divergente Bevölkerung heraus, deren Sozialstruktur allerdings eine sehr geringe Diversität aufweist. Und je geringer die gesellschaftliche Teilhabe ist, umso mehr ziehen sich die verschiedenen ethnischen Gruppen in mehr oder weniger geschlossene Lebenswelten zurück. Kurz: Es entfalten sich sozialräumliche und kulturelle Kontexte, die die Lebenschancen der benachteiligten Bevölkerungsgruppen zusätzlich beeinträchtigen und die eine ökonomische Revitalisierung erschweren – aber gleichzeitig umso notwendiger machen. Die Polarisierung der Stadtentwicklung und die damit verbundene Herausbildung von benachteiligten Stadtteilen haben komplexe, multidimensionale Ursachen. Neben der Bevölkerungsentwicklung kommt jedoch der Ökonomie und insbesondere dem Arbeitsmarkt eine zentrale Rolle zu. Der Arbeitsmarkt ist nach wie vor die zentrale Arena, in der Entscheidungen über die Lebenschancen der Menschen und ihre soziale, politische und kulturelle Teilhabe fallen.

Der Einzelhandel mit Lebensmitteln, aber auch mit Reiseutensilien ist eine Basis der lokalen migrantischen Ökonomien. Retailing groceries (and also travel accessories) is one of the foundations of local migrant economies.

DIETER LÄPPLE

New Work for an Old Working Class Neighbourhood?

The Local Economy as a Ray of Hope

Lokale Ökonomie oder lokal eingebettete Ökonomien

Wenn sich Arbeitslosigkeit und Armut in bestimmten Stadträumen so hartnäckig behaupten, dann liegt es nahe zu fragen, ob und wie Betriebe und andere Einrichtungen im Stadtteil zur ökonomischen und sozialen Stabilisierung im Stadtteil genutzt werden können. Kurz: Es wird wieder verstärkt über „lokale Ökonomie" nachgedacht.[2]

In einem ersten deskriptiven Zugang können die folgenden (sich zum Teil überlappenden oder miteinander verknüpften) Bereiche der „lokalen Ökonomie" zugeordnet werden:

- Die marktvermittelten Stadtteil- und Quartiersbetriebe einschließlich der Migrantenökonomie (unter anderem Kleinbetriebe des Einzelhandels, des Handwerks, der Gastronomie, des Gesundheitswesens);
- der lokal ausgerichtete Bereich von Nonprofit-Organisationen („Dritter Sektor") und Formen einer gemeinwesenorientierten „sozialen Ökonomie" mit Betrieben, Vereinen und Projekten, die Dienst- und Wohlfahrtsleistungen anbieten, die nicht über den Markt oder durch die öffentliche Hand bereitgestellt werden (zum Beispiel in den Bereichen Pflege und Gesundheit, Erziehung und Kinderbetreuung, Kultur, Sport und Umwelt);
- öffentlich finanzierte lokale Beschäftigungs- und Qualifizierungsinitiativen, die in Form von Vereinen oder Bürgerinitiativen vielfach verknüpft sind mit der „sozialen Ökonomie";
- sowie Teile der informellen Ökonomie (insbesondere Selbst- und Nachbarschaftshilfe).

Diese Bereiche – insbesondere die Stadtteil- und Quartiersbetriebe – bieten wohnungsnahe Arbeits-, Ausbildungs- und Qualifizierungsmöglichkeiten und erfüllen damit wichtige Aufgaben der sozialen Integration und Sozialisation. Mit ihren überwiegend auf den Lebensalltag ausgerichteten Produktions-, Dienstleistungs- und Wohlfahrtsangeboten prägen sie die Versorgungsqualität, Nutzungsvielfalt und urbane Kultur von Stadtteilen.

Mit dem Begriff der „lokalen" Ökonomie werden sehr unterschiedliche sozialökonomische Phänomene bezeichnet, deren Abgrenzung gegenüber „nicht lokalen" Bereichen kaum lösbar ist. In diesem Sinne wäre es weniger missverständlich, statt von einer – wie auch immer abzugrenzenden – *lokalen Ökonomie* von einer *lokal verankerten* oder *lokal eingebetteten Ökonomie* zu sprechen.[3] Dieses Konzept hebt auf die lokalen Einbettungsformen ab, deren Art und Intensität allerdings in den verschiedenen Bereichen der lokal verankerten Ökonomie unterschiedlich ausgeprägt sind: Für soziale und haushaltsbezogene Dienstleistungen, Wohlfahrt schaffende Aktivitäten sowie einige Segmente des Einzelhandels ist meist der loka-

In Zusammenarbeit mit der Hamburger Designerin Sibilla Pavenstedt leisten interessierte, talentierte Frauen mit Migrationshintergrund ihren Beitrag zur Fertigungskette von Modekreationen. Auf diese Weise gibt das Projekt „Made auf Veddel" den kunsthandwerklichen Fähigkeiten von Bewohnerinnen der Veddel eine ökonomische Basis. In cooperation with the Hamburg designer Sibilla Pavenstedt, talented, motivated women with migration backgrounds make their contribution to the fashion production chain. It is in this way that the Made on Veddel project provides an economic basis for the handiwork skills of Veddel residents.

The Rise and Fall of an Industrial Area

The story of the Elbe islands is the story of work. Over the centuries, cultivated land has been hard won and defended by the building of dykes and drainage of the Elbe. A life characterised by dyke builders and farmers, fishermen and craftsmen. The islands were catapulted into the industrial age with the abolition of the customs boundaries in 1888 and the building of Hamburg's free port. The transformation of the farming and fishing islands into harbour and industrial territory and into housing areas for harbour and industry workers took place within a short space of time.[1]

With their strong dependence on the harbour, the economic and social development of the Elbe islands was characterised by economic fluctuations, crises, and disruption. Ecological problems became evident very early on, too. An extremely reckless approach to the natural resources air, water, and soil had become established over a number of years. The watercourses were contaminated, the air was heavily polluted by works production, and industrial waste had been disposed of on site for decades.

The storm tide of 1962 and the structural crisis in the shipbuilding and sea port industries from the end of the 1970s to the end of the 1980s brought a major turning point. The Elbe islands lost a large section of their industrial base within a relatively short period of time. Then there was also the modernisation drive in the harbour that led to a sharp decrease in traditional harbour work. The well-established working-class neighbourhood was running out of work and with that it lost part of its identity.

The Polarisation of Urban Society

Comparable developments took place in other traditional working-class neighbourhoods elsewhere in Germany. People often remained in these districts without jobs due to the economic restructuring resulting from the cutback in jobs in industrial production.

The gradual liberalisation of the housing market saw the growing number of urban poor forced into neighbourhoods with a concentration of social and ecological problems. A highly divergent, ethnically and culturally, population emerges from this development but their social structure exhibits very little diversity. And the lower the level of social participation, the more the different ethnic groups withdraw into more or less closed living environments. In short: the developing socio-spatial and cultural contexts further compromise prospects for population groups and impede economic revival – while at the same time making it all the more necessary.

The polarisation of urban development and the related emergence of disadvantaged urban neighbourhoods have complex, multi-dimensional causes. In addition to population development, though, the economy, and in particular the labour market, plays a central role as well. The labour market remains the key arena in which decisions on people's prospects and their social, political, and cultural participation are made.

The Local Economy or Locally Embedded Economies

When you have urban areas with persistent unemployment and poverty it begs the question as to whether, and how, enterprises and other neighbourhood facilities can be utilised for the economic and social stabilisation of the district. In short: renewed thought is given to the "local economy".[2]

The following (partly overlapping or inter-related) dimensions of the "local economy" constitute an initial descriptive approach:

- related urban district and neighbourhood enterprises, including the migrant economy (such as small retail, tradesman, or catering businesses, or health services);
- the locally focussed area of non-profit organisations ("Third Sector") and forms of a community-oriented "social economy" with businesses, associations, and projects offering service and welfare benefits not provided

le Absatzmarkt die entscheidende Existenzbedingung. Für wohnungsnahe Kleinbetriebe des produzierenden und reparierenden Handwerks sind die Verfügbarkeit von bezahlbaren, kleinteiligen Gewerberäumen in einem differenzierten städtischen Nutzungsgefüge sowie der Kontakt zu möglichen Kooperationspartnern von zentraler Bedeutung.

Für die lokal eingebettete Ökonomie ist der Stadtteil also kein neutraler Standort, sondern er bildet ein Wirkungsfeld, das mit vielfältigen Synergien oder auch möglichen Entwicklungsblockaden verbunden ist. Zwischen dem Stadtteil und den lokal eingebetteten Ökonomien gibt es vielfache Wechselbeziehungen. Vereinfacht könnte man sagen: Die lokalen Ökonomien haben eine zentrale Bedeutung für die Lebens- und Arbeitsqualität des Stadtteils; zugleich sind die lokalen Ökonomien in hohem Maße vom Stadtteil abhängig – allerdings kann diese Abhängigkeit positiv oder negativ sein. Aus dieser Wechselbeziehung ergeben sich also nicht nur Chancen, sondern – vor allem bei benachteiligten Stadtteilen – auch Entwicklungshemmnisse. Manche Stadtteile bieten beispielsweise aufgrund ihrer Monofunktionalität keine geeigneten Gewerberäume oder in dem Stadtteil sind die sozial-ökonomischen Strukturen und die lokale Kaufkraft so weit ausgedünnt, dass für die Entfaltung einer marktorientierten lokalen Ökonomie kaum mehr die erforderliche kritische Masse vorhanden ist. Besonders ausgeprägt können solche quartiersbedingten Entwicklungsblockaden bei der Migrantenökonomie sein.[4] Wenn die Unternehmensgründung als Reaktion auf die schlechten Chancen auf dem Arbeitsmarkt erfolgte und das Unternehmen – aufgrund der fortgeschrittenen Segregierung der Quartiersbevölkerung – vor allem von der Kaufkraft der eigenen Ethnie abhängig ist, kann sich dies zu einer existenzbedrohenden Falle entwickeln. Es besteht die Gefahr, dass die prekäre Arbeitsmarktsituation abgelöst wird durch eine noch prekärere Unternehmenssituation, die im Ruin endet.

Handlungsansätze zur Förderung lokal eingebetteter Ökonomien

Aus den spezifischen Formen der stadträumlichen und sozialen Einbettung der Quartiersökonomien resultieren besondere Herausforderungen für Strategien der Bestandspflege, der Entwicklung und Vernetzung. Es genügt nicht, die traditionelle Wirtschaftsförderung auf die lokale Ebene auszurichten, sondern es müssen Handlungskonzepte entwickelt werden, die sich auf die sozialen und kulturellen Kontexte der verschiedenen Arbeitswelten der lokal eingebetteten Ökonomie einlassen. Zugleich kommt es darauf an, im Rahmen solcher Förderungsstrategien verschiedene Politikfelder wie Wirtschaftsförderung, Beschäftigungs- und Qualifikationspolitik sowie Stadtentwicklungs- und Kulturpolitik miteinander zu sogenannten Cross-over-Konzepten zu verzahnen.

Eine wesentliche Voraussetzung lokal eingebetteter Ökonomien sind bezahlbare, kleinteilige Gewerberäume in einem möglichst differenzierten städtischen Nutzungsgefüge. Stadtteile müssen so gestaltet beziehungsweise umgebaut werden, dass sie sich als Standorte für Betriebe eignen, zum Beispiel durch den Bau von Gewerbehöfen, Gründerzentren und Etagen für Existenzgründer.[5] Ganz wichtig sind die planrechtliche und eventuell auch die ökonomische Sicherung bestehender Standorte. Bestehende Betriebe sollten durch die lokale Wirtschaftsförderung aufgesucht werden, um vor Ort mit den Betrieben Brücken zu bauen zu Ressourcen, die im Stadtteil oder anderswo in der Stadt vorhanden sind.

In benachteiligten Stadtteilen ist das Potenzial für die Entwicklung einer lokal verankerten Ökonomie vielfach schon so weit ausgedünnt, dass oft nur die Perspektive der Förderung einer staatlich alimentierten „sozialen Ökonomie" möglich ist. Entscheidend ist allerdings, dass auch in solch schwierigen Situationen versucht wird, beschäftigungspolitische Brücken zum „Ersten Arbeitsmarkt" zu bauen. Mit solchen „Brücken-Strategien" muss versucht werden zu verhindern, dass die benachteiligten Stadtteile

by the market or public sectors (for example in the areas of nursing care, health and child-care, culture, sport and the environment);

- publicly financed local employment and training initiatives with multiple links within the "social economy" in the form of associations or action groups;
- as well as parts of the informal economy (particularly self- and neighbourhood help).

These areas – especially the urban district and neighbourhood enterprises – provide close-to-home job, training, and qualification opportunities, thus fulfilling important social integration and socialisation tasks. With their production, service, and welfare benefits largely based on everyday life, they influence the quality of supply, diversity of usage, and local culture of urban districts.

The term "local economy" refers to very different socio-economic phenomena barely discernible from "non-local" areas. In this respect it would be less misleading to talk of a "locally anchored" or "locally embedded" economy instead of a "local economy", whatever its delimitations.[3] This concept draws on local forms of embeddedness, the nature and intensity of which differ according to the various areas of the locally anchored economy, however. For social and household-related services, welfare activities, as well as some retail segments, the local market is usually the key supplier of necessities for existence. For close-to-home small businesses run by tradesmen (whether producing or repairing), the availability of affordable, small-scale commercial premises in a varied urban usage structure, as well as contact with possible cooperative partners, is of central importance.

For the locally embedded economy, therefore, the city district is not a neutral location. Rather, it constitutes a domain with associated diverse synergies or else possible obstacles to development. There are a multitude of interdependencies between the city district and the locally embedded economy. To put it more simply: local economies are of key significance for the quality of life and work in the city district. At the same time, local economies

are dependent on the city district to a great degree – a dependency that can be positive or negative. This interdependency gives rise not only to opportunities but – especially in disadvantaged city districts – also to development obstacles. The monofunctionality of some city districts means that they have no suitable commercial premises available, for example, or the city district's socio-economic structures and local purchasing power are so lacking that the critical mass required for the emergence of a market-oriented local economy barely exists. Such neighbourhood-specific obstacles to development can be especially prevalent in the migrant economy.[4] If the business is founded as a reaction to poor labour market opportunities and the enterprise – due to the advanced segregation of the neighbourhood population – is primarily dependent on the purchasing power of the same ethnic group, this can develop into a livelihood-threatening trap. There is the danger that the precarious labour market situation is replaced by an even weaker entrepreneurial situation – ending in ruin.

Action Plans for Encouraging Locally Embedded Economies

The specific forms of spatial and social embedding of neighbourhood economies result in particular challenges regarding maintenance, development, and networking strategies. Directing traditional business development to a local level is not enough. Instead, action plans open to the social and cultural contexts of the different working environments within the locally embedded economy need to be introduced. At the same time, it is also important that, within such strategies, different policy areas such as business development, employment, and qualification policy, as well as urban development and cultural policy, be interlinked with one another as cross-over concepts.

An essential prerequisite for locally embedded economies is affordable, small-scale commercial premises in an urban usage structure that is as diverse as possible. City districts need to be designed or converted in such a way as to

noch mehr isoliert werden und sich bestehende ökonomische Segmentierungen und soziale Ausgrenzungen lokal verfestigen.

Im Rahmen der IBA Hamburg sind vielfältige Ansätze zur Förderung der lokalen Ökonomie, der Qualifizierung und der Beschäftigung entwickelt worden.[6] Im Rahmen dieses allgemein orientierten Beitrages sollen nur kurz zwei besonders interessante Ansätze benannt werden. Zum einen der Versuch, Jugendliche, Arbeitslose und geringqualifizierte Menschen aus dem Stadtteil und der Region über Qualifizierungsprojekte und Beschäftigungsverhältnisse in die zahlreichen Bauvorhaben der IBA mit einem Investitionsvolumen von über einer Milliarde Euro einzubeziehen. Dazu hat die IBA Hamburg „in den vergangenen Jahren

gezielt (...) neue vergaberechtliche Instrumente genutzt und sich auf den schwierigen Weg gemacht, neue Ansätze zu erproben."[7] Zum anderen den innovativen Versuch, „das integrative und identitätsstiftende Potenzial kreativer Ökonomien aufzugreifen und den Diskurs explizit auf den Standort Wilhelmsburg zu übersetzen."[8] Mit diesem Ansatz sollten nicht „Talente" von außerhalb der Stadt angezogen werden, sondern es wird der Versuch unternommen, in den gegebenen sozialökonomischen Strukturen eines Stadtteils mit erheblichen Entwicklungsproblemen neuartige Bündnisse herzustellen, bei denen Künstler und Kreative mit Beschäftigungsträgern, Menschen ohne Arbeit oder migrantischen Ökonomien gemeinsame Projekte entwickeln.[9]

Rechts: Auf dem bislang für Garagen bzw. durch kleinere Gewerbebetriebe genutzten Areal im Süden des „Weltquartiers" entsteht der „Weltgewerbehof". Oben: Nach der Idee der Architekten Dalpiaz + Giannetti, Hamburg überspannt eine weiträumige Dachkonstruktion den „Weltgewerbehof" und damit eine Vielzahl meist kleiner Gewerbeeinheiten, in denen sich das Kleingewerbe, insbesondere migrantische Unternehmen, Einzelhändler oder Existenzgründer niederlassen. Right: The World Commercial Park has come into being on an area of land to the south of the Global Neighbourhood, previously used for garages and as small-scale commercial premises. Above: The World Commercial Park's spacious roof construction, based on an idea by the architects Dalpiaz + Giannetti (Hamburg) spans a multitude of mostly compact commercial units providing a base for small-scale enterprises, particularly those of migrants, retailers, and the self-employed.

be suitable as locations for businesses, through the building of commercial parks and start-up centres for entrepreneurs, for example.[5] Planning permission and at times also the economic safeguarding of existing locations is very important. Existing businesses should be targeted for local business development, in order for these businesses to build local bridges to the resources available in the city district or elsewhere in the city.

In disadvantaged neighbourhoods the potential for the development of a locally anchored economy has already become so thinned out that often the funding of a state-financed "social economy" is the only possible perspective. What is key, however, is that, even in such difficult situations, the attempt is made to build employment policy bridges to the "first labour market". Such "bridging strategies" must attempt to prevent disadvantaged districts from becoming even more isolated, and existing economic segmentation and social discrimination from taking a hold locally.

Diverse approaches for encouraging the local economy, qualification, and employment have been developed within the Internationale Bauausstellung IBA (International Building Exhibition) Hamburg 2013.[6] The scope of this short, generalised article allows for just brief mention of two particularly interesting approaches. One is the attempt to incorporate young people, the unemployed, and low-skilled individuals from the neighbourhood and the region within the IBA Hamburg's numerous building projects with an investment volume of over a billion euros, via qualification projects and employment relationships. To this end, the IBA Hamburg "has made targeted use in recent years … of new legal placing instruments and taken on the difficult task of testing new approaches".[7] The other is the innovative attempt "to utilise the integrative and identity-serving potential of creative economies and to explicitly translate discourse to the Wilhelmsburg location".[8] The intention of this approach is not to draw "talent" from outside the city, but to make an attempt to create new alliances within the given socio-economic structures of an urban district with considerable development problems, alliances in which artists and creative individuals develop joint projects together with employment institutions, the unemployed, or migrant economies.[9]

Literatur

A. Becker: *Quartiersentwickung mit Migrantenökonomie – Die Entwicklung von Migrantenökonomie im Quartier.* Diplomarbeit Stadtplanung. HafenCity Universität Hamburg, Hamburg 2006.

IBA Hamburg (Hg.): *White Paper: Einbeziehung Jugendlicher in IBA-Vorhaben* (Redaktion Gottfried Eich), Zwischenbericht November 2012, Hamburg 2012.

IBA Hamburg (Hg.): *IBA-Labor Kreative Ökonomien und ihre Übersetzbarkeit auf Stadtteilebene.* Dokumentation der Fachtagung am 16. und 17. Juni 2008. Hamburg 2008.

D. Läpple: Lokale Ökonomie. In: *Handwörterbuch der Raumplanung, Akademie für Raumforschung und Landesplanung*, Hannover 2005 (S. 616–619).

D. Läpple / G. Walter: *Im Stadtteil arbeiten.* Beschäftigungswirkungen wohnungsnaher Betriebe. Hamburg 2000.

M. Markert: „Eine Insel wird zum Industriegebiet – Portrait des Reiherstiegviertels". In: Geschichtswerkstatt Wilhelmsburg Honigfabrik e.V. (Hg.): *Wilhelmsburg – Hamburgs große Elbinsel.* Hamburg 2008 (S. 40–58).

Anmerkungen

1 Vgl. unter anderem M. Markert: „Eine Insel wird zum Industriegebiet – Portrait des Reiherstiegviertels." In: Geschichtswerkstatt Wilhelmsburg Honigfabrik e.V. (Hg.): *Wilhelmsburg – Hamburgs große Elbinsel.* Hamburg 2008 (S. 40–58).

2 Im Rahmen des Bund-Länder-Programms „Soziale Stadt", in mehreren EU-Initiativen und Programmen wie zum Beispiel „URBAN" oder auch in dem Rahmenprogramm „Integrierte Stadtteilentwicklung (RISE)" der FHH nimmt das Konzept der „Lokalen Ökonomie" eine wichtige Stelle ein.

3 Vgl. D. Läpple / G. Walter: *Im Stadtteil arbeiten. Beschäftigungswirkungen wohnungsnaher Betriebe.* Hamburg 2000 und D. Läpple: „Lokale Ökonomie". In: *Handwörterbuch der Raumplanung.* Hannover 2005 (S. 616–619).

4 Vgl. unter anderem A. Becker: *Quartiersentwickung mit Migrantenökonomie – Die Entwicklung von Migrantenökonomie im Quartier* (Diplomarbeit Stadtplanung, HafenCity Universität Hamburg). Hamburg 2006.

5 Siehe die IBA-Projekte „Weltgewerbehof" und „Textiler Werkhof".

6 Diese Ansätze werden ausführlich dargestellt in dem Beitrag von Gottfried Eich, Projekte zur Stärkung der lokalen Ökonomie, in diesem Band.

7 IBA Hamburg (Hg.): *White Paper: Einbeziehung Jugendlicher in IBA-Vorhaben* (Redaktion Gottfried Eich), Zwischenbericht November 2012. Hamburg 2012.

8 IBA_Hamburg (Hg.): *IBA-Labor Kreative Ökonomien und ihre Übersetzbarkeit auf Stadtteilebene.* Dokumentation der Fachtagung am 16. und 17. Juni 2008. Hamburg 2008.

9 Siehe dazu beispielhaft das Projekt „Wilhemsburger Kissen" von Ruppert Matthies in Kooperation mit der Textilwerkstatt „Nähgut" der Grone Netzwerk GmbH. Zu weiteren Projekten siehe die Ausführungen von Gottfried Eich in seinem Beitrag zu diesem Band: Projekte zur Stärkung der lokalen Ökonomie, sowie Gerti Theis und Constanze Klotz in ihrem Beitrag: Planung des Unplanbaren? ebenfalls in diesem Band.

Bibliography

A. Becker: *Quartiersentwickung mit Migrantenöko-nomie – Die Entwicklung von Migrantenökonomie im Quartier.* Urban Planning Dissertation. HafenCity Universität Hamburg, Hamburg 2006.

IBA Hamburg (ed.): *White Paper: Einbeziehung Jugendlicher in IBA-Vorhaben* (ed.: Gottfried Eich), Interim Report, November 2012, Hamburg 2012.

IBA Hamburg (ed.): *IBA-Labor Kreative Ökonomien und ihre Übersetzbarkeit auf Stadtteilebene.* Documenta-tion of the specialist conference on 16 and 17 June 2008. Hamburg 2008.D.

Läpple: "Lokale Ökonomie". In: H*andwörterbuch der Raumplanung, Akademie für Raumforschung und Landesplanung,* Hannover 2005 (pp. 616-9).

D. Läpple / G. Walter: *Im Stadtteil arbeiten. Beschäfti-gungswirkungen wohnungsnaher Betriebe.* Hamburg 2000.

M. Markert: "Eine Insel wird zum Industriegebiet – Por-trait des Reiherstiegviertels." In: Geschichtswerkstatt Wilhelmsburg Honigfabrik e.V. (ed.): *Wilhelmsburg – Hamburgs große Elbinsel.* Hamburg 2008 (pp. 40-58).

Notes

1 cf. M. Markert: "Eine Insel wird zum Industriegebiet – Portrait des Reiherstiegviertels" In: Geschichtswerk-statt Wilhelmsburg Honigfabrik e.V. (ed.): *Wilhelms-burg – Hamburgs große Elbinsel.* Hamburg 2008 (pp. 40-58).

2 The concept of the "local economy" plays an important role as part of the federal and regional pro-gramme "Soziale Stadt", in several EU initiatives and programmes such as "URBAN", for example, or in the "Integrierte Stadtteilentwicklung (RISE)" programme by the FHH.

3 cf. D. Läpple / G. Walter: *Im Stadtteil arbeiten. Beschäftigungswirkungen wohnungsnaher Betriebe.* Hamburg 2000; and D. Läpple: "Lokale Ökonomie". In: *Handwörterbuch der Raumplanung.* Hannover 2005 (pp. 616–9).

4 cf. A. Becker: *Quartiersentwickung mit Migrantenöko-nomie – Die Entwicklung von Migrantenökonomie im Quartier.* Urban Planning Dissertation, HafenCity Universität Hamburg. Hamburg 2006.

5 See the IBA projects "World Commercial Park" and "Textile Operations Centre".

6 These approaches are presented in detail in the article by Gottfried Eich, "Projects for Strengthening the Lo-cal Economy", in this volume.

7 IBA Hamburg (ed.): *White Paper: Einbeziehung Jugendlicher in IBA-Vorhaben* (ed: Gottfried Eich), Interim Report, November 2012. Hamburg 2012.

8 IBA Hamburg (ed.): *IBA-Labor Kreative Ökonomien und ihre Übersetzbarkeit auf Stadtteilebene.* Documenta-tion of the specialist conference on 16 and 17 June 2008. Hamburg 2008.

9 See, for example, the project "Wilhemsburger Kissen" by Ruppert Matthies in cooperation with the textile workshop Nähgut from the Grone Netzwerk GmbH. Other projects are presented by Gottfried Eich in his article in this volume: "Projects for Strengthening the Local Economy", as well as Gerti Theis and Constanze Klotz in their article: "Planning the Unplannable?"

GOTTFRIED EICH

Projekte zur Stärkung der lokalen Ökonomie

Qualifizierung und Beschäftigung auf den Elbinseln

Die IBA Hamburg versteht sich nicht nur als eine Ausstellung richtungweisender architektonischer oder städtebaulicher Konzepte, sondern auch als Motor einer nachhaltigen Verbesserung von Lebens- und Arbeitsverhältnissen in ihrem Projektgebiet. In Wilhelmsburg ist ein Viertel der Menschen von Leistungen nach dem deutschen Sozialgesetzbuch II abhängig. Zwei Drittel der arbeitslosen Einwohner haben keinen Berufsabschluss und die Zahl der als überschuldet geltenden Personen hat in einzelnen Quartieren die 30-Prozent-Marke erreicht. Deshalb stärkt und initiiert die IBA Hamburg auch Projekte, die auf lokalökonomischer und beschäftigungspolitischer Ebene einen strukturellen Wandel ermöglichen.

Das Bestreben der IBA, mehr Beschäftigung in dauerhaften, sozialversicherten Arbeitsverhältnissen zu ermöglichen und die lokal bezogene Ökonomie zu stärken, ist einerseits im Leitthema „Kosmopolis" verortet und stellt gleichzeitig einen projektübergreifenden integrierten Arbeitsansatz dar. Die IBA trat in den vergangenen Jahren als Initiator, Katalysator und Moderator für diesbezügliche Entwicklungsprozesse auf. Sie musste dies gleichsam als Ersatz für nicht definierte Zuständigkeiten und fehlende Verantwortungsübernahme staatlicher Behörden und Institutionen tun, die sich unter anderem durch unterschiedliche Aufgabenstellungen der zuständigen Stellen ergeben.[1] Konkret hat die IBA Hamburg versucht, hier Brücken zu schlagen, Synergieeffekte und Folgewirkungen ihrer Projekte sowie der internationalen gartenschau hamburg 2013 (igs) für den lokalen Arbeitsmarkt in Wilhelmsburg zu koordinieren und Projekte der Beschäftigung und Qualifizierung für die Bevölkerung auf den Elbinseln anzustoßen.

Qualifizierung und Vermittlung für lokale Bedarfe

Seit 2008 hat sich eine Arbeitsgruppe Wirtschaft und Beschäftigung aus Akteuren gebildet, die sich auf den Elbinseln engagieren, darunter Vereine, freie Qualifizierungs- und Beschäftigungsträger, Werkstätten für behinderte Menschen, Unternehmen sowie Einrichtungen wie die Arbeitsagentur Hamburg-Harburg, das Jobcenter team.arbeit.hamburg und die IBA Hamburg. Dieser Verbund hat sich intensiv mit der Entwicklung von konkreten Vorschlägen zur Verbesserung von Qualifizierungs- und Beschäftigungsmöglichkeiten befasst.[2]

In den Bereichen des Hotel- und Gaststättengewerbes, der Kranken- und Altenpflege, des Garten- und Landschaftsbaus, des Einzelhandels, der Sicherheitsdienstleistungen und der Logistik ist in den kommenden Jahren mit einem steigenden Bedarf an lokalen Arbeitskräften zu rechnen, aus denen konkrete Arbeitsplatzangebote für Menschen aus der Elbinselregion entstehen. Bereits jetzt sehen in diesem Zusammenhang erarbeitete Konzepte zertifizierte, also aufbaufähige Teilqualifikationen, Praktika, Nachqualifizierungsangebote und stabilisierende Maßnahmen vor.

Da zwei Drittel der Arbeitslosen auf den Elbinseln nicht über eine Ausbildung verfügen, sind nachhaltige Anstrengungen erforderlich, um das unterdurchschnittliche Qualifikationsniveau

Es ist ein wesentliches Anliegen der IBA, Jugendlichen, Arbeitslosen und gering qualifizierten Menschen im Rahmen ihrer Bauprojekte Chancen für eine berufliche und soziale Integration zu bieten. Im Rahmen einer Qualifizierungsmaßnahme montieren Jugendliche Fahrradständer am Projekt „Open House".
The IBA presents a tremendous opportunity for providing young people, the unemployed, and low-skilled individuals with prospects for vocational and social integration within the scope of its building projects. Here, young people are assembling bicycle stands as part of a qualification programme at the Open House project.

GOTTFRIED EICH

Projects to Strengthen the Local Economy

Qualifications and Employment on the Elbe Islands

der lokalen Arbeitskräfte anzuheben. Auf einer Fachkonferenz zur Qualifizierung und Beschäftigung auf den Elbinseln sind dazu im September 2012 mit verschiedenen Fachbehörden, Agenturen und Qualifizierungsträgern Vereinbarungen getroffen worden, die über die bisher informell getroffenen Abstimmungen der einzelnen Akteure hinausgehen.

So sollen Arbeitslosen Qualifizierungsmaßnahmen mit dem Ziel angeboten werden, neben der Aufnahme einer Beschäftigung schrittweise auch einen Berufsabschluss zu erreichen. Für die Dauer der internationalen gartenschau hamburg 2013 (igs) werden bis zu 500 Arbeitskräfte in der Gastronomie, im Service, bei Sicherheitsdiensten und der Reinigung benötigt. Für diese Aufgaben sollen insbesondere Arbeitssuchende aus der Umgebung sozialversicherungspflichtig beschäftigt werden, sodass diese Tätigkeit als Brücke für eine dauerhafte Integration in den Arbeitsmarkt genutzt werden kann. Zudem werden ab 2013 im neuen Wilhelmsburger LUNA Einkaufszentrum mehr als 250 zusätzliche Arbeitsplätze entstehen: Chancen, die es für lokale Bewohnerinnen und Bewohner zu nutzen gilt.

Vernetzte Beschäftigung Jugendlicher in Bau- und anderen IBA-Vorhaben

Auch die Projekte der IBA generieren Arbeitsplätze, die lokal gebunden werden sollen. Bei der baulichen Realisierung und im Betrieb ihrer Projekte erprobt die IBA deshalb neue Integrationsansätze. Durch eine Änderung des Vergaberechts für Bau- und Dienstleistungen, die 2009 in Kraft trat, ist es möglich geworden, an die Auftragnehmer für die Ausführung ihrer Aufträge beispielsweise auch Anforderungen sozialer Art zu stellen, die dann unter anderem durch das Angebot von Praktika oder befristeter Beschäftigung für Bewohner des Stadtteils erfüllt werden können. Außerdem ist in den Qualitätsvereinbarungen der IBA mit Projektinvestoren eine Kooperation mit lokalen Qualifizierungs-, Jugendberufshilfe- oder Beschäftigungsträgern vorgesehen, sodass bereits viele wirkungsvolle

Lernprojekte realisiert werden konnten. Zudem sind bereits erste Vereinbarungen mit Investoren geschlossen worden, die die Einbeziehung lokaler Bewohner in das Facility-Management und in die Pflege der Außenanlagen bei den fertiggestellten IBA-Projekten ermöglichen. Zusätzlich agiert die Vermittlungsagentur Wilhelmsburg[3] auf diesem Feld. Sie nimmt über die von der IBA zu den Bauherren hergestellten Kontakte Verbindung mit den bauausführenden Firmen auf, klärt die dortigen Bedarfe und Stellenprofile und informiert die jugendlichen und erwachsenen Kunden der Arbeitsagenturen sowie lokale Beschäftigungsträger und Schulen über die Praktikums-, Ausbildungs-, Qualifizierungs- und Beschäftigungsangebote. Den Unternehmen schlägt sie dann geeignete Bewerber vor. Mit diesem sozialräumlich orientierten Vermittlungsprinzip kann offensiv auf die Arbeitsuchenden zugegangen werden, anstatt in den Ämtern auf diese zu warten.[4] Durch diese Initiative konnten bislang mehr als 50 Praktikumsplätze geschaf-

Ein Blick in die Werkstätten des „Bildungszentrums Stübenhofer Weg" A look inside the workshops of the Stübenhofer Weg Education Centre

Jugendliche aus dem Stadtteil bei der Gestaltung der Außenanlagen des IBA-Projektes „Veringeck"
Local youngsters working on the grounds of the IBA's Veringeck project

The *Internationale Bauausstellung IBA (International Building Exhibition)* Hamburg 2013 sees itself not only as an exhibition of innovative architectural or urban design concepts, but also as a driving force for the sustainable improvement of the living and working conditions in its project area. A quarter of the people in Wilhelmsburg are dependent on long-term social benefits. Two thirds of the unemployed residents have no vocational qualifications and the proportion of people in substantial debt has reached as much as 30 per cent in some districts. The IBA Hamburg therefore also initiates, and strengthens, projects making possible structural transformation at local economy and employment policy levels. IBA Hamburg's effort to enable more employment in long-term jobs with social security insurance and to boost the local economy is anchored in the "Cosmopolis" theme and, at the same time, it constitutes an integrated, cross-project employment approach. In recent years the IBA Hamburg has acted as initiator, catalyst, and facilitator for such development processes. It has had to take this task on in the absence of defined competencies and a lack of assumed responsibility on the part of state authorities and institutions. These result in part from differences in task formulation of the authorities responsible.[1]

In concrete terms, the IBA Hamburg has tried to build bridges, to coordinate synergies and the knock-on effects of its own projects, and of the *international garden show hamburg 2013 (igs)* for the local labour market in Wilhelmsburg, and to initiate employment and qualification projects for the Elbe islands population.

Qualification and Placement for Local Needs

A business and employment working group was set up in 2008 comprising committed organisation representatives from the Elbe islands, including those of associations, independent qualification and employment institutions, workshops for the disabled, businesses and facilities such as the *Hamburg-Harburg employment agency, the team.arbeit.hamburg*

job centre, and the IBA Hamburg. This group has worked intensively on the development of concrete proposals for the improvement of qualification and employment opportunities.[2] A growing requirement for local labour is anticipated for the years ahead in the fields of hotel and catering, nursing and geriatric care, garden and landscaping services, retail, security services, and logistics, leading to concrete job offers for people from the Elbe islands. Concepts now drawn up in this context are already providing for certified, basic sub-qualifications, traineeships, post-qualification opportunities, and stabilisation measures.

With two thirds of unemployed people on the Elbe islands having had no training, long-term efforts are required in order to raise the below-average qualification level of the local manpower. To this end, in September 2012, a conference of experts on qualification and employment on the Elbe islands (different specialist authorities, agencies, and qualification institutions) reached agreements beyond the informal cooperation between individual participants in place to date. Consequently, the unemployed are to be offered qualification opportunities with the aim of achieving a vocational certificate in addition to being found a job.

Up to 500 positions in catering, service, security services, and cleaning will be required for the duration of the igs. These functions are to be performed primarily by local jobseekers on an insurable employment basis, so this activity can be used as a bridge to long-term integration in the labour market. In addition, as of 2013, the new Wilhelmsburg LUNA shopping centre will create more than 250 additional jobs: opportunities that need to be taken by local residents.

Networked Employment of Young People in IBA Hamburg Construction and Other Projects

In addition, the IBA Hamburg's projects generate jobs that ought to be filled locally. It is therefore testing new approaches to integration in the structure and operation of its projects. Changes to the placement rules for

fen, 30 befristete und unbefristete Arbeitsverträge sowie fünf Ausbildungsverträge abgeschlossen werden.

Das Projekt „Textiler Werkhof"

Nicht zuletzt um solche Entwicklungen zu verstetigen, hat die IBA außerdem konkrete Projekte befördert, die zu Ankerprojekten für lokale Ökonomien werden sollen. Die Nachfrage nach Dienstleistungen an Schneidereien (sogenannte Zwischenmeistereien) im Bereich Mode, Textil, Design, die auch kleine Stückzahlen flexibel produzieren können, ist in den letzten Jahren in Hamburg deutlich gestiegen. Daraus entwickelte sich die folgende Grundidee:
Eine alte Fabrik bildet das Herz des Projekts und soll einen Beitrag zur Schaffung von Ar-

beits- und Ausbildungsplätzen im Zusammenhang mit sozialer Stadtentwicklung leisten. Der Werkhof ist mit dezentralen Kooperationspartnern, Designerstudios, Schneiderwerkstätten, bestehenden Textilprojekten, Kleiderkammern und ähnlichen Einrichtungen in der Region verbunden und er befindet sich inmitten des Stadtteils, also vor Ort[5]. Jeder Akteur entwickelt einen eigenen Produktbereich. Die Mitarbeiterinnen und Mitarbeiter bekommen die Chance, je nach ihren individuellen Fähigkeiten in eine andere Werkstatt zu wechseln, sich durch die Arbeit weiterzuqualifizieren oder auch einen Ausbildungs- beziehungsweise einen Dauerarbeitsplatz zu finden. Der Werkhof bietet außerdem Existenzgründenden durch Untervermietung von Läden oder Werkstatträumen einen kostengünstigen Start. Einige

„Das Geld hängt an den Bäumen". Manchmal liegen Erwerbsmöglichkeiten näher als man denkt. Eine gärtnermeisterlich betreute Gruppe von Beschäftigten mit Behinderungen bringt reiche Ernte an Äpfeln von öffentlichen und privaten Bäumen ein. In einer Win-win-Situation entstehen feste Arbeitsverhältnisse und schmackhafter Apfelsaft (rechts).   "Money grows on trees." Earning opportunities are sometimes closer than you think. Under the guidance of a professional gardener, a group of disabled people brings in a rich harvest of apples from public and private trees. This win-win situation results in fixed working conditions and delicious apple juice (right).

the construction and service industries that came into effect in 2009 have made it possible to stipulate requirements for contractors in the fulfilment of their assignments, such as arrangements of a social nature. These can include the offering of traineeships or temporary employment to neighbourhood residents. Furthermore, the IBA Hamburg's quality agreements with project investors provide for cooperation with local qualification, youth vocational training, or employment institutions, such that many effective learning ventures have already been implemented. The first agreements with investors have likewise already been concluded, enabling the incorporation of local residents in facility management and in the maintenance of the grounds of completed IBA projects. The *Wilhelmsburg Placement Agency*[3] is also active in this field. It follows up on the IBA Hamburg's contacts with construction companies, clarifies their requirements on site and informs both young people and adult clients of employment agencies, local employment institutions, and schools regarding practical instruction, training, qualification, and employment opportunities. The agency then introduces suitable applicants to the companies. This socio-spatial-oriented placement principle permits a proactive approach to jobseekers instead of waiting for them to contact the authorities.[4] To date, these initiatives have created more than fifty training places, and led to the issue of thirty temporary and permanent employment contracts, as well as five training contracts.

The "Textile Operations Centre" Project

In order to consolidate such developments, the IBA Hamburg has also promoted concrete ventures intended to become anchor projects for local economies. The demand in the fields of fashion, textiles, and design for local tailoring or dressmaking services, with the flexibility to produce small quantities, has seen a sharp rise in Hamburg in recent years. It was from this situation that the following basic idea was developed.

An old factory forms the heart of this project and is intended to contribute to the creation of jobs and training opportunities in the context of social urban development. The centre has links to decentralised cooperation partners, designer studios, tailors' workshops, existing textile projects, clothing stores, and similar facilities in the region. It is located in the middle of the neighbourhood, i.e. locally.[5] Each protagonist develops their own product area. The staff members have the opportunity to switch to another workshop, depending on their individual skills, to gain further qualifications through their work, or else to find a traineeship or a permanent job. The centre also provides affordable start-up opportunities through the sub-letting of shop or workshop space. A number of such projects have already been established and professionalised here, with further businesses and organisations set to join them. This process will still require further support for a while in the expansion of cooperation partners and the establishment of networks.

The IBA Hamburg's "World Commercial Park" Project

A further anchor project is the "World Commercial Park".[6] On the edge of the "Global Neighbourhood" in the Reiherstieg district a former workshop and garage complex is being turned into a commercial park with the aim of boosting existing small businesses and giving new ventures the chance to become established. It is directed at small and medium-sized tradesmen and commercial operations, start-ups, and especially enterprises deriving from the culture of the neighbourhood's migrant population or those already in existence. This is intended to provide employment opportunities for local residents. With about 35 units, the "World Commercial Park" is intended to provide long-term security and to encourage further development of small-scale business units. One contribution to achieving these goals is the level of the rents for the commercial units, which are financially supported by the European Social Fund and the European Regional Development Fund. This

solcher Projekte konnten hier bereits angesiedelt und professionalisiert werden, weitere Betriebe und Organisationen sollen hinzukommen. Für diesen Prozess bedarf es noch eine Zeitlang der weiteren Unterstützung beim Ausbau der Kooperationen und der Festigung der Netzwerke.

IBA-Projekt „Weltgewerbehof"

Ein weiteres Ankerprojekt ist der „Weltgewerbehof".[6] Am Rand des „Weltquartiers" im Reiherstiegviertel entsteht aus einem ehemaligen Werkstatt- und Garagenkomplex ein Gewerbehof mit dem Ziel, vorhandene Kleinbetriebe zu stärken und neuen Betrieben eine Möglichkeit zur Ansiedlung und Gründung zu bieten. Dadurch sollen kleine und mittlere Handwerks- und Gewerbebetriebe, Existenzgründer und vor allem solche Betriebe angesprochen werden, die aus der Lebenskultur der migrantischen Bevölkerung des Stadtteils entstehen oder schon entstanden sind. Damit sollen Bewohner vor Ort Chancen der Beschäftigung bekommen. Der „Weltgewerbehof" wird mit etwa 35 Raumeinheiten eine nachhaltige Sicherung und Weiterentwicklung der kleinteiligen ökonomischen Einheiten ermöglichen. Ein Instrument, um dieses Ziel zu erreichen, ist die Mietpreisgestaltung für die Gewerbeeinheiten, die durch eine Förderung aus Mitteln des Europäischen Sozialfonds und des Europäischen Fonds für regionale Entwicklung unterstützt wird. Als ein weiterer Effekt dieser Maßnahme soll der Verdrängung von Gewerbebetrieben aus dem Quartier Einhalt geboten, so sollen die vorhandenen Betriebsstrukturen nachhaltig gesichert sowie weiterentwickelt werden.

IBA-Projekt „Zentrum für Lokale Ökonomie, Bildung und Qualifizierung"

Nicht realisiert werden konnte das „Zentrum für Lokale Ökonomie, Bildung und Qualifizierung", das im Gebäudekomplex Am Veringhof 7 eingerichtet werden sollte. Zur Stärkung lokaler Ökonomie, zur Bildung, Beschäftigung und Qualifikation der Menschen auf den Elbinseln war vorgesehen, auf 4500 Quadratmetern kostengünstig Räume für entsprechende Einrichtungen zu schaffen. Geplant waren neben Unternehmensneugründungen unter anderem Angebote nach dem Prinzip eines Community Dance Center oder eines Sports Center, die Kultur, Sport und Bildungsangebote für die Stadtteilbewohner verbinden. Beheimatet werden sollten außerdem die Qualifizierungs- und Beschäftigungsmaßnahmen im Kontext der IBA und igs in Form einer Bauhütte. Für 60 Prozent der Flächen lagen bereits Mietzusagen vor, als sich 2009 durch den Wegzug eines städtischen Bildungsträgers aus dem nahegelegenen Gewerbehof Am Veringhof 9 dem städtischen Immobilienunternehmen als Eigentümer eine zu große Finanzierungslücke für die Instandsetzung und Flächenausweitungen auftat, die es nicht zu schließen bereit war. In den Räumen Am Veringhof 9 konnte dann aber der „Textile Werkhof" angeregt werden.

„Das Geld hängt an den Bäumen!"

Aber es sind nicht nur die großen Würfe, die zur Stabilisierung oder Etablierung lokaler Ökonomien führen. Manchmal liegt der Erfolg näher, als man denkt, wie ein von dem Werbefachmann Jan Schierhorn initiiertes Projekt zeigt: Die Idee ist einfach, die Geschichte kurz: Äpfel, die überall an Hamburgs Bäumen auf privatem und öffentlichem Grund hängen bleiben, werden durch eine gärtnermeisterlich betreute Gruppe von Beschäftigten mit Behinderung geerntet, bei einer Slow-Food-Mosterei zu Saft verarbeitet und im Direktvertrieb an Firmen und Privatkunden verkauft. Neben dem Saftverkauf bietet die für das Projekt gegründete gemeinnützige Gesellschaft mit beschränkter Haftung (gGmbH) gärtnerische Tätigkeiten an und finanziert so die Arbeit von mittlerweile 22 Menschen mit Behinderung, zweieinhalb Stellen für die gärtnerische Fachanleitung und fünf sozialversicherungspflichtige Arbeitsplätze.[7]

Das Kunstprojekt „Wilhelmsburger Kissen & Fahnen" ist eine Kooperation zwischen dem Hamburger Künstler Rupprecht Matthies und der Textilwerkstatt NähGut der Grone Netzwerk gGmbH, einem beruflichen Integrationsprojekt für Menschen ohne Arbeit. Es ist ein Modul des „Textilen Werkhofs", der sich Am Veringhof etabliert. The Wilhelmsburg Cushions & Flags art project is a joint venture between Hamburg artist Rupprecht Matthies and the Grone Netzwerk gGmbH's textile workshop NähGut, a vocational integration scheme for the jobless. It is a module of the Textile Operations Centre based at Am Veringhof.

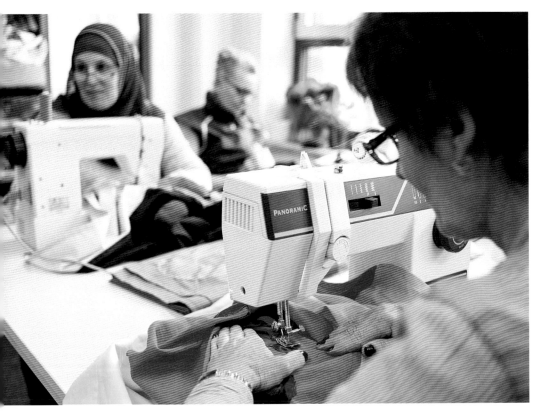

Hamburg and the igs in the form of a site office. Rentals were already confirmed for 60 per cent of the space when the withdrawal in 2009 of a municipal education body from the nearby business centre (Am Veringhof 9) left the municipal property company, as owner, with too great a funding shortfall for the restoration and extension work, a gap that it was not prepared to bridge. The "Textile Operations Centre" was then able to be housed in this centre.

Money Grows on Trees!

It is not just the big moves that lead to the establishment or stabilisation of local economies. Success is sometimes closer than you think, as is shown by a project initiated by advertising expert Jan Schierhorn. The idea is simple and the story short. Apples left hanging on trees all over Hamburg on private and public land are harvested by a group of disabled people under the guidance of a professional gardener, processed by a Slow Food juice-pressing enterprise, and sold directly to companies and private individuals. In addition to the sale of juice, the public limited company set up for the project provides gardening services through which it finances jobs for what are now 22 disabled people, two and a half positions for the professional instruction, and five jobs with social security insurance.[7]

measure is intended to have the additional effect of preventing the displacement of commercial enterprises from the neighbourhood, via the long-term security and further development of the existing commercial structures.

The IBA Hamburg's "Local Economy, Training, and Qualification Centre" Project

The "Local Economy, Training, and Qualification Centre", its establishment intended for the Am Veringhof 7 complex, is a project that could not be implemented. The plan was to set up 4500 square metres of affordable premises for appropriate facilities to support the local economy, as well as for the training, employment, and qualification of the people on the Elbe islands. In addition to new start-ups, plans also included a Community Dance Centre or a Sports Centre, combining cultural, sports, and educational opportunities for the neighbourhood's residents. The qualification and employment functions were also to be rooted in the context of the IBA

Parkwerk gGmbH

The Island Park in Wilhelmsburg is being developed as part of the igs 2013. Following the end of the garden show it is to offer comprehensive leisure options that will see this green area, approximately 100 hectares in size, providing in the future major opportunities for the long-term employment and qualification of people from the neighbourhood. The necessary cleaning, care, and maintenance tasks will permit the development of new approaches in cooperation with youth vocational training, workshops for the disabled, and educational institutions. Six such institutions involved in gardening and landscaping have been able to effectively

Die Parkwerk gGmbH

Im Rahmen der igs 2013 entsteht der Wilhelmsburger Inselpark. Nach Ende der Ausstellung soll er ein umfangreiches Freizeitangebot bereithalten, sodass die etwa 100 Hektar großen Grünflächen in Zukunft eine große Chance für dauerhafte Beschäftigung und Qualifizierung für Menschen aus dem Stadtteil bieten. Die erforderlichen Reinigungs-, Pflege- und Erhaltungsmaßnahmen ermöglichen es, in Kooperation von Betrieben mit Trägern der Jugendberufshilfe, Werkstätten für behinderte Menschen und Bildungsträgern neue Ansätze zu entwickeln. Sechs solcher Träger, die im Garten- und Landschaftsbau tätig sind, können ihre aus öffentlichen Mitteln finanzierten Ressourcen wirksam in das Vorhaben der Parkpflege einbringen. Das Bezirksamt Hamburg-Mitte beziehungsweise eine in ganz Hamburg im Auftrag der Stadtverwaltung tätige Gesellschaft zur Pflege von Grünanlagen wird ab 2014 die Verantwortung für die Pflege- und Instandhaltungsarbeiten des Elbinselparks übernehmen. Ob und in welcher Form die Ansätze zur Qualifizierung und Beschäftigung realisiert werden, ist noch Gegenstand politischer Entscheidungen.

Resümee

Nachhaltige Erfolge und das Scheitern neuer Ansätze im Kontext der angeschobenen Projekte liegen dicht beieinander. Die initiierten Projekte können Anregungen schaffen und nachhaltig wirken, wenn die Impulse, mit denen im lokalen Fokus Erfolge erzielt werden können, in den Regelstrukturen aufgegriffen werden. Das heißt: Zuständigkeiten und Verantwortlichkeiten in Abstimmung aller gesellschaftlicher Akteure zu bündeln, indem die kohärente Förderung der lokalen Ökonomie, Qualifizierung und die Beschäftigung kleinräumig und lokal ergänzt werden. Das kann durch angepasste Gewerbehofkonzepte wie mit dem „Weltgewerbehof" oder dem „Textilen Werkhof" erreicht werden. Dafür braucht es oft nicht mehr als einen wirksamen Mix von einfach zu beantragenden Investitionsmitteln, kostengünstig bereitgestellten Betriebsflächen und engagierten Projektmanagern.

Anmerkungen

1 So sind die Arbeitsagenturen im Rahmen ihres gesetzlichen Auftrages beispielsweise verpflichtet, die berufliche Integration des einzelnen Arbeitslosen zu leisten. Das Hamburger Rahmenprogramm Integrierte Stadtteilentwicklung (RISE) sieht aber die sozialräumliche Ausrichtung der Arbeitsmarkt-, der Bildungs- und Berufsbildungspolitik vor. Dieses Spannungsverhältnis ist bislang nicht positiv aufgelöst worden. Dadurch gehen vielfältige Handlungsoptionen verloren.

2 Darunter sind lokale Qualifizierungs-, Jugendberufshilfe- und Beschäftigungsträger, Sanierungsträger, Arbeitsagentur Harburg, Jobcenter team.arbeit. hamburg. Wilhelmsburg, Bezirksamt Hamburg-Mitte, Unternehmer ohne Grenzen e.V., LoWi-Büro für Lokale Wirtschaft, IBA Hamburg GmbH, Werkstätten für behinderte Menschen.

3 Geschaffen durch den Arbeitgeberservice der Arbeitsagentur Harburg, das Jobcenter team.arbeit.hamburg sowie durch das Berufsförderungswerk (BFW) Vermittlungskontor (gefördert durch das Integrationsamt der Behörde für Arbeit, Soziales, Familie und Integration).

4 Broschüre auf der IBA-Website www.iba-hamburg.de.

5 Partner für dieses Projekt sind: Grone Netzwerk gGmbH – Projekt nähgut, passage gGmbH Projekt Kleiderkammer.

6 Investor ist das städtische Unternehmen GMH Gebäudemanagement Hamburg GmbH (ehemals GWG Gewerbe GmbH), als Beratungseinrichtung für die Gewerbetreibenden agiert das LoWi – Büro für Lokale Wirtschaft von Beschäftigung und Bildung e.V.

7 mehr: www.dasgeldhaengtandenbaeumen.de.

incorporate their publicly financed resources in the park maintenance project. The district of Hamburg-Mitte and a park maintenance company commissioned by the city authorities for the whole of Hamburg is to take on responsibility for the care and maintenance of the Island Park from 2014. The issues of whether and in which form the qualification and employment approaches will be implemented is still a matter awaiting political decisions.

Summary

Long-term success and the failure of new approaches in the context of start-ups are closely related. The projects initiated are able to provide inspiration and a long-term impact when the impetus with which success can be achieved at a local level is incorporated into the regulatory structures. This means: bundling competencies and responsibilities in consultation with all social protagonists through the coherent promotion of the local economy, qualification, and employment on a small-scale, local level. This can be achieved through adapted commercial park concepts such as the "World Commercial Park" or the "Textile Operations Centre". This often needs no more than an effective mix of easily accessible investment funds, affordable and available commercial premises, and committed project managers.

Notes

1 In terms of their statutory mandate the employment agencies are obliged to facilitate the occupational integration of the unemployed on an individual basis, for example. Hamburg's Integrated Urban Development Framework Plan (RISE), however, provides for the socio-spatial orientation of labour market, education, and vocational training policy. This conflict has not yet found a positive solution and, consequently, a wide range of opportunities for action are missed.

2 Including local qualification, youth vocational training, and employment agencies, redevelopment agencies, the Harburg employment agency, the Wilhelmsburg team.arbeit.hamburg job centre, the district of Hamburg-Mitte, Unternehmer ohne Grenzen e.V. (Entrepreneurs without Borders), LoWi-Büro für Lokale Wirtschaft (LoWi Office for Local Economy), IBA Hamburg GmbH, and disabled workshops.

3 Set up by the Harburg employment agency's employer service, the job centre team.arbeit.hamburg and the

Berufsförderungswerk (BFW – Occupational Support Work) Vermittlungskontor (Mediation Office, funded by the Integration Authority of the State Ministry of Social Affairs, Family and Integration).

4 Brochures on the IBA website: www.iba-hamburg.de.

5 Project partners: Grone Netzwerk gGmbH – Projekt NähGut gGmbH – Projekt Kleiderkammer (Clothes Centre).

6 The investor is the municipal company GMH Gebäudemanagement Hamburg GmbH (formerly GWG Gewerbe GmbH), with LoWi – Büro für Lokale Wirtschaft von Beschäftigung und Bildung (Employment and Education) e.V. as a trades advisory service.

7 For further details: www.dasgeldhaengtandenbaeumen. de.

BETTINA KIEHN, CORINNA PETERS-LEIMBACH

Elf Ansichten

Kommentar der Sprecherinnen des IBA/igs Beteiligungsgremiums zu den Themen und Projekten der IBA Hamburg

Um es vorweg zu nehmen: Das IBA/igs-Beteiligungsgremium hatte nicht die Funktion, die der Name suggeriert.[1] Mit dem Terminus „Beteiligung" wird landläufig auch eine Mitsprache bei Entscheidungen verstanden. Dafür war das Gremium nie gedacht. Die 15 Vertreterinnen und Vertreter aus Wilhelmsburg, sechs von der Veddel und drei aus dem Bereich Harburger Schloßinsel, durchliefen alle zwei Jahre ein hochschwelliges schriftliches Bewerbungsverfahren und wurden durch politische Gremien eingesetzt, die ihrerseits neun (stimmrechtslose) Vertreter entsandten. Ziel des Gremiums war es, der IBA und der igs eine institutionalisierte Kommunikation mit den Bürgerinnen und Bürgern über die geplanten Projekte und den Umsetzungsverlauf zu ermöglichen. Zum Ende seines Bestehens hat das Gremium diesen Beratungsauftrag zur Reflexion des gesamten IBA-Prozesses erweitert. Unsere Anmerkungen zu diesem Prozess stellen wir im Folgenden in aller Kürze dar.

Wohnen, Stadtentwicklung und Umwelt

Zu einem lebenswerten Wohnstandort gehören medizinische Versorgung, Bildung, Freizeitangebote, Flutsicherheit, Arbeit und Einkaufsmöglichkeiten. Im Rahmen von IBA-Projekten wurden teilweise bauliche Rahmenbedingungen verbessert. Eine nachhaltige Wirkung im Alltag muss sich erst noch zeigen. Bereits heute zeigen die Projekte „Veringeck" und der „Pavillon am Weimarer Platz" eine integrative, positive Wirkung.

Neubau und Sanierung

Die insbesondere in Wilhelmsburg Mitte entstehenden Neubauten werden ambivalent gesehen, da befürchtet wird, dass sie die soziale Spaltung innerhalb des Stadtteils befördern. Das Gremium bedauert vielmehr, dass nicht an Kirchdorf-Süd gezeigt wurde, wie man Hochhaussiedlungen weiterentwickeln kann.

Gentrifizierung

Eine Aufwertung des Wohnstandortes auf den Elbinseln ist notwendig, birgt aber die Gefahren einer Gentrifizierung in sich. Wo sollen die Menschen bleiben, wenn zum Beispiel ein Umzug innerhalb ihres Viertels wegen drastisch gestiegener Mieten nicht mehr möglich ist? Hier helfen Statistiken, die belegen, dass es im übrigen Hamburg noch schlimmer ist, nicht weiter.

Natur und Landschaft

Die Eingriffe in die Natur, um zum Beispiel das Gartenschaugelände herzurichten, wurden im Stadtteil zwiespältig aufgenommen. Ob das Gelände wirklich nach der Gartenschau als „Volkspark des 21. Jahrhunderts" von der Bevölkerung angenommen wird, wird die Zukunft zeigen. Bei den Baumaßnahmen stellte sich die Frage, ob diese wirklich so viel Fläche versiegeln müssen, zumal die Ausgleichsmaßnahmen meist der anliegenden Bevölkerung nicht zugutekommen.

Die Beteiligungsformen der IBA wurden jeweils auf die Projekte zugeschnitten. Eine Konstante bildete das IBA/igs Beteiligungsgremium, es kam zu 66 Sitzungen (fast immer) im Bürgerhaus Wilhelmsburg zusammen. Das Bürgerhaus ist ein Ort der Begegnung von Menschen unterschiedlichster Kulturen, Religionen, jeden Alters und Geschlechts von den Elbinseln und zugleich überörtliches Tagungszentrum. Zahlreiche Veranstaltungen der IBA fanden zwischen 2007 und 2013 hier statt. The IBA's approaches to participation were adapted to each project. One invariable factor was the IBA/igs Participation Committee, which met a total of 66 times, (almost always) in the Wilhelmsburg community centre. The centre is a meeting place for people from the Elbe islands, of very different cultures, religions, of every age and gender, as well as an interregional conference location. Numerous IBA events took place here between 2007 and 2013.

BETTINA KIEHN, CORINNA PETERS-LEIMBACH

Eleven Perspectives

Commentary by the IBA/igs Participation Committee Spokespersons on the IBA Hamburg Themes and Projects

Wirtschaft und Arbeit

Viele Bewohnerinnen haben sich von IBA und igs auch eine Funktion als Beschäftigungsmotor versprochen. Dem war bisher leider nicht so. Die Entwicklung der Arbeitslosenquote verläuft hier nach wie vor spürbar weniger positiv als im übrigen Hamburg. Das von IBA und Handwerkskammer initiierte Bieterverzeichnis hat für uns keine erkennbare Beschäftigungswirkung. Die vor kurzem ins Leben gerufene Beschäftigungskonferenz ist ein weiterer Versuch, den Anschluss an die gesamtstädtische Entwicklung zu bekommen.

Verkehr

Sich mit Verkehrsfragen zu befassen, war nicht die Aufgabe des Gremiums, da es sich nicht um IBA/igs-Projekte handelt. Gleichwohl stimmt das Gremium der schon seit langem bestehenden Forderung zu, dass ein umfassendes Verkehrskonzept für die Elbinseln und den Hamburger Süden dringend erforderlich ist.

Bildung

Bei aller Prozesskritik, zum Beispiel an der Vernetzungsgeschwindigkeit oder dem – auch personell – fehlenden Fokus auf interkulturelle Bildung, ist die „Bildungsoffensive" das einzige Projekt der IBA, das von allen hier lebenden Menschen unterstützt wird.
Das IBA-Strukturmonitoring weist 2011 erstmals eine messbare Verbesserung der Bildungssituation nach. Wir gehen davon aus, dass sich dieser Effekt verstetigt, wenn die Arbeit der „Bildungsoffensive" fortgesetzt wird. Die zu Recht als IBA-Projekt vielbeachtete „Bildungsoffensive" ist die Qualifizierung eines langjährigen Prozesses, der von den Bildungseinrichtungen der Elbinseln selbst getragen wurde. Die IBA hat mit einer fachbehördenübergreifenden Lenkungsgruppe die Vernetzung vorangetrieben und mit neuen Bildungshäusern hoch attraktive Lernorte geschaffen.
Was davon nach der IBA außer schönen Bauten bleibt, ist ungewiss.

Wie die Stadt Hamburg mit den gewachsenen Ressourcen umgeht, welche Mittel den Bildungsnetzwerken künftig für ihre Arbeit und Entwicklung zur Verfügung stehen, ist für die Bürger der Elbinseln der wichtigste Prüfstein für den Erfolg der IBA.

Freizeit und Sport

Im Inselpark der igs entstehen eine Vielzahl von zusätzlichen Sport- und Freizeitangeboten, die die hier lebenden Menschen ab 2014 auch ohne igs-Eintritt nutzen können. Mit ansässigen Sport- und insbesondere Wassersportvereinen hat die igs in den letzten Jahren überaus positiv zusammengearbeitet. Die Mitglieder des Gremiums sehen in den vielfältigen Optionen des Inselparks einen Gewinn für die Lebensqualität. Wobei es auch hier die Angst vor Verdrängung durch Aufwertung gibt. Unser Gremium hat sich sehr für das moderne Schwimmbad stark gemacht und dafür, dass die alte Halle erst abgerissen wird, wenn die neue betriebsfertig ist. Dass im Rahmen der Planungen dann eine mehrmonatige Lücke entsteht, ist für uns nicht nachvollziehbar.

Kultur

Die unter dem Dach „Kreatives Quartier Elbinseln" gefassten Kunst- und Kulturaktivitäten der IBA wurden vom Gremium sehr kritisch begleitet. Die Frage, ob die durchgeführten Teilprojekte tatsächlich dazu dienlich waren, das Ziel der IBA, die Elbinseln langfristig in der Hamburger Kulturszene zu verankern, zu befördern, kann heute niemand wirklich beantworten.
Um nur ein Teilprojekt als Beispiel zu nennen, „Räume für die Kunst": Was bleibt, sind auf alle Fälle langfristig nutzbare Räume für den Künstler[Community] e.V. Andererseits sind die für freie Kulturproduktion existenzwichtigen undefinierten Optionsräume bald für immer verschwunden. Das Gremium kritisiert während des gesamten Prozesses insbesondere die mangelhafte Kooperation mit den lokalen Akteuren.

Corinna Peters-Leimbach, *1969, ist evangelisch-lutherische Pastorin in Wilhelmsburg. Sie ist Mitglied des Beteiligungsgremiums und eine seiner Sprecherinnen.
Corinna Peters-Leimbach, b. 1969, is an Evangelical-Lutheran pastor in Wilhelmsburg. She is a member and spokeswoman of the IBA/igs Participation Council.

Bettina Kiehn, *1965, Vorstand der Stiftung Bürgerhaus Wilhelmsburg. Von Beginn an (2006) ist sie Mitglied des Beteiligungsgremiums, zudem ist sie eine seiner Sprecherinnen.   Bettina Kiehn, b. 1965, Director of the Bürgerhaus Wilhelmsburg. She has been a member and spokeswoman of the IBA/igs Participation Council since its foundation in 2006.

What we need to clarify at the outset is that the Internationale Bauausstellung (International Building Exhibition)/international garden show (IBA/igs) participation committee did not have the function its name suggests.[1] The word "participation" is commonly understood to mean having a say in decisions. This was never the intended purpose of the committee. The fifteen representatives from Wilhelmsburg, six from Veddel, and three from the Harburg Schloßinsel area underwent a high-level written application process every two years and were appointed by political panels who themselves delegated nine representatives (without voting rights). The committee's objective was to undertake institutionalised communication on the part of the IBA and the igs with the public regarding planned projects and the implementation process. By the end of its existence the committee had expanded this consultancy role to include the reviewing of the entire IBA process, of which our comments below constitute a very brief outline.

Housing, Urban Development, and the Environment

A liveable residential location includes the availability of medical care, education, leisure opportunities, flood protection, jobs, and shopping facilities. Some of the IBA projects involved the improvement of general housing conditions. A long-term impact on an everyday level still remains to be seen, though. The "Veringeck" and the "Pavilion at Weimarer Platz" projects are already exhibiting a positive, integrative effect.

New Buildings and Renovation Work

The new buildings erected in Central Wilhelmsburg in particular are viewed with a certain ambivalence as there is fear of the social divisions within the neighbourhood being aggravated. A greater regret on the part of the committee is that Kirchdorf-Süd was not used to show how high-rise housing areas can be further developed.

Gentrification

The upgrading of the Elbe islands as a residential location is necessary but harbours the threat of gentrification. Where are people to go when, for example, moving house within their neighbourhood is no longer possible on account of drastic increases in rents? Statistics showing that the situation is even worse in the rest of Hamburg are of no great help.

Nature and Landscape

Intervention in the natural environment, in order to prepare the site for the igs, for example, met with mixed reactions within the neighbourhood. It remains to be seen as to whether the grounds will really be accepted by residents as the "public park of the twenty-first century" following the garden show. The question does have to be asked as to whether the building tasks really need to take up so much space, particularly given that most of the compensatory measures do not benefit the adjacent residents.

Commerce and Employment

Many residents also had hopes of the IBA and the igs functioning as job creators. Unfortunately this has not been the case so far. Unemployment figures here continue to see less positive development than in the rest of Hamburg. As far as we can see, the bidders' directory initiated by the IBA and the Hamburg Chamber of Commerce has had no discernible employment impact. The recently established employment conference is a further attempt to benefit from overall city trends.

Traffic

It was not the task of the committee to deal with traffic issues as these do not reflect IBA/igs projects. Nevertheless, the committee endorses the longstanding call for what is an urgently required comprehensive traffic concept for the Elbe islands and the south of Hamburg.

Zusammenleben

Ein positives Zusammenleben wird durch Begegnung gefördert, nicht durch Beton. Daher sind die Themen Bildung, Freizeit, Sport, Kultur und Partizipation für die Bewohner der Elbinseln die vielleicht entscheidenden Projektbereiche der IBA und igs.

Die Fragen „Wer erwartet was von wem?" und „Wie muss ein passendes Gemeinwesen für das Zusammenleben der unterschiedlichen Kulturen von und auf den Elbinseln aussehen?", haben IBA und igs sicherlich nicht beantwortet. Hier gilt es, die begonnenen Diskussionen und Projekte weiterzuführen.

Fazit

Ist eine IBA eigentlich eine lernende Organisation? Kann eine zeitlich begrenzte IBA ihre Projekte modifizieren, wenn sich die (sozial-)räumlichen Rahmenbedingungen verändern? Ist die IBA ein bloßes „Gimmick" beim „Sprung über die Elbe", das die „wachsende Stadt" Hamburg aus Raumnot braucht? Ist eine IBA eine wirkliche Option für die von den Bewohnern gewollte partizipative Stadtteilentwicklung? Wer – außer den hier lebenden Menschen, die das schon sehr lange tun – wird 2014 noch auf die Elbinseln blicken und sich für sie stark machen? Haben die Elbinseln überhaupt Verbündete in der Stadt? Gibt es Solidarität zwischen den Hamburger Stadtteilen und Bezirken? Wie sollen die Impulse der IBA nachhaltig wirken, ohne die – mit den erforderlichen Ressourcen ausgestattete – Entwicklung von Arbeit, Bildung und (Inter-)Kultur auf den Elbinseln?

Viele Bürger waren in den Anfangsjahren vom Anspruch der IBA, Städtebau als integrierte Stadtentwicklung zu begreifen, sehr angetan. In unserer Wahrnehmung hat sich die IBA allerdings mit jedem Jahr mehr zu einer reinen Bauausstellung entwickelt. Wir sorgen uns um eine Spaltung des Stadtteils in aufgewerteten Westen und absinkenden Osten, um weiter steigende Mieten und Gentrifizierung. Wir erwarten von der Stadt Hamburg, dass sie kein „Erledigt"-Häkchen hinter die Elbinseln setzt

und sich noch ein paar Flächen für Wohnungsbau ausguckt. Wir wollen den Prozess einer integrierten Stadtteilentwicklung fortsetzen. Auf den Elbinseln könnte die Stadt Hamburg zeigen, wie eine „DiverCity" oder Kosmopolis funktionieren kann. Dafür werden sich viele Mitglieder des IBA/igs-Beteiligungsgremiums auch in Zukunft mit einem starken Netzwerk von Selbstorganisationen einsetzen.

Anmerkung

1 Siehe auch Uli Hellweg: „IBA Hamburg – Ein erster Blick zurück" in diesem Band, S. 20.

Education

Despite all of the criticism found in the process, of the networking speed, for example, or the – also personnel-related – lack of focus on intercultural education, the "Elbe Islands Education Drive" is the only IBA project supported by all of the people living here.

The IBA's structure monitoring established a measurable improvement in the educational situation for the first time in 2011. We assume that this effect will be consolidated if the work of the "Education Drive" is continued. The highly regarded (rightly so) IBA "Education Drive" project is the result of a long-standing process on the part of the Elbe islands' educational facilities themselves. With an interdisciplinary steering committee the IBA has expedited the networking and created attractive learning locations in the form of the new educational facilities. How much of this, apart from appealing buildings, will remain after the IBA is unclear.

For the residents of the Elbe islands, the most important touchstone for the success of the IBA is how the City of Hamburg deals with the established resources, and what funding will be available for the work and development of the educational networks in the future.

Leisure and Sport

The igs Island Park features a multitude of additional sport and leisure opportunities that the people living here will be able to use as of 2014 without paying the igs entrance fee. In recent years, the igs has enjoyed very positive involvement with local sports, in particular water sports associations. In the view of the committee members, the diverse opportunities of the Island Park constitute an improvement in the quality of living. These, too, come with the fear of displacement through upgrading, though. Our committee strongly supported the modern swimming pool and the demolition of the old swimming facilities once the new pool goes into operation. The subsequent gap of several months in the planning is therefore incomprehensible to us.

Culture

The artistic and cultural activities of the IBA falling under the umbrella of the "Elbe Islands Creative Quarter" were monitored very critically by the committee. The question of whether the sub-projects carried out really served the IBA's goal of promoting the establishment of the Elbe islands within the Hamburg cultural scene on a long-term basis is not one that anyone is really able to answer at present.

To name just one sub-project as an example: "Spaces for Art". The lasting legacy is indeed that of the Künstler[Community] e.V. premises being available for use on a long-term basis. On the other hand, the undefined optional spaces essential for free cultural productions are soon set to disappear for good. During the whole of the process the committee has been critical of the lack of cooperation with local artistic figures in particular.

Coexistence

A positive coexistence is facilitated by encounters and not by concrete. The issues of education, leisure, sport, culture, and participation are therefore perhaps the key IBA/igs project areas for the residents of the Elbe islands. The IBA and igs have certainly not answered the questions "Who expects what from whom?" and "What does an appropriate community for coexistence with the different cultures from and on the Elbe islands need to look like?" Here is where the discussions and projects that have been started need to be continued.

Conclusion

Is an IBA in fact a learning organisation? Can an IBA with a time limit modify its projects if the general (socio-)spatial conditions change? Is the IBA just a "gimmick" as part of the "Leap across the Elbe", needed by the "growing city" of Hamburg because of its dire lack of space? Is an IBA a real option for the participative urban district development intended by the residents? Who – apart from the people living here, who have been doing so for a long time now – will be looking towards and supporting the Elbe islands in 2014? Do the Elbe islands in fact have any allies at all in the city? Is there any solidarity between the Hamburg neighbourhoods/districts? How is the IBA impetus to have a sustained impact without the development – equipped with the necessary resources – of jobs, education, and (inter)culture on the Elbe islands? Many members of the public were very taken with the IBA's claim, in the early years of its existence, to see urban design as integrated urban development. In our perception, however, the IBA has developed from year to year into a purely building exhibition. We are concerned about the division of the area into the upgraded west and the declining east, about ongoing rent increases and gentrification. It is our expectation of the City of Hamburg that it does not just tick off the Elbe islands as "done" while looking out for a few more areas for housing development. We want to continue the process of integrated urban district development.

On the Elbe islands the City of Hamburg has been able to show how a "DiverCity", or cosmopolis, can function. To this end many members of the IBA/igs participation committee will continue to work for a strong network of self-managed organisations in the future.

Note

1 See also: "IBA Hamburg – A First Look Back" in this volume (p. 20).

Die IBA hat mit der Sanierung und dem Neubau von Gebäuden die Elbinsel verschönert. In Hamburg hat sich der Ruf von Wilhelmsburg dadurch verbessert. Der interkulturelle Stadtteil hat seine Bereitschaft für ein friedliches Miteinander gezeigt. Die neuen Bildungs- und Kultureinrichtungen sind sichtbare Veränderungen im Stadtbild. Diese sind zu Motivationsträgern für aktive Menschen und Vereine geworden. Eine meiner Hoffnungen, dass infolge der Veränderungen die Arbeitslosigkeit der Migranten sinkt, hat sich bis jetzt leider noch nicht erfüllt. Zudem machen steigende Mietpreise besonders Familien mit geringem Einkommen Sorgen.

With the renovations and the new buildings the IBA Hamburg has made Wilhelmsburg more attractive. This has improved Wilhelmsburg's reputation in Hamburg. The city's intercultural district has shown its willingness to foster peaceful coexistence. The new education and cultural facilities are visible changes to the urban landscape. These have become a source of motivation for active protagonists and associations. One of my hopes, namely that unemployment among migrants would be reduced as a result of the changes, has not yet been fulfilled, unfortunately. Rising rents are also a cause for concern for low-income families in particular.

SERDAR BOZKURT   Grundschullehrer (im Fach Türkische Sprache und Literatur)
Primary school teacher (Turkish language and literature)

Seit 2004 plane ich mit vielen anderen ein Hausgemeinschaftsprojekt in Wilhelmsburg: ein gemeinschaftliches und generationenübergreifendes Wohnen auf einer ehemaligen Industriebrache in einem Passivbau, der direkt am Wasser liegt und infolge seiner Nutzung ins Quartier hinein wirkt. Die Unterstützung durch die IBA Hamburg erhöhte die Bekanntheit des Projekts und half, „Open House" mit einem hohen energetischen Standard umzusetzen. Dafür danken wir herzlich.

Together with a number of other people I have been planning a housing community project in Wilhelmsburg since 2004: community living

across the generations in a Passive standard building on an area of former industrial wasteland directly on the water's edge, with this usage having an impact throughout the neighbourhood. The support from the IBA Hamburg raised the profile of the project and helped with "Open House" implementation to high energy standards. For this we are tremendously grateful.

JULIANE CHAKRABARTI   Leiterin der sozialen Einrichtung f & w Sachsenwaldau, Bewohnerin im Hausgemeinschaftsprojekt „Open House" in einer Wohnung mit drei Frauen aus drei Generationen   Head of the social institution f & w Sachsenwaldau, resident in the "Open House" housing community project in an apartment with three women from three generations

Der Bestand an günstigen Wohnungen ist geschrumpft, das Gespenst der Gentrifizierung geht um, der Ruf nach einer sozialen Erhaltensverordnung wird laut. Die Elbinselbewohner haben in der Vergangenheit mit konstruktivem Widerstand gegen Veränderungen immer wieder Schlimmstes verhindert. Getragen von der Sorge, zur Lösung eines gesamtstädtischen Problems missbraucht zu werden, gab und gibt es Widerstand, etwa gegen die Form der Verlegung der Reichsstraße, und wie die jüngste Missachtung von Bürgern und Bezirkspolitik durch die Senatsbehörde zeigt: zu Recht. Auch das IBA/igs-Beteiligungsgremium hatte für viele Bürger den Geruch, nur Akzeptanzbeschaffung zu sein. Zukünftige Beteiligungsverfahren müssen die Bürger in Planungsprozesse einbinden, bevor Entscheidungen getroffen werden. Bürgermitwirkung ist heute ohne eine Verbindlichkeit seitens der Behörden zur Umsetzung einvernehmlich gefundener Lösungen inakzeptabel.

The stock of affordable housing has shrunk, the spectre of gentrification is hovering, calls for a social preservation order are becoming louder. With constructive resistance to change, in the past the Elbe islands' residents have repeatedly prevented the worst. Due to concerns about being misused for the solution of an overall city problem, there was and is resistance in the form of opposition to the nature of Wilhelmburg's Reichsstrasse relocation, for instance. As the most recent disregard for the public and district politics on the part of the Senate authorities shows: rightly so. For many members of the public, the IBA/igs participation committee also smacked of being no more than an acceptance procurement body. Future participation processes must incorporate the public in planning procedures before decisions are made. Today, public participation without the obligation on the part of the authorities to implement mutually agreed solutions is unacceptable.

LUTZ CASSEL   Musiker und NDR-Redakteur, engagiert sich seit 2008 im Beirat für Stadtteilentwicklung Wilhelmsburg und ist seit 2010 dessen Vorsitzender   Musician and NDR editor, member of the Wilhelmsburg Urban Development Advisory Board since 2008 and chairperson since 2010

Die Aufbruchstimmung, die der „Sprung über die Elbe" in dem stigmatisierten und „benachteiligten" Stadtteil Wilhelmsburg mit sich brachte, erweckte hohe Erwartungen. Ich hoffte auf eine sozialverträgliche Aufwertung, die Stärkung der lokalen Ökonomie vor allem durch die Integration benachteiligter Wilhelmsburger in den Arbeitsmarkt sowie eine Bürgerbeteiligung mit Entscheidungskompetenz für Bewohner aller Nationalitäten. Nicht alle der vielleicht zu hohen Erwartungen haben sich erfüllt, so ist die Beteiligung von Migranten nur in Ansätzen gelungen. Eine deutliche Imageverbesserung der Elbinseln ist jedoch weit über den Süderelberaum hinaus zu spüren.

The optimism that accompanied the "Leap across the Elbe" in the stigmatised and "disadvantaged" city district of Wilhelmsburg raised high hopes. I hoped for socially compatible upgrading, the boosting of the local economy, particularly through the integration of disadvantaged Wilhelmsburg residents in the job market, as well as citizens' participation with decision-making powers for residents of all nationalities. Not all of the perhaps too high hopes have been fulfilled, the participation by migrants having been no more than rudimentary. A definite upgrade in the image of the Elbe Islands is evidently way beyond the realm of the southern Elbe, however.

KAZIM ABACI Dipl. Volkswirt, Geschäftsführer von Unternehmer ohne Grenzen e.V. Economist, managing director of the Entrepreneurs without Frontiers Association

Was bringt und brachte uns die IBA? Endlich wird was für unsere schöne Elbinsel Wilhelmsburg getan – das war mein erster Gedanke. Ich war begeistert und bin es noch. Das „Weltquartier" ist sehr gut gelungen. Die neue Wilhelmsburger Mitte mit dem Inselpark und den neuen Häusern wird wohl umweltfreundlich und auch schön. Aber was bringt es dem „normalen" Wilhelmsburger? Kaum einer kann sich da eine Wohnung leisten. Die IBA wird das Image unseres Stadtteils und Hamburgs heben. Hoffentlich bleibt es so, denn wir alten Wilhelmsburger lieben unsere Insel und würden nicht gerne wegziehen.

What has the IBA Hamburg brought us and what is it bringing us? Something was finally being done for our lovely Elbe island of Wilhelmsburg – that was my initial thought. I was thrilled and still am. The "Global Neighbourhood" has been a success. The new centre of Wilhelmsburg with the Island Park and the new buildings will be both environmentally friendly and attractive. But what does that bring the "normal" residents of Wilhelmsburg? Hardly any of them can afford an apartment there. The IBA Hamburg will improve the image of our neighbourhood and of Hamburg. Hopefully it will stay that way, as we, the old residents of Wilhelmsburg, love our island and would not like to move away.

KARIN KRÜGER Bewohnerin des „Weltquartiers" "Global Neighbourhood" resident

Beim Labor für Kreative Ökonomien lernte ich Ines Schönemann kennen. Sie war wild entschlossen, eine Azubi-Textilwerkstatt zu eröffnen, und ich hatte mir in den Kopf gesetzt, Designertaschen

aus recyclebaren Materialien produzieren zu lassen. Gemeinsam etablierten wie am Veringhof 9 die Projekte NähGut – Freie Werkstatt, NähGut – Gemeinnützige Werkstatt und KostümGut. Ohne die unermüdliche Unterstützung der IBA auf vielen Ebenen wäre unser Projekt nicht so schnell gewachsen wie es ist. Und es wäre weniger spannend gewesen.

I met Ines Schönemann during the Laboratory for Creative Economies. She was determined to open a trainee textile workshop and I had my mind set on producing designer bags from recycled materials. Together we set up the projects NähGut – Open Workshop, NähGut – Non-Profit Workshop, and KostümGut at Veringhof 9. Our project would not have grown as rapidly as it has without the tireless support of the IBA Hamburg on many levels. And it would not have been as exciting.

ANDREA FRANKE Leiterin einer Gesellschaft der Stiftung Grone Schule. Arbeitet in Themen wie Ausbildung, Rehabilitation und Trainingsmaßnahmen sowie im Bereich der Jugendhilfe Head of a Grone Schule Foundation Association. Works within education, rehabilitation, and training as well as youth welfare

Nach den beispielhaften Projekten des Forums Bildung Wilhelmsburg ab 2002 wurde das Thema Bildung im Rahmen der IBA aufgegriffen. Die „Bildungsoffensive Elbinseln" wollte Bildung auf den Elbinseln durch eine systematische Vernetzung grundlegend verbessern. Vor allem wegen der fehlenden Zeit konnte dieses Ziel nicht erreicht werden. Die Bildungsoffensive ist aber nicht gescheitert. Sie hat viel auf den Weg gebracht, hat Bildung an exponierter Stelle bei der Stadtentwicklung positioniert. Über ein Büro und die Regionale Bildungskonferenz könnten die Ansätze fortgeführt werden.

Following the exemplary projects implemented by the Wilhelmsburg Education Forum (FBW) since 2002, the issue of education was then addressed within the scope of the IBA Hamburg. The "Elbe Islands Education Drive" wanted to see a fundamental improvement in education on the Elbe islands through systematic networking. It was largely due to a lack of time that this goal was not achieved. The "Elbe Islands Education Drive" has not been a failure, however. It has initiated a great deal, and has given education a high profile position within urban development. Its approaches could be furthered by its office and the regional education conference.

WILHELM KELBER-BRETZ Lehrer, Geschäftsführer des Forums Bildung Wilhelmsburg (FBW), Mitglied der Projektgruppe Bildungsoffensive Elbinsel (BOE) Teacher, managing director of the Wilhelmsburg Education Forum (FBW), member of the "Elbe Islands Education Drive" project group (BOE)

Meine Hoffnungen, im Rahmen der IBA eine Beteiligung aller Inselbewohner-Gruppen zu erreichen
sowie dem Arbeitsmarkt (Kleinbetriebe inbegrif-
fen) auf den Inseln einen nachhaltigen Impuls zu
geben, hat sich bisher nicht erfüllt. Viele kulturelle Projekte wurden erfolgreich angeschoben,
die Erfolgreichsten konnten jedoch bisher nicht
längerfristig abgesichert werden.

My hopes of achieving participation for all island resident groups
within the scope of the IBA Hamburg as well as providing a sustainable impetus for the job market (including small businesses) on the
islands have yet to be fulfilled. Many cultural projects were given a
successful push-start; the most successful of these are not yet assured of a long-term future, however.

JUTTA KODRZYNSKI Mitglied im IBA-/igs-Beteiligungsgremium und Abgeordnete
der Grünen (GAL) im Bezirk Hamburg-Mitte Member of the IBA/igs Participation
Committee and Green Party (GAL) representative in the District of Hamburg-Mitte

Das Image von Wilhelmsburg wurde durch die IBA verbessert. Die
Kunstaktionen setzten Akzente und regten die Fantasie an. Dabei fehlte leider oft die angemessene Entlohnung für die örtlichen

Kulturschaffenden und für die Ideengeber aus dem
Stadtteil. Die Zusammenarbeit mit den lokalen
Initiativen und deren Beteiligung an den IBA-
Prozessen hätten oft produktiver verlaufen können.
In den nächsten Jahren wird es an uns Wilhelms-
burgern liegen, ob die gesetzten Impulse nachhaltig
sein werden.

Wilhelmsburg's image has been improved by the
IBA Hamburg. The art activities have drawn attention and stimulated imaginations. Appropriate remuneration for local artists and
neighbourhood initiators is often lacking, however. The cooperation
between the local initiatives and their participation in the IBA Hamburg processes could have been more productive in many cases. It
will be up to us Wilhelmsburg residents as to whether the impulses
applied will remain sustainable in the years to come.

MARINA LINDEMANN Künstlerin, Vorsitzende des Sanierungsbeirats Südliches
Reiherstiegviertel S5, Mitglied des Beirats der „Universität der Nachbarschaften"
Artist, chairperson of the Southern Reiherstieg District S5 Renovation Committee, member of the "Universität der Nachbarschaften" (University of Neighbourhoods Council)

Zu IBA und igs hat sich bereits 2006 ein dritter Partner hinzu-
gesellt, die „Bildungsoffensive Elbinseln". Ich war von Anfang
an begeistert, dass sich Institutionen vernetzten, um Visionen
zu entwickeln: für ein kooperatives Miteinander zum Wohle der
Kinder und Erwachsenen, für eine Bildungslandschaft, die lebens-

langes Lernen ermöglicht. Inzwischen sind einige
„Leuchtürme" gebaut worden, die für lebendige
und weiterführende Bildungsmodelle genutzt
werden können. Nun ist die Politik gefordert, den
Akteuren vor Ort in ihren Kompetenzbereichen
mehr basisdemokratische Entscheidungen zu
überlassen – und dauerhaft für ausreichend finanzielle Mittel zu sorgen.

The IBA Hamburg and the igs acquired a third partner back in 2006,
the "Elbe Islands Education Drive". I was enthusiastic from the
outset about institutions networking in order to develop visions: for
a cooperative coexistence in the interests of children and adults,
for an educational landscape enabling lifelong learning. A number of
"beacons" have since been built that can be used for vibrant and ongoing education models. It is now up to the politicians to leave more
of the basic decisions to local protagonists within their areas of
competence – and to ensure sufficient funding on a permanent basis.

JUTTA MORGENROTH Bildungsbotschafterin (seit November 2009) im Rahmen
der „Bildungsoffensive Elbinseln", ehemalige Leiterin einer Kita im Reiherstiegviertel Education ambassador (since November 2009) for the "Elbe Islands
Education Drive", formerly head of a nursery school in the Reiherstieg district

Die IBA hat es sich im Rahmen des Leitthemas „Metrozonen" zur
Aufgabe gemacht, die Entwicklung der Elbinsel voranzutreiben und
neue Räume zu schaffen. Räume, die vor allem auch Lebensräume
sein sollen und keine seelenlosen Wüsten. Durch unsere Initiative
„Made auf Veddel" setzen wir uns täglich mit der Situation vor Ort
auseinander und erleben, wie sich die Wahrnehmung der Elbinsel in
den letzten Jahren stark geändert hat. Die Stadtteile auf der Elbinsel sind im Bewusstsein der Hamburger angekommen und die IBA
trägt maßgeblich dazu bei.

Within the scope of the "Metrozones" theme the IBA Hamburg took
on the task of furthering the development of Wilhelmsburg and of
creating new spaces, intended primarily as living environments and

not soulless deserts. With our "Made on Veddel"
initiative we are confronted with the local situation on a daily basis and we experience the major
changes that have taken place in the perception of
Wilhelmsburg in recent years. Hamburg's residents
have become aware of the neighbourhoods on the
island and the IBA Hamburg has made a major
contribution to this.

SIBILLA PAVENSTEDT Modeschöpferin und Designerin; Initiatorin des Projekts
„Made auf Veddel" zur Ausbildung von Frauen mit Migrationshintergrund und
Fertigung einer eigenen Kollektion Couturier and designer; initiator of the "Made
on Veddel" project for training women with migration backgrounds and producing
its own collection

Die Planungsphase der IBA Hamburg mit ihren zahlreichen Aktivitäten war für mich Anstoß und Anlass, endlich und lange überfällig, Wilhelmsburg zu erkunden - einmal wöchentlich, mit dem Fahrrad. Gerade die - zum Teil von der IBA initiierten und beförderten - Projekte zu interkulturellen und lokalen Ökonomien, wie der textile Werkhof, die Soul-Kitchen-Halle mit ihren ganz unabhängig handelnden Akteuren oder der mittlerweile kultverdächtige Italiener Don Matteo machen den Sprung über die Elbe für mich perfekt.

The IBA Hamburg's planning phase, with its many activities, gave me both the impetus and the occasion to finally explore Wilhelmsburg - something that was long overdue - once a week, by bicycle.

It is the projects related to intercultural and local economies in particular, - initiated and supported by the IBA Hamburg in part - such as the "Textile Operations Centre", the Soul Kitchen Factory with its entirely independent protagonists, or the now cult-like Italian restaurant Don Matteo that make the "Leap across the Elbe perfect for me.

DR. BABETTE PETERS Direktorin von hamburgunddesign Director of hamburgunddesign

Die angenehme Kooperation mit der IBA Hamburg begann für mich 2008 mit Beginn meiner Tätigkeit für das Museum Elbinsel Wilhelmsburg, wo ich u.a. für das Kulturprogramm verantwortlich bin. Die Zusammenarbeit mit der Künstlerin Esra Ersen („Sammelsurium", 2010) im Rahmen der „Akademie einer anderen Stadt" war für beide Seiten fruchtbar. Und so könnte ich fortfahren, denn das gilt auch für das „Probewohnen" auf dem Parkdeck des Marktkaufes (Rauminstallation von Christian Hasucha, 2010 und die Planung eines Kulturspaziergangs zum Thema „Meine Elbinseln" (2013).

For me the pleasant working relationship with the IBA Hamburg began in 2008 at the start of my involvement with the Wilhelmsburg Elbe Island Museum, where I am responsible for the cultural programme, amongst other things. The cooperation with the artist Esra Ersen ("Sammelsurium" (Mishmash), 2010) as part of the Other City Academy was beneficial for both parties. And so it went on, for the same also applied to the "test living" on the Marktkauf park deck (spatial installation by Christian Hasucha, 2010, and the planning of a cultural walk along the theme of "My Elbe Islands" (2013).

CLAUS-PETER RATHJEN Schaufenstergestalter, Studienrat an Volks- und Realschulen, Schauspieler und Sprecher; seit 2008 ehrenamtliche Tätigkeit im Museum Elbinsel Wilhelmsburg Window dresser, member of school students' councils, actor and speaker; volunteer with the Wilhelmsburg Elbe Island Museum since 2008

Im Rahmen unserer Arbeit zur Stärkung des ortsansässigen Einzelhandels und der Interessengemeinschaft Reiherstieg e.V. haben wir die IBA und igs in den zurückliegenden Jahren als lokaler Partner unterstützt. Mit der sichtbaren Dynamik der Baustellen und Projekte steigt auch meine Neugier. Den Wilhelmsburgern wünsche ich ein unterhaltsames IBA-Präsentationsjahr und den zunehmend positiven Blick zurück auf die Impulse für die Elbinseln, die aus den Entwicklungen der letzten Jahre resultieren werden.

We have supported the IBA and igs in recent years as local partners within the scope of our work in boosting local retailers and the "Interessengemeinschaft Reiherstieg e.V." (Reiherstieg Syndicate Association). My curiosity is increasing in keeping with the visible dynamism of the building sites and projects. I wish the people of Wilhelmsburg an entertaining IBA Presentation Year and an increasingly positive view of the improvements in the Elbe islands that will result from the developments of recent years.

JÜRGEN ROLOFF Dipl.-Ing. Stadtplanung; Projektleiter des ESF-Projekts „LoWi - Büro für Lokale Wirtschaft" (Träger: Beschäftigung und Bildung e.V.) Qualified urban planning engineer; project manager of the ESF project "LoWi - Office for Local Commerce" (run by the Employment and Education Association)

Seit unserer Ansiedlung in Wilhelmsburg im Jahr 2010 ist ein intensiver Arbeitszusammenhang mit der IBA Hamburg entstanden. Beide Seiten haben davon profitiert, da wir eine aktive Rolle beim innovativen IBA-Ansatz „Einbeziehung Jugendlicher in IBA-Vorhaben" spielen konnten - zum Beispiel im IBA-Projekt „Veringeck" mit Menschen mit Behinderung. Dieser Ansatz im Leitthema „Kosmopolis" sollte zukünftig „inklusiver" in verbindlichen Strukturen und mit Vereinbarungen im weiteren Entwicklungsprozess berücksichtigt werden.

An intensive working relationship has developed with the IBA Hamburg since we became based in Wilhelmsburg in 2010. Both parties have benefited from this as we were able to play an active

role within the IBA Hamburg's innovative approach to incorporating young people into the IBA projects - such as the IBA's "Veringeck" project with disabled people, for example. This approach ought to be incorporated more closely into the "Cosmopolis" theme in the future with binding structures and with agreements further down the development process.

JAN SCHIERHORN Kommunikationswirt und Sozialunternehmer; Geschäftsführer von „Das Geld hängt an den Bäumen gGmbH" Communications specialist and social entrepreneur; managing director of Money Grows on Trees gGmbH

AUSBLICK

PROSPECT

ULRICH HATZFELD

Lernen von der IBA Hamburg?

Hanseatische Perspektiven für die Nationale Stadtentwicklungspolitik

„Wer kochen kann, kann kochen lernen" (Bertold Brecht)

Es gibt Fragen, die sind so voraussetzungsvoll, dass man sie besser ignorieren sollte. Zu dieser Art von Fragen gehört sicher auch die, was denn die Nationale Stadtentwicklungspolitik von der Internationalen Bauausstellung IBA Hamburg lernen könne. Soll etwa ein fachlich und strategisch auf die nationale Ebene ausgerichteter Politikansatz von einem inhaltlich und organisatorisch sehr ambitionierten, aber letztlich doch regional konzipierten IBA-Projekt lernen? Wohl kaum. Auch die entgegengesetzte Denkrichtung, dass nämlich die IBA Hamburg von der Nationalen Stadtentwicklungspolitik „Lehren erhalten" soll, wird wohl keiner ernsthaft fordern.

Schon auf dieser Ebene wird deutlich: Zwischen den genannten strategischen Ansätzen kann es keine traditionelle „Vorbild-Nachahmung-Beziehung" geben. Ein Dialog zwischen den Lagern dieser beiden Konzeptionen wird nur bei einem Austausch auf Augenhöhe fruchtbar; es geht um gemeinsame Suchbewegungen und einen Dialog, dessen Basis die Offenheit beider Politikansätze ist.

Zwei spezifische Eigenarten

Vergleicht man die Nationale Stadtentwicklungspolitik und die IBA Hamburg, erscheint zunächst alles grundlegend anders: die Inhalte, die Zielgruppen, die Organisationsstrukturen, der räumliche Bezug, die Handelnden und die Zeithorizonte. Beide Ansätze sind aus-geprägt spezifisch: Die IBA Hamburg steht in der über 100 Jahre alten Tradition von Bauausstellungen.[1] Nach allgemeinem Fachverständnis gehören diese Ausstellungen mit zu den einflussreichsten Instrumenten der Stadt- und Regionalpolitik. Sie verbinden sich mit dem Anspruch, grundsätzliche („weltweit relevante") Probleme des Planens und Bauens aufzurufen, diese mit innovativen Instrumenten zu bearbeiten und Stadt bzw. Region einen „großen Schritt nach vorne" zu bringen. Nicht gerade bescheiden befassen sich IBAs mit der Frage, wie das Neue in die Welt kommt – und wie es zur breiten Praxis werden kann. In der Eigenwahrnehmung reichen die IBAs über (selbst sehr anspruchsvolle) Stadtentwicklungskonzeptionen weit hinaus: Sie verbinden inhaltliche Kreativität mit innovativen Organisations- und Finanzierungsstrukturen und kulturellen Transformationsprozessen. Aus einer Kombination höchster Qualitätsmaßstäbe, strikter Projekt- und Umsetzungsorientierung und einer holistischen Gesamtstrategie entstehen – unter erheblichem Zeitdruck – Projekte, die als Vorbilder dienen.[2]

Diesen mit wenigen Worten umrissenen Ansprüchen hat sich auch die IBA Hamburg unterworfen – mit großem Erfolg: Innerhalb weniger Jahre ist ein beeindruckendes Spektrum tatsächlich gebauter Projekte und wirkungsvoller Initiativen entstanden.[3] Die IBA Hamburg füllt das „B" im Namen dieses weltweit einzigartigen Planungsinstruments mit innovativen Bauprojekten aus; dies ist den anderen aktuellen IBAs bislang noch nicht in dem Maße gelungen. Sie ist ein Beleg dafür,

Stadtspieler ist ein Pilotprojekt im Programm „Nationale Stadtentwicklungspolitik" und „Werkstatt N", 2012. Im Zentrum des Projekts steht die Entwicklung des Brettspiels „Stadtspieler". Es lädt zur Mitgestaltung des eigenen Ortes und der eigenen Nachbarschaft ein und kann dadurch konkrete Entwicklungsprozesse initiieren. *City Player* is a pilot project within the National Urban Development Policy programme and Workshop N, 2012. The focus of the project is the development of the City Player board game, inviting involvement in the design of your own place and your own neighbourhood, which can be used to initiate concrete development processes.

ULRICH HATZFELD

Learning from the IBA Hamburg?

Hanseatic Perspectives on the National Urban Planning Policy

dass es – jenseits der Rituale und Hierarchien politisch administrativer Planungsabläufe – eine Chance für integriertes Akteursdenken und -handeln gibt. Hamburg zeigt, dass sich mit der IBA-Strategie – bei günstigen Rahmenbedingungen – große Herausforderungen wie etwa Klimawandel, Migration und gesellschaftliche Inklusion offenbar erfolgreicher und innovativer bewältigen lassen, als dies in der alltäglichen Stadtpolitik möglich ist. Insoweit ist die IBA Hamburg sozusagen ein Vitalitätsbeweis für eine Strategie, die manche schon für historisch überholt gehalten haben.

Die Nationale Stadtentwicklungspolitik leitet sich aus einer europäisch geprägten Debatte über stadtpolitische Defizite und Handlungserfordernisse ab. Mit der „Leipzig Charta zur nachhaltigen Europäischen Stadt"[4] verpflichten sich alle 27 EU-Mitgliedstaaten, eine eigenständige Stadtpolitik auf nationaler Ebene zu formulieren. Die daraufhin in Deutschland konstituierte Nationale Stadtentwicklungspolitik beruht auf einem breiten Beteiligungsprozess (unter anderem ein Expertenmemorandum, Beschlüsse des Bundeskabinetts, der Länderbauminister und der kommunalen Spitzenverbände[5]). Im Mittelpunkt der Nationalen Stadtentwicklungspolitik steht die Absicht, die öffentliche Aufmerksamkeit für und die politische Bedeutung von Stadtpolitik zu verstärken. Dazu werden stadtbezogene Handlungserfordernisse und Defizite laufend thematisiert, stadtpolitisch relevante Debatten angeregt und qualifiziert und die Instrumente und Verfahren der Stadtpolitik kontinuierlich verbessert.

 Um dies zu erreichen, umfasst die Nationale Stadtentwicklungspolitik zahlreiche Veranstaltungen, Veröffentlichungen, Wettbewerbe, Workshops und Forschungsprojekte.[6] Daneben führt sie eine differenzierte Debatte über die Zukunft der öffentlichen Förderinstrumente (Städtebauförderung, andere Infrastrukturinvestitionen). Mit inzwischen rund 100 Modellvorhaben rückkoppelt sie sich mit der Planungspraxis. Gegenwärtig verstärken sich die internationalen Aktivitäten.[7]

Erstaunliche Parallelitäten

Ungeachtet der bereits genannten Unterschiede fallen jedoch auch erstaunliche Parallelitäten der Nationalen Stadtentwicklungspolitik und der IBA in Bezug auf die erklärten Ziele und die angewandte Methodik auf. Beide Strategien vermitteln den Anspruch einer „besonders ambitionierten, baukulturell geprägten Initiative. Sie werden von den politisch jeweils zuständigen Institutionen mit einer besonderen Legitimation auf Zeit ausgestattet. Auch aus diesem Grund müssen sie sich ausgeprägt hohen Ansprüchen stellen, was etwa Innovationsgehalt, baukulturelle Qualitäten, (zur Nachahmung anregende) Sichtbarkeit und Ergebnisevaluation betrifft. Sowohl die IBA Hamburg als auch die Akteure der Nationalen Stadtentwicklungspolitik sehen es als eine ihrer zentralen Aufgaben an, die Themen „Stadt" und „Zusammenleben in Städten" diskursiv und aktivierend bewusst zu machen. Die Stadt (und damit auch die mit ihr verbundenen Defizite, Chancen und Zukunftsbilder) soll zu einem „öffentlichen Thema" werden

Beim FORUM „IBA meets IBA" im März 2013 stand nicht nur die IBA Hamburg, sondern das Format Internationale Bauausstellung auf dem Prüfstand. Marion Tants, Prof. Dr. Rolf Kuhn und Martin Heller (v.r.n.l.) diskutieren über den „Ausnahmezustand auf Zeit" und den „Mut zum Risiko". *Not just the IBA Hamburg but also the international building exhibition format came under scrutiny during the "IBA meets IBA" Forum in March 2013. Marion Tants, Prof. Dr. Rolf Kuhn, and Martin Heller (from right to left) discuss "fixed-term exceptional circumstances" and the courage to take risks.*

"Anyone Who Can Cook Can Learn to Cook" (Bertold Brecht)

Some questions are so demanding that they ought, rather, to be ignored. What the National Urban Planning Policy could learn from the Internationale Bauausstellung (International Building Exhibition) IBA Hamburg is certainly one of these questions. Is a specialist, strategic, national-level policy approach, highly ambitious in terms of both content and organisation, yet ultimately regional, able to learn from an IBA project? Not likely. Even the opposite train of thought, namely that the IBA Hamburg should "derive lessons" from the National Urban Planning Policy, is unlikely to be taken seriously. Even at this level it becomes clear that a traditional "role model/imitation relationship" between the strategic approaches mentioned is not possible. Dialogue between the two sides representing these concepts will be productive only where interaction takes place on an equal footing; it is about mutual quests and a dialogue based on the openness of both policy approaches.

Two Specific Characteristics

When the National Urban Planning Policy and the IBA Hamburg are compared, they initially appear to be fundamentally different: the content, the target groups, the organisational structures, the spatial parameters, the protagonists, and the timeframes. Both approaches are distinctly specific: the IBA Hamburg is part of a building exhibition tradition dating back more than 100 years. According to common specialist opinion, these exhibitions are among the most influential instruments of urban and regional policy. They associate themselves with the need to call attention to fundamental ("internationally relevant") planning and construction problems, addressing these with innovative approaches, and taking cities and/or regions a "major step forward". IBAs are not exactly modest in dealing with the issue of how to introduce the new and how it can be turned into general practice. In terms of their own perception, the

IBAs extend far beyond (even very demanding) urban planning concepts: they combine creative content with innovative organisational as well as financial planning and cultural transformation processes. This combination of the highest quality standards, a strict project and implementation orientation, and a holistic overall strategy produces – and this under considerable time pressure – projects that serve as role models.[2] The IBA Hamburg, too, has committed itself to these demands, outlined in few words, and this with great success. An impressive spectrum of actual built projects and effective initiatives has come into being within just a few years.[3] The IBA Hamburg completes the "B" in the name of this planning instrument, unique worldwide, with innovative building projects; this is something not yet achieved to this extent by other current IBAs. This proves that – away from the rituals and hierarchies of political and administrative planning processes – integrated thought and action by leading figures does indeed have a chance. Hamburg shows that, with the IBA strategy – under favourable framework conditions – major challenges such as climate change, migration, and social inclusion can clearly be overcome with more success and innovation than is possible in everyday city politics. In this regard, the IBA Hamburg can be seen as living proof of a strategy that some have already considered to be historical and outdated.

The National Urban Planning Policy derives from a debate, European in nature, on urban policy deficiencies and requirements for action. The Leipzig Charter on Sustainable European Cities[4] commits all 27 EU member states to developing an independent urban policy at national level. The National Urban Planning Policy subsequently established in Germany is based on a broad participatory process (including an Expert Memorandum, resolutions by the federal cabinet, state construction ministers, and local umbrella organisations[5]). Key to the National Urban Planning Policy is the intention to raise both public awareness and the political significance of urban policy. To this end, urban action requirements and deficiencies are being highlighted on an ongoing basis, debates

den – und damit zu Engagement, Mitwirkung, Initiative und Verantwortlichkeit anregen. Dem dienen Veranstaltungen, Wettbewerbe, Initiativen und Gespräche mit all denjenigen, die von diesem Thema betroffen sind.

Mit beiden Handlungsansätzen wird insoweit versucht, das herkömmliche Akteursspektrum der Stadtpolitik aufzubrechen, indem durch sie Wissenschaft, Wirtschaft und Gesellschaft aufgefordert werden, sich aktiv an der Stadtdebatte zu beteiligen – und auch Verantwortung zu übernehmen. Es gilt hier wie dort, „neue Freunde" für das Thema Stadt zu finden. Wie erfolgreich ein solcher Ansatz sein kann, zeigt die Breite der gesellschaftlichen Verankerung der IBA in Hamburg. Die Trägerstruktur mit mehr als 140 Akteuren aus Zivilgesellschaft, Wirtschaft, Politik und Verwaltung dürfte vorbildlich sein.

Zu den Gemeinsamkeiten der IBA Hamburg und der Nationalen Stadtentwicklungspolitik gehört auch eine möglichst weitgehende Orientierung auf tatsächlich relevante Probleme und Chancen der Städte. Nur wenn eine Identifikation mit diesen Problemen vor Ort (IBA) oder in der gesellschaftlichen Debatte (Nationale Stadtentwicklungspolitik) gelingt, haben die Entwicklungsstrategien eine Chance auf langfristigen Erfolg und Nachhaltigkeit. Beide Strategien werden am Ende daran gemessen, inwieweit mit ihrer Hilfe beispielhafte Lösungen für die aufgerufenen Problem- und Handlungsfelder gefunden, instrumentiert und umgesetzt werden konnten. Dabei ist der Umsetzungsaspekt für die IBA wegen der limitierten Laufzeit von besonderer Relevanz; mit den Modellvorhaben strebt die Nationale Stadtentwicklungspolitik jedoch ebenfalls eine praxisbezogene Beispielhaftigkeit an.

Schließlich handelt es sich bei beiden Formaten um rückgekoppelte Prozesse; sie folgen nicht einer im Vorfeld erdachten Ablaufsystematik und werden auch nicht von Mega- und Masterplanungen getrieben, sondern entwickeln sich generisch selbst und immer wieder anders weiter. Das Verhältnis von Zielen und Projekten ist dialogisch – und damit Gegenstand der Reflexion. Das bedeutet allerdings nicht, dass

IBA und Nationale Stadtentwicklungspolitik zweck- und ziellos sind: Sie agieren nur ohne den stringenten Struktur- und Ergebniszwang herkömmlicher Verwaltungsabläufe. IBA und Nationale Stadtentwicklungspolitik haben einen offenen Prozesscharakter. Überspitzt gesagt: Beide besitzen die Freiheit, ihr eigentliches Thema erst unterwegs zu finden und sich damit kontinuierlich selbst herauszufordern.

Die IBA ist anders – die IBA Hamburg auch

Unbestritten gehören Internationale Bauausstellungen in den letzten Jahrzehnten zu den sehr erfolgreichen Formaten der deutschen Stadtentwicklungspolitik. Sie sind so etwas wie eine Marke für Baukultur bzw. anspruchsvolle Verfahren und Projekte beim Planen und Bauen geworden. Auch deshalb sind die deutschen IBA-Aktivitäten bereits seit Jahren Teil der Plattformaktivitäten auf Bundesebene. Die Nationale Stadtentwicklungspolitik unterstützt die IBA-Labore, die IBA-Foren und den IBA-Expertenrat. Letzterer wird vom Bundesministerium berufen und kommentiert in regelmäßigen Stellungnahmen Stand und Entwicklung der IBA-Strategie. Alle genannten Formate – und auch das bereits genannte IBA-Memorandum – dienen letztlich der Qualitätssicherung und dem Schutz der herausragenden Vorbildfunktion und Impulswirkung der Bauausstellungen.

Unter den aktuell etwa sieben Planungs- und Gestaltungsansätzen, die selbst ermächtigt das Label der Internationalen Bauausstellung führen, nimmt die IBA Hamburg zweifellos eine Sonderstellung ein. Keine aktuell laufende IBA erreicht das Investitionsvolumen, die Organisationsqualität, die Breite und fachliche Qualität der Projekte – und damit eine ähnlich hohe Relevanz für die bundesweite und auch internationale IBA-Diskussion. Auch deshalb erzielt die Hamburger IBA eine starke internationale Resonanz. Von der IBA Hamburg ging auch ganz maßgeblich das Signal aus, dass das IBA-Label angesichts eines zuweilen freizügigen Gebrauchs (etwa auch für nicht sehr ambitionierte Stadtentwicklungsprozesse) eines besonderen

Dr. Ulrich Hatzfeld zieht Bilanz: FORUM „IBA meets IBA", März 2013 in Hamburg   Dr. Ulrich Hatzfeld takes stock: "IBA meets IBA" Forum, March 2013 in Hamburg

relevant to urban policy initiated and assessed, and urban policy instruments and procedures subjected to continual improvement.

To achieve this, the National Urban Planning Policy encompasses numerous events, publications, competitions, workshops, and research projects.[6] In addition, it initiates wide-ranging debate on the future of public funding instruments (urban development funding, other infrastructure investments). With what are now around 100 model projects it is thus a source of feedback for planning practice. International activities currently enhance one another.[7]

Astounding Parallels

Aside from the differences cited above, there are also astounding parallels between the National Urban Planning Policy and the IBA with regard to their declared objectives and the methods applied. Both strategies claim to be "especially ambitious initiatives within the construction world". They are awarded a special legitimacy by the respective political institutions responsible for a period of time. For this reason, too, they have to make markedly high-level claims with regard to innovative content, construction features, visibility (inviting imitation), and outcome evaluation, for instance.

The leaderships of both the IBA Hamburg and the National Urban Planning Policy see raising awareness of the issues of "cities" and "urban coexistence" through both discourse and action as one of their key tasks. The city (and thereby the deficiencies, opportunities, and future prospects associated with it) is to become a "public issue" – thus encouraging involvement, participation, initiative, and responsibility. These aims are served by events, competitions, initiatives, and discussions with all affected by this issue. Both approaches attempt to break out of the conventional urban policy leadership spectrum in that they call upon science, commerce, and society to take an active role in the urban debate – and also to assume responsibility. In both cases it is about finding "new friends" for the city issue. Just how successful such an approach can be is demonstrated by the breadth

of the IBA's social foundations in Hamburg. The supporting framework is exemplary, with more than 140 participants from civil society, commerce, politics, and administration.

The features shared by the IBA Hamburg and the National Urban Planning Policy also include an extensive orientation towards actual problems and opportunities relevant to cities. Development strategies have prospects of long-term success and sustainability only where there is successful identification with these problems locally (IBA) or in social debate (National Urban Planning Policy). Ultimately, both strategies will be measured by the extent to which they have been able to contribute to the detection, instrumentalisation, and implementation of appropriate solutions for problems and mistakes. With its limited term, the implementation aspect is of particular relevance to the IBA, while, with its model projects, the National Urban Planning Policy also aspires to being a practice-oriented role model.

Ultimately, both formats are feedback processes. They do not follow a process system thought out in advance nor are they driven by mega masterplans. Instead, they develop generically in continually changing action. The relationship between goals and projects is characterised by dialogue – and is thus the object of reflection. This does not mean, however, that the IBA and the National Urban Planning Policy are aimless and without purpose: they simply function without the stringent structural and outcome constraints of conventional administrative processes. The IBA and the National Urban Planning Policy have an open type of process. To put it more pointedly: both have the freedom first to identify on the way the actual issue at hand and then to continually challenge themselves with it.

The IBA Is Different – So Is the IBA Hamburg

Indisputably, the international building exhibitions of recent decades are among the very successful events used by German urban development policy. They have come to be something of a brand for construction and/or

Schutzes bedarf. Daraufhin wurde im Rahmen der Nationalen Stadtentwicklungspolitik das „Memorandum zur Zukunft Internationaler Bauausstellungen" erarbeitet, das eine Verständigung über Qualitätskriterien herbeiführt und damit eine Art Selbstbindung der IBA an ihren Eigenanspruch zu etablieren sucht. Die IBA Hamburg hat im Übrigen die im Memorandum entwickelten Ansprüche immer wieder selbstkritisch reflektiert. Herausgekommen ist eine Internationale Bauausstellung, die unter den vielen IBAs der letzten Jahre eine Ausnahme darstellt. Jetzt, im Präsentationsjahr 2013, zeigt sie, was die IBA als eines der wichtigsten und innovativsten Stadtentwicklungsformate auszeichnet.

Anmerkungen

1 Vgl.: Werner Durth / Paul Sigel: *Baukultur. Spiegel gesellschaftlichen Wandels.* Berlin 2009. Christa Reicher / Lars Niemann / Angela Uttke (Hg.): *Internationale Bauausstellung Emscher Park: Impulse. Lokal, regional, international.* Essen 2011.

2 Vgl.: Werner Durth: „IBA-Expertenrat. Ein Memorandum zur Zukunft Internationaler Bauausstellungen". In: Internationale Bauausstellung IBA Hamburg GmbH (Hg.): *Netzwerk IBA meets IBA. Zur Zukunft internationaler Bauausstellungen.* Berlin 2010, S. 64-71.

3 Vgl.: Internationale Bauausstellung IBA Hamburg GmbH (Hg.): *IBA Hamburg. Projekte und Konzepte. Katalog zur Zwischenpräsentation 2010.* Hamburg 2011.

4 Die „Leipzig-Charta zur nachhaltigen europäischen Stadt". Manuskript, o.O. (Leipzig), o.J. (2007). Die Charta wurde 2007 von allen 27 EU-Mitgliedstaaten verabschiedet.

5 Bundesministerium für Verkehr, Bau und Stadtentwicklung (Hg.): *Auf dem Weg zu einer nationalen Stadtentwicklungspolitik – Memorandum.* Berlin 2007. Zur Nationalen Stadtentwicklungspolitik gibt es ferner politische Beschlüsse auf Ebene des Bundes (Kabinettbefassung am 07. Mai 2008), der Bauminister der Länder („Papenburger Erklärung zur Nationalen Stadtentwicklungspolitik" vom 27./28.09.2007) und der kommunalen Spitzenverbände.

6 Im Rahmen der letzten fünf Jahre gab es im Zusammenhang mit der Nationalen Stadtentwicklungspolitik mehr als 75 Veranstaltungen, sechs Nationale Kongresse (über 6000 Besucher), sechs Projektkonferenzen, drei Hochschultage (ca. 1500 Teilnehmer), knapp 50 Publikationen, zahlreiche Wettbewerbe und 98 Modellvorhaben. Vgl.: www.nationale-stadtentwicklungspolitik.de.

7 Zum Beispiel durch die Internationale Konferenz „Städtische Energien / Urban Energies" vom 11. bis zum 13. Oktober 2012 in Berlin.

exacting planning and construction processes and projects. For this reason, too, for years now German IBA contributions have formed part of the platform activities at federal level. The National Urban Planning Policy supports the IBA Laboratories, the IBA Forums, and the IBA Panel of Experts. The latter was appointed by the federal ministry and provides regular statements on the status and development of the IBA strategy. All of the activities mentioned, and the IBA Memorandum, ultimately serve the purposes of quality assurance, thereby safeguarding the building exhibitions' outstanding role model function and thrilling impact. Without doubt, the IBA Hamburg occupies a special position within the seven or so planning and design undertakings currently being run by the IBA label under its own authority. No current IBA has achieved the volume of investment, the quality of organisation, the breadth and specialist quality of the projects – and thereby a similarly high degree of relevance for both the national and the international IBA discussions. It is for this reason, also, that the Hamburg IBA has exerted profound international influence.

The IBA Hamburg has also sent a very important signal to the effect that the IBA label does need special protection with regard to its sometimes generous use (such as for less ambitious urban development processes). The Memorandum on the "Zukunft Internationaler Bauausstellungen" ("Future of International Building Exhibitions") has consequently been drawn up within the scope of the National Urban Planning Policy, attempting to reach an understanding on quality criteria and thus to establish a kind of self-commitment by the IBA to its own aspirations. The IBA Hamburg has also repeatedly undertaken self-criticism regarding the plans developed in the Memorandum. What has emerged is an Internationale Bauausstellung that is exceptional among the many IBAs of recent years. Now, in its presentation year, 2013, it demonstrates what makes the IBA one of the most important and innovative urban development events.

Notes

1 Cf.: Werner Durth / Paul Sigel: "Baukultur. Spiegel gesellschaftlichen Wandels" (Berlin 2009). In: Christa Reicher / Lars Niemann / Angela Uttke (eds): *Internationale Bauausstellung Emscher Park: Impulse. Lokal, regional, international.* Essen 2011.

2 Cf.: Werner Durth: "IBA-Expertenrat. Ein Memorandum zur Zukunft Internationaler Bauausstellungen." In: Internationale Bauausstellung IBA Hamburg GmbH (ed.): *Netzwerk IBA meets IBA. Zur Zukunft internationaler Bauausstellungen.* Berlin 2010 (pp. 64-71).

3 Cf.: Internationale Bauausstellung IBA Hamburg GmbH (ed.): *IBA Hamburg. Projekte und Konzepte. Katalog zur Zwischenpräsentation 2010.* Hamburg 2011.

4 "Leipzig Charter on Sustainable European Cities". Manuscript, unattributed (Leipzig), undated (2007). The charter was adopted in 2007 by all 27 EU member states.

5 Federal Ministry of Transport, Building and Urban Development (ed.): Auf dem Weg zu einer nationalen Stadtentwicklungspolitik – Memorandum. Berlin 2007. There are also political resolutions in the National Urban Planning Policy at a federal level (cabinet motion on 7 May 2008), by state construction ministers ("Papenburger Erklärung zur Nationalen Stadtentwicklungspolitik" of 27/28.09.2007), and the local umbrella organisations.

6 Within the last five years there have been more than 75 events, six national congresses (over 6000 visitors), six project conferences, three university open days (approx. 1500 participants), some 50 publications, numerous competitions, and 98 model projects relating to National Urban Planning Policy. Cf.: www.nationale-stadtentwicklungspolitik.de.

7 Through the international "Städtische Energien/Urban Energies" conference, Berlin, 11-13 October 2012, for example.

ULI HELLWEG

IBA Hamburg - Was kommt danach?

Ein Ausblick

Jede IBA zieht ihre eigenen Lehren. So wie die IBA Berlin 1984/87 im Neubaubereich architektonische Trends gesetzt hat, so liegt die europaweite Wirkung der IBA Emscher Park im Umgang mit dem altindustriellen Erbe und seiner aufgelassenen Landschaft. Soweit jetzt schon absehbar, mögen die Lehren aus der IBA Hamburg noch am ehesten denen der IBA-Alt in Berlin 1984/87 ähneln. Einige Parallelen werden schon jetzt deutlich. Da ist zunächst die Erkenntnis, dass Planen und Bauen im Bestand, also bei der Operation am lebenden Organismus, andere Rahmenbedingungen und Voraussetzungen zu beachten hat als auf der grünen Wiese oder den „Brown Fields". Stadterneuerung wie Stadtumbau lassen sich nicht gegen die Menschen vor Ort, sondern nur mit ihnen zusammen machen. Auch wenn es immer die „Wasch-mir-den-Pelz-aber mach-mich-nicht-nass"-Gruppe unter den Bürgerinnen und Bürgern gibt, braucht die behutsame Aufwertung die Unterstützung der breiten Mehrheit der Menschen vor Ort. Deshalb müssen die - in meinem einleitenden Beitrag in diesem Band beschriebenen - unterschiedlichen Formen der Bürgerbeteiligung nicht nur im Rahmen einer IBA, sondern auch bei der Fortsetzung des Stadtumbaus einen zentralen Stellenwert haben. Haltungen, die einer Kirchturmspolitik ähneln, sind nicht durch weniger, sondern nur durch mehr Teilhabe aufzulösen. Nur wenn sich das Allgemeinwohl auch gesellschaftlich und nicht nur politisch äußern kann, wird es gegenüber Einzel- und Gruppeninteressen zur Geltung kommen.[1]

Für die Hamburger Elbinseln bedeutet dies, dass der in den letzten Jahren ausdifferenzierte Bürgerbeteiligungsprozess fortgesetzt werden muss - allerdings nicht nur in mittelschichtsorientierten Formaten wie Bürgerversammlungen und Workshops, sondern auch in zielgruppenorientierten Formen wie der aufsuchenden Beteiligung im Weltquartier[2]. Die Bürgerbeteiligung sollte dabei möglichst früh ansetzen, um einen diskursiven Prozess zu ermöglichen. Es ist aber ein Irrtum zu glauben, dass ein offener Bürgerbeteiligungsprozess gleichbedeutend mit einem voraussetzungslosen Diskurs ist. Mehr oder weniger öffentliche Veranstaltungen nach dem Motto „Was Ihr wollt" begünstigen nur die ohnehin artikulationsfähigen und durchsetzungsstarken Gruppen. Minderheiten kommen in öffentlichen Veranstaltungen oft zu kurz, zumal wenn sich die Vertreter von Verwaltung und Politik mit der Wahrnehmung ihrer verfassungsmäßigen Verantwortung aus einem falsch verstandenen Rollenverständnis zurückhalten. Tatsächlich ist es Aufgabe der Verwaltung und Politik, die gesamtstädtischen Interessen und Ziele - und dazu gehört auch der Schutz von Minderheiten - in den Beteiligungsprozess einzubringen. Bürgerbeteiligung darf also beides nicht sein: weder obrigkeitliche Informationspolitik noch rein lokale Grassroots-Politik. Nach einer IBA gehen nicht alle zurück auf Start, sondern machen da weiter, wo die IBA aufgehört hat. Das bedeutet, dass die angestoßenen Prozesse und Verfahren weitergeführt, nicht neu begonnen werden. Die adäquate Form der Teilhabe hierfür sind diskursive, oder, wie es gelegentlich auch genannt wird, „deliberative"[3] Beteiligungsprozesse, in denen die unterschiedlichen Sichtweisen und Interessen verhandelt

Das Lichtkunstprojekt *Crossing the Elbe* des britischen Künstlers Anthony McCall symbolisiert den Sprung über die Elbe. Es entstand in Kooperation mit den Deichtorhallen Hamburg und wurde von Tim Hupe Architekten, Hamburg umgesetzt. Suchscheinwerfer mit schmalen weißen Lichtkegeln werden von drei Orten aufeinander projiziert - vom Dach des Spiegelgebäudes neben den Deichtorhallen, vom „Energiebunker" in Wilhelmsburg und von der Sammlung Falckenberg in Hamburg-Harburg, auf diese Weise wird die Verbindung der Elbinsel mit dem Nord- und Südufer der Elbe hergestellt. Im Laufe des Jahres verändern die drei horizontalen Lichtkegel allmählich ihren Bewegungswinkel, sodass nach und nach alle Stadtteile Teil dieses bildlichen Sprungs werden.   The artistic lighting project *Crossing the Elbe* by British artist Anthony McCall symbolises the "Leap across the Elbe". It came into being through a joint venture with the Deichtorhallen Hamburg and was implemented by Tim Hupe Architekten (Hamburg). Searchlights with narrow beams are projected onto one another from three locations - the roof of the plate-glass building next to the Deichtorhallen, the Energy Bunker in Wilhelmsburg, and the Falckenberg Collection in Hamburg-Harburg, linking the Elbe islands with the north and south banks of the Elbe. During the course of the year the three horizontal beams gradually change their angles so that all the neighbourhoods become successively part of this symbolic leap.

ULI HELLWEG

IBA Hamburg - What Comes Afterwards?

A Perspective

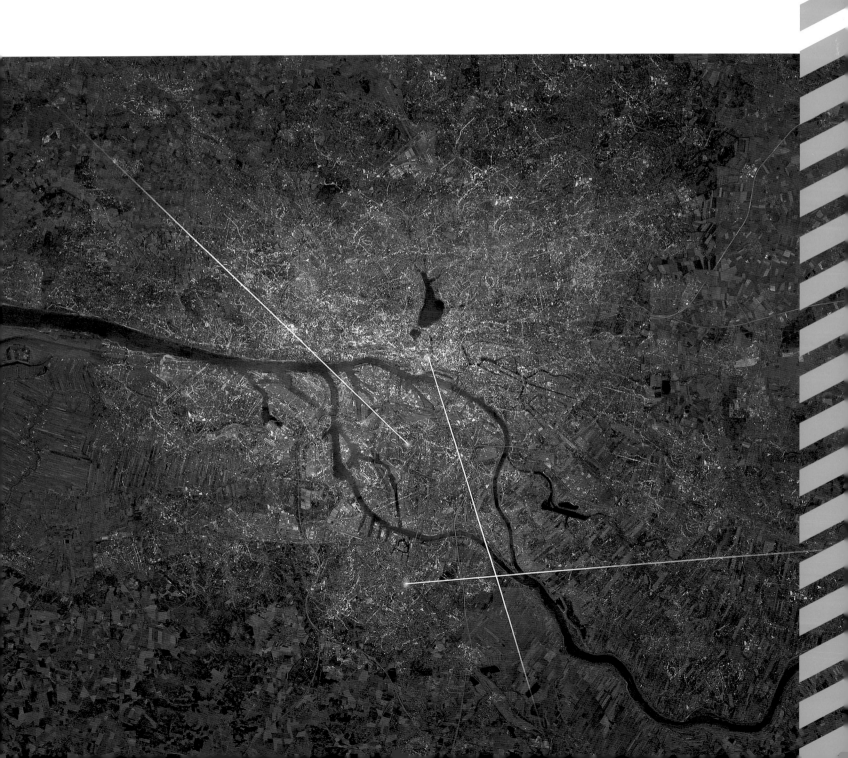

und Lösungen gemeinsam erarbeitet werden. Ziel dieser Verfahren muss es sein, lokale und gesamtstädtische, individuelle und gesellschaftliche, wirtschaftliche, soziale und ökologische Interessen möglichst zum Ausgleich zu bringen, zumindest aber die unterschiedlichen Sichtweisen und Belange für die final erforderliche Abwägung durch die politisch verantwortlichen Gremien zusammenzutragen.

Eine Weiterführung des Stadtumbauprozesses auf den Hamburger Elbinseln bedarf also keiner grundlegend anderen oder neuen Beteiligungsformen, sondern der Weiterführung und Weiterentwicklung der in den letzten Jahren entwickelten Formate, wobei auch dem im September 2012 konstituierten Netzwerk von mehr als 30 Initiativen der Elbinseln eine wichtige Rolle zukommen wird.

Von der Projektorientierung zur Gebietsentwicklung

Es gehört zu den Besonderheiten des „kuratorischen Formates IBA", dass sich eine IBA zwar formell machtlos, aber dafür ungehemmt in alles einmischen kann, was ihre Aufgabenstellung und das Demonstrationsgebiet angeht. Eine IBA sieht die Dinge ganzheitlich und packt sie pragmatisch an. Dieser „perspektivische Inkrementalismus", wie er in der IBA Emscher Park genannt wurde, hat seine Vor- und seine Nachteile. Die Vorteile liegen zweifellos in der integrierten Projektorientierung, die alle Aspekte eines Projektes –soziale, ökonomische, kulturelle, energetische und so fort – umfasst. So befasste sich die IBA Hamburg in und neben ihren baulichen Projekten mit Bildungs-, Sozial-, Arbeitsmarkt-, Kultur-, Verkehrs-, Energie-, Sport-, Gesundheits-, Wirtschafts-, Industrie- und Gewerbe-, Wohnungs- und Umweltpolitik. Dies wirkt auf den ersten Blick vermessen; tatsächlich hat die IBA diese Aspekte aufgreifen müssen, um ihre Projekte zum Erfolg zu führen. Das „Veringeck" als erstes multikulturelles Wohn- und Pflegeheim musste genauso in einem interdisziplinären Team erarbeitet und begleitet werden wie die Umsetzung der Verpflichtung der Bauherren zur Einbeziehung lokaler

Handwerksbetriebe oder langzeitarbeitsloser Jugendlicher. Und um die „Hafenquerspange" konnte und wollte die IBA genausowenig einen Bogen machen wie um die Verlegung der Wilhelmsburger Reichsstraße (B4/B75), die überhaupt erst die langfristigen Entwicklungspotenziale für die Hamburger Elbinseln öffnet. Die Hauptnachteile der projektorientierten Vorgehensweise liegen in der Erwartungshaltung, die sie weckt. Während sich eine klassische Verwaltung gerne und nicht selten auf „Zuständigkeiten" zurückzieht, wird eine IBA grundsätzlich für alle Probleme und Schwierigkeiten ihres Operationsgebietes in Haftung genommen. So wurde der IBA Hamburg zum Beispiel vorgehalten, dass sie nichts gegen die unhaltbaren Zustände im Korallus-Viertel, einem heruntergekommenen Wohngebiet der Gagfah Immobilien-Management GmbH, unternehme, während sie gleichzeitig „Vorzeigehäuser" baue und andere Quartiere modellhaft modernisiere. Gerade für die lokale Akzeptanz großer Veränderungen im Quartier ist ein ganzheitlicher Ansatz von großer Bedeutung. Eine Lehre aus der IBA sollte es daher sein, den integrativen Ansatz der Projekte weiterzuführen und ihn durch verbesserte Kooperationsstrukturen auch auf die Gebiete und Aufgaben auszuweiten, die nicht nur von inkrementalistischer, sondern auch von strategischer Bedeutung sind.

Dies ist einfacher gesagt als getan, denn ganzheitliche Projektorientierung widerspricht zunächst einmal der sektoralen Aufgabenorientierung der klassischen Verwaltung. Es ist daher fraglich, ob ganzheitliche Projektentwicklungen aus den Strukturen und Zuständigkeiten der klassischen planenden Verwaltung heraus entwickelt werden können. Genauso fraglich ist es, ob die zuvor erwähnten notwendigen Bürgerbeteiligungsverfahren sektoral aus einer Fachverwaltung heraus erfolgreich organisiert werden können. Die Komplexität von Planungsaufgaben korreliert mit den darin zu verhandelnden Fragen und Belangen. Schon die unmittelbar städtebaulich zu lösenden Probleme lassen sich kaum allein aus der planenden Verwaltung heraus diskutieren, wenn beispielsweise – wie in Hamburg – die Verkehrsplanung in der Ver-

Eine Weiterführung des Stadtumbauprozesses auf den Hamburger Elbinseln bedarf keiner grundlegend anderen oder neuen Beteiligungsformen, sondern der Weiterführung und Weiterentwicklung der in den letzten Jahren entwickelten Formate.

The urban redevelopment process on Hamburg's Elbe islands does not therefore require any new or other fundamental forms of participation. Instead, it needs the continuation and further development of the formats drawn up in recent years.

Every Internationale Bauausstellung IBA (International Building Exhibition) has its own lessons. Just as the IBA Berlin 1984/87 initiated novel architectural trends in the field of new buildings, the IBA Emscher Park made a Europe-wide impact in dealing with old industrial legacies and their abandoned landscapes. As far as we can see at present, the lessons of the IBA Hamburg most closely resemble those of the IBA Alt theme in Berlin 1984/87. A number of parallels are already evident. First of all there is the recognition that, when it comes to planning and construction with existing buildings, as when operating on a living organism, the general conditions and prerequisites to be taken into consideration are different from those when working on a green meadow or a "brownfield" site. Urban renewal and urban redevelopment cannot be carried out in opposition to the local residents, only in cooperation with them. Even though there is always the "Let me have my cake and eat it too" group among members of the public, careful upgrading requires the support of the broad majority of the people. Hence the different forms of public participation – described in my introductory article in this volume – need to be a top priority not only within an IBA but also for the continuation of urban redevelopment. Attitudes reminiscent of an ivory tower are countered not by less but by greater participation. It is only when the public good is able to express itself socially and not just politically that it is able to make itself felt in the face of individual and group interests.[1]

For Hamburg's Elbe islands this means that the refined public participation process of recent years needs to be continued – albeit not only in middle-class-oriented formats like town meetings and workshops, but also in target-group-oriented arrangements like the outreach participation in the "Global Neighbourhood".[2] Public participation should be initiated as early as possible in order to enable a discursive process. However, it is a mistake to believe that open public participation is synonymous with unconditional agreement. More or less public events along the lines of "Whatever you want" serve only the already articulate and assertive

groups. Minorities often get a raw deal at public events, particularly if representatives from administration and politics hold back because of their perceived constitutional responsibility (due to a misunderstanding of their roles). It is indeed the role of administration and politics to bring overall city interests and objectives - and this includes the protection of minorities – into the participation process. Public participation, therefore, should be neither one nor the other: neither authoritarian information policy nor purely local grassroots politics. Not everyone returns to the starting point following an IBA; instead, they continue from where the IBA left off. This means that the processes and procedures initiated are continued, not started anew. The suitable forms of participation for this are discursive, or, as they are sometimes also called, "deliberative"[3] processes, in which the different perspectives and interests are dealt with and solutions drawn up together. The objective of such a process has to be to achieve the best possible balance of local and overall city, individual and collective, commercial, social, and ecological interests, but at least to bring together the different perspectives and concerns for necessary final consideration by the political bodies responsible.

The urban redevelopment process on Hamburg's Elbe islands does not therefore require any new or other fundamental forms of participation. Instead, it needs the continuation and further development of the formats drawn up in recent years, in which the network of more than 30 Elbe islands initiatives set up in September 2012 is assigned an important role.

From Project Orientation to District Development

One of the special features of the "IBA curatorial format" is that, while an IBA is officially powerless, it can interfere unreservedly in everything relating to its conceptual formulation and demonstration area. An IBA sees things holistically and tackles them pragmatically. This "incremental perspective", as it was called at the IBA Emscher Park, has both advantages

antwortung einer anderen Behörde liegt. Um wie viel gravierender muss die Beschränkung klassischer Verwaltungsstrukturen bei der Lösung komplexer Aufgaben wiegen, wenn auch bildungs- oder arbeitsmarktpolitische Fragen auf der Tagesordnung stehen.

Internationale Bauausstellungen sind temporäre Prozesse, deren Lebenszeit mehr oder weniger willkürlich begrenzt ist. In Hamburg fand eine der „kürzesten" IBA statt, weil von Anfang an die Parallelität von IBA und internationaler gartenschau hamburg igs 2013 geplant war, und daher das igs-Jahr 2013 auch für die IBA verbindlich war. Eine Verlängerung – wie etwa bei der IBA Berlin von 1984 auf 1987 – schied daher in Hamburg aus. In Bezug auf den von der IBA angestoßenen Stadtumbauprozess wirkt die Zeitsetzung von sieben Jahren rein willkürlich. Zwar mag man die Ausstellungsziele im engeren Sinne – innovative und international bedeutsame Projekte – verwirklichen können, die Entwicklungsziele für die Hamburger Elbinseln kann man in dieser Zeit nicht erreichen. Von daher ist es naheliegend, für die Hamburger Elbinseln organisatorische Strukturen zu schaffen, die den Prozess des komplexen und behutsamen Stadtumbaus fortsetzen. Dabei geht es nicht nur darum, die erfolgreichen Vermarktungskonzepte der IBA Hamburg weiterzuführen, sondern es geht um die Wahrung und Fortführung des ganzheitlichen und partizipativen Projektentwicklungsansatzes. In dieser Hinsicht besteht eine weitere Parallele zwischen der IBA Hamburg und der IBA Berlin, deren Arbeit als „S.T.E.R.N. Gesellschaft der Behutsamen Stadterneuerung GmbH" nach dem Präsentationsjahr 1987 in den Kreuzberger Kerngebieten der IBA fortgesetzt und auf weitere Stadterneuerungsgebiete wie Moabit und – nach der Wende 1989 – Prenzlauer Berg übertragen wurde.

Die Chancen des Erbes

Jede IBA „hinterlässt" Projekte, die weit über ihren eigentlichen (mehr oder weniger zufälligen) Zeitraum hinaus reichen. S.T.E.R.N. ist noch heute in der „behutsamen Stadterneuerung"

aktiv; der Umbau der Emscher von der Kloake zu einem naturnahen Flussraum wird noch bis 2030 dauern. Auch die IBA Hamburg hat langfristig orientierte Projekte, für die die Weichen im IBA-Zeitraum gestellt wurden. Dazu gehören nicht nur die städtebaulichen Entwicklungsflächen in Wilhelmsburg Mitte, Georgswerder oder Veddel Süd und Veddel Nord, sondern auch langfristig orientierte Fachkonzepte wie die „Bildungsoffensive Elbinseln". Der öffentliche „Brandbrief"[4] von 14 Schulleiterinnen und Schulleitern der Hamburger Elbinseln im November 2012 hat einmal mehr gezeigt, dass die Bildungsprobleme der Bevölkerung auf den Elbinseln mit dem Ausstellungsjahr 2013 nicht gelöst sind, sondern allenfalls wichtige – auch bauliche - Voraussetzungen für einen mittel- bis langfristigen Erfolg geschaffen wurden.

In ihrer Gesamtheit stehen die Projekte im Leitthema „Kosmopolis" exemplarisch für die Verbesserung der sozialen und gesellschaftlichen Bedingungen in den Bereichen Bildung, Wohnen und Freiraum, Kunst und Kultur sowie lokale Ökonomien auf den Elbinseln und haben das Potenzial, Ausgangspunkte eines aus dem Stadtteil geforderten integrierten sozialen Entwicklungskonzeptes zu werden.

Auch das Klimaschutzkonzept „Erneuerbares Wilhelmsburg" (*Energie-Atlas*[5]) ist langfristig angelegt. Zwar werden die Hamburger Elbinseln schon 2013 der mit Abstand klimafreundlichste Stadtteil Hamburgs sein, in dem mehr als die Hälfte des Strombedarfs und fast 15 Prozent des Wärmebedarfs der privaten Haushalte, des Gewerbes, der Dienstleistungen und des Handels aus eigenen regenerativen Quellen erzeugt werden. Dennoch wird es bis Ende der 2040er Jahre dauern, bis Wilhelmsburg und die Veddel die ersten Stadtteile einer Metropole sein werden, die sich vollkommen selbst mit Strom und Wärme versorgen.

Wie kaum ein anderes Konzept der IBA findet der *Energie-Atlas* gegenwärtig Beachtung, da mit dem Klimaschutzkonzept zum ersten Mal gezeigt wird, dass auch große Städte nicht zwangsläufig immer nur auf den Import von Energie angewiesen sind. Metropolen müssen nicht auf die neuen regenerativen Großstruk-

Jede IBA „hinterlässt" Projekte, die weit über ihren eigentlichen Zeitraum hinausreichen.

and disadvantages. The advantages are without doubt in the integrated project orientation encompassing all aspects of a project – social, economic, cultural, energy-related, and so on. Hence the IBA Hamburg addressed educational, social, job market, cultural, traffic, energy, sport, health, economic, industrial, commercial, housing, and environmental policy in and in addition to its building projects. This seems presumptuous at first but the IBA did have to deal with these aspects in order to make its projects a success. The "Veringeck", as the first multicultural residential and nursing home, had to be developed and monitored by an interdisciplinary team in just the same way as the implementation of the developers' commitment to the involvement of local tradesmen or young people in long-term unemployment. The IBA was just as unwilling and unable to make a detour around the "harbour link" as it was around the relocation of Wilhelmsburger Reichsstrasse (B4/B75), via which the long-term development potential of Hamburg's Elbe islands will first be unleashed.

The main disadvantages of project-oriented approaches lie in the expectations they raise. While classic administration often willingly falls back on "competencies", an IBA is principally liable for all of the problems and difficulties within its area of operation. The IBA Hamburg, for example, was charged with having done nothing to counter the untenable circumstances in the Korallus district (a run-down residential area run by Gagfah Immobilien Management GmbH), while at the same time building "show houses" and undertaking the exemplary modernisation of other neighbourhoods. An integrated approach is tremendously important for the local acceptance of major changes in the district. One lesson from the IBA therefore ought to be the continuation of the projects' integrative approach and their extension through improved cooperation structures to areas and tasks important not only from an incremental but also from a strategic perspective.

This is easier said than done because, for a start, integrated project orientation contradicts the sectoral orientation of classic administra-

tion. It is therefore debatable whether integrated projects can be developed from the structures and competencies of classic planning administration. It is just as questionable whether the necessary public participation processes mentioned above can be successfully organised on a sectoral basis from within a specialist administrative department. The complexity of planning tasks correlates with the issues and concerns to be dealt with. Even immediate urban design problems in need of solution can barely be discussed within the planning administration alone if, as in Hamburg for example, traffic planning falls under the competency of another authority. How much more serious the constraints of classic administrative structures must be in the solution of complex tasks when educational or job market issues are also on the agenda?

International building exhibitions are temporary processes, their lifetime limited on a more or less arbitrary basis. One of the "shortest" IBAs has taken place in Hamburg because the parallelism of the IBA and the international garden show (igs) was planned from the outset and so the igs year 2013 was also binding for the IBA. An extension – as in the case of the IBA Berlin from 1984 to 1987, for instance – was therefore out of the question in Hamburg. The interval of seven years seems purely arbitrary with regard to the urban redevelopment process initiated by the IBA. It may be so that the exhibition goals in the narrower sense – innovative and internationally relevant projects – can be realised, but the development goals for Hamburg's Elbe islands cannot be achieved within this timeframe. It was therefore an obvious step to create organisational structures for Hamburg's Elbe islands that are able to continue the process of complex and careful urban redevelopment. This is not just about continuing the IBA Hamburg's successful marketing concepts: it is about the maintenance and continuation of integrated and participative project development approaches. In this regard there is a further parallel between the IBA Hamburg and the IBA Berlin, the work of which was carried on (as S.T.E.R.N. Gesellschaft der Behutsamen

Every IBA "leaves behind" projects that extend way beyond their actual timeframe.

turen wie Offshore- oder Wüstenkraftwerke und die damit verbundenen Leitungen warten, sondern sie können selbst zumindest einen beachtlichen Teil ihrer Energie vor Ort produzieren bzw. durch Effizienzsteigerung einsparen. Der lokale Ansatz ist besonders in Großstädten von Bedeutung, da sie bislang in der Eigenproduktion von regenerativer Energie besonders schlecht abschneiden.[6] Neue Speichertechnologien wie beispielsweise mit dem „Energiebunker" oder virtuelle Kraftwerke wie der Wärmeverbund Wilhelmsburg Mitte sind in der Freien und Hansestadt gebaute praktische Beispiele einer dezentralen intelligenten Energieversorgung, die einen unschätzbaren Erfahrungsvorsprung gegenüber jenen Städten hat, deren energetischer Umbau noch weitgehend im Konzeptstadium verharrt. Diese Projekte fortzusetzen, erfüllt die Wilhelmsburgerinnen und Wilhelmsburger mit Stolz und bedeutet für die Hamburger Elbinseln einen großen Attraktivitätsgewinn auch für hinzuziehende junge, urban orientierte und gleichzeitig umweltbewusste Menschen. Zugleich verleiht das Konzept Hamburg ein Alleinstellungsmerkmal im Ranking der deutschen Städte bei der Energiewende und stärkt im internationalen Kontext die Rolle der Freien und Hansestadt als Leuchtturm urbaner Innovationen.

Von der Ausnahme zur Regel

Im Rahmen von IBA und igs sind in den Jahren von 2007 bis 2013 alles in allem rund 300 Millionen Euro öffentlicher Mittel aus Kassen der Freien und Hansestadt, des Bundes und der EU in Projekte auf den Hamburger Elbinseln und in den Harburger Binnenhafen geflossen. Im privaten Sektor wurden in diesem Zeitraum mehr als 700 Millionen Euro investiert. Das private Investitionspotenzial nach 2013 dürfte bei über eineinhalb Milliarden Euro liegen, wenn die durch die IBA geschaffenen Entwicklungspotenziale, vor allem im Bereich der jetzigen Wilhelmsburger Reichsstraße (B4/B75), mobilisiert werden können. Die bis 2020 zu entwickelnden Schwerpunkte auf den Hamburger Elbinseln sind vor allem:

- Der Bereich Wilhelmsburg Mitte und Haulander Weg (90 Hektar) mit 4200 Wohneinheiten und 235.000 Quadratmetern Gewerbeflächen
- Veddel (9 Hektar) mit 460 Wohneinheiten und 57.500 Quadratmetern Gewerbeflächen
- Georgswerder (25 Hektar) mit 540 Wohneinheiten und 28.800 Quadratmetern Gewerbeflächen

Mit einem Potenzial von insgesamt 5500 Wohneinheiten und etwa 290.000 Quadratmetern Gewerbeflächen stellt Wilhelmsburg gegenwärtig das größte Stadtentwicklungsgebiet Hamburgs und die größte Fläche für den dringend benötigten Wohnungsbau dar. Die Infrastrukturvoraussetzungen für den Stadtumbau sind mit dem neuen igs-Park, den Schulprojekten der IBA, den neuen Sporteinrichtungen (Schwimmbad, Basketballhalle, Kletterhalle und so weiter) nirgendwo in Hamburg so gut wie hier. Das private Investitionsinteresse konnte in den letzten Jahren deutlich gesteigert werden und mit den Innovationsinvestitionen der „Bauausstellung in der Bauausstellung" oder den energetischen Modellprojekten wie dem „Energiebunker" oder dem „Energieberg" ist die Richtung für einen einzigartig innovativen Städtebau vorgezeichnet. Die Hamburger Elbinseln haben die Chance, zum dynamischsten und innovativsten Stadtteil Hamburgs zu werden. Um die nach Jahrzehnten des Niedergangs heute spürbare Aufbruchsstimmung und den aktuellen privaten Investitionsschub zu nutzen, müssen jetzt die politischen Weichen gestellt und die öffentlichen Signale ausgesandt werden. Dabei geht es, wie oben erläutert, darum, einen vorbildlichen partizipativen Stadtumbauprozess zu organisieren, der den Stadtteil ganzheitlich betrachtet und komplex interveniert. Ein solcher Prozess verlangt nicht nur geeignete organisatorische und operative Strukturen, in denen die Fäden zusammengehalten werden, sondern auch eine entsprechende Rechtsgrundlage.
Der IBA-Prozess hat gezeigt, dass sich ein ganzheitlicher Stadtentwicklungsansatz nur durch interdisziplinäre Projektentwicklung, außergewöhnliche Kooperationsstrukturen und bi- beziehungsweise trilaterale Koopera-

Die bis 2020 zu entwickelnden Schwerpunkte auf den Hamburger Elbinseln sind vor allem:

- Der Bereich Wilhelmsburg Mitte und Haulander Weg (90 Hektar) mit 4200 Wohneinheiten und 235.000 Quadratmetern Gewerbeflächen
- Veddel (9 Hektar) mit 460 Wohneinheiten und 57.500 Quadratmetern Gewerbeflächen
- Georgswerder (25 Hektar) mit 540 Wohneinheiten und 28.800 Quadratmetern Gewerbeflächen

Stadterneuerung GmbH) after the Presentation Year of 1987 in the IBA's key Kreuzberg neighbourhoods and extended to other urban renewal areas such as Moabit and – following German reunification in 1989 - Prenzlauer Berg.

Legacy Opportunities

Every IBA "leaves behind" projects that extend way beyond their actual (more or less coincidental) timeframe. S.T.E.R.N. is still active in "careful urban renewal" today; the conversion of the Emscher from a cesspit to a largely natural river environment will still take until 2030. The IBA Hamburg, too, has projects with a long-term orientation, the groundwork for which has been done during the IBA timeframe. These include not only the urban development areas in Wilhelmsburg Central, Georgswerder, or Veddel, but also long-term specialist concepts like the "Elbe Islands Education Drive". The provocative open letter[4] sent by 14 school principals from Hamburg's Elbe islands in November 2012 again showed that the education problems of the islands' population are not going to be solved with the IBA Hamburg Presentation Year 2013; at best, the important – including the construction – conditions for medium- to long-term success have been established.

In their entirety the "Cosmopolis" projects are exemplary regarding the improvement of social and community conditions in the fields of education, housing, leisure, art, and culture, as well as local economies on the Elbe islands, and have the potential to become the starting point for an integrated social development concept emerging from within the neighbourhood. The "Renewable Wilhelmsburg" Climate Protection Concept (*Energy Atlas*[5]) is also long-term in its approach. Hamburg's Elbe islands will already be by far Hamburg's most climate-friendly area by 2013, in that more than half of electricity requirements and almost 15 per cent of heating requirements in private households, commerce, services, and retail come from its own renewable sources. Nevertheless, it will take until the end of the 2040s for Wilhelmsburg and Veddel to become the first districts

within a major city to be entirely self-reliant when it comes to electricity and heating. The *Energy Atlas* is currently receiving more attention than almost any other IBA concept because the "Climate Protection Concept" shows for the first time that even major cities are not necessarily dependent on imported energy only. A metropolis does not have to wait for major new renewable structures like offshore or desert power plants and the related transmission; instead, it can at least produce and/or economise on a considerable part of its energy itself through increased efficiency locally. This approach is particularly important in major cities because they have performed especially poorly to date when it comes to producing their own renewable energy.[6] New storage technology such as that used in the "Energy Bunker" or "virtual" power plants like the "Wilhelmsburg Central Integrated Energy Network" are practical, built examples of intelligent, decentralised energy supplies in Hamburg, giving it an invaluable head start in terms of experience when compared to those cities whose energy conversion is still largely stuck in the concept stage. The continuation of these projects is a source of pride for the residents of Wilhelmsburg and, for Hamburg's Elbe islands, it means a major increase in appeal to new, young, urban-oriented – and also environmentally aware – people. At the same time, the "Climate Protection Concept" gives Hamburg a unique selling point in the ranking of German cities when it comes to the turnaround in energy policy and boosts the role of the Free and Hanseatic City in the international context as a beacon of urban innovation.

From the Exception to the Rule

All in all, around 300 million euros in public funding from the City of Hamburg, the German federal government, and the EU have been poured into projects on Hamburg's Elbe islands and in the "Harburg Upriver Port" during the course of the IBA and the igs (between 2007 and 2013). In the private sector, more than 700 million euros have been invested during this

tionsverträge realisieren lässt.[7] Fraglich ist allerdings, ob dieses System des Ausnahmezustandes auch außerhalb einer IBA (und des entsprechenden Zeitdrucks) mittel- bis langfristig funktioniert. Es hieße vermutlich das Format IBA zu überfordern, den „Ausnahmezustand" in einen „Dauerzustand" ummünzen zu wollen. Vielmehr liegt es nahe, für die längerfristige Entwicklung so komplexer Aufgabenstellungen und Gebiete mit so vielfältigen Eigentümer- und Interessensstrukturen wie auf den Hamburger Elbinseln auf die regelhaften Rechtsgrundlagen und bewährten Verfahren zurückzugreifen, die das Baugesetzbuch hierfür bereithält. Wenn der Stadtumbau in Metrozonen zu einem zentralen Instrument des neuen Stadtwachstums werden soll, wird man um den Einsatz von bodenrechtlichen Instrumenten wie zum Beispiel Städtebaulichen Verträgen im Rahmen einer „Sozialen Bodennutzung" oder Sanierungs- und Entwicklungsrecht nicht herumkommen. Nur so können größere Gebiete und Quartiere zügig und wirtschaftlich entwickelt und umgebaut, die private Kooperationsbereitschaft gefördert und soziale Härten bei Bewohnern und Betrieben vermieden werden. Der Transfer von Erfahrungen in die Planungspraxis ist ein wesentliches Prinzip Internationaler Bauausstellungen. Die grundlegenden Erfahrungen dieser IBA im Bereich der Projektentwicklung, von Teilhabe und Beteiligung, der ganzheitlichen Quartiersentwicklung und des energetischen Stadtumbaus aus einer Hand können in den nächsten Jahren für die Elbinseln insgesamt modellhaft fortgesetzt werden. So könnte der Ausnahmezustand einer IBA zur Regel eines neuen ganzheitlichen Stadtumbaus werden.

Die „Renaissance der Städte" braucht Flächen, vor allem für den Wohnungsbau. Die entscheidende Ressource hierfür werden in Zukunft nicht mehr die Konversionsflächen, sondern die Stadtumbaugebiete sein – jedenfalls, wenn nicht eine neue Suburbanisierungswelle ausgelöst werden soll. Die „Metrozonen" zu entwickeln bedarf eines ganzheitlichen und strategischen Planungsansatzes, der mit den Bürgerinnen und Bürgern zusammen gestaltet werden muss. Stadtumbau ist aber nicht nur in quantitativer

Hinsicht eine große Chance für ein neues Stadtwachstum, sondern bietet auch die einmalige Möglichkeit, neue urbane und ökologische Qualitäten mit Bildung und Ausbildung, Beschäftigung und Einkommen in den bisher vernachlässigten Stadtteilen zu verbinden. Wenn dies eine Lehre aus der IBA Hamburg wäre, hätte sie sich allemal gelohnt.

Anmerkungen

1 Vgl. Uli Hellweg: „Stadt und Zivilgesellschaft. Gedanken zu einem politischen und räumlichen Beziehungsgeflecht". In: IBA Hamburg (Hg.): *METROPOLE: Zivilgesellschaft*. Berlin 2012 (S. 8–26).

2 Vgl. Sabine de Buhr, Thomas Schulze: „Ausblick auf Veränderung. Von der Arbeitersiedlung zum Weltquartier." In: IBA Hamburg (Hg.): *METROPOLE: Kosmopolis*. Berlin 2011 (S. 248–254).

3 Vgl. Uli Hellweg, „Stadt und Zivilgesellschaft" (siehe Anm. 1).

4 In ihrem gemeinsamen öffentlichen Schreiben warnen die Schulleitungen der Elbinseln vor einem „Deichbruch": „Vor dem Hintergrund unterschiedlicher Lernvoraussetzungen und sozialer Disparitäten, nimmt der Erziehungsanteil an der schulischen Arbeit immer größeren Raum ein. Dies und die zunehmende Heterogenität der Schülerschaft bedingen, dass unsere Schulen ihrer Verantwortung ‚Kein Kind geht verloren' unter den jetzigen Bedingungen nicht gerecht werden können."

5 Vgl. IBA Hamburg (Hg.): *ENERGIEATLAS – Zukunftskonzept Erneuerbares Hamburg-Wilhelmsburg*. Berlin 2010.

6 Im Vergleich der deutschen Bundesländer liegt Hamburg in der Erzeugung regenerativer Energie auf dem vorletzten Platz (vor Berlin). (vgl. Bundesländervergleich Erneuerbare Energien 2012, Agentur für Erneuerbare Energien, Berlin 2012 (http://www.unendlich-viel-energie.de/uploads/media/61_Renews_Spezial_Bundeslaendervergleich_Endfassung_online.pdf)

7 Die überbehördliche Koordinierungsstelle Sprung über die Elbe (KSS), die Projektgruppe Sprung über die Elbe (PGS) in der Behörde für Stadtentwicklung und Umwelt und andere Lenkungsgruppen tragen dazu bei, vgl. Uli Hellweg: „IBA Hamburg – ein erster Blick zurück. ‚Ausnahmezustand auf Zeit'" in diesem Band (S. 20–46).

Die „Renaissance der Städte" braucht Flächen, vor allem für den Wohnungsbau. Die entscheidende Ressource hierfür werden in Zukunft nicht mehr die Konversionsflächen, sondern die Stadtumbaugebiete sein.

time. The private investment potential after 2013 ought to be more than 1.5 billion euros if the development potential created by the IBA, particularly in the area of the present Wilhelmsburger Reichsstrasse (B4/B75), can be mobilised. The focal points of development on Hamburg's Elbe islands until 2020 are primarily:

- Wilhelmsburg Central area and Haulander Weg (90 hectares) with 4200 housing units and 235,000 square metres of commercial space
- Veddel (9 hectares) with 460 housing units and 57,500 square metres of commercial space
- Georgswerder (25 hectares) with 540 housing units and 28,800 square metres of commercial space.

With the potential for a total of 5500 housing units and about 290,000 square metres of commercial space, Wilhelmsburg currently constitutes the largest urban development space in Hamburg and the most extensive area for urgently needed housing development. The infrastructure conditions for the urban redevelopment with the new igs Park, the IBA's school projects, the new sports facilities (swimming pool, basketball hall, climbing hall, and so on) are better here than anywhere else in Hamburg. Interest by private investors has significantly increased in recent years and the innovation investments of the "Building Exhibition within the Building Exhibition", or the model energy projects like the "Energy Bunker", or the "Energy Hill", have mapped out the path to a uniquely original urban redevelopment. Hamburg's Elbe islands have the opportunity to become the most dynamic and innovative district in Hamburg. The political groundwork now needs to be done and the right public signals sent out in order to utilise both the air of optimism now perceptible after decades of decline and the current private investment boost. As detailed above, this means organising an exemplary participative urban redevelopment process that takes an integrated view of the city district and undertakes complex intervention. Such a process requires not only suitable organisational and operative structures holding all of the

threads together; it also needs the appropriate legal basis.

The IBA process has shown that an integrated urban development approach can be realised only through interdisciplinary project development, extraordinary cooperation structures, and bi- or trilateral cooperation agreements.[7]. It is debatable, however, whether this "exceptional circumstance" system would also function outside an IBA (and the corresponding time pressure) in the medium to long term. It would probably mean the overtaxing of the IBA format and the desire to turn the "exceptional circumstance" into a "permanent state". Far more feasible for the longer-term development of such complex terms of reference and areas with such multifaceted ownership and interest structures as exist on Hamburg's Elbe islands is to refer back to the regular legal bases and proven processes of the German Building Code. If urban redevelopment in metrozones is to become a key instrument of new urban growth there will be no avoiding the use of land ownership instruments such as urban development agreements as part of "social land use", for example, or renovation and development law. It is only in this way that larger areas and neighbourhoods can be developed and converted quickly and feasibly, private cooperation facilitated, and social hardship avoided for residents and enterprises. The transfer of experience in planning practice is one of the key principles behind international building exhibitions. The fundamental all-in-one experience of this IBA in the fields of project development, of involvement and participation, of integrated neighbourhood development, and of energy-related urban redevelopment can be continued in an exemplary manner for the Elbe islands as a whole in the years to come. The "exceptional circumstance" of an IBA could thus become the rule for a new, integrated urban redevelopment.

The "city renaissance" needs space, for housing construction in particular. The key resource for this in the future will no longer be conversion sites but urban redevelopment areas – if, at least, a new wave of suburbanisation is to be avoided. Developing the metrozones requires

The "city renaissance" needs space, for housing construction in particular. The key resource for this in the future will no longer be conversion sites but urban redevelopment areas.

an integrated and strategic planning approach that needs to be drawn up together with the public. Urban redevelopment is a major opportunity for new urban growth not just in a quantitative sense: it also provides the unique opportunity to link new urban and ecological features with education and training, employment, and income in previously disadvantaged city districts. If this were to be the one lesson from the IBA Hamburg, then it would certainly have been worth it.

Notes

1 Cf. Uli Hellweg: "The City and Civil Society. Thoughts on a Political and Spatial Network of Relationships." In: IBA Hamburg (ed.): *METROPOLIS: Civil Society*. Berlin 2012 (pp. 9-27).

2 Cf. Sabine de Buhr, Thomas Schulze: "Prospects of Change. From Working Class Area to Global Neighbourhood." In: IBA Hamburg (ed.): *METROPOLIS: Cosmopolis*. Berlin 2011 (pp. 249-255).

3 Cf. Uli Hellweg: "The City and Civil Society" (see note 1).

4 In their joint open letter the Elbe islands school principals warned of a "dyke burst": "Against the background of different learning conditions and social disparities, discipline is making up an ever greater proportion of school work. This and the increasing heterogeneity of the pupil body mean that, under the present conditions, our schools are not able to fulfil their responsibility of 'no child being overlooked'."

5 Cf. IBA Hamburg (ed.): *ENERGY ATLAS - Future Concept Renewable Hamburg-Wilhelmsburg*. Berlin 2010.

6 In comparison to the other German states, Hamburg is second last (ahead of Berlin) when it comes to the production of renewable energy. (cf. Federal Comparison of Renewable Energies 2012, German Renewable Energies Agency, Berlin 2012 (http://www.unendlichviel-energie.de/uploads/media/61_Renews_Spezial_Bundeslaendervergleich_Endfassung_online.pdf)

7 The interdisciplinary coordination centre "Leap across the Elbe" (KSS), the "Leap across the Elbe" project group (PGS) within the State Ministry for Urban Development and Environment, and other steering committees contribute to this; cf. Uli Hellweg: "IBA Hamburg - an Initial Review. 'Temporary Exceptional Circumstances'" in this volume (pp. 20-46).

Der Strahl des Lichtkunstprojektes *Crossing the Elbe* von Anthony McCall richtet sich vom Energiebunker aus in die Ferne - eine Metapher dafür, dass die Entwicklung der Elbinseln auch nach Abschluss der IBA im Scheinwerferlicht der Stadtentwicklung stehen muss.
The beam from the artistic lighting project *Crossing the Elbe* by Anthony McCall is directed from the Energy Bunker into the distance - a metaphor for the need, following the conclusion of the IBA Hamburg, to have the development of the Elbe islands remain in the urban development spotlight.

METROZONEN
Steckbriefe der Projekte

METROZONES
Project Profiles

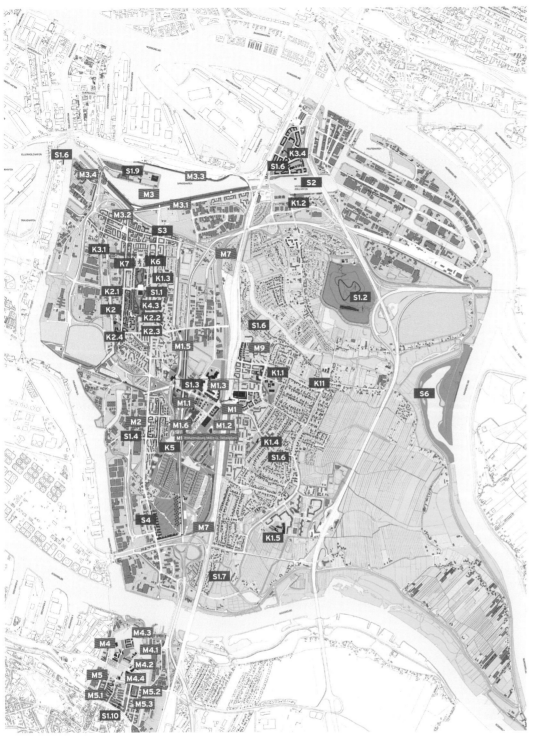

S1.6
M3.4
S1.9
M3.3
M3
M3.1
M3.2
M3.2
S3
K3.1
K7
K6
K1.3
K2.1
S1.1
K2
K4.3
K2.2
K2.4
K2.3
M1.5
M9
S1.6
K1.1
S1.3
M1.3
M1.1
M1
M2
M1.6
M1.2
S1.4
K5
M1 Wilhelmsburg Mitte ū. Detailplan
S1.6

K3.4
S1.6
S2
K1.2
M7
S1.2
S6

K11
K1.4
S1.6
K1.5

S4
M7

S1.7

M4.3
M4
M4.1
M4.2
M5
M4.4
M5.2
M5.1
M5.3
S1.10

M1.1.1a Hybrid House - igs-Zentrum

M1.5 Schiffbarmachung der Rathauswettern   M2 Georg-Wilhelm-Höfe

M3 Öffnung des Spreehafens   M4.1 Park auf der Harburger Schloßinsel

M4.3 Marina auf der Schloßinsel   M5.1 Maritimes Wohnen am Kaufhauskanal

Weitere IBA-Projekte (ohne Visualisierung)

Leitthema Metrozonen - Neue Räume für die Stadt
M1   Wilhelmsburg Mitte
M1.6   Ausbau Katuststrecke und Wasserbecken
M3   Öffnung des Spreehafens
M3.1   Erschließung und Freiflächengestaltung
M3.2   Verbindung Spreehafen - Stubenplatz
M3.3   Spreehafenweg
M3.4   Anleger Ernst-August-Schleuse
M4   Quartier am Park
M4.2   Harburger Schloßinsel
M4.4   Brückenschlag auf die Harburger Schloßinsel
M5   Harburger Binnenhafen
M5.2   Studentisches Wohnen Schellerdamm
M5.3   Wohnen am Hafencampus
M9   Neues Korallusviertel
M10   Zukunftsbild Georgswerder

M7 Verlegung Wilhelmsburger Reichsstraße
M1.1.2 Smart Price Houses
M1.1.3 Smart Material Houses
M1.1.1 Hybrid Houses
M1.1.4 WaterHouses
M1.2.3 Schwimmbad
M1.2.7 Sporthalle

M1.3 Neubau der Behörde für Stadtentwicklung und Umwelt
M1.4 Umbau S-Bahnhof Wilhelmsburg und Neubau der Fußgängerbrücke
M1.2.1 Ärztehaus
M1.2.5 Seniorenzentrum, Pflegeschule, Kita
M1.2.4 Haus der InselAkademie
M1.2.6 Holz 5 1/4
M1.2.2 WÄLDERHAUS

M1 Wilhelmsburg Mitte

Wilhelmsburg Mitte

Wilhelmsburg Mitte ist das neue Stadtquartier im Zentrum der Elbinseln. Auf dem Areal zwischen der Wilhelmsburger Reichsstraße und der Bahntrasse entsteht ein vielfältiges Wohn-, Arbeits- und Freizeitquartier – verzahnt mit dem Park der internationalen gartenschau hamburg 2013. Als größtes Bauprojekt der IBA Hamburg ist Wilhelmsburg Mitte ein wichtiger Baustein für den Sprung über die Elbe und wird mit der „Bauausstellung in der Bauausstellung" zugleich zu einem der innovativsten Quartiere Europas. Nur wenige S-Bahn-Minuten vom Hamburger Hauptbahnhof entfernt hat sich die IBA mit dem Leitthema „Metrozonen" an dieser Stelle das Ziel gesetzt, diese innerstädtische Bruchkante für urbanes Leben nutzbar zu machen. Mit dem Projekt Wilhelmsburg Mitte geht ein über hundert Jahre alter Traum der Wilhelmsburger Bevölkerung in Erfüllung: Bereits 1903 entstand das Rathaus auf dem Ackerland des Landwirts Johann von Drateln, in der Hoffnung, es würde ein angemessenes Zentrum für das aufstrebende Wilhelmsburg begründen. Zuletzt auf der Zukunftskonferenz 2001/2002 wurde dieser Wunsch wiederholt. 2013 ist es endlich soweit. Aus der Struktur der Landschaft mit ihren Wettern und Gräben entwickelt sich auf dem rund 30 Hektar großen Gebiet ein lebendiges Quartier. Wichtiger Dreh- und Angelpunkt ist der Bereich um den Haupteingang zum Wilhelmsburger Inselpark (igs). Er verbindet den neugestalteten S-Bahnhof Wilhelmsburg, den Neubau der Behörde für Stadtentwicklung und Umwelt und mit den zentralen Bereichen am Wilhelmsburger Rathaus und dem Bürgerhaus. Weitere Entwicklungspotenziale ergeben sich nach der Verlegung der Wilhelmsburger Reichsstraße an die Bahntrasse.

www.iba-hamburg.de/wilhelmsburg-mitte

Wilhelmsburg Central

The International Building Exhibition IBA Hamburg's largest urban development project, Wilhelmsburg Central, is an important "stepping stone" for the "Leap across the Elbe", one of Hamburg's important urban development goals. The projects implemented here provide answers to the questions of how to reconcile the Elbe islands' stark contrasts of city and harbour, quiet and noise, greenery and traffic axes, to produce an exemplary residential concept for the Wilhelmsburg metrozone. The master plan puts forward an appealing mix of residential, office, retail and services, as well as hotel and leisure usages. The goal is to have water, open spaces, forest, and walking routes closely interwoven with the housing areas. The concept thus incorporates the landscape and urban development features of the largest inhabited river island in Europe. An important hub within the Wilhelmsburg Central district is the area surrounding the main entrance to the Island Park. It links Wilhelmsburg's

newly designed urban railway station, the new BSU ("State Ministry for Urban Development and Environment") building, and the central Wilhelmsburg town hall and community centre areas with the international garden show igs grounds, later to become the public Island Park. Wilhelmsburg Central is intended as a prototype for a metropolitan densification that opens itself to the landscape and the water.

www.iba-hamburg.de/en/wilhelmsburg-central

Bauausstellung in der Bauausstellung

Für die Entwicklung des komplett neuen Stadtquartiers Wilhelmsburg Mitte hat die IBA Hamburg eine „Bauausstellung in der Bausstellung" konzipiert. Hier wird mit neuartigen Bauweisen und Wohnungstypen experimentiert, es werden neue Materialien und Energiekonzepte ausprobiert und daraus neue architektonische Formen entwickelt. Sie geben einen Ausblick in eine mögliche Zukunft des Bauens und Wohnens. Als Case Study Houses des 21. Jahrhunderts stellen sie sich modellhaft den Herausforderungen unserer Zeit in Bezug auf die Nachhaltigkeit des Bauens und des Zusammenlebens.

Die „Bauausstellung in der Bauausstellung" umfasst vier Themenbereiche:

Die Hybrid Houses zeigen, wie flexible Gebäude von morgen konzipiert sind und sich den Bedürfnissen ihrer Nutzer anpassen lassen.

Die Smart Material Houses können mit ihren Fassaden oder als Ganzes durch neuartige „intelligente" Baumaterialien und Haustechnik dynamisch auf Veränderungen reagieren.

Die Smart Price Houses zeigen, dass kostengünstiges Bauen auch innerstädtisch auf unterschiedliche Art und Weise möglich ist.

Die WaterHouses zeigen innovative und umweltfreundliche Konzepte für das Bauen im Wasser und die Reflexion des Themas Wasser als Ressource und als Risikofaktor.

www.iba-hamburg.de/case-studies

Wilhelmsburg Mitte, Am Inselpark | 21109 Hamburg

Building Exhibition within the Building Exhibition

The International Building Exhibition IBA Hamburg initiated the "Building Exhibition within the Building Exhibition" for the development of the new Wilhelmsburg Central neighbourhood. It is here that experiments with new construction methods and housing types are carried out, new materials and energy concepts are tried out, and, from these, new architectural forms are evolved. They provide a possible future scenario for building and housing. As twenty-first century "Case Study Houses", they are exemplary in addressing the challenges of our age with regard to the sustainability of construction and of coexistence.

The "Building Exhibition within the Building Exhibition" includes four subject areas:

"Hybrid Houses" show how the flexible buildings of tomorrow are designed and how they can be adapted to the needs of their users.

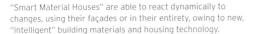

"Smart Material Houses" are able to react dynamically to changes, using their façades or in their entirety, owing to new, "intelligent" building materials and housing technology.

"Smart Price Houses" show that affordable construction is also possible, in different ways, in the inner city.

"WaterHouses" illustrate innovative and environmentally friendly concepts for building on and with water, and consideration of water as a resource and as a risk factor.

www.iba-hamburg.de/en/case-studies

Wilhelmsburg Mitte, Am Inselpark | 21109 Hamburg

Hybrid Houses: igs-Zentrum

Das Haus ist als „Hybrid" angelegt: Bis 2014 dient es als Verwaltungssitz und Besucherzentrum der internationalen gartenschau Hamburg (igs). Wenn danach dieser erste Nutzungszyklus des Gebäudes endet, ist eine gemischte Nachnutzung aus Wohnen und Arbeiten oder einem generationsübergreifenden Zusammenleben möglich. Die Grundrisse werden unkompliziert und ressourcenschonend zu großen oder kleinen Wohn-, Büro- und Gewerbeeinheiten umgewidmet. Das viergeschossige Gebäude steht auf Betonpfählen im Inneren einer bepflanzten „Warft", die aus dem Park herauswächst. Ein System aus Stützen und variablen Erschließungselementen sorgt dafür, dass die Geschosse flexibel unterteilbar und an die wandelnden Bedürfnisse anpassbar sind. Büros können in Wohnungen umgewandelt und danach wieder als Büro genutzt werden. Jede der zehn Nutzungseinheiten ist U-förmig um einen Lichthof angeordnet.

www.iba-hamburg.de/igs-zentrum

Hybrid Houses: igs Centre

The building is designed as a "hybrid", serving as the administrative centre and visitors' centre for the international garden show (igs until 2014). When the first usage cycle then ends, subsequent possibilities include mixed usage (for housing and work purposes), or multi-generational shared occupation. The layouts can then be easily and sustainably reconfigured as large or small apartment, office, commercial, or residential units. The four-storey building stands on concrete pillars within a planted "dwelling mound" emerging from the park. A system of supports and variable access elements means that the floors can be flexibly partitioned and adapted to changing needs. Offices can be turned into apartments and then used as offices again afterwards. Each of the ten units is arranged in a U-shape around an atrium.

www.iba-hamburg.de/en/igs-centre

Bauherren Clients Otto Wulff Bauunternehmung GmbH & Co KG (Hamburg) mit with wph Wohnbau und Projektentwicklung Hamburg GmbH

Projektpartner Project partners Landesbetrieb Immobilienmanagement und Grundvermögen State Ministry of Finance – Real Estate Management, Behörde für Stadtentwicklung und Umwelt State Ministry for Urban Development and Environment, Bezirk District of Hamburg-Mitte, igs hamburg 2013

Größe Size 2286 m² Bruttogeschossfläche gross floor space, 5-12 Nutzungseinheiten ab units starting at 110 m²

Investitionsvolumen Investment ca. 5 Mio. Euro

Architekten Architects NÄGELIARCHITEKTEN (Berlin)

Energiestandard Energy standard EnEV 2009 minus 30%

Energieversorgung Energy supply Nahwärmenetz Energieverbund Wilhelmsburg Mitte, Geothermie mit Wärmepumpe Wilhelmsburg Central Integrated Energy Network (local heating distribution) and geothermal heat pump unit

Fertigstellung Completion 2011

Neuenfelder Straße 9 | 21109 Hamburg

Hybrid Houses:
Hybrid House

Das Konzept des Hauses basiert auf der Überlegung, dass für Wohnen und Arbeiten im Tagesverlauf unterschiedliche Lichtverhältnisse optimal sind. Das Hybrid House geht damit auf die Bedürfnisse von Menschen ein, die phasenweise und zu unterschiedlichen Tageszeiten zu Hause, im eigenen Büro oder Atelier arbeiten. Dafür wurden frei aufteilbare Grundrissmodule konzipiert, mit denen in ihrer Aufteilung und Größe flexibel auf wandelnde Lebensumstände reagiert werden kann. Durch die Modulaufteilung entstehen aus jeder Wohnung Ausblicke in alle vier Himmelsrichtungen, was sonst nur in Einfamilienhäusern möglich ist. Insgesamt gibt es 16 Einheiten, größtenteils Maisonettewohnungen.

www.iba-hamburg.de/hybrid-house

Hybrid Houses:
Hybrid House

The design of this building is based on the observation that during the course of the day, living and working have different optimum lighting requirements. The "Hybrid House" thus addresses the needs of people who have phases of working at home, in their own office, or their own studio, at different times of the day. Freely divisible floor plan modules were designed to this end, their partitions and dimensions enabling a flexible response to changing living arrangements. The partitioning of modules means that each unit then has views in all four directions, something that is otherwise only possible in single family houses. There are 16 units in total, most of them maisonettes.

www.iba-hamburg.de/en/hybrid-house

Bauherren Clients HTP Hybrid House GmbH & Co. KG, Hamburg, eine Gesellschaft der part of the Hamburg Team Gruppe

Projektpartner Project partners Landesbetrieb Immobilienmanagement und Grundvermögen State Ministry of Finance – Real Estate Management, Behörde für Stadtentwicklung und Umwelt State Ministry for Urban Development and Environment, Bezirk District of Hamburg-Mitte

Größe Size ca. 2500 m² Bruttogeschossfläche gross floor space, 16 Nutzungseinheiten units (65-145 m²)

Investitionsvolumen Investment 5 Mio. Euro

Architekten Architects Entwurf Design: Brandlhuber + NiehüserS Architekten (Berlin); Realisierung implementation: Kleffel Papay Warncke Architekten Partnerschaft (Hamburg)

Landschaftsarchitekten Landscape architects haubrich freiräume (Hamburg)

Energiestandard Energy standard EnEV 2009 minus 30% (KfW-Effizienzhaus 70)

Energieversorgung Energy supply Energieverbund Wilhelmsburg Mitte Wilhelmsburg Central Integrated Energy Network

Fertigstellung Completion März March 2013

Am Inselpark 3 | 21109 Hamburg

Hybrid Houses:
Hybride Erschließung

Die Besonderheit liegt hier in der durchdachten Erschließungsstruktur: Wohnen und Arbeiten finden in einem Haus statt, sind aber klar voneinander getrennt. Das viergeschossige Gebäude basiert auf einem Raster, das eine große Variabilität in der Organisation der einzelnen Grundrisse zulässt. Einheiten aus Wohnen und Arbeiten, die auf einer Etage organisiert sind und voneinander getrennt funktionieren, können durch diese Konstruktionsweise mit sehr geringem Aufwand miteinander verbunden werden. Eine Kombination kann auf der kompletten Fläche einer Etage oder vertikal in Form von Maisonetten oder gemeinsamen Wohn- und Arbeitsbereichen erfolgen. Da die Fassade des Hauses aus vorgefertigten Modulen aus Holz besteht, kann sie sich einer neuen Kombination im Inneren des Gebäudes schnell und optimal anpassen. Aus der Ferne wirkt das hybride Gebäude sehr kompakt. Aus der Nähe betrachtet, zeigen sich allerdings wichtige Abstufungen und Details – das würfelartige Gebäude wird von Einschnitten und Lichthöfen unterbrochen, die viel Tageslicht ins Haus eindringen lassen.

www.iba-hamburg.de/hybride-erschliessung

Hybrid Houses:
Hybrid Development

The special feature here is the well-thought-out access structure: living and working take place in the same building but are distinctly separate from one another. The four-storey block has a grid structure that allows for a great deal of variation in the arrangement of the individual layouts. This form of construction means that living and working units arranged on one floor and functioning separately from one another can be linked with very little effort. Combinations can take up an entire floor, or they can be vertical in the form of maisonettes or combined living and working areas. The building's façade, comprising prefabricated wooden modules, is easily able to adapt to a new combination in the interior. Viewed from afar, the structure appears very compact but, when viewed from close up, the important graduations and details become evident. The cube-like building is broken up by recesses and open spaces that let a great deal of natural light inside.

www.iba-hamburg.de/en/hybrid-development

Bauherren Clients Wernst Immobilien (Hamburg) mit with Deutsche Immobilien AG (Hamburg)

Projektpartner Project partners Landesbetrieb Immobilienmanagement und Grundvermögen: State Ministry of Finance - Real Estate Management, Behörde für Stadtentwicklung und Umwelt State Ministry for Urban Development and Environment, Bezirk District of Hamburg-Mitte

Größe Size 3250 m² Bruttogeschossfläche gross floor space, bei maximal 20 Nutzungseinheiten zwischen max. 20 units of 43–120 m²

Investitionsvolumen Investment 5.2 Mio Euro

Architekten Architects Bieling Architekten (Hamburg)

Landschaftsarchitekten Landscape architects Breimann & Bruun (Hamburg)

Energiestandard Energy standard EnEV 2009 minus 30% (KfW-Energieeffizienzhaus 55)

Energieversorgung Energy supply Energieverbund Wilhelmsburg Mitte Wilhelmsburg Central Integrated Energy Network

Fertigstellung Completion April 2013

Am Inselpark 6 | 21109 Hamburg

Smart Material Houses: Smart ist grün

Ein begrüntes Fassadenelement als sommerlicher Schattenspender, eine Isolierverglasung als Wärme- und Kälteschutz und ein Vorhang aus PCM-Material („Phase Change Material" oder Phasenwechselmaterial) – bilden die nach Süden gerichtete Gebäudehülle. In Tanks kommt PCM außerdem als zentraler Heizungsspeicher zum Einsatz. Nicht verbrauchte Wärme aus Sonneneinstrahlung oder der Solarthermieanlage wird vorgehalten und später wieder abgegeben, unter anderem in das Wilhelmsburger Nahwärmenetz, aus dem im Gegenzug eine dauerhafte Wärmeversorgung sichergestellt wird. Fassade und Dach sind zudem mit Photovoltaik- und Solarthermie-Flächen bestückt, die gleichzeitig aktiver Teil des haustechnischen und architektonischen Konzepts sind. In das Gesamtkonzept des Gebäudes gehören auch flexible und entsprechend erschlossene Wohnungen. Sie passen sich den Bedürfnissen und veränderten Lebenssituationen ihrer Bewohner an. Grüne Energie steht in Form einer Schnell-Ladestation für Elektrofahrzeuge bereit. Überschüssiger Strom kann hier gespeichert werden und dem hauseigenen Sharing-Mobilitätskonzept dienen.

www.iba-hamburg.de/smart-ist-gruen

Smart Material Houses: Smart Is Green

A green façade element for summer shade, insulating glazing as protection against heat and cold, and a curtain made out of "phase change material" (PCM) compose the building's south-facing shell. PCM is also used in tanks as for central heating storage. Unused heat from solar radiation or solar energy units is saved and released later, into the Wilhelmsburg district heating network for instance, ensuring sustained heating supplies. The façade and the roof also include photovoltaic and solar energy surfaces that are simultaneously active components within the house technology and also the architectural concept. The overall Design of the building includes flexibly developed housing units. They adapt to the needs and changing living arrangements of their residents. Green energy is available in the form of a fast charging station for electric vehicles. This is able to store surplus electricity, serving the ends of the building's own "sharing mobility" concept.

www.iba-hamburg.de/en/smart-is-green

Bauherr Client Behrendt Wohnungsbau KG, Hamburg mit with Sparda Immobilien GmbH

Projektpartner Project partners Landesbetrieb Immobilienmanagement und Grundvermögen State Ministry of Finance - Real Estate Management, Behörde für Stadtentwicklung und Umwelt State Ministry for Urban Development and Environment, Bezirk District of Hamburg-Mitte

Projektpartner Project partners PCM-Vorhang PCM curtain Christian Fischbacher GmbH, Outlast Europe GmbH

Projektkosten Project costs ca. 4.4 Mio. Euro. Gefördert aus dem Hamburger Klimaschutzkonzept Funded by the Hamburg Climate Protection Concept

Grundstücksgröße Area of site ca. 1250 m²

Bruttogeschossfläche Gross floor space ca. 1990 m²

Größe der Nutzungseinheiten Size: 14 Wohneinheiten (87-127 m²), 5 Geschosse 14 residential units (87-127 m²), 5 floors

Architekten Architects zillerplus Architekten und Stadtplaner, München Munich

Landschaftsarchitekten Landscape architects Wettbewerb competition: Burger Landschaftsarchitekten, München Munich, Realisierung implementation: Andresen Garten- und Landschaftsplanung, Hamburg

Energiekonzept und Simulation Energy concept and simulation Ingenieurbüro Hausladen GmbH, Kirchheim bei München Munich

Energiestandard Energy standard Effizienzhaus-Plus

Energieversorgung Energy supply Solarthermiezellen und Photovoltaik. Überschüssige Energie wird in den Energieverbund Wilhelmsburg eingespeist Solar energy cells and photovoltaic. Surplus energy is fed into the Wilhelmsburg Central Integrated Energy Network

Fertigstellung Completion März March 2013

Monitoring Das Projekt ist Teil des erweiterten Monitorings im Forschungsprojekt „EnEff:Stadt - IBA Hamburg" in Kooperation mit der TU Braunschweig, dem EFZN und der HCU Hamburg. This project is monitored as part of the "EnEff:Stadt - IRA Hamburg" research project in cooperation with Braunschweig University of Technology, Energie-Forschungszentrum Niedersachsen - EFZN (Lower Saxony Energy Research Centre), and HafenCity University (HCU) Hamburg

Am Inselpark 9 | 21109 Hamburg

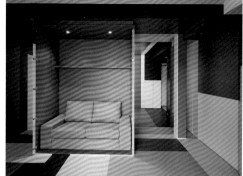

Smart Material Houses:
BIQ

Die Fassade dieses Gebäudes ist weit mehr als ein ästhetisches Kleid, sondern erzeugt hier Biomasse für regenerative Energie. In Glaselementen der „Biohaut" werden Mikroalgen gezüchtet, die zur Energieerzeugung genutzt werden und gleichzeitig die Steuerung von Licht und Schatten kontrollieren können. Großzügige Loggien bieten den Bewohnern einen freien Blick und die Möglichkeit, das Naturkraftwerk Algenfassade aus nächster Nähe zu betrachten. Durch das Grün der Fassade kann man erkennen, wie die Algen Kohlendioxid abbauen und durch Photosynthese verarbeiten. Im Inneren sorgt ein innovatives Wohnkonzept für maximale Gestaltungsfreiheit des Alltags. Zwei der insgesamt 15 Wohnungen des BIQs verfügen nicht über getrennte Räume, sondern ermöglichen ein Leben „on-demand": Je nach Bedarf können einzelne Funktionen der Wohnung – Bad, Küche, Schlafen – wechselnd oder auch gleichzeitig zu einer „neutralen Zone" dazu geschaltet werden.

www.iba-hamburg.de/biq

Smart Material Houses:
BIQ

This building's façades are far more than aesthetic dressing: they generate biomass for renewable energy. Microalgae are bred in the glass elements of the "biomembrane" and used to generate energy, as well as being able to control light and shade. Spacious loggias provide residents with open views and the opportunity to observe the natural algae façade power station from close up. The green of the façade illustrates how algae break down and process carbon dioxide through photosynthesis. In the interior, an innovative living concept ensures maximum design freedom in everyday life. Two of the "BIQ's" total of 15 apartments are entirely without partitioned rooms, enabling "living on demand": the individual apartment functions – bathroom, kitchen, bedroom – can be set up as a "neutral zone", alternatively or simultaneously as required.

http://www.iba-hamburg.de/en/biq

Bauherr Client KOS Wulff Immobilien (Hamburg) mit with Strategic Science Consult GmbH (Hamburg)

Projektpartner Project partners Landesbetrieb Immobilienmanagement und Grundvermögen State Ministry of Finance - Real Estate Management, Behörde für Stadtentwicklung und Umwelt State Ministry for Urban Development and Environment, Bezirk District of Hamburg-Mitte, Arup GmbH

Sponsoren Sponsors Colt International GmbH, Endress + Hauser Messtechnik GmbH+Co. KG, ME-LE Energietechnik GmbH, BGT Bischoff Glastechnik AG

Größe Size 1600 m² Bruttogeschossfläche gross floor space, 15 Mietwohnungen von 50-120m², 4 Geschosse + 1 Staffelgeschoss 15 residential units of 50-120m², 4 floors + 1 mezzanine floor

Investitionsvolumen Investment 5 Mio. Euro. Gefördert aus dem Hamburger Klimaschutzkonzept Funded by the Hamburg Climate Protection Concept

Architekten Architects SPLITTERWERK, Label for Fine Arts (Graz), Arup (Berlin)

Landschaftsarchitekten Landscape architects MSB Landschaftsarchitekten (Hamburg)

Energiestandard Energy standard Passivhaus Passive House

Energieversorgung Energy supply Solarthermie, Geothermie mit Wärmepumpe, Nahwärmenetz Energieverbund Wilhelmsburg Mitte Solar energy, geothermal energy with heat pumps, Wilhelmsburg Central Integrated Energy Network (local heating distribution)

Fertigstellung Completion März March 2013

Monitoring Das Projekt ist Teil des erweiterten Monitorings im Forschungsprojekt „EnEff:Stadt – IBA Hamburg" in Kooperation mit der TU Braunschweig, dem EFZN und der HCU Hamburg This project is monitored as part of the "EnEff:Stadt – IBA Hamburg" research project in cooperation with Braunschweig University of Technology, Energie-Forschungszentrum Niedersachsen – EFZN (Lower Saxony Energy Research Centre), and HafenCity University (HCU) Hamburg

Am Inselpark 17 | 21109 Hamburg

Smart Material Houses:
Soft House

Das Soft House nutzt durch seine dynamische Membranfassade an der Südseite des Hauses flexibel und intelligent die Sonneneinstrahlung. Die in die Membran eingearbeiteten Photovoltaik-Zellen können das Sonnenlicht so optimal zur Energieproduktion nutzen. Gleichzeitig spenden die Fassadenelemente im Sommer Schatten. Jede der vier familienfreundlichen, dreigeschossigen Wohneinheiten hat einen eigenen Garten. Die im Passivhausstandard ausgeführte und innen naturbelassene Holzkonstruktion schafft lichtdurchflutete und über alle Ebenen miteinander verbundene Wohnhäuser. Im Inneren der Wohnungen ermöglichen bewegliche und lichtdurchlässige Vorhänge den Bewohnern, die großzügigen Innenräume zu strukturieren und immer wieder zu verändern. Der außen über die Membranfassade erzeugte Strom wird direkt den Vorhängen zugeführt, sodass diese über eingearbeitete LED für die Innenräume eine zusätzliche Möglichkeit zur Beleuchtung geben.

www.iba-hamburg.de/soft-house

Smart Material Houses:
Soft House

The dynamic membrane façade on the south side of this building enables the "Soft House" to employ the sun's radiation flexibly and intelligently. The photovoltaic cells incorporated into the membrane are thus able to make optimum use of the sun for energy production. The façade elements also provide shade in the summer. Each of the four family-friendly, three-storey housing units has its own garden. The wooden construction, built to Passive House standard with natural wood interiors, provides for well-lit houses linked to one another at all levels. Inside, flexible and light-permeable curtains enable residents to structure and repeatedly change the spacious rooms. The electricity produced via the membrane façade is fed directly into the curtains, so that, via integrated LEDs, these provide an additional interior lighting option.

www.iba-hamburg.de/en/soft-house

Bauherr Client PATRIZIA Immobilien AG (Augsburg)

Projektpartner Project partners Landesbetrieb Immobilienmanagement und Grundvermögen State Ministry of Finance – Real Estate Management, Behörde für Stadtentwicklung und Umwelt State Ministry for Urban Development and Environment, Bezirk District of Hamburg-Mitte, Miele & Cie. KG

Größe Size 4 Häuser (zu je 160 m²), 3 Geschosse, insg. 900 m² Bruttogeschossfläche 4 houses (each 160 m²), 3 floors, 900 m² gross floor space

Investitionsvolumen Investment 2.4 Mio. Euro (gefördert aus dem Hamburger Klimaschutzkonzept funded by the Hamburg Climate Protection Concept)

Architekten Architects Kennedy & Violich Architecture (Boston), 360grad+ architekten GmbH (Hamburg)

Landschaftsarchitekten Landscape architects G2 Landschaft (Hamburg)

Technische Gebäudeausrüstung Technical building services Happold Ingenieurbüro GmbH (Berlin)

Dachkonstruktion Roof construction Knippers Helbig Advanced Engineering GmbH (Stuttgart)

Brandschutz Fire protection bauart Konstruktion (München Munich)

Energiestandard Energy standard Passivhaus Passive House

Energieversorgung Energy supply Photovoltaik-Elemente, Geothermie mit Wärmepumpen Photovoltaic elements, geothermal energy with heat pumps

Fertigstellung Completion März March 2013

Monitoring Das Projekt ist Teil des erweiterten Monitorings im Forschungsprojekt „EnEff:Stadt – IBA Hamburg" in Kooperation mit der TU Braunschweig, dem EFZN und der HCU Hamburg This project is monitored as part of the "EnEff:Stadt – IBA Hamburg" research project in cooperation with Braunschweig University of Technology, Energie-Forschungszentrum Niedersachsen – EFZN (Lower Saxony Energy Research Centre), and HafenCity University (HCU) Hamburg

Am Inselpark 5 | 21109 Hamburg

Smart Material Houses: WOODCUBE

Das fünfgeschossige Wohnhaus WOODCUBE besteht fast vollständig aus Holz. Auf die Verwendung von Leim und jegliche Schutzanstriche wird verzichtet. Aus einer unbehandelten, natürlich alternden Holzfassade ragen hölzerne Balkonplatten heraus, die das architektonische Erscheinungsbild des Gebäudes mitbestimmen. Aber nicht nur von außen, sondern auch im Inneren des WOODCUBE sind die Holzbaustoffe weitestgehend sichtbar. Decken, Außenwände und Böden zeigen Holzoberflächen. Ein Novum: Rund um die massiven innenliegenden Treppenhauskern werden ungekapselte Vollholzaußenwände unter Auslassung von Folien und Klebstoffen eingestellt. Neben der Gebäudestatik übernehmen die 32 cm starken Massivholzwände auch die komplette Gebäudedämmung. Ziel ist ein Gebäude, das in der Betrachtung des gesamten Lebenszyklus keinerlei Treibhausgase emittiert und vollständig biologisch recycelbar ist.

www.iba-hamburg.de/woodcube

Smart Material Houses: WOODCUBE

The five-storey "WOODCUBE" is built almost entirely of wood, with no use of glue or any protective coatings. Balcony panels extending from the untreated, naturally ageing wooden façade help to define the building's architectural appearance. The wooden construction materials are also largely visible in the interior of the "WOODCUBE". The ceilings, external walls, and floors are all wooden surfaces. A new feature is the installation of non-encapsulated solid wood walls around the interior stairwell without the use of synthetic insulation and adhesives. The solid wood external walls, 32 cm thick, provide not only the "WOODCUBE's" structural support but also the complete insulation. The objective is a building that emits no greenhouse gases for the whole if its life cycle and is totally biologically recyclable.

www.iba-hamburg.de/en/woodcube

Bauherr Client Woodcube Hamburg GmbH

Projektpartner Project partners Landesbetrieb Immobilienmanagement und Grundvermögen State Ministry of Finance – Real Estate Management, Behörde für Stadtentwicklung und Umwelt State Ministry for Urban Development and Environment, Bezirk District of Hamburg-Mitte, Thoma Holz GmbH

Größe Size 1479 m² Bruttogeschossfläche gross floor space, 8 Wohneinheiten mit residential units of 79-185 m², 5 Geschosse 5 floors

Investitionsvolumen Investment 3.8 Mio. Euro

Architekten Architects Wettbewerbsgewinner Winning team: Christoph Roedig & Daniel Rozynski (Berlin); Weiterführung Realization: architekturagentur (Stuttgart)

Brandschutz/Bauphysik Fire protection/building physics TSB Ingenieurgesellschaft mbH

Energiestandard Energy standard Verbrauch vergleichbar mit einem Passivhaus consumption comparable to Passive House

Energieversorgung Energy supply Energieverbund Wilhelmsburg Mitte, Photovoltaik, Wohnraumlüftung mit Wärmerückgewinnung Wilhelmsburg Central Integrated Energy Network, photovoltaic, ventilation with heat recovery

Fertigstellung Completion März March 2013

Am Inselpark 7 | 21109 Hamburg

Smart Price Houses:
Grundbau und Siedler

Statt auf reine Fertigbau- oder Modulbauweise setzt das Projekt „Grundbau und Siedler" auf bauliche Selbsthilfe. Das Gebäude wurde in zwei Bauabschnitten realisiert: Im ersten Schritt werden den künftigen Bewohnern die Konstruktion, die tragenden Decken und die Anschlüsse für den gebäude-technischen Ausbau zur Verfügung gestellt: der Grundbau als tragendes Skelett mit Treppenhaus und Aufzug sowie allen Installationsschächten. Im zweiten Schritt können die späteren Bewohner ihre Wohnungen mit Grundrissen in unmittelbarem Bezug zu ihrem Leben und aus ihren Bedürfnissen heraus ge-stalten. Die Wohnungen werden sowohl als Eigentum als auch zur Miete angeboten. Die Geschosse nehmen je nach Größe bis zu drei Wohnungen auf. Im Erdgeschoss sind Autostellplätze und Abstellräume untergebracht, die auch als Werkstätten dienen können.

www.iba-hamburg.de/grundbau-und-siedler

Smart Price Houses:
Basic Building and Do-It-Yourself Builders

This project focuses on self-help building rather than solely on prefabricated or modular construction types. The building was erected in two building phases. In the first phase the structure, the load-bearing elements, and the building's techni-cal connections were made available to the future residents: the substructure as a load-bearing skeleton with a stairway and lift, as well as all of the installation shafts. In the second phase the later occupants are able to design their apartments with layouts in direct relation to their lives and requirements. These units are available for purchase and for rent. Each floor accommodates up to three apartments, depending on size. The ground floor houses parking spaces and storerooms that can also be used as workshops.

www.iba-hamburg.de/en/basic-building

Bauherr Client Projektgesellschaft Grundbau und Siedler GmbH & Co. KG (Hamburg)

Projektpartner Project partners Landesbetrieb Immobilien-management und Grundvermögen State Ministry of Finance - Real Estate Management, Behörde für Stadtentwicklung und Umwelt State Ministry for Urban Development and Environ-ment, Bezirk District of Hamburg-Mitte, Xella International GmbH, Bauwelt Delmes und and Heitmann GmbH & Co. KG

Größe Size 8-12 Wohneinheiten housing units (30-150 m²),. 1670 m² Bruttogeschossfläche gross floor space

Investitionsvolumen Investment 2.2 Mio. Euro

Architekten Architects BeL Sozietät für Architektur BDA (Köln)

Energiestandard Energy standard EnEV 2009 minus 30%

Energieversorgung Energy supply Nahwärmenetz Energie-verbund Wilhelmsburg Mitte Local heat distribution - Wil-helmsburg Central Integrated Energy Network

Fertigstellung Completion März March 2013

Am Inselpark 11 | 21109 Hamburg

Smart Price Houses:
CSH Case Study Hamburg

Wie in einem Baukasten, der vielzählige Konstruktionen durch vorgefertigte Bauelemente zulässt, werden hier unterschied-lich große Wohnmodule um einen Erschließungskern gestapelt und zusammengesetzt. Die Module können vertikal und hori-zontal verbunden werden, sodass vielfältige Wohnungstypen entstehen. Die Bewohner entscheiden selbst, ob sie in Etagen- oder Maisonettewohnungen mit zwei bis vier Zimmern wohnen wollen. In der überwiegend aus Lärchenholz bestehenden Fassadenstruktur richtet sich der Fensteranteil nach Him-melsrichtung und Sonnenlichteinfall aus, um solare Gewinne bestmöglich auszunutzen. Die Außen- und Wohnungswände bestehen aus Brettsperrholztafeln. Eine Verbundkonstruktion aus Holz und Beton überspannt die tragenden Wände und erlaubt großzügige Deckenspannweiten.

www.iba-hamburg.de/case-study-hamburg

Smart Price Houses:
CSH Case Study Hamburg

As with building blocks, where the many prefabricated build-ing elements allow for a great many different constructions, here the residential modules of varying sizes are stacked and combined around the access core. The modules can be linked vertically and horizontally to allow for diverse apartment types. The residents themselves decide whether they want to live in apartments or maisonettes with two to four rooms. The windows in the façade structure, built largely of larch wood, are oriented in terms of direction and sunlight in order to maximise the solar benefits. The exterior and interior walls comprise plywood panels. A composite structure of wood and concrete spans the load-bearing walls and allows for generous ceiling span widths.

www.iba-hamburg.de/en/case-study-hamburg

Bauherr Client Engel & Völkers Development GmbH (Hamburg)

Projektpartner Project partners Landesbetrieb Immobilienmanagement und Grundvermögen State Ministry of Finance – Real Estate Management, Behörde für Stadtentwicklung und Umwelt State Ministry for Urban Development and Environment, Bezirk District of Hamburg-Mitte

Größe Size 1200 m² Bruttogeschossfläche gross floor space, 9 Wohneinheiten mit residential units of 45-120 m², 4 Geschosse floors

Investitionsvolumen Investment 2.7 Mio. Euro

Architekten Architects Wettbewerb Competition: Adjaye Associates (London, Berlin, New York), Realisierung implementation: planpark architekten (Hamburg)

Landschaftsarchitekten Landscape architects haubrich freiräume (Hamburg)

Brandschutz Fire protection bauart Konstruktion (München Munich)

Energiestandard Energy standard EnEV 2009 minus 30% (KfW-Energieeffizienzhaus 55)

Energieversorgung Energy supply Energieverbund Wilhelmsburg Mitte Wilhelmsburg Central Integrated Energy Network

Fertigstellung Completion Dezember December 2012

Am Inselpark 13 | 21109 Hamburg

Smart Price Houses:
Case Study #1 Hamburg

Das mehrgeschossige Stadthaus zeigt als Prototyp, wie sich das Prinzip der hochgradigen Vorfertigung im urbanen Kontext umsetzen lässt. Es zeichnet sich durch seine modulare Konzeption aus, die gleichzeitig auch das Prinzip seiner Architektur ist. Es basiert auf 45 Quadratmeter großen quadratischen konstruktiven Modulen. Sie bestehen aus industriell vorfabrizierten Elementen, die sich um einen Schacht für haustechnische Installationen konzentrieren. Die Stahlbetonmodule können mehrfach reproduziert, horizontal verbunden und vertikal gestapelt werden. In dieser Kombination werden sechs Loftwohnungen angeboten, die in ihrer Größe und ihrer Anordnung (horizontal, aber auch vertikal) von 45 Quadratmetern (sogenannten „Mikro-Lofts") bis hin zu 140 Quadratmetern großen „Makro-Lofts" variieren. Der Zugang zu einem Garten bzw. den Dachterrassen wird von jeder Wohnung aus gewährleistet.

www.iba-hamburg.de/case-study-1

Smart Price Houses:
Case Study #1 Hamburg

The multistorey town house is a prototype showing how the principle of top-quality prefabrication can be applied in the urban context. Its characteristic feature is its modular design, also the basis for its architecture. It is based on square construction modules, 45 square metres in size. They comprise industrially prefabricated elements concentrated around a shaft for the building's technical installations. The reinforced concrete modules can be reproduced repeatedly, linked horizontally, and stacked vertically. This combination provides for six loft apartments of varying sizes and configurations (horizontal as well as vertical), from 45 square metres (known as "Micro-Lofts") through to "Macro-Lofts" of 140 square metres. Each apartment has access to a garden and a roof terrace.

www.iba-hamburg.de/en/case-study-1

Bauherr Client SchwörerHaus KG (Hohenstein-Oberstetten)

Projektpartner Project partners Landesbetrieb Immobilienmanagement und Grundvermögen State Ministry of Finance – Real Estate Management, Behörde für Stadtentwicklung und Umwelt State Ministry for Urban Development and Environment, Bezirk District of Hamburg-Mitte

Größe Size 6 Wohneinheiten units (45 bis 142 m²), 4 Geschosse floors, 1200 m² Bruttogeschossfläche gross floor space

Investitionsvolumen Investment 1.85 Mio. Euro

Architekten Architects Fusi & Ammann Architekten (Hamburg)

Energiestandard Energy standard EnEV 2009 minus 30% (Effizienzhaus 55)

Energieversorgung Energy supply Energieverbund Wilhelmsburg Mitte, kontrollierte Lüftung mit Wärmerückgewinnung Wilhelmsburg Central Integrated Energy Network, controlled ventilation with heat recovery

Fertigstellung Completion Ende end 2012

Am Inselpark 15 | 21109 Hamburg

Smart Price Houses:
Holz 5 1/4

Der eigenwillige Name leitet sich von der Anzahl der Stockwerke ab: Die beiden Wohnhäuser bestehen aus fünf Vollgeschossen und einem Staffelgeschoss, die tragende Struktur aus einer Mischung aus Stahlbeton und Massivholz. Die Holzfassaden werden aus vorgefertigten Elementen errichtet. Ein entsprechendes Brandschutzkonzept ermöglicht es, dass die Holzfassaden in den Innenräumen als solche sichtbar bleiben, ohne abgekapselt zu werden. Hier werden Holzelemente mit Stahlbetontreppenhäusern und -decken zu einer neuen Bauform verschmolzen. Noch ist das Projekt Holz 5 1/4 ein Unikat. Durch seine günstige Konstruktion und sein brandschutztechnisches Konzept könnte diese Bauweise jedoch schon bald Serienreife erreichen.

www.iba-hamburg.de/holz-5-1-4

Smart Price Houses:
Wood 5 1/4

The unusual name derives from the number of floors: the two residential buildings comprise five full floors and a mezzanine floor. The load-bearing structure is a combination of reinforced concrete and solid wood. The wooden façades are built from prefabricated elements. The corresponding fire protection concept means that the wooden façades remain visible in the interior without encapsulation. Here wooden elements merge with reinforced concrete stairways and ceilings to create a new building form. Currently unique, the "Wood 5 1/4" project's affordable construction and fire protection arrangements indicate that this method of building could soon reach the production stage.

www.iba-hamburg.de/en/wood-5-1-4

Bauherr Client IIB II & III – Inselpark Immobilien Besitz GmbH & Co. KG II & III

Projektpartner Project partners Landesbetrieb Immobilienmanagement und Grundvermögen State Ministry of Finance – Real Estate Management, Behörde für Stadtentwicklung und Umwelt State Ministry for Urban Development and Environment, Bezirk District of Hamburg-Mitte

Größe Size 3000 m² Bruttogeschossfläche in zwei Häusern gross floor space over two buildings, max. 28 Nutzungseinheiten zwischen max. 28 units of 75–90 m²

Investitionsvolumen Investment 6.7 Mio. Euro

Architekten Architects Leistungsphasen phases 1–7 Kaden Klingbeil (Berlin)

Landschaftsarchitekten Landscape architects H.O. Dieter Schoppe + Partner Landschaftsarchitekten (Hamburg), HABERKORN Garten- und Landschaftsarchitektur (Lübeck)

Energiestandard Energy standard EnEV 2009 minus 30 %

Energieversorgung Energy supply Solarthermie mit Speicherladesystem auf dem Dach, Energieverbund Wilhelmsburg Mitte Solar thermal energy with a storage charging system on the roof, Wilhelmsburg Central Integrated Energy Network

Fertigstellung Completion Frühjahr Early 2013

Kurt-Emmerich-Platz 4-6 | 21109 Hamburg

WaterHouses

Die fünf Gebäude zeigen, wie man Wasser als Wohnstandort nutzen kann. Die Häuser wurden auf Pfählen in einem Wasserbecken mit einer Oberfläche von zirka 4000 Quadratmetern gebaut. Das Becken wird durch Regenwasser gespeist. Das Ensemble besteht aus vier sogenannten TriPlex Houses mit jeweils drei separat zugängigen, dreigeschossigen Wohnungen und dem neungeschossigen WaterTower mit 22 Wohneinheiten. Die Wohnungen sind jeweils mit einem Balkon oder einer Terrasse am Wasser ausgestattet. Die Gebäude sind im Passivhausstandard errichtet. Dafür werden die natürliche Grundwasserwärme und die Sonneneinstrahlung genutzt: Eine Geothermie-Wärmepumpenanlage nutzt das Wasser zur Temperierung der Häuser. Solarthermie-Elemente in den Fassaden stellen die Grundversorgung mit Warmwasser sicher. Zusätzlich werden die WaterHouses an den Energieverbund Wilhelmsburg Mitte angeschlossen.

www.iba-hamburg.de/waterhouses

WaterHouses

These five buildings show how water can be used as a residential location. The houses are built on stilts in a water basin with a surface of around 4000 square metres. The basin is fed from rainwater. The ensemble comprises four TriPlex Houses, each with three separate-access, three-storey apartments, and the WaterTower with 22 residential units over nine floors. Each of the apartments has a balcony or a terrace overlooking the water. The buildings are constructed to the Passive House standard, with use made of natural groundwater warmth and solar radiation. A geothermal heat pump unit uses the water to regulate the buildings' temperature. Solar energy elements in the façades assure the basic hot water supply. The "WaterHouses" are also connected to the Wilhelmsburg Central Integrated Energy Network.

www.iba-hamburg.de/en/waterhouses

Bauherr Client HOCHTIEF Solutions AG formart (Hamburg)

Projektpartner Project partners Landesbetrieb Immobilienmanagement und Grundvermögen State Ministry of Finance - Real Estate Management, Behörde für Stadtentwicklung und Umwelt State Ministry for Urban Development and Environment, Bezirk District of Hamburg-Mitte, Landesbetrieb Straßen, Brücken und Gewässer Agency for Roads, Bridges, and Water, igs 2013

Größe Size WaterTower: 9 Geschosse floors, 22 Wohneinheiten residential units (60-129 m²), TriPlex Houses: jeweils 3 Geschosse 3 floors each, 12 Wohneinheiten residential units (123-130 m²), insgesamt total: 34 Wohneinheiten mit residential units with 4640 m²

Investitionsvolumen Investment 11 Mio. Euro

Architekten Architects Schenk + Waiblinger Architekten (Hamburg)

Energiestandard Energy standard Passivhaus Passive House

Energieversorgung Energy supply Geothermie-Wärmepumpenanlage und Solarthermieelemente in den Fassaden sowie Nahwärmenetz Energieverbund Wilhelmsburg Mitte mit Einspeisung der solarthermischen Überschüsse Geothermal energy heat pump system and solar energy elements in the façades, as well as Wilhelmsburg Central Integrated Energy Network local heat distribution, into which the surplus solar energy is fed

Fertigstellung Completion April 2013

Monitoring Das Projekt ist Teil des erweiterten Monitorings im Forschungsprojekt „EnEff:Stadt - IBA Hamburg" in Kooperation mit der TU Braunschweig, dem EFZN und der HCU Hamburg. This project is monitored as part of the "EnEff:Stadt - IBA Hamburg" research project in cooperation with Braunschweig University of Technology, Energie-Forschungszentrum Niedersachsen - EFZN (Lower Saxony Energy Research Centre), and HafenCity University (HCU) Hamburg.

Am Inselpark 10-18 | 21109 Hamburg

Inselparkhalle

Eine Halle mit doppeltem Nutzen: Unter einem gemeinsamen Dach entstehen ein neues Schwimmbad und eine hochwertige Sporthalle. Die zukünftige Sporthalle wird 2013 zunächst von der igs genutzt, um dort wechselnde Blumenschauen zu inszenieren. Anschließend soll die Halle im Rahmen des Projektes InselAkademie der Integrationsarbeit mit Jugendlichen Raum bieten. Dafür wird die Halle bis zum Sommer 2014 zu einer Dreifeldsporthalle und bis 2017 zu einer bundesligatauglichen Basketballhalle ausgebaut. Schon mit der Eröffnung der igs wird in der Inselparkhalle ein architektonisch, energetisch und wirtschaftlich hochmodern gestaltetes Schwimmbad betrieben. Die Nutzung für den Schul-, Breiten- und Leistungssport - beispielsweise als neue Heimat für Hamburgs Wasserballer - steht genauso im Mittelpunkt wie ein breites Angebot für Familien und Kinder. Highlight: Bei schönem Wetter lässt sich die Südfassade vollständig durch verschiebbare Wandelemente öffnen. Die Nordwestfassade, in der sich die Haupteingänge befinden, präsentiert sich als grünes Schaufenster. Das Erdgeschoss ist vollflächig verglast. Es gibt vertikale Gärten und Bepflanzungen. Im Osten kann die Solar-Luft-Kollektoren-Fassade zur Wärmegewinnung genutzt werden - Solarkollektoren, die Luft anstelle von Wasser als Wärmeleiter verwenden.

www.iba-hamburg.de/inselparkhalle

Island Park Hall

One hall with two functions: a new indoor swimming pool and a top-quality sports hall are located under one roof. The future sports hall is being used initially, in 2013, by the international garden show igs as a flower exhibition hall. It will subsequently be used for youth integration work as part of the "InselAkademie" project and to this end will be expanded into a triple sports hall by the summer of 2014 and a national league basketball hall by 2017. Coinciding with the opening of the igs, the "Island Park Hall" will be operating an indoor swimming pool of a truly modern standard in architectural, energy, and economic terms. Its use for school, popular, and competitive sport - as the new home of Hamburg's water polo players, for example - is just as important as the wide range of options for families and children. A particular highlight is the fact that, when good weather allows, the south façade can be opened completely by using the sliding wall elements. The north-west façade, with the main entrance, appears as a green display window. The ground floor is entirely glazed and there are vertical gardens and greenery. On the east façade, the solar air collectors are used for heat generation - a type of solar collector that uses air instead of water as the heat conductor.

www.iba-hamburg.de/en/island-park-hall

Bauherr Client Schwimmhalle indoor swimming pool: Bäderland Hamburg GmbH, Sporthalle sports hall: Benno und Inge Behrens Stiftung (Hamburg)

Projektpartner Project partners Landesbetrieb Immobilienmanagement und Grundvermögen State Ministry of Finance - Real Estate Management, Behörde für Stadtentwicklung und Umwelt State Ministry for Urban Development and Environment, Bezirk District of Hamburg-Mitte, igs hamburg 2013, Sport ohne Grenzen e.V.

Größe Size Bruttogeschossfläche Schwimmhalle gross floor space indoor swimming pool: ca. 5000 m², Bruttogeschossfläche Sporthalle gross floor space sports hall: ca. 6000 m²

Investitionsvolumen Investment Schwimmhalle indoor swimming pool: 19.5 Mio. Euro, Sporthalle sports hall: 9 Mio. Euro (bei Ausbau zur 3-Feld-Sporthalle with extension to triple sports hall)

Architekten Architects Allmann Sattler Wappner Architekten (München Munich), Projektplanung Schwimmhalle project planning indoor swimming pool: bS2architekten GmbH (Hamburg), Projektplanung Sporthalle project planning sports hall: ArchitektenPartner (Hamburg)

Landschaftsarchitekten Landscape architects Lichtenstein Landschaftsarchitekten (Hamburg)

Energieversorgung Energy supply Fassade mit Solarluftkollektoren, Photovoltaik und Energieverbund Wilhelmsburg Mitte Façade with solar air heater collectors, photovoltaic, and Wilhelmsburg Central Integrated Energy Network

Fertigstellung Completion Sporthalle/Blumenausstellungshalle Sports/flower show hall: Dezember December 2012; Schwimmhalle indoor swimming pool: März March 2013

Kurt-Emmerich-Platz 10-12 | 21109 Hamburg

Eingangskomplex am Inselpark

Am Eingang zum Wilhelmsburger Inselpark direkt gegenüber dem Zugang zur S-Bahnstation entsteht ein Ensemble von Gebäuden mit für den Stadtteil zentralen, sehr unterschiedlichen Nutzungen. Neben innovativen Wohn- und Veranstaltungsgebäuden gibt es ein Ärztehaus und ein Seniorenzentrum. Hier stehen die Wohnhäuser Holz 5 1/4, das Ausstellungs- und Hotelgebäude „Wälderhaus", das Haus der Inselakademie sowie die Inselparkhalle. Sie besteht aus der Schwimmhalle Inselpark und einer Basketballhalle, die 2013 zunächst als Blumenschauhalle der igs genutzt wird.

www.iba-hamburg.de/eingangskomplex-inselpark

Island Park Entrance Complex

An ensemble of buildings for the Wilhelmsburg Central district, with very varied usages, is being built at the entrance to the Island Park, directly opposite the entrance to the S-Bahn station. In addition to innovative residential buildings and event locations, there is a "Medical Centre" and a "Senior Citizens' Centre". This is where the "Wood 5 1/4" housing development, the "Wälderhaus" hotel and exhibition facility, and the "Inselakademie Building" are under construction, as well as the "Island Park Hall". The latter, serving initially, in 2013, as the international garden show igs flower display venue, comprises the Island Park swimming pool and a basketball hall.

www.iba-hamburg.de/entrance-complex-inselpark

Wilhelmsburg Mitte Wilhelmsburg Central

Eingangskomplex am Inselpark: „Wälderhaus"

Im „Wälderhaus" spielen die Themen Wald und Holz in zweierlei Hinsicht eine wichtige Rolle: Zum einen wird Holz als nachhaltiger Baustoff in der Gebäudestruktur und als Fassadenmaterial eingesetzt und zum anderen beherbergt das Gebäude eine Ausstellung, die sich mit der Beziehung zwischen Wald, Stadt und ihren Bewohnern auseinandersetzt. Es umfasst zwei wesentliche Nutzungen: In den unteren beiden Etagen wird eine Dauerausstellung zum Thema Wald und Nachhaltigkeit gezeigt. Außerdem gibt es Räume für Seminare und Lehrgänge mit umweltpädagogischen Angeboten sowie einen Gastronomiebereich. Die oberen Geschosse dienen dem Hotelbetrieb. Sie bestehen vollständig aus Massivholz. In die „bewohnte" Lärchenholzfassade sind Pflanzennester eingebettet, die von Vögeln und Insekten besiedelt werden können. Auch das begrünte Dach bietet Lebensraum für Pflanzen und Tiere. Das „Wälderhaus" verbraucht insgesamt fast ein Drittel weniger Energie als in der Energieeinsparverordnung (EnEV 2009) vorgeschrieben.

www.iba-hamburg.de/waelderhaus

Island Park Entrance Complex: "Wälderhaus"

The wood and forest themes in the "Wälderhaus" (Forest House) play an important role in two respects: firstly, wood is used as a sustainable construction material in the structure and on the façade, and, secondly, the building also houses an exhibition presenting the relationship between forests, cities, and their residents. Staged on the two lower floors, this covers two fundamental topics with a permanent display on the subject of forest and sustainability. There are also seminar and training course facilities relating to environmental education, as well as a catering section. The upper floors house the hotel and are built entirely of solid wood. The "inhabited" larch wood façade features embedded plant-based nests for use by birds and insects. The greenery on the roof also provides a habitat for plants and animals. Overall, the "Wälderhaus" uses almost one third less energy than is prescribed by the German energy saving regulations (EnEV 2009).

www.iba-hamburg.de/en/waelderhaus

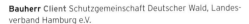

Bauherr Client Schutzgemeinschaft Deutscher Wald, Landesverband Hamburg e.V.

Projektpartner Project partners Behörde für Stadtentwicklung und Umwelt State Ministry for Urban Development and Environment, Landesbetrieb Immobilienmanagement und Grundvermögen State Ministry of Finance – Real Estate Management, Behörde für Wirtschaft, Verkehr und Innovation State Ministry for Economy, Transport, and Innovation, Bezirk District of Hamburg-Mitte

Größe Size 6000 m² Bruttogeschossfläche gross floor space

Investitionsvolumen Investment 14 Mio. Euro

Architekten Architects Studio Andreas Heller GmbH (Hamburg)

Landschaftsarchitekten Landscape architects WES & Partner Landschaftsarchitekten (Hamburg)

Energiestandard Energy standard EnEV 2009 minus 30%, Hotel: Passivhausstandard Passive House

Energieversorgung Energy supply Geothermie, Photovoltaik und Energieverbund Wilhelmsburg Mitte Geothermal energy, photovoltaic, and Wilhelmsburg Central Integrated Energy Network

Fertigstellung Completion November 2012

Am Inselpark 19 | 21109 Hamburg

Eingangskomplex am Inselpark: Ärztehaus

Wie der gegenüberliegende Neubau der BSU (Behörde für Stadtentwicklung und Umwelt) erhielt auch das neungeschossige Ärztehaus eine vorgehängte Keramikfassade – jedoch nicht auffällig farbig, sondern auf zweierlei Grüntöne beschränkt. Mit ihren Türmen überragen Ärztehaus und Behördenneubau die benachbarten Gebäude deutlich und bilden optisch ein Tor zum neuen Stadtquartier. Das Ärztehaus ist Teil eines großen Gebäudeensembles, bestehend aus einem Seniorenzentrum mit Pflegeschule, dem Sport-, Sozial- und Bildungszentrum Haus der InselAkademie, den beiden Wohnhäusern „Holz 5 1/4" sowie dem „Wälderhaus" mit Hotel. Aufgrund seiner exponierten Lage im Zentrum der Elbinseln und seiner Nähe zur S-Bahn ist dieser Komplex ein wichtiger Dreh- und Angelpunkt des Stadtquartiers Wilhelmsburg Mitte – mit dem krönenden Abschluss durch vier Maisonettewohnungen in den oberen zwei Etagen.

www.iba-hamburg.de/aerztehaus

Island Park Entrance Complex: Medical Centre

Like the new BSU ("State Ministry for Urban Development and Environment") building opposite, the "Medical Centre", has a suspended ceramic façade – albeit not as brightly coloured, but limited to two shades of green. The "Medical Centre" and the new BSU offices clearly tower above the neighbouring buildings and, optically, they form a gateway to the new city district. The "Medical Centre" is part of a large ensemble of structures comprising a "Senior Citizens' Centre" with training facilities for care staff, the "InselAkademie Building" (a sports, social, and educational centre), and the two residential blocks: "Wood 5 1/4" and the "Wälderhaus" with its hotel. Its prominent location in the centre of the Elbe islands and its proximity to the S-Bahn make the Island Park Entrance Complex an important hub within Wilhelmsburg Central district. Four maisonette apartments on the top two floors of the "Medical Centre" are its crowning glory.

www.iba-hamburg.de/en/medical-centre

Bauherr Client IIB I – Inselpark Immobilien Besitz GmbH & Co. KG I

Projektpartner Project partners Behörde für Stadtentwicklung und Umwelt State Ministry for Urban Development and Environment, Landesbetrieb Immobilienmanagement und Grundvermögen State Ministry of Finance – Real Estate Management, Bezirk District of Hamburg-Mitte

Größe Size 5900 m² Bruttogeschossfläche auf 5-9 Geschossen gross floor space over 5-9 floors

Investitionsvolumen Investment 14 Mio. Euro

Architekten Architects Bolles + Wilson GmbH & Co. KG (Münster)

Landschaftsarchitekten Landscape architects H.O. Dieter Schoppe + Partner Landschaftsarchitekten (Hamburg)

Energiestandard Energy standard KfW 55-Standard, EnEV 2009 minus 30 %

Energieversorgung Energy supply Energieverbund Wilhelmsburg Mitte Wilhelmsburg Central Integrated Energy Network

Fertigstellung Completion Juni June 2013

Neuenfelder Straße 31 | 21109 Hamburg

Eingangskomplex am Inselpark:
Haus der InselAkademie

Ebenfalls am Eingang zum Inselpark entstand das Haus der InselAkademie. Das viergeschossige Gebäude mit seinem charakteristischen Dach bildet durch seine grünen Keramikfliesen eine Einheit mit dem unmittelbar angrenzenden Ärztehaus. Mit seinen sportpädagogischen Angeboten wendet sich das Haus vor allem an Jugendliche aus dem Stadtteil und leistet so einen wichtigen Beitrag zur Sport- und Bildungslandschaft auf den Elbinseln. Die Koordination des Projektes findet in den Büroräumen des Hauses der InselAkademie statt. Die InselAkademie ist ein offenes Haus, das verschiedenen Institutionen und unterschiedlichen Zielgruppen für sportliche Aktivitäten und Bildungsangebote zur Verfügung stehen soll. In den unteren beiden Etagen sind Verwaltungs- und Kursräume untergebracht, die für Fortbildungsmaßnahmen, Workshops und weitere soziale Projekte zur Verfügung stehen. Oben entsteht Wohnraum für Jugendliche mit fünf Wohnungen, darunter für eine betreute Jugendwohngruppe mit insgesamt acht Mitbewohnern.

www.iba-hamburg.de/inselakademie

Island Park Entrance Complex:
InselAkademie Building

The "InselAkademie Building" is also situated at the entrance to the Island Park. The four-storey structure with its distinctive roof has green ceramic tiles, allowing it to fit in with the "Medical Centre" right next door. In addition to its range of sports training opportunities, the building is aimed primarily at the district's young people, therefore making a valuable contribution to the Elbe islands sport and education landscape. The project is coordinated from the office premises within the "InselAkademie" block. This is a public building open to different institutions and target groups for sporting activities and educational opportunities. The two lower floors house the administrative premises and facilities available for training courses, workshops, and other social projects. The upper floors living space for young peoplea; five apartments, including one for a supervised residential group with a total of eight co-residents.

www.iba-hamburg.de/en/inselakademie-building

Bauherr Client Benno und Inge Behrens Stiftung (Hamburg)

Projektpartner Project partners Behörde für Stadtentwicklung und Umwelt State Ministry for Urban Development and Environment, Landesbetrieb Immobilienmanagement und Grundvermögen State Ministry of Finance – Real Estate Management, Bezirk District of Hamburg-Mitte, igs 2013, Sport ohne Grenzen e.V.

Größe Size ca. 1600 m² Bruttogeschossfläche gross floor space

Investitionsvolumen Investment 3.3 Mio. Euro

Architekten Architects Bolles + Wilson GmbH & Co. KG. (Münster)

Landschaftsarchitekten Landscape architects H.O. Dieter Schoppe + Partner Landschaftsarchitekten (Hamburg)

Energiestandard Energy standard EnEV 2009 minus 30%

Energieversorgung Energy supply Energieverbund Wilhelmsburg Mitte Wilhelmsburg Central Integrated Energy Network

Fertigstellung Completion Juni June 2013

Kurt-Emmerich-Platz 3 | 21109 Hamburg

Eingangskomplex am Inselpark:
Seniorenzentrum am Inselpark

Nahe der breiten Gleistrasse, die Wilhelmsburg durchschneidet und lange Jahre ein Entwicklungshemmnis darstellte, entstand das Seniorenzentrum am Inselpark, das mit seiner Vielfalt an Nutzungen nicht nur für die älteren Generationen ein Gewinn ist.
Mit dem Neubau des Pflegeheims werden über 140 Pflegeplätze und rund 70 Arbeitsplätze geschaffen. Im Gebäude befindet sich außerdem ein Aus- und Weiterbildungszentrum für Pflegepersonal. Außer einer Kindertagesstätte für bis zu 60 Kinder sind sieben Appartements für eine Wohngruppe aus jungen Müttern mit ihren Kindern geschaffen worden. Die Nutzungsvielfalt ermöglicht den Generationen einen aktiven Austausch. Haushohe Wintergärten an der östlichen Gebäudeseite (Bahntrasse und zukünftige Bundesstraße) bieten einen effektiven Schallschutz, der die Wohnungen vom Verkehrslärm abschirmt. Ein weiterer besonderer Ort des Hauses ist der „Demenzgarten", ein Dachgarten oberhalb des vierten Obergeschosses. Hier finden die pflegebedürftigen Hausbewohner einen geschützten Ort im Freien, wo sie ihre Sinne bewusst erleben oder einfach nur entspannen können.

www.iba-hamburg.de/seniorenzentrum

Island Park Entrance Complex:
Senior Citizens' Centre on Island Park

The "Senior Citizens' Centre on Island Park" has been built close to the wide expanse of railway tracks cutting through Wilhelmsburg that for many years were an obstacle to development. The Centre's diverse functions mean that it is not only the older generation who benefit from the facilities.
The new nursing home building provides over 140 care places and has created around 70 jobs. It lso accommodates a training centre for nursing home staff. Together with a daycare centre for up to 60 children, there are also seven residential units for young mothers and their children. The varied usages enable active interaction between the generations. The building-height conservatories on the Centre's east side (railway tracks and future main road) provide effective noise protection by shielding the living areas from the traffic noise. A further special feature is the "Dementia Garden", a roof garden on the fourth floor, which is a protected open air space for care-dependent residents where they can enjoy the sensory experience of the outdoors or simply relax.

www.iba-hamburg.de/en/senior-citizen-centre

Bauherr Client KerVita Wilhelmsburg GmbH & Co KG (Hamburg)

Projektpartner Project partners Behörde für Stadtentwicklung und Umwelt State Ministry for Urban Development and Environment, Landesbetrieb Immobilienmanagement und Grundvermögen State Ministry of Finance – Real Estate Management, Bezirk District of Hamburg-Mitte

Größe Size 10 300 m² Bruttogeschossfläche mit 141 Pflegeheimplätzen, Stützpunkt für ambulante Pflege gross floor space with 141 nursing home places and support centre for outpatient care

Investitionsvolumen Investment 15 Mio. Euro

Architekten Architects feddersenarchitekten (Berlin)

Landschaftsarchitekten Landscape architects H.O. Dieter Schoppe + Partner Landschaftsarchitekten (Hamburg)

Energiestandard Energy standard KfW 55-Standard, EnEV 2009 minus 45%

Energieversorgung Energy supply Energieverbund Wilhelmsburg Mitte und Solaranlage auf dem Dach Wilhelmsburg Central Integrated Energy Network and solar unit on roof

Fertigstellung Completion Sommer Summer 2013

Neuenfelder Straße 33 | 21109 Hamburg

Neubau der Behörde für Stadtentwicklung und Umwelt

Der Neubau der Behörde für Stadtentwicklung und Umwelt (BSU) setzt ein wichtiges Zeichen für nachhaltige Architektur. Das Gebäude besteht aus einem 13-geschossigen Hochhaus und zwei fünfgeschossigen, geschwungenen Seitenflügeln, wobei das Ensemble eine Länge von fast 400 Metern erreicht. Die neue BSU setzt Maßstäbe für die Arbeitswelt von Behörden. Umgesetzt wird dies unter anderem durch eine lichte „Erschließungsstraße", die einzelne Gebäudeteile miteinander verbindet. Dabei ergibt sich durch die geschwungene Gebäudekontur eine Abfolge unterschiedlicher Raumzusammenhänge, in der die weiten, tagesbelichteten Atrien mit den innenliegenden Fluren alternieren. In den Atrien entstehen Treffpunkte, „Meetingpoints" für die interne und externe Kommunikation. Die Arbeitswelten sollen aber nicht nur im Inneren optimal miteinander vernetzt sein, sondern wollen sich auch dem Stadtteil öffnen. So wird der zentrale Eingangsbereich am Fuß des Hochhauses zum großem Forum mit dem Standort des imposanten Hamburger Stadtmodells. Mit einem Primärenergiebedarf von 70 Kilowattstunden je Quadratmeter soll die Behörde zu den sparsamsten Bürogebäuden in Deutschland gehören. Ein Büro-Altbau aus den 1970er Jahren benötigte rund das Vierfache. Unter dem BSU-Vorplatz befindet sich die Energiezentrale für ein neues Nahwärmenetz von HAMBURG ENERGIE, das nicht nur die Neubauten versorgt, sondern überschüssige Wärmeenergie aus den Geothermie- und Solarthermieanlagen abgeben kann. Durch konsequente Berücksichtigung von Planungsanforderungen zum Erreichen der hohen Energieeffizienz wird das Haus der BSU den großen Behaglichkeitsansprüchen seiner Nutzer entsprechen und zusätzlich am Ende seines Lebenszyklus nach etwa 60 Jahren einen nachhaltigen Rückbau ermöglichen. Das Haus ist von der Deutschen Gesellschaft für Nachhaltiges Bauen (DGNB) mit dem Goldstandard vorzertifiziert.

www.iba-hamburg.de/neubau-bsu

New Building of the State Ministry for Urban Development and Environment

The "New Building for the State Ministry for Urban Development and Environment" (BSU) sends an important signal with regard to sustainable architecture. The building comprises a 13-storey tower block and two five-storey, curved wings, the ensemble as a whole reaching a length of almost 400 metres. The new BSU building sets the standards for the working environment within public authorities. One of the features of its construction is a well-lit "access route" linking the individual sections of the building with one another. The curved contours result in a series of different spatial contexts in which the wide natural light atriums alternate with the interior corridors.

The atriums house "Meeting Points" for internal and external communication. The intention is not only that the working environments be ideally networked with one another in the interior but that they are also open to the neighbourhood. Consequently, the central entrance area at the base of the tower block has been turned into a large foyer displaying an impressive model of the city of Hamburg. With a primary energy requirement of 70 kilowatt-hours per square metre per year, the state ministry has one of the most efficient office buildings in Germany. Older offices dating from the 1970s required around four times as much. Beneath the BSU forecourt is the energy control centre for a new local heating network run by HAMBURG ENERGIE, supplying not only the new building but also able to deliver surplus heat energy from the geothermal and solar energy units. The rigorous adherence to planning requirements in order to reach this high degree of energy efficiency enables the BSU building to meet its users' demands for comfort and, at the end of its life cycle, after some 60 years, enable sustainable demolition. The building has been awarded a preliminary gold certificate by the German Sustainable Building Council (DGNB).

www.iba-hamburg.de/en/bsu-new-building

Bauherr Client Sprinkenhof AG (Hamburg)

Projektpartner Project partners Behörde für Stadtentwicklung und Umwelt State Ministry for Urban Development and Environment, Landesbetrieb Immobilienmanagement und Grundvermögen State Ministry of Finance – Real Estate Management, Bezirk District of Hamburg-Mitte

Größe Size 61 000 m² Bruttogeschossfläche gross floor space, 23 200 m² Grundstücksgröße plot size, 5-13 Geschosse floors

Investitionsvolumen Investment ca. 192 Mio. Euro

Architekten Architects ARGE Sauerbruch Hutton Generalplanungsgesellschaft mbH (Berlin) und and INNIUS RR GmbH (Rosbach), Planung planning: Obermeyer Planen + Beraten GmbH (Hamburg)

Energiestandard Energy standard max. 70 kWh/m²a

Energieversorgung Energy supply Erdsonden-Wärmepumpen und Anschluss an den Energieverbund Wilhelmsburg-Mitte Ground probes and heat pumps, as well as connection to the Wilhelmsburg Central Integrated Energy Network)

Fertigstellung Completion April 2013

Monitoring Für das Projekt wird ein intensives Monitoring im Rahmen eines eigenständigen Forschungsprojekts angestrebt. The project aims to secure intensive monitoring within the scope of an independent research project.

Neuenfelder Straße | 21109 Hamburg

S-Bahn Wilhelmsburg und Fußgängerbrücke

Die etwas in die Jahre gekommene Brücke des S-Bahnhofs Wilhelmsburg hatte sich eine Modernisierung redlich verdient: Verbindet sie doch seit den 1960er Jahren die zwei durch die Bahntrasse getrennten Teile Wilhelmsburgs und wird von bis zu 17.000 Fahrgästen täglich benutzt. Der S-Bahnhof Wilhelmsburg ist mit seiner Brücke über die Gleise der wichtigste Mobilitätsknotenpunkt des Stadtteils. Hier ist nicht nur ein zentraler Umsteigepunkt für Buslinien angeschlossen, der S-Bahnhof verbindet auch die durch die Bahntrasse getrennten Teile Wilhelmsburgs. Gegenüber ihrer alten Lage wurde die Brücke ein wenig nach Süden verlagert. So werden das Berufsschulzentrum, der Inselpark und die Behörde für Stadtentwicklung und Umwelt auf direktem Wege angebunden.

www.iba-hamburg.de/s-bahnhof

Wilhelmsburg Urban Railway Station and Pedestrian Bridge

The somewhat dilapidated "Wilhelmsburg Urban Railway Station Bridge" was certainly a worthy candidate for modernisation. Dating back to the 1960s, it is used by up 17,000 passengers daily. The "Wilhelmsburg Urban Railway Station" is the neighbourhood's most important traffic junction: not only is it connected to a central transfer point for bus routes, it also links the two parts of Wilhelmsburg separated by the railway tracks. The bridge has been moved slightly southwards in relation to its previous position. This enables a direct link to the Vocational School Centre, the Island Park, and the "State Ministry for Urban Development and Environment".

www.iba-hamburg.de/en/railway-station

Bauherren Clients DB Station und Service, Landesbetrieb Straßen, Brücken und Gewässer Agency for Roads, Bridges, and Water

Projektpartner Project partners Behörde für Stadtentwicklung und Umwelt State Ministry for Urban Development and Environment, Bezirk District of Hamburg-Mitte

Investitionsvolumen Investment 17,3 Mio. Euro

Architekten Architects Gössler Kinz Kreienbaum (Hamburg)

Fertigstellung Completion März March 2013

Wilhelm-Strauß-Weg | 21109 Hamburg

Barkassenanbindung und Ausbau der Kanustrecke

Die Elbinsel Wilhelmsburg ist ursprünglich ein Zusammenschluss aus mehreren Inseln im Stromspaltungsgebiet der Elbe. Der Grundwasserspiegel steht hier hoch, so dass Kanäle, Bracks und Wettern seit Jahrhunderten für die Entwässerung des Gebietes sorgen müssen. Dieses Wassernetz bietet aber auch Platz für eine artenreiche Ufervegetation sowie Nahrungs- und Lebensraum für zahlreiche an Wasser gebundene Pflanzen- und Tierarten, die teilweise bereits auf der Roten Liste stehen. Damit wieder kleine Schiffe und Boote bis ans Wilhelmsburger Rathaus schippern und Barkassen von der Innenstadt Wilhelmsburg Mitte anfahren können, wurden einige der zahlreichen Kanäle instandgesetzt und für die Kanalschifffahrt ausgebaut. Der See am Bürgerhaus wurde vergrößert und der Barkassenanleger Ursula-Falke-Terrassen gebaut. Nun sind Barkassen- und Kanutouren „von Rathaus zu Rathaus" – vom Jungfernstieg nach Wilhelmsburg – möglich. Die ursprüngliche Funktion der Kanäle bleibt dabei natürlich erhalten: Die Wettern dienen weiterhin der Regulierung des Grundwasserpegels und nehmen das Regenwasser auf.

www.iba-hamburg.de/barkassenanbindung

Harbour Launch Connections and Expansion of the Canoeing Route

The Elbe island of Wilhelmsburg originally came into existence through the merger of several islands within the Elbe channel area. The water table is very high here, meaning that canals, ditches, and watercourses have for centuries had to ensure the drainage of the region. This network of waterways also provides space for diverse forms of waterside vegetation as well as habitat and food for numerous aquatic plants and animal species, some of which are already featured on the Red List. A number of the many canals have been restored and expanded for navigation so that small launches and boats are again able to travel as far as the Wilhelmsburg town hall, and launches from the Jungfernstieg are able to travel as far as Wilhelmsburg Central. The lake in front of the community centre has been enlarged and Ursula-Falke-Terrassen launch jetty built. Both canoe and launch tours are now able to travel "from town hall to town hall" – from the Jungfernstieg to Wilhelmsburg. Of course, the canals' original function remains intact: they continue to serve the regulation of the water table and take in rainwater.

www.iba-hamburg.de/en/harbour-launch

Bauherr Client Bezirk District of Hamburg-Mitte

Infrastrukturplaner Infrastructural planning Landesbetrieb Straßen, Brücken und Gewässer Agency for Roads, Bridges, and Waters, Planungsgemeinschaft Knabe Beratende Ingenieure (Hamburg), OBERMEYER Planen + Beraten GmbH (Hamburg)

Landschaftsarchitekten Landscape architects agence ter Landschaftsarchitekten (Karlsruhe)

Fertigstellung Completion Frühjahr early 2013

Mengestraße 20 | 21107 Hamburg , Ursula-Falke-Terrassen (Barkassenhaltepunkt Bürgerhaus Wilhelmsburg)

Georg-Wilhelm-Höfe

Umweltbewusstes Wohnen und Raum für Gewerbe, gemeinschaftliche Einrichtungen und eine intakte Nachbarschaft: Das sind die Georg-Wilhelm-Höfe. Im Südwesten Wilhelmsburgs entsteht bis 2014 auf dem Areal der Sprachheilschule, die in das Bildungszentrum „Tor zur Welt" umgezogen ist, ein familienfreundliches Quartier. Die Bebauung soll modellhafte Lösungen im Umgang mit dem Nutzungskonflikt zwischen Wohnen und Gewerbe aufzeigen. Die Ansprüche an die Gestaltung, an differenzierte Wohntypologien, an den Lärmschutz und an die Nachhaltigkeit des gesamten Projekts sind dementsprechend hoch. Gleichzeitig entstand kostengünstiger und besonders für junge Familien reizvoller Wohnraum. Das architektonische Konzept schafft einen geeigneten Übergang zwischen dem Wohnen auf der einen und einer viel befahrenen Straße und industriellen Nutzungen auf der anderen Seite.

www.iba-hamburg.de/georg-wilhelm-hoefe

Georg-Wilhelm Courtyards

The "Georg-Wilhelm Courtyards": environmentally aware residential and commercial space, community facilities, and an intact neighbourhood. A family-friendly area located in the south-west of Wilhelmsburg is due for completion by 2014 in the grounds of the former remedial language school, which has now moved into the "Gateway to the World Education Centre". The complex is intended to illustrate exemplary solutions for dealing with usage conflicts between residential and commercial space. Consequently, high demands are made with regard to configuration, to differentiated housing typologies, to noise protection, and to the sustainability of the project as a whole. At the same time, the development features affordable and appealing living space for young families in particular. The architectural concept creates an appropriate transition between living space on the one hand and heavy traffic and industrial usage on the other.

www.iba-hamburg.de/en/georg-wilhelm-coutyard

Bauherr Client BPB Bauträger-, Projektentwicklungs- und Bauerschließungsgesellschaft mbH (Hamburg)

Größe Size ca. 4000 m² Wohnfläche living area, ca. 50 Wohneinheiten residential units

Investitionsvolumen Investment 10 Mio. Euro

Architekten Architects czerner göttsch architekten (Hamburg)

Landschaftsarchitekten Landscape architects WES (Hamburg)

Fertigstellung Completion Sommer summer 2014 (1. Bauabschnitt 1st building phase)

Georg-Wilhelm-Straße / Kurstraße | 21107 Hamburg

Öffnung des Spreehafens

Zum 01. Januar 2013 wurde die Freizone im Hamburger Hafen aufgelöst, der Zollzaun am Spreehafen war obsolet. Auf Initiative der IBA Hamburg wurden bereits zweieinhalb Jahre vor der anstehenden Aufhebung zwei neue Pforten in den Zaun geschnitten, die die Wege zum Spreehafen deutlich verkürzten. Seitdem hat sich das große Hafenbecken mit Hamburgs größter Ansammlung von schwimmenden Häusern, sogenannten Hafenliegern, zum gemeinsamen Freiraum der Bewohner der Veddel, des Reiherstiegviertels und des Kleinen Grasbrook (Wohnbebauung Harburger Chaussee) entwickelt. Eine wichtige Voraussetzung dafür sind die von der IBA angeregten und durch die Hamburg Port Authority hergestellten neuen Fuß- und Radwege entlang der neuen Hafenbahnbrücken. Ein neuer Typ Deichtreppe, vom Stadtteil her weithin sichtbar, soll Wohnstandorte und Hafen besser miteinander verbinden. Alle Planungen sind darauf bedacht, dauerhaft zur positiven Koexistenz von Freizeit, Hafen und Industrie beizutragen. Von großer Bedeutung ist auch die neue Anbindung auf dem Wasser: Seit Ende 2012 landet wieder eine HVV-Fähre in Wilhelmsburg. Nur 15 Minuten fährt das Schiff vom westlichen Ende des Spreehafens bis zu den Landungsbrücken St. Paulis.

www.iba-hamburg.de/spreehafen

Opening of the Spreehafen

The free zone within Hamburg harbour was abolished on 1 January 2013 and the Spreehafen customs fence became obsolete. Two new gates had been cut into the fence two and a half years ahead of the planned abolition, on the initiative of the International Building Exhibition IBA Hamburg 2013, significantly reducing the access route to the Spreehafen. The large harbour basin with Hamburg's largest accumulation of floating buildings has since developed into a communal open space for the residents of Veddel, Reiherstieg district, and Kleinen Grasbrook (Harburger Chaussee housing development). An important precondition for this has been the establishment, by the Hamburg Port Authority at the suggestion of the IBA, of footpaths and cycling routes along the new harbour railway bridges. A new type of dyke steps, clearly visible from within the neighbourhood, is intended to improve the link between the residential location and the harbour. All of the planning has been intended to make a long-standing contribution to the positive coexistence of leisure, harbour, and industry. The new water-based link is also of great importance, with an HVV ferry stopping in Wilhelmsburg since the end of 2012. The vessel takes just 15 minutes from the western end of the Spreehafen to the Landungsbrücken (landing bridges) in St. Pauli.

www.iba-hamburg.de/en/spreehafen

Bauherr Client Behörde für Stadtentwicklung und Umwelt State Ministry for Urban Development and Environment, Hamburg Port Authority

Größe Size ca. 14 ha

Investitionsvolumen Investment 3.3 Mio. Euro

Landschaftsarchitekten Landscape architects Topotek 1 (Berlin)

Fertigstellung Completion Lückenschluss Rundweg Filling gaps on circular pathway: März March 2012; Eröffnung Deichtreppen opening of the dyke steps: Oktober October 2012; Fähranleger launch jetty: Dezember December 2012; Endgültiger Abbau des Zollzauns final dismantling of the customs fence: Januar January 2013

Harburger Chaussee / Hafenrandstraße | 20539 Hamburg

Harburger Schloßinsel:
Park auf der Harburger Schloßinsel

Im Zentrum der Harburger Schloßinsel entstand direkt zwischen den Wohngebäuden des Quartiers am Park und der Marina ein sternförmiger Park auf einer Fläche von 1,5 Hektar. Der Park bildet die größte zusammenhängende Grünfläche des Harburger Binnenhafens. Er entsteht auf einem Gelände mit einer rund 1000-jährigen, bewegten Geschichte. Im frühen 19. Jahrhundert noch als militärische Festung genutzt, entwickelte sich die Schloßinsel schnell zum Zentrum des industriell geprägten Harburger Binnenhafens. Durch den Bau einer mächtigen Bahntrasse im Süden des Geländes und der Bundesstraße 73 geriet die Schloßinsel im Laufe der Zeit in eine Randlage und wurde vom heutigen Zentrum des südlichsten Hamburger Stadtteils abgekoppelt.

Die neue Gestaltung des Parks stellt den erhaltenen Teil des alten Harburger Schlosses wieder ins Zentrum. Durch die zentrale Positionierung des Schlosses und dessen erhöhte Lage wird die alte Keimzelle Harburgs neu inszeniert. Direkt neben dem historischen Schloss entstand – gut durch umliegende Bäume geschützt – ein großer Kinderspielplatz. Alle Rasenflächen sind offen gestaltet, sodass sie dem Besucher im ganzen Park freie Sicht auf das Wasser des Binnenhafens erlauben. An den Wasserzugängen können Besucher und Anwohner auf Sitzstufen und Stegen die Sonne genießen. An den Parkrändern bilden Gruppen von Ulmen, Erlen und Weiden sowie Beete mit Stauden einen Abschluss zur Wohnbebauung und schirmen so öffentliche und private Bereiche voneinander ab.

www.iba-hamburg.de/park-schlossinsel

Harburg Schloßinsel:
Harburg Schloßinsel Park

A star-shaped park covering 1.5 hectares has been established in the centre of Harburg Schloßinsel, directly between the "Park Quarter" residential development and the "Marina". The park constitutes the largest cohesive area of green space in the "Harburg Upriver Port". It is situated on land with a volatile history dating back around 1000 years. Still used as a fortress in the early nineteenth century, the Schloßinsel quickly developed into the industrialised "Harburg Upriver Port". With the construction of an important rail route to the south of the area and the B73 federal highway, the Schloßinsel became marginalised over the course of time and was cut off from the present day centre of Hamburg's most southerly city district.

The new configuration of the "Harburg Schloßinsel Park" places the remaining section of the old Harburg Castle in the spotlight once again. The central positioning of the castle and its raised position provides a new setting for what was formerly the core of Harburg. A large children's playground,

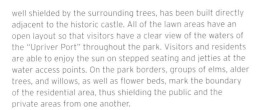

well shielded by the surrounding trees, has been built directly adjacent to the historic castle. All of the lawn areas have an open layout so that visitors have a clear view of the waters of the "Upriver Port" throughout the park. Visitors and residents are able to enjoy the sun on stepped seating and jetties at the water access points. On the park borders, groups of elms, alder trees, and willows, as well as flower beds, mark the boundary of the residential area, thus shielding the public and the private areas from one another.

www.iba-hamburg.de/en/schlossinsel-park

Bauherr Client Bezirk District of Hamburg-Harburg

Projektpartner Project partners Behörde für Stadtentwicklung und Umwelt State Ministry for Urban Development and Environment, Landesbetrieb Immobilienmanagement und Grundvermögen State Ministry of Finance – Real Estate Management

Investitionsvolumen Investment 2.9 Mio. Euro

Größe Size 1.5 ha

Landschaftsarchitekten Landscape architects Hager Partner AG (Zürich)

Fertigstellung Completion Frühjahr early 2013

An der Horeburg | 21709 Hamburg

Harburger Schloßinsel: Quartier am Park

Das Projekt „Inselleben" fördert die Bildung von sozialen Nachbarschaften innerhalb eines Gebäudes. Breite Laubengänge auf der Parkseite des Hauses werden zum urbanen Vorgarten an den Wohnungseingängen und damit zum Ort nachbarschaftlichen Zusammentreffens und des Austauschs. Ein großer Südbalkon ist in seinen kompletten Abmessungen bepflanzbar. Die Balkone sind direkt vom Wohn- und Essbereich aus erreichbar und verwandeln diesen bei gutem Wetter in ein grünes Wohnzimmer. Auf der gegenüberliegenden Seite grenzt das Gebäude direkt an den neuen Schloßinselpark. Auffallend auf dieser Seite sind die „Abstellboxen", das sind nach außen verlagerte Nutzflächen und Gestaltungselemente der nördlichen Klinkerfassade. Am südwestlichen Ende des Wohnungsbaus schließt ein flacher, zweigeschossiger Anbau an. In diesem Teil des Gebäudes ist die neue Kita untergebracht. Das Projekt Boathouse bereichert das Wohnquartier auf der Harburger Schloßinsel um individuellen Wohnraum. Eine Tiefgarage im Untergeschoss hat nicht nur Platz für die Autos der Bewohner, sondern auch für ihre Boote im Gebäudesockel. Auf diesem Sockel der Bootsgarage steht das Wohngebäude als klarer Riegel. Großzügige Fensteröffnungen gliedern die ortstypische Fassade aus Verblendmauerwerk.

www.iba-hamburg.de/quartier-am-park

Harburg Schloßinsel: Park Quarter

The "Insellebe" (Island Life) project promotes the development of social neighbourhoods within a building. Broad, leafy walkways on the park side of the block become urban front gardens at the apartment entrances and thus neighbourly meeting places and places of interaction. The full dimensions of the spacious south-facing balcony can be planted. The balconies are directly accessible from the living and eating areas, transforming these into a green living room when the weather is fine. On the opposite side the building directly adjoins the new Schloßinsel Park. Particular features here are the wooden parking bays, floor space extended to the outside, and an integrated design element in the northern brick façade. At the south-west end of the block is a flat-roofed, two-storey extension housing the new children's daycare centre. The "Boathouse" project enhances the residential quarter on Harburg's Schloßinsel with individual living space. The underground garage in the basement has space not only for the residents' cars but also for their boats. The building sits as a distinctive block on the base within which the "boat garage" is integrated. Generous window areas subdivide the faced brickwork façade typical of this area.

www.hamburg.de/en/park-quarter

Bauherr Client Holger Cassens („Inselleben"), Boathouse GmbH („Boathouse")

Projektpartner Project partners Behörde für Stadtentwicklung und Umwelt State Ministry for Urban Development and Environment, Landesbetrieb Immobilienmanagement und Grundvermögen State Ministry of Finance – Real Estate Management, Bezirk District of Hamburg-Harburg, Hamburgische Wohnungsbaukreditanstalt

Größe Size Inselleben: 25 Mietwohnungen mit 50–90 m² und Kita auf insgesamt 1.785 m² Bruttogeschossfläche 25 rental units of 50–90 m² and daycare centre, together 1785 m² gross floor space; Boathouse: 20 Eigentumswohnungen mit 65–130 m² ohne Staffelgeschoss und insgesamt 2.135 m² Wohnfläche auf 2.670 m² Bruttogeschossfläche 20 apartments of 65–130 m² without mezzanine floor and a total 2135 m² living space, 2670 m² gross floor space

Investitionsvolumen Investment Inselleben: 6 Mio. Euro; Boathouse: 7.5 Mio. Euro. Gefördert aus dem Hamburger Klimaschutzkonzept Funded by the Hamburg Climate Protection Concept

Architekten Architects Inselleben: hausschild + siegel architecture (Kopenhagen) Boathouse: Reinhard Hagemann GmbH (Hamburg)

Landschaftsarchitekten Landscape architects Inselleben: Magnus Svensson / NOA (Malmö) Boathouse: MSB Landschaftsarchitekten (Hamburg)

Fertigstellung Completion Sommer Summer 2013

Monitoring Das Projekt ist Teil des erweiterten Monitorings im Forschungsprojekt „EnEff:Stadt – IBA Hamburg" in Kooperation mit der TU Braunschweig, dem EFZN und der HCU Hamburg. This project is monitored as part of the "EnEff:Stadt - IBA Hamburg" research project in cooperation with Braunschweig University of Technology, Energie-Forschungszentrum Niedersachsen - EFZN (Lower Saxony Energy Research Centre), and HafenCity University (HCU) Hamburg.

Planstraße A (Straßenbenennung erfolgt später street to be named later) | 21079 Hamburg

Harburger Schloßinsel:
Marina auf der Schloßinsel

Als erstes Wohnprojekt entsteht die Marina auf der Harburger Schloßinsel in einmaliger Lage: mit zwei Seiten direkt am Wasser und zwei Seiten zum Park ist sie ein herausragender Wohnstandort. Es ist auch das größte Wohnprojekt auf der Schloßinsel. Gebäude mit großzügigen Loftwohnungen, gestapelten Reihenhäusern sowie Eigentums- und Mietwohnungen bieten Raum für unterschiedliche Wohnbedürfnisse. Eine Besonderheit des Quartiers ist der autofreie Außenraum: alle Fahrzeuge der Bewohner werden direkt in die Tiefgaragen geleitet. Vom Wasser ist das Gelände über einen Bootsanleger zu erreichen.

www.iba-hamburg.de/marina-schlossinsel

Harburg Schloßinsel:
Marina on the Schloßinsel

The first of the residential building projects on this island, the "Marina on the Harburg Schloßinsel" enjoys a unique position: directly facing the water on two sides and the park on the other two, it is ideally situated as a residential location. It is also the largest housing project on the Schloßinsel. Buildings with spacious loft apartments, stacked terraced houses, as well as owner-occupied and rented apartments, provide the space to accommodate differing housing requirements. One of the neighbourhood's special features is that the grounds are car-free: all of the residents' cars are channelled directly into the underground parking garage. The grounds can be accessed from the water via a boat jetty.

www.iba-hamburg.de/en/marina-schlossinsel

Bauherr Client Balance Bay GmbH (Düsseldorf)

Projektpartner Project partners Behörde für Stadtentwicklung und Umwelt State Ministry for Urban Development and Environment, Bezirk District of Hamburg-Harburg, Hamburgische Wohnungsbaukreditanstalt

Größe Size 162 Wohneinheiten residential units, Wohnfläche living space: 19 700 m²

Investitionsvolumen Investment 78 Mio. Euro

Architekten Architects Lorenz + Partner Projektentwicklung GmbH (Hamburg), Tim Hupe Architekten (Hamburg)

Landschaftsarchitekten Landscape architects WES & Partner Landschaftsarchitekten (Hamburg)

Energiestandard Energy standard EnEV 2009 minus 30%

Fertigstellung Completion Frühjahr early 2013

An der Horeburg | 21079 Hamburg

Harburger Schloßinsel:
Brückenschlag auf die Harburger Schloßinsel

Der Harburger Binnenhafen erhält ein neues Netz von Freiräumen und Wegeverbindungen. Teil dieses Netzes ist der Brückenschlag, der sich aus drei Projekten zusammensetzt. Darunter fällt auch die Verbindung zwischen Kanal- und Lotseplatz und bildet eine moderne Drehbrücke. Die Brücke besteht aus einem festen Teil von 13 Meter Länge und einem beweglichen Teil, der aus der schiffbaren Durchfahrtsöffnung von 18 Meter Breite herausgedreht wird. Als „autarke Brücke" erzeugt die neue Kanalbrücke die dafür erforderliche Energie selbst: „Sonnensegel" nutzen die Energie der Sonne und gleichen die Energiebilanz des Bauwerks aus.

www.iba-hamburg.de/brueckenschlag

Harburg Schloßinsel:
Creating a Bridge to the Harburg Schloßinsel

The "Harburg Upriver Port" has acquired a new network of open spaces and paths. Part of this network is the bridge on the Harburg Schloßinsel, comprising three projects. The link between the Lotsekanal and Lotseplatz is in the form of a modern swing bridge. The bridge includes a fixed section 13 metres in length and a moveable section that swings out from the navigable shipping lane. As a "self-sufficient bridge" the new canal bridge itself generates the energy for the swing mechanism: "solar sails" use the sun's energy and thus balance out the construction's own energy requirements.

www.iba-hamburg.de/en/schlossinsel-bridge

Bauherr Client Bezirk District of Hamburg-Harburg, Behörde für Wirtschaft, Verkehr und Innovation State Ministry of Economy, Transport, and Innovation

Projektpartner Project partners Behörde für Stadtentwicklung und Umwelt State Ministry for Urban Development and Environment, Landesbetrieb Straßen, Brücken und Gewässer Agency for Roads, Bridges, and Water

Größe Size 1.4 ha

Investitionsvolumen Investment 7.1 Mio. Euro

Architekten und Ingenieurplaner Brücke Architects and engineering planners bridge Ingenieurbüro GRASSL GmbH Beratende Ingenieure Bauwesen (Hamburg), Winking Froh Architekten BDA (Hamburg)

Landschaftsarchitekten Landscape architects Kanalplatz: LohausCarl Landschaftsarchitektur (Hannover), petersen pörksen partner architekten und stadtplaner (Lübeck) Lotseplatz: raumwerk Gesellschaft für Architektur und Stadtplanung mbH (Frankfurt/M.), club L94 Landschaftsarchitekten (Darmstadt)

Fertigstellung Completion Kanalplatz: Herbst autumn 2012

Kanalplatz / Lotseplatz | 21079 Hamburg

Harburger Binnenhafen:
Maritimes Wohnen am Kaufhauskanal

Bisher von gewerblicher Nutzung geprägt, soll das Gelände an der Harburger Schloßinsel zu einem innovativen Wohnquartier umgewandelt werden. Denkmalgeschützte und zu bewahrende Hafen- und Speichergebäude säumen den Rand der historischen Harburger Schloßstraße. Hier am östlichen Ufer des Kaufhauskanals soll das Wohnquartier mit etwa 170 Wohneinheiten und einer Ladenzeile entstehen. Der im Realisierungswettbewerb siegreiche Entwurf überzeugte durch seinen hohen städtebaulichen Innovationsgrad und die prägnante Architektur der zehn auf dem Grundstück platzierten Gebäude. Ihre schachbrettartige Anordnung ermöglicht das Abwechseln von freiem und bebautem Raum mit unterschiedlichen Freiraumqualitäten. Die Fahrzeuge der Bewohner finden Platz in der Tiefgarage, sodass die Freiflächen autofrei bleiben. Das Projekt wird zunächst nur in einem ersten Bauabschnitt realisiert. Die Bauarbeiten an sechs Gebäuden im nördlichen Teil des Planungsgebietes beginnen im Sommer 2013.

www.iba-hamburg.de/kaufhauskanal

Harburg Upriver Port:
Maritime Housing by the Kaufhauskanal

Previously characterised by commercial use, the grounds of the Harburg Schloßinsel are being transformed into an innovative residential area. Harburg's historic Schlossstrasse is lined with harbour facilities and warehouses under historic monument protection, which are to be retained. It is here, on the east bank of the Kaufhauskanal, that the development, comprising some 170 housing units and a row of shops, is being built. The design that won the competition to build the project was successful due to its high degree of urban development innovation and the distinctive architecture of the ten buildings located on the site. Their chequerboard arrangement permits built-up areas to alternate with various open space features. The residents' vehicles are housed in the underground parking garage so that the external areas remain car-free. The project is being developed in a first building phase initially. The construction work on six buildings in the north of the site is set to begin in summer 2013.

www.iba-hamburg.de/en/kaufhauskanal

Bauherr Client Behrendt Wohnungsbau (Hamburg)

Projektpartner Project partners Behörde für Stadtentwicklung und Umwelt State Ministry for Urban Development and Environment, Bezirk District of Hamburg-Harburg, Landesbetrieb Immobilienmanagement und Grundvermögen State Ministry of Finance – Real Estate Management, Hamburgische Wohnungsbaukreditanstalt

Größe Size ca. 130 Wohneinheiten verteilt auf 12 Häuser, insgesamt ca. 15 000 m² Bruttogeschossfläche, Wohnen ca. 11 500 m² Bruttogeschossfläche ca. 130 residential units distributed across 12 buildings, approx. 15 000 m² gross floor space, living area approx. 11 500 m² gross floor space

Investitionsvolumen Investment 35 Mio. Euro

Architekten Architects Wettbewerbsentwurf Design: BIG Bjarke Ingels Group (Kopenhagen); Objektplanung Detailed Planning: Windels Architekten (Hamburg)

Landschaftsarchitekten Landscape architects TOPOTEK1 (Berlin)

Energiestandard Energy standard EnEV 2009 minus 30%

Fertigstellung Completion Winter 2014 (1. Bauabschnitt mit 60 WE 1st building phase 60 units)

Kanalplatz | 21079 Hamburg

Harburger Binnenhafen: Studentisches Wohnen Schellerdamm

Das Gebiet des Harburger Binnenhafens wandelt sich immer mehr zum urbanen Quartier mit einer lebendigen Mischung aus Wohnen, Arbeiten und Freizeit. Nicht weit vom „Maritimen Wohnen am Kaufhauskanal" und dem neugestalteten Kanalplatz ist ein Wohnungsbauprojekt für Studenten geplant. An der Ecke Schellerdamm und Veritaskai, in direkter Nachbarschaft zum historischen Harburger Fleethaus, werden in Zukunft nicht nur 197 Studenten in 61 Wohneinheiten eine Heimat finden, sondern auch Läden und Restaurants das Straßenbild prägen. Die Studentenzimmer in den Obergeschossen sind zu Wohngemeinschaften mit eigener Wohnküche und zwei Sanitärbereichen, entlang eines kommunikativen Flurbereichs gruppiert. Es gibt außerdem Zweier-Wohngemeinschaften sowie Einzelapartments. Rollstuhlgerechte Zimmer sind in die Vierer-Wohngemeinschaften integriert. Die Grundrisse der Wohnungen sind innerhalb der Wohngemeinschaften flexibel und können durch kleinere Veränderungen den Bedürfnissen der Bewohner angepasst werden. So kann das Gebäude im Fall einer Nachnutzung mit wenig Aufwand in ein Mehrfamilienwohnhaus mit Vierzimmerwohnungen umgebaut werden.

www.iba-hamburg.de/studentisches-wohnen

Harburg Upriver Port: Schellerdamm Student Residence

The "Harburg Upriver Port" area is increasingly becoming an urban neighbourhood with a vibrant mixture of living, working, and leisure. A student housing project is planned for development not far from "Maritime Housing by the Kaufhauskanal" and the re-designed Kanalplatz. In the future the corner of Schellerdamm and Veritaskai, in direct proximity to the historic Harburg Fleethaus, will be home not only to 197 students in 61 residential units but will also feature shops and restaurants. The student rooms on the upper floors are grouped into residential communities with their own kitchen and two bathrooms, along a communicative passageway area. There are also double communities as well as single apartments. Rooms with wheelchair access are integrated within the groupings of four communities. The layouts are flexible within the communities and can be adapted, with minor changes, to the needs of the residents. In the event of a subsequent change of usage, therefore, the building can be converted into an apartment block of four-roomed units with little effort.

www.iba-hamburg.de/en/student-residence

Bauherr Client aurelius Verwaltungsgesellschaft mbH (Hamburg)

Projektentwickler Project developer aurelius Immobilien AG

Projektpartner Project partners Bezirk District of Hamburg-Harburg

Größe Size 11 850 m² Bruttogeschossfläche gross floor space; Wohnfläche living space: 5060 m² mit Einheiten von with units of 17–112 m²)

Investitionsvolumen Investment 22.6 Mio. Euro

Architekten Architects limbrock tubbesing Architekten und Stadtplaner (Hamburg)

Energiestandard Energy standard EnEv 2009 minus 30%

Fertigstellung Completion Juni June 2014

Schellerdamm | 21079 Hamburg

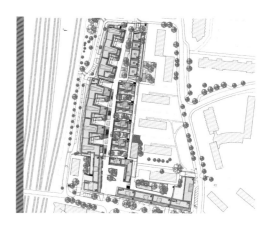

Harburger Binnenhafen: Wohnen am Hafencampus

Auf der Fläche des alten Harburger Güterbahnhofs ist neues Wohnen auf dem Hafencampus vorgesehen. Das Wohnprojekt soll nördlich eines geplanten Grünzugs entstehen. Das fünfgeschossige Gebäude mit insgesamt 63 Eigentumswohnungen bildet den Abschluss des nördlichen Baublocks der Harburger Brücken. Auch im Innenhof des Baublocks werden Grünflächen entstehen. Hier ist ein großer Spielplatz vorgesehen. Sämtliche Wohnungen verfügen über Balkone, Gartenterrassen oder Dachterrassen. Das Energiekonzept des Gebäudes richtet sich nach neuesten Standards. Das als Effizienzhaus 70 geplante Gebäude schließt eine kontrollierte Wohnraumluft mit Wärmerückgewinnung sowie den Einsatz von regenerativen Energien ein.

www.iba-hamburg.de/wohnen-hafencampus

Harburg Upriver Port: Housing on the Hafencampus

New housing is planned for the Hafencampus on land that was formerly the Harburg railway goods yard. The project is due to be built to the north of a planned area of green belt. The five-floor structure, with a total of 63 owner-occupied apartments, forms the boundary with the northern city blocks featuring the Harburg bridges. Greenery is also planned for the building's courtyard, where there is to be a large playground. All of the apartments have balconies, garden terraces, or roof terraces. The building's energy design is based on the latest standards. Planned as an Efficiency House 70, the building includes controlled living space ventilation with heat recovery and the use of renewable energy.

www.iba-hamburg.de/en/hafencampus

Bauherr Client Wohnen am Hafencampus GmbH & Co KG

Projektpartner Project partners Bezirk District of Hamburg-Harburg, Hamburgische Wohnungsbaukreditanstalt

Investitionsvolumen Investment 12 Mio. Euro

Größe Size 7100 m² Bruttogeschossfläche gross floor space – 63 Wohneinheiten residential units (46–119 m²) 1 Gewerbeeinheit commercial unit (280 m²), Wohnfläche living space 4500 m²

Architekten Architects Lorenz + Partner Projektentwicklung GmbH (Hamburg)

Energiestandard Energy standard EnEV 2009 minus 30%

Fertigstellung Completion Januar January 2014

Planstraße (spätere Umbenennung street to be named later) | 21079 Hamburg

Zukunftsbild Georgswerder

Mit dem „Zukunftsbild Georgswerder" werden Anforderungen an die Entwicklung des Stadtteils aus Sicht der Bewohnerinnen und Bewohner formuliert. Seit vielen Jahren engagieren sie sich für ihren Stadtteil – zum Teil im Arbeitskreis Georgswerder. Der Stadtteil Georgswerder ist sehr heterogen, steht vor vielen Herausforderungen, aber birgt auch Schätze in sich, wie die Dove Elbe, ein Altarm der Elbe, und ist dörflich geprägt. Die Deponie hat das Image des Stadtteils jahrzehntelang negativ geprägt. Mit der Neukodierung eröffnen sich neue Perspektiven für den Stadtteil. Georgswerder hat sich für einen behutsamen, aber selbstbewussten Weg entschieden: Mit einer starken Ortsmitte, einem attraktiven Deich als Lebensader, einem gut gestalteten Ortseingang im Norden, aber auch mit baulichen Erweiterungen an Deich und Fiskalischer Straße. Die Ziegeleiteiche, der Landschaftsraum und die Dove Elbe sollen nicht überformt werden. Der Prozess zeigt, wie auf Quartiers- und Stadtteilebene eine produktive Zusammenarbeit von Politik, Bezirksamt und Behörden, Planungsbüros und der ansässigen Bevölkerung zu einem breiten Konsens führen kann.

www.iba-hamburg.de/georgswerder

Georgswerder in the Future

The neighbourhood workshop "Georgswerder in the Future" formulated the district's development requirements from the residents' perspective. They have been involved in their neighbourhood for years now – some of them in the Arbeitskreis (Work Circle) Georgswerder. The Georgswerder district is very heterogeneous, faces many challenges, but has hidden treasures as well, such as the Dove Elbe, for instance, a cut-off meander of the Elbe, and it has a village character. The waste disposal site has had a negative impact on the area's image for decades and now it is hoped that the positive impression emerging from the conversion of the disposal site into a renewable energy-producing "Energy Hill" will upgrade the district as well. Georgswerder has decided on a cautious but self-confident path: With a strong centre, an attractive dyke as a lifeline, a well-designed entrance to the district in the north, but also with building extensions on the dyke and Fiskalischer Strasse. The brickworks pond, the landscape areas, and the Dove Elbe will not be overly modified. The process shows how productive cooperation between politics, district authorities and state ministries, planning offices, and the local population at district and neighbourhood level can lead to a broad consensus.

www.iba-hamburg.de/en/future-georgswerder

Projektpartner Project partners Arbeitskreis Georgswerder, Behörde für Stadtentwicklung und Umwelt State Ministry for Urban Development and Environment, Bezirk District of Hamburg-Mitte

Perspektivprojekt: Neues Korallusviertel

Das neue Korallusviertel wird eine weitgehende Neuordnung des heute sehr heterogenen Quartiers zwischen dem alten gründerzeitlichen Bahnhofsviertel mit seiner Blockstruktur, Nachkriegs-Zeilenbauten und Hochhausscheiben beiderseits der Korallusstraße bilden. Entwicklungsleitmotive sind die konsequente städtebauliche Vernetzung von Bestand und Neubauten sowie die Ausrichtung auf einen besonderen, funktional und baulich eindeutig definierten „Kristallisationsraum". Dieser führt die Hauptstraße des Quartiers, die Wittestraße, ehemalige Bahnhofstraße als „Corso" fort. Akzentuiert wird der „Corso" allseitig durch grüne Höfe, Terrassen, Plätze, Gärten und Spiel- bzw. Ruhezonen. Der Entwurf sieht je nach Lage und Zuordnung vier unterschiedliche Gebäudetypen vor: erstens die Wohn- und Geschäftshausbebauung um den „Thielenplatz" mit Seniorenwohnungen als Zweispänner oder Studenten-WGs, zweitens einen zur Bahntrasse als geschlossene Schallschutzwand ausgerichteten T-förmigen Bautyp mit unterschiedlich großen Wohnungen, zum Dritten Gebäudezeilen mit je ca. 300 m² BGF für jeweils drei Wohnungen unterschiedlicher Größe und Zuschnitts, individuell gestaltbar und variabel schaltbar und viertens zwei- und viergeschossige Stadthäuser im nördlichen Teilquartier. Sie ergänzen auch nördlich der „Koralluspromenade" die Lärmschutzbebauung. Das städtebaulich-architektonische Konzept sieht vor, dass mehr als 90 Prozent der Wohnungen barrierefrei über Rampen und Fahrstühle erreichbar sind.

Project in Perspective: New Korallus District

The new Korallus district is going to be largely a reorganisation of what is today a very heterogeneous neighbourhood between the old, nineteenth-century railway station area with its block structure and the ageing terraced housing and high-rise blocks on both sides of the Korallusstrasse. The development leitmotifs are the rigorous urban development networking of existing and new buildings, as well as the focus on a special, functional, clearly defined in design terms as the "crystallisation space". This continues the district's main thoroughfare, Wittestrasse, the former railway station road, as a "Corso". The "Corso" is given emphasis on all sides with green courtyards, terraces, squares, gardens, playgrounds, and quiet corners. The design provides for four different building types, depending on location and arrangement. Firstly, there are the residential and commercial buildings around the Thielenplatz with senior citizen apartments on a dual or communal basis; secondly, a T-shaped building with apartments of varying sizes, the block acting as a solid noise insulation wall in the direction of the railway tracks; thirdly, terraced buildings each containing three apartments, with approximately 300 m² gross floor

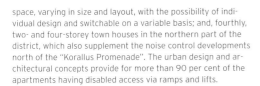

space, varying in size and layout, with the possibility of individual design and switchable on a variable basis; and, fourthly, two- and four-storey town houses in the northern part of the district, which also supplement the noise control developments north of the "Korallus Promenade". The urban design and architectural concepts provide for more than 90 per cent of the apartments having disabled access via ramps and lifts.

Projektpartner Project partners Necati Adigüzel, Ed. Züblin AG – Direktion Nord – Gruppe Projektmanagement

Größe Size ca. 43 150 m² Bruttogeschossfläche gross floor space, 29 000 m² Mietfläche rental space, 352 Wohneinheiten residential units, 900 m² Gewerbeflächen commercial space

Investitionsvolumen Investment ca. 75 Mio. Euro

Projektsteuerung Project management Ed. Züblin AG – Direktion Nord – Gruppe Projektmanagement

Architekten Architects RENNER HAINKE WIRTH ARCHITEKTEN GMBH (Hamburg)

Landschaftsarchitekten Landscape architects Arbos Freiraumplanung GmbH & Co.KG (Hamburg, Plan.et Dipl.-Ing. Rudolf Hennemann (Hamburg)

Energiestandard Energy standard KfW-Energieeffizienzhaus 70

Energieversorgung Energy supply Biomethanbetriebenes Blockheizkraftwerk und Erdgas Spitzenlastkessel Biogas combined heat and power station and natural gas peak load boiler

Fertigstellung Completion Voraussichtlich Estimated to be 2016

Korallusstraße | 21109 Hamburg

IBA Referenzprojekt:
Quartier Jenfelder Au

Wohnen und Arbeiten in einem kleinteiligen und grünen Stadtquartier wird in der ehemaligen Lettow-Vorbeck-Kaserne in Hamburg-Jenfeld Wirklichkeit. Eine neue, zentrale Grünachse mit einem „Kaskadenpark" und dem neu in Mäanderform angelegten Kühnbachteich bilden das Rückgrat und tragen zur Oberflächenentwässerung bei. Das neue Quartier soll sowohl für Familien als auch für verschiedene Generationen, Nationalitäten und Einkommensschichten attraktiv sein. Erstmals wird HAMBURG WASSER im großen Rahmen das Entwässerungskonzept „Hamburg-Water-Cycle" umsetzen. Regenwasser, Schwarzwasser (aus Toiletten) und Grauwasser (übriges Abwasser) werden getrennt gesammelt und genutzt. Das gesammelte Schwarzwasser wird zu Biogas vergoren und zur Speisung eines Blockheizkraftwerks genutzt, das das Quartier mit Wärme versorgt.

www.iba-hamburg.de/jenfelder-au

IBA Reference Project:
Jenfelder Au Quarter

Living and working in a small-scale, green, urban district is becoming reality in the former Lettow-Vorbeck Barracks in Hamburg-Jenfeld. A new, central, green axis with a Cascade Park and the new meander-shaped Kühnbach pond form the backbone and the heart of the area, also contributing to surface drainage at the same time. The new neighbourhood is designed to be attractive and affordable for people of all ages, cultures, and income levels. The local waste disposal firm HAMBURG WASSER is to implement its Hamburg Water Cycle© drainage concept on a large scale for the first time. Rainwater, blackwater (from toilets), and greywater (other kinds of wastewater) are to be collected separately and utilised. The blackwater collected in this way will be used to produce biogas to supply a combined heat and power station that will in turn supply the district with heating.

www.iba-hamburg.de/en/jenfelder-au

Projektträger Lead partner Freie und Hansestadt Hamburg, Bezirk Hamburg-Wandsbek Free and Hanseatic City of Hamburg District of Hamburg-Wandsbek

Projektpartner Project partner HAMBURG WASSER

Größe Size 35 ha: Rund 770 Wohneinheiten - davon 630 als Neubau approx. 770 housing units, of which 630 will be new builds

Städtebau und Landschaftsplanung Town and landscape planning West8 urban Design and landscape architecture b.v. (Rotterdam, Niederlande the Netherlands)

Jenfelder Allee/Kreuzburger Straße/Charlottenburger Straße/ Schöneberger Straße | 22045 Hamburg

IBA Referenzprojekt:
Schleusengärten Bergedorf

Direkt am Schleusengrabenkanal, im wichtigsten Stadtentwicklungsgebiet des Bezirks Bergedorf, soll die Idee der Schleusengärten verwirklicht werden. Sie entwickelt die Bergedorf prägenden Elemente des Wassers und des Gartens weiter und bezeichnet ein neues, lebendiges Stadtquartier, in dem gewohnt und gearbeitet werden soll und in dem Freizeit und Erholung einen großen Stellenwert einnehmen. Nur das Zusammenspiel dieser Nutzungen kann die heute überwiegend brachliegenden, altindustriellen Flächen wieder attraktiver gestalten. Innovative, moderne Architektur soll für eine repräsentative Adresse und für eine angenehme, kreative Arbeits- und Wohnatmosphäre sorgen. Größtes Potenzial für die Entwicklung stellt eine etwa zehn Hektar große Fläche im Südosten dar, die heute größtenteils unbebaut und für eine Bebauung hergerichtet ist. Hier sollen Büro- und Gewerbeflächen entstehen, die direkt am Schleusengraben noch durch eine Wohnbebauung ergänzt werden könnten.

www.iba-hamburg.de/schleusengaerten-bergedorf

IBA Reference Project:
Bergedorf Lock Gardens

The lock gardens idea is to be implemented directly alongside the Schleusengrabenkanal, in the most important urban development area within the District of Bergedorf. It develops further Bergedorf's characteristic elements of water and gardens and designates a new, vibrant city quarter designed for living and working and where great significance is attached to leisure and recreation. It is only the interaction between these usages that can make what is currently a disused area of industrial wasteland attractive once again. Innovative, modern architecture is intended to ensure a sought-after address and a pleasant, creative environment. The greatest development potential is to be found in an area of some 10 hectares to the south-east, which is largely non-built-up and ready for construction. Office and commercial premises are to be developed here that could then be supplemented by housing construction right next to the Schleusengrabenkanal.

www.iba-hamburg.de/en/lock-gardens

Curslacker Neuer Deich | 21039 Hamburg

STADT IM KLIMAWANDEL
Steckbriefe der Projekte

CITIES AND CLIMATE CHANGE
Project Profiles

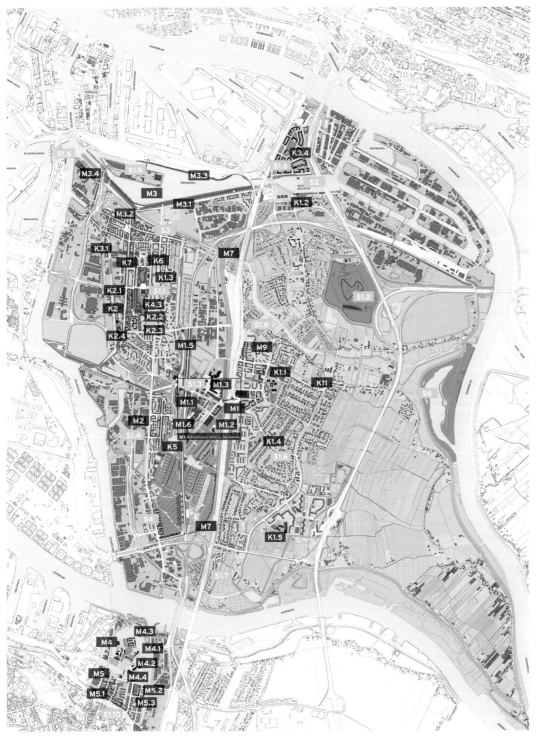

S1.6

M3.4   S1.9   M3.3   K3.4
M3   S1.6
M3.1   S2
M3.2   S3   K1.2
K3.1   M7
K7   K6
K1.3
K2.1   S1.1
K2   K4.3   S1.2
K2.2
K2.3
K2.4   S1.6
M1.5   M9
M1.3   K1.1
S1.3   M1.1   K11   S6
M1
M2   M1.6   M1.2
S1.4   K5   K1.4
S1.6
S4   M7
K1.5
S1.7
M4.3
M4   M4.1
M4.2
M5   M4.4
M5.2
M5.1   M5.3
S1.10

Weitere IBA-Projekte (ohne Visualisierung)

S1.1 Energiebunker

S1.2 Energieberg Georgswerder

S1.6 Prima Klima-Anlage

S1.7 VELUX Model Home 2020

S2 IBA DOCK

S3 Open House

S6.1 Deichpark Elbinsel/Pilotprojekt Kreetsand

Energiebunker Wilhelmsburg

Der ehemalige Flakbunker in Wilhelmsburg ist zum Biomasse-Blockheizkraftwerk umgebaut und wird mit einem Wasserspeicher sowie einer Solarthermieanlage ausgestattet. Das Kraftwerk erzeugt Warmwasser und Heizwärme für die Wohnungen des Weltquartiers. Der Flakbunker an der Neuhöfer Straße wurde 1943 als Symbol für die angebliche Wehrhaftigkeit der Heimatfront errichtet. Zehntausende Menschen suchten dort Schutz vor den alliierten Luftangriffen. Gleichzeitig war der Bunker mit seinen Flaktürmen Teil der deutschen Kriegsmaschinerie. Im Jahr 1947 wurde das Gebäude von der britischen Armee durch eine gezielte Sprengung im Inneren völlig zerstört. Sechs der acht Etagen stürzten ein, der Rest war nicht mehr ohne Gefahr zu betreten. Nur die äußere Hülle mit bis zu drei Meter dicken Wänden und bis zu vier Meter dicken Decken blieb nahezu unzerstört. Eine weitere Nutzung des Gebäudes war für mehr als 60 Jahre bis auf einige Nebenflächen ausgeschlossen. Jetzt wurde das einsturzgefährdete Gebäude im Rahmen der IBA Hamburg saniert und als Mahnmal gesichert. Die Geschichte des Bunkers wird in einer Ausstellung dokumentiert. Mit dem Café „vju" in 30 Meter Höhe bietet das Gebäude einen einzigartigen Blick über Hamburg, den Hamburger Hafen bis zu den Harburger Bergen.

www.iba-hamburg.de/energiebunker

Wilhelmsburg Energy Bunker

The former air raid bunker in Wilhelmsburg is being transformed into a biomass combined heat and power station and is to be equipped with a water reservoir and a solar energy unit. The power station supplies hot water and heating energy for the apartments in the "Global Neighbourhood". The air raid bunker on Neuhöfer Strasse was built in 1943 as a symbol of the supposed strength of the home front. Tens of thousands of people sought shelter there from the Allied air raids while the bunker with its anti-aircraft guns was part of the German war machine. The interior of the building was completely destroyed in a targeted explosion by the British Army in 1947. Six of the eight floors collapsed, while the rest could not be entered without risk. Only the outer shell with its 3 metre thick walls and the ceilings, up to 4 metres thick, remained largely undamaged. With the exception of a few adjacent areas, there was no thought of a subsequent use for the structure for more than 60 years. In danger of collapse, the building has now been renovated as part of the International Building Exhibition IBA Hamburg 2013, and its role as a memorial assured. The history of the bunker is documented in an exhibition. With a café situated at a height of 30 metres, the building provides a unique view of Hamburg and Hamburg harbour as far as the Harburg hills.

www.iba-hamburg.de/en/energy-bunker

Bauherren Clients IBA Hamburg GmbH (Gebäude building), vertreten durch represented by ReGe Hamburg, HAMBURG ENERGIE (Energieversorgung Energy supply)

Projektpartner Project partners Behörde für Stadtentwicklung und Umwelt State Ministry for Urban Development and Environment, Finanzbehörde State Ministry of Finance Bezirk District of Hamburg-Mitte, Geschichtswerkstatt Wilhelmsburg & Hafen

Investitionsvolumen Investment 26.7 Mio. Euro (Sanierung, Ausbau, Energietechnik und Wärmenetz redevelopment, upgrading, energy technology, and heat grid) Gefördert durch den Europäischen Fonds für Regionale Entwicklung 2007-2013 (EFRE) und aus dem Hamburger Klimaschutzkonzept Funded by European Regional Development Fund 2007-2013 (ERDF) and the Hamburg Climate Protection Concept

Größe Size Grundfläche Surface area: 57 x 57 m; Höhe height: 42 m; Café: 400 m² plus 100 m² Terrasse terrace; Energiezentrale energy centre: 5625 m²; Sonnenkollektorfassade solar panel façade: ca. 2400 m² Dachfläche roof surface; Photovoltaik photovoltaic: ca. 1750 m² (Südfassade south façade)

Energieerzeugung Energy generation 22 500 MW (Wärme heat) / 3000 MW (Strom electricity)

Architekten Architects Hegger Hegger Schleiff HHS Planer + Architekten AG (Kassel)

Landschaftsarchitekten Landscape architects EGL Entwicklung und Gestaltung von Landschaft GmbH (Hamburg),

Ausstellung Exhibition hg merz, Stuttgart

Fertigstellung Completion Gebäude building: Frühjahr early 2013, Wärmenetz heat grid: 2015

Monitoring Das Projekt ist Teil des erweiterten Monitorings im Forschungsprojekt „EnEff:Stadt – IBA Hamburg" in Kooperation mit der TU Braunschweig, dem EFZN und der HCU Hamburg. This project is monitored as part of the "EnEff:Stadt – IBA Hamburg" research project in cooperation with Braunschweig University of Technology, Energie-Forschungszentrum Niedersachsen – (Lower Saxony Energy Research Centre), and HafenCity University (HCU) Hamburg.

Neuhöfer Straße 7 | 21107 Hamburg

Energieberg Georgswerder

Der ehemalige Deponiehügel Georgswerder ist im Rahmen der IBA Hamburg zu einem regenerativen Energieberg geworden. Allein mit Windkraft und Sonnenenergie versorgt er rund 4000 Haushalte mit Strom und dient außerdem als Aussichtspunkt. Der rund 40 Meter hoch aufragende, weithin sichtbare und begrünte Hügel in Georgswerder hat eine bewegte Geschichte. Nach dem Krieg wurden auf den flachen Wiesen nordöstlich Wilhelmsburgs Trümmer und Haushaltsmüll aufgetürmt; später kamen giftige Industrieabfälle wie Lacke und Farben hinzu. 1979 wurde der Deponiebetrieb offiziell eingestellt, doch 1983 stellte sich heraus, dass am Fuß des künstlichen Hügels hochgiftiges Dioxin aus- und ins Grundwasser eintrat. Der Deponiehügel und der Untergrund wurden daraufhin aufwändig gesichert – in engem Kontakt auch mit dem Arbeitskreis Georgswerder, den Anwohnerinnen und Anwohnern im direkten Umfeld. Anschließend wurde die Deponielandschaft mit einer Kunststoffdichtungsbahn und Oberboden überdeckt und mit ersten Windkraftanlagen bebaut. Bis heute wird das Grundwasser mit umfangreichen technischen Maßnahmen geschützt.

www.iba-hamburg.de/energieberg

Georgswerder Energy Hill

The former Georgswerder waste disposal site has been transformed into a renewable "Energy Hill" as part of the International Building Exhibition IBA Hamburg. Using wind power and solar energy alone, it supplies around 4000 households with electricity, as well as serving as a viewing point.
Towering around 40 metres in height and visible from afar, the greened-over hill in Georgswerder has had a turbulent history. After the war, rubble and household rubbish were piled on top of the flat meadows in north-eastern Wilhelmsburg; toxic industrial waste like lacquer and paint were added later. Operation of the refuse site officially came to an end in 1979 but in 1983 it was established that highly toxic dioxin was escaping from the foot of the artificial hill and seeping into the groundwater. The hill of rubbish and the subsoil were consequently sealed in an elaborate process – in close cooperation with the Georgswerder Work Circle, comprising residents from the immediate surroundings. The waste disposal landscape was subsequently covered with a synthetic protective layer and soil prior to the first wind turbines being built. The groundwater is still protected using sophisticated techniques.

www.iba-hamburg.de/en/energy-hill

Bauherren Clients Behörde für Stadtentwicklung und Umwelt State Ministry for Urban Development and Environment, HAMBURG ENERGIE

Projektpartner Project partners Arbeitskreis Georgswerder, Bezirk District of Hamburg-Mitte

Investitionsvolumen Investment 17 Mio. Euro. Gefördert durch den Europäischen Fonds für Regionale Entwicklung 2007–2013 (EFRE) Funded by the European Regional Development Fund 2007-2013 (ERDF)

Größe Size 45 ha – davon 22 ha öffentlich zugänglich 22 ha of which are accessible to the public

Energieerzeugung Energy generation 5600 kWp (= Strom für 4000 Haushalte mit electricity for 4000 households with 12.400.000 kwh/a)

Architekten Architects Informationsgebäude Information centre: Konermann Siegmund Architekten (Hamburg); Ausstellung Exhibition: mgp ErlebnisRaumDesign (Hamburg)

Landschaftsarchitekten Landscape architects Häfner/Jiménez, Büro für Landschaftsarchitektur (Berlin)

Fertigstellung Completion 2012 (Informationsgebäude & Ausstellung Information centre and exhibition); März March 2013 (Rundweg circular path)

Monitoring Das Projekt ist Teil des erweiterten Monitorings im Forschungsprojekt „EnEff:Stadt - IBA Hamburg" in Kooperation mit der TU Braunschweig, dem EFZN und der HCU Hamburg. This project is monitored as part of the "EnEff:Stadt - IBA Hamburg" research project in cooperation with Braunschweig University of Technology, Energie-Forschungszentrum Niedersachsen – EFZN (Lower Saxony Energy Research Centre), and HafenCity University (HCU) Hamburg.

Fiskalische Straße 2 | 21109 Hamburg

Energieverbund Wilhelmsburg Mitte

Im „Energieverbund Wilhelmsburg Mitte" werden Energieerzeugungsanlagen in verschiedenen Gebäuden zu einem großen „virtuellen" Kraftwerk zusammengeschaltet. Das Wärmenetz ist offen für alle Anlieger zur Einspeisung von erneuerbarer Wärme. Der „Energieverbund Wilhelmsburg Mitte" leistet einen wesentlichen Beitrag zur effizienten Energieversorgung und damit zum Klimaschutz auf der Elbinsel. Mit der intelligenten Vernetzung von sehr unterschiedlichen Neubauten und optional auch Bestandsbauten lassen sich positive Effekte für alle erzielen. Durch den Verbund verschiedener Nutzer mit unterschiedlichen Spitzenlastzeiten und Energiebedarfen verbessert sich sowohl die Versorgungssicherheit als auch die CO_2-Bilanz, da zum Beispiel der Anteil der Solarthermie und der Wärme aus Kraft-Wärme-Kopplung deutlich höher liegen kann als bei einer Einzelversorgung der jeweiligen Gebäude. Außerdem muss insgesamt weniger Anlagenleistung installiert werden, da nicht jede einzelne Anlage nach der Spitzennachfrage „ihrer" (im selben Gebäude untergebrachten) Nutzer bemessen werden muss. So werden bereits bei der Installation als auch später im Betrieb Kosten gespart. Den größten Anteil der Wärmeversorgung und die Absicherung der Grundversorgung übernimmt ein mit Biomethan betriebenes Blockheizkraftwerk von HAMBURG ENERGIE. Für weitere erneuerbare Energieeinspeisungen sorgen zum Beispiel solarthermische Anlagen auf geeigneten Dachflächen. Die einzelnen „Mikrokraftwerke" in den Gebäuden werden zu einem großen „virtuellen" Kraftwerk zusammengeschaltet, das flexibel auf die unterschiedlichen Energiebedürfnisse der Teilnehmer reagieren kann.

www.iba-hamburg.de/energieverbund

Wilhelmsburg Central Integrated Energy Network

In this important project power generation units in different buildings have been interconnected to form a large "virtual" power station. The "Energy Network" is open to all local residents to feed in renewable thermal energy. The "Wilhelmsburg Central Integrated Energy Network" makes a major contribution to efficient energy supplies and thus to climate protection on the Elbe islands. The intelligent networking of very varied new buildings, with this as an option for existing structures as well, has had a positive impact for all. By joining various users who have different peak consumption periods and energy requirements, it is possible to improve both the security of supply and the carbon footprint. For instance, the proportion of energy generated from combined heat and power may be considerably higher than the specific supply for any one building. Furthermore, the plant requires less overall capacity, as each individual installation does not have to be rated according to the peak demand from "its" users (within the same building), thus saving money both at the installation and operational stages. A biomethane-powered combined heat and

power plant, operated by HAMBURG ENERGIE, provides the bulk of the heat supply and ensures a basic level of service. Solar energy units on suitable roof surfaces, for example, are also a source of additional renewable energy feeds. The individual "mini power plants" in the buildings are joined to form a large "virtual" power station with the flexibility to react to the different energy requirements of the participants.

www.iba-hamburg.de/en/energy-network

Projektträger Lead partner HAMBURG ENERGIE GmbH

Projektpartner Project partners Behörde für Stadtentwicklung und Umwelt State Ministry for Urban Development and Environment, Bezirk District of Hamburg Mitte, weitere Immobilieninvestoren further property investors

Investitionsvolumen Investment 3.8 Mio. Euro

Gefördert aus dem Hamburger Klimaschutzkonzept Funded by the Hamburg Climate Protection Concept

Fertigstellung Completion 2013 (danach optional erweiterbar with the option of extension)

Monitoring Das Projekt ist Teil des erweiterten Monitorings im Forschungsprojekt „EnEff:Stadt – IBA Hamburg" in Kooperation mit der TU Braunschweig, dem EFZN und der HCU Hamburg. This project is monitored as part of the "EnEff:Stadt – IBA Hamburg" research project in cooperation with Braunschweig University of Technology, Energie-Forschungszentrum Niedersachsen – EFZN (Lower Saxony Energy Research Centre), and HafenCity University (HCU) Hamburg.

Prima Klima-Anlage

Besonders mit der Sanierung von älteren Gebäuden kann ein großes Energiesparpotenzial erzielt werden. Deshalb führte die IBA Hamburg die Kampagne „Prima Klima-Anlage" als Teil des Klimaschutzkonzepts „Erneuerbares Wilhelmsburg" und mit dem Ziel einer schrittweisen Umstellung auf eine komplett regenerative Energieversorgung der Elbinseln durch. Die Sanierungskampagne umfasst die Planung der Sanierung, das Ausstellen von Energiepässen, die Realisierung der Baumaßnahmen inklusive Qualitätssicherung und ein dreijähriges Monitoring von exzellenten energetischen Sanierungsmaßnahmen. Das Projekt richtet sich vor allem an private Gebäudeeigentümer. Durch finanzielle Unterstützung und fachkundige Beratung wurden Hausbesitzer angeregt, ihre Gebäude energetisch zu sanieren. Die Kampagne startete im Januar 2009. In einem ersten Schritt erhielten mehr als 60 Bewerber den besonderen Hamburger Energiepass „IBA-Exzellenz". Im zweiten Schritt konnten Hauseigentümer eine finanzielle Förderung ihrer Sanierungsmaßnahmen in Höhe von bis zu 10.000 Euro pro Wohneinheit erhalten. Sechs ambitionierte Sanierungen sind bereits fertiggestellt worden.

www.iba-hamburg.de/prima-klima-anlage

Top Climate Plan

There is a great deal of energy-saving potential in the renovation of older buildings. The International Building Exhibition IBA Hamburg therefore ran the "Top Climate Plan" campaign as part of the "Renewable Wilhelmsburg" Climate Protection Concept and with the aim of a gradual transition to completely renewable energy supplies on the Elbe islands. The renovation campaign encompassed the planning, the issuing of energy certificates, the implementation of the building tasks, including quality assurance and subsequent three-year monitoring of energy renovation work. The project is primarily aimed at private homeowners. With financial support and expert consultation, homeowners were encouraged to undertake energy redevelopment on their buildings. The campaign started in January 2009. During the first stage more than 60 applicants received the special Hamburg "IBA Excellence" energy certificate. In the second stage homeowners received financial support for their renovation work amounting to up to 10,000 euros per housing unit. Six highly ambitious renovation projects have already been completed.

www.iba-hamburg.de/cities-and-climate-change

Die sieben Kriterien The seven criteria:

1. Optimale Dämmwerte für Außenwände Optimal insulation values for the external walls

2. Optimale Dämmwerte für Dach oder oberste Geschossdecke Optimal insulation values for the roof and the upper ceiling

3. Optimale Dämmwerte für Kellerdecke Optimal insulation values for the basement ceiling

4. Austausch der Fenster Replacement of the windows

5. Kontrollierte Wohnungslüftung mit Wärmerückgewinnung Controlled home ventilation with heat recovery

6. Energieoptimierte Wärme- und Warmwasserversorgung mit erneuerbaren Energien. Energy-optimised heat and hot water supply using renewable forms of energy

7. Errichtung einer Photovoltaik-Anlage Installation of a solar power unit

Projektpartner Project partners Behörde für Stadtentwicklung und Umwelt State Ministry of Urban Development and Environment, **Bezirk** District of Hamburg-Mitte, HASPA Hamburger Sparkasse, Hamburgische Wohnungsbaukreditanstalt, IMMOSOLAR Energy Management, The Interreg IV B, Projekt „Build with CaRe"

Prima-Klima-Anlage: Auf der Höhe

Das Wohngebäude „Auf der Höhe" ist ein Beispielobjekt des EU Interreg IV B Projekts „Build with CaRe" zur Reduzierung des Energiebedarfs im Gebäudebestand sowie ein Projekt im Rahmen des dena-Modellvorhabens „Niedrigenergiehaus im Bestand". Folgende Maßnahmen wurden unter Berücksichtigung des „IBA-Exzellenz-Sanierungsstandards" umgesetzt: Dämmung der Außenwand unter Nachbildung der Zierelemente sowie Dämmung des Steil- und Flachdaches und der Holzbalkendecke im Keller. Zudem wurden die Fenster unter Beibehaltung der Sprossen ausgetauscht und eine Lüftungsanlage mit Wärmerückgewinnung und ein Holzpelletkessel mit solarthermischer Unterstützung eingebaut.

www.iba-hamburg.de/auf-der-hoehe

Top Climate Plan: Auf der Höhe 25

The house "Auf der Höhe" is a demonstration property within the EU Interreg IV B project "Build with CaRe" for reducing energy requirements in existing buildings as well as being part of the dena (Deutsche Energie-Agentur) model project "Niedrigenergiehaus im Bestand" (Existing Buildings as Low Energy Properties). The following measures were undertaken in accordance with the "IBA Excellence Redevelopment Standards": insulation of the external walls and the subsequent reproduction of the decorative elements as well as the insulation of the roof and ceilings, and the wooden beamed ceiling in the basement. The windows were also replaced while retaining the same style of frame. A ventilation unit with heat recovery and a wood pellet boiler, backed up by solar energy, have also been installed.

www.iba-hamburg.de/en/auf-der-hoehe

Bauherren Clients Magdalene Baus und Heinz Wernicke

Projektpartner Project partners Deutsche Energie-Agentur GmbH (dena)

Baujahr Year of construction 1896

Größe Size 195 m²

Umbauplanung & Energieberatung Conversion plan and energy consulting Hans Jörg Peter (Hamburg)

Energieeinsparung Energy saving 95% Primärenergie primary energy, 91% Endenergie of final energy

Fertigstellung Completion 2011

Auf der Höhe 25 | 21109 Hamburg

Prima Klima-Anlage:
Ponton-Anlage Gangway

Zu den ersten im Sommer 2009 im Rahmen der Kampagne untersuchten Objekten gehörten zwei von insgesamt drei Gebäuden auf Schwimmpontons. Der Jugendhilfeträger Gangway e.V. unterhält die Bauten im Rahmen seiner Jugendarbeit als Schulungsstätte und zum Aufenthalt der betreuten Jugendlichen. Die Gebäudehülle der Pontonaufbauten wurde umfassend saniert: die Sparren der Außenwände wurden aufgedoppelt, mit Mineralwolle verfüllt und mit einer neuen Vorhangfassade versehen, die Decken wurden mit Mineralwolle gedämmt und der Fußboden oberhalb des Pontons mit Zellulose ausgeblasen. Es wurden Fenster mit Dreifachverglasung eingesetzt und eine Lüftungsanlage mit Wärmerückgewinnung installiert. Die Wärmeversorgung übernehmen zukünftig ein Öl-Brennwertkessel und eine Solarthermieanlage.

www.iba-hamburg.de/ponton-gangway

Top Climate Plan:
Pontoon Park Gangway

The first of the properties reviewed as part of the "Top Climate Plan" campaign in summer 2009 were two of a total of three structures on floating pontoons. The youth welfare group Gangway e.V. manages these as a training centre and accommodation facility within its youth programme. The exterior shell of the pontoon buildings underwent extensive renovation: the rafters of the outer wall were doubled up, filled with mineral wool, and given a new curtain wall, while the ceilings were insulated with mineral wool and the floor surfaces above the pontoons air-cleaned with cellulose. Triple-glazed windows were fitted and a ventilation unit with heat recovery installed. The heating requirements are met by an oil-fired condensing boiler and a solar thermal system.

www.iba-hamburg.de/pontoon-park-gangway

Bauherr Client Gangway e.V. Jugendhilfezentrum

Projektpartner Project partners Behörde für Arbeit, Soziales, Familie und Integration State Ministry of Labour, Social and Family Affairs, Bauwelt Delmes Heitmann, Tanktechnik Dringelburg GmbH (TTD), ELCO GmbH, Eternit AG, DER HAFEN HILFT!, Hamburger Volksbank, HTH Hanse GmbH, Helios Ventilatoren GmbH und Co. KG, isofloc Wärmedämmtechnik GmbH, SAINT-GOBAIN ISOVER G+H AG, Institut für Wärme und Oeltechnik e.V. (IWO), Heizölgemeinschaft Hamburg e.V., Arnold Ritscher GmbH, Rückert Heizungstechnik und Sanitär, Schüco International AG, [touch] Tischlerei + Blindenhilfsmittel, Max Weishaupt GmbH

Baujahr Year of construction 1950

Größe Size 212 m² Nutzfläche floor space

Planung & Bauleitung Planning and construction management STATTBAU GMBH

Energieeinsparung Energy saving bis zu 82 Prozent von 596 auf 105 kW/h/m²/a up to 82 per cent, from 596 to 105 kWh/m²/a (EnEV 2009 minus 3%)

Fertigstellung Completion 2013

Ellerholzweg 1 | 21107 Hamburg

Prima Klima-Anlage:
Neuenfelder Straße 107

Die Doppelhaushälfte aus den 1930er Jahren ist typisch für das Siedlungsgebiet in Kirchdorf. Das Haus war bis dato kaum saniert worden. Allein das Dach war gedämmt. Folgende Maßnahmen wurden unter Berücksichtigung des „IBA-Exzellenz-Sanierungsstandards" durchgeführt: Außenwanddämmung mit Wärmedämmverbundsystem nach Passsivhauskriterien, Aufsparrendämmung für Steildach nach Passsivhauskriterien, Dämmung der Gebäudesohle mit hochdämmenden Vakuum-Isolations-Paneelen als innovative Maßnahme, Austausch der Fenster gegen passivhausgeeignete dreifachverglaste Fenster, Einbau einer kontrollierten Lüftungsanlage mit Wärmerückgewinnung, Einbau eines Gas-Brennwertkessels mit solarthermischer Warmwasserbereitung und Heizungsunterstützung.

www.iba-hamburg.de/neuenfelder-strasse

Top Climate Plan:
Neuenfelder Strasse 107

The 1930s semi-detached house is a typical example of the architecture to be found in the Kirchdorf area. The building had undergone very little previous renovation and only the roof was insulated. The following measures were undertaken in accordance with the "IBA Excellence Renovation Standards": Outer wall insulation using a composite thermal insulation system in line with Passive House criteria, rafter insulation of the pitched roof in line with Passive House criteria, floors clad with highly effective vacuum insulation panels as an innovative measure, windows replaced with triple glazing suitable for a Passive House, installation of a controlled ventilation unit with heat recovery, installation of a gas-fired condensing boiler with solar energy water heating and heating system support.

www.iba-hamburg.de/en/neuenfelder-strasse

Bauherren Clients Daniela und Torsten Kettler

Baujahr Year of construction 1938

Größe Size Gebäudenutzfläche floor space 161 m² bei zwei Wohneinheiten over two houses

Umbauplanung und Energieberatung Conversion planning and energy consulting Hans-Jörg Peter (Hamburg)

Energieeinsparung Energy saving 84 % auf in 48 kW/h/m²/a Primärenergie primary energy

Fertigstellung Completion 2013

Neuenfelder Straße 107 | 21109 Hamburg

Prima-Klima-Anlage: Wilhelmsburger Straße 76-82

Die beiden Wohnungsbauten aus dem Jahre 1926 auf der Veddel sind typische Fritz-Schumacher-Rotklinkerbauten. Deren Sanierungen sind als Beitrag zur Diskussion um das „Rote Hamburg" und die Vereinbarkeit von Denkmalschutz und Klimaschutz bei Backsteinfassaden zu verstehen. Die charakteristische Straßenfassade aus Klinker steht unter Denkmalschutz. Sie konnte also nicht gedämmt werden, dafür wurden im Gegenzug alle anderen Bauteile in einen sehr guten Standard versetzt. Das Haus erreichte nach Abschluss der Sanierungsarbeiten annähernd Neubaustandard. Im Hofbereich wurde die verputzte Fassade mit 18 cm Außendämmung und mit Passivhausfenstern mit Dreifachverglasung versehen. Das Dach erhielt eine 30 Zentimeter starke Dämmung und die Kellerdecke kleidet jetzt an den Stellen, bei denen es unter Berücksichtigung der Stehhöhe möglich war, ein sehr guter, 12 cm dicker Dämmstoff aus. Wegen der Denkmalschutzauflagen erhielten die Fenster der Straßenfassade nur eine Doppelverglasung. Eine Solarthermieanlage zur Warmwasserbereitung und Heizungsunterstützung ergänzt die erneuerte Heizungsanlage. Die Wohngebäude der Wilhelmsburger Straße sind Beispielobjekte des EU-Projekts „COOL Bricks".

www.iba-hamburg.de/wilhelmsburger-strasse

Top Climate Plan: Wilhelmsburger Strasse 76-82

The two residential blocks on Veddel, dating from 1926, are red brick buildings typical of the Fritz Schumacher era. Their redevelopment is to be seen as a contribution to the "Red Hamburg" debate and the compatibility of historic monument protection (characteristic brickwork street façades are listed) and climate protection. This means that the street-facing façades could not be insulated but, as a countermeasure, all the other building elements were brought up to a very high insulation standard instead. Following the renovation work the block has almost acquired New Building standard. The plaster façades around the courtyard were given 18 centimetres of exterior insulation and triple glazing with Passive House windows, while 30 centimetres of heavy insulation was added to the roof. The basement ceiling now has a good 12 centimetres of thick insulating material wherever this was possible without compromising headroom. The windows in the street façades were only double glazed, due to historic monument protection restrictions. A solar thermal unit for water heating and system support complements the new heating unit. The Wilhelmsburger Strasse residential buildings are demonstration properties within the EU "COOL Bricks" project.

www.iba-hamburg.de/en/wilhelmsburger-strasse

Bauherren Clients Wilhelmsburger Straße 76-78: Bauträgergesellschaft Frühlingstraße 57 mbH; Wilhelmsburger Straße 80-82: Stefan und Matthias Kruse

Projektpartner Project partners Denkmalschutzamt Listed Building Preservation Office, Interreg IV B Projekt „COOL Bricks"

Baujahr Year of construction 1926

Größe Size Wilhelmsburger Straße 76-78: 1120 m² vor before, 1270 m² nach Sanierung after renovation; Wilhelmsburger Straße 80-82: 779 m² vor before, 974 m² nach Sanierung after renovation

Energieeinsparung Energy saving bis zu 76% auf 60 bzw. 71 kWh/m²a up to 76 per cent at 60 and 71 kWh/m² per year respectively

Fertigstellung Completion 2011

Wilhelmsburger Straße 76-78 und 80-82 | 20539 Hamburg

VELUX Model Home 2020 - LichtAktiv Haus

In Kirchdorf ist eine aus der frühen Nachkriegszeit stammende Doppelhaushälfte exemplarisch energetisch saniert, umgebaut und erweitert worden. Die ersten kreativen Ideen dazu lieferten Studierende der TU Darmstadt in einem Wettbewerb. Eine Fachjury prämierte vier der 20 eingereichten Entwürfe. Auf der Basis der studentischen Arbeiten wurde die Konzeption weiterentwickelt. Die Umsetzung begann im März 2010. Seit Dezember 2011 wird das LichtAktiv Haus von einer Familie für die Dauer von zwei Jahren testweise bewohnt. Großzügige Fensteröffnungen und ein zentraler Erschließungs- und Bibliotheksraum sorgen für viel Tageslicht. Zusätzlich wird nach den Richtlinien der Deutschen Gesellschaft für Nachhaltiges Bauen in CO_2-neutraler Bauweise saniert - die Energiebedarfe für Heizwärme, Warmwasser und Strom werden mit erneuerbaren Energien gedeckt. Ein Erweiterungsbau mit Carport, Haustechnikraum, Wohn- und Esszimmer sowie überdachtem Freibereich teilt den Freiraum in einen Aufenthalts- und einen Nutzgarten. Seit 2012 ergänzt ein Elektroauto das Konzept.

www.iba-hamburg.de/velux-model-home

VELUX Model Home 2020 - LightActive House

In Kirchdorf, a tenement building dating from the post-war period has undergone energy-related redevelopment, conversion, and expansion. The initial creative ideas came from students of the Darmstadt University of Technology in a competition. A specialist jury selected four of the 20 designs submitted and the concept was developed further on the basis of the students' contributions. Building work began in March 2010 and as of December 2011 has been occupied by a test family for a period of two years. Large windows as well as a central access and library area allow for a great deal of natural light. The property was renovated on a CO_2-neutral basis according to the guidelines of the German Sustainable Building Council (DGNB), with the energy requirements for heating, hot water, and electricity met from renewable energy sources. An extension with carport, utility room, living room, and dining area, as well as a covered open-air section dividing the outdoor space into leisure and kitchen gardens. An electric car has been an enhancement to the concept since 2012.

www.iba-hamburg.de/en/velux-model-home

Bauherr Client VELUX Deutschland GmbH (Hamburg)

Investitionsvolumen Investment 460 000 Euro (ohne Erweiterung minus the extension ca. 140 000 Euro)

Baujahr Year of construction 1954

Größe Size 96 m² Wohnfläche living area vor der Sanierung before renovation, 132 m² nach der Sanierung after renovation

Architekten Architects Technische Universität Darmstadt, Fachbereich Architektur, Fachgebiet Entwerfen und Energieeffizientes Bauen, Prof. Manfred Hegger. Konzept concept: Katharina Fey; Lichtplaner light planner: Prof. Peter Andres (Hamburg) Ausführender Architekt architect in charge: Ostermann Architekten (Hamburg)

Energiestandard Energy standard Nullenergiehaus Zero Energy House

Fertigstellung Completion 2010

Monitoring Das Projekt ist Teil des erweiterten Monitorings im Forschungsprojekt „EnEff:Stadt – IBA Hamburg" in Kooperation mit der TU Braunschweig, dem EFZN und der HCU Hamburg. This project is monitored as part of the "EnEff:Stadt – IBA Hamburg" research project in cooperation with Braunschweig University of Technology, Energie-Forschungszentrum Niedersachsen – EFZN (Lower Saxony Energy Research Centre), and HafenCity University (HCU) Hamburg.

Katenweg 41 | 21109 Hamburg

IBA DOCK

Mit dem IBA-DOCK ist im Müggenburger Zollhafen Deutschlands größtes schwimmendes Büro- und Ausstellungsgebäude entstanden. Es ist seit Februar 2010 neue Heimat der IBA Hamburg GmbH. Das Gebäude ist selbst Exponat innovativer Bau- und Energiespar-Technologien: Es ruht auf einem 43 Meter langen und 25 Meter breiten Betonponton, die Aufbauten sind in Modulbauweise aus Stahl gefertigt. Das IBA DOCK nutzt die Sonne und das Wasser der Elbe zur Energiegewinnung. Die von der Sole/Wasser-Elektro-Wärmepumpe benötigte Umweltwärme wird durch einen im Boden des Betonpontons integrierten Wärmetauscher der Elbe entnommen und/oder von Solarthermiekollektoren geliefert. Der Strombedarf der Wärmepumpe wird durch eine Photovoltaikanlage auf dem Dach bilanziell gedeckt. Der Ponton ist an Dalben befestigt, an denen er sich mit der Tide täglich 3,5 Meter auf und ab bewegt. Bei Sturmflut schwimmt das Gebäude mit dem Wasser auf – ein zukunftsweisendes Konzept für das Bauen in Hochwasserlagen.

www.iba-hamburg.de/iba-dock

IBA DOCK

The "IBA DOCK" in the Müggenburg Customs Port is Germany's largest floating office and exhibition building. It has been the new home of the (International Building Exhibition) IBA Hamburg GmbH since February 2010. The structure itself is a demonstration of innovative construction and energy-saving technologies. It stands on a concrete pontoon 43 metres in length and 25 metres wide; and the buildings are composed of steel modules. The "IBA DOCK" uses the sun and the water from the Elbe to produce energy. The environmentally friendly energy required by the brine/water electric heat pump comes from an integrated heat exchanger in the floor of the concrete pontoon and/or from solar energy collectors. The power requirements of the heat pump are covered cost-effectively by a photovoltaic unit on the roof. The pontoon is attached to thick mooring posts that allow it to move 3.5 metres daily up and down with the tides. In the event of a storm tide the building floats on top of the water – a future-oriented concept for building in flood risk locations.

www.iba-hamburg.de/en/iba-dock

Bauherr Client IBA Hamburg GmbH

Sponsoren Sponsors IMMOSOLAR GmbH, Eternit AG, Lindenblatt + Gottzmann oHG, Lindner AG, ERCO

Investitionsvolumen Investment 8 Mio. Euro

Größe Size 1925 m² Bruttogeschossfläche gross floor space; Pontongrundfläche pontoon area: 1075 m² ; Nutzfläche usable space: 1885 m²

Architekten Architects Prof. Han Slawik Architekt, Hannover/Amsterdam

Energiestandard Energy standard EnEV 2007 minus 50%

Fertigstellung Completion Mai May 2010, Eröffnung der Werkschau opening of the work show „IBA at WORK"

Monitoring Das Projekt ist Teil des erweiterten Monitorings im Forschungsprojekt „EnEff:Stadt – IBA Hamburg" in Kooperation mit der TU Braunschweig, dem EFZN und der HCU Hamburg. This project is monitored as part of the "EnEff:Stadt – IBA Hamburg" research project, in cooperation with Braunschweig University of Technology, Energie-Forschungszentrum Niedersachsen – EFZN (Lower Saxony Energy Research Centre), and HafenCity University (HCU) Hamburg

Am Zollhafen 12 | 20539 Hamburg

Hamburger Energiepartnerschaften

Die Hamburger Energiepartnerschaften wurden als Teilprojekt des „Zukunftkonzepts Erneuerbares Wilhelmsburg" ins Leben gerufen: In Partnerschaft mit teilnehmenden Bürgerinnen und Bürgern tragen die Partnerschaften durch Aufklärung und konkretes Handeln zur Verringerung des Energieverbrauchs in den Haushalten bei. Die Daten, die im Projektverlauf erhoben werden, helfen, den Beitrag zu ermitteln, den Hamburger Haushalte zum Klimaziel der Stadt leisten können.
Etwa 40 Haushalte aus dem Verein Kirchdorfer Eigenheimer e.V. haben mit Studierenden der Umwelttechnik von der HAW Hamburg sogenannte Energiepartnerschaften geschlossen und werden von ihnen bis März 2013 begleitet. Neben Strom stehen auch Wärme und Trinkwasser im Fokus.

www.iba-hamburg.de/hamburger-energiepartnerschaften

Hamburg Energy Partnerships

The "Hamburg Energy Partnerships" were set up as a sub-project of the "Renewable Wilhelmsburg" Climate Protection Concept. Working with participating citizens, the partnerships contribute to reducing energy consumption in households through information distribution and concrete action. The data collected during the project will assist in assessing the contribution that can be made by private Hamburg households to the city's climate objectives.

About 40 households from the Verein Kirchdorfer Eigenheimer e.V. (Kirchdorf Homeowners' Association) have agreed to form "Energy Partnerships" with students of environmental technology from the Hamburg University of Applied Sciences (HAW); these will run until March 2013. The focus is on electricity, heating, and drinking water.

www.iba-hamburg.de/en/energy-partnerships

Projektpartner Project partners HAW Hamburg, Kirchdorfer Eigenheimer e.V., Vattenfall Europe Metering GmbH

Bauherr Client Hamburg Port Authority (HPA)

Größe Size 1845 m² Bruttogeschossfläche gross floor space

Investitionsvolumen Investment ca. 3 Mio. Euro

Architekten Architects Planungsgruppe|Gestering|Knipping|de Vries (Bremen)

Fertigstellung Completion Mai May 2013

Brandenburger Straße 19 | 20457 Hamburg

Open House

Im Reiherstiegviertel entstanden im Rahmen des ersten IBA-Bauprojekts innovative Wohnangebote und Wohnformen für eine gemischte Bewohnerschaft, die verschiedenen Wohnbedürfnissen Rechnung tragen und die bestehende Bewohnerschaft im Viertel ergänzen, darunter genossenschaftliches Wohnen, das in Hamburg eine lange Tradition besitzt. Neben den vielen großen Genossenschaften gibt es auf den Elbinseln zahlreiche lokale Gruppen, die gemeinsam ihre Nachbarschaft planen wollen. Das Open House ist den aktuellen Standards des klimaschonenden Bauens (Energiekonzept PH Plus) verpflichtet. Es ist das erste Projekt auf den Elbinseln, das durch eine Baugemeinschaft erstellt wurde. Zwei Drittel sind geförderte Mietwohnungen. Die ersten Bewohner sind hier im Dezember 2011 eingezogen.

www.iba-hamburg.de/open-house

Open House

In the Reiherstieg district, the first of the International Building Exhibition IBA Hamburg 2013's building projects saw the development of innovative residential opportunities and housing designs for a mixed resident population, taking into account the different housing needs and supplementing the existing housing options in the area, including communal living, which has a long tradition in Hamburg. In addition to the many large cooperatives, there are also numerous local groups on the Elbe islands who want to plan their neighbourhood together. The "Open House" meets current standards of climate-friendly construction (the energy concept is Passive House Plus). It is the first project on the Elbe islands implemented by a housing association. Two thirds of the rental apartments are subsidised. The first occupants took up residence in December 2011.

www.iba-hamburg.de/en/open-house

Bauherren Clients Wohnungsbaugenossenschaft Schanze eG, Baugemeinschaft Schipperort GbR, Steg Hamburg mbH

Projektpartner Project partners STATTBAU Hamburg, Bürger-Solarkraftwerke Rosengarten eG, Agentur für Baugemeinschaften, Behörde für Stadtentwicklung und Umwelt, State Ministry for Urban Development and Environment, Bezirk, District of Hamburg-Mitte, Hamburgische Wohnungsbaukreditanstalt

Größe Size 5600 m² Bruttogeschossfläche gross floor space für 31 geförderte Mietwohnungen (62 107 m²) sowie 8 Stadthäuser, 5 Lofts, 1 Maisonette im Eigentum (63–118 m²) for 31 subsidised rental apartments (62, 107 m²) as well as 8 town houses, 5 lofts, and 1 owner-occupied maisonette (63–118 m²)

Investitionsvolumen Investment 9.8 Mio. Euro Gefördert aus dem Hamburger Klimaschutzkonzept Funded by the Hamburg Climate Protection Concept

Architekten Architects Entwurf Design: Onix (Groningen, Niederlande the Netherlands) (1. Preis 1st prize), Kunst + Herbert Architekten (Hamburg); Realisierung implementation: Onix in AG mit with Kunst + Herbert

Energiestandard Energy standard Passivhaus Plus, zwei Mikro-BHKWs mit je 12,5 kW (Heizleistung) und 5,5 kW (elektrische Leistung), dazu zwei Gasbrennwertkessel (mind. 80 kW) für Spitzenlasten Passive House Plus: 2 micro combined heat and power units generating 12.5 kW (heat) and 5.5 kW (electricity) each, and 2 condensing gas boilers (at least 80 kW) for peak load times

PV-Anlage Photovoltaic unit max. 72 kW

Fertigstellung Completion 2011

Monitoring Das Projekt ist Teil des erweiterten Monitorings im Forschungsprojekt „EnEff:Stadt – IBA Hamburg" in Kooperation mit der TU Braunschweig, dem EFZN und der HCU Hamburg This project is monitored as part of the "EnEff:Stadt – IBA Hamburg" research project in cooperation with Braunschweig University of Technology, the Energie-Forschungszentrum Niedersachsen – EFZN (Lower Saxony Energy Research Centre), and HafenCity University (HCU) Hamburg

Dorothea-Gartmann-Straße | 21107 Hamburg

Bürogebäude der Hafenbahn auf der Spreehafeninsel

Auf der rein gewerblich genutzten Spreehafeninsel befindet sich das Betriebsgelände der Hafenbahn mit Werkstätten, Lagerflächen und dem Verwaltungsgebäude. Der Großteil der Bestandsgebäude an der Brandenburger Straße wurde abgerissen und die Fläche neu bebaut. Die Klinkerfassade des alten Bürogebäudes blieb jedoch erhalten und wurde in einen Neubau im Passivhausstandard integriert. Das Gebäude in seiner Stahlbeton-Skelettkonstruktion besitzt ein Wärmedämmverbundsystem mit heller Putzoberfläche. Im Erdgeschoss des Gebäudes befinden sich neben dem Eingangsbereich auch die Technikräume. Das 1. Obergeschoss beherbergt Büro- und Sozialräume, im 2. Obergeschoss befinden sich Besprechungsräume.

www.iba-hamburg.de/spreehafeninsel

Port Railway Office Building on Spreehafen Island

The port railway premises, with workshops, storage areas, and the administration building, are located on Spreehafen island, used exclusively for commercial purposes. Most of the existing structures on Brandenburger Strasse were demolished and the site rebuilt. The old office building's brick façade was retained, however, and integrated into the new Passive House standard building, which has a reinforced concrete structure and a composite heat insulation system with a plastered surface. The technical facilities rooms are located on the ground floor adjacent to the entrance area. The first floor houses the offices and social facilities, with meeting rooms situated on the second floor.

www.iba-hamburg.de/en/spreehafeninsel

Bauherr Client Hamburg Port Authority (HPA)

Größe Size 1845 m² Bruttogeschossfläche gross floor space

Investitionsvolumen Investment ca. 3 Mio. Euro

Architekten Architects Planungsgruppe|Gestering|Knipping|de Vries (Bremen)

Fertigstellung Completion Mai May 2013

Brandenburger Straße 19 | 20457 Hamburg

Deichpark Elbinseln: Pilotprojekt Kreetsand

Deiche und Hochwasserschutzwände mit einer Höhe von bis zu 8,35 Metern schützen die Elbinseln vor der Flut. Sie sind Teil ihrer Kulturlandschaft. Das Projekt Deichpark Elbinsel vereint den Sicherheitsanspruch mit neuen Möglichkeiten, die Insellandschaft zu erleben.

Das IBA-Projekt Kreetsand, ein Pilotprojekt im Rahmen des Tideelbe-Konzeptes der Hamburg Port Authority (HPA), soll auf der Ostseite der Elbinsel Wilhelmsburg zusätzlichen Flutraum für die Elbe schaffen. Das Tidevolumen wird dadurch vergrößert und der Tidehub reduziert. Gleichzeitig ergeben sich neue Möglichkeiten für eine integrative Planung und Umsetzung unterschiedlicher Interessen und Belange aus Hochwasserschutz, Hafennutzung, Wasserwirtschaft, Naturschutz und Naherholung. Das Projekt Kreetsand stellt vor diesem Hintergrund auch einen Teil des IBA-Projekts Deichpark-Elbinsel dar. Bei dem Projekt werden diese Aspekte für die gesamte Elbinsel analysiert und vorteilhafte Maßnahmen sowie Strategien für die Kombination der verschiedenen Anforderungen entwickelt.

www.iba-hamburg.de/deichpark

Elbe Islands Dyke Park: Kreetsand Pilot Project

Dykes and flood protection barriers of up to 8.35 metres in height protect the Elbe islands from flooding and are part of their cultural landscape. The "Elbe Islands Dyke Park" project combines safety requirements with new opportunities for experiencing the island landscape.

The International Building Exhibition IBA Kreetsand project, a pilot forming part of the Tidal Elbe Concept of the Hamburg Port Authority (HPA), is intended to create additional flood space on the eastern side of the island of Wilhelmsburg. This will increase tide volumes, reducing the tidal range. At the same time, new opportunities arise for the integrative planning and implementation of different interests and concerns relating to flood protection, harbour usage, water management, nature protection, and recreation. It is against this background that the Kreetsand pilot also forms part of the International Building Exhibition IBA "Elbe Islands Dyke Park" project. This analyses these aspects for the whole of Wilhelmsburg island, and develops effective measures as well as strategies for combining different demands.

www.iba-hamburg.de/en/dyke-park

Bauherr Client Hamburg Port Authority

Projektbeirat Project consultants: Landesbetrieb Straßen, Brücken und Gewässer (LSBG) Agency for Roads, Bridges, and Water, Behörde für Stadtentwicklung und Umwelt State Ministry for Urban Development and Environment, Technische Universität Hamburg Harburg, Hamburg Port Authority, Deichverband Wilhelmsburg; Das Projekt ist ein Beitrag zu this project forms part of KLIMZUG-NORD

Größe Size Flachwasserbereich mit rund 30 ha für 1 Mio. m² Wasservolumen Shallow water area approx. 30 ha; water volume 1 million m²

Fertigstellung Completion Ende end of 2015; Deichbude Dyke Shack: 2012

Gefördert Funded aus dem Hamburger Klimaschutzkonzept by the Hamburg Climate Protection Concept

Kreetsander Hauptdeich | 21109 Hamburg, Deichbude Dyke Shack: Kreetsander Hauptdeich/Einlagedeich

Fahrradstadt Wilhelmsburg

Auf den Elbinseln sind für den Radverkehr enorme Entwick-lungschancen gegeben: Radfahrerfreundliche Entfernungen auf den Inseln, eine flache Topografie und ein niedriger Pkw-Bestand bieten gute Voraussetzungen für einen Fahrrad-Mo-dellstadtteil. Zudem besteht ein lebendiges Fahrrad-Netzwerk von Aktiven und Initiativen mit unterschiedlichen Betätigungs-feldern, aber einem gemeinsamen Ziel: ein lebendiges Ge-meinwesen mit dem Rad. Während der IBA wurden zum Thema viele Projekte angeschoben – so mündete die „Wilhelmsburger Radwoche 2010" mit ihren unterschiedlichsten Facetten von Aktionen und Events bis hin zu Vorträgen und Diskussionen in einem Radverkehrsgutachten des Bezirks und der Verkündung des ersten Modellstadtteil für Radverkehr in Hamburg; oder das IBA LABOR RAD 2010 von der IBA Hamburg und den Fahr-radtagen vor Ort vom Arbeitskreis Fahrradstadt Wilhelmsburg.

www.iba-hamburg.de/fahradstadt-wilhelmsburg
www.fahrradstadt-wilhelmsburg.de

Wilhelmsburg: Cycling City

The Elbe islands have enormous development potential for cy-cling traffic: cyclist-friendly distances on the islands, a flat to-pography, and lower car numbers provide ideal conditions for a model cycling environment. There is also an active cycling network with initiatives in different areas but with a common goal: a vibrant community of cyclists. Many projects relating to this theme were given a push-start during the International Building Exhibition IBA Hamburg – the "Wilhelmsburg Cycling Week 2010" with its wide variety of programmes and events through to talks and discussions, with a cycling assessment by the district authority and the announcement of Hamburg's first model cycling district; or the IBA CYCLING LABORATORY 2010 , and the local cycling days organised by the Arbeitskreis Fahrradstadt (Cycling City Work Circle) Wilhelmsburg.

www.fahrradstadt-wilhelmsburg.de

Projektpartner Project partners Fahrradstadt Wilhelmsburg e.V. sowie and Elbinsel-Radspass von derigs hamburg 2013 (in Kooperation mit dem in cooperation with the RadsportVer-band Hamburg e.V.), Hamburg Port Authority und der Behörde für Wirtschaft, Verkehr, und Innovation (BMVI) and the State Ministry of Economy, Transport, and Innovation, **Bezirk** District of Hamburg-Mitte

Innovationscampus – Center for Green Technologies

Das Areal im Harburger Binnenhafen etabliert sich immer mehr zum Standort für Wissenschaft und Forschung. Der Innovationscampus schafft neuen Raum für Forschung, Lehre und Weiterbildung. Das Demonstrations- und Versuchsgebäude für grüne Technologien soll die bereits bestehenden Gebäude der TuTech Innovation GmbH und des denkmalgeschützten Hilke-Ensembles verbinden. In einem möglichen zweiten Bauabschnitt soll der Campus durch eine Experimentierhalle und Labore erweitert werden. Der Bau wird von der TuTech Innovation GmbH zusammen mit der Technischen Universität Hamburg-Harburg auf einer Fläche der Freien und Hansestadt Hamburg realisiert. Der erste Bauabschnitt soll im Spätsom-mer 2015 fertiggestellt sein.

www.iba-hamburg.de/innovationscampus

Innovationcampus – Centre for Green Technologies

The "Harburg Upriver Port" area is becoming increasingly established as a science and research location. The "In-novationcampus" creates new space for research, teaching, and training facilities. The demonstration and experiment-focussed "Centre for Green Technologies" is intended to link the existing TuTech Innovation GmbH buildings and the Hilke ensemble, which is under historic monument protection. A possible second building phase would see the further expan-sion of the campus to include larger experimental facilities and laboratories. The construction work is being carried by TuTech Innovation GmbH together with the Technical Universi-ty of Hamburg-Harburg (TUHH) on land belonging to the City of Hamburg. The first building phase is due to be completed in the late summer of 2015.

www.iba-hamburg.de/en/innovationcampus

Projektpartner Project partners Behörde für Wissenschaft und Forschung State Ministry for Science and Research, Behörde für Wirtschaft, Verkehr und Innovation State Ministry for Economy, Transport, and Innovation, **Bezirk** District of Hamburg-Harburg, Behörde für Stadtentwicklung und Umwelt State Ministry for Urban Development and Environment

Investitionsvolumen Investment 13 Mio. Euro

Größe Size insgesamt ca. 6000 m² Bruttogeschossfläche gross floor space in total, **Hauptgebäude** main building 4600 m² Bruttogeschossfläche gross floor space

Architekten Architects Windels Architekten (Hamburg)

Energiestandard Energy standard Nullenergiehaus Zero Energy House

Fertigstellung Completion Spätsommer Late summer 2015 (1. Bauabschnitt 1st building phase) – Baubeginn: Herbst 2013 construction begins: autumn 2013

Harburger Schloßstraße 6-12 | 21097 Hamburg

IBA Perspektivprojekt:
Tiefengeothermie Wilhelmsburg

Im Sandstein tief unter den Elbinseln erwarten Geologen eine Temperatur von 130 Grad Celsius. Mit Bohrungen in eine Tiefe von 3000 bis 3500 Metern soll dieses Energiepotenzial nutzbar gemacht werden. Die Vision: Ein geothermisches Kraftwerk könnte bald mehrere tausend Wohnungen und andere Gebäude in Wilhelmsburg klimafreundlich mit Wärme versorgen – im besten Fall sogar auch mit Strom. Aus dem Forschungsvorhaben der IBA Hamburg und der von ihr mitgegründeten Gesellschaft GTW Geothermie Wilhelmsburg GmbH werden auch wertvolle Informationen für die Nutzung der Tiefengeothermie in ganz Hamburg erwartet.

www.iba-hamburg.de/tiefengeothermie

IBA Project in Perspective:
Wilhelmsburg Geothermal Energy

Geologists anticipate temperatures of 130°C in the sandstone deep below the Elbe islands and drilling to a depth of 3000–3500 metres is intended to exploit this energy potential. The vision is of a geothermal power station that could soon be supplying several thousand apartments and other buildings in Wilhelmsburg with climate-friendly heating – ideally with electricity as well. The joint research project by the International Building Exhibition IBA Hamburg and GTW Geothermie Wilhelmsburg GmbH, of which the IBA Hamburg is a co-founder, is expected to provide valuable information for the use of geothermal energy throughout Hamburg.

www.iba-hamburg.de/en/geothermal-energy

Projektträger Lead partner GTW Geothermie Wilhelmsburg GmbH

Projektpartner Project partners Fa. Mankiewicz, Flensburger HAMBURG ENERGIE, Behörde für Stadtentwicklung und Umwelt State Ministry for Urban Development and Environment, Geologisches Landesamt Geological State Office

Bohrtiefe Depth of drilling 3000–3500 m, Temperatur Temperature: 130° C

Erwartete Leistung Expected capacity 10.5 MW

Projektbeginn Project start Sommer summer 2014 (Bohrungsbeginn drilling begins)

Georg-Wilhelm-Straße 189 | 21107 Hamburg (1. Tiefenbohrung 1st drilling)

IBA Perspektivprojekt:
Entwicklung und Umsetzung modellhafter Konzepte zur systematischen Integration von Elektromobilität in Wohnquartiere

Verkehr und Mobilität sind für etwa ein Viertel der CO_2-Emissionen in Deutschland verantwortlich. Um das Ziel einer klimafreundlichen Energieversorgung zu erreichen, muss also auch dieser Bereich beachtet werden. Einer der vielen sinnvollen Schritte ist die Einführung von Elektromobilität. Daher nutzen auch diverse IBA-Projekte Fahrzeuge, die mit Strom betrieben werden. Die Bandbreite reicht dabei vom individuell genutzten Kleinwagen über Carsharing-Angebote mit Fahrzeug-Pools bis hin zum elektrisch betriebenen Fuhrpark mit eigener Ladeinfrastruktur am Verwaltungsstandort. Zumeist wird der benötigte Strom am eigenen Gebäude durch Photovoltaik selbst erzeugt. Unterstützt werden die Projekte durch die Programme „e-Quartier Hamburg" und „Hamburg – Wirtschaft am Strom". Das VELUX Model Home ist Teil des Netzwerkes „Effizienzhaus Plus mit Elektromobilität" des BMVBS.

Project in Perspective:
Development and Implementation of Model Concepts for the Systematic Integration of Electromobility in Residential Areas

Traffic and mobility are responsible for about one quarter of the CO_2 emissions in Germany. This issue therefore needs attention if the goal of climate-friendly energy supplies is to be reached. One of the many meaningful steps is the introduction of electromobility. To this end, many of the International Building Exhibition IBA Hamburg 2013 projects employ electrically powered vehicles in different ways. The spectrum extends from small cars for individual use to car-sharing opportunities with car pools through to an electrically powered fleet with its own charging infrastructure at the administrative location. Most of the electricity required is generated by photovoltaic units on the same buildings. These projects are supported by the e-Quartier Hamburg and the Hamburg – Wirtschaft am Strom programmes. The "VELUX Model Home" is part of the BMVBS's Efficiency House Plus with Electromobility network.

Projektpartner Project partners hySOLUTIONS GmbH, Lorenz + Partner GmbH, Daimler Business Innovation, Channel Hamburg e.V., TuTech Innovation GmbH, VELUX Deutschland GmbH, Peugeot , Behrendt, Wohnungsbau GmbH & Co. KG, Sparda Immobilien GmbH, Hamburg Port Authority, HafenCity Universität (HCU) Hamburg, Behörde für Wirtschaft, Verkehr und Innovation State Ministry of Economy, Transport, and Innovation, Bundesministerium für Verkehr, Bau und Stadtentwicklung (BMVBS) German Federal Ministry of Transport, Building, and Urban Development (BMVBS)

KOSMOPOLIS
Steckbriefe der Projekte

COSMOPOLIS
Project Profiles

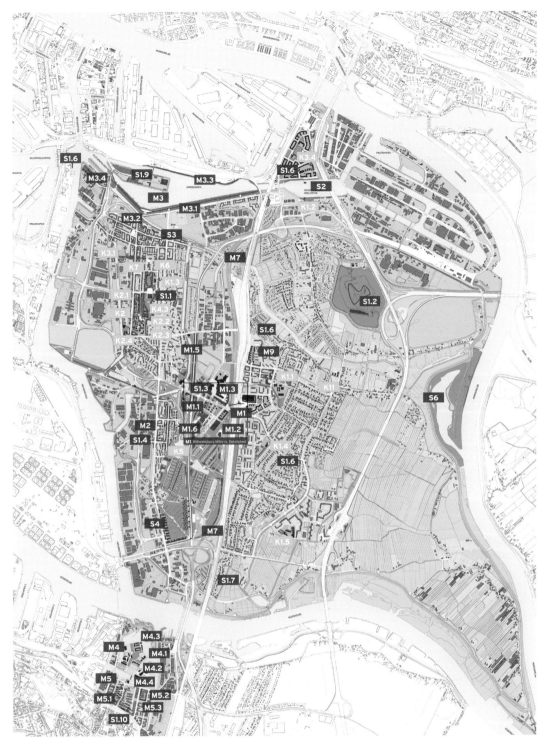

S1.6 M3.4 S1.9 M3.3
M3 K3.4
M3.2 S1.6
S3 S2
K3.1 K1.2
K7 K6
K2.1 K1.3
K2 K4.3
K2.4 K2.3 S1.2
M1.5 M9
S1.6
S1.3 M1.3 K1.1 K11
M1.1 M1 S6
M2 M1.6 M1.2
S1.4 K1.4
K5 M1 Wilhelmsburg Mitte (s. Detailplan)
S1.6
M7 K1.5
S4
S1.7
M7
M4.3
M4 M4.1
M4.2
M5 M4.4
M5.2
M5.1 M5.3
S1.10

Weitere IBA-Projekte (ohne Visualisierung)

K1.1 Bildungszentrum Tor zur Welt

K1.2 Haus der Projekte

K1.3 Sprach- und Bewegungszentrum

K1.4 MEDIA DOCK Elbinseln

K2.1 Wohnungsbau Weltquartier

K7.2 Weimarer Platz

K2.4 Welt-Gewerbehof

K3.1 Kunst- und Kreativzentrum Veringhöfe

K4.3 Rotenhäuser Feld

K5 Neue Hamburger Terrassen

K6 Universität der Nachbarschaften

K7 Veringeck

Bildungsoffensive Elbinseln

Den Elbinseln zukunftsorientierte Bildungschancen für alle hier lebenden Menschen zu schaffen und zu verbessern, ist ein wichtiges Ziel der IBA Hamburg. Das bedeutet einen Umbau zu einer „Lernlandschaft", für die die Bildungsoffensive Elbinseln gegründet wurde. Schon vorher gab es eine lange Tradition der Beteiligung der Bildungseinrichtungen, insbesondere mit der Zukunftskonferenz 2001/2002 und dem daraufhin gegründeten „Forum Bildung Wilhelmsburg". In der Reihe vieler folgender Beispiele sind die Profile des „Sprach- und Bewegungszentrums im Reiherstiegviertel" oder des „Bildungszentrums Tor zur Welt" hervorzuheben. Es entstehen darüber hinaus weitere Bildungshäuser mit unterschiedlichen inhaltlichen Profilen. Die dazugehörigen neuen Lernorte werden auf den folgenden Seiten vorgestellt.

www.iba-hamburg.de/bildungsoffensive

Elbe Islands Education Drive

Creating and improving future-oriented education opportunities for all of the people living on the Elbe islands is an important goal of the International Building Exhibition IBA Hamburg 2013. This means a transformation into a "learning landscape", to which end the "Elbe Islands Education Drive" was initiated. There had already been a long tradition of participation by the educational institutions, particularly at the "Future Conference" 2001/2002 and the "Wilhelmsburg Education Forum" established thereafter. Of the many examples that follow, the "Centre of Language and Exercise" in the Reiherstieg district and the "Gateway to the World Education Centre" deserve special mention. Further education facilities with differing profiles are also being developed. The new learning centres involved are presented here.

www.iba-hamburg.de/education-drive

Bildungszentrum Tor zur Welt

In der Mitte Wilhelmsburgs bildet das Bildungszentrum „Tor zur Welt" eine lernende Stadt in der Stadt. Sie besteht aus den Modulen: Grundschule; Regionales Bildungs- und Beratungszentrum (Sprachheilschule/REBUS); Gymnasium; Multifunktionszentrum für den Stadtteil; Umweltzentrum für die Klassenstufen 1-6, Vorschule und Kita; Science Center und School- & Business Center im Gymnasium; Mediale Geowerkstatt; Energiezentrale; Sport- und Freizeitflächen. Der Gebäudekomplex ermöglicht eine aktive Vernetzung der Bildungseinrichtungen über die „Straße des Lernens" und den „Ankerplatz", über den die Krieterstraße verkehrsberuhigt geführt wird.

www.iba-hamburg.de/tor-zur-welt

Gateway to the World Education Centre

The "Gateway to the World Education Centre" in Wilhelmsburg Central constitutes a city of learning within the city. Modular in design, it comprises: primary school; regional educational and counselling centre (remedial language school /REBUS); high school; multi-functional neighbourhood hub; environmental centre for school grades 1-6; pre-school and nursery school; Science Centre and School & Business Centre in the high school; "virtual geo-workshop";energy centre; sport and leisure facilities.
The building complex enables the active networking of educational facilities via the "Road of Learning" and the Agora, a new central square traversed by the traffic-free Krieterstrasse.

www.iba-hamburg.de/en/gateway-to-the-world

Bauherr Client SBH / Schulbau Hamburg SBH/Hamburg School Construction, Behörde für Schule und Berufsbildung State Ministry of Educational and Vocational Training, Behörde für Stadtentwicklung und Umwelt State Ministry of Urban Development and Environment, Behörde für Arbeit Soziales, Familie und Integration State Ministry of Social Affairs, Family, and Integration, Kulturbehörde State Ministry of Culture, Bezirksamt Hamburg-Mitte, GMH Hamburg-Mitte District Authority, GMH

Kooperationspartner Project partners and sponsors Helmut-Schmidt-Gymnasium, Elbinselschule, Regionales Bildungs- und Beratungszentrum (Sprachheilschule Wilhelmsburg/REBUS), Kita Koppelstieg, Elternschule Wilhelmsburg/Inselmütter, Weiterbildung Hamburg, Integrationsträger integration sponsor verikom, Volkshochschule, Theater am Strom, Haus der Jugend Kirchdorf, Planetarium Hamburg, Landesinstitut Hamburg

Baukosten Building costs 60 Mio. Euro

Größe Size 32 835 m² Bruttogeschossfläche (Neubau) gross floor space (new builds)

Architekten Architects bof-Architekten mit with Breimann & Bruun Landschaftsarchitekten (Hamburg)

Energiestandard Energy standard Passivhaus, DGNB-zertifiziert Passive House, DGNB-certified

Fertigstellung Completion Frühjahr 2013 (Neubau) Early 2013 (new builds)

Monitoring Das Projekt ist Teil des erweiterten Monitorings im Forschungsprojekt „EnEff:Stadt – IBA Hamburg" in Kooperation mit der TU Braunschweig, dem EFZN und der HCU Hamburg. This project is monitored as part of the "EnEff:Stadt – IBA Hamburg" research project in cooperation with Braunschweig University of Technology, Energie-Forschungszentrum Niedersachsen – EFZN (Lower Saxony Energy Research Centre), and HafenCity University (HCU) Hamburg

Krieterstraße 2 | 21109 Hamburg

Sprach- und Bewegungszentrum

Das Sprach- und Bewegungszentrum bietet mit Zweifeldsport-
halle, Seminar- und Bewegungsräumen sowie einem großen
Foyer mit Café zum Park umfangreiche räumliche Möglichkeiten. Das Raumprogramm wurde unter Beteiligung der zukünftigen Nutzer für den hochbaulichen Realisierungswettbewerb
erarbeitet. Der daraus siegreich hervorgegangene Architektur-
entwurf war die Grundlage für den Bau des Gebäudes. Wer sich
viel bewegt, lernt besser – diese Erkenntnis soll zukünftig im
Sprach- und Bewegungszentrum beim Erlernen von Sprachen
vermittelt werden. Bewohner aller Altersgruppen können dort
die deutsche und andere Sprachen „in Bewegung" lernen.

www.iba-hamburg.de/sprach-und-bewegungszentrum

Centre of Language and Exercise

The "Centre of Language and Exercise" with its double sports
hall, seminar, and exercise rooms, as well as a spacious
foyer with a café facing the park, provides a comprehensive
range of space options. The spatial layout was drawn up as a
competition with the participation of the future users of this
construction project. The winning architectural design formed
the basis for the building's construction. People who get a
lot of exercise learn better – this is the future message of the
"Centre of Language and Exercise" when it comes to language
acquisition. Here, residents of all age groups are able to learn
German and other languages "in motion".

www.iba-hamburg.de/en/centre-of-language-and-exercise

Bauherr Client Finanzbehörde – Schulbau Hamburg State
Ministry of Finance – SBH/Hamburg School Construction,
Behörde für Schule und Berufsbildung, GMH State Ministry of
Educational and Vocational Training, GMH

Kooperationspartner Project partners Schule Rotenhäuser
Damm, Haus der Jugend Wilhelmsburg, Willi-Kraft-Schule,
Turn-Club Wilhelmsburg, Stadtteilschule Wilhelmsburg, DRK
Kita Bernhard-Dey-Haus, Kita Sanitasstraße, Hamburger
Volkshochschule Region Mitte/Eimsbüttel, Landesinstitut
für Lehrerbildung und Schulentwicklung, treffpunkt.elbinsel
(alsterdorfassistenz-west gGmbH), SBB Kompetenz gGmbH, BI
ausländische Arbeitnehmer e.V.

Größe Size 1975 m² Bruttogeschossfläche gross floor space

Investitionsvolumen Investment 4.5 Mio. Euro

Architekten Architects eins:eins Architekten (Hamburg)

Energiestandard Energy standard EnEV 2009 minus 30%

Fertigstellung Completion Herbst autumn 2012

Rotenhäuser Damm 40 | 21107 Hamburg

MEDIA DOCK

Das MEDIA DOCK ist ein außergewöhnlicher Lernort für jene
Bewohner des Stadtteils, die sich vorzugsweise für Theater,
Tanz, Musik und andere Medien begeistern. Sie finden hier
eine Anlaufstelle und können die Musikübungsräume, ein Film-
und ein Tonstudio sowie Seminarräume nutzen. Dazu gibt es
vielfältige Angebote der Medienbildung und Medienproduktion.
Konstruktiv besteht das MEDIA DOCK überwiegend aus regenerativen Baumaterialien. Mit Ausnahme des Souterrains und
seiner Geschossdecke hat man es mit einer Massivholzkonst-
ruktion zu tun: Nachhaltiges Bauen wird sicht- und anfassbar.
Die Fassade besteht aus einer hinterlüfteten, vertikalen
Bretterschalung aus Lärchenholz.

www.iba-hamburg.de/media-dock

MEDIA DOCK

The "MEDIA DOCK" is an unusual learning centre open to all
neighbourhood residents with a particular interest in theatre,
dance, music, and other media. This is where they find a place
to meet and are able to use the music rehearsal rooms, a film
and a sound studio, as well as seminar facilities. Also available
is a diverse range of media education and media production
opportunities. In terms of its construction the "MEDIA DOCK"
largely comprises renewable building materials. Apart from the
basement and its ceiling, the structural framework is of a solid
wood construction, making sustainable building both visible
and tangible. The façade is made of back-ventilated, horizontal
larch wood boards.

www.iba-hamburg.de/en/media-dock

Bauherr Client Finanzbehörde – Schulbau Hamburg, GMH
State Ministry of Finance – SBH/Hamburg School Construction,
GMH

Kooperationspartner Project partners academie crearTat
e.V., Grundschule Kirchdorf, Haus der Jugend Kirchdorf, Kita
Elb-Kinder, Nelson-Mandela-Schule, TIDE GmbH

Größe Size 700 m² Bruttogeschossfläche gross floor space

Investitionsvolumen Investment 1.7 Mio. Euro

Architekten Architects bhl-Architekten (Hamburg)

Energiestandard Energy standard EnEV 2007 minus 50%

Fertigstellung Completion Herbst autumn 2011

Neuenfelder Straße 106 | 21109 Hamburg

Bildungszentrum Stübenhofer Weg

Ein besonderer Schwerpunkt der Grundschule und der Stadtteilschule ist das PraxisLernen: Lernen an realen, praktischen
Aufgaben und Aufträgen ab der ersten Klasse. Das aus diesen
Schulen gebildete Bildungszentrum liegt in Kirchdorf Süd
inmitten einer Wohnanlage mit Hochhäusern. Die bisher
einzelnen Baukörper wurden zu einer erkennbaren baulichen
Einheit geführt und beide Schulen dadurch räumlich miteinander verbunden. Durch die so entstandene Wegeverbindung
und großzügige Verglasung der Erdgeschosse ist gleichzeitig
ein Angebot an alle Bewohner zur Nutzung der Gebäude
entstanden. Schule und Stadtteil sind so räumlich zusammengewachsen. Die Erweiterung besteht aus einem Neubau für
Klassenräume, der Verwaltung mit einer Mensa, einer Doppel-
turnhalle sowie einem ergänzenden Empfangsanbau.

www.iba-hamburg.de/bildungszentrum-stuebenhofer-weg

Stübenhofer Weg Education Centre

"Learning by Doing": learning through real, practical tasks and
exercises, from the first grade onwards, is a particular focus
in the primary school and the neighbourhood school here.
The "Education Centre" that has been developed from these
schools is situated in Kirchdorf-Süd in the midst of a high-rise
residential area. The previously individual school buildings
have been merged to form a distinct construction unit, thus
establishing a spatial link between the two schools. At the
same time, the resultant paths and expansive glazing of the
ground floors have become an invitation to all to make use of
the building. School and neighbourhood have thus combined
spatially. The extensions comprise new classrooms, new
administration premises with a canteen, a double gymnastics
hall, as well as an additional reception area.

www.iba-hamburg.de/en/stuebenhofer-weg

Bauherr Client Finanzbehörde – Schulbau Hamburg, GMH
State Ministry of Finance – SBH/Hamburg School Construction,
GMH

Kooperationspartner Project partner Netzwerk PraxisLernen

Größe Size 8720 m² Bruttogeschossfläche gross floor space

Investitionsvolumen Investment 11.5 Mio. Euro

Architekten Architects Marc-Olivier Mathez (Hamburg)

Fertigstellung Completion Erster Bauabschnitt First construction phase 2011

Stübenhofer Weg 20 | 21109 Hamburg

Haus der Projekte – die mügge

Mit dem „Haus der Projekte – die mügge" ist am Müggenburger Zollhafen, innerhalb des Hamburger Hafens, eine beispielhafte Einrichtung zur beruflichen Qualifizierung entstanden: Das Herz der mügge ist eine Bootsbauwerkstatt, in der sich Jugendliche und junge Erwachsene in handwerklichen Qualifikationsmaßnahmen auf die Zukunft vorbereiten und beim Übergang von der Schule in den Beruf unterstützt werden. Eine Küche, Gruppen- und Musikräume bieten viel Platz für ein breit angelegtes Projekt- und Freizeitangebot. Interessierte Jugendliche wurden von Beginn an in den Innenausbau einbezogen.

www.iba-hamburg.de/haus-der-projekte

House of Projects – ("die mügge")

The "House of Projects" ("die mügge") in the Müggenburg Customs Port, part of Hamburg harbour, is an exemplary facility for vocational qualifications. At the heart of "die mügge" is a boat-building workshop where young people can earn qualifications in manual skills in preparation for the future and in the transition from school to working life. The kitchen, as well as relaxation and music rooms, provide plenty of space for a broad range of project and leisure opportunities. Interested young people have been involved in the work being done on the interior from the outset.

www.iba-hamburg.de/en/house-of-projects

Bauherr Client Get the Kick e.V.

Kooperationspartner und Sponsoren Project partners and sponsors Bezirk Hamburg Mitte District of Hamburg-Mitte, Behörde für Stadtentwicklung und Umwelt State Ministry for Urban Development and Environment, Holcim AG, Aurubis AG, E.ON Hanse AG, H.D. Bartels-Stiftung, HOMANN-STIFTUNG, SAGA GWG Stiftung Nachbarschaft, STÄRKEN vor Ort, VELUX Deutschland GmbH, Wilhelm A.F. MEYER GmbH, WIWA WILKO WAGNER GmbH

Größe Size 700 m² Bruttogeschossfläche gross floor space

Investitionsvolumen Investment 1.4 Mio. Euro

Architekten Planung Architects Planning Studio NL-D, Anke Schiemann / Arco Zweistra

Bauleitung Construction management chuck-kasalla, Rolf Könighausen

Energieversorgung Energy supply Erdgasbetriebene Brennstoffzelle Natural gas-powered fuel cells

Energiestandard Energy standard EnEV 2009 minus 30%

Fertigstellung Completion Sommer Summer 2012

Packersweide 7 | 20539 Hamburg

Universität der Nachbarschaften

Mit der Universität der Nachbarschaften (UdN) besteht für die HafenCity Universität (HCU) Hamburg in Wilhelmsburg ein Arbeits- und Veranstaltungsort, der ebenso Raum des Lernens und Forschens ist wie ein Ort der Begegnung unterschiedlicher Kulturen und Erfahrungen. Die Universität der Nachbarschaften erforscht hier bis 2013 zeitgemäße Bildungsformen an der Schnittstelle von Kultur, Wissen, Nachbarschaft und Stadtentwicklung. Den Ausgangspunkt bildete das seit Jahren ungenutzte frühere Gesundheitsamt des Stadtteils. Die UdN entwickelt hier seit 2008 eigene Prinzipien des Studierens und Arbeitens, die die aktive Aneignung des Gebäudes thematisieren und im Rahmen verschiedener Semester konkret praktizieren. Im Präsentationsjahr der IBA wird in Eigenarbeit der Studierenden das temporäre Projekt „Hotel Wilhelmsburg" für Besucher und Bewohner durchgeführt.

www.iba-hamburg.de/udn

University of Neighbourhoods

The "University of Neighbourhoods" (UdN) functions as a work and event location in Wilhelmsburg for the HafenCity University (HCU) Hamburg that is both a space for learning and research and a place for encountering different cultures and experiences. Until 2013, the "UdN" will be researching contemporary educational forms here at the interface between culture, knowledge, neighbourhood, and urban development. The starting point for the premises was the former local health authority building in the neighbourhood that had been standing empty for years. Since 2008, the UdN has been developing here its own principles of studying and working, highlighting the active appropriation of the building, and putting these to practical use and in different university terms. In the International Building Exhibition IBA Hamburg Presentation Year 2013 the work of the students will be carried out for visitors and residents as the temporary "Hotel Wilhelmsburg" project.

www.iba-hamburg.de/en/udn

Betreiber Project leader HafenCity University Hamburg (HCU)

Projektpartner Project partners Kampnagel Internationale Kulturfabrik, Landesbetrieb Immobilienmanagement und Grundvermögen State Ministry of Finance – Real Estate Management. Im Rahmen des INTERREG-Projektes SEEDS ist die Johann-Daniel-Lawaetz-Stiftung Partner der UdN The Johann Daniel Lawaetz-Foundation is a partner within the INTERREG project SEEDS

Investitionsvolumen Investment 550 000 Euro

Architekten Architects angeleiteter Selbstbau Self-build, under instruction

Nutzungsdauer Period of use 2009–2013 (danach voraussichtlich Abriss later planned for demolition)

Rotenhäuser Damm 30 | 21107 Hamburg

Weltquartier: Altbausanierung, Freiraumgestaltung, Wohnungsneubau

Die ehemalige Arbeitersiedlung aus den 1930er Jahren wurde umgebaut, modernisiert, energetisch saniert und durch Neubauten im Süden und Norden ergänzt. Im Vorfeld wurden intensive Befragungen der interkulturellen Bewohner nach ihren Wünschen zum Umbau ihrer Wohnungen durch „Heimatforscher" – Studierende verschiedener Fachrichtung und vielfältig sprachkundig – durchgeführt. Die Gesamtzahl der Wohnungen sank nach dem Umbau, das Wohnungsinnere wurde aber nach Bewohnerwünschen komplett erneuert und verbessert. Dabei blieben die Mieten auf einem ähnlichen Niveau wie vor den Baumaßnahmen. Die Mieter konnten während des Umbaus im Quartier wohnen bleiben, ihre Zahl stieg von 1700 auf 2000. Energetisch erreichen die Wohnungen Neubau- und die Neubauten überwiegend Passivhaus-Standard. Durch die Versorgung des Quartiers aus dem „Energiebunker" sinkt der Primärenergiebedarf von 300 auf 9 Kilowattstunden pro Quadratmeter und Jahr. Das landschaftsarchitektonische Konzept für die Freiräume zwischen den Gebäuden sieht Durchwegungen für die Bewohner im Viertel und gemeinschaftlich von den Mietern nutzbare Garteninseln vor.

www.iba-hamburg.de/weltquartier

Global Neighbourhood: Building Modernisation, Open Area Design, New Housing Construction

This former 1930s working-class housing estate has been redeveloped and modernised, has undergone energy renovation, and expanded with new building in the south and the north. In advance of the project, intensive surveys of the multicultural residents as to their wishes relating to the refurbishment of their homes were conducted by "home researchers" – students from different disciplines and with diverse language skills. The total number of homes decreased following the redevelopment but the housing interiors were completely refurbished and upgraded in accordance with the residents' wishes. Rents remained at levels similar to those prior to the building work. The tenants were able to continue living in the neighbourhood during the refurbishment, their number rising from 1700 to 2000. In energy terms, the updated homes meet New Building standard, while the newly built homes are largely of Passive House standard. With the neighbourhood energy supply from the "Energy Bunker", primary energy requirements have been reduced from 300 to 9 kilowatt hours per square metre and year. The landscape architecture design for the open spaces between the buildings provides paths for the neighbourhood's residents and communal "garden islands" for tenants' use.

www.iba-hamburg.de/en/global-neighbourhood

Bauherr Client SAGA GWG (Hamburg)

Projektpartner Project partners Behörde für Stadtentwicklung und Umwelt, Bezirk Hamburg-Mitte State Ministry for Urban Development and Environment, District of Hamburg-Mitte, HAMBURG ENERGIE, Pro Quartier

Investitionsvolumen Investment 99 Mio. Euro. Gefördert durch Funded by Stadtumbau West

Größe Size 820 Wohnungen – davon sind 753 Teil des Sanierungskonzepts (Neubau: 284, Umbau: 402, Modernisierung: 67) 820 apartments, of which 753 have been redeveloped under this project (new builds: 284; renovations: 402; upgrading: 67)

Architekten Architects Umbau renovation kfs Architekten (Lübeck) (1. Preis im städtebaulichen Wettbewerb 1st prize in urban development competition), Modernisierung upgrading: Knerer + Lang Architekten (Dresden) (2. Preis 2nd prize), Neubauten new builds: Gerber Architekten (Hamburg) (Ankauf acquisition), Knerer + Lang Architekten (Dresden) (2. Preis 2nd prize), petersen pörksen partner (Hamburg) (Ankauf acquisition)

Landschaftsarchitekten Landscape architects Sven Andresen Landschaftsarchitektur (Lübeck) (1. Preis 1st prize)

Energiestandard (Wohnhäuser) **Energy standard** (residential buildings) Sanierte Altbauten Redeveloped old buildings nach according to EnEV 2007 / EnEV 2009, Neubauten new builds: Passivhaus Passive House standard

Fertigstellung Completion Pavillon und and Weimarer Platz: 2010, 1. Sanierungsabschnitt first redevelopment stage: 2011, Neubauten inkl. Welt-Gewerbehof new builds, including World Commercial Park: 2012/2013

Weimarer Straße, Veringstraße, Neuhöfer Straße | 21107 Hamburg

Weltquartier:
Weimarer Platz mit Pavillon

Am Ende der Weimarer Straße im Weltquartier ist auf ehemals zugewachsenen Grünflächen und Parkplätzen ein attraktiver, jetzt verkehrsberuhigter Platz mit Spielgeräten, zahlreichen Sitzgelegenheiten und Bouleplatz entstanden. Am Rande der Platzfläche steht ein neuer Pavillon als Treffpunkt für alle Bewohner des Weltquartiers – mit großen Fensterflächen, Café und Gemeinschaftsraum. Er steht auch als temporärer Ausstellungs- und Veranstaltungsort für die IBA Hamburg 2013 zur Verfügung. Das Gebäude selbst umfasst 140 Quadratmeter barrierefreie Nutzfläche, vorzugsweise für verschiedene Nachbarschaftsaktivitäten. Lokale Betriebe und auszubildende Jugendliche haben nach einem Entwurf der Hamburger Architekten Kunst+Herbert bei der Errichtung und Gestaltung des Pavillons mitgewirkt. Der neue Treffpunkt war ein wesentlicher Wunsch aus dem Beteiligungsverfahren. Bewohner können den Pavillon für eigene Veranstaltungen und Feiern mieten.

www.iba-hamburg.de/pavillon

Global Neighbourhood:
Weimarer Platz and Pavilion

An attractive new, traffic-free square, with new playground equipment, lots of benches, as well as a pitch for playing boules, has been developed at the end of the Weimarer Strasse in the "Global Neighbourhood" on what was an area of overgrown wasteland and parking space. On the periphery of the square is a new pavilion to act as a meeting place for all the "Global Neighbourhood" – with large windows, a café, and a community room. It is also being used by the International Building Exhibition IBA Hamburg 2013 as a temporary exhibition and event location. The building itself consists of 140 square metres of barrier-free space, ideal for use in a variety of neighbourhood activities. Local businesses and young apprentices were involved in the design and construction of the pavilion, based on a design by the Hamburg architects Kunst+Herbert. The new meeting place was a key request that emerged from the participation process. Residents are able to rent the pavilion for their own events and celebrations.

www.iba-hamburg.de/en/pavillon

Bauherr Client IBA Hamburg GmbH

Projektpartner Project partners Türkischer Elternbund e.V., Der Hafen VpH e.V., SAGA GWG, Pro Quartier, Sprinkenhof AG (Pavillon pavilion), Bezirk District of Hamburg-Mitte (Platz square)

Sponsoren (Pavillon) **Sponsors** (pavilion) Eternit, Schüco, LiGo, Kompetenzteam Glas

Investitionsvolumen Investment Pavillon pavilion 400.000 Euro, Platz square: 750 000 Euro

Größe Size Pavillon pavilion 140 m² Bruttogeschossfläche gross floor space

Architekten Pavillon Architects pavilion Kunst+Herbert (Hamburg)

Landschaftsarchitekten Platz Landscape architects square Sven Andresen Landschaftsarchitektur (Lübeck)

Energiestandard (Pavillon) **Energy standard** (pavilion) Passivhaus Plus Passive House Plus

Fertigstellung Completion 2010

Weimarer Straße 79 | 21107 Hamburg

Weltquartier: Welt-Gewerbehof

Am südlichen Rand des Weltquartiers erstreckt sich auf einer etwa 6000 Quadratmeter großen Fläche der Welt-Gewerbehof, in dem sehr unterschiedliche, vor allem kleine Betriebe angesiedelt sind. Ein Garagenkomplex mit einigen Kleinbetrieben ist dafür umgebaut und weiter entwickelt worden, sodass er in das Quartier eingebunden funktioniert. Besonders Unternehmen und Existenzgründer aus der migrantischen Bevölkerung des Stadtteils werden gezielt gefördert. Die Mieten liegen etwa zwischen 3,50 und 6,00 Euro pro Quadratmeter. Neben Hallen, Büros und Werkhöfen können unter einem großen, den gesamten Komplex überspannenden Dach auch Laden- und Gastronomieflächen angeboten werden. Die unterschiedlichen Gewerbezweige werden zu Clustern geordnet. So werden zusätzliche Beschäftigungschancen für die ansässige Bevölkerung geschaffen und eine Verbesserung der Lebens- und Wohnverhältnisse ermöglicht. Die Einheiten lassen sich flexibel an die jeweiligen Anforderungen der Betriebe anpassen.

www.iba-hamburg.de/weltgewerbehof

Global Neighbourhood: World Commercial Park

On the southern periphery of the "Global Neighbourhood", extending over an area of some 6000 square metres, is the "World Commercial Park", which accommodates highly diverse and primarily small enterprises. A garage complex with a number of small businesses was converted and expanded for this purpose to enable it to have an integrated function within the neighbourhood. Entrepreneurs and the self-employed, from the neighbourhood's migrant population in particular, have received targeted support. Rents are between about 3.50 and 6.00 euros per square metre. In addition to warehouses, offices, and workshops there is also retail and catering space available beneath the large roof spanning the entire complex. The different trades are arranged into clusters. The "World Commercial Park" is creating additional employment opportunities for the resident population and facilitating an improvement in living and housing conditions. The flexible, individual units are easily adapted to the requirements of the respective businesses.

www.iba-hamburg.de/en/world-commercial-park

Bauherr Client GMH Gebäudemanagement Hamburg

Projektpartner Project partners Landesbetrieb Immobilienmanagement und Grundvermögen State Ministry of Finance – Real Estate Management, Beschäftigung + Bildung e.V. (LoWi – Projekt für lokale Wirtschaft) in Kooperation mit in cooperation with Unternehmer ohne Grenzen e.V., Bezirk district of Hamburg-Mitte, Behörde für Stadtentwicklung und Umwelt State Ministry for Urban Development and Environment

Größe Size Grundstücksgröße Size of area ca. 6700 m², Bruttogeschossfläche gross floor space ca. 2400 m²

Investitionsvolumen Investment 6.2 Mio. Euro. Gefördert durch Funded by Europäischer Fonds für Regionale Entwicklung (EFRE), Europäischer Sozialfonds (ESF), Rahmenprogramm Integrierte Stadtteilentwicklung (RISE)

Architekten Architects dalpiaz + giannetti Architekten (Hamburg)

Rotenhäuser Straße 79 | 21107 Hamburg

Neue Hamburger Terrassen

Der Name ist eine Referenz an Hamburger Terrassenhäuser des 19. Jahrhunderts, einen damals vorbildlichen Arbeiterwohnungsbau. Das 1,33 ha große Planungsgebiet bildet den östlichen Abschluss eines auf einem schachbrettartigen Raster angelegten Stadtviertels – mit insgesamt sechs Wohngebäuden für 94 Haushalte und dem umgebauten Wilhelmsburger Wasserwerk (Eventraum/Restaurant) zur Parklandschaft der internationalen gartenschau 2013 (igs). Der Wohnungsbau mit Kindertagesstätte enthält zur Hälfte öffentlich geförderte Mietwohnungen. Im freistehenden Wohnhaus gegenüber bestehen 1,5- bis 5-Zimmerwohnungen durch flexible Grundrisse. Alle Wohneinheiten können vor oder nach der Realisierung räumlich zusammengefügt oder getrennt werden. Familien, Studenten, Senioren und Menschen in anderen Lebenssituationen finden hier eine gemeinsame Adresse.
Im südlichen Teil des Schlöperstiegs baut die Baugemeinschaft Neue Hamburger Terrassen vier Gebäude in einer innovativen Kombination aus Reihenhäusern und Eigentumswohnungen. Bauwillige aus mehreren Generationen haben sich für den Bau von Stadthäusern zusammengeschlossen. Die Grundausstattung sowie alle gemeinschaftlich nutzbaren Flächen werden gemeinsam entwickelt und finanziert. Die eigene Wohnung realisiert jede Partei nach ihren eigenen Wünschen.

www.iba-hamburg.de/neue-hamburger-terrassen

New Hamburg Terraces

The name is a reference to the traditional form of terraced houses typical of Hamburg in the nineteenth century, considered an exemplary design of workers' housing at the time. The redevelopment area on the Schlöperstieg, 1.33 hectares in size, forms the eastern boundary of an adjacent chequerboard-style district. A total of six residential structures housing 94 households and the converted Wilhelmsburg Waterworks (event location/restaurant) are next to the park landscape of the international garden show igs hamburg 2013. These buildings include a daycare centre; half of the apartments are publicly subsidised. The free-standing residential block opposite features appealing 1+ to 5-roomed apartments with flexible layouts. All of the units can be merged or partitioned either before or after construction. This is a suitable address for families, students, senior citizens, and those in other life situations.
On the southern section of the Schlöperstieg the Neue Hamburger Terrassen housing association is erecting four buildings in an innovative combination of terraced housing and owner-occupied apartments. Interested parties across the generations have joined together to build the town houses. The basic configuration as well as all of the common areas have been developed and financed on a joint basis. Each party then completes their own according to their own wishes.

www.iba-hamburg.de/en/new-hamburg-terraces

Bauherren Clients Nachbarschaftliches Wohnen am Schlöperstieg: Neue Hamburger Terrassen oHG, Flexibel und individuell Wohnen: meravis Wohnungsbau und Immobilien GmbH, Baugemeinschaft: Neue Hamburger Terrassen GbR

Projektpartner Project partners Behörde für Stadtentwicklung und Umwelt State Ministry for Urban Development and Environment, Landesbetrieb Immobilienmanagement und Grundvermögen State Ministry of Finance – Real Estate Management, Bezirk District of Hamburg-Mitte, igs 2013, ConPlan Betriebs- und Projektberatungsgesellschaft mbH (Prozesssteuerung und Baubetreuung Baugemeinschaft process control and building support housing association)

Investitionsvolumen Investment Nachbarschaftliches Wohnen am Schlöperstieg: 11.2 Mio. Euro, Flexibel und individuell Wohnen: 4.0 Mio. Euro, Baugemeinschaft housing association: 9.2 Mio. Euro

Größe Size Gesamtgröße des Gebiets Total size of the area 6300 m² Bruttogeschossfläche gross floor space, 94 Wohneinheiten housing units, 61 Mietwohnungen rented apartments (30 öffentlich gefördert 30 of them publicly funded) und and 33 Eigentumswohnungen owner-occupied apartments, Kindergarten

Architekten Architects LAN Architecture* (Paris): Masterplan und Baugemeinschaft master plan and housing association, hauschild+siegel architecture (Kopenhagen Copenhagen): Nachbarschaftliches Wohnen am Schlöperstieg, Architekturbüro Wallner (München Munich): Flexibel und individuell Wohnen

Landschaftsarchitekten Landscape architects RMP, Stephan Lenzen Landschaftsarchitekten (Hamburg): Vorgärten front gardens; WFP Werkstatt Freiräume + (Glinde/Hamburg), mit with K. Benthien und and H. Freitag: Gartenhöfe courtyard gardens; Bezirk District of Hamburg-Mitte: Quartiersplatz local square

Energiestandard Energy standard Baugemeinschaft housing association: KfW-Energieeffizienzhaus 55, Nachbarschaftliches Wohnen am Schlöperstieg: KfW-Energieeffizienzhaus 70, Flexibel und individuell Wohnen: KfW-Energieeffizienzhaus 70

Fertigstellung Completion Nachbarschaftliches Wohnen am Schlöperstieg: Frühjahr early 2012 Flexibel und individuell Wohnen: Frühjahr early 2012 Baugemeinschaft housing association: März March 2013 Wasserwerk (Gastronomie restaurant): Frühjahr early 2012

Schlöperstieg | 21107 Hamburg

Veringeck

Für die Senioren im multikulturellen Reiherstiegviertel in Wilhelmsburg schließt die IBA Hamburg eine Angebotslücke und entwickelte ein bundesweites Modellprojekt: Durch die Schaffung von betreuten Altenwohnungen und einer Wohn-Pflege-Gemeinschaft für türkische Senioren mit Demenz soll die Versorgung für diese Menschen verbessert werden. Sämtliche Wohnungen der Einrichtung werden durch breitere Flure mit halbprivaten Aufenthaltszonen erschlossen. Fassadenelemente und die Wohnungsgrundrisse mit Vorraum, Wohnbereich und Rückzugsnische lehnen sich an Vorbilder klassischer türkischer Häuser an. Lichtdurchflutete Gemeinschaftsbereiche im Zentrum jedes Wohngeschosses werden im Außenraum durch einen „Sinnesgarten" mit Hochbeeten ergänzt.

www.iba-hamburg.de/veringeck

Veringeck

The International Building Exhibition IBA Hamburg 2013 has filled a gap for senior citizens in the multicultural Reiherstieg district of Wilhelmsburg and developed a national-level model project with the creation of assisted-living apartments and a home care association for Turkish senior citizens suffering from dementia, intended to improve the care available to these people. All of the apartments within the facility are accessed via wide corridors with semi-private recreation areas. Façade elements and the apartment layouts, with a vestibule, living area, and a cosy corner for relaxing, are based on the structure of a typical Turkish house. Well-lit communal areas at the centre of each floor are enhanced by outdoor "sensory gardens", with raised flowerbeds.

www.iba-hamburg.de/en/veringeck

Bauherr Client GbR Veringeck (Hitzacker)

Projektpartner Project partners Pflegedienst Multi-Kulti, Behörde für Gesundheit und Verbraucherschutz State Ministry for Health and Consumer Protection, Hamburgische Wohnungsbaukreditanstalt, Bezirk District of Hamburg Mitte, Hamburger Koordinierungsstelle für Wohn-Pflege-Gemeinschaften bei der STATTBAU Hamburg Stadtentwicklungsgesellschaft mbH

Größe Size 2675 m² Bruttogeschossfläche gross floor space, 18 Wohneinheiten von housing units of 40–60 m², 1 Gästezimmer guest room, 1 Wohngemeinschaft mit flat-sharing community with 10 Zimmern rooms

Investitionsvolumen Investment 4.2 Mio. Euro

Architekten Architects Gutzeit + Ostermann Architekten (Hamburg)

Energiestandard Energy standard KfW 70 Energieeffizienz-Standard

Fertigstellung Completion 2011

Veringstraße 60 | 21107 Hamburg

Backhaus Johanna

Die geschichtsreiche Windmühle Johanna – ein Wahrzeichen und Identifikationspunkt der Wilhelmsburger Bevölkerung – ist zum „Hamburger Erlebnis-Mühlenmuseum" ausgebaut worden und macht so den traditionellen Weg des Getreidekorns bis zur Brotverarbeitung erlebbar. Ein ganz wesentlicher Bestandteil des Konzepts ist das neue Backhaus in direkter Nachbarschaft zur Mühle. Hier wird das „Wilhelmsburger Mühlenbrot" frisch aus dem Holzbackofen gezogen. Das Backhaus wurde vom Wilhelmsburger Windmühlenverein e.V. gebaut und wird von ihm unterhalten und betrieben. An der baulichen Realisierung wurden Jugendliche aus außerordentlichen Ausbildungsmaßnahmen beteiligt.

www.iba-hamburg.de/backhaus

Johanna Bakery

The historic "Johanna Windmill" – a landmark and source of identity for the Wilhelmsburg population – has been developed into "Hamburg's Windmill Museum Adventure", thus bringing to life the traditional path from corn's being milled to the baking bread. A key element in the concept is the new bakery directly adjacent to the mill. This is where "Wilhelmsburg Mill Bread" is to be had, freshly baked in the wood-fired oven. The bakery was built by, and is also maintained and run by, the Wilhelmsburg Windmill Association. Young people from specialist training programmes were involved in the building work.

www.iba-hamburg.de/en/bakery

Bauherr Client Wilhelmsburger Windmühlenverein e.V.

Projektpartner und Sponsoren Project partners and sponsors Behörde für Stadtentwicklung und Umwelt State Ministry for Urban Development and Environment, Horst Busch Elektro-Technik GmbH, Petersen Ingenieurbüro GmbH, Delmes Heitmann GmbH & Co. KG, Schlatermund Garten und Landschaftsbau GmbH, HASPA – Hamburger Sparkasse, WITO GmbH

Größe Size Grundfläche floor space: 61 m²

Investitionsvolumen Investment 200 000 Euro

Architekten Architects Petersen Ingenieurbüro GmbH (Hamburg)

Fertigstellung Completion 2013

Schönenfelderstraße 99 | 21109 Hamburg

Kunst- und Kreativzentrum Veringhöfe

In den Veringhöfen werden Ausstellungen und Galerien, offene Ateliers und Werkstätten die früheren Gewerbenutzungen ablösen. Dabei findet der Innenausbau des Gebäudes unter der planerischen Mitwirkung von Künstlern und Kreativen statt. Kurse und Veranstaltungen sowie Kooperationen mit Kindergärten, Schulen und sozialen Einrichtungen sollen den Kulturnachwuchs fördern und das kulturelle Angebot des Stadtteils langfristig bereichern. Die IBA setzt eine energetische Sanierung des Gebäudes um, die den Verbrauch von Vorgaben der Energiesparverordnung 2009 sogar um 30 Prozent unterschreitet. Diese nachhaltige Infrastrukturförderung festigt dank niedriger Betriebskosten und eines 30-jährigen Mietvertrags künstlerische und kreative Strukturen vor Ort und schafft so Voraussetzungen für eine langfristige, lebendige Kulturszene auf den Elbinseln.

www.iba-hamburg.de/raeume-fuer-die-kunst

IBA Veringhöfe Arts and Creative Centre

The former commercial usages in the "Veringhöfe" are being replaced by exhibitions and galleries, open studios and workshops. The building's interior is being developed in planning cooperation with artists and creative individuals. Courses and events as well as joint projects with nursery schools, schools, and social institutions are intended to promote young cultural talent and to provide a long-term enhancement of the neighbourhood's cultural opportunities. The International Building Exhibition IBA Hamburg 2013 is carrying out energy-related renovation work on the building with the result that consumption is now 30 per cent less than that prescribed by the German energy-saving regulation values (EnEV) 2009. With its reduced operating costs, this long-term infrastructure work consolidates the local artistic and creative structures, thus providing the conditions for a vibrant cultural milieu on the Elbe islands for the long term.

www.iba-hamburg.de/en/spaces-for-art

Bauherr Client Internationale Bauausstellung Hamburg GmbH, Sprinkenhof AG

Projektpartner Project partners Landesbetrieb Immobilienmanagement und Grundvermögen State Ministry of Finance – Real Estate Management, Behörde für Stadtentwicklung und Umwelt State Ministry for Urban Development and Environment, Kulturbehörde, Bezirk Hamburg Mitte: Fachamt für Stadt- und Landschaftsplanung District of Hamburg-Mitte: Department of Urban and Landscape Planning, conecco – Management städtischer Kultur, STATTBAU Hamburg GmbH, Gesellschaft für Stadtentwicklung mbH, Sanierungsbeirat Südliches Reiherstiegviertel, Verein Veringhöfe e.V., Verein zur Förderung von Kunst und Kultur e. V.

Mieter Tenant Veringhöfe e. V.

Größe Size ca. 2000 m² Bruttogeschossfläche gross floor space

Investitionsvolumen Investment 4.7 Mio. Euro

Architekten Architects Dittert & Reumschüssel Architekten (Hamburg)

Fertigstellung Completion Herbst autumn 2013

Am Veringhof 23b | 21107 Hamburg

Made auf Veddel

Das Projekt wurde Ende 2008 ins Leben gerufen. Die Idee: Internationale Mode und die Integration ausländischer Frauen werden elegant miteinander verwoben. Herzstück ist ein ehemaliges Ladenlokal, wo sich die Frauen regelmäßig treffen und ausgebildet werden. Für sie geht es dabei nicht nur um das Eintauchen in die Welt der Mode, um Techniken wie Stricken, Häkeln oder Nähen, sondern auch um die Verbesserung von Lebensqualität. Hier ist der Ort, wo soziale Barrieren überwunden werden und sich berufliche Perspektiven eröffnen. Jedes Stück, das hier in Handarbeit entsteht, trägt ein Etikett mit dem Namen der Frau, die es hergestellt hat – als sichtbares Zeichen für die Freiheit, den eigenen Lebensweg selbst zu bestimmen.

www.madeaufveddel.de

Made on Veddel

The project was set up in 2008. The idea: the elegant interweaving of international fashion and the integration of migrant women. The heart of the enterprise is a former shop, where the women are able to meet on a regular basis and receive training. For them this is not just about plunging into the world of fashion or about skills such as knitting, crochet, or sewing, but also about an improvement in their quality of life. This is the place where social barriers are overcome and vocational prospects are opened up. Every handmade item from here has a label bearing the name of the woman who produced it – as a visible symbol of the freedom to determine their own path in life.

www.madeaufveddel.de

Veddeler Brückenstraße 134 | 20539 Hamburg

Kunst macht Arbeit

Die Projektreihe „Kunst macht Arbeit" bildet den Rahmen für die Erprobung unkonventioneller Allianzen. Die IBA verstand sich als „Anschieber" oder „Vermittler". Wie im Projekt WILHELMSBURGER KISSEN UND FAHNEN: Gemeinsam mit dem Künstler Rupprecht Matthies haben dabei die Beteiligten in den letzten drei Jahren eigene Worte und Begriffe in ihren Muttersprachen entwickelt und hieraus mehr als 50 Kissen sowie über 100 Fahnen künstlerisch gestaltet. Einzelne Kunstwerke wandern als Prototyp in die freie Werkstatt von NähGut, wo sie seit 2012 für den privatwirtschaftlichen Markt als Serie produziert werden. Aus den Fahnen werden Hals- und Kopftücher, aus den Wortkissen Alltags- und Kunstgegenstände für daheim. Weitere Projekte von „Kunst macht Arbeit": „Krimi-Komödie Wilhelmsburg", Paula Zamora-Cornejo in Kooperation mit der Arbeitsloseninitiative Wilhelmsburg (AIW), 2011/2012 sowie der „Textile Werkhof" in Kooperation mit der passage gGmbH, Elbe Werkstätten, Grone Netzwerk Hamburg gGmbH, LoWi – Büro für Lokale Wirtschaft und HAW.

www.iba-hamburg.de/kunst-macht-arbeit

Art Creates Work

The "Art Creates Work" series of projects provides a framework for testing unconventional alliances, in which the International Building Exhibition IBA Hamburg 2013 saw itself as "promoter" or "facilitator". This was the case with the "Wilhelmsburg Cushions & Flags" project, for instance, where, together with the artist Rupprecht Matthies, participants have chosen words and phrases from their mother tongues and developed them into designs to be stitched onto more than 50 artistic cushions and 100 flags. Some of the individual works of art have become prototypes in the NähGut textile factory, where they have been in serial production for the private market since 2012. The flags have been made into neck- and headscarves, while the word-emblazoned cushions have become pieces of art that can be used in everyday life. Other "Art Creates Work" projects include the "Wilhelmsburg Crime and Comedy Theatre", a joint project with Paula Zamora-Cornejo and the Wilhelmsburg Unemployed Initiative (AIW), 2011/2012, as well as the "Textile Operations Centre" (Textiler Werkhof) as a joint venture with passage gGmbH, Elbe Werkstätten, Grone Netzwerk Hamburg gGmbH, LoWi – Büro für Lokale Wirtschaft, and Hamburg University of Applied Sciences (HAW).

www.iba-hamburg.de/en/art-creates-work

Kunstplattform

Kunst gilt als wichtiger Bestandteil nachhaltiger Stadtentwicklungsprozesse. Dazu entwickelte die IBA eine Kunstplattform an der Schnittstelle von Stadtentwicklung, Kunst und Alltagsleben. Zahlreiche Künstler aller Disziplinen setzten sich auf unterschiedlichste Art mit den Elbinseln auseinander. Seit ihrem Entstehen im Jahr 2008 und ihrer Umsetzung durch die experimentellen Konzepte „Kultur I Natur" (2008, kuratiert von Anke Haarmann und Harald Lemke) und „Akademie einer anderen Stadt" (2009/2010, kuratiert von Ute Vorkoeper und Andrea Knobloch) hat sich der Charakter der Kunstplattform geschärft und konkretisiert. Einige der beteiligten Akteure entwickeln seit 2012 daraus ein eigenes Format, das den Grundgedanken der Kunstplattform auch über die IBA-Zeit hinaus weitertragen soll.

www.iba-hamburg.de/kunstplattform
www.kultur-natur.net
www.mitwisser.net

IBA Hamburg Art Platform

Art is seen as an important component of sustainable urban development processes. It was to this end that the IBA developed an "Art Platform" at the interface between urban development, art, and everyday life. Numerous artists of all disciplines engaged with the Elbe islands in a variety of different ways.
Since its establishment in 2008 and its implementation through the experimental concepts "Kultur I Natur" (2008, curated by Anke Haarmann and Harald Lemke) and "Akademie einer anderen Stadt" (Academy of Another City, 2009/2010, curated by Ute Vorkoeper and Andrea Knobloch) the "Art Platform" has become more focussed and concrete in character. A number of the participants have been developing their own format as of 2012, to continue the basic ideas behind the "Art Platform" beyond the IBA period.

www.iba-hamburg.de/en/art-platform
www.kultur-natur.net
www.mitwisser.net

Projekte der kulturellen Vielfalt

Mit den „Projekten der kulturellen Vielfalt" unterstützt die IBA Hamburg kulturelle Events und Veranstaltungen auf den Elbinseln, die aus dem Stadtteil heraus oder mit Akteuren vor Ort entwickelt werden. Diese Projekte heben besondere Orte oder Themen der Hamburger Elbinseln Wilhelmsburg und Veddel sowie den Harburger Binnenhafen hervor, stellen einen kulturellen Bezug zu Themen der IBA Hamburg her oder halten als nachhaltiges Veranstaltungskonzept einen Mehrwert für den Stadtteil bereit. Projektbeispiele: LÜTTVILLE (2008-2013), Konspirative Küchenkonzerte (2009-2011), WILDE 13 - der Film (2012/13), ELBJAZZ FESTIVAL (2010), FLUSSLICHT (2007-2009), DAS MAGAZIN KUNSTVEREIN HARBURGER BAHNHOF (seit 2001) SPREEHAFENFESTIVAL (2007-2011).

www.iba-hamburg.de/projekte-der-kulturellen-vielfalt
www.luettville.de
www.konspirativekuechenkonzerte.de
www.facebook.com/die.wilde.dreizehn.wilhelmsburg
www.zirkus-willibald.de

Cultural Diversity Projects

With the "Cultural Diversity Projects" the International Building Exhibition IBA Hamburg 2013 supports cultural events and functions on the Elbe islands that emerge from within the district or are developed by local participants. These projects highlight special places or issues relating to the islands of Wilhelmsburg and Veddel, as well as the "Harburg Upriver Port", establish a cultural link to the themes of the IBA Hamburg, or provide added value for the neighbourhood as a long-term event concept. Examples of the projects include: "LÜTTVILLE Festival" (2008-13), "Conspiratorial Kitchen Concerts" (2009-11), Wilde 13 - The Film (2012-13), Elbjazz Festival (2010), River Lights (2007-09), Kunstverein Harburger Bahnhof Magazine (since 2001), and Spreehafen Festival (2007-11).

www.iba-hamburg.de/en/cultural-diversity-projects
www.luettville.de
www.konspirativekuechenkonzerte.de
www.facebook.com/die.wilde.dreizehn.wilhelmsburg
www.zirkus-willibald.de

Interkulturelle öffentliche Räume: Rotenhäuser Feld

Für die Begegnung einer multikulturellen Stadtteilbevölkerung sind öffentliche Räume wichtige Orte. Im südlichen Teil des dicht bebauten urbanen Reiherstiegviertels befindet sich der Park „Rotenhäuser Feld". Hier ist das größte von mehreren IBA-Projekten zur Förderung interkultureller Begegnung im öffentlichen Raum umgesetzt worden. In einem zeitlich begrenzten Workshop während des IBA LABORS „Interkulturelle öffentliche Räume" 2009 gingen neben den Erwachsenen, Jugendlichen und Kindern aus Wilhelmsburg auch mehrere Planungsbüros der Frage nach, wie der Park bewohnergerecht zu gestalten sei. In enger interkultureller Zusammenarbeit entstand unter Beteiligung der Anwohner und Nutzer ein Masterplan für die zukünftige Gestaltung des Parks. Die vielen einzelnen Maßnahmen werden auch in den nächsten Jahren in weiterer gemeinsamer Arbeit im Rahmen des Sanierungsvorhabens Südliches Reiherstiegviertel umgesetzt.

www.iba-hamburg.de/rotenhaeuser-feld

Intercultural Public Spaces: Rotenhäuser Feld

Public spaces are important places for meeting an area's multicultural population. The "Rotenhäuser Feld" park is located in the southern section of the heavily built-up, urban Reiherstieg district. It is here that the largest of several International Building Exhibition IBA Hamburg projects aimed at promoting intercultural social encounters in public spaces has been developed. It was in a temporary workshop during the IBA LABORATORY "Intercultural Public Spaces" in 2009 that adults, young people, and children from Wilhelmsburg, together with several planning experts, addressed the issue of how to make the park resident-friendly. In close intercultural cooperation involving the participation of residents and users, a master plan was drawn up for the future layout of the park. The many individual measures will continue to be implemented in ongoing cooperation in the years ahead as part of the southern Reiherstieg district refurbishment plans.

www.iba-hamburg.de/en/rotenhaeuser-feld

Bauherr Client Bezirk District of Hamburg-Mitte

Projektpartner Project partners GfS Bremen (Sanierungsträger Südliches Reiherstiegviertel redevelopment sponsor southern Reiherstieg district), Universität der Nachbarschaften University of Neighbourhoods

Größe Size 6.8 ha

Investitionsvolumen Investment 1.2 Mio. Euro

Landschaftsplanung Landscape architects EGL (Hamburg) (Masterplan master plan)

Fertigstellung Completion 2012/2013

Weitere Projekte der kulturellen Vielfalt Further cultural diversity projects MultiCOOLtiPark, Neugestaltung redesign of Berta-Kröger-Platz

Rotenhäuser Damm / Neuhöfer Straße | 21207 Hamburg

Perspektivprojekt:
Freizeitrundkurs Wilhelmsburg

Wie in vielen US-amerikanischen Metropolen, zum Beispiel Chicago, Los Angeles oder New York City, erhält auch Wilhelmsburg einen „Multi-Purpose-Way" für Radfahrer, Skater und Läufer. Gesäumt von Wasser, Deichen, Hafenkulisse, Grünflächen und Industrie entsteht ein Weg zum Entdecken der Vielfältigkeit der Elbinsel von ungefähr 30 Kilometern Länge, der rund um die Elbinsel Wilhelmsburg führen wird.

www.iba-hamburg.de/freizeitrundkurs

Project in Perspective:
Wilhelmsburg Multi-Purpose Circuit

As in many metropolitan regions in the USA (e.g. Chicago, Los Angeles, or New York City), Wilhelmsburg, too, is to acquire a "Multi-Purpose Circuit" for cyclists, skaters, and runners. Lined with water, dykes, harbour scenes, green areas, and industry, what is being developed is a path for discovering the diversity of the Elbe islands, approximately 30 kilometres in length, and running right around the island of Wilhelmsburg.

www.iba-hamburg.de/en/multipurpose-circuit

Bauherr Client igs hamburg 2013, **Bezirk** District of Hamburg-Mitte

Größe Size ca. 30 km (Endausbau upon final completion)

Investitionsvolumen Investment 3.2 Mio. Euro (1. Teilabschnitt 1st sub-section)

Landschaftsarchitekten Landscape architects Schaper + Steffen + Runtsch (Hamburg)

Eröffnung Opening Frühjahr early 2013 (1. Teilabschnitt 1st sub-section)

Danke
Thank You

Die IBA und ihre Gremien und Netzwerke
The IBA, its Committees and Networks

IBA-Team IBA Team (2006-2013)

Uli Hellweg (Geschäftsführer Managing Director) / Heiner Baumgarten (Geschäftsführer Managing Director) / Lennart Albrecht (Freiwilliges Ökologisches Jahr Voluntary Ecological Year) / Felix Blass (studentischer Mitarbeiter Student Co-worker) / Aron Bohmanı (studentischer Mitarbeiter Student Co-worker) / Serguei Boldar (Hausmeister Building Supervisor) / Julia Brockmann (Assistenz der Projektkoordination Project Coordination Assistant) / Sabine de Buhr (Projektkoordinatorin Project Coordinator) / Elvan Canalp (studentische Mitarbeiterin Student Co-worker) / Jürgen Dege-Rüger (Leiter Koordinierungsstelle BOE, entsandt von der Behörde für Bildung und Sport Coordination Centre Manager BOE, seconded from Ministry of Education and Sport) / Chiara Derenbach (Projektkoordinatorin Project Coordinator) / Gottfried Eich (Projektmanager BOE Project Manager BOE) / Deik Esser (Leiter Informationszentrum Energieberg Georgswerder, urbanista Manager Georgwerder Energy Hill Information Centre, urbanista) / Johanna Fink (studentische Mitarbeiterin Student Co-worker) / Anna Fuy (Projektmanagerin Kommunikation und Marketing Communications and Marketing Project Manager) / Jan Gerbitz (Projektkoordinator, ZEBAU GmbH Project Coordinator, ZEBAU GmbH) / Nina Gonchugova (studentische Mitarbeiterin Student Co-worker) / Jonas Goy (Ausstellungskoordination, urbanista Exhibition Coordination, urbanista) / Gülcen Görgüc (Reinigungskraft Cleaning Worker) / Iris Groscurth (Leitung Presse- und Öffentlichkeitsarbeit Press and Publicity Manager) / Valerie Gutsche (Ausstellungskoordination Exhibition Coordination) / Robert Haarbosch (Kaufmännischer Leiter Commercial Manager) / Anke Hansing (Leitung Kommunikation und Marketing Communications and Marketing Manager) / Jana Heitmüller (studentische Mitarbeiterin Student Co-worker) / Rahel-Katharina Hermann (Stabsstelle Presse Staff Section Press) / Claus-Peter Hetzner (Projektsteuerung Project Control, Gesellschaft für Wirtschafts- und Altlasten-Consulting mbH) / Ines Heuer (Buchhalterin Bookkeeper) / Kristina Hödl (Leiterin Stabsstelle Presse, Pressesprecherin Staff Section Press Manager, Press Spokesperson) / Daniela Hoffmann (Projektmanagerin Kommunikation und Marketing Communications and Marketing Project Manager) / Harald Horster (studentischer Mitarbeiter Student Co-worker) / Enno Isermann (Leiter Presse- und Öffentlichkeitsarbeit Press and Publicity Manager) / Maren Isfort (Leitung Ausstellungskoordination, urbanista Exhibition Coordination Manager, urbanista) / Katharina Jacob

IBA-Team (Aufnahme Frühjahr 2013) IBA-Team (Taken in Spring 2013)

(Assistenz der Projektkoordination Project Coordination Assistant) / Peter Juraschek (Ausstellungskoordination, urbanista Exhibition Coordination, urbanista) / Lukas Kaiser (Ausstellungskoordination, urbanista Exhibition Coordination, urbanista) / Theda von Kalben (Projektkoordinatorin Project Coordinator) / Dr. Gundula Kersten (Projektmanagerin Project Manager) / Rudolf D. Klöckner (Assistenz der Projektkoordination, freier Mitarbeiter Project Coordination Assistant, Freelance Co-worker) / Constanze Klotz (Projektmanagerin Project Manager) / Melanie Kneise (Projektmanagerin Kommunikation und Marketing Communications and Marketing Project Manager) / Kerstin Koch (Projektkoordinatorin Project Coordinator) / Nina Kohlmorgen (Assistenz Presse- und Öffentlichkeitsarbeit Press and Publicity Assistant) / Anna Kokalanova (Projektkoordinatorin Project Coordinator) / Ute Kollmannsperger (Projektmanagerin Kommunikation und Marketing Communications and Marketing Project Manager) / Caroline König (Projektmanagerin Project Manager) / Ilka Krause (Assistenz der Projektkoordination Project Coordination Assistant) /

Birte Krüger (Ausstellungskoordination, urbanista Exhibition Coordination, urbanista) / Anne Krupp (Assistenz der BOE Assistant BOE) / Stefanie Krusch (studentische Mitarbeiterin Student Co-worker) / Johanna Küther (Freiwilliges Ökologisches Jahr Voluntary Ecological Year) / Hubert Lakenbrink (Projektkoordinator Project Coordinator) / Dietmar Lichtenberg (Haushelfer Building Assistant) / Hans-Christian Lied (Projektkoordinator Project Coordinator) / Sebastian Maaß (studentischer Mitarbeiter Student Co-worker) / Frauke Manninga (Ausstellungskoordination Exhibition Coordination) / Matthias Medefind (Projektsteuerung Project Control, Ingenieurgesellschaft für Projektmanagement [IPM]) / Christian Merkle (Freiwilliges Ökologisches Jahr Voluntary Ecological Year) / Sabine Metzger (Leitung Presse- und Öffentlichkeitsarbeit Press and Publicity Manager) / Rainer Müller (Leiter Stabsstelle Presse, Pressesprecher Staff Section Press Manager, Press Spokesperson) / Karla Müller (studentische Mitarbeiterin Student Co-worker) / Victoria Mutzek (studentische Mitarbeiterin Student Co-worker) / Stefan Nowicki (Projektmanager Presse und Öffentlichkeitsarbeit Press and Publicity Project Manager) / David Oberthür (Projektmanager Project Manager) / Svenja Pacholski (Freiwilliges Ökologisches Jahr Voluntary Ecological Year) / Karen Pein (Projektkoordinatorin Project Coordinator) / Jens-Phillip Petersen (studentischer Mitarbeiter Student Co-worker) / René Reckschwardt (Projektkoordinator Project Coordinator) / Christoph Reuß (Kaufmännischer Leiter, Prokurist Commercial Manager, Authorised Representative) / Christian Roedel (Projektkoordinator Project Coordinator) / Barbara Sälzer (studentische Mitarbeiterin Student Co-worker) / Christian Schulz (Assistenz Kommunikation und Marketing Communications and Marketing Assistant) / Silke Schumacher (Projektmanagerin Project Manager) / Anna-Lena Schüsler (Assistenz der Projektkoordination Project Coordination Assistant) / Marlies Schwarzer (Chefsekretärin Head Secretary) / Sultan Sevci (Café IBA DOCK Café) / Florian Siek (Freiwilliges Ökologisches Jahr Voluntary Ecological Year) / Katja Stock (Assistenz der Projektkoordination Project Coordination Assistant, Büro Luchterhandt) / Karin Stöckigt (Mitarbeiterin Co-worker BOE) / Gerti Theis (Projektkoordinatorin Project Coordinator) / Lara Tiede (studentische Mitarbeiterin Student Co-worker) / Jana Vetter (Projektsteuerung Project Control, Bureau Veritas Construction Service) / Anna Vietinghoff (stellv. Pressesprecherin Deputy Press Spokesperson) / Martina Vieweg (Sekretariat Secretariat) / Jost Vitt (Projektmanager Project Manager, Büro Luchterhandt) / Heide Vollmann (Sekretariat Secretariat) / Claudia Wagner (Leiterin Kommunikation und Marketing Communications and Marketing Manager) / Ronny Warnke (Assistent der Geschäftsführung Assistant to Management) / Simona Weisleder (Projektkoordinatorin Project Coordinator) / Kai Werner (Projektsteuerung Project Control, Gesellschaft für Wirtschafts- und Altlasten-Consulting mbH) / Karsten Wessel (Projektkoordinator Project Coordinator)

Praktikanten Interns (2007-2013)

Zeyrep Arduc / Alexander Brandes / Karin Fischer / Jana Gienke / Lukas Halemba / Jeannette Härtling / Christina Häublein / Michaela Hauenschild / Alexander Hoba / Linn Holthey / Dennis Isenbügel / Johanna Kähler / Sebastian Kaiser / Katharina Keienburg / Ina Knabjohann / Julie-Marthe Lehmann / Juliane Letz / Yuan Liu / David Manjoulet / Juliane Meyer / Sebastian Meyer / Karla Müller / Moritz Pohlmann / Charlotte Pusch / Alexandra Quint / Enno Redeker / Sophie Richter-Retwisch / Karola Rubow / Juliette Schickel / Dennis Schneider / Feline Schön / Isabel Schröter / Susanne Schubert / Stefanie Schulte / Janna Siebert / Marie Taveau / Johan Vogelaar / Petra Wiesbrock / Melanie Witt

Städtebauliches Referendariat
Urban Development Traineeships

Thorsten Donn / Miriam Kaiser / Christian Marx

IBA Guides IBA Guides (2007-2013)

Hanna Albrecht / Lennart Albrecht / Kay Ballmann / Veronika Bartelt / Fabian Baßenhoff / Anna Becker / Anna Berestetska / Silke Blecken-Sörensen / Aron Bohmann / Peter Braasch / Tom Brandenburger / Dominique Charlotte Breier / Merle Breyer / Sebastian Bührig / Michael Burij / Lisa Buttenberg / Uwe A. Carstensen / Birgit Caumanns / Kai Michael Dietrich / Nils Moritz Drebold / Kathrin Droeppelmann / Claire Duvernet / Yasemin Eren / Markus Ewald / Miriam Felkers / Johanna Fink / Christoph Fischer / Mareike Gärtner / Felix Christoph Gedanke / Stefanie Graze / Astrid Großmann / Kira Groth / Lukas Halemba / Josefine Hintz / Linn Holthey / Tobias Holtz / Marco Hosemann / Katrin Hovy / Adrian Judt / Leonie Kemper / Michael Klatz / Luise Köhler / Lena Krüger / Hülya Kula / Tugba Kula / Friedrich Lammert / Elena Lee / Frithjof Look / Magdalena Maierhofer / Jennifer Margitan / Jan-Hendrik Mohr / Jacqueline Nguyen / Benjamin Oberhof / Laura Leiva Orozco / Svenja Pacholski / Jan Pastoors / Jan Paulsen / Isabel Pech / Simon Pommerin / Melina Pusch / Nicole Raddatz / Johanna Reisch / Mohammad Saeidimadani / Viktoria Scheifers / Christian Scheler / Bettina Schön / Dajana Schröder / Jacobine Schuchard / Burghard Schwerz / Anika Slawski / Silke Sörensen / Rosa von der Beek / Cynthia Wagner / Julia Westberg / Philipp Wetzel / Rafael Wohlfahrt

IBA Guides (Aufnahme Frühjahr 2013) IBA Guides (Taken spring 2013)

IBA-Partner IBA Partners

Altenwerder Schiffswerft GmbH & Co. KG / Amstel Immobilien Cornelius Groenewold GmbH / Andreas Hansen GmbH & Co. KG / AON Jauch & Hübener Holdings GmbH / Arbeit und Lernen Hamburg GmbH (alh) / Arbeitsgemeinschaft Hamburger Wohnungsunternehmen e.V. Hamburg Housing Enterprises Association / Architekturzentrum Hamburg - Gesellschaft für Baukultur / Arubis / August Prien Bauunternehmung GmbH & Co. KG / Ausbildungszentrum - Bau in Hamburg GmbH / Averdung Ingenieursgesellschaft mbH / BARGE / Bauindustrieverband Hamburg e.V. Hamburg Construction Industry Association / Bauverein der Elbgemeinde e.G. Elbe Community Construction Association / Bauverein Reiherstieg e.G. Reiherstieg Construction Association / Bauwelt - Delmes Heitmann GmbH & Co. KG / BDA der Freien und Hansestadt Hamburg e.V. Hamburg Association of German Architects / Benno und Inge Behrens-Stiftung / Bergedorfer Schifffahrtslinie Buhr GmbH / Betonwerk Woehe & Heydemann GmbH & Co. KG / BFW Vermittlungskontor BFW Mediation Service / Bureau Veritas - IPM Ingenieurgesellschaft für Projektmanagement mbH, Niederlassung Hamburg / Bürger-Solarkraftwerke Rosengarten e.V. Rosengarten Community Solar Power Stations / Büro für lokale Wirtschaft Office for Local Economy - LoWi / Bäderland Hamburg GmbH / Carl Robert Eckelmann AG / channel hamburg e.V / Cinemaxx Hamburg Harburg / curth+roth GbR / Das Geld hängt an den Bäumen GmbH / Deutsche Immobilien Development GmbH / Deutsche Telekom AG - T-Com Techn. Infrastruktur Niederlassung Nord / Deutsches Jugendherbergswerk German Youth Hostels - Landesverband Nordmark e.V. Nordmark State Association / Dierkes & Partner / Dr. Hesse und Partner Ingenieure Vermessungsbüro / E.ON Hanse AG / Ed. Züblin AG / Elektrodienst Wilhelmsburg GmbH / ERCO Leuchten GmbH / Erneuerbare Energien Hamburg Clusteragentur GmbH, Renewable Energy Hamburg / Ernst Fisch GmbH & Co.KG / Eternit AG / Fachverband Garten-, Landschafts- und Sportplatzbau Specialist Association of Garden, Landscape, and Sports Facilities Construction / Franz Kaldewei GmbH & Co. KG / Frisches Management - Immobilien Consulting / G.

Lindeblatt + H.J. Gottzmann Industriemanagement / Garbe Investment GmbH / German Eco Tec GmbH / Geschäftsstelle der metropolregion hamburg Hamburg Metropolitan Region Business Centre / Get the Kick e.V. / HafenCity Hamburg GmbH / HafenCity Universität Hamburg / HAMBURG ENERGIE GmbH / Hamburg Messe und Congress GmbH / Hamburg Port Authority / Hamburg Tourismus GmbH / HAMBURG WASSER HAMBURG WATER / Hamburger Hochbahn AG / Hamburger Sparkasse / Hamburger Volkshochschule Hamburg Adult Education / Hamburgische Gesellschaft für Wirtschaftsförderung Hamburg Association for Economic Advancement e.V. / hamburgmuseum - Museum für Hamburgische Geschichte Museum of Hamburg's History / Handelskammer Hamburg Hamburg Chamber of Commerce / Handwerkskammer Hamburg Hamburg Chamber of Crafts / Hans E. H. Puhst GmbH & Co. KG / HAW - Hochschule für Angewandte Wissenschaften Hamburg Hamburg University of Applied Sciences / HC Hagemann GmbH & Co. KG / Heik Spedition / Helms Museum / Holger Cassens / HomeWay GmbH / HRW Gebäudetechnik GmbH / HVV Hamburger Verkehrsverbund GmbH / HWWI – Hamburgisches WeltWirtschafts Institut Hamburg Global Economics Institute / IG Reiherstieg / IMMOSOLAR EnergyManagement / Imtech Deutschland GmbH & Co. KG / INGENIEURWERK / Inselakademie / Iwan BUDNIKOWSKY GmbH & Co. KG / Kampnagel GmbH / Kulturstiftung Phoenix Art Cultural Foundation / Kunstverein Harburger Bahnhof Harburg Railway Station Art Association e.V. / Landesverband freier Immobilien- und Wohnungsunternehmen State Association of Independent Real Estate and Housing Enterprises Hamburg/Schleswig-Holstein/Mecklenburg-Vorpommern / Landwirtschaftskammer Hamburg Hamburg Chamber of Agriculture / Laurens Spethmann Holding AG & Co. KG / Lawaetz-Stiftung / LeisureWorkGroup GmbH / Lorenz + Partner GmbH / Max Hoffmann GmbH & Co. KG / MegaWATT Ingenieurgesellschaft für Wärme- und Energietechnik mbH / Menck Fenster GmbH / meravis Wohnungsbau- und Immobilien GmbH / Metropolitan Projects GbR / Meyer & John GmbH & Co. KG / Museum der Arbeit Work Museum / Museum Elbinsel Wilhelmsburg / Neidhardt Grundbau GmbH

/ Nexthamburg / Otto Wulff Bauunternehmen GmbH & Co. KG / passage gGmbH / Pilkington Deutschland AG / Planetarium Hamburg / ReGe Hamburg Projekt Realisierungsgesellschaft mbH / REpower Systems SE / RINN / Rolls-Royce Marine Deutschland GmbH / S-Bahn Hamburg GmbH / SAGA GWG / SANHA Kaimer GmbH & CO. KG / SBB Stiftung Berufliche Bildung / Schutzgemeinschaft Deutscher Wald Landesverband Hamburg e.V. Hamburg State Association for the Protection of Forests / secu-ring GmbH / Siegfried Moll & Partner, SM&P Consulting / sign-d / Sparkasse Harburg-Buxtehude / Sprinkenhof AG / SRL – Vereinigung für Stadt-, Regional- und Landesplanung Association for City, Regional, and State Planning / Stadtreinigung Hamburg Hamburg City Cleaning / Stadtteilkulturzentrum District Cultural Centre Honigfabrik / steg Stadterneuerungs- und Stadtentwicklungsgesellschaft Hamburg mbH / Stein Plan Werk / Stiebel Eltron GmbH & Co. KG / Stiftung Bürgerhaus Wilhelmsburg / Stiftung Hamburg Maritim / Technische Universität Hamburg-Harburg University of Technology / TOTO Europe GmbH / Türkische Gemeinde in Hamburg und Umgebung e.V. Turkish Community in Hamburg and Surroundings / Unternehmensverband Nord Enterprise Association North / Unternehmer ohne Grenzen e.V. Entrepreneurs without Borders / Uponor GmbH / Vattenfall Europe Distribution Hamburg GmbH | Netzanschluss / VELUX Deutschland GmbH / Verband für Haus- und Wohneigentum Hamburg e.V. Hamburg Homeowners Association / Verband norddeutscher Wohnungsunternehmen e.V. Association of North German Residental Property Enterprises / WFC World Future Council / Wilhelmsburger Krankenhaus „Groß Sand" Wilhelmsburg Hospital / Wirtschaftsverein für den Hamburger Süden e.V. South Hamburg Commercial Association / Wohnungsbaugenossenschaft Süderelbe e.G. South Elbe Residential Construction Association / wph Wohnbau- und Projektentwicklung Hamburg GmbH / ZEBAU GmbH / Zukunftsrat Hamburg Hamburg Future Council

IBA-Partner (Aufnahme Herbst 2012) IBA Partners (Taken in autumn 2012)

Koordinierungsgremien für die Umsetzung der IBA-Projekte
Coordinating Committees for IBA Project Implementation

Koordinierungsstelle Sprung über die Elbe (KSS)
Leap across the Elbe Coordination Centre

Foto (v.l.n.r.) picture (from left to right): Thomas Reffgen (BSU) / Christian Carstensen (BSU) / Käthe Fromm (LSBG) / Andreas Kellner (BSU) / Jörg Penner (Bezirksamt Hamburg-Harburg District Authority) / Wolfgang Becker (HPA) / Dirk Köppel (Bezirksamt Hamburg-Harburg District Authority) / Marion Tants (Landesbetrieb Immobilienmanagement und Grundvermögen State Agency for Real Estate and Land Management) / Matthias Weiner (BSU) / Jörg Lindner (BWVI) / Carola Hoffenreich (BSU) / Hans-Jochen Hinz (LSBG) / Uli Hellweg (IBA Hamburg) / Prof. Jörn Walter (BSU) / Heiner Baumgarten (igs hamburg 2013) / Hubert Lakenbrink (IBA Hamburg) / Bodo Hafke (Bezirksamt Hamburg-Mitte District Authority) / Christian Roedel (IBA Hamburg) / Christoph Reuß (IBA Hamburg) Nicht auf dem Foto not in the picture: Wolfgang Denien (igs hamburg 2013) / Klaus Franke (BWV) / Lexi von Hoffmann (Senatskanzlei Senate Chancellery) / Wolfgang Hurtienne (HPA) / Martin Köppen (BWVI) / Claus Kriegs (igs hamburg 2013) / Jens Matthes (BSU) / Willi Rickert (BSU) / Prof. Joachim Sanden (BSU) / Wilhelm Schulte (BSU) / Thomas Schuster (Landesbetrieb für Immobilienmanagement und Grundvermögen State Agency for Real Estate and Land Management) / Ingo Schütz (Bäderland Hamburg) / Markus Weiler (Bezirksamt Hamburg-Mitte District Authority)

Projektgruppe Sprung über die Elbe (PGS) der Behörde für Stadtentwicklung und Umwelt
Leap across the Elbe Project Group (PGS) of the Ministry for Urban Development and Environment

Foto (v.l.n.r.) picture (from left to right): Enrico Mierke / Angelika Kuban / Reyhan Beyhan / Chiara Derenbach / Carola Hoffenreich / Kerstin Blüthmann / Ralf Woitass / Gabriele Foerster / Andreas Kellner

Stabsstelle internationale Ausstellungen in der Finanzbehörde International Exhibitions Section, Ministry of Finance

Foto, hintere Reihe (v.l.n.r.) picture, back row (from left to right): Gunnar Tanger / Hans-Günther Mühl / Manfred Schröder / Matthias Peters / Friedrich Gottschalk Foto, vordere Reihe (v.l.n.r.) front row (from left to right): Carola Schumann / Berit Nagel / Marion Tants / Thomas Schuster; Nicht auf dem Foto not in the picture: Marco Rauter / Jens Schuchardt / Katrin Dröge / Ute Stoldt / Heike Jobus / Angela Zader

Projektleiterrunde Project Manager Group

Wolfgang Denien / Chiara Derenbach / Carsten Dorn / Gabriele Förster / Klaus Franke / Käthe Fromm / Friedrich Gottschalk / Philip Haggeney / Carola Hoffenreich / Andreas Kellner / Gundula Kersten / Karl-Heinz Kotteck / Angelika Kuban / Kenneth Kuhl / Hubert Lakenbrink / Werner Preuß / Thomas Reffgen / Christian Roedel / Heiko Schmidt / Joel Schrage / Susanne Schreck / Jan Schülecke / Ingo Schuett / Ingo Schütz / Axel Schulz / Carola Schumann / Jana Vetter / Frank von Wehren / Markus Weiler / Matthias Weiner / Claudia Wollny / Kai Wummel

Koordinierungsstelle Sprung über die Elbe (Aufnahme Frühjahr 2013) Leap across the Elbe Coordination Centre (Taken spring 2013)

Projektgruppe Sprung über die Elbe (Aufnahme Frühjahr 2013) Leap across the Elbe Project Group (Taken spring 2013)

Stabsstelle internationale Ausstellungen in der Finanzbehörde (Aufnahme Frühjahr 2013) International Exhibitions Section, Ministry of Finance (Taken spring 2013)

Lenkungsgruppe Bildungsoffensive Elbinseln
Elbe Islands Education Drive Steering Committee
Foto (v.l.n.r.) picture (from left to right): Jörg-Robert Schreiber (Behörde für Schule und Berufsbildung Ministry for Schools and Vocational Education) / Theda von Kalben (IBA Hamburg) / Andreas Kellner (BSU) / Willi Rickert (BSU) / Sakia Henze (Senatkanzlei Senate Chancellery) / Uwe Riez (Behörde für Arbeit, Soziales, Familie und Integration Ministry for Work, Social Affairs, Families, and Integration) / Dr. Hannes Alpheis (Behörde für Schule und Berufsbildung Ministry for Schools and Vocational Education) / Uli Hellweg (IBA Hamburg) / Martin Werner (Bezirksamt Hamburg-Mitte District Authority) / Norbert Rosenboom (Behörde für Schule und Berufsbildung Ministry for Schools and Vocational Education) / Ewald Rowohlt (GMH) / Jürgen Dege-Rüger (IBA Hamburg); Nicht auf dem Foto not in the picture: Marie-Luise Tolle

Arbeitskreis Wirtschaft
Economy Working Group
Kazim Abaci / Jörg Amelung / Schildhauer Andreas / Lüder Bartels / Friedrich Baumgärtel / Wolfgang Becker / Christina Bestmann / Erika Buitkamp / Piroska Csösz / Alexander Delmes / Michael Dirmeier / Robert M. Eckelmann / Sylvia Eggers / Gottfried Eich / Arnold Felkers / Jürgen Franzke / Matthias Fritsch / Michael Thomas Fröhlich / Sigrid Gärtner / Michael O. Grau / Cornelius Groenewold / Ingo Hadrych / Dirk Heitmann / Ulrich Hellweg / Bruno Helms / Peter Hitpaß / Manfred Hofmann / Norbert Hogreve / Kai Hünemörder / Michael Hüttel / Ulf Inzelmann / Uwe Kolks / Thomas Krieger / Hans-Christian Lied / Frank Lorenz / Matthias Mädel / Volker Malle / Michael Marrett-Foßen / Margit Mehlich / Onno Meyer / Lars Meyer / Robert Möller / Herbert Neidhardt / Friedrich W. Oeser / Jan Petersen / Kurt Plessner / Hans-Peter Pohl / Volker Reimers / Gilda Reitinger / Hermann Rohling / Jürgen Roloff / Johannes Roth / Lars Rückert / Bianca Sander / Andreas Schildhauer / Kai Schlatermund / Jana Schlick / Thomas Schmale / Thorsten Schulz / Ingo Schütz / Rüdiger Siechau / Udo Stein / Kai Storm / Rolf Suhr / Heidi Tillmanns / Anne-Kathrin Toegel / Arne Weber / Thomas Wilkens / Bernd Wittorf / Herbert Wolf / Stefan Wulff / Yusuf Yildi

Arbeitskreis Wirtschaft und Beschäftigung
Working Group Economy and Labour
[Text] Kazim Abaci / Thomas Anklam / Dietrich Becker / Martina Borgwardt / Isa Bozic / Corinna Braun / Martina Brenning-Kümper / Astrid Christen / Hansjörg Diers / Martin Dörk / Gottfried Eich / Frank Elster / Stefanie Engelbrecht / Andrea Franke / Anja Gehrcke / Judith Geipel / Nils Grudzinski / Insa Harms / Sabine Haugg / Rolf Kellner / Matthias Koerner / Petra Lill / Jens Lüth / Udo Marquardt / Yvonne Nische / Corinna Peters-Leimbach / Jürgen Roloff / Holger Rosenburg / Ines Rosowski / Jan Peter Schierhorn / Ralf Schlesselmann / Ines Schönemann / Arno Siebert / Gudrun Stefaniak / Kai Storm / Olav Vavros / Gorch von Blomberg / Simon Wengst / Sabine Wenzel / Günther Winter Hildebrand Henatsch / Klaus Wüstermann / Andrea Zohm

Vergabegremium Klimaschutzmittel für Exzellenzmaßnahmen im Rahmen der IBA
Climate Protection Awards Committee for Excellent Work with the IBA
Kai Fabig (†) / Benno Hein / Uli Hellweg / Frank Karthaus / Jörn Pagels / Karsten Wessel

Jour Fixe Klimaschutzprojekte
Climate Projects Regular Meeting
Julia Brockmann / Kai Fabig (†) / Frank Karthaus / Caroline König / Hendrik Pinnau / Simona Weisleder / Karsten Wessel

Lenkungsgruppe Bildungsoffensive Elbinseln (Aufnahme Frühjahr 2013) Elbe Islands Education Drive Steering Committee (Taken spring 2013)

„Mittwochsrunde" (Koordinierung gemeinsamer IBA/igs-Projekte)
"Wednesday Group" (Coordination of Joint IBA/igs Projects)
Heiner Baumgarten / Wolfgang Denien / Jo Ehmann / Käthe Fromm / Rolo Fütterer / Philip Haggeney / Uli Hellweg / Dr. Gundula Kersten / Kerstin Koch / Hubert Lakenbrink / Stephan Lenzen / Christian Popp / Werner Preuß / Volker Rathje / Christian Roedel / Konrad Rothfuchs / Martin Schulz-Brehme / Jessica Tag / Jana Vetter

Jour Fixe Hamburg-Mitte
Hamburg-Mitte Regular Meeting
Wolfgang Denien / Cordula Ernsing / Gabriele Foerster / Gunnar Friedrich / Ursula Groß / Angela Hellenbach / Carola Hoffenreich / Karl-Heinz Humburg / Markus Jordan / Britha Krause / Kristina Kubentz / Michael Mathe / Heidi Martens / Sandra Reershemius / Axel Schulz / Thorsten Schulz / Carola Schumann / Jessica Tag / Markus Weiler / Michael Willert / Hubert Lakenbrink, Dr. Gundula Kersten und weitere and further Projektkoordinatoren und Projektkoordinatorinnen der IBA Hamburg Project Coordinators of the IBA Hamburg

Jour Fixe Harburg Harburg Regular Meeting
Anja Dirks / Daniela Nicolas / Dirk Köppel / Georg Sieben / Gerrit Pluntke / Henning von Ladiges / Jan Paulsen / Jörg Penner / Kerstin Zillmann / Karsten Meyer / Ina Tielemann / Klaus Krollpfeiffer / Monika Uhlmann / Sven Menke / Susanne Emich / Raymund Ranft / Friedrich Gottschalk / Berit Nagel / Marion Tants / Christoph Schwarzkopf / Ralf Woitass / Cordula Ernsing / Matthias Kock / Martina Garbers / Dr. Elke Först / Karen Pein / Anna Kokalanova / David Oberthür

Jour Fixe Spreehafen
Spreehafen Regular Meeting
Chiara Derenbach / Gabriele Foerster / Käthe Fromm / Marlies Hartmann / Matthias Kolle / Hans-Christian Lied / Dierk Münster / Antje Müller / Holger Weiffen / Markus Weiler / Sabine Wollny / Julius Strauß / Michaela Sangkuhl / Michael Stelly / Angelie Thomas

Runder Tisch „Rad" Round Table „Bicycle"
ADFC Hamburg / AK Fahrradstadt Wilhelmsburg / Bezirk Hamburg-Mitte / BSU / BWVI / IBA Hamburg / igs 2013 / HPA / Prof. Dr. Hartmut Topp / VCD

Jour Fixe SAGA GWG
SAGA GWG Regular Meeting
Zeynep Adanali / Dr. Michael Ahrens / Sven Andresen / Franziska Bauer / Sabine de Buhr / Claire Duvernet / Gottfried Eich / Herr Eichler / Jan Gerbitz / Jana Gienke / Susanne Gräff / Herr Hahn / Anke Hansing / Uli Hellweg / Ljudmila Hermoni / Alexander Hoba / Willi Hoppenstedt / Stephan Jabben / Ulrike Jensen / Dittmar Loose / Andreas Lüllau / Sebastian Maaß / Mario Mack / Volker Malle / Ulrike Pelz / Jens-Phillip Petersen / René Reckschwardt / Carola Reckzeh / Wilfried Ring / Karola Rubow / Frau Schamann / Thorsten Schmidt / Dennis Schneider / Karin Schrader / Silke Schumacher / Mario Spitzmüller / Marie Taveau / John Thybusch / Jana Vetter / Theda von Kalben / Ronny Warnke / Karsten Wessel / Sven Wittstock / Simone Wolf

Jour Fixe Veringhöfe
Veringhöfe Regular Meeting
Sabine Hahn-Nicol / Hans-Christian Lied / Christoph Reuß / Christian Roedel / Katja Sattelkau / Ralph-Peter Schmidt / Gerti Theis / Anne Waterkamp

AG Weltquartier
Global Neighbourhood Working Group
Sven Andresen / Kristin Appelbaum / Franziska Bauer / Hartmut Böttcher / Jacqueline Brand / Cornelia Brandt / Sabine de Buhr / Frau Degenhardt / Thorsten Donn / Claire Duvernet / Antje Eckert / Herr Ehlers / Mathias Eichler / Herr Eschenhagen / Fitzner / Claudia Franz / Claudia Franz / Frau Franz / Jana Gienke / Frau Gloystein / Herr Goldberg / Susanne Gräff / Fr. Hagen / Hahn / Ljudmila Hermoni / Alexander Hoba / Stephan Jabben / Frederick Phillip Jacob / Ulrike Jensen / Johanna Kähler / Frau Koschmieder / Kuhne / Dittmar Loose / Hauke Lührsen / Andreas Lüllau / Marquardt / Mäser / Gerd Meyer / Ursula Miksch / Ulrike Pelz / Jens-Phillip Petersen / Prang / Herr Pump / René Reckschwardt / Carola Reckzeh / Heiko Restle / Wilfried Ring / Karola Rubow / Thorsten Schmidt / Schneider / Karin Schrader / John Thybusch / Jennifer Weiss / Sven Wittstock / Jill Zaspel

Koordinierungsgruppe Sprache und Bewegung
Language and Exercise Coordinating Group
Foto, vordere Reihe (v.l.n.r.)) picture, front row (from left to right): Dr. Jan Erhorn / Heinrich Ullrich / Judith Geipel / Doris Gerz / Frauke Henning Foto, hintere Reihe (v.l.n.r.) picture, back row (from left to right): Anne Krupp / Uli Gomolzig / Susanne Lages / Klaus-Jürgen Schneider / Joseph Burbach; Nicht auf dem Foto not in the picture: Isa Bozic / Ole Junker / Jörg Kallmeyer / Marco Liebchen / Marita Müller-Krätzschmar / Jörn Parizot

Koordinierungsgruppe MEDIA DOCK
MEDIA DOCK Coordinating Group
Arne Bens / Bodo Giese / Christian Gronwald / Barbara Lewlnska / Christian Meyer / Beatrix Nimphy / Irinell Ruf / Dennis Rumpel

Lokale Leitungsgruppe Bildungszentrum Tor zur Welt Gateway to the World Education Centre Local Management Group
Magdalene Baus / Volker Clasing / Christoph-Boris Frank / Antje Fuhrmeister / Karin Limmer / Wolfgang Maack / Ulla Mesenholl / Susanne Pötz-Neuburger / Marina Ravens / Christiane Richers / Jörg-Robert Schreiber / Birgit Trosien / Christiane Tursi

Projektbeirat UdN University of Neighbourhoods Project Committee
Benjamin Becker / Regina Bittner / Christoph Bohnenkamp / Sabine de Buhr / Jürgen Dege-Rüger / Christopher Dell / Thorsten Donn / Claire Duvernet / Ellen Fiedelmeier / Stefanie Gernert / Stefanie Graze / Dr. Anke Haarmann / Tim Hansen /

Koordinierungsgruppe Sprache und Bewegung (Aufnahme Frühjahr 2013) Language and Exercise Coordinating Group (Taken spring 2013)

Katja Heinecke / Angela Hollenbach / Uli Hellweg / Alexander Hoba / Melanie Johns / Bettina Kiehn / Phillip Klein / Prof. Bernd Kniess / Andrea Knobloch / Prof. Dr. Michael Koch / Sophie Kuhnt / Marina Lindemann / Tabea Michaelis / Prof. Dr. Wolff Mitto / Berit Nagel / Peter Niehuis / Dr. Walter Pelka / Jens-Phillip Petersen / René Reckschwardt / Ulrike Reinert / Ulrich Schenck / Volker Schenk / Silke Schumacher / Arno Siebert / Prof. Steven Spier / Marion Tants / Renée Tribble / Dr. Ute Vorkoeper

Projektbeirat Deichpark Dyke Park Project Committee
Thomas Buß / Hennig Cordes / Gabriele Förster / Uli Hellweg / Hans-Jochen Hinz / Andreas Kellner / Caroline König / Prof. Dr. Nicole von Lieberman / Manfred Meine / Jan-Moritz Müller / Prof. Dr. Erik Pasche (†) / Sabine Rabe / Michael Schaper / Prof. Dr. Hille von Seggern / Olaf Simon / Prof. Antje Stokman / Frederik M. Treuel / Karsten Wessel

Besondere Formate zur Mitwirkung und Mitgestaltung
Special Participation and Involvement Formats

IBA/igs Beteiligungsgremium (2007-2013)
IBA/igs Participation Council (2007 - 2013)
Bürgerinnen und Bürger Residents: Kazim Abaci / Liesel Amelingmeyer / Dr. Lüder Bartels / Christian Baumann / Klaus-Carsten Beck / Wolfgang Betz / Gorch von Blomberg / Hendrik Brauns / Erika Buitkamp / Layla Dawson / Peter Flecke / Katharina Fuhrmann / André Gesche / Michael Grau / Metin Hakverdi / Jens Hardel / Mathias Herrmann / Philipp Jarke / Emre Kantar / Bettina Kiehn / Alexandra Krebs / Dittmar Loose / Klaus Lübke / Hans-Jürgen Maass / Marino Maligoi / Karin Meise / Ralf Müller / Dr. Norbert Neuburger / Frank Otto / Jan Peters / Corinna Peters-Leimbach / Helmuth Poggensee / Leon Przybylski / Susan Ramelow / Mairusz Rejmanowski / Silvia Rickert / Bianca Sander / Angela Schapals / Volker Schenk / Sabine Schrader / Inge Schröder / Gerhard Schulenburg / Anne Schulz / Wolfgang Schwarz / Udo Stein / Norbert Steinkemper / Mergime Sylejmani / Brigitte Werner **Politiker Politicians:** Gunter Böttcher / Rolf Buhs / Torsten Daniel / Ronald Dittmer / Irene Gross / Renate Hercher-Reis / Peter Holthusen / Jutta Kodrzynski / Heinrich-Otto Patzer / Patrick Paul / Rainer Roszak / Andrea Sachlan / Michael Weinreich / Frank Wiesner

IBA/igs Beteiligungsgremium (Aufnahme Herbst 2012) IBA/igs Participation Council (Taken in autumn 2012)

Bürgerdialoge Dialogues with Members of the Public
Bürgerinnen und Bürger der Elbinseln Wilhelmsburg und Veddel und des Harburger Binnenhafens. Members of the public from the Elbe islands of Wilhelmsburg and Veddel, and the Harburg Upriver Port

Projektdialoge Project Dialogues
Anwohnerinnen und Anwohner und am jeweiligen Projekt interessierte Bürgerinnen und Bürger der Elbinseln (für die Projekte, siehe Band 6, S. 136). Elbe islands residents and interested members of the public (Cf. list of projects, volume 6, p. 138).

Bildungsnetzwerke auf den Elbinseln
Education Networks on the Elbe Islands
Arbeitskreis Berufsorientierung (AK BeO) Careers Guidance Working Group / AG Kirchdorf / Bündnis für Kunst und Kultur Art and Culture Association / Forum Bildung Wilhelmsburg Education Forum / Initiative Wilhelmsburg / Institutionentreffen Veddel Encountering ing Institutions / Kerngruppe Kirschdorf Core Group / Kerngruppe Reiherstieg Core Group / Kerngruppe Veddel Core Group / Kreis-Elternrat Parents' Advice Group / Netzwerk Cafés Network Cafés / / Netzwerk für Musik von den Elbinseln Elbe Islands Music Network / Netzwerk Haus der Projekte House of Projects Network / Netzwerk MEDIA DOCK Network / Netzwerk PraxisLernen Learning by Doing Network / Netzwerk Sprach- und Bewegungszentrum Centre of Language and Exercise Network / Netzwerk Tor zur Welt Gateway to the World Network / Schulbezogenes Netzwerk Elbinseln Elbe Islands School-related Network / Schulleiterkonferenz Elbinseln Elbe Islands School Heads' Conference

Projektaufruf Call for Project Proposals
Ideen für Veddel und Spreehafen Ideas for Veddel and Spreehafen
Ausgewählte Beiträge Selected Works Kanuterrassen Canoe Terraces: Stefan Rogge, CAD-Service und Architekttouren, Hamburg / Spreehafen Landungsbrücken Landing Stages: Michael Rothschuh, Zukunft Elbinseln e.V. Elbe Islands Future, Hamburg / Maritime Circle Line: Gregor Mogi, Gregors GmbH, Hamburg / Kultur-Hafen Hamburg Wilhelmsburg Harbour Culture: Dipl.-Ing. H. Schlepegrell, ArchitekturContor, Hamburg / Zollzaunbühne Customs Fence Stage: Mathias Kulcke (Entwurf Design), Andreas Janson, Mathias Kulcke, Jaku-Form, Basthorst (Projektträger Project Sponsor) / Büro Verborgene Stätte Hidden Places Office: Julia Münz und Annika Unterburg, Hamburg / Internationale Seniorentagesstätte Haus der Begegnung Veddel International Senior Citizens' Centre, Veddel Meeting House: Christoph Hegel, mor Architekten, Hamburg / Ballsaal am Elbdeich Ballroom on the Elbe Dyke: Mathias Lintl, Hamburg / Mode von der Veddel Veddel Fashion: Förderwerk Elbinseln e.V. Elbe Islands Promotion, Hamburg Projektkoordinator Project Coordinator Hans-Christian Lied / Anna Kokalanova

Zukunftsbild Georgswerder Georgswerder in the Future
Beratergremium Board Prof. Ulrike Beuter / Ronald Dittmer / Uli Hellweg / Carola Hoffenreich / Uwe Hudemann / Karl Heinz Humburg / Prof. Dr. Michael Koch / Jutta Kodrzynski / Peter Köster / Karin Meise / Dr. Michael Osterburg / Andre Plaster / Helga Schors / Prof. Klaus Sill / Prof. Kunibert Wachten / Simona Weisleder **Bürgerrinnen und Bürger und Planungsbüros Residents and Planning Offices** Markus Bader / Hans-Walter Bartels / Frank Boberg / Fabian Elser / Michel Eser / Anja Fertig / Falko Fock / Philipp Hachenberg / Jörn Hadzik / Steven Harder / Christel Heinelt / Gerhard Heinelt / Anne-Laure / Gestering / Eyup Gezer / Liselotte Glatz / Andrea Hofmann / Uwe Hudemann / Lise Koefoed Larsen / Xenia Mattner / Christof Mayer / Claire Mothais / Alex Münch / Ole Nettig / Kristin Osterhoff / Shao Peng / Malte Pill / Claudia Rehder / Horst Schönweitz / Andrea Schwegler

Stadtteilbeirat Veddel Veddel District Council

Beirat für Stadtteilentwicklung Wilhelmsburg
Wilhelmsburg Urban Development Council

Sanierungsbeirat südliches Reiherstiegviertel
South Reiherstieg District Renovation Council

Sanierungsbeirat Berta-Kröger-Platz
Berta-Kröger-Platz Renovation Council

IBA LABORE, FOREN, LOUNGES und übergeordnete Ausstellungen
IBA LABORATORIES, FORUMS, LOUNGES and Greater Exhibitions

Wir danken den Kooperationspartnern, Referentinnen und Referenten, Moderatorinnen und Moderatoren, Diskutanten und Besuchern der IBA LABORE, IBA FOREN, Ausstellungen und IBA LOUNGES in Dresden, Basel, Köln, Kassel, Stuttgart, München und Berlin. Our thanks are due to the partners, speakers, presenters, and participants in the IBA LABORATORIES, the IBA FORUMS, exhibitions, and IBA LOUNGES in Dresden, Basel, Cologne, Kassel, Stuttgart, Munich, and Berlin.

IBA FORUM 2007 - Metropole: Reflexion Metropolis: Reflection
IBA FORUM 2008 - Metropole: Ressourcen Metropolis: Resources
IBA FORUM 2009 - Metropole: Bilden Metropolis: Education
IBA FORUM 2010 - Halbzeitbilanz Half-Time Balance
IBA FORUM 2011 - Kosmopolis: Neue Chancen für die Stadt Cosmopolis: New Chances for the City
IBA FORUM 2012 - Zivilgesellschaft Civil Society
IBA FORUM 2013 - IBA meets IBA
IBA LABOR LABORATORY 2007 - Hafen - Logistik - Stadt Harbour - Logistics - City
IBA LABOR LABORATORY 2008 - Energie & Klima Energy & Climate / Architektur im Klimawandel (in Kooperation mit der HafenCity) Architecture within the Climate Change (in Cooperation with the HafenCity)
IBA LABOR LABORATORY 2009 - Kunst- und Stadtentwicklung Development of Art and City / Ressource Wasser Water Resource / Stadt für alle City for All / Klimafolgenmanagement: Herausforderung Wasser Management of Climate Consequences: Water Challenge
IBA LABOR LABORATORY 2010 - Energieatlas Energy Atlas / Kunst und Stadtentwicklung Development of Art and City / Rad Cycling
IBA LABOR LABORATORY 2011 - Verschiedene Ansichten teilen Sharing Different Views: Stadtküste Hamburg

Ausstellungen Exhibitions

IBA at WORK (2007-2010 Hamburg, Berta-Kröger-Platz)
IBA at WORK (2010-2013 Hamburg, IBA DOCK)
Deutscher Beitrag der 8. Internationalen Architekturbiennale São Paulo German Contribution of the 8th International Architecture Biennial São Paulo „CIDADE PARA TODOS. City for all - Ways to Vision" (2009/2010 São Paulo, Hamburg)
Internationale Ausstellung International Exhibition „Stadt neu bauen / Building the City Anew" in Kooperation in Cooperation mit der with the HafenCity Hamburg (2012-2013 Brüssel Brussels, Hamburg, Hannover, Marseille, Wien Vienna, Zürich Zurich)
„IBA meets IBA" in Kooperation in Cooperation mit dem with the M:AI (2007-2013 Basel, Berlin, Frankfurt, Großräschen, Hamburg, Heidelberg, Magdeburg, München Munich, Oldenburg)

Beteiligte Behörden und öffentliche Dienststellen (Stand: Frühjahr 2013)
Participating Authorities and Public Agencies (Status: spring 2013)

Erster Bürgermeister der Freien und Hansestadt Hamburg First Mayor of the Free and Hanseatic City of Hamburg Olaf Scholz **Zweite Bürgermeisterin der Freien und Hansestadt Hamburg** Second Mayor of the Free and Hanseatic City of Hamburg Dr. Dorothee Stapelfeldt **Senatskanzlei** Senate Chancellery Staatsrat State Councillor Dr. Christoph Krupp / Staatsrat State Councillor Wolfgang Schmidt **Bürgermeisterbüro** Mayor's Office Nils Grohmann / Andreas Meier / Thomas Östreicher / Jens R. Prüß / Dr. Christopher Schwieger **Planungsstab** Planning Staff Dr. Rolf Bösinger / Saskia Henze / Lexi von Hoffmann / Christof Otto / Thomas Stögbauer **Pressestelle des Senats** Senate Press Office Jan Büchner / Guido Geist / Christoph Holstein / Jörg Schmoll **Staatsamt** State Office Sabine Bleth / Corinna Buttler / Stefan Herms / Henrik Lesaar / Rieke Marxen / Dr. Claus Müller / Nicole Pietrasch / Sabine Pöllsner / Uwe Ram / Juliane Scholz-Foth / Hergen Wichmann **Vertretung der FHH beim Bund** Federal FHH Representation Klaus Harneit / Franz Klein

Behörde für Stadtentwicklung und Umwelt State Ministry for Urban Development and Environment
Behördenleitung Ministry Management Senatorin Senator Jutta Blankau / Staatsrat State Councillor Holger Lange / Staatsrat State Councillor Michael Sachs / Oberbaudirektor Chief Urban Planning Director Prof. Jörn Walter **Zentralverwaltung** Central Administration Joachim Buchholz / Jörn Flindt / Dierk Karpinski-Rex / Gabriele Kirk / Manfred Lohse / Jens Matthes / Thomas Reffgen **Amt für Umweltschutz** Environmental Protection Agency Peter Bigalke / Hans-Hermann Brandt / Torsten Brinckmann / Dorothea Derksen / Ralf Eggert / Johannes Finck / Harald Fremdling / Maren Gätjens / Dirk Geese / Gisela Gröger / Thomas Haupt / Dr. Ralf Kilger / Stefanie Kilpert / Gregor Kühnel / Klaus Marg / Elisabeth Oechtering / Nils Petersen / Monika Quistorff / Dr. Mechthild Recke / Dr. Joachim Sanden / Monica Schönrock / Dr. Volker Sokollek / Renate Taugs / Hans-Georg Tornow / Maren Vanselow / Matthias Weiner / Andrea Zogmann **Amt für Wohnen, Stadterneuerung und Bodenordnung** Housing, Urban Renewal, and Land Management Agency Anna Becker / Kerstin Dreyer / Christine Freitag / Michaela Gebhard / Angela Hansen / Andreas Kaiser / Dr. Cornelia Max / Oliver Panz / Wolfgang Stöwahse / Jutta Vorkoeper / Verena Wein-Wilke **Beteilungsverwaltung** Participation Administration Christian Carstensen / Wilfried Laugwitz **Amt für Natur- und Ressourcenschutz** Nature and Resources Protection Agency Benno Hain / Hans Bremer / Hans Gabanyi / Benno Hain / Frank Karthaus / Detlef Moldmann / Jörn Pagels / Hendrik Pinnau / Matthias Sandrock

Kulturbehörde State Ministry of Culture
Behördenleitung Ministry Management Senatorin Senator Prof. Barbara Kisseler / Staatsrat State Councillor Dr. Nikolas Hill **Amt für Kultur** Department of Culture Hans Heinrich Bethge / Gabriele Bohnsack-Häfner / Dr. Annette Busse / Nina Dreier / Werner Frömming / Frank P. Hesse / Dr. Pit Hosak / Anne-Kathrin Reinberg / Kristina Sassenscheidt / Marie-Luise Tolle / Inga Wellmann

Behörde für Wirtschaft, Verkehr und Innovation State Ministry of Economy, Transport, and Innovation
Behördenleitung Ministry Management Senator Senator Frank Horch / Staatsrat State Councillor Dr. Bernd Egert / Staatsrat State Councillor Andreas Rieckhof **Amt für Verkehr und Straßenwesen** Traffic and Roads Agency Olaf Böhm / Klaus Franke / Detlev Gündel / Martin Helm / Christine Hoffmann / Jörg Lindner / Dr. Kai Wummel **Wirtschaftsförderung, Außenwirtschaft, Agrarwirtschaft** Economic Development, Foreign Trade, and Agriculture Agency Anja Boudon / Michael Eckert / Kolja Harders / Martin Köppen / Gabriela Ohl / Michel Quermann / Marie-Luise Seiffert / Michael Stange / Malte Wehmeyer / Johanna Wienholtz

Behörde für Schule und Berufsbildung State Ministry for Schools and Vocational Education
Behördenleitung Ministry Management Senator Senator Ties Rabe / Staatsrat State Councillor Dr. Michael Voges **Behördenmitarbeiter** Ministry Staff Hannes Alpheis / Dr. Anne Buhr / Wilhelm Kelber-Bretz / Norbert Rosenboom / Robert Schreiber

Bezirksamt Hamburg-Mitte Hamburg-Mitte District Authority
Bezirksamtsleitung District Office Head Andy Grote **Dezernat Wirtschaft, Bauen und Umwelt** Economics, Building, and Environment Department Bodo Hafke / Jens Ansorge / Gerd Baum / Michaela Becker / Heike Becker / Ulf-Axel Boeckmann / Kerstin Claußen / Piroska Csösz / Christian Decker / Klaus Fleischhauer / Heide Fuhlendorf / Sönke Gerundt / Thorsten Gierenz / Ricarda Goldbach / Ursula Groß / Friedo Hauff / Sabine Hauschild / Christian Heitmann / Angela Hellenbach / Christa Hildebrandt / Sigrid Hinzmann / Karen Hofer / Karl Heinz Humburg / Maren Jonseck-Ohrt / Markus Jordan / Iris Klaperski / Julia Kleine / Roswitha Koch / Susanne Kohn / Reinhard Krogmann / Kristina Kubentz / Martina Lange / Heidi Martens / Michael Mathe / Martin Minkenberg / Marc Nieländer / Stefan Nolof / Ute Oldörp / Kai Osten / Sebastian Otte / Klaus Peters / Ursel Rabeler / Heidelore Riemer / Arne Ries / Hilmar Rodemann / Birgit Sauerwein-Vendt / Axel Schulz / Heike Schulze-Noethlichs / Florian Seifert / Andrea Seligmann-Jäckel / Peter Skambraks / Michael Sue / Insa Tönjes / Ralf-Volker Walther / Markus Weiler / Volker Westermann / Michael Willert / Claudia Wollny / Bettina Zimmerer **Fachamt Sozialraummanagement** Department of Social Space Management Magdalene Baus / Hans-Jörg Diers / Jürgen Hensen / Katrin Jänke / Petra Lill / Birgit Trosien / Dr. Hanne Walberg / Sabine Wenzel / Martin Werner **Regionalbeauftragter Wilhelmsburg und Veddel** Wilhelmsburg and Veddel Regional Representative Thorsten Schulz

Bezirksamt Hamburg-Harburg Hamburg-Harburg District Authority
Bezirksamtsleitung District Office Head Thomas Völsch **Dezernat Wirtschaft, Bauen und Umwelt** Economics, Building, and Environment Department Jörg Penner / Anja Dirks / Susanne Emich / Dirk Köppel / Klaus Krollpfeiffer / Ulrike Kräuter / Oliver Mack / Karsten Meyer / Daniela Nicolas / Inken Pfenning / Gerrit Pluntke / Ina Tielemann / Heinz-Jürgen Rook / Lars Rosinski / Monika Uhlmann / Carl-Henning von Ladiges / Uta Wassbauer **Entwicklungskoordination Harburger Binnenhafen** Harburg Upriver Port Development Coordination Dirk Köppel / Jörg Penner / Thomas Völsch / Dennis R. Worobiow / Kerstin Zillmann

Landesbetrieb Straßen, Brücken und Gewässer Roads, Bridges, and Water Agency
Heinrich Beaupoil / Dennis Borchers / Sarah Bösch / Daniel Brügemann / Carsten Buck / Stefan Eschweiler / Thorsten Flindt / Käthe Fromm / Frank Gause / Dietmar Gehrt / Detlef Gerber / Frank Giesen / Robert Glaser / Nadine Grüning / Dr. Karl Hähne / Dirk Harms / Marlies Hartmann / Oliver Hill / Marco Horn / Klaus Jalaß / Silke Jourdan / Daniela Jung / Marco Jung / Holger Kanwischer / Susanna Kick / Lutz Kirchner / Maik Kolpacki / Frank Kotsch / Dieter Mählmann / Martin Mense / Hajo Möller / Antje Müller / Jasmin Naini / Frank Noll / Leif Oetzmann / Wolfgang Rappold / Jens Reihl / Jörg Reimer / Peter Rumey / Michaela Sangkuhl / Michael Schaper / Anne Scheinert / Wulf Schöning / Marcel Seelig / Benno Speckin / Torsten Strampe / Thomas Suhr / Oliver Sulz / Angelie Thomas / Dr. Wolfram von Cramon-Taubadel / Nanett von der Lippe / Holger Weiffen / Marina Zöfeld

Hamburg Port Authority
Wolfgang Becker / Bernd Hoyer / Wolfgang Hurtienne / Tino Klemm / Kim Koitka / Ursula Kröger / Jan-Peter Leenen / Heike Naumann / Ramona Puls / Ralf Schütt / Uwe Weidemann

Akteure bei der Entwicklung und Durchführung der Projekte
Project Development and Implementation Participants

Investoren Investors

aurelius Verwaltungsgesellschaft mbH / Bäderland Hamburg / Balance Bay GmbH / Baugemeinschaft Neue Hamburger Terrassen GbR / Magdalena Baus / Bauträger Developer Frühlingstr. 57 / Behörde für Stadtentwicklung und Umwelt State Ministry for Urban Development and Environment / Behrendt Wohnungsbau KG / Benno und Inge Behrens-Stiftung Foundation / Bezirk Hamburg-Mitte District / Bezirk Harburg District / BPB Bauträger-, Projektentwicklungs- und Bauerschließungsges. mbH / Holger Cassens, Boathouse GmbH / DB AG / Deutsche Immobilien AG / Engel & Völkers Development / Gangway e.V. / GbR Veringeck / Get the Kick e.V. / GMH Gebäudemanagement Hamburg / GTW Geothermie Wilhelmsburg GmbH / HafenCity Universität / HAMBURG ENERGIE / Hamburg Port Authority / Hamburg Team Gesellschaft für Projektentwicklung mbH / / Hochtief Solutions Formart Hamburg / IIB Holger Inselpark Immobilien Besitz GmbH & Co KG / KerVita Wilhelmsburg GmbH & Co. KG / Familie Kettler / Stefan + Mathias Krause / LIG Landesbetrieb Immobilienmanagement und Grundvermögen LIG State Agency for Real Estate and Land Management / GMH Gebäudemanagement Hamburg / Meravis Wohnungsbau- und Immobilien GmbH / Neue Hamburger Terrassen oHG / Otto Wulff Bauunternehmung GmbH / P+P Hamburg GmbH / PATRIZIA Projektentwicklung GmbH / Primus developments GmbH / SAGA GWG / Schutzgemeinschaft Deutscher Wald German Forest Conservation Society / SchwörerHaus KG / Sparda Immobilien GmbH / Sprinkenhof AG / / ssc GmbH / SSC Strategic Science Consult GmbH / steg Stadterneuerungs- und Stadtentwicklungsgesellschaft Hamburg mbH / Schanze eG / VELUX Deutschland GmbH / Heinz Wernicke / Wernst Immobilien / wph Wohnbau und Projektentwicklung Hamburg GmbH / Wilhelmsburger Windmühlenverein Windmill Association e.V. / Wohnen am Hafencampus GmbH & Co KG / WOODCUBE Hamburg GmbH

Sponsoren und Förderer Sponsors

Arnold Ritscher GmbH / Aurubis AG / Bauwelt Delmes Heitmann / Behörde für Arbeit, Soziales, Familie und Integration State Ministry for Employment, Social Affairs, Family, and Integration / Bischof Glastechnik AG / Bundeszentrale für politische Bildung Federal Agency for Civic Education / Colt International GmbH / Delmes Heitmann GmbH & Co. KG / DER HAFEN HILFT! / Deutsches Rotes Kreuz Kreisverband Hamburg-Harburg e.V. Hamburg-Harburg German Red Cross Association / E.ON Hanse AG / Endress+Hauser Messtechnik GmbH+Co. KG / FRCO Leuchten GmbH / Eternit AG / Firma Horst Busch Elektro-Technik GmbH / Friedrich und Louise Homann-Stiftung Foundation / H.D. Bartels-Stiftung Foundation / Hamburg ENERGIE / HAMBURG WASSER Water / Hamburger Hochbahn Elevated Railway / Hamburger Volksbank / Hamburgische Wohnungsbaukreditanstalt / HASPA – Hamburger Sparkasse / HC Hagemann / Heidelberger Zement / Heizölgemeinschaft Hamburg e.V. / Helios Ventilatoren GmbH und Co. KG / Holcim AG / HOMANNSTIFTUNG / HTH Hanse GmbH / IMMOSOLAR GmbH / Institut für Wärme und Oeltechnik e.V. (IWO) Institute for Heat and Oil Technology / isofloc Wärmedämmtechnik GmbH / KompetenzTeam Glas / LIG Landesbetrieb Immobilienmanagement und

Grundvermögen State Agency for Real Estate and Land Management / LiGo und Kompetenzteam Glas / Lindenblatt und Gotzmann oHG / Lindner AG / Lorenz + Partner GmbH / Mankiewicz – Lackerideen der Zukunft / Stiftung Mara und Holger Cassens Foundation / Max Weishaupt GmbH / ME-LE / Stiftung Nachbarschaft Neighbourhood Foundation / Norddeutscher Rundfunk North German Broadcasting / Petersen Ingenieurbüro GmbH / Rückerl Heizungstechnik und Sanitär / SAGA GWG / SAINT-GOBAIN ISOVER G+H AG / S-Bahn Hamburg Urban Railway / Schlatermund Garten und Landschaftsbau GmbH / Schüco International AG / Sparda-Bank / Sparkasse Harburg-Buxtehude / Sprinkenhof AG / Stadtreinigung Hamburg City Cleaning / STÄRKEN vor Ort / Tanktechnik Dringelburg GmbH (TTD) / [touch] Tischlerei + Blindenhilfsmittel / Vattenfall Europe Netzservice GmbH / Vattenfall Stromnetz Hamburg GmbH / VELUX Deutschland GmbH / Wilhelm A.F. MEYER GmbH / WITO GmbH

Teilnehmende an Architektur- und städtebaulichen Wettbewerben
Participants of Architectural and Urban Design Competitions

Bildungszentrum Tor zur Welt Gateway to the World Education Centre
Jurymitglieder und Gutachter Jury Members and Assessors: Jörn Frommann / Prof. Dörte Gatermann / Bodo Hafke / Metin Hakverdi / Bernd Heckmann / Prof. Manfred Hegger / Uli Hellweg / Heinz Hülskötter / Kamel Louafi / Niels-Christian Otzen / Susanne Poetz-Neuburger / Jórunn Ragnasdóttir / Karin Renner / Jörg-Robert Schreiber / Thomas Schuster / Joachim Thurmann / Prof. Jörn Walter / Pia Wolters **Wettbewerbsteilnehmer Competition Participants:** bof Architekten (Hamburg); Breimann & Bruun Landschaftsarchitekten (Hamburg) / Harter + Kanzler, Freiburg (Breisgau) / Pit Müller, Freier Landschaftsarchitekt, Freiburg (Breisgau) / KSP Engel und Zimmermann Freie Architekten BDA (Braunschweig); Fenner Steinhauer Weisser Landschaftsarchitekten (Düsseldorf) / pbr Planungsbüro Rohling AG (Osnabrück); Kuttner und Kahl Landschaftsarchitekten (Hamburg) / Wingårdh Arkitektkontor AB (Göteborg, Schweden Gothenburg Sweden); NOD Natur Orienterad Design AB (Stockholm, Schweden Sweden) / Dinse Feest Zurl Architekten (Hamburg); Matthies und Holzapfel Landschaftsarchitektur+ (Hamburg) / Schuster Architekten (Düsseldorf); Prof. Nagel, Schonhoff und Partner (Hannover) / SEHW Architekten (Hamburg); Henningsen Landschaftsarchitekten (Berlin) / plus+ bauplanung (Neckartenzlingen); faktorgrün (Denzlingen) / ap plan mory osterwalder vielmo architekten- und ingenieursges.mbh (Berlin) / Kienle Planungsgesellschaft Freiraum und Städtebau mbh (Stuttgart) / Sergison Bates architects LLP (London, Großbritannien UK); Schweingruber Zulauf / Landschaftsarchitekten BSLA (Zürich, Schweiz Switzerland) / von Mansberg, Wiskott + Partner, Architekten BDA (Hamburg); brehm_schäfer_sleegers_die landschaftsarchitekten (Hamburg) / Bär, Stadelmann, Stöcker Architekten BDA, (Nürnberg Nuremberg); WGF Objekt GmbH Landschaftsarchitekten (Nürnberg Nuremburg) / h4a Gessert + Randecker + Legner Architekten BDA (Stuttgart); Gnädinger Landschaftsarchitektur (Singen)

Bildungszentrum Tor zur Welt – gestaltet Eure Mitte Gateway to the World Education Centre – Design Your Centre
Jurymitglieder und Gutachter Jury Members and Assessors: Bodo Hafke / Cansu Akyildiz / Dirk Stresska / Ellen Koppenhöfer / Felix Jünemann / Helge Riec / Kamel Louafi / Magdalene Baus / Michael Möller / Patrick Ostrop / Prof. Dr. Hartmut Topp / Roland Schäffer / Sarah Schlech / Sebastian Otte / Theda von Kalben / Una Mahmutovic / Wolfgang Maack **Wettbewerbsteilnehmer Competition Participants:** Breimann & Bruun Landschaftsarchitekten (Hamburg) / ARGUS Stadt- und Verkehrsplanung (Hamburg)

Eingangskomplex am Inselpark Island Park Entrance Complex
Jurymitglieder und Gutachter Jury Members and Assessors: Heiner Baumgarten / Torsten Daniel / Jochen Franzke / Prof. Rolo Fütterer / Bodo Hafke / Uli Hellweg / Bettina Kiehn / Dr. Michael Osterburg / Torsten / Rieckmann / Hansjörg Schmidt / Marion Tants / Prof. Jörn Walter / Prof. Gesine Weinmiller **Wettbewerbsteilnehmer Competition Participants:** ARCHITEKTUR MARTIN HECHT (Hamburg) / Plan-R-Architektenbüro Joachim Reinig (Hamburg) / Bolles+Wilson (Münster) / BIG Bjarke Ingels Group (DK-Kopenhagen Copenhagen, Denmark) / feddersenarchitekten (Berlin)

Energieberg Georgswerder Energy Hill Georgswerder
Jurymitglieder und Gutachter Jury Members and Assessors Prof. Ulrike Beuter / Prof. Wolfgang Christ / Uli Hellweg / Michael Mathe / Ingrid Spengler / Prof. Donata Valentien / Prof. Jörn Walter **Wettbewerbsteilnehmer Competition Participants** Schweingruber Zulauf Landschaftsarchitekten, Zürich mit Gramazio & Kohler, Zürich / club L 94 LandschaftsArchitekten, Köln mit Holzer Kobler Architekturen, Zürich / LATZ+PARTNER Landschaftsarchitekten Planer BDLA OAI Lux, Kranzberg mit Studio Andreas Heller GmbH, Hamburg / Breimann & Bruun, Hamburg mit Dinse Feest Zurl Architekten, Hamburg / HÄFNER/JIMENEZ, Berlin mit Konermann Siegmund Architekten BDA, Hamburg / lohrer.hochrein landschaftsarchitekten bdla, München mit springmeier-architekten, Braunschweig / Mutabilis Paysage & Urbanisme, Paris mit COBE architecture, Paris / RMP Stephan Lenzen Landschaftsarchitekten, Hamburg mit JSK Dipl. Ing. Architekten, Hamburg

Experiment auf der Insel Experiment on the Island
Jurymitglieder und Gutachter Jury Members and Assessors: Sabine de Buhr / Cordula Ernsing / Uli Hellweg / Prof. Dr. Steven Spier / Jan Störmer / Gerti Theis / Ulrich Zeiger **Wettbewerbsteilnehmer Competition Participants:** 65 Studierende der Hafencity Universität 65 Students from HafenCity University

Georg-Wilhelm-Höfe Georg-Wilhelm Courtyards
Jurymitglieder und Gutachter Jury Members and Assessors: Prof. Anna Brunow / Uli Hellweg / Prof. Carsten Lorenzen / Michael Mathe / Karl Thomanek / Christoph Wallner / Prof. Jörn Walter **Wettbewerbsteilnehmer Competition Participants:** Czerner Göttsch Architekten (Hamburg) mit WES & Partner Landschaftsarchitekten

(Hamburg) / Renner Hainke Wirth Architekten (Hamburg) mit arbos Freiraumplanung (Hamburg) / Spengler Wiescholek Architekten Stadtplaner (Hamburg) mit Möller Tradowsky Kontor Freiraumplanung (Hamburg) / Jürgen Johner Architekten (Hamburg) mit Evelyn Brenn Freiraumplanung (Hamburg) / dalpiaz + gianetti, (Hamburg) mit Levin / Monsigny Landschaftsarchitekten (Berlin) / pp a|s pesch & partner (Herdecke) mit wbp Landschaftsarchitekten (Bochum) / zillerplus Architekten (München Munich) mit Hunck + Lorenz Freiraumplanung (Hamburg) / Springer Architekten (Berlin) mit Weidinger Landschaftsarchitekten (Berlin)

Gestaltung der Brücken in Wilhelmsburg Mitte
Bridge Design in Wilhelmsburg Central
Jurymitglieder und Gutachter Jury Members and Assessors: Heiner Baumgarten / Henri Bava / Käthe Fromm / Jörn Fromman / Bodo Hafke / Uli Hellweg / Stephan Lenzen / Hans Jürgen Maass / Dr. Michael Osterburg / Fred Rebensdorf / Karin Renner / Werner Sobek / Prof. Jörn Walter **Wettbewerbsteilnehmer** Competition Participants: Dietmar Feichtinger Architectes, (Wien Vienna, Paris) mit WTM ENGINEERS GMBH (Hamburg) / Schlaich Bergermann und Partner (Stuttgart) mit ISA Internationales Stadtbauatelier (Stuttgart) / jäger jäger freie Architekten (Schwerin) mit Ingenieurbüro Otte & Schulz GbR (Neustrelitz) / architekturbüro brigitte kochta (Berlin) mit Ingenieurbüro Grassl GmbH Beratende Ingenieure Bauwesen (München Munich) / netzwerkarchitekten PartG (Darmstadt) mit Bollinger+Grohmann GmbH (Frankfurt)

Hallenkomplex – Wilhelmsburg Mitte Hall Complex – Wilhelmsburg Central
Jurymitglieder und Gutachter Jury Members and Assessors: Heiner Baumgarten / Torsten Daniel / Jochen Franzke / Rolo Fütterer / Prof. Dörte Gatermann / Bodo Hafke / Uli Hellweg / Jutta Kodrzynski / Klauspeter Schelm / Volker Schenk / Hansjörg Schmidt / Marion Tants / Bernd von Seht / Georg Waiblinger / Prof. Jörn Walter **Wettbewerbsteilnehmer** Competition Participants: HHS Planer + Architekten AG (Kassel) / Brandlhuber + Emde, Schneider (Berlin) / Krampitz Architekten (Soltau) / Gerber Architekten (Hamburg) / Allmann Sattler Wappner Architekten (München Munich) / gmp Generalplanungsgesellschaft mbH (Hamburg)

Haus der Projekte House of Projects
Jurymitglieder und Gutachter Jury Members and Assessors: Dr. Gunter M. Böttcher / Uli Hellweg / / Jürgen Hensen / Wolfgang Hurtienne / Andreas Kellner / Klaus Lübke / Mirjana Markovic / Michael Mathe / Prof. Bernhard Winking **Wettbewerbsteilnehmer** Competition Participants: Lunapark (Hamburg) / Töpfer.Bertuleit.Architekten (Berlin) / Spreen Architekten (München Munich) / Konermann Siegmund Architekten (Hamburg) / Kappler Sedlak Architekten (Nürnberg Nuremburg) / Atelier 30 Architekten (Kassel) / Baumann.Dürr Architekten (Karlsruhe) / Kaag + Schwarz Architekten (Braunschweig) / Lorber + Paul Architekten (Köln Cologne) / ARGE raumzeit / studio berlin (Berlin) / Schröder Architekten (Bremen) / Heide | von Beckerath | Alberts (Berlin) / MGF Architekten (Stuttgart) / Pool 2 Architekten (Kassel) / Studio NL-D (NL-Rotterdam)

Hybrid Houses Hybrid Houses
Jurymitglieder und Gutachter Jury Members and Assessors: Heiner Baumgarten / Prof. Henri Bava / Prof. Jo Coenen / Torsten Daniel / Uli Hellweg / Nikolaus Kuhnert / Michael Mathe / Dr. Michael Osterburg / Hansjörg Schmidt / Marion Tants / Dietmar Walberg / Christof Wallner / Prof. Jörn Walter

Wettbewerbsteilnehmer Competition Participants: Team 01: Investor: Satronoma Systembau GmbH (Hamburg) mit Bauwerk Capital GmbH & Co. KG (München Munich) / Architektur: O3 Architekten (München Munich); Team 02: Investor: GriffnerHaus AG (A-Griffen Austria) / Architektur: Querkraft Architekten zt GmbH, (A Wien Vienna); Team 03: Investor: Garbe Investment GmbH der Garbe Group (Hamburg) / Garbe Group (Hamburg); Team 04: Investor: Deutsche Immobilien AG (Hamburg) / Architektur: Bieling und Partner Architekten (Kassel) / Tragwerksplanung Support Structure Planning: B+G Ingenieure, Bollinger und Grohmann GmbH (Frankfurt) / Brandschutz Fire Protection: Dehne, Kruse Brandschutzingenieure GmbH & Co. KG (Gifhorn) / Technische Gebäudeausrüstung Technical Building Services: Ingenieurbüro Hausladen GmbH (München Munich); Team 05: Investor: Hamburg Team Gesellschaft für Projektentwicklung mbH (Hamburg) / Architektur: Brandlhuber + NiehüserS (Berlin); Team 06: Investor: Petersen Ingenieurbüro GmbH / UMCO Umwelt Consult GmbH / Architektur: Gewers & Pudewell architects (Berlin); Team 07: Investor: urban space Immobilien Projektentwicklung GmbH (Hamburg) / Architektur: Delugan Meissl Associated Architects (A-Wien Vienna); Team 08: Investor: Köhler von Bargen, Vermögensverwaltung mbH (Hamburg) / Architektur: she-Architekten (Hamburg); Team 10: Investor: Behrendt Wohnungsbau KG (GmbH & Co.) (Hamburg); Team 11: Investor: Holland Composites Industrials (NL-Lelystad) / Architektur: Architectuurstudio Hermann Hertzberger (NL-Amsterdam)

Kirchdorfer Wiesen Kirchdorf Meadows
Jurymitglieder und Gutachter Jury Members and Assessors: Thomas Abraham / Prof. Dr. Franz Bairlein / Beirat für Stadtteilentwicklung Wilhelmsburg / Ralph Bode / Ingo Brandt / Bund für Umwelt und Naturschutz Association for Environment and Nature Protection (BUND) / Gesellschaft für ökologische Planung e.V. Society for Ecological Planning / Hamburger Zukunftsrat Future Council / Dr. Thomas Horlitz / IBA/igs Beteiligungsgremium Participation Committee / Naturschutzbund Deutschland German Nature Protection Association (NABU) / Martin Seebauer / Sabine Sievers / Eckart Urban / Heiko Vierck / Wasserverband Wilhelmsburger Osten Wilhelmsburg East Water Association / Zukunft Elbinsel Wilhelmsburg e.V. Future Elbe Island Wilhelmsburg **Wettbewerbsteilnehmer** Competition Participants: Team 1: HHS Planer+Architekten AG (Kassel) / Hutterreimann Landschaftsarchitekten (Berlin); Team 2: Jo Coenen & Co Architekten (NL-Maastricht) / Thomanek Duquesnoy Boemans GbR (Berlin) / LRW Loosen, Rüschoff + Winkler (Hamburg) / Studio urbane Landschaften (Hannover) mit Ohrt von Seggern Partner Architekten; Team 4: Baufrösche Kassel (Kassel) / Schaper + Steffen + Runtsch LA (Hamburg)

Klimahäuser Haulander Weg Climate-Friendly Houses on Haulander Weg
Jurymitglieder und Gutachter Jury Members and Assessors: Heiner Baumgarten / Dr. Carlo W. Becker / Torsten Daniel / Uli Hellweg / Klaus Lübke / Michael Mathe / Prof. Dr.-Ing. Matthias / Dr. Michael Osterburg / Prof. Christiane Thalgott / Prof. Jörn Walter / Karsten Wessel **Wettbewerbsteilnehmer** Competition Participants: Team 01: Aquaplaner Ingenieurgesellschaft (Hannover) / ASTOC GmbH & Co.KG, Architects & Planners (Köln Cologne) / Civil Construczins (Aachen) / PAUL WURTH UMWELTTECHNIK GmbH / RMP Stephan Lenzen Landschaftsarchitekten (Bonn) / WTM Engineers GmbH (Hamburg); Team 02: BS+ städtebau und architektur (Frankfurt am Main) / el:ch landschaftsarchitekten (München Munich) / ENERGIE & HAUS (Darmstadt) /; Team

03: KAplus – Ingenieurbüro Vollert (Eckernförde) / kfs_krause feyerabend sippel partnerschaft architektur + innenarchitektur (Lübeck) / OtterWasser GmbH (Lübeck) / TGP Trüper Gondesen Partner Landschaftsarchitekten bdla (Lübeck); Team 04: Ingenieurgesellschaft Prof. Dr. Sieker mbH (Hamburg) / LRW Architekten und Stadtplaner, Loosen, Rüschoff + Winkler (Hamburg) / STUDIO URBANE LANDSCHAFTEN (Hamburg): OSP Ohrt – von Seggern – Partner (Hamburg) / TSB Ingenieurgesellschaft mbH (Darmstadt); Team 05: Spengler Wiescholek (Hamburg) / Kontor Freiraumplanung (Hamburg) / Büro für Energie- und Lichtplanung (Hamburg) / B&o Ingenieure GbR (Hamburg); Team 06: Thomas Schüler Architekten BDA Stadtplaner (Düsseldorf) / greenbox Landschaftsarchitekten (Hubertus) / Schäfer & Rudolf Tuczek (Bochum) / ISRW Dr.-Ing. Klapdor GmbH, (Düsseldorf) / IGB Ingenieurbüro mbH (Hamburg)

Metrozonen Kaufhauskanal Schleusengraben
Kaufhauskanal and Schleusengraben Metrozones
Jurymitglieder und Gutachter Jury Members and Assessors: Klaus Hampe / Uli Hellweg / Dr. Christoph Krupp / Werner Omniczynski / Karin Renner / Jürgen Stubbe / Thomas Tradowski / Prof. Jörn Walter / Prof. Bernhard Winking **Wettbewerbsteilnehmer** Competition Participants: Architekturbüro Architects: APB Architekten BDA Beisert, Wilkens, GrossmannHensel (Hamburg) / BIG Bjarke Ingels Group (DK-Kopenhagen) / PPL Planungsgruppe Professor Laage (Hamburg); Landschaftsarchitekten Landscape Architects: EGL (Hamburg) / Hubert Wiggenhorn + Martin van den Hövel (Hamburg) / TOPOTEK 1 (Berlin); Architektur- und Landschaftsarchitekturbüro Architects and Landscape Architects: mecanoo architecten (NL-Delft)

Neubau der Behörde für Stadtentwicklung und Umwelt New Building of the State Ministry for Urban Development and Environment
Jurymitglieder und Gutachter Jury Members and Assessors: Heiner Baumgarten / Torsten Daniel / Rolo Fütterer / Bodo Hafke / Senatorin Senator Anja Hajduk / Uli Hellweg / Andreas Kellner / Bettina Kiehn / Michael Mathe / Dr. Michael Osterburg / Uwe Pinck / Jórunn Ragnarsdóttir / Fred Rebensdorf / Henning Tants / Julia Tophof / Prof. Jörn Walter / Prof. Mathias Wambsganß / Lars Wittorf **Wettbewerbsteilnehmer** Competition Participants: GAP Gesellschaft für Architektur & Projektmanagement mbH (Berlin) mit teamgmi Ingenieurbüro Liechtenstein AG (Schaan, Liechtenstein) / HHS Planer+Architekten AG (Kassel) mit energydesign braunschweig gmbh, Ing.-Ges. für energieeffiziente Gebäude (Braunschweig) / Behnisch Architekten (Stuttgart) mit DSPlan Ing.-Ges. für ganzheitliche Bauberatung und Generalfachplanung mbH (Stuttgart) / Sauerbruch Hutton (Berlin) mit Reuter + Rührgartner Planungsges. für Gebäudetechnik mbH (Rosbach) / DPA Dominique Perrault Architecture (Paris, Frankreich France) mit HL-Technik Engineering Partner GmbH (München Munich) / Bieling und Partner Architekten (Kassel) mit Ingenieurbüro Hausladen (Kirchheim) / BGP Bob Gysin + Partner (Zürich, Schweiz Switzerland) mit 3-Plan Haustechnik AG (Winterthur, Schweiz Switzerland) / Böge Lindner Architekten (Hamburg) mit Polke, Ziege, von Moos AG Ing.-Ges. für Gebäudetechnik (Zürich, Schweiz Switzerland) / BRT Architekten (Hamburg) mit Ing.-Ges. Ridder und Meyn mbH (Hamburg) / Bucholz McEvoy Architects Ltd, Dublin (Ireland) (Berlin) mit Henne & Walter Ing. – Büro für technische Gebäudesysteme (Reutlingen) / de Architekten Cie. (NL-Amsterdam) mit Techniplan Adviseurs bv Raadgewend Ingenieursbureau (NL-Rotterdam) / Eric

Parry Architects (London, Großbritannien UK) mit Hoare Lea Consulting Engineers (Bristol, Großbritannien UK) / gmp Generalplanungsgesellschaft mbH (Hamburg) mit WSGreen Technologies (Stuttgart) / greeen! architects (Düsseldorf) mit e2 – Energieberatung GmbH (Düsseldorf) / Hascher Jehle Architektur (Berlin) mit Transsolar Energietechnik GmbH (Stuttgart) / Hauschild + Siegel architecture (DK-Kopenhagen) mit Fraunhofer-Institut für Solare Energiesysteme ISE (Freiburg) / Henning Larsen Architects (DK-Kopenhagen) und Höhler+Partner Architekten und Ingenieure (Hamburg) mit Reese Beratende Ing. VDI (Hamburg) / kramer biwer mau architekten (Hamburg) mit Heinze Stockfisch Grabis + Partner GmbH Beratende Ingenieure für Gebäudetechnik (Hamburg) / LAN Architecture (Paris, Frankreich France) mit Agence Franck Boutté Consultants (Paris, Frankreich France) / Langhof Architekten (Berlin) mit Zibell Willner & Partner Ingenieurgesellschaft (Berlin) / MGF Architekten GmbH (Stuttgart) mit Paul + Gampe + Partner GmbH Beratende Ingenieure (Esslingen) / Ortner & Ortner Baukunst (Berlin) mit pit Planungsteam GmbH (Heidelberg) / rasmussen I brunke I sauer (Hamburg) mit TPlan Ingenieurgesellschaft mbH (Berlin) / Schweger Associated Architects GmbH (Hamburg) mit IGS Institut für Gebäude und Solartechnik (Braunschweig) / Wingårdh Arkitektkontor (Göteborg, Schweden) mit Bengt Dahlgren (Göteborg, Schweden Gothenburg, Sweden)

Neue Hamburger Terrassen New Hamburg Terraces
Jurymitglieder und Gutachter Jury Members and Assessors: Jürgen Böge / Ronald Dittmer / Uli Hellweg / Stephan Lenzen / Hans-Jürgen Maass / Michael Mathe / Dr. Michael Osterburg / Hansjörg Schmidt / Thorsten Schulz / Prof. Kunibert Wachten / Prof. Jörn Walter **Wettbewerbsteilnehmer Competition Participants:** Architekturbüro Wallner (München Munich) / Augustin Sawallich Planungsgesellschaft mbH (Hamburg) / Beyer-Schubert Architekten (Berlin) / Gussmann + Valentien Atelier (Berlin) / Hauschild + Siegel Architekten (DK-Kopenhagen) / Arch. Di. Oskar Leo Kaufmann, A. Rüf Ziviltechniker (A-Dornbirn / Johannes Kaufmann Architektur (A-Dornbirn / Kleffel Papay Warncke Architekten Partnerschaft (Hamburg) / LAN Architecture*, Paris, Frankreich France) / LRW Architekten und Stadtplaner (Hamburg) / Mario Campi architetto FAS e associati SA (Lugano, Schweiz Switzerland) / martinili architekten (Hamburg) / nps tchoban voss Architekten BDA (Hamburg) / Oberst & Kohlmayer Generalplaner GmbH (Stuttgart) / Osterwold°Schmidt EXP!ANDER Architekten BDA (Weimar) / Rüdiger Lainer + Partner Architekten ZT GmbH (A-Wien Vienna) / Spengler Wiescholek Freie Architekten und Stadtplaner (Hamburg) / Steidle Architekten (München Munich) / Szyszkowitz-Kowalski+Partner ZT GmbH (A-Graz) / Dipl.-Ing. Titus Bernhard Architekten (Augsburg)

Neues Korallusviertel New Korallus District
Jurymitglieder und Gutachter Jury Members and Assessors: Necati Adigüzel / Yaver Adigüzel / Nazo Alimanovic / Heiner Baumgarten / Jörn Frommann / Prof. Dott. Paolo Fusi / Murat Gözay / Bodo Hafke / Uli Hellweg / Andreas Kellner / Michael Mathe / Dr. Michael Osterburg / Fred Rebensdorf / Prof. Jörn Walter **Wettbewerbsteilnehmer Competition Participants:** Team 01: Baum – Ewers – Dörnen GmbH, Architektur + Stadtplanung (Hamburg) / ARCHITEKTEN KFS, krause-feyerabend-sippel partnerschaft (Lübeck); Team 02: Ercan Agirbas, Eckehard Wienstroer, Architektur & Stadtplanung (Neuss) / Flumdesign, Ralph Flum (Hamburg) / TR-Istanbul; Team 02: Kossak + Partner, Prof. Egbert Kossak (Hamburg) / Renner Hainke Wirth Architekten GmbH (Hamburg); Team 04: Spengler – Wiescholek, Architekten +

Stadtplaner (Hamburg); Team 05: Baller Architekten, Hinrich Baller, Doris Baller (Berlin)

Open House Open House
Jurymitglieder und Gutachter Jury Members and Assessors: Walter Feyrer / Bodo Hafke / Uli Hellweg / Beata Huke-Schubert / Werner Lingenau / Dittmar Loose / Rainer Obele / Rosemarie Oltmann / Jörg Penner / Rolf Rohloff / Hans Joachim Rösner / Georg Waiblinger / Prof. Jörn Walter / Renate Weber **Wettbewerbsteilnehmer Competition Participants:** Böge Lindner Architekten (Hamburg) / dalpiaz + giannetti architekten (Hamburg) / Hartfil-Steinbrinck Architekten (Hamburg) / KBNK Architekten (Hamburg) / Onix (NL-Groningen)

Park auf der Harburger Schloßinsel Harburg Schloßinsel Park
Jurymitglieder und Gutachter Jury Members and assessors: Bertel Bruun / Heinke Ehlers / Ralf-Dieter Fischer / Uli Hellweg / Prof. Gabriele Kiefer / Hans-Jürgen Maass / Jörg Penner / Gabriele Pütz / Prof. Jörn Walter / Frank Wiesner **Wettbewerbsteilnehmer Competition Participants:** club L94 LandschaftsArchitekten (Köln Cologne) / Hager Landschaftsarchitektur AG (Zürich, Schweiz Switzerland) / Atelier Girot (Gockhausen, Schweiz Switzerland)

Planwerk Neue Mitte Wilhelmsburg New Wilhelmsburg Central Planning Framework
Jurymitglieder und Gutachter Jury Members and Assessors: Heiner Baumgarten / Stefan Carstens / Jörn Frommann / Prof. Christophe Girot / Bodo Hafke / Jens Hardel / Uli Hellweg / Dr. Michael W. Osterburg / Fred Rebensdorf / Prof. Dr.-Ing. Hartmut H. Topp / Prof. Kunibert Wachten / Prof. Jörn Walter **Wettbewerbsteilnehmer Competition Participants:** Jo Coenen & Co. Architekten (NL-Maastricht); agence ter (Karlsruhe) / Trojan Trojan Wendt Architekten + Städtebauer BDA (Darmstadt); lohrer. hochrein Landschaftsarchitekten BDLA (Magdeburg) / ASTOC Architects & Planners (Köln Cologne) / RMP Landschaftsarchitekten (Bonn) / Dr.-Ing. Rosenberger/ Architektengruppe Trostdorf (Gerlingen) / D-Stuttgart; Luz Landschaftsarchitektur (Stuttgart) / Bolles+Wilson GmbH & Co. KG (Münster) / WES & Partner Landschaftsarchitekten (Hamburg) / sauerbruch hutton architekten (Berlin); Hager Landschaftsarchitektur AG (Zürich, Schweiz Switzerland

S-Bahnhof Wilhelmsburg Wilhelmsburg Urban Railway Station
Jurymitglieder und Gutachter Jury Members and Assessors: Heiner Baumgarten / Rolo Fütterer / Bodo Hafke / Uli Hellweg / Friedemann Kessler / Klaus Lübke / Holger Mossakowski / Gisela Oehls / Dr. Michael Osterburg / Rolf Petersen / Dieter Pless / Moritz Schneider / Prof. Jörn Walter **Wettbewerbsteilnehmer Competition Participants:** Eisfeld Engel Architekten (Hamburg) mit WTM Engineers GmbH (Hamburg) / Gössler Kinz Kreienbaum Architekten (Hamburg, Berlin) mit Ingenieurbüro Wetzel & von Seth (Hamburg) / netzwerk architekten (Darmstadt) mit Tragwerksplaner Dr. Kreuz + Partner (Nürnberg Nuremburg) / Quick Bäckmann Quick & Partner (Berlin) mit Happold Ingenieurbüro GmbH (Berlin) / SBP Schlaich Bergermann und Partner (Stuttgart) mit Blauraum Architekten (Hamburg)

Smart Material Houses Smart Material Houses
Jurymitglieder und Gutachter Jury Members and Assessors: Heiner Baumgarten / Prof. Henri Bava / Torsten Daniel / Rolo Fütterer / Prof. Volker Hartkopf / Prof. Dr.-Ing. M.Sc.Econ Manfred Hegger / Uli Hellweg / Nikolaus Kuhnert / Hans-Jürgen Maass / Michael Mathe / Dr. Michael W. Osterburg / Fred Rebensdorf / Rolf Rohloff / Prof. Matthias Sauerbruch / Prof. Jörn Walter **Wettbewerbsteilnehmer Competition Participants:** Team 01: Architektur: SPLITTERWERK, A-Graz Austria; Energiekonzept: Immosolar GmbH (Hamburg); Technische Gebäudeausrüstung, Fassadentechnik Technical Building Equipment/Façade Technology: Arup (Frankfurt am Main) / Technische Gebäudeausrüstung: Fraunhofer-inHaus-Zentrum (Duisburg); Bioreaktorfassade Bioreactor Façade: SSC Strategic Science Consult GmbH (Hamburg); Tragwerksplanung Support Structure Planning: B+G Ingenieure – Bollinger und Grohmann GmbH (Frankfurt am Main); Holzbautechnik Wood Construction Technology: University of Applied Sciences, Architecture, Wood and Civil Engineering (Bern, Schweiz Switzerland) / Betonbautechnik Concrete Building Technology: G. tecz, German technologies and engineering conceptz (Kassel); Team 02: Architektur: Kennedy & Violich Architecture, Ltd. (US-Boston) / Technische Gebäudeausrüstung Technical Building Services: Solites Steinbeis Research Institute for Solar and Sustainable Thermal Energy Systems (Stuttgart); Materialberatung Materials Consulting: Fraunhofer-Institut für Solare Energiesysteme ISE (Freiburg); Tragwerksplanung Support Structure Planning: Knippers Helbig Advanced Engineering GmbH (Stuttgart); Kostenplanung Cost Planning: Genkel Architekten (Stuttgart); Textiltechnik Textile Technology: Institut für Textil- und Verfahrenstechnik (ITV) (Denkendorf); Team 03: Architektur: Werner Sobek Stuttgart GmbH & Co. KG (Stuttgart); Energiekonzept/ Nachhaltigkeitskonzept Energy/Sustainability Concepts: WSGreenTechnologies GmbH (Stuttgart) / Tragwerksplanung Support Structure Planning: Universität Stuttgart, Institut für Leichtbau Entwerfen und Konstruieren Institute of Lightweight Building Design and Construction (Stuttgart); Team 04: Architektur: zillerplus Architekten und Stadtplaner (München Munich); Energiekonzept/Technische Gebäudeausrüstung Energy Concept/Technical Building Services: Ingenieurbüro Hausladen (München Munich); Tragwerksplanung Support Structure Planning: Planungsgesellschaft Dittrich mbH (München Munich); Fassadenbegrünung Greening Façades: Burger Landschaftsarchitekten (München Munich); PCM Technologie: Dörken GmbH & Co. KG (Herdecke); Textiltechnik Textile Technology: Christian Fischbacher Co. AG, St. Gallen (Schweiz, Switzerland); Team 05: Architektur: constructconcept (Berlin) / Energiekonzept: TB Käferhaus GmbH A-Wien (Vienna); Technische Gebäudeausrüstung Technical Building Services: Scholze Ingenieure (A-Wien Vienna); Tragwerksplanung Support Structure Planning: werkraum wien ingenieure zt-gmbh (A-Wien Vienna); Kostenplanung Cost Planning: RLW Architekten (Dresden); Team 06: Architektur: aTA architectuurcentrale Thijs Asselbergs (NL-Haarlem); Konzeptberatung Conceptual Consulting: TU Delft, Abteilung für Bautechnologie Building Technology Department; Energiekonzept: Bobran Ingenieure (Stuttgart); Materialberatung Materials Consulting: Markus Holzbach (Koblenz); Tragwerksplanung Support Structure Planning: Teuffel Engineering Consultant Ingenieurgesellschaft mbH (Stuttgart); Kostenplanung Cost Planning: Wenzel+Wenzel Architekten (Stuttgart); Nachhaltigkeitskonzept Sustainability Concept: Christoph Hofmann (Stuttgart); Team 07: Architektur: GRAFT – Gesellschaft von Architekten mbH (Berlin); Energiekonzept: TU Braunschweig, Institut für Gebäude- und Solartechnik Institute of Building and Solar Technology;

Nachhaltigkeitskonzept Sustainability Concept: EPEA Internationale Umwelforschung GmbH (Hamburg); Holzbau Wood Construction: GriffnerHaus AG (A-Griffen); Team 08: Architektur: Behnisch Architekten (Stuttgart); Energiekonzept/ Tragwerksplanung Support Structure Planning / Fassadenplanung Façade Planning: imagine envelope b.v. (NL-Den Haag The Hague); Team 09: Architektur: Barkow Leibinger Architekten (Berlin); Energiekonzept: Transsolar Energietechnik GmbH (Stuttgart); Tragwerksplanung Support Structure Planning: schlaich bergermann und partner – sbp GmbH (Stuttgart); Kostenplanung Cost Planning: Höhler+Partner (Hamburg); Lärmgutachten Noise Consulting: Lärmkontor GmbH (Hamburg); Team 10: Architektur: FARO Architecten B.V. (NL-Lisserbroek); Energiekonzept: Arup (NL-Amsterdam); Materialberatung Materials Consulting: Aldus bouwinnovatie (NL-Utrecht) / Lightness Studios (NL-Den Haag The Hague / Materia Inspiration Centre (NL-Amsterdam), TU Delft – Luft- & Raumfahrt Air & Space Travel; Nachhaltigkeitskonzept Sustainability Concept: NIBE – TU Delft; Zeltkonstruktion Tent Construction: Tentech bv (NL-Utrecht); Team 11: Architektur: eins:eins architekten (Hamburg); Konzeptberatung Conceptual Consulting: future_ bizz community (Bad Soden): Technische Gebäudeausrüstung Technical Building Services: Ebert Ingenieure GmbH & Co. KG (Nürnberg Nuremburg); Tragwerksplanung Support Structure Planning: imagine structure (Köln Cologne); Kunststoff- Solarmodule Synthetic Solar Modules: SUNOVATION GmbH (Eisenfeld); Team 12: Architektur: Peter Olbert Architekt (Hamburg); Fassadenplanung/-technik Façade Planning/ Technology: Schüco International KG (Bielefeld); Tragwerksplanung Support Structure Planning: WTM engineers GmbH (Hamburg); Kostenplanung Cost Planning: DS-Plan, Ingenieurgesellschaft für ganzheitliche Bauberatung (Stuttgart) / Moosfassade Algae Façade: Michael Siemsen, Biologe Biologist; Team 13: Architektur: x architekten ZT KG (A-Linz); Konzeptberatung Conceptual Consulting: MVD Austria, Institut für angewandte Stadtforschung und aktuelle Tendenzen in Architektur, Kunst und Kultur (A-Wien Vienna) / Holzbau Wood Construction: KLH Massivholz GmbH (A-Katsch); Team 14: Architektur: contentismissing (Berlin) / Konzeptberatung Conceptual Consulting: TU Berlin, Institut für Architektur, Fakultät Planen Bauen Umwelt, Baukonstruktion und Entwerfen Institute of Architecture, Planning Building Environment, Construction, and Design Faculties (Berlin); Team 15: Architektur: AC Plan GmbH + Co. KG (Hamburg); Technische Gebäudeausrüstung Technical Building Services: 3-Plan Haustechnik AG (Winterthur, Schweiz Switzerland); Tragwerksplanung Support Structure Planning: Wetzel & von Seht Ingenieurbüro für Bauwesen (Hamburg); Nachhaltigkeitskonzept Sustainability Concept: Universal Design e.V., (Hannover); Recyclingmaterial: Material Stories (Hamburg); Baumaterial Building Materials: Xella Deutschland GmbH (Duisburg); Investor: PRIMUS Developments (Hamburg); Team 16: Architektur: OBRA-Architects (US-New York); Energiekonzept: Arup (US-New York); Fassadenplanung Façade Planning: Front Inc. (US-New York); Fassadenmaterial Façade Material: GlassX AG (Zürich, Schweiz Switzerland); Team 17: Architektur: rocknrollarchitecture (Hamburg); Technische Gebäudeausrüstung Technical Building Services / Energiekonzept: Greentech GmbH und Cie. KG (Hamburg); Energieversorgung Energy Supply: LichtBlick AG (Hamburg); Holzbau Wood Construction: Thoma Holz GmbH (A-Goldegg); Team 18: Architektur: spine architecs gbr (Hamburg); Materialberatung Materials Consulting: Bayer MaterialScience AG (Leverkusen); Team 19: Architektur: orange architekten (Berlin); Technische Gebäudeausrüstung Technical Building Services: Enertec Naftz & Partner OG (A-Graz); Holzbau Wood

Construction: Binderbau Ruhlsdorf GmbH (Marienwerder); Textiltechnik Textile Technology: Hightex GmbH (Rimsting am Chiemsee); Investor: orange bauwerk GmbH (Berlin); Team 20: Architektur: Braungardt Architekt (Überlingen); Technische Gebäudeausrüstung Technical Building Services: Energie und Innovation Ingenieurbüro Sagawe (Aachen) / Materialberatung Materials Consulting: Holzlehmmassivbaugesellschaft (Überlingen); Tragwerksplanung Support Structure Planning: Bernauer+Pfoser (Überlingen); Kostenplanung Cost Planning: Büro 365° (Überlingen); Holzbautechnik Wood Construction Technology: Büro für Holzforschung (A-Bezau; Team 21: Architektur: Philippe Rahm architectes, F-Paris; Konzeptberatung Conceptual Consulting: Labor für dezentrale, intelligente Systeme und Algorithmen: EPFL – Swiss Polytechnic School of Lausanne (Lausanne, Schweiz Switzerland) / Fabric CH, Architektur, Interaktion und Forschung (Lausanne, Schweiz Switzerland); Energiekonzept: Weinmann-Energies SA (Echallens, Schweiz Switzerland); Technische Gebäudeausrüstung Technical Building Services: Arup (AUS-Sydney, Australia); Tragwerksplanung Support Structure Planning: Werner Sobek (Stuttgart); Team 22 (kein Beitrag in Stufe 2 no contribution in Stage 2) / Architektur: Kieran Timberlake (US-Philadelphia)

Smart Price Houses Smart Price Houses
Jurymitglieder und Gutachter Jury Members and Assessors: Heiner Baumgarten / Prof. Henri Bava / Ronald Dittmer / Rolo Fütterer / Bodo Hafke / Prof. Volker Hartkopf / Uli Hellweg / Nikolaus Kuhnert / Peter Kulka / Hans-Jürgen Maass / Dr. Michael Osterburg / Rolf Rohloff / Hansjörg Schmidt / Prof. Jörn Walter **Wettbewerbsteilnehmer Competition Participants:** Team 01: Architektur: Adjaye Associates (GB-London/Berlin); Technische Gebäudeausrüstung Technical Building Services: Happold Ingenieurbüro GmbH (Berlin; Kostenplanung Cost Planning: H&P Bauingenieure GmbH & Co. KG (Berlin); Holzbau Wood Construction: Eurban Ltd (GB-London); Team 02: Architektur: Architekten Martin Förster (Hamburg); Tragwerksplanung Support Structure Planning: Ingenieurbüro Gladigau & Schmahlfeldt (Bad Oldesloe); Landschaftsplanung Landscape Planning: ARBOS Landschaftsarchitekten (Hamburg); Systembau System Building: ALHO Systembau GmbH (Morsbach); Team 03: Architektur: R.SA Torben Schomaker (Berlin); Materialberatung Materials Consulting: Massiv-Holz-Mauer Entwicklungs GmbH (Pronten-Weißbach); Team 04: Architektur: Volker Giencke & Company ZT GmbH (A-Graz; Energiekonzept/Technische Gebäudeausrüstung Tragwerksplanung Energy Concept / Technical Building Services/Support Structure Planning: Arup (Berlin)/Johann Birner (A-Graz); Kostenplanung Cost Planning: Lugitsch & Partner ZT GmbH (A-Feldbach); Lichtplanung Light Planning: Bartenbach LichtLabor GmbH (A-Aldrans); Holzbau Wood Construction: GriffnerHaus AG (A-Griffen); Team 05: Architektur: IfuH – Institut für urbanen Holzbau IfuH – Institute of Urban Wood Construction (Berlin); Energiekonzept: UDK Berlin, Prof. Nytsch-Geusen; Technische Gebäudeausrüstung / Nachhaltigkeitskonzept Technical Building Services / Sustainability Concept: Happold Ingenieurbüro GmbH (Berlin); Tragwerksplanung Support Structure Planning: A.K.A. Ingenieure(München Munich); Brandschutz Fire Protection: Bauart Konstruktions GmbH & Co. KG (München Munich); Landschaftsplanung Landscape Planning: Hahn von Hantelmann Landschaftsarchitekten GmbH (Berlin); Holzbau Wood Construction: Finnforest Merk GmbH (Aichach); Investor: Projektsteuerung Rose (Berlin); Team 06: Architektur: Kaden Klingbeil Architekten (Berlin); Konzeptberatung Conceptual Consulting: Fraunhofer WKI (Braunschweig); Technische Gebäudeausrüstung Technical Building Services: Planungsbüro

Roth (Strausberg); Tragwerksplanung Support Structure Planning: PIRMIN JUNG Ingenieure für Holzbau AG (Rain, Schweiz Switzerland); Brandschutz Fire Protection: Dehne, Kruse Brandschutzingenieure GmbH & Co. KG (Gifhorn); Investor: OCHS GmbH (Kirchberg); Team 07: Architektur: Architekturhaus Wiener Straße ZT GmbH (A Graz); Holzbautechnik Wood Construction Technology: Merk Project GmbH (Aichach); Team 08: Architektur: Rogers Stirk Harbour + Partners (GB-London); Konzeptberatung Conceptual Consulting: Florian Fischötter Architekt GmbH (Hamburg); Holzbau Wood Construction: Wood Newton Ltd (GB-Huthwaite); Team 09: Architektur: Gramazio & Kohler GmbH (Zürich, Schweiz Switzerland); Konzeptberatung Conceptual Consulting: ETH Zürich, Architektur und digitale Fabrikation; Technische Gebäudeausstattung Technical Building Services: Raumanzug (Zürich, Schweiz, Switzerland); Tragwerksplanung Support Structure Planning: Walt + Galmarini AG (Zürich, Schweiz Switzerland); Kostenplanung Cost Planning: Höhler+Partner (Hamburg); Ziegelfassade Brick Façade: Keller AG Ziegeleien (Pfungen, Schweiz Switzerland); Team 10: Architektur: Architekt Jochen Specht (Unterhaching); Technische Gebäudeausrüstung Technical Building Services: Intemann GmbH (A-Lauterach) / i-TEC Industrieelektrik GmbH (A-Lauterach); Betontechnik Cement Technology: marbeton GmbH Fertigteilbau (Aitrach); Investor: marbeton GmbH Fertigteilbau (Aitrach); Team 11: Architektur: agmm Architekten + Stadtplaner (München Munich); Materialberatung Materials Consulting: Ziegelwerk Otto Staudacher GmbH & Co. KG (Balzhausen); Investor: buergerbau AG (München Munich); Team 12: Architektur: AG Plan-R-Architektenbüro (Hamburg) und Ivan Chlumsky Architekten (Lübeck); / Investor: Bauträger: Familyhomes GmbH (Hamburg); Team 13: Architektur: Arkitektfirmaet C. F. Møller A/S (DK-Aarhus) mit trabitzsch architekten (Hamburg); Materialberatung Materials Consulting: Bayer MaterialScience AG (Leverkusen); Holzbau Wood Construction: Henning Frøkjær A/S (DK-Esbjerg); Team 14: Architektur: Stroase (Hamburg); Konzeptberatung Conceptual Consulting: MSB – Mitwelt SystemBildung Beratung (Hamburg); Energiekonzept: ultraKUB (EST-Tallinn); Investor: Dimkes Bauart (Lüneburg); Team 15: Architektur: x architekten ZT KG (A-Linz); Konzeptberatung Conceptual Consulting: MVD Austria, Institut für angewandte Stadtforschung und aktuelle Tendenzen in Architektur, Kunst und Kultur (A-Wien Vienna); Holzbau Wood Construction: KLH Massivholz GmbH (A-Katsch); Team 16: Architektur: keenco3 UG (Hamburg); Technische Gebäudeausrüstung Technical Building Services: Kneckt Ingenieuere GmbH (Wildpoldsried); Holzbau Wood Construction: Thoma Holz GmbH (A-Goldegg); Team 17: Architektur: BeL Sozietät für Architektur (Köln Cologne); Technische Gebäudeausrüstung Technical Building Services: energieplan (Köln Cologne); Materialberatung Materials Consulting: Prof. Maik Schlaich (Berlin); Tragwerksplanung Support Structure Planning: Ingenieurbüro Jürgen Bernhardt (Köln Cologne); Betontechnik Concrete Technology: Liapor GmbH & Co. KG (Hallerndorf-Pautzfeld); Team 18: Architektur: Astrid Bornheim Architektur (Berlin) mit dko architekten (Berlin); Fassadenmaterial Façade Material: Eternit AG (Heidelberg); Team 19: Architektur: Bjarke Ingels Group (BIG) (DK-Kopenhagen); Konzeptberatung Conceptual Consulting: CINARK Centre of Industrialised Architecture (DK-Kopenhagen); Fassadenbau Façade Construction: Viemose Driboga A/S (DK-Tommerup); Team 20: Architektur: hauschild+siegel architecture (DK-Kopenhagen); Energiekonzept/ Tragwerksplanung Support Structure Planning/Brandschutz Fire Protection: KFP Ingenieure (Buxtehude); Landschaftsplanung Landscape Planning: La Beat (SE-Malmö, Sweden): Holzbau Wood Construction: Taasinge Træ A/S

(DK-Svendborg); Investor: H. Fischer & Co. International GmbH (Hamburg); Team 21: Architektur: OBRA Architects, US-New York; Konzeptberatung Conceptual Consulting: Meyer Steffens Architekten und Stadtplaner (Lübeck); Energiekonzept: Viridian Energy & Environmental LLC (US-Norwalk); Technische Gebäudeausrüstung/Tragwerksplanung Technical Building Services/Support Structure Planning: Arup (US-New York); Betontechnik Concrete Technology: H+H Deutschland GmbH (Wittenborn); Investor: H. Fischer & Co. International GmbH (Hamburg); Team 22: Architektur: Schenk+Waiblinger Architekten (Hamburg); Konzeptberatung Conceptual Consulting: Fraunhofer-Gesellschaft zur Förderung der angewandten Forschung e.V. (München Munich) mit Fraunhofer-inHaus-Zentrum (Duisburg); Investor/Bauträger Developer: HOCHTIEF Consult AG (Hannover); Team 23: Architektur: Markus Katzenberger Architektur (A-Graz); Konzeptberatung Conceptual Consulting: Institut für Architekturtechnologie (A-Graz); Holzbautechnik Wood Construction Technology: Induo Systemtechnik GmbH & Co. KG (Korschenbroich); Holzbau Wood Construction: Manufactum Niedrigenergiehäuser GmbH (Schloß Holte-Stukenbrock); Team 24: Architektur: Fusi & Ammann Architekten (Hamburg); Technische Gebäudeausrüstung/Tragwerksplanung/Materialkonzept Technical Building Services/Support Structure/Materials Consulting: SchwörerHaus KG (Hohenstein-Oberstetten); Tragwerksplanung Support Structure Planning: Ingenieurbüro Ammann (Albstadt); Investor: SchwörerHaus KG (Hohenstein-Oberstetten); Team 25: Architektur: orange architekten (Berlin); Technische Gebäudeausrüstung Technical Building Services: Enertec Naftz & Partner OG (A-Graz); Holzbau Wood Construction: Binderbau Ruhlsdorf GmbH (Marienwerder); Investor: orange bauwerk GmbH (Berlin); Team 26: Architektur: rocknrollarchitecture (Hamburg); Energiekonzept/Technische Gebäudeausrüstung Technical Building Services: Greentech GmbH und Cie. KG (Hamburg); Holzbau Wood Construction: Thoma Holz GmbH (A-Goldegg); Team 27: Architektur: Oskar Leo Kaufmann | Albert Rüf ZT GmbH (A-Dornbirn); Holzbau Wood Construction: Kaufmann Zimmerei und Tischlerei GmbH (A-Reuthe); Team 28: Architektur: czerner göttsch architekten (Hamburg); Investor: cds Wohnbau GmbH (Hamburg); Team 29: Architektur: Lacaton & Vassal Architects (F-Paris); Team 30: Architektur: Shigeru Ban Architects (J-Tokyo)

Sprach- und Bewegungszentrum Centre of Language and Exercise

Jurymitglieder und Gutachter Jury Members and Assessors: Dr. Hannes Alpheis / Mathias Bölckow / Ronald Dittmer / Isabell Feest / Metin Hakverdi / Uli Hellweg / Hans-Jürgen Maass / Michael Mathe / Karin Renner / Ewald Rowohlt / Prof. Jörn Walter **Wettbewerbsteilnehmer Competition Participants:** Pysall Ruge Architekten (Berlin) / Dittert & Reumschüssel (Hamburg) / eins:eins architekten (Hamburg) / Stölken+Schmidt (Hamburg) / Kunst+Herbert (Hamburg)

Veringeck Veringeck

Jurymitglieder und Gutachter Jury Members and Assessors: Dr. Cihan Arin / Sabine de Buhr / Alexandra Czerner / Ronald Dittmer / Axel Hauschild / Uli Hellweg / Michael Mathe / Fred Rebensdorf / Canan Rohde-Can / Rainer Roszak / Hauke Stichling-Pehlke / Prof. Jörn Walter **Wettbewerbsteilnehmer Competition Participants:** Akyol Kamps Architekten (Hamburg) / architekturwerkstatt für soziales planen (Erfurt) / Baumschlager Eberle Lochau ZT GmbH (Lochau) / feddersenarchitekten (Berlin) / Gutzeit & Ostermann Architekten (Hamburg) / hildebrandt.lay. architekten (Berlin) / jasarevic architekten (Augsburg) / Planerkollektiv (Hamburg)

WaterHouses WaterHouses

Jurymitglieder und Gutachter Jury Members and Assessors: Heiner Baumgarten / Prof. Henri Bava / Jörn Frommann / Rolo Fütterer / Bodo Hafke / Uli Hellweg / Nikolaus Kuhnert / Dr. Michael Osterburg / Jan Peters / Hansjörg Schmidt / Marion Tants / Karsten Trabitzsch / Dietmar Walberg / Prof. Jörn Walter **Wettbewerbsteilnehmer Competition Participants:** Casanouri GmbH (Berlin) / Hochtief Construction AG formart (Hamburg) / imetas property services GmbH (Hamburg) / EsBro B.V. Almelo (NL-Vriezenveen) / Garbe Group mit spine Architekten (Hamburg) / AMF Architekten Martin Förster (Hamburg) / Henschker + Partner Planungsgesellschaft mbH Architekten / Holland Composites Industrials (NL-Lelystad) mit Architetuurstudio HH (NL-Amsterdam) / GriffnerHaus AG (A-Griffen)

Weltquartier und Weimarer Platz Global Neighbourhood and Weimarer Platz

Jurymitglieder und Gutachter Jury Members and Assessors: Jörn Frommann / Bodo Hafke / Uli Hellweg / Willi Hoppenstedt / Kamel Louafi / Hans-Jürgen Maass / Mirjana Markovic / Dr. Michael Osterburg / Canan Rohde-Can / Hansjörg Schmidt / Prof. Jörn Walter **Wettbewerbsteilnehmer Competition Participants:** Agirbas/Wienstroer, Architektur & Stadtplanung (Neuss) mit greenbox, Landschaftsarchitekten (Bochum) / Akyol Kamps Architekten (Hamburg) mit Wiggenhorn & van den Hövel Landschaftsarchitekten (Hamburg) / Beyer + Schubert Architekten (Berlin) mit TOPOTEK 1 Gesellschaft von Landschaftsarchitekten (Berlin) / Bieling Architekten GmbH (Hamburg) mit Matthies + Holzapfel Landschaftsarchitektur+, Studio Hamburg / Czerner Göttsch Architekten (Hamburg) mit Kuttner und Kahl Landschaftsarchitekten (Hamburg) / eins : eins architekten (Hamburg) mit Staubach & Söhne (Berlin) / FOA Federico Oliva Associati (I-Mailand Milan mit Da-A Architetti (I-Saronno) / Gerber Architekten GmbH (Hamburg) mit lohrer.hochrein landschaftsarchitekten bdla (München Munich) / kfs krause feyerabend sippel architektur+innenarchitektur (Lübeck) mit ARGE Sven Andresen + Urte Schlie Landschaftsarchitektur (Lübeck) / Kleffel Papay Warncke Architekten Partnerschaft (Hamburg) mit gartenlabor landschaftsarchitekten (Hamburg) / Knerer + Lang Partnerschaft von Architekten BDA (Dresden) mit Rehwaldt Landschaftsarchitekten (Dresden) / Kunst + Herbert Architekten (Hamburg) mit Studio uc. Klaus Overmeyer (Berlin) / luczak architekten köln + STUDYO ARCHITECTs (Köln Cologne/Istanbul) mit Fenner Steinhauer Weisser, FSW Landschaftsarchitekten (Düsseldorf) / nps tchoban voss architekten (Hamburg) mit Lichtenstein Landschaftsarchitekten (Hamburg) / Osterwold + Schmidt Architekten (Weimar) mit plandrei Landschaftsarchitekten – Dittrich Luz GbR (Erfurt) / petersen pörksen partner architekten + stadtplaner bda (Lübeck) mit arbos Landschaftsarchitekten (Hamburg) / Possehn – Voges – Ossenbrügge (Hamburg) mit Hunck und Lorenz Garten- und Landschaftsarchitekten (Hamburg) / Schmitz Münzesheimer Lück SML Architekten GmbH (Hamburg) mit NeueStadträume/ Andreas Bunk, Freier Landschaftsarchitekt, üNN und Planerkollektiv Hamburg) / SEHW Architekten (Hamburg) mit ST raum a. Landschaftsarchitekten (Berlin) / Thüs Farnschläder Architekten (Hamburg) mit Gurr Herbst Partner, Landschaftsarchitekten (Hamburg)

Welt-Gewerbehof World Commercial Park

Jurymitglieder und Gutachter Jury Members and Assessors: Prof. Dr. Sabine Baumgart / Jürgen Böge / Georg Feyerabend / Jörn Frommann / Uli Hellweg / Michael Mathe / Dr. Michael Osterburg / Dr. Christian Pape / Fred Rebensdorf / Ewald Rowohlt / Volker Schenk / Marion Tants / Prof. Jörn Walter **Wettbewerbsteilnehmer Competition Participants:** A-Quadrat Architekten & Ingenieure (Hamburg) / Banz + Riecks Architekten (Bochum) / blauraum architekten (Hamburg) / dalpiaz + giannetti architekten (Hamburg) / GAWS Architekten (Hamburg) / Grube + Grube Architekten (Bremerhaven) / Slawik Architekten (Hannover)

Bildungs- und Qualifizierungseinrichtungen Educational and Qualifications Facilities

Jörg Amelung, Food for Friends / Sascha Bartz, Büro für Lokale Wirtschaft – Beschäftigung und Bildung e.V. Office for Local Economy – Employment and Education / Dietrich Becker, Job Center team.arbeit. Wilhelmsburg Hamburg / Hansjörg Diers, Fachamt Sozialraummanagement Bezirksamt Hamburg-Mitte Specialist Agency for Management of Social Space, Hamburg-Mitte District Authority / Andrea Franke, Grone Netzwerk gGmbH Green Network / Mechthild Kränzlin, Homann-Stiftung / Werner Krassau, Hochschule für angewandte Wissenschaften University of Applied Sciences / Petra Lill, Fachamt Sozialraummanagement Bezirksamt Hamburg-Mitte Specialist Agency for Management of Social Space, Hamburg-Mitte District Authority / Udo Marquardt, BFW-Vermittlungskontor GmbH / Eva-Marie Peters, H.D. Bartels-Stiftung / Jürgen Roloff, Büro für Lokale Wirtschaft - Beschäftigung und Bildung e.V. Office for Local Economy – Employment and Education / Ines Rosowski, Agentur für Arbeit Harburg Employment Agency / Jan Schierhorn, Das Geld hängt an den Bäumen gGmbH Money Grows on Trees / Ines Schönemann, Grone Netzwerk gGmbH Green Network / Arno Siebert, Gesellschaft für Stadtentwicklung mbH / Gudrun Stefaniak, passage gGmbH / Olav Vavroš, Stiftung Berufliche Bildung Vocational Education Foundation / Werner Weiler, BFW-Vermittlungskontor GmbH / Klaus Wüstermann, Büro für Lokale Wirtschaft – Beschäftigung und Bildung e.V Office for Local Economy – Employment and Education.

Kreatives Quartier Elbinsel Wilhelmsburg Creative Quarter

IBA Kunst & Kultursommer 2007 IBA Art & Culture Summer 2007

Arbeitslosen Initiative Wilhelmsburg e.V. Wilhelmsburg Initiative for Unemployed / art agents / arts and credits / Greta Brix / Bürgerhaus Wilhelmsburg Community Centre / Die Obscuristen / Roswitha Düsterhöft / Silke Edelhoff / Gisela Floto / Forum Bildung Wilhelmsburg Education Forum / Geschichtswerkstatt Wilhelmsburg und Hafen History Workshop / Hafensafari e.V. / Hamburger Aquarell-Werkstatt Hamburg Watercolour Workshop / Jini Holländer / Honigfabrik, Kommunikationszentrum Wilhelmsburg e.V. / Kita Kiddies Oase Kiddies' Oasis Daycare Centre / Kristine Kretschmer / Kulturstiftung Phoenix Art Cultural Foundation / KulturWerkstatt Harburg e.V. Harburg CultureWorkshop / Kunst Bauen Stadtentwicklung KuBaSta e.V. KuBaSta Art Building Urban Development / Kunst Bauen Stadtentwicklung KuBaSta e.V. in Kooperation mit Nils Rose (Schilleroper Schiller opera) / Kunstverein Harburger Bahnhof e.V. Harburg Railway Station Art Association / LIGNA / Carolin Lörch / Arne Lösekann / Rupprecht Matthies in Kooperation mit der

Galerie für Landschaftskunst Hamburg Hamburg Gallery for Landscape Art / Ton Matton / Sabine Mohr / Nysa Kultur Hamburg / passage gGmbH / Britta Peters in Kooperation mit Kulturbehörde Hamburg Ministry of Culture / Raumlabor Berlin in Kooperation mit ProQuartier Hamburg mbH / Elisabeth Richnow / Rimini Protokoll in Kooperation mit Kampnagel / Raimund Samson (Kunstbüro Wilhelmsburg e.V. Wilhelmsburg Art Office) / Samy David Schneider / Karsten Schölermann in Kooperation mit Honigfabrik, Kommunikationszentrum Wilhelmsburg e.V. / Stadtteilarchiv Veddel District Archives / Roswitha Stein / Olaf Steinl / Llaura Sünner / Florian Tampe / überNormalNull GmbH / Veddel aktiv e.V. / Veddel aktiv e.V. in Kooperation mit Gesellschaft für Stadtentwicklung mbH / Veddeler Freizeitinitiative e.V. Veddel Leisure Time Initiative / Verein Zukunft Elbinsel Wilhelmsburg e.V. Future Elbe Island Wilhelmsburg Association / Kerstin Zillmann (KONZEPT Stadtplanung - Stadtforschung) / Zukunft Elbinsel Wilhelmsburg e.V. Future Elbe Island Wilhelmsburg

Räume für die Kunst (2008 - 2013) Spaces for Art (2008-2013)

Behörde für Stadtentwicklung und Umwelt State Ministry for Urban Development and Environment / Bezirksamt Hamburg-Mitte District Authority: Fachamt für Stadt- und Landschaftsplanung Specialist Office for Urban and Landscape Planning / Carla Binther / conecco - Management städtischer Kultur Management of Urban Culture / Finanzbehörde Immobilienmanagement State Ministry of Finance Real Estate Management / Freie und Hansestadt Hamburg Free and Hanseatic City of Hamburg / Gesellschaft für Stadtentwicklung mbH / Sabine Hahn-Nicol / Kulturbehörde Hamburg Ministry of Culture / Mathias Lintl / Kirsten Maria Peter / Sanierungsbeirat Südliches Reiherstiegviertel South Reiherstieg District Renovation Advice / Katja Sattelkau / Volker Schenk / Ralf-Peter Schmidt / Soulkitchenhalle / Sprinkenhof AG / STATTBAU Hamburg GmbH / Verein Veringhöfe e.V. Veringhöfe Association / Verein zur Förderung von Kunst und Kultur e.V. Association for the Promotion of Art and Culture / Anne Waterkamp

Kunst macht Arbeit (2008 - 2013) Art Creates Work (2008-2013)

Arbeitskreis Fahrradstadt Wilhelmsburg Cycling City Working Group / Arbeitslosen Initiative Wilhelmsburg Initiative for Unemployed / Sascha Bartz (LoWi - Büro für lokale Wirtschaft Office for Local Economy / Sandra Brangs / Stefanie Bremer (Orange Edge) / Prof. Renata Brink (HAW Hochschule für Angewandte Wissenschaften University of Applied Sciences / Bürgerhaus Wilhelmsburg Community Centre / Heike Dielewicz / Hannes Erxleben / Axel Fehrs / Nelly Fleckhaus / Andrea Franke (Grone Netzwerk Hamburg gGmbH Hamburg Green Network) / Dr. Anke Haarmann (AHL) / hab Service / Hildebrand Henatsch / Rolf Kellner, überNormalNull GmbH / Kleiderkammer Wilhelmsburg Clothing Distribution / Andrea Knobloch (Salon des belles utopistes) / Werner Krassau (HAW Hochschule für Angewandte Wissenschaften University of Applied Sciences) / Raimund Samson (Kunstbüro Wilhelmsburg e.V. Wilhelmsburg Art Office) / Kunst Werk Wilhelmsburg e.V. Wilhelmsburg Art Work / Rupprecht Matthies / Netzwerk für Musik von den Elbinseln Elbe Islands Music Network / Gudrun Stefaniak (Passage gGmbH) / Sibilla Pavenstedt (Made auf Veddel) / Babette Peters (designXport Hamburg) / Susanne Pfeiffer (NähGut - gemeinnützige Werkstatt NähGut - Community Workshop) / Ali Reza Rahimi / Raumtextil / Ines Schönemann (NähGut - gemeinnützige Werkstatt NähGut - Community Workshop) / SBB Kompetenz gGmbH / Weisswäsche Compagnie / Paula Zamora-Cornejo / Andrea Zohm (Elbe Werkstätten GmbH)

Kunstplattform Kultur I Natur (2008) Arts Platform Culture I Nature (2008)

Dr. Anke Haarmann (Kuratorin Curator) / PD Dr. Harald Lemke (Kurator) / Ala Plastica / Joseph Beuys / Critical Art Ensemble / Mike Davis / Fährstraßenfest Ferry Street Festival / Lili Fischer / Thomas Heyd / Interkultureller Garten Intercultural Garden / Ton Matton / Kathrin Milan / Dan Peterman / Nana Petzet / Elisabeth Richnow / Susan Leibovitz Steinman / Malte Willms / Gesa Woltjen

Kunstplattform Akademie einer anderen Stadt (2009 und 2010) Arts Platform Academy of Another City (2009 and 2010)

Andrea Knobloch (Kuratorin Curator) / Dr. Ute Vorkoeper (Kuratorin Curator) / Nevin Aladag / Antoine Beuger / Carla Binther (Veringhöfe e.V.) / Dieter Boxberger / Dorothea Carl / Jürgen Dege-Rüger (Bildungsoffensive Elbinseln Elbe Islands Education Drive) / Esra Ersen / Rainer Ganahl / Geelke Gaycken / Olafur Gislason / Hanswalter Graf / Anke Grube / Dr. Darjana Hahn (Geschichtswerkstatt Wilhelmsburg und Hafen History Workshop) / Christian Hasucha / Nina Katchadourian / Rolf Kellner (überNormalNull GmbH) / Andrea Knobloch (Akademie einer anderen Stadt Academy of Another City) / Corinna Koch (MAKNETE e.V.) / Thomas Köner / Kulturbehörde Hamburg Ministry of Culture / KurzFilmSchule Hamburg ShortFilmSchool / Daniela Lehmann Carrasco / Marina Lindemann / Christine Lemke / Harald Lemke / Katharina Lüdicke / Margret Markert (Geschichtswerkstatt Wilhelmsburg und Hafen History Workshop) / Britta Peters / Mark Raidpere / Helga Scheffler / Schüler/innen und Lehrer/innen aus school students and teachers from Hamburg: Altona, Kirchdorf, Mitte, Veddel und Wilhelmsburg / Katrin Ströbel / Tanzplan / Sonja Vordermaier / Thomas Wiczak / Gundi iemer und die Künstlergruppe W9 Artists' Group / Desiree Zick / Prof. Dr. Gesa Ziemer (HafenCity Universität Hamburg) / Moira Zoitl

Projekte der kulturellen Vielfalt (2008 - 2013) Cultural Diversity Projects (2008-2013)

Bürgerhaus Wilhelmsburg Community Centre/ Forum Bildung Wilhelmsburg Education Forum/ Adrienne Göhler (Stiftung Forum der Kulturen zu Fragen der Zeit Foundation - Forum: Cultures and the Questions of the Time) / Gymnasium Klosterschule St. Georg Monastic Grammar School / Harbourfront Literature Festival / Tina Heine (Elbjazz GmbH) / Hirn & Wanst GmbH / Hochschule für Bildende Künste Hamburg Hamburg College of Fine Arts / Honigfabrik, Kommunikationszentrum Wilhelmsburg e.V. / Julius Jensen / Corinna Koch (MAKNETE e.V.) / Konspiratives Kultur Kollektiv e.V. / Kopf & Steine GmbH / Kulturwerkstatt Harburg e.V. Harburg Cultural Workshop / Kunstverein Harburger Bahnhof e.V Harburg Railway Station Art Association / Frank Lemloh (Initiative Kultur- und Kreativwirtschaft des Bundes/ Regionalbüro Hamburg Federal Cultural and Creative Economy Initiative/Hamburg Regional Office) / Lüttville e.V. / Rolf Masuch (Insel Event e.V. Island Event) / Museum Elbinsel Wilhelmsburg e.V. / Elisabeth Richnow / Kerstin Schäfer / Karsten Schölermann (BMS Sportveranstaltungs GbR) / Friederike Schulz / Norman Schulz (Initiative Kultur- und Kreativwirtschaft des Bundes/Regionalbüro Hamburg Federal Cultural and Creative Economy Initiative/Hamburg Regional Office) / Stiftung Hamburg Maritim Hamburg Maritime Foundation / Oliver Sturm / überNormalNull GmbH / Friederike von Gehren (Volkshochschule Hamburg Adult Education) / Zirkus Willibald

Weitere Kunst- und Kulturformate Further Art and Culture Formats

Anke Holtmann (Museum Elbinsel Wilhelmsburg) / Jan Holtmann (noroomgallery) / Julius Jensen / Rolf Kellner (überNormalNull GmbH) / Corinna Koch (MAKNETE e.V.) / Kunstverein Hamburg Art Association / Mathias Lintl / Margret Markert (Geschichtswerkstatt Wilhelmsburg und Hafen History Workshop) / Claus-Peter Rathjen (Museum Elbinsel Wilhelmsburg) / Marco Antonio Reyes Loredo / Friederike von Gehren (Volkshochschule Hamburg Adult Education) / Dr. Ute Vorkoeper (Akademie einer anderen Stadt Academy of Another City) / Gundi Wiemer (Stadtteilschule Wilhelmsburg District School) / Paula Zamora-Cornejo / Prof. Dr. Gesa Ziemer (HafenCity Universität Hamburg)

Kunst- und Kulturprojekte 2013 Art and Culture Projects 2013

Gerhard Bär / Andres Bosshard / Deichtorhallen Hamburg / Django Deluxe / Dagmar Dreke / Jan Dvorak (Kommando Himmelfahrt) / Thomas Fiedler (Kommando Himmelfahrt) / Meike Gerstenberg / Hirn & Wanst GmbH / Inseldeerns / Kampf der Künste / Kampnagel Internationale Kulturfabrik Hamburg GmbH / Rolf Kellner / Isabel Kiesewetter / Jan Köchermann / Nina Kuhn (Literaturkontor literature sales) / KünstlerCommunity Veringhöfe Artists' Community / Maren Kuntze und Bettina Graf (Elbinsel Yoga) / Mathias Lintl (Soulkitchenhalle) / Leslie Malton / Günter Marnau / Rupprecht Matthies / Anthony McCall / Messie de Luxe / Beate Mohr / Rainer Moritz (Literaturhaus Hamburg) / Museum Elbinsel Wilhelmsburg / Sibilla Pavenstedt / Rialto Kino Rialto Cinema / Elisabeth Richnow / Sammlung Falckenberg Collection / Anna Schellberg / Olaf Steinl / Studierende des Department Textildesign der HAW students from Textile Design Department of HAW / alle Künstlerinnen und Künstler im UdN-Kontext all artists in University of Neighbourhoods context / Urs Amadeus Ulbrich / Universo Tango / Le van Bo / Voice4Soul / Julia Warnemünde / Zirkus Willibald

Begleitforschung Accompanying Research

Analyse & Konzepte (Strukturmonitoring) / CEval, Centrum für Evaluation Universität des Saarlandes (BOE) / COMO Consult GmbH (BOE) / Deutsches Jugendinstitut (DJI) German Youth Institute / HafenCity Universität Hamburg (EnEff:Stadt) / MAGMA - Marburger Arbeitsgruppe für Methoden und Evaluation (Follow-up-Studie zur Kampagne „Prima-Klima-Anlage") MAGMA Working Group for Methods and Evaluation (Follow-up Studies in "Top Climate Plan"/ TU Braunschweig - Institut für Gebäude- und Solartechnik Institute for Building and Solar Technology (EnEff:Stadt) / TU Clausthal - Energieforschungszentrum Niedersachsen Energy Research Centre - EFZN (EnEff:Stadt) / Universität Hamburg, Fachbereich Erziehungswissenschaft 4, Arbeitsbereich Bewegung, Spiel, Sport (BOE-SBZ) Education Science Faculty 4, Movement, Play, Sport

Agenturen und Veranstaltungsbüros Agencies and Event Organisers

adrian.mehlin.prozessnavigation (Berlin) / ARCH+ (Berlin) / BFGF DESIGN STUDIOS (Hamburg) / bfö Büro für Öffentlichkeitsarbeit e.K. (Hamburg) / Birnkraut I Partner ARTS + BUSINESS CONSULTANT (Hamburg) / Büro Luchterhandt (Hamburg) / Comm3 Institut für WinkelBlicke, Hamburg / COMPACTTEAM (Berlin) / conecco UG (Hamburg)

/ D&K drost consult (Hamburg) / Embassy (Berlin) / Erler + Kossak Architektinnen (Hamburg) / IMORDE Projekt- & Kulturberatung GmbH (Münster) / JAM Graphic Design / JAS WERK – Jugend Architektur Stadt UG JAS WERK – Youth Architecture City (Hamburg) / Jo Claussen-Seggelke Stadtplaner SRL DVAG City Planner (Hamburg) / Joke Event AG (Bremen) / Klartext Verlag / Konsalt – Gesellschaft für Stadt- und Regionalanalysen und Projektentwicklung mbH (Hamburg) / KuK Applikationen GmbH (Hamburg) / Kunstraum GfK mbH – vivid exhibitions (Hamburg) / lab concepts (Bonn) / Markus Firnhaber mf.projektmanagement (Pinneberg) / hg merz architekten museumsgestalter (Stuttgart) / mgp ErlebnisRaumDesign (Hamburg) / osp urbanelandschaften, (Hamburg) / ProtStadt Gesellschaft für Projektsteuerung im Städtebau mbH (Berlin) / QART mit Björn Cyriax (Hamburg)

/ raum + prozess kooperative planung und stadtentwicklung Hamburg / Raumtaktik (Berlin) / Sabine Rabe Landschaften + Wiebke Genzmer Design (Hamburg) / sally below cultural affairs (Berlin) / Scholz + Friends (Berlin) / sinkenarchitekten (Köln Cologne) / spacedepartment (Hamburg) / Stadtwandel Verlag beim Verlag Schnell und Steiner / spine architects (Hamburg) / steiner.ag (Berlin) / Studio Andreas Heller Architects & Designers (Hamburg) / SUPERURBAN (Hamburg) / TPA Agentur für Kommunikationsdesign GmbH (Berlin) / Triad (Berlin) / TuTech Innovation GmbH (Hamburg) / üNN (Hamburg) / urbanelandschaften, hamburg netzwerk für landschaftsarchitektur. stadt- und raumforschung (Hamburg) / urbanista (Hamburg) / ZEBAU – Zentrum für Energie, Bauen, Architektur und Umwelt GmbH (Hamburg) / Ziegfeld Enterprise GmbH (Hamburg)

Fotografie Photography

In Vertretung für die zahlreichen Fotografinnen, Fotografen und Filmteams, die die vielfältigen Facetten des Prozesses und der Projekte der IBA Hamburg dokumentierten haben, geht unser Dank an Johannes Arlt, Bernadette Grimmenstein, Oliver Heissner, Martin Kunze, Bente Stachowske sowie die Koop Medienproduktion GmbH. As representatives of the numerous photographers and film teams who documented the diverse facets of IBA Hamburg processes and projects, Johannes Arlt, Bernadette Grimmenstein, Oliver Heissner, Martin Kunze, Bente Stachowske, as well as Koop Medienproduktion GmbH, receive our thanks.

Fördermittelgeber und -programme
Funding Agencies and Programmes

Europäische Union European Union
Wir danken stellvertretend EU-Kommissar Dr. Johannes Hahn und Mitarbeiter/innen für die Förderung von IBA-Projekten durch die EU. Our thanks are due to Deputy EU Commissioner Dr. Johannes Hahn and staff for the support provided for IBA projects throughout the EU.
Prgramme Program Europäischer Fonds für Regionale Entwicklung (EFRE) European Fund for Regional Development / Europäischer Sozialfonds (ESF) European Social Fund / Build with Care: Interreg IVB / TRANSFORMATION Agenda for Low Carbon Cities: 7. Forschungsrahmenprogramm der Europäischen Kommission 7. Research Framework Programme of the European Commission / cascade

Bundesministerium für Verkehr, Bau und Stadtentwicklung (BMVBS) Federal Ministry of Transport, Building, and Urban Development
Bundesminister für Verkehr, Bau und Stadtentwicklung Federal Minister of Transport, Building, and Urban Development Dr. Peter Ramsauer / Staatssekretär State Secretary Rainer Bomba / Marta Doehler-Behzadi / Dr. Ulrich Hatzfeld / Hans-Dieter Hegner / Michael Marten / Oda Scheibelhuber Programm Nationale Stadtentwicklungspolitik (NSP) Program National Urban Development Policy / Rahmenprogramm Integrierte Stadtteilentwicklung (RISE) Framework Programme for Integrated Urban Development / Zukunft Bauen Future Building

Bundesinstitut für Bau-, Stadt- und Raumforschung (BBSR) im Bundesamt für Bauwesen und Raumordnung (BBR) Federal Institute for Research on Building, Urban Affairs, and Spatial Development within the Federal Office for Building and Regional Planning
Olaf Asendorf / Eva Schweizer / Lars-Christian Uhlig / Guido Hagel

Bundesministerium für Wirtschaft und Technologie (BMWi) Federal Ministry of Economics and Technology
EnEff:Stadt

Bundesministerium für Bildung und Forschung (BMBF) Federal Ministry of Education and Research
KLIMZUG Nord

KfW Bankengruppe KfW Bankengruppe

Deutsche Energie-Agentur GmbH (dena) German Energy Agency GmbH (dena)
Modellvorhaben „Effizienzhaus Plus" "Efficiency House Plus" Model Project

Hamburger Klimaschutzkonzept Hamburg Climate Protection Concept

Hamburgische Wohnungsbaukreditanstalt Hamburg Housing Construction Credit Institution

Auszeichnungen und Preise (Stand: Frühjahr 2013)
Prizes and Awards (Status: spring 2013)

Auszeichnungen und Preise für IBA-Projekte
Prizes and Awards for IBA Projects

Neue Hamburger Terrassen (Baufeld 1) New Hamburg Terraces (Plot 1): BDA Hamburg Architektur Preis 2012 BDA Hamburg Architecture Prize 2012 / Publikums Architektur Preis; **VELUX Model Home 2020:** Bundespreis Ecodesign 2012 des Bundesumweltministeriums Federal Ecodesign Prize 2012 of Federal Ministry of Environment / Gütesiegel Effizienzhaus der Deutschen Energie-gentur GmbH (dena) Quality Seal, Efficiency House of German Energy Agency (dena); **Energieatlas Energy Atlas:** Europäischer Solarpreis 2012; **Open House:** Baugemeinschaftspreis 2011 der Freien und Hansestadt Hamburg Building Association Prize 2011 of the Free and Hanseatic City of Hamburg; **Tor zur Welt Gateway to the World:** Preisträger „Architektur mit Energie" Energieoptimiertes Bauen (EnOB) 2009 des Bundesministeriums für Wirtschaft und Technologie Prizewinner, "Architecture with Energy", Optimally Energised Building (EnOB) 2009; **Smart Material House – Smart ist Grün Smart is Green:** Lobende Erwähnung, „Architektur mit Energie" Preis für Energieoptimiertes Bauen (EnOB) 2011 des Bundesministeriums für Wirtschaft und Technologie Honourable Mention, "Architecture with Energy", Optimally Energised Building (EnOB) 2009;

IBA DOCK: BDA Hamburg Architektur Preis 2010, Würdigung Commended / Plakette des Deutschen Solarpreises 2011 in der Kategorie Eigentümer Plaque of the German Solar Prize in the Property Category /Betreiber von Anlagen zur Nutzung Erneuerbarer Energien Operators of Installations Using Renewable Energy; **Energiebunker Energy Bunker:** Exponat des deutschen Beitrags zur Architekturbiennale Venedig 2008 Display of German Entry at Architecture Biennale, Venice 2008; **Stübenhofer Weg:** Deutscher Lichtdesign-Preis 2012, Kategorie „Bildung" German Light Design Prize 2012, "Education" Category; **WaterHouses:** DGNB Vorzertifikat in Gold DGNB Gold Certificate; **Neubau BSU New BSU Building:** DGNB Vorzertifikat in Gold DGNB Gold Certificate; **igs-Zentrum Hybrid House igs-Zentrum igs Centre:** DGNB Vorzertifikat in Silber Silver Certificate; **Smart Material Houses:** BMWi-Preis 2011, Lobende Erwähnung Honourable Mention; S**mart Price House – Grundbau und Siedler Basic Building, DIY:** universal design award 2013, Kategorie „Universal Design/Wohnen", "Universal Design/Living" Category / Deutscher Architekturpreis 2013, Auszeichnung German Architecture Prize 2013, Distinction

Innovationspreisträger Bildung Innovation Award Winners, Education

BI Elbinseln gGmbH (2009) / Bücherhalle Kirchdorf Library (2011) / CrearTat e.V. (2007) / Dolle Deerns e.V. (2009) / Elbinselschule Wilhelmsburg Elbe Island School (2010) / GANGWAY-Schule GANGWAY School (2011) / Geschichtswerkstatt Wilhelmsburg und Hafen History Workshop in der Honigfabrik (2008) / Haus der Jugend Wilhelmsburg Youth Centre (2010) Kathrin Milan (2008) / Kinder-, Jugend- und Familienzentrum Kirchdorf Children's, Youth, and Family Centre (2007) / Kita Elb-Kinder Daycare Centre (2011) / Kita Emmaus Daycare Centre (2010) / Naturschutzverband GÖP Association for Nature Protection (2007) / Oliver Herrmann (2008) / Stiftung Bürgerhaus Wilhelmsburg Community Centre Foundation (2007) / Stiftung Bürgerhaus Wilhelmsburg Community Centre Foundation (2008) / Stiftung Bürgerhaus WilhelmsburgNetzwerk für Musik auf den Elbinseln Network Community Centre Foundation/ Network for Music on the Elbe Islands (2011) / Türkischer Elternbund e.V. Turkish Parents' Association (2008) / Veddel aktiv e.V. (2007) / Verein zur Förderung der Integration in Hamburg Wilhelmsburg e.V. Association for the Promotion of Integration in Hamburg/Wilhelmsburg / verikom e.V. (2009) / Zirkus Willibald (2010)

Besonderer Dank
Special Thank

Unser ganz besonderer Dank gilt den ehemaligen Ersten Bürgermeistern Ole von Beust und Christoph Ahlhaus, den früheren Senatorinnen und Senatoren der BSU: Herrn Dr. Michael Freytag, Herrn Axel Gedaschko, Frau Dr. Herlind Grundelach und Frau Anja Hajduk sowie allen weiteren einstigen Senatorinnen und Senatoren der Fachbehörden, allen ehemaligen Staatsräten und nicht zuletzt den früheren Leitern der Bezirksämter Hamburg-Mitte und Harburg, Herrn Markus Schreiber und Herrn Thorsten Meinberg. Wir bedanken uns bei allen Kolleginnen und Kollegen aus den zahlreichen Architektur- und Planungsbüros, Behörden, Bildungs- und Kultureinrichtungen sowie den Ausführungsbetrieben und vielen weiteren am Gelingen der IBA beteiligten Einrichtungen, die wir leider nicht alle namentlich erfassen können. Für die gute und erfolgreiche Zusammenarbeit richten wir unseren Dank an das Team der internationalen gartenschau igs hamburg 2013 stellvertretend an den Geschäftsführer Herrn Heiner Baumgarten.

Our special thanks to tshe former First Mayors Ole von Beust and Christoph Alhaus, the early senators in the BSU (Dr. Michael Freytag, Axel Gedaschko, Dr. Herlind Grundelach and Anja Hajduk), as well as all other former senators in the ministries, former state councillors, and, not least, the former managers of Hamburg-Mitte and Harburg District Authorities, Markus Schreiber and Thorsten Meinberg. We are grateful to all our colleagues in countless architecture and planning offices, ministries, educational and cultural establishments, as well as building firms and many more organisations sharing in the International Building Exhibition IBA's success, all of which we cannot include by name, unfortunately. For working with us skilfully and successfully, we appreciate the team at the international garden show igs hamburg and the deputy managing director Heiner Baumgarten. As representatives of the numerous photographers and film teams who documented the diverse facets of IBA Hamburg processes and projects, Johannes Arlt, Bernadette Grimmenstein, Oliver Heissner, Martin Kunze, Bente Stachowske, as well as Koop Medienproduktion GmbH, receive our thanks.

Wir danken dem Netzwerk „IBA meets IBA" für das gemeinsame Bestreben zur Qualitätssicherung und Weiterentwicklung des Formats IBA. Stellvertretend für die Bearbeiterinnen und Bearbeiter des Memorandums zur Zukunft Internationaler Bauausstellungen gilt unser Dank Prof. Dr. Werner Durth und dem BMVBS, hier insbesondere Herrn Dr. Ulrich Hatzfeld und Frau Dr. Marta Döhler-Behzadi. Für die anregende Zusammenarbeit danken wir den Kolleginnen und Kollegen der Internationalen Bauausstellungen IBA Berlin 1987, IBA Emscher Park 1999, IBA Fürst-Pückler-Land 2010, IBA Stadtumbau Sachsen-Anhalt 2010, IBA Basel 2020, IBA Berlin 2020, IBA Parkstad Limburg 2020, IBA Wissen-schafft-Stadt Heidelberg 2022 und IBA Thüringen 2023. Allen aktuellen Internationalen Bauausstellungen wünschen wir gutes Gelingen und nie versiegenden Mut zum Risiko.

We thank the "IBA meets IBA" network for the joint commitment to quality assurance and ongoing development of the IBA format. On behalf of those responsible for the Memorandum on the Future of International Building Exhibitions, we are grateful to Prof. Werner Durth and the BMVBS, particularly Dr. Ulrich Hatzfeld and Dr. Marta Döhler-Behzadi. We greatly appreciate the productive working relationship with our colleagues from the IBA Berlin 1987, IBA Emscher Park 1999, IBA Fürst-Pückler-Land 2010, IBA Stadtumbau Sachsen-Anhalt 2010, IBA Basel 2020, IBA Berlin 2020, IBA Parkstad Limburg 2020, IBA Wissenschaft-Stadt Heidelberg 2022, and IBA Thüringen 2023 international building exhibitions. To all of the current international building exhibitions we extend our good wishes for success and an unending willingness to take risks.

Diesen letzten Band der IBA Schriftenreihe nehmen wir zum Anlass um uns beim jovis Verlag, Berlin ganz herzlich für sieben Jahre konstruktive Zusammenarbeit, viel Geduld und wertvolle Hinweise zu bedanken. Insbesondere adressieren wir Jutta Bornholdt-Cassetti, Jochen Visscher und Philipp Sperrle. Tom Unverzagt sind wir für die Grafik und Annina Götz für die Bildredaktion verbunden. Zugleich danken wir allen Lektorinnen und Lektoren sowie Übersetzerinnen und Übersetzern.

With this being the last volume in the IBA series we would like to express our gratitude to jovis Verlag in Berlin for seven constructive years of working together, as well as for all their patience and valuable advice. Our thanks to Jutta Bornholdt-Cassetti, Jochen Visscher, and Philipp Sperrle in particular. We also extend our appreciation to Tom Unverzagt for the graphics and to Annina Götz for the picture editing. Our thanks, too, to all of the editors and translators involved.

Autoren Authors

Olaf Bartels

*1959, Dipl.-Ing. Architektur. Architekturhistoriker und -kritiker. Studium der Architektur an der Hochschule für bildende Künste Hamburg. Buch- und Zeitschriftenpublikationen sowie Forschung zur Architektur-, Stadt- und Stadtbaugeschichte. Lebt in Hamburg und Berlin.

*1959, Dipl.-Ing. architecture, architectural historian, and critic. Studied architecture at the College of Fine Arts, Hamburg. Book and magazine publications, as well as research on the history of architecture, urban history, and the history of urban development. Lives in Hamburg and Berlin.
olafbartels@gmx.de

Gottfried Eich

*1951, Studium der Soziologie, Politikwissenschaften und Volkskunde, berufliche Tätigkeit in Auswahl: Sozialplaner bei der SAGA Abteilung Mieterbetreuung sowie bei ProQuartier Gesellschaft für Projektmanagement Hamburg GmbH (nach Betriebsübergang SAGA) 1983-1985 und 1992-2002, Geschäftsführung für die Arbeitsgruppe Harburger Beschäftigungsträger bei Arbeit für Harburg e.V. 1989-1990, Wissenschaftlicher Mitarbeiter beim Bezirksamt Hamburg-Mitte der Freien und Hansestadt Hamburg 2008-2010, Projektkoordinator bei der Internationalen Bauausstellung Hamburg GmbH.

Born 1951, studied sociology, political science, and folklore. His professional experience includes: social planner with SAGA in the tenant liaison department as well as with ProQuartier Gesellschaft für Projektmanagement Hamburg GmbH (following the SAGA transfer) 1983-1985 and 1992-2002, head of the Harburg Employment Agency working group with Arbeit für Harburg e.V. 1989-1990, research assistant with the Hamburg-Mitte District Authority of the Free and Hanseatic City of Hamburg 2008-2010, project coordinator with the IBA Hamburg GmbH.
gottfried.eich@iba-hamburg.de

Claas Gefroi

*1968, Architekturstudium an der Hochschule für bildende Künste Hamburg, Referent für Presse- und Öffentlichkeitsarbeit der Hamburgischen Architektenkammer, Redakteur „Jahrbuch Architektur in Hamburg", freier Architekturjournalist, Mitglied der Kunstkommission der Behörde für Kultur, Sport und Medien Hamburg.

Born 1968, studied architecture at the College of Fine Arts, Hamburg, public relations officer with the Hamburg Chamber of Architects, editor of the Jahrbuch Architektur in Hamburg (Hamburg Architecture Almanac), freelance architectural journalist, member of the Art Commission of the State Ministry of Culture, Sport, and Media.
gefroi@akhh.de

Christophe Girot

*1957, Studium der Architektur und Landschaftsarchitektur an der University of California in Berkeley. Seit 2001, Professor und 2005 Leiter der Institut für Landschaftsarchitektur an der ETH Zürich. Praxis in der Landschaftsarchitektur und Topologie beim Atelier Girot in Zürich.

Born 1957, studied architecture and landscape architecture at the University of California, Berkeley. Professor and head of landscape architecture at the Swiss Federal Institute of Technology (ETH) in Zurich since 2001. Works in landscape architecture and topology with Atelier Girot in Zurich
girot@arch.ethz.ch

Lucia Grosse-Bächle

*1960, Dr.-Ing. Landschaftsarchitektur, Studium an der Leibniz Universität Hannover, von 1991 bis 2000 wissenschaftliche Mitarbeit am Institut für Grünplanung und Gartenarchitektur sowie am Institut für Freiraumentwicklung, Forschungsprojekte und Lehraufträge an der Leibniz Universität Hannover, 2003 Promotion über prozessorientierte Entwurfsstrategien (Stipendium), Gründungsmitglied STUDIO URBANE LANDSCHAFTEN, Ko-Autorin der Publikation Creating Knowledge. Innovationsstrategien im Entwerfen urbaner Landschaften. Seit 2004 freischaffende Landschaftsarchitektin, 2005-2007 Koordination und Auslobung des Landschaftskunstpreises NEULAND für die Stiftung Niedersachsen. Seit 2009 Projekte zur Entwicklung der Elb-Wasserlandschaften in Kooperation mit osp urbanelandschaften u.a. für die IBA Hamburg. Lebt bei Hannover.

Born 1960, engineer with doctorate in landscape architecture, studied at the Leibniz University in Hannover; research assistant at the Institute of Landscape Planning and Garden Architecture 1991-2000 as well as at the Institute for Open Space Development; research projects and lecturing activities at the Leibniz University in Hannover, awarded her doctorate in 2003 on process-oriented design strategies (bursary); founding member of STUDIO URBANE LANDSCHAFTEN, co-author of Creating Knowledge. Innovation Strategies in the Design of Urban Landscapes. Freelance landscape architect since 2004; 2005-2007 coordination and presentation of the NEULAND landscape art prize for the Lower Saxony Foundation. Projects on the development of the Elbe water landscapes for the IBA Hamburg since 2009 with cooperation partners such as osp urbanelandschaften. Lives near Hannover.
lucia.grosse-baechle@freiraum.uni-hannover.de

Oliver G. Hamm

*1963, Dipl.-Ing. (FH) Architektur. Freier Autor, Herausgeber, Redakteur und Kurator (u.a. NEU BAU LAND. Architektur und Stadtumbau in den neuen Bundesländern, Deutsches Architekturmuseum, Frankfurt/Main 2007). 1984-89 Studium der Architektur an der FH Darmstadt, 1989-92 Redakteur der db - deutsche bauzeitung, Stuttgart, 1992-98 Redakteur der Bauwelt, Berlin, 2000-07 Chefredakteur Deutsches Architektenblatt, Berlin, 2008-09 Chefredakteur greenbuilding, Berlin. 2003 Deutscher Preis für Denkmalschutz (Journalistenpreis). 2003-10 Mitglied im Fachbeirat der IBA Fürst-Pückler-Land. Lebt in Berlin.

*1963, Dipl.-Ing. (FH) architecture. Freelance author, publisher, editor, and curator (e.g., NEU BAU LAND. Architektur und Stadtumbau in den neuen Bundesländern / Architecture and Urban Restructuring in Former East Germany, Deutsches Architekturmuseum, Frankfurt am Main 2007). Studied architecture at the University of Applied Sciences in Darmstadt. 1989-92 editor of db - deutsche bauzeitung, Stuttgart; 1992-98 editor of Bauwelt, Berlin; 2000-07 editor-in-chief of the Deutsches Architektenblatt, Berlin; 2008-09 editor-in-chief of greenbuilding, Berlin. German award for monument preservation 2003 (journalist award). 2003-10 member of the IBA Fürst-Pückler-Land advisory council. Lives in Berlin.
oliverghamm@web.de

Dr. Ulrich Hatzfeld

*1953, Leiter der Unterabteilung Stadtentwicklung im Bundesministerium für Verkehr, Bau und Stadtentwicklung; Studium der Stadt-, Regional- und Landesplanung an der Universität Dortmund, Wissenschaftlicher Mitarbeiter an der Universität Dortmund; Geschäftsführender Gesellschafter des Planungsbüros DASI Stadtforschung/Stadtplanung; Inhaber des Büros Hatzfeld-Junker, Stadtforschung/Stadtplanung; 1996-2006 Gruppenleiter Stadtentwicklung im Ministerium für Städtebau und Wohnen, Kultur und Sport – MSWKS (später Ministerium für Bauen und Verkehr MBV) des Landes Nordrhein-Westfalen, Düsseldorf. Seit 2006 Leiter der Unterabteilung Stadtentwicklung im Bundesministerium für Verkehr, Bau und Stadtentwicklung.

Born 1953, head of the urban development department within the Federal Ministry of Transport, Building, and Urban Affairs; studied urban, regional, and landscape planning at the University of Dortmund, research assistant at the University of Dortmund; managing partner with DASI Stadtforschung/Stadtplanung; proprietor of the Hatzfeld-Junker practice, Stadtforschung/Stadtplanung; 1996-2006 urban development team leader with the Ministry for Urban Development and Housing, Culture, and Sport – MSWKS (later the Ministry for Building and Transport – MBV) in the state of North Rhine Westphalia in Düsseldorf; head of the urban development department within the Federal Ministry of Transport, Building, and Urban Affairs since 2006.
Ulrich.Hatzfeld@bmvbs.bund.de

Uli Hellweg

*1948, Architektur- und Städtebaustudium an der RWTH Aachen. 1980 freiberuflicher Stadtplaner in Berlin. 1982 Koordinator bei der IBA Berlin GmbH 1984/87 für Pilotprojekte. 1986 Planungskoordinator der S.T.E.R.N. GmbH für das Stadterneuerungsgebiet Moabit in Berlin. 1992 Dezernent für Planen und Bauen der Stadt Kassel. 1996 Geschäftsführer der Wasserstadt GmbH, Berlin. 2002 Geschäftsführer der agora s.à.r.l., Luxemburg. Seit 2006 Geschäftsführer der IBA Hamburg GmbH.

Born 1948, studied architecture and urban development at RWTH Aachen. 1980 freelance urban planner in Berlin. 1982 coordinator for pilot projects at the IBA Berlin GmbH 1984/87. 1986 planning coordinator at S.T.E.R.N. GmbH for Moabit urban renewal in Berlin. 1992 head of Department of Planning and Building in the City of Kassel. 1996 managing director of Wasserstadt GmbH, Berlin. 2002 managing director of agora s.à.r.l., Luxembourg. Managing director of the IBA Hamburg GmbH since 2006.
uli.hellweg@iba-hamburg.de

Theda von Kalben

*1956, Studium Bauingenieurswesen und Architektur an der FH Hamburg. Seit 1985 bei der Freien und Hansestadt in den Bereichen Städtebau und Stadterneuerung tätig. Seit 2006 Projektkoordinatorin bei der IBA Hamburg mit den Schwerpunkten Bildung, Integration und Partizipation.

Born 1956, studied civil engineering and architecture at Hamburg University of Applied Sciences. Since 1985 has worked for the Free and Hanseatic City of Hamburg in the areas of urban design and urban redevelopment. Project coordinator with the IBA Hamburg since 2006, focussing on education, integration, and participation.
theda.vonkalben@iba-hamburg.de

Gert Kähler

*1942 in Hamburg, Prof. Dr.-Ing., Studium der Architektur an der TU Berlin, Promotion 1980, Habilitation 1985, freier Journalist, zahlreiche Veröffentlichungen.

Born 1942 in Hamburg, professor, qualified engineer. He studied architecture at the Technical University in Berlin, acquiring his doctorate in 1980. He was awarded a professorship in 1985. He is a freelance journalist with numerous publications.
gertkaehler@web.de

Bettina Kiehn

*1965, seit 2006 Mitglied des IBA/igs-Beteiligungsgremiums und seit 2007 eine der drei Sprecher/innen des Gremiums. Nach einer Ausbildung zur Werkzeugmacherin arbeitete sie als Journalistin, Anzeigenakquisiteurin, Verwaltungsfachkraft und Geschäftsführerin eines Buchverlages. Im Fernstudium studierte sie Betriebswirtschaftslehre, Abschluss Dipl. Kauffrau (FH),

mit dem Schwerpunkt Rechnungswesen, Steuern, Revision und spezialisierte sich auf die besonderen Bedarfe von Non-Profit-Organisationen. Seit 2006 ist sie für die Stiftung Bürgerhaus Wilhelmsburg tätig, zunächst als Geschäftsführerin, seit 2009 als deren hauptamtlicher Vorstand.

Born 1965, member of the IBA/igs Participation Committee since 2006 and, since 2007, one of the committee's three spokespeople. After training as a toolmaker she has worked as a journalist, advertisement canvasser, administrative employee, and managing director of a publishing company. She completed a correspondence degree course in business administration focussing on accounts, tax, and auditing, and specialised in the particular requirements of non-profit organisations. She has worked for the Wilhelmsburg Community Centre Foundation since 2006, initially as managing director and as their full-time director since 2009.
www.buewi.de

Constanze Klotz

*1980, Dr. des., Studium der Angewandten Kulturwissenschaften an der Universität Lüneburg und an der University of Queensland in Brisbane, Australien. 2013 Promotion am Institut für Soziologie und Kulturorganisation an der Leuphana Universität Lüneburg zum Thema „Strategische Kreativplanung der Stadt: Die Internationale Bauausstellung IBA Hamburg" (Veröffentlichung Ende 2013). Seit 2007 Mitarbeiterin der IBA Hamburg im Projekt „Kreatives Quartier Elbinsel" sowie aktuell zum Thema „Weiterentwicklung des Formats der Internationalen Bauausstellungen". Lebt in Hamburg.

Born 1980, Doctor designatus, studied applied cultural sciences at the University of Lüneburg and the University of Queensland in Brisbane, Australia. Awarded her doctorate in 2013 at the Institute for Sociology and Cultural Organisation at Leuphana University Lüneburg on the subject "Strategic Creative Urban Planning: The International Building Exhibition IBA Hamburg" (publication end of 2013). Has worked for the IBA Hamburg since 2007 on the Elbe Island Creative Quarter project, as well as on the issue of the "Further Development of the International Building Exhibition Format". Lives in Hamburg.

Michael Koch

*1950, Prof. Dr. sc. techn. ETH, Architekt und Stadtplaner. 1987 Promotion an der ETH Zürich. Freie Berufstätigkeit in Deutschland und der Schweiz. Teilhaber yellow z urbanism architecture, Zürich/Berlin. Verschiedene Gastprofessuren in Deutschland und der Schweiz, ab 1999 Professor für Städtebau an der Bergischen Universität Wuppertal, seit 2004 Professor für Städtebau und Quartierplanung an der TU Hamburg-Harburg (seit 2006 HafenCity Universität Hamburg). Zahlreiche Projekte, Forschungen und Veröffentlichungen zu Wohnungsbau, Stadtteilentwicklungen und Entwicklungen in Metropolregionen. Mitglied vieler Fachjurys, -beiräte und -verbände im In- und Ausland. Lebt in Hamburg und Zürich.

*1950, professor, architect, and urban planner. Obtained doctorate from Swiss Federal Institute of Technology (ETH) in Zurich in 1987. Works as a freelancer in Germany and Switzerland. Partner with yellow z urbanism architecture, Zurich/Berlin. Various visiting professorships in Germany and Switzerland, from 1999 professor of urban design at the University of Wuppertal, professor of urban design and neighbourhood planning at the Technical University in Hamburg-Harburg since 2004 (HafenCity University Hamburg since 2006). Numerous projects, research assignments, and publications on housing construction, neighbourhood development, and development in metropolitan regions. Member of many expert juries, councils, and associations both locally and abroad. Lives in Hamburg and Zurich.
michael.koch@hcu-hamburg.de, koch@yellowz.net

Dieter Läpple

*1941, Studium der Ingenieur-, Wirtschafts- und Sozialwissenschaften (Hamburg, Berlin), Lehr- und Forschungstätigkeiten u.a. in Berlin, Eindhoven, Amsterdam, Paris, Aix-en-Provence / Marseille und Leiden (NL), Professor em. für Internationale Stadtforschung an der HafenCity Universität Hamburg und „Senior Fellow" in dem „Metropolitan Policy Progam" der Brookings Institution in Washington. Leitete viele Jahre das Institut für Stadt- und Regionalökonomie an der TUHH bzw. der HCU Hamburg, Ko-Vorsitzender des "Scientific Advisory Committee" für das "Future Cities Laboratory" in Singapur, Mitglied des Kuratoriums der IBA Hamburg.

Born 1941, studied engineering, economics, and social sciences (Hamburg, Berlin), teaching and research activities in Berlin, Eindhoven, Amsterdam, Paris, Aix-en-Provence/Marseille, and Leiden (NL). Professor emeritus for international urban research at the HafenCity University Hamburg and "senior fellow" of the Metropolitan Policy Program at the Brookings Institution in Washington D.C. Head of the Institute for Urban and Regional Economics at the Technical University of Hamburg-Harburg for many years, co-chairperson of the Scientific Advisory Committee for the Future Cities Laboratory in Singapore. Member of the IBA Hamburg advisory panel.
dieter.laepple@hcu-hamburg.de

Hans-Christian Lied

*1967, Studium der Architektur an der Universität Kassel und an der Eidgenössischen Technischen Hochschule Lausanne, Städtebauassessor. Projektkoordinator bei Internationalen Bauausstellung IBA Hamburg (seit 2006), zuvor Referatsleiter in der Hamburger Behörde für Stadtentwicklung und Umwelt und Lehraufträge u.a. an der HafenCity Universität, Projektkoordinator bei der Internationalen Bauausstellung Hamburg GmbH.

Born 1967, studied architecture at the University of Kassel and at the Swiss Federal Institute of Technology (ETH) in Lausanne, urban development assessor. Department head with the State Ministry for Urban Development and Environment, as well as lecturer at HafenCity University Hamburg, since 2006 project coordinator with the IBA Hamburg GmbH.
lied@gmx.de

Dirk Meyhöfer

*1950, Dipl.-Ing. Architektur und Stadtplanung. Studium an der TU Hannover, 1977-87 Redakteur/Chef vom Dienst bei den Zeitschriften Zuhause Wohnen und Architektur und Wohnen in Hamburg. Seitdem freier Autor, Architekturkritiker, Kurator und Ausstellungsmacher. Zahlreiche Buchveröffentlichungen und Hörfunkfeatures. Herausgeber und Redakteur des Jahrbuches Architektur in Hamburg (seit 1989). Lehrbeauftragter an der HCU Hamburg seit 2010. Lebt in Hamburg.

*1950, Dipl.-Ing. architecture and urban planning. Studied at the Technical University in Hanover, 1977-87 editor/duty editor of the magazines Zuhause Wohnen and Architektur und Wohnen in Hamburg. He has since worked freelance as author, architectural critic, curator, and exhibition organiser. Numerous publications and radio features. Since 1989 publisher and editor of Architektur in Hamburg yearbook. Lecturer at HafenCity University (HCU) Hamburg since 2010. Lives in Hamburg.
dirk.meyhoefer@t-online.de

Karen Pein

*1973, Studium Städtebau/Stadtplanung an der Technischen Universität Hamburg-Harburg, Studium an der Akademie für Immobilienwirtschaft, Projektkoordinatorin bei der Internationalen Bauausstellung Hamburg GmbH.

Born 1973, studied urban design and urban planning at the Technical University of Hamburg-Harburg. Studied at the Akademie für Immobilienwirtschaft (Academy of Real Estate

Management) in Hamburg, project coordinator with the IBA Hamburg GmbH.
Karen.pein@iba-hamburg.de

Corinna Peters-Leimbach

*1969, seit 2000 evangelisch-lutherische Pastorin in Wilhelmsburg, seit 2008 auf einer Projektpfarrstelle des Kirchenkreises Hamburg-Ost zur Begleitung der Gemeinden in strukturellen Veränderungen, wie sie durch IBA und igs entstehen. Mitinitiatorin der Zukunftskonferenz (2000/2001). Sie ist seit der zweiten Legislaturperiode (ab 2009) Mitglied des IBA/igs-Beteiligungsgremiums und eine seiner Sprecherinnen.

Born 1969, Protestant-Lutheran pastor in Wilhelmsburg since 2000, has occupied a project pastor position within the parish of Hamburg-Ost since 2008, supporting communities with structural changes such as those deriving from the IBA and igs. Co-initiator of the Future Conference (2000/2001). She has been a member of the IBA/igs Participation Committee since the second legislative period (as of 2009) and is one of its spokespeople.

Stefan Schurig

*1971, Studium an der Technischen Fachhochschule Berlin, Klima- und Energieexperte Schwerpunkt Nachhaltige Stadtentwicklung, Leiter des Energieressorts und der internationalen Städtekommission des World Future Council.

Born 1971, studied at the Berlin University of Applied Sciences, climate and energy expert focussing on sustainable urban development, head of the energy portfolio and the international urban committee of the World Future Council (WFC)
stefan.schurig@worldfuturecouncil.org

Antje Stokman

*1973, Prof. Dipl.-Ing. Landschaftsarchitektur, Studium an der Leibniz Universität Hannover und dem Edinburgh College of Art; 2000-2005 Lehraufträge und Forschungsprojekte an der Leibniz Universität Hannover, TUHH Hamburg-Harburg, Peking Universität, Tongji Universität Shanghai; 2001-2004 Projektleiterin im Büro Rainer Schmidt Landschaftsarchitekten in München; von 2005 bis 2010 Juniorprofessorin für Gestaltung und Bewirtschaftung von Fließgewässereinzugsgebieten an der Leibniz Universität Hannover; Auszeichnung mit dem Wissenschaftspreis des Landes Niedersachsen 2009; seit 2010 Leiterin des Instituts für Landschaftsplanung und Ökologie an der Universität Stuttgart; Auszeichnung mit dem Topos Landscape Award 2011. Seit 2005 Mitglied im STUDIO URBANE LANDSCHAFTEN, diverse Projekte zur Entwicklung der Elb-Wasserlandschaften Hamburg. Seit 2010 Mitglied im Beirat für Raumentwicklung des Bundesministeriums für Verkehr Bau- und Stadtentwicklung und seit 2012 Mitglied im Beirat für Nachhaltige Entwicklung des Landes Baden-Württemberg.

Born 1973, professor, Dipl.-Ing., studied landscape and open space planning at Leibniz University in Hannover and at Edinburgh College of Art. 2000-2005 research and teaching assignments at Leibniz University in Hannover, the Technical University in Hamburg-Harburg, the University of Beijing, and Tongji University in Shanghai. 2001-2004 project manager with Rainer Schmidt Landschaftsarchitekten in Munich. 2005-2010 junior professor for the design and management of flowing water catchment areas at Leibniz University in Hannover. Awarded the Lower Saxony State Science Prize in 2009. Head of the Institute for Landscape Planning and Ecology at the University of Stuttgart since 2010. Awarded the Topos Landscape Award in 2011. Member of the STUDIO URBANE LANDSCHAFTEN since 2005, diverse projects relating to the development of Elbe water landscapes in Hamburg. Member of the Spatial Development Council within the Federal Ministry of

Transport, Building, and Urban Affairs since 2010 and member of the Sustainable Development Council in the state of Baden-Württemberg since 2012.
antje.stokman@freiraum.uni-hannover.de

Gerti Theis

*1953, Dipl.-Ing. Landschaftsplanerin. 1983–2006 in verschiedenen Abteilungen und Funktionen der Behörde für Stadtentwicklung und Umwelt der Freien und Hansestadt Hamburg tätig, zuletzt mit dem Schwerpunkt „Sprung über die Elbe". Seit September 2006 Projektkoordinatorin bei der IBA Hamburg, verantwortlich für die Themen „Weiterentwicklung des Formats der Internationalen Bauausstellungen" und „Kunst und Kultur". Lebt in Hamburg.

*1953, Dipl.-Ing. Landscape planner. 1983–2006 worked in various departments and jobs in the Ministry for Urban Development and the Environment in Hamburg, most recently focusing on the "Leap across the Elbe". Since September 2006, project coordinator for the IBA Hamburg, responsible for the themes "Further Development of the International Building Exhibition Platforms" and "Art and Culture." Lives in Hamburg.
gerti.theis@iba-hamburg.de

Kunibert Wachten

*1952, Stadtplaner und Architekt, Studium an der RWTH Aachen, Professor für Städtebau und Landesplanung der RWTH Aachen, Mitgesellschafter des Planungsbüros scheuvens+wachten in Dortmund, Mitglied des Kuratoriums der IBA Hamburg.

Born 1952, urban planner and architect, studied at the RWTH Aachen, Professor of Urban Design and Regional Planning at the RWTH Aachen, fellow partner in the planning practice scheuvens+wachten in Dortmund, member of the IBA Hamburg advisory panel.
wachten@scheuvens-wachten.de

Jörn Walter

*1957, Prof. Dipl.-Ing., Studium der Raumplanung an der Universität Dortmund. Nach 1990 Leiter des Stadtplanungsamtes Dresden und seit 1999 Oberbaudirektor der Freien und Hansestadt Hamburg. Lehrtätigkeiten an den Technischen Universitäten Wien und Dresden sowie an der Hochschule für bildende Künste Hamburg. Mitglied der Deutschen Akademie für Städtebau und Landesplanung, der Akademie der Künste Berlin und der Sächsischen Akademie der Künste. Zahlreiche Veröffentlichungen zu Fragen des Städtebaus und der Architektur.

*1957, Prof. Dipl.-Ing., studied spatial planning at the University of Dortmund. Head of the Urban Planning Office in Dresden from 1990 and Chief Urban Planning Director of the Free and Hanseatic City of Hamburg since 1999. Teaches at the Technical Universities in Vienna and Dresden, as well as at the University of Fine Arts in Hamburg. Member of the German Academy for Urban Development and Regional Planning, the Academy of Arts in Berlin, and the Academy of Arts in Saxony. Numerous publications on urban development and architectural issues.
joern.walter@bsu.hamburg.de

Simona Weisleder

*1965, Studium der Architektur an der Hochschule für bildende Künste Hamburg, Tätigkeit in verschiedenen Büros in Hamburg, Dresden und Montevideo, ab 1999 Mitarbeiterin am Lehrstuhl von Prof. Sabine Busching im Fachgebiet Gebäudetechnik an der HfbK, ab 2001 Projektleiterin bei der ZEBAU (Zentrum für Energie, Bauen, Architektur und Umwelt), Hamburg, seit 2008 Projektkoordinatorin im Leitthema „Stadt im Klimawandel" bei der IBA Hamburg GmbH.

Born 1965, studied architecture at the College of Fine Arts, Hamburg, has worked for various practices in Hamburg, Dresden, and Montevideo, from 1999 associate of Professor Sabine Busching, specialising in building services engineering, at the College of Fine Arts, from 2001 project manager with ZEBAU (Zentrum für Energie, Bauen, Architektur und Umwelt/Centre for Energy, Building, Architecture, and Environment) Hamburg, since 2008 project coordinator for the "Cities and Climate Change" theme at the IBA Hamburg GmbH.
simona.weisleder@iba-hamburg.de

Karsten Wessel

*1962, Bückeburg, Studium der Landschafts- und Freiraumplanung an der TU Berlin 1981 – 1986, Angestellt im Büro für Landschaftsarchitektur Hans-Peter Flechner 1987, Berlin, Koordinator für die öffentliche Erschließung bei der Wasserstadt GmbH 1996, seit 2007 Projektkoordinator „Stadt im Klimawandel" bei der IBA Hamburg GmbH – Internationale Bauausstellung Hamburg mit zwei Schwerpunkten: Entwicklung der post-fossilen Stadt der Zukunft (Mitigation) und Anpassung an den Klimawandel (Adaptation/ Resilience).

Born 1962, Bückeburg, studied landscape and open space planning at the Technical University in Berlin 1981–1986, worked for landscape architect Hans-Peter Flechner 1987, public access coordinator for Wasserstadt GmbH in Berlin 1996, "Cities and Climate Change" project coordinator with the IBA Hamburg GmbH since 2007, focussing on the development of the post-fossil-fuel age city of the future (mitigation) and adaptation to climate change (adaptation/resilience).
karsten.wessel@iba-hamburg.de

Bildnachweise Picture Credits

© 2013 by jovis Verlag GmbH und IBA Hamburg GmbH
Das Copyright für die Texte liegt bei den Autoren.
Das Copyright für die Abbildungen liegt bei den
Fotografen/Inhabern der Bildrechte.
Texts by kind permission of the authors.
Pictures by kind permission of the photographers/
holders of the picture rights.

Alle Rechte vorbehalten.
All rights reserved.

Herausgeber der Schriftenreihe METROPOLE:
Editor of the series METROPOLIS:
Internationale Bauausstellung IBA Hamburg GmbH
Uli Hellweg, Geschäftsführer Managing director
Am Zollhafen 12
20539 Hamburg

www.iba-hamburg.de

Redaktionelle Beratung Editorial Advice:
Olaf Bartels, Hamburg/Berlin; Büro Dirk Meyhöfer
(Dirk Meyhöfer; Franziska Gevert), Hamburg

Bildredaktion Photographic editors:
Rudolf D. Klöckner, Hamburg; Annina Götz, Göttingen (S. pp.
88-97, 116-123, 178-185, 246-263, 294-303, 326-333)

Redaktionsbeirat der Schriftenreihe METROPOLE:
Editorial committee of the series METROPOLIS:
Olaf Bartels, Oliver G. Hamm, Prof. Dr. Gert Kähler,
Prof. Dr. Michael Koch, Dirk Meyhöfer, Prof. Jörn Walter

Gesamtkoordination der Schriftenreihe
Coordination of the series:
Gerti Theis, IBA Hamburg GmbH
Rudolf D. Klöckner, Hamburg

Redaktionelle Verantwortung IBA Hamburg GmbH
Editorial responsibility IBA Hamburg GmbH:
Gerti Theis

Übersetzung Translation:
Ann Drummond in association with First Edition Translations
Ltd, Cambridge, UK; editing by Robert Anderson in associ-
ation with First Edition Translations Ltd, Cambridge, UK;
Proofreading by David Price in association with First Edition
Translations Ltd, Cambridge, UK
Jörn Frenzel, Berlin (Englisch–Deutsch English–German
S. pp. 124–133)

Gestaltung und Satz Design and setting:
Tom Unverzagt, Leipzig

Lithografie Lithography:
Bild1Druck, Berlin
Druck und Bindung Printing and binding:
GCC Grafisches Centrum Cuno, Calbe

Bibliografische Information der Deutschen Nationalbibliothek
Die Deutsche Nationalbibliothek verzeichnet diese Publi-
kation in der Deutschen Nationalbibliografie; detaillierte
bibliografische Daten sind im Internet über http://dnb.d-nb.de
abrufbar.
Bibliographic information published by the Deutsche
Nationalbibliothek
The Deutsche Nationalbibliothek lists this publication in the
Deutsche Nationalbibliografie; detailed bibliographic data
are available on the Internet at http://dnb.d-nb.de

jovis Verlag GmbH
Kurfürstenstraße 15/16
10785 Berlin

www.jovis.de

978-3-86859-221-4